◎ 影响数代国人的传世经典

曾国藩全书

罗格 ⊙ 编

中国华侨出版社

图书在版编目（CIP）数据

曾国藩全书 / 罗格编. —北京：中国华侨出版社，2015.2（2021.8重印）

ISBN 978-7-5113-5219-4

Ⅰ. ①曾… Ⅱ. ①罗… Ⅲ. ①曾国藩（1811～1872）—全集 Ⅳ. ①Z425.2

中国版本图书馆 CIP 数据核字（2015）第 038250 号

曾国藩全书

编　　者：罗　格
责任编辑：江　冰
封面设计：彼　岸
文字编辑：白海波
美术编辑：宇　枫
经　　销：新华书店
开　　本：720 毫米 ×1040 毫米　1/16　印张：26　字数：365 千字
印　　刷：唐山楠萍印务有限公司
版　　次：2015 年 5 月第 1 版　2021 年 8 月第 3 次印刷
书　　号：ISBN 978-7-5113-5219-4
定　　价：59.00 元

中国华侨出版社　北京市朝阳区西坝河东里 77 号楼底商 5 号　邮编：100028
法律顾问：陈鹰律师事务所
发 行 部：（010）88866079　　　　　传　　真：（010）88877396
网　　址：www.oveaschin.com　　　E－m a i l：oveaschin@sina.com

如发现印装质量问题，影响阅读，请与印刷厂联系调换。

前 言
PREFACE

曾国藩（1811~1872），初名子城，字伯涵，号涤生。晚清重臣，著名军事家、理学家、政治家、书法家、文学家，湘军创立者和统帅者，晚清散文"湘乡派"创始人。嘉庆十六年（1811年），曾国藩出生于湖南长沙府湘乡（今湖南省双峰县）的一个地主家庭，兄妹9人，其为长子。他自幼勤奋好学，6岁时入塾读书；8岁时能读八股文、诵五经；14岁时能读《周礼》《史记》文选，同年参加长沙的童子试，成绩列为优等。道光十三年（1833年）考取秀才。道光十八年（1838年）会试中贡士，改名国藩；殿试赐同进士出身；朝考后授翰林院庶吉士。自此供职京师，结交穆彰阿、倭仁及唐鉴等人，累迁侍读、侍讲学士、文渊阁直阁事、内阁学士、礼部侍郎及署兵部、工部、刑部、吏部侍郎等职。十年七迁，连跃十级。咸丰三年（1853年）丁忧在籍，奉诏督办团练，创建湘军。咸丰四年（1854年）率湘军镇压太平天国起义。咸丰十年（1860年）任两江总督、钦差大臣，负责镇压太平天国事务，并开创中国洋务运动的先河。同治三年（1864年）湘军攻破天京（今南京），赏加太子太保衔，赐封一等毅勇侯，成为清代以文人而封武侯的第一人。同治四年（1865年）任剿捻钦差大臣；翌年因无功而去职，回任两江总督。同治七年（1868年）调任直隶总督。同治九年（1870年）奉命前往天津处理"天津教案"，因屈从洋人而遭朝野舆论谴责，旋回任两江总督。同治十一年(1872年）在南京病逝，朝廷追赠太傅，谥文正，祀京师昭忠、贤良祠。由于其实现了儒家修身、齐家、治国、平天下的人生理想，完成了立功、立德、立言"三不朽"的伟大事业，被誉为"中兴第一名臣""中华千古第一完人"。

曾国藩一生奉行为政以耐烦为第一要义，主张凡事要勤俭廉劳，不可为官自傲。他修身律己，以德求官，礼治为先，以忠谋政，在官场上获得了巨大的成功。他的崛起，对清王朝的政治、军事、文化、经济等方面都产生了深远的影响。作为叱咤于清朝末年的风云人物，他打败太平天国，是清王朝的"救命恩人"；他"匡救时弊"、整肃政风、学习西方文化，使晚清出现了"同治中兴"；他克己唯严、崇尚气节、标榜道德、身体力行，获得上下一致的拥戴；他的文章兼收并蓄、博大精深，是近代儒家宗师。作为为官、治军、治家及为人处世等方面的楷模，他熟读中国历史，对为官之道参深悟透，在官场风风雨雨儿十年，始终屹立不倒；他治军有方，认为"用兵之道在人而不在器"，用封建伦理观念将军法、军规与家法、家规结合起来，使士兵或下级易于遵从官长的命令；他是结交、培养、推荐和使用人才的高手，他的幕府几乎聚集了全国的人才精华，最著名的有李鸿章、左宗棠、郭嵩焘、彭玉麟、李善兰、华蘅芳、徐寿等；他是中国传统文化人格精神的典范式人物，虽资质一般，但志向远大、意志超强、勤学好问，待上、待下、待同僚谦恕自抑、豁达大度，朋友极多；他自始至终坚持个人道德修养，克己复礼，更有传世家书成为家教样板，可谓"道德文章冠冕一代"；他是中国传统持家教子的典范，其家族一百多年来没有纨绔子弟，代代有英才……

其门生故吏颂之曰："德埒诸葛，功迈萧、曹，文章无愧于韩、欧，实为一代名臣、名将、名相。"晚清政府旌表他："学问纯粹，器识宏深，秉性忠诚，持躬清正。"梁启超称赞道："岂惟近代，盖有史以来不一二睹之大人也已；岂惟我国，抑全世界不一二睹之大人也已。"蔡锷将军对其治兵思想推崇备至："带兵如带子弟一语，最为慈仁贴切。能以此存心，则古今带兵格言，千言万语皆付之一炬。"

曾国藩一生著述颇多，其中尤以成功心法《挺经》、传世良言《家书》、治家方略《家训》流传最广、影响最深，涉及修身、为学、齐家、处世、从政、治军等诸多方面。《挺经》详细记录了曾国藩在宦海沉浮中总结出的18条心法，是其从自身的成败得失中总结出的一套独到的为人为官的基本原则和理论，展现了其"内圣外王"的睿智权谋。《家书》是曾国藩的书信集，记录了曾国藩在清道光三十年至同治十年前后达30年的翰苑和从武生涯，近1500封，所涉及的内容极为广泛，是曾国藩一生的主要活动和其治政、治家、治学之道的生动反映。《家训》则记载了曾国藩继承先人遗训，结合自身体会，教导兄弟子侄成人成才的高妙策略。本书分别对曾国藩所著《挺经》《家书》《家训》中的经典话语进行解读，借助曾国藩的传奇经历和生活事例，讲述了曾国藩做人做事的艺术和生活感悟，以及从中引申于现世的有益的经验和方法，让现代人在重温古人传奇的同时，感受、品味、反思这位晚清风云人物的多变人生，体悟其给予后人的人生启示和提点。此外，书中还收录了曾国藩的笔记和散文数篇，可帮助我们更深入地理解曾国藩思想的精髓。本书堪称现代人案头、枕边必备的智谋宝典，对于研究曾国藩的成功谋略，学习其修身智慧、齐家准则、处世技巧、为官之道、治军韬略，具有重要的现实指导意义。

目录
Contents

卷一 挺经

第一章 内圣 ·· 2
慎独处身，心境泰然 ································ 2
君子独积诚为慎，小人独积妄生肆 ············ 3
遏欲不忽隐微，循理不间须臾 ···················· 5
剖析公私，精研得失 ································ 6
善之当为，不善之宜去 ···························· 7
心忠贞不贰，言笃实不欺 ························ 8
存心养性为体，民胞物与为用 ·················· 10
内圣的四种境界 ···································· 11

第二章 明强 ·· 14
高明由于天分，精明由于学问 ·················· 14
心中极明，而后口中可断 ························ 15
武断自己之事为害犹浅，武断他人之事招怨实深 ··· 16
谦退而不肯轻断，最足养福 ···················· 17
在自修处求强，不可在胜人处求强 ············ 18

第三章 坚忍 ·· 20
居官以坚忍为第一要义 ···························· 20
腹中怀些不合时宜，却一味浑含 ·············· 21
时时发露，非载福之道 ···························· 22
养活一团春意思，撑起两根穷骨头 ············ 24
不怨不尤，反身争个清静 ························ 25

第四章 刚柔 ·· 27
圣贤者，各有自立自强之道 ···················· 27
太柔则靡，太刚则折 ······························ 28
刚非暴虐之谓也，强矫而已 ···················· 29

节制血气，保身利势 ··· 31
　　去忿欲以养体，存倔强以励志 ····································· 32
　　自胜之义：强制，强恕，强为善 ································· 33
　　趋事赴公当强矫，争名逐利当谦退 ····························· 34
　　强自禁制，降伏此心 ··· 36

第五章　廉 矩 ··· 38
　　身后无以自庇，不特廉吏不可为 ································· 38
　　贤者恒无以自存，不贤者志满气得 ····························· 39
　　欲学廉介，必先知足 ··· 40
　　毋贪保举，毋好虚誉 ··· 41

第六章　勤 谦 ··· 43
　　修身治人之道，不外乎勤、大、谦 ····························· 43
　　为治首务爱民，爱民必先察吏 ···································· 44
　　勤谦需彻始彻终，须臾不可离之道 ····························· 45
　　爱而知其恶，恶而知其美 ·· 46
　　观人，在行事勘察，不在虚声、言论 ························· 48
　　责任愈重，指摘愈多 ··· 49
　　恭敬厚藏，身为鼎镇 ··· 50
　　终身幽默，暗然退藏 ··· 51
　　以贵凌物物不服，以威加人人不厌 ····························· 52

第七章　外 王 ··· 54
　　令人敬畏，全在自立自强，不在装模作样 ·················· 54
　　恃己之所有夸人所无者愚 ·· 55
　　忽于所习见、震于所罕见者愚 ···································· 56
　　威信：临难有不屈挠之节，临财有不沾染之廉 ··········· 57

第八章　英 才 ··· 59
　　世不患无才，患用才者不能器使而适用 ······················ 59
　　虽有贤才，苟不适于用，不逮庸流 ····························· 60
　　当时当事，凡材亦奏奇效 ·· 61
　　才足以济世，何患世莫知己 ······································· 63
　　英才皆由勉强磨炼而出 ·· 64

第九章　忠 疑 ··· 66
　　内度方寸，靡所于疚 ··· 66

以不贰自惕，以不已自循 ································· 67
圣人之不可及处，在尽性以至于命 ····················· 68
古人绝大事业，恒以精心敬慎出之 ····················· 69

第十章 峻 法 ·· 71

立一法须实实行之，常常行之 ··························· 71
立法不难，行法难 ·· 72
痛加训练，以生其新者 ····································· 73
银钱慷慨大方，绝不计较 ·································· 74
不与争功，遇有胜仗，以全功归之 ····················· 76
剖决曲直，毫不假借 ·· 77

第十一章 廪 实 ··· 80

不贪爱奢华，不惯习懒惰 ·································· 80
仁人君子不应置理财于不讲 ······························ 81
勤俭自持，习劳习苦 ·· 82
勤苦俭约，未有不兴；骄奢倦怠，未有不败 ········· 83
由俭入奢易，由奢返俭难 ·································· 85

第十二章 家 范 ··· 87

八字家规 ··· 87
八本格言 ··· 88
不信地仙，不信医药，不信僧巫 ························ 90
居家八败 ··· 91
愿为耕读孝友之家，不愿为仕宦起见 ·················· 92
虽在宦海中，须时时做上岸打算 ························ 94
罢官居家，勤劳恬淡 ·· 95

卷二 家书

第一章 修 身 ·· 98

慵人以"惰"致败，才人以"傲"致败 ··············· 98
"逸"字致人败，"骄"字讨人嫌 ······················· 99
以勤医惰，以慎医骄 ······································· 100
以劳戒惰，以谦戒傲 ······································· 102
"勤"字功夫，第一贵早起，第二贵有恒 ············ 103
越自尊大，越见器小 ······································· 104

德以满而损，福以骄而减 ········· 105
自骄自矜，为小人所忌、为君子所薄 ········· 107
以不轻非笑人戒骄 ········· 108
能勤能敬，愚人有贤知 ········· 110
心常用则活，不用则窒 ········· 111

第二章 敬恕 ········· 113

为人"四知"：知命，知礼，知言，知仁 ········· 113
一鼓作气发仁心，尽吾力之所能为 ········· 114
以圣贤律己，躬自厚而薄责于人 ········· 116
相见必敬，开口必诚 ········· 117
恕则不肯损人利己，存心渐趋于厚 ········· 118
治世以大德，不以小惠 ········· 120
心中不着私物，无以欺人 ········· 121
负我者，我又加厚；疑我者，我又加信 ········· 122
予人一分面子，人必予两分面子 ········· 123
大过改之，微瑕涵之 ········· 124
闻有逆耳之言，当平心考究一番 ········· 125

第三章 取舍 ········· 127

能人贵慎其所择，先其所急 ········· 127
君子愈让，小人愈妄 ········· 128
两利求大，两害取轻 ········· 129
驰事者无成，慢人者反尔 ········· 130
剑戟不利不可断割，毛羽不丰不可高飞 ········· 131
将来遇有机缘，即抽身引退 ········· 133
论功推以让人，任劳引为己责 ········· 134
没了得失心，声气舒展 ········· 135

第四章 中庸 ········· 137

无众寡，无小大，无敢慢 ········· 137
治生不求富，修德不求报 ········· 138
成大事者，规模远大、综理密微 ········· 140
官阶不愿再进，虚名不愿再张 ········· 141
平则致合，激则招争 ········· 142
逊，自无后患 ········· 143
处世之道，内刚外柔 ········· 144

位高而资浅，貌贵温恭，心贵谦下 ················· 145

第五章　宽　怀 ························· **148**
　　不甘为庸庸者，向平实处用功 ····················· 148
　　专守一"静"字法，可期万稳 ····················· 149
　　畏止祸，足止贪 ······························· 150
　　心以收敛而细，气以收敛而静 ····················· 152
　　静中真味，煞能领取 ···························· 153
　　唯忘机可以消众机，唯懵懂可以祓不祥 ·············· 154
　　心宽然无累，反觉安舒 ·························· 156
　　去机巧，求笃实 ······························· 157
　　勿外享大名，内图厚实 ·························· 158

第六章　挺　忍 ························· **161**
　　受不得屈，做不得事 ···························· 161
　　艰苦则强，娇养则弱 ···························· 162
　　耐得千事烦，收得一心净 ························ 164
　　以忍治失意事，以淡处快心事 ····················· 165
　　不争一时之短，须争一世之长 ····················· 166
　　做一分算一分，在一日撑一日 ····················· 168
　　安分耐烦，挺然特立，作一等人物 ················· 169
　　咬定牙根，徐图自强 ···························· 170
　　坚忍维持而后再振，坚忍力争而后有济 ·············· 171
　　智慧愈苦愈明，不可因境遇坎坷而止息 ·············· 173

第七章　言　辞 ························· **175**
　　说话中事理，担斤两 ···························· 175
　　巧语悦人，自扰其身 ···························· 176
　　智者不夸，夸者不智 ···························· 177
　　不说大话，不谈过高之理 ························ 178
　　言必忠信，不欺人，不妄语 ······················ 180
　　多言嚣讼，凶德致败 ···························· 181
　　多言好辩惹祸端 ······························· 182
　　说话太多，神必躁扰 ···························· 183
　　欲以口舌胜人，转为人所不服 ····················· 185
　　今日所说之话，明日勿因小利害而变 ················ 186
　　不轻易立说，专务躬行 ·························· 187
　　聒噪不如沉默，息谤得于无言 ····················· 188

第八章　处事 ······ 190

　　从波平浪静处安身，莫从掀天揭地处着想 ······ 190
　　成事之道：以专而精，以纷而散 ······ 191
　　不贪财，不失信，不自是 ······ 192
　　择一术以坚持，他术不可全废 ······ 194
　　凡事不可待明日，愈积愈难清 ······ 195
　　先求稳当，次求变化 ······ 196
　　尽一分心，做一日事，不计成败 ······ 197
　　凡事，做一节，说一节 ······ 198
　　不随众人之喜惧为喜惧 ······ 199
　　行事不可任心，说话不可任口 ······ 201

第九章　处友 ······ 202

　　求友不专，博爱不亲 ······ 202
　　求友以匡己之不逮 ······ 203
　　交友须常常往来，不可太疏 ······ 204
　　大小喜事，常常表示 ······ 205
　　择交，须择志趣远大者 ······ 207
　　待友，常存敬畏之心 ······ 208
　　君子忌苟合，择友如求师 ······ 209
　　以过相贬，以善相养，千里同心 ······ 210
　　银钱量力资助，办事竭力经营 ······ 211
　　近贤友，远损友 ······ 212
　　取明师之益，无受损友之损 ······ 213
　　友人相助相抚成事，孑然力单者无成 ······ 215
　　世上难得有知己，交友得交心 ······ 216

第十章　审时 ······ 218

　　适时则贵，失时则损 ······ 218
　　相机图事，不可用力太猛 ······ 219
　　人人料必胜者，中即伏败机 ······ 220
　　人人料必挫者，中即伏生机 ······ 221
　　审立身之所处，诚内度方寸 ······ 222
　　不审力者骄，审力而不自足者衰 ······ 223
　　稳扎稳打，机会来了再出击 ······ 224
　　尽人力之所能为，听天事而无所容心 ······ 226
　　放开手，使开胆，不复瞻前顾后 ······ 227

切不可以为有损架子而不为小事 …… 228
一面顺天意，一面尽人事 …… 229

第十一章　居　官 …… **231**

　　居高位，以知人晓事为职 …… 231
　　宁可肥公，不可肥家 …… 232
　　办公事，视如己事 …… 233
　　处大权位，推让少许，减去几成 …… 234
　　以"勤"字报吾君，以"爱民"二字报吾亲 …… 236
　　崇廉让以奉公，禁大言以务实 …… 238
　　用之于己有节，取之于民有制 …… 239
　　不妄花一钱，则一身廉 …… 240
　　不私用一人，则一营廉 …… 241
　　誉望一损，远近兹疑 …… 242
　　名望正隆，宜力持不懈，有始有卒 …… 244
　　居官四败 …… 245

第十二章　治　人 …… **247**

　　得人四事：广收、慎用、勤教、严绳 …… 247
　　将必亲选，兵必自募 …… 248
　　但求一长可取，不可因微瑕而弃有用之才 …… 250
　　将才的四重标准 …… 252
　　来一官帮一官，自此无安息之日 …… 253
　　不轻进人，不妄亲人 …… 254
　　诱之以名利，动之以真情 …… 255
　　得一人可免一分咎，得十人渐受百分福 …… 257
　　用人之智：磨其锐，激其才 …… 258
　　用养兼顾，宽于名利 …… 260
　　养廉之道：武人给钱，文人给名 …… 260
　　凡事公平照拂，不使远人吃亏 …… 262
　　驭下宜严，治事宜速 …… 263
　　赏罚之任，视乎权位 …… 264
　　敢于放权，鼓励下属 …… 265

第十三章　为　学 …… **267**

　　废志无以成学，废学无以成才 …… 267
　　戎马倥偬中，不废圣贤之学 …… 268
　　为学四字：速、熟、恒、思 …… 269

为学譬如熬肉，先猛火煮后慢火温 … 270
读书，贵在发现书中的漏隙 … 272
读书贵有心得，不必轻言著述 … 273
欲求学问之长进，宜多求良友，扩充其识 … 274
学问阅历，渐推渐广，见习见熟 … 275
知一句，行一句 … 276
事事做得下笔有神，事事不做文笔枯涩 … 277

第十四章 持 家 … 279

执德宏，信道笃，终身可居之业 … 279
和气致祥，乖气致戾 … 280
一家之中，勤则兴，懒则败 … 281
贤肖不在高位，而在谨朴 … 282
不求好地，但求平安 … 283
进一分德积一升谷，修一分业余一文钱 … 285
情谊宜厚，用度宜俭 … 286
每用一钱，均须三思 … 287
家庭不可说利害话 … 288
兄有言弟无不从，弟有请兄无不应 … 289
谈婚论嫁，求勤俭孝友之家 … 290
亲族邻里来家，无不恭敬款待 … 291
常怀休戚一体之念，无怀彼此歧视之见 … 292
家中有人做官，待邻里可略微宽松 … 293

第十五章 教 子 … 295

孝敬以奉长上，温和以待同辈 … 295
使父母心中有贤愚之分，即是不孝 … 296
兄以弟得坏名为忧，弟以兄得好名为快 … 298
德业相劝，过失相规，期于彼此有成 … 299
患难兄弟，互劝，互勖，互相鼓励 … 301
子弟贤否，六分天生，四分家教 … 302
爱之以德，不欲爱之以姑息 … 304
骨肉之情愈挚，望之愈殷，责之愈切 … 305
榜样太坏，将来孙辈断难成立 … 306
欲禁子弟之骄，先戒己心自满 … 307
以言诲人，即以善教人 … 309
以德薰人，即以善养人 … 310
莫贪大方，莫贪豪爽 … 311

卷三 家训

第一章 立 品 … 314
- 学做圣贤全由自己做主 … 314
- 德无成,业无成 … 315
- 天下事无所为而成者极少 … 316
- 受不得穷,立不得品 … 317
- 惟志趣高坚,可变柔为刚 … 318
- 有所激有所逼而成者居半 … 320
- 有所贪有所利而成者居半 … 321
- 怠者不能修,忌者畏人修 … 322

第二章 持 重 … 325
- 仪表绝人全在一"重"字 … 325
- 举止庄重,不怒自威 … 326
- 少断是非,不争长短 … 327
- 言不妄发,说话宜迟 … 328
- 刻刻谨慎,存一临深履薄之想 … 329
- 外而整齐严肃,内而专静纯一 … 330
- 求名不可太骤,求速不可太捷 … 331

第三章 浑 含 … 333
- 尔辈少年不宜妄生意气 … 333
- 玲珑剔透者,宜从"浑"字上用功夫 … 334
- 情愿吃亏,万不可与人构讼 … 335
- 富贵功名有命定,半由人力半由天 … 336
- 韬光养晦,缓图发展 … 337
- 处顺境时当作坏时打算 … 339

第四章 达 变 … 341
- 困时切莫间断,熬过此关即可有进 … 341
- 泰而不骄,威而不猛 … 342
- 风霜磨炼,能坚筋骨长见识 … 343
- 居官不过偶然,不恋衙门热闹 … 344
- 凡有盛必有衰,不可不预为之计 … 345
- 不拘泥于往事成败,迁就一时利害 … 346
- 襟怀闲远,可化刻为厚 … 348

行兵最贵机局生活 ··· 349

第五章　耐　劳 ·· 352

　　"劳"字为安身之法 ··· 352
　　遇棘手之际，须从"耐烦"二字痛下功夫 ··· 353
　　耐冷耐苦，耐劳耐闲 ··· 354
　　既知保养，却宜勤劳 ··· 355
　　欲稍有成就，须从有恒下手 ·· 356
　　事无大小难易，皆宜有始有终 ·· 357
　　勿恃清介而生傲惰 ·· 358
　　曾国藩生平三耻 ··· 360

第六章　情　韵 ·· 362

　　拘苦疲困，不能真养生 ·· 362
　　养得胸中一种恬静书味，稍足自适 ··· 363
　　用功不可拘苦，须探讨些趣味出来 ··· 364
　　胸中不宜太苦，须活活泼泼 ·· 365
　　养一段生机，去烦恼之道 ··· 366
　　情韵、趣味养得生机盎然 ··· 367

第七章　崇　俭 ·· 369

　　居家之道，唯崇俭可以长久 ·· 369
　　不染官宦习气，守寒素家风 ·· 370
　　世家子弟，钱不可多，衣不可多 ··· 371
　　富人因戒奢而益富，贫人因节啬而自全 ··· 372
　　时时有谦恭省俭之意，则福泽悠远 ··· 373

第八章　治　心 ·· 375

　　以"广大"二字治心 ··· 375
　　将欲造福，先去忮心 ··· 376
　　须有顺其自然之意 ·· 377
　　去抑郁护心，以平和养心 ··· 378
　　将欲立品，先去求心 ··· 379
　　养心莫善于寡欲 ··· 381

第九章　读　书 ·· 384

　　唯读书可变化气质 ·· 384
　　买书不可不多，看书不可不知所择 ··· 385

不必求记，宜须求个明白 …………………………………… 386
少年不可怕丑，须有狂者进取之趣 …………………………… 387
制艺一道，须认真用功 ………………………………………… 388
书中养得胸次博大活泼 ………………………………………… 389

附录一　曾国藩笔记 ……………………………………… **391**

附录二　曾国藩散文 ……………………………………… **397**

卷一 挺经

第一章 内 圣

慎独处身，心境泰然

【原文】

细思古人功夫，其效之尤著者，约有四端：曰慎独则心泰，曰主敬则身强，曰求仁则人悦，曰思诚则神钦。

【译文】

仔细回想古代人在修身方面所做的努力，其中效果特别明显的情况，大概有以下四种：第一，谨慎独处，就会使得心胸泰然自若；第二，庄严恭敬，就会使人身体强壮；第三，追求仁义，就会使得别人心悦诚服；第四，思想诚实，待人真诚，就会使神灵都为之钦佩。

【解读】

"慎独"之"慎"主要是指，在一个人独处的时候，要小心管理自己的心，意即自省，是一种通过自我意识来自我检查的行为。经常自省的人，能及时发现自身存在的不足和缺点，如能及时改正，会最大限度地减少错误发生的概率。这也从间接说明了自省是慎独的形式，而知错能改是慎独的目的。

人在自省的时候仅仅认识到自己的错误，心生悔意是远远不够的，还要做到知错能改，时刻告诫自己以后不应再犯类似的错误，只有做到这样，才是真正了解了慎独的真谛并发挥了慎独的最大作用。

对于自省、慎独，荀子有言"君子博学而日参省乎己，则知明而行无过矣"。译文意思是君子广泛学习，并且应该经常用所学到的知识来检查自己的言行举止，这样在遇到事情的时候就可以很明智，行为也没有过失。这句话挂在嘴边说说很简单，但是要真正做到确是非常不易的。曾国藩的博学众所周知，他是一位集众家之所长于一身的智者，这样一位智者，他的一生都在遵循着荀子的这句话，在骄傲自满时及时反省，自我省察，然后改正并时刻鞭策自己做到更好。

曾国藩自省的习惯，单从他的字与号就可以看出来。在他就学于湘乡涟滨书院时，自号"涤生"，意思就是"见善则迁，有过则改"，试图通过自省来清除心中的污垢，实现人生的更新。而后曾国藩师承理学名家唐鉴、倭仁，几乎每天都遵循着先生教导的"克己省复"。他曾将自己的日记命名为《过隙影》，当作是自己人生的错题簿。不但如此，自从他开始写日记以来，更是不曾间断，一直到他过世。

做到自我反省并不难，难的是每天都能做到自我反省，并且在自省中获得收益，让自己的人生减少遗憾并实现最大的价值。能做到一生中都在自我反省的人，本已世间少有，又能对自己做出客观、深刻的剖析，这样的人更是少之又少。

随着社会节奏的加快，人们生活和工作的脚步不断加快，忙碌、疲惫变为常态，致使很多人忽于自省，觉得与其劳神劳力想些烦心事，不如蒙头大睡、游玩放松。其实从实质上来说，一刻的不想只是暂时的逃避，早晚都得有面对的一天，反而是及时自省，静心慎独，清理思想上的垃圾，才能使人们在面对时不至于太难堪、太慌乱。

在当代社会，慎独或者自省作为一种心灵修炼，不是可以随意丢弃的一种可有可无的东西，它是一种对工作、对生活认真负责的态度。要学会做一个有责任感的人，要有担当，要学会对自己的行为负责，无论做了什么事，都要有勇气去承担。但任何事情都有两面性，如果能通过一个错误进行自我反省，从中汲取经验，吸取教训，这样可以把坏事变好事，把可能潜伏的错误累积成进步的阶梯。

春秋时期，孔子的学生曾参勤奋好学，深得孔子的喜爱，同学问他为什么进步那么快。

曾参说："我每天都要多次问自己：替别人办事是否尽力？与朋友交往有没有不诚实的地方？先生教的学生是否学好？如果发现做得不妥就立即改正。"

曾参进步飞快并不是在于他有多聪明，也不是他用了多么神奇、多么神秘的绝招，他只是在一个人时候尝试着和自己对话，谨慎地回顾自己走过的路、说过的话、办过的事情，如此慎独、反省、发现问题、改正问题，才逐步在精进的路上不断向前。

这四个步骤看起来一点都不难，但是能做到并坚持的人并不多。也正因如此，能坚持下来的，会在这个过程中正视自己曾经犯下的错误，改正自己的过错，弥补自己的缺陷，从而获得成功或者得到更好的发展。

实际上，做到自省很简单，贵在坚持的彻底。所谓慎独自省，就是独自一个人的时候，像对镜自照一样，反过身来察看自己的言行举止，找出自己的不足，看自己犯了什么样的错误。常常自省是通往成熟的一个过程，在这个过程中，我们自省，直视自己所犯的错误和遇到的挫折失败，这样才能真正成长起来，慢慢成长为一个真正意义上的强者。

君子独积诚为慎，小人独积妄生肆

【原文】

君子懔其为独而生一念之诚，积诚为慎，而自慊之功密。小人以其为独而生一念之妄，积妄生肆，而欺人之事成。

【译文】

君子戒惧的是，当独自一人时，就会产生诚实的念头，这种诚实的念头积累多了，就会变得小心谨慎，继而自谦自律的品性行为更加缜密。当小人独自一人时，就会产生狂妄的念头，这种狂妄的念头积累多了，就会产生放肆的行为，继而欺负别人的这种行为也就形成了。

【解读】

在中国，千百年来，儒家思想始终推崇诚信。"诚"被认为是人的道德修养中的一个极为重要的方面，它是一个人的美好内在，相比于一个人外在华丽的衣饰，内心的

"诚"是一件永不过时的衣饰。与人交往，以"诚"为基础说话办事，是对他人的尊重，一个人的时候以"诚"为原则，反观自我言行，是对自己的诚实和负责。对自己诚实，还要不断累积自己诚实的念头，这样才能真正成为一个守诚之人。曾国藩是一个主张"诚"的人，但他遵循的"诚"和一般的"诚"相比略有不同，带有几分为臣的忠诚、血性的义气，以及不容人质疑的坚定。

咸丰初年（1851年），皇上下诏求言，大有一番有所作为的样子。臣子们于是直陈时弊，各抒己见，一时纷纷纭纭，奏章不下数百件。但大多被以"毋庸议"的上谕而束之高阁，"归于簿书尘积堆中"。血气方刚的曾国藩面对这种情况，颇为愤懑地说："书生之血诚，徒以供胥吏唾弃之具！"他口中的"书生之血诚"与"臣下之忠心"完全是同义词。咸丰三年（1853年）正月，他发出自己办团练后第三封给湖南"公正绅耆"的公开信说："自度才能浅薄，不足谋事，唯有'不要钱，不怕死'六字时时自矢，以质鬼神，以对父君。"

"不要钱，不怕死"，是曾国藩对国家、朝廷的赤诚之心。后来，他失败于靖港，在向朝廷的请罪的奏折中信誓旦旦地说，虽然挫折，"仍当竭尽血诚，一力经理"，绝不含糊。他于咸丰十年（1860年）感慨万分地说："天下滔滔，祸乱未已；吏治人心，毫无更改；军政战事，日崇虚伪。非得二三君子，倡之以朴诚，导之以廉耻，则江河日下，不知所屈。"又说："精诚所至，金石亦开，鬼神亦避。"他简直把"朴诚"当作医治清王朝的政治病的一副良药。

曾国藩不仅要求自己"须有一诚字，以之立本立志"，也处处以"血诚"要求自己的下属。例如，他说："带勇之人，第一要才堪治人，第二要不怕死，第三要不急功名利，第四要耐受辛苦。"又说："大抵有忠义血性，则四者相从以俱至；无忠义血性，则貌似四者，终不可恃。"这里，"忠义血性"与"血诚"也是同义词。

总之，"诚"是曾国藩修身、求才、治军、治政的一条重要原则，是他借以团结一批封建文人的精神力量，也是他实现"复礼""礼治"的重要保证和理想途径。这正是魏徵所说"君子所保，惟在于诚信，诚信立则下无二心"的意思。在政治上如此，在军事方面，曾国藩也努力实践"诚"。

金陵之战时，曾国荃呕心沥血，不过是为了占有攻破天京的头功，对于曾国荃的这点心思胡林翼知道，李鸿章知道，左宗棠知道，他们只能按兵不动，只能眼睁睁看着这颗又大又甜的桃子掉在曾氏兄弟手中。当李泰国将要把轮船开进长江里时，可急坏了曾国荃。于是曾国荃上疏皇上："轮船不必进入江河，只宜在海上巡逻，防御海盗。"

曾国藩听了心里很不是滋味。他给弟弟写了一封信："你是怕李泰国到了金陵搅乱局面，抢夺功劳，为什么不以实情剀切相告？十年苦战，却让外国人以数只轮船夺去了胜利果实，使我忠义将士心灰意冷，使我中华臣民气节受侮，这样的话都可如实上奏。心中本来想说这一件事情，上疏时却在另一件事情上危言耸听，这是道光末年督抚的陋习，欺蒙宣宗可以，文宗就难欺蒙了，现在更不能欺蒙了。

"七条轮船入江一事，我已上奏过三次询问过两次，就是不准李泰国帮助攻克金陵、苏州。李鸿章也曾两次上书恭亲王，想必恭亲王定会心怀内疚。只是太平军还没有消灭，不想再树一个大敌，所以隐忍下来出此一计。君相都把我们兄弟视为心腹，而弟弟你上疏却言不由衷。恐怕朝廷会怀疑我们兄弟意见不合，甚至会怀疑你善用权术。"

信中，曾国藩对弟弟的批评之意不掩而发，其千言万语背后不过一个主旨：无论从哪个层面上来说，言不由衷都是不合乎为臣原则的行为。曾国藩虽然理直气壮地指责弟弟，但他本人也并不是时时处处都以"诚"为原则。在他看来，偶尔的不诚并不代表全部，也不能否定一个人的处事原则，就像对敌人、对恶人，就没有诚的必要。

生活中也有很多善意的谎言，是没有任何恶意，也不会造成伤害的，这样的不"诚"我们可以接受，但是毕竟这样的善意谎言只是生活中的一小部分，我们还是应该做到诚实，真诚待人，真诚做事。

曾国藩的一生对人诚恳，做事诚实，他的生活少些遮掩，胸怀中多些坦荡。在现代，"诚"是情商中必不可少的内容，在日常生活中，人与人之间的诚还是不可避免的。无论何时何地，对待怎样的人或事，尽量做到诚实，会让我们的人生减少许多遗憾，多很多色彩。诚为人立之本，没有诚，一个人也就不能称之为人了。坚守"诚"这一字，是对别人、对自己最大的尊敬。

遏欲不忽隐微，循理不间须臾

【原文】

慎独者，遏欲不忽隐微，循理不间须臾，内省不疚，故心泰。

【译文】

谨慎独处的人，就是要遏制自己的欲望，就连最隐蔽最微小的部分也不会疏忽，为人处世遵循自然之理，一刻都不会间断，每当自我反省时都会问心无愧，所以，心胸泰然自若。

【解读】

在只有自己的时候，人会暴露出最真实的本性，显露出最真实的自己。这种情境下，我们可以不用去考虑任何人的感受，不用为了说一句话就思前想后，心思千回百转，所以人们可以在独自一人时放开一切束缚，无拘无束地做自己。这样独立而没有束缚的空间是每个人在心底的渴望。

有这样的空间，做回最真实的自己固然好，但是物极必反，在好的同时弊端也在悄然出现，如果不注意不克制，那么后果将不堪设想。没有众人眼光的注视下，偶尔地为自己松绑可以减轻压力，但是因为没有公众眼光的约束而毫无节制地放纵自己，有可能会演变出一些不合理的行为，这样反而会让人远离安然。

一个擅长与自己独处的人，反而在一个人的时候严格要求自己。这种带着镣铐舞蹈的人，之所以要给自己一个框架规范，目的是为了让自己不因放松而放纵。这考验的是一个人的自制力和自知力，以求做到"在独处无人注意时，也要谨慎不苟"。

曾国藩在逝世前，总结自己一生的处世经验，写了著名的"日课四条"，即慎独、主敬、求仁、习劳。他把"慎独"列为四条处世经验之首，足见他对"慎独"的重视。一个人的时候能够慎独，管好自己，那么在人多的时候，对自己会有更大的把控力，从而对人际往来应对自如，游刃有余。

曾国藩真正开始慎独的修养历程是在清道光二十二年（1842年）十月初一，他在日记中这样记载了这一天的经历："拜倭艮峰前辈，先生言'研几'功夫最要紧。颜子之有不善，未尝不知，是知几也……"所谓"知几""研几"，都是对自我的省察。《易经》中说："几者，动之微也，"内心深处每一个念头的活动，每一个念头都自己察知，如此才能在"独"时"慎"。

曾国藩在倭艮峰先生的督促下，每天都学着倭艮峰先生的样子静坐，读《易经》，写日记检查自己的心理、行为。他每日静坐半时，以求提高自己的心性修养。静坐的过程中，两耳屏蔽嘈杂的声音，两眼默闭不看沧桑变幻，身体和心灵在沉寂和思维中安静，从而获得心境的升华和清明的认识。他的静坐已不再仅仅是养性的方式，而是一种对人生进行沉淀和积累的行为。

心静对一个人的作用非常重要。一个人如果心浮气躁，没法静下来的时候，根本没办法客观地看待事情，也就不可能觉察出自身的错误；但是只要稍稍入静，稍作停留，仔细反思，自然会恍然有所悟，认识到自己错在何处。沉静中获得自知，而人一旦有了自知之明，有了这一觉悟，就能慢慢加深自己心静的功夫。当这番功夫到一定的火候"遏欲""循理"就不会是刻意，而是自然而然的一种行为。有了这样一门慢慢加深的静功，就算不静坐，也能时时警惕自己的想法，把每一个不像话的念头扼杀在萌芽状态。

梁启超先生说，曾国藩其实并不算天资聪颖，他的成功就在于能够反省自己的不足，日渐改进。曾国藩没有过人的天资，却能做到很多人做不到的事情。因为他能真正做到一个人的时候恪守"慎独"二字，能够做到"遏欲不忽隐微，循理不间须臾"，如此内省不疚，心无所避，自然胸怀泰然。

剖析公私，精研得失

【原文】

心之际乎事者，已能剖析乎公私，心之丽乎理者，又足精研其得失。

【译文】

在心遇到问题的时候，已经能够解剖分析其中公私间的区别，在心联系道理的时候，又能够足够精辟地研究其中的得失。

【解读】

人在遇到问题时，难免会在心中思量，权衡利弊。在没有他人督促和指导的情况下，不同的人面对同样的问题做出不一样的决定。而从其所做的决定，可以看出他是君子还是小人。君子即使是在独处之时，也能做到严于律己，恪守道德；而小人在独处时，心中的妄念会不受约束，可能会因为利欲熏心做一些贪图私利的事。

孔子说过："君子求诸己，小人求诸人。"君子对自己严格要求，自立自强，凭自己的能力来获得成功；而小人却满心想着怎样通过别人来达到自己的目的，怎样从别人身上得到好处。曾国藩饱读诗书，对于修身立德有自己独到的见解，他在《君子慎独论》中指出，君子与小人的差异，可以从他们是否做到慎独来判断，所谓君子"心之际乎事者，已能剖析乎公私，心之丽乎理者，又足精研其得失"，即使没有他人的眼光逼视，君子依然时刻秉持原则处理问题，从纷杂的事务中抽丝剥茧，将私事与公事分开对待，充分地研究得失，从而对于自己所做之事是善是恶成竹在胸。

战国时，鲁穆公的丞相公孙仪有吃鱼、爱鱼的嗜好，于是全国的人都争相买鱼来献给他，公孙仪却不接受。他的弟子问其中缘由，公孙仪回答说："正是因为爱吃鱼，所以我才不接受别有用心之人送的鱼。如果我收了，将来一定会迁就他们的表现；而这种迁就的行为可能会影响我对事物的合理判断，导致对法律、道理的歪曲和破坏，结果就会有被罢免相位的危险。到时且不说不会有人再送我鱼，我自己可能也不会有能力买鱼了。相反，如果我现在不收别人给的鱼，一切的假设都不会实现，也就不会被罢免宰相，这样我也就能长期给自己买鱼吃了。"

公孙仪在处理问题时公私分明，处理问题时能在一个较高、长远的角度看问题，做出明智的决定，这便是一种慎独的表现。人在处理一些与自己切身利益相关的事情之时，总是会有偏向自己的心理，这无可厚非。然而一旦做错了决定，做出了有违自己良心、有违社会道德之事，则需要以更大的代价来偿还。

春秋末年，楚平王为达到联秦制晋的目的，想让太子建和秦女孟嬴结婚。为实现这一企图，他派费无忌到秦国迎接秦女孟嬴。孟嬴年轻貌美，费无忌一见倾心，于是动歪念，转而劝楚平王迎娶孟嬴。

楚平王好色，费无忌的提议正好遂了他的心思，将孟嬴纳为自己的妃子，费无忌转而侍奉平王。由于担心太子建登位后对自己不利，费无忌便不断离间平王和太子建，迫害太子建与伍奢全家，伍奢之子伍子胥侥幸逃到吴国，给楚国大乱埋下了伏笔。

公孙仪和费无忌两相对比，一个公私分明，能从未来的角度看现在的诱惑，所以能耐住诱惑做出明智的决定；一个公私不分，经不起诱惑，徇私情的同时为自己的未来埋下了祸根。

当面对公事与私事的冲突、个人得与失的抉择之时，权衡利弊，公私分明，目光长远，这是曾国藩所推崇的一种慎独表现。自古君子受人尊敬而小人遭人唾弃。一个人可以没有君子的学识，但可以通过修身养性、慎独自处而使自己不沦为小人之列。"剖析公私，精研得失"寥寥数字，包含的却是古人修身养性的大智慧。

善之当为，不善之宜去

【原文】

则夫善之当为，不善之宜去，早画然其灼见矣。

【译文】

那么，对于良善的事情应当去做，不良善的事情应该远离，这个道理，早就了然于胸，并有自己的真知灼见了。

【解读】

慎独包含很多方面，严于律己，不苟私利是慎独，面对复杂的选择，知道什么是好的,什么是不好的,并能做自认为对的、远离自认为不对的,也是慎独的表现。

曾国藩所强调的"善之当为,不善之宜去"针对的就是第二种层面说的。所谓的"善"是慎独中最基本的要求。没有对善的认识和主动向善的心,那么一切慎独都毫无意义。

在众人面前摆出一副慈善的面孔并不难,难的是在独处的时候也怀有一颗善心。善根植于灵魂深处,有其自身的生命力,而非一件衣服穿在身上就有了。善是由内而外的一种焕发,其根系越是发达,其枝叶也就越繁茂,即使一个人长得丑陋,其内心友善,也会让人在跟他的接触中感受到他内心散发的温暖。如果仅仅把善当作一件出门见人时要穿的衣服,那么衣服总有破旧的一天,到时候真面目公之于众,再华丽的善之伪装也不过分文不值。

曾国藩说:"善之当为,不善之宜去。"意思是说一件事是善的就去做,不是善的就远离。做一件事时,在内心形成了对善恶评判,然后就是行动了。然而真正的善是发自内心的,是顺遂心意的,如果只是拿来炫耀,那么这种"善"付诸行动,反而会适得其反。

春秋时期,晋国有一个炙手可热的大臣赵简子。这个人有个喜好,每逢过年,都要让城中百姓为自己捉很多斑鸠,然后由他统一放生。

有一个门客问他为什么这么做,赵简子回答说:"为了表现我对生灵的爱护,彰显我的仁慈之心。"

门客听后说:"您的出发点是好的,但是大人没有想到,老百姓在追捕斑鸠的时候,可能会无意中弄伤、弄死很多斑鸠。固然,有大批的斑鸠被您放生了,但是在您不知情的背后,已经有更多的斑鸠为您的仁慈之心葬送了生命。如果您真的想要展现慈悲,不如从今以后禁止捕捉斑鸠。"

赵简子听了门客的一席话,背着双手在府门里踱来踱去,仔细地思考了一阵子,默默地点了点头说:"你说得很对。"

有行善固然是好的,但是在行善之前,先要判定这件事是否真的能起到善的效果,所要付出的行动本质是否真的是善。行善不只是需要一个善的初衷或是善的外表,最主要的是它所带来的后果是否是善的。善也有真善和伪善,如果只是追求一种形式,而不去考虑其真正的意义,那么这种善就是伪善,它可以掩人耳目,但无法长久,真正的善要经得起时间的考验。

其实,行善就如曾国藩说的,善的就去做,不善的就不去做,是一件很简单的事,难的是有些人把善当作一种手段,把善想复杂了,把很多利益得失掺进善中,那么这种善也就并非是善了。而慎独对善的追求,最本质的就是去除私利,这样的话,无论是在众人面前还是独处,善都会永存于心,而善根治于心时,其他方面的慎独也就容易得多了。

心忠贞不贰,言笃实不欺

【原文】

思诚者,心则忠贞不贰,言则笃实不欺,至诚相感,故神钦。

【译文】

思想诚实，待人真诚的人，内心就会忠实、坚贞，没有二心，言行则真实没有欺瞒，特别的真诚感动天地万物，所以神灵为之钦佩。

【解读】

诚信对于一个人的重要性众所周知，它决定了一个人的道德高度，以及我们在他人眼中基本的形象。以诚待人，能得到他人的信任和尊敬；满口谎话，口是心非，不但令人厌恶，对于自身也是一种折磨，毕竟谎话藏在心里就像一根刺扎在心里。心中藏着秘密的人，总是捕风捉影，生怕别人识破自己的真面目，为了一句谎话，而不得不编出更多的谎言来弥补，如此恶性循环最终就成了弥天大谎。一旦谎言被拆穿，不但是对他人情感上或是物质上的伤害，同时也会给自己造成无法弥补的损失。

为此，曾国藩强调内心的忠诚和言行的笃实不欺，希求通过这样的要求做到正直无私。他有一个"尚诚尚拙"的人生哲学，认为"天下之至诚，能胜天下之至伪；天下之至拙，能胜天下之至巧"。诚信乃立人之本，古之成大事者，莫不是诚信之人，诡诈狡黠之人即使获得成功，也被冠以"枭雄"的名号。

所谓"得人心者得天下"，而得人心说的就是博得天下人的信任。一个贤明的君主，如果没有诚信，会失去治国的根基。古往今来，关于诚信的事例不胜枚举。宋濂连夜抄书，曾参诚信教子，他们用自己的行动向世人昭示了一个深刻的哲理，那就是：只有诚信的人才能获得别人的信任和尊重，才能有所作为。

秦朝末年，楚地的季布性情耿直，为人侠义，凡答应别人的事，一定要履行诺言。楚汉相争时，季布作为项羽的手下，曾多次建言献策，让刘邦的军队吃了不少苦头。后来刘邦当皇帝，想起这事，便下令通缉季布以消心头之恨。

曾经受过季布帮助的人，得知季布的遭遇后，纷纷出手帮忙，不久，乔装后的季布来到山东，在一家姓朱的人家当了佣工。

朱家明知他是季布，仍不顾杀头危险收留了他。后来，朱家又到洛阳托刘邦的老朋友汝阴侯夏侯婴为季布说情。最后刘邦听从了夏侯婴的劝说，撤销了对季布的通缉令，还封季布为郎中。

季布为人耿直，恪守诚信，所以能博得他人的敬重，因此别人能在他遭遇危难时施以援手，使他不但保住了性命，还重新步入了仕途。如果季布乃华而不实之人，也许早就命丧黄泉了。

孔子在《论语》中说："人而无信，不知其可也。"意思是说，如果一个人不讲信用，说话不算数，这个人就不可能做成什么事情，更不可能在社会上立身。

俗话说："精诚所至，金石为开。"真诚是打开人们心灵的钥匙。在人际交往中，真诚待人，与人建立和保持友好的关系，赢得他人的信任，办起事来就可以左右逢源，自然也就奠定了成功的基础。曾国藩的诚信之道，不是获取成功的一种手段，它是一个人道德修养的表现，是一种做人的原则。诚信做人、以诚相待不是一时之需，而需时刻坚守，能坚守诚信的人，自身修养自然就会提高，也才有了做一个品德高尚之人的先决条件。

存心养性为体，民胞物与为用

【原文】

求仁者，体则存心养性，用则民胞物与，大公无私，故人悦。

【译文】

追求仁义的人，本体要心存仁义滋养的天性，作用是对百姓的养护之心，如此从公众的利益着想，不存私心，才能够使人心悦诚服。

【解读】

时人常言，心有多大，舞台就有多大。如果人们总是否定自己，觉得自己只能做小池塘中的虾，那么我们就永远没有机会亲身体验大海的广博。无论在生活中跋涉，还是在职场中打拼，人要想使自己的内在丰盈起来，达到内圣的境界，首先要从选择好的起点开始，给自己一个宏大的目标。

对于这样的解读，有人会一笑置之，有人会嗤之以鼻，认为这就是痴人说梦。但是试想一下，就算是做梦又怎样，倘若连这样的梦都不敢做，又何来做成一说呢？这个世界上，有许多人对命运都有着种种疑惑、埋怨，甚至怨怼，觉得命运不公，自己总是不得志，把一切失败的理由都推给命运，但是其实这些都是失败之人给自己找的借口而已。曾国藩的弟弟也曾这样抱怨过，对此曾国藩在信中如此劝解弟弟：

"六弟自怨数奇，余亦深以为然；然屈于小试，辄发牢骚，吾窃笑其志之小而所忧之不大也。君子之立志也，有民胞物与之量，有内圣外王之业，而后不忝于父母之所生，不愧为天地之完人。"

曾国藩的六弟曾跟他抱怨说自己的命运实在是不好，总是遇到挫折，然后郁郁不得志。曾国藩就宽慰弟弟说，虽然他也认为六弟的命运不佳，但只是小受挫折就发牢骚，显得他的志向太小而心中忧虑太大。君子的立志，有为民众请命的器量，有内修圣人的德行，外建王者称霸天下的雄功，然后才不负父母生育自己，不愧为天地间的一个完全的人。曾国藩认为，既然人立下了这样那样的志向，再提出各种各样的借口，就应该扪心自问当初的志向是不是真实了。

一个人的志向包括两个层面。从小的层面来说，立志要以自我提升为根底；从大的层面来说，立志要有为国、为他人的愿景。把两个方面联系起来，就是曾国藩所说的"体则存心养性，用则民胞物与"，他把"存心养性"放在首位，因为这层面上个人有绝对的掌控力，毕竟为国、为民不是每个人必须有、能有的情怀。

人的梦想千万种，梦想有大有小，有崇高有平凡，但无论梦想是什么，都没有人会去拒绝让自己拥有一个更加美好的人生。那么不妨把目标定得大一点，远一点，给自己一点动力，让自己平凡的人生多一些色彩，要敢做梦，因为只有敢做梦，将来才有实现的可能，不要因为目标太远就不敢想，别让自己连做梦的权利都失去了。

曾国藩少年立志："少不自立，荏苒遂泊今兹，盖古人学成之年，而吾尚如斯也，不其戚矣！继是以往，人事日纷，德慧日损，下流之赴，抑又可知，夫疾所以益智，逸豫所以亡身，仆以中材而履安顺，将欲刻苦而自振拔，谅委其难之！"

曾国藩成年之后，再次立志："有民胞物与之量，有内圣外王之业，而后不忝于父母之所生，不愧为天地之完人。"在参加科举考试的过程中，他意识到自己眼下的素质同内圣的境界尚有很大距离，所以一到北京，他就将"不为圣贤，便为禽兽；莫问收获，但问耕耘"当作座右铭，时时以"君子当以不如尧、舜、周公为忧，当以德不修、学不讲为忧"来鞭策自己。为此，他特意写就《立志箴》以自励："煌煌先哲，彼不犹人？藐焉小子，亦父母之身。聪明福禄，予我者厚哉！弃天而佚，是及凶灾。积悔累千，其终也已；往者不可追，请从今始！荷道以躬，与之以言；一尚息活，永矣弗谖。"

　　曾国藩在清朝晚期内忧外患之际，能办团练，带领湘军取得与太平天国战斗的最终胜利，还能办洋务，倡海禁，能取得这样的成就，就是因为他有这样的梦作支撑。有了这个梦，他就不会束手束脚，就能痛快淋漓地大干一场。也是这个梦最终成就了他晚清四大中兴之臣之首的美名。

　　如果一个人想要取得成功，那么高瞻远瞩的目光和敢于做梦的勇气是不可或缺的，这个道理是经几千年岁月检验而得出的真理。有些梦想可能看起来会有些不切实际，但是它们是成功路上的无价之宝。有梦想，才会有勇气去追求、去奋斗、去拼搏。梦想永远不会太晚，有梦就有无限可能。

内圣的四种境界

【原文】

　　古来圣哲胸怀极广，而可达于德者，约有四端：如笃恭修己而生睿智，程子之说也；至诚感神而致前知，子思之训也；安贫乐道而润身晬面，孔颜曾孟之旨也；观物闲吟而意适神恬，陶白苏陆之趣也。

【译文】

　　古今圣贤先哲们的心胸情怀都非常宽广，然而能够达到至圣大德境界的人，大约有四种：如程颢和程颐所说的那样，诚恳谦恭，注重自我修养而萌生出聪明睿智的人；如子思的遗训所表达的那样，诚恳到极点感动了神灵，进而达到预知未来的境界的人；如孔子、孟子、颜回、曾子等所说的那样，安于贫穷，乐于奉行自己信仰的道德标准，进而身体健康、面色红润的人；如陶渊明、白居易、苏轼、陆游等所说的那样，欣赏大自然的美景，闲适地吟咏诗赋，因而意态舒适、神色恬然的人。

【解读】

　　"内圣"一词最早见于《庄子·天下》，指的是人格理想，其内涵通俗地讲，就是修身养德，要求个人做一个有德性的人。虽然"内圣"一词不是直接出自儒学和孔子之说，但《天下篇》作者所阐述的"内圣"与孔子儒家思想有相通之处，孔子认为，一个人能不能成为品德高尚的仁人，关键在于自己。

　　曾国藩总结了古人在修身方面的经验，提出了"内圣之四大境界"的说法，他认为，人的修为达到这四种中的任何一种，都可以说是达到一定的高度。这四种境界分别是程颢和程颐所说的"笃恭修己而生睿智"，子思所说的"至诚感神而致前知"，孔子、孟子等人所说的"安贫乐道而润身晬面",陶渊明、苏轼等人所说的"观物闲吟而意适神恬"。

第一种境界:笃恭修己而生睿智。

程子,即程颢和程颐,他们在中国儒学思想发展史上占有很重要的地位,是中国儒学第二次复兴的主要骨干人物。在修身的问题上,他们都主张诚恳谦恭,认为要想变得聪明睿智,需要"以诚敬存之",要从正心、诚意、修身做起。

北宋时期,进士杨时好寻师访友,探讨学问。他曾经拜师程颢门下,深得程颢器重。程颢死后,杨时被推荐到程颐门下,在洛阳伊川书院中求学。当时杨时已过不惑之年,学问造诣已经很高了,但他依旧虚怀,不骄不躁,尊师敬友,被程颐视为得意门生。

一天,杨时同一起学习的游酢向程颐探讨学问,正逢程颐在午睡。杨时便劝告游酢不要打扰老师,于是两人只得静候门外。这时鹅毛大雪越下越急,天越来越冷,他们的脚已经被冻得不行了。游酢有些受不了,几次想叫醒程颐,都被杨时拦了下来。

不知过来多久,程颐才起身推门,赫然发现门外的两个"雪人"。明白了其中缘由后,程颐大受感动,更加尽心尽力地向杨时倾授自己的学问,杨时不负众望,学有所成。之后,杨时回到南方传播程氏理学,且形成独家学派,世称"龟山先生"。

无论做什么事情,好的态度是有所成的基础,能"诚"能"敬",赢得他人的青睐,换得的成就无论大小,都是一种成功。杨时正是因为其诚恳恭俭的态度才深得老师的青睐,也才有其之后的成就。不论是学习还是办事,都本着诚恳恭俭的心态,既可以赢得他人的尊重,同时也会使自己变得聪明睿智。

第二种境界:至诚感神而致前知。

"至诚感神而致前知"是孔子的嫡孙子思提出的,"诚"是子思思想体系的道德准则。子思在《中庸》中曾说"至诚如神",他认为一个人如果达到至诚的境界,连神明都会感动。这一点与曾国藩的"思诚则神钦"颇为相似。不管子思之一说法是否属实,却是对"诚"这种态度的肯定。做人诚实守信,态度诚恳是修生养德的一个重要途径。诚实守信,为人正直,胸中就会有刚正之气;态度诚恳,心态就会平稳,会有海纳百川有容乃大的气度。而这也正是内圣的另一重境界。

第三种境界:安贫乐道而润身晬面。

孔孟推崇安贫乐道,他说"安于贫穷,以坚持自己的信念为乐",人的一生注定波澜起伏,有得有失,在经历大起大落之时,心态如果向海浪中的帆船一样随着风浪跌宕起伏,那帆船很有可能会被海浪推翻。如果能以安贫乐道的心态坦然面对,把自己的信仰化成汪洋中的磐石,那么任风浪再大,我们的心灵依然可以以不变应万变。

人的欲望无休无止,荣华富贵的诱惑往往使人们忘记了最初的目的。其实无论荣华还是富贵,最本质的还是寻求一种内心的快乐与安逸。有些人虽然衣食无忧,但整日眉头紧锁;有些人虽然家境贫寒,却过得轻松自在,他们的区别正在于有着怎么样的心态:若内心富足,则可身处陋室而不知;若内心贫瘠,住在豪宅也仍觉凄凉。曾国藩追求的内圣,在于修炼这种安贫乐道的心态,已达到无欲则刚,无欲则强的境界。

第四种境界：观物闲吟而意适神恬。

陶渊明是众所周知的隐士，因仕途不顺而归隐山林，每天过着"晨兴理荒秽，带月荷锄归"的田园生活。曾国藩自小接受儒家的思想，自然提倡儒家的积极入世，像陶渊明这种出世的做法并不被曾国藩推崇。但是归隐田园毕竟只是一种形式，虽然曾国藩不提倡隐居乡野，但他也追求观物闲吟的悠然心态。尤其在现代这种追求效率，生活节奏快的社会，每个人都忙忙碌碌，神经紧绷，急着向前赶路，没有时间停下来放松一下心情。

生活在红尘俗世中的人总是为俗世所累，在曾国藩看来，这样的人注定是凡夫俗子，不会有所作为，更无法达到内圣的境界。其实，即使身处尘世，也不必把自己逼得太紧，尽管生活压力有时会很大，但偶尔也应放松，虽不能像陶渊明那样归隐，也可以试着体验一下那份悠闲恬淡的心情，精神放松，心态就会更加泰然，自身的修为也就会更上一层楼。

在为人做事时本着一颗诚恳恭俭、守信正直的心；面对有起有落的人生际遇，懂得以安贫乐道的心态处之；在纷纷扰扰的生活中，偶尔放慢脚步怡然自得的修养身心，那么人生就会无往不胜、逍遥自在。

第二章 明 强

高明由于天分，精明由于学问

【原文】

高明由于天分，精明由于学问。

【译文】

人之所以高明，是因其来自天赋资质，而人之所以精明，是因其来自真才实学，有学问。

【解读】

什么是成功的基石？一千个人会给你一千个不同的答案，但是这些答案中一定有一些是重叠的。那些成功人士在讲述自己的故事时，往往会谈他们怎样由一贫如洗变成百万富翁，怎么从一文不值变成众人崇拜。但是无论他们的经历如何多姿多彩，其中都有一个共同点，那就是因为他们有先见之明，才取得了成功。

见识，其实是一个人成功所必需的素质之一。它要求做到明晓大体，能够窥一斑而知全豹。这看似很难做到，其实并不是这样，要做一个有识之士并非难事，每个人在出生起就被赋予了发现的双眼，如能够善加利用，就可以成为一个善于观察、分析的人。

曾国藩认为要做一个有识之士，就要做到一个字"明"。这个字既是光明的明，也是明白的明。对于一个"明"字，曾国藩在不同的方面赋予它许多不同的含义。

作为一个官员，"明"要求在治国上就必须为百姓负责，要做到公正严明。

"明"在处理复杂的人际关系上，则要求聪明机敏、明哲保身。

"明"在鉴别选优人才上，要求要善于识人，更要善于将合适的人才安排到合适的职位上。

最重要的一点，"明"在个人的修身养性上，要求有自知之明，要懂得安时处顺。

简单地说，要想做个有见识的人，有两个步骤：

首先，要学会认识你自己。一个连自己都看不清的人，怎么能够参透人性，豁达于世？怎么能够从细微之处推断未来的发展？

其次，在认识自己之后，就可以具体问题具体分析，试着运用最适宜的方法来解决不同的问题。

做到了前两点，自然而然就可以做到远见卓识，更能够顺势而为，取得成功。

曾国藩认为，"高明由于天分，精明由于学问"，那些天纵英才，有着聪颖过人的高明的见识，而普通人也可以通过后天的勤奋学习和历练来获得精明的眼光和睿智的见解。

曾国藩自认天资愚钝，所以十分重视后天的学习，他在给弟弟的信中说："我们读书只为了两件事,第一件是为了增加自己的品德修养,讲究追求诚正修齐的道路,用来弥补天生不具备的品行;还能够借助读书来实现自己的志向,拼搏进取。"

对于曾国藩而言,读书是实现自己志向的工具,弥补自己不足的帮手,更是认识世界,了解时弊,学习国家最需要的知识的方法。曾国藩的一生都与书为伴,甚至到临终之时仍然在不懈地学习着。正是因为曾国藩勤奋好学的做法和坚持不懈地努力,使他自年轻时就有着高人一等的远见卓识,对于时局有着独特的看法和见解。

清道光三十年(1850年)正月二十六日,咸丰皇帝即位。由于时局动荡,随时威胁着清王朝的统治。咸丰帝为渡难关,颁诏求言,封章密奏。许多有志之士都应诏陈言,直谏流弊。曾国藩也是其中之一,当时的他掌理全国庶政的六部中,除了户部之外五部的侍郎。没有人比他更熟悉清王朝的政情利弊、官场风习、民生疾苦与军事外交。

曾国藩目睹紧张的局势,上书多篇,从不同的方面切入问题,每一个问题他都能够详细指出病因所在和解决方法。他认为国家的忧患大致在两个方面:一个是国家的财政不足;一个是军队的涣散。然而这两方面并不是彼此孤立的。曾国藩认为解决这一困境的方案很简单,就是先节饷,在对军队进行强化训练,对士兵进行筛选。为了说服皇上,他列出了各地军队的种种腐败状况,更是有见识地提出"兵贵精而不贵多"的道理。

除了奏折之外,曾国藩对清王朝的忠心在他的家书日记中每每展现,如"兄弟尽力王事,各怀鞠躬尽瘁、死而后已之志"这类的话,数不胜数。他一心关心国家,为使苍生免受战乱之苦不惜死而后已,其忠诚爱国昭然可见,作为一个有识之士,首先要看得清自己,其次才能够推及他人,甚至人生。所以曾国藩十分重视提高自身的道德修养和知识广度。一个"明"自既简单也困难,不过如果能够做到肯努力坚持,细心地从自己生活的点点滴滴去学习领会,做个生活的有心人,渐渐地就能成为一个"明"人了。

要做一个"明"人,可以尝试以下几点:

第一,勤于学习,培养自己的分析、思维和处理信息资料的能力。

第二,关注时势,随时关心可能影响到自己的一切大事小情。

第三,勤于思考,对于自己观察到的信息进行整合分析,并据此判断于己最有利的下一步行动。

第四,行动时要关注周围人的反馈,并据此随时进行适当调整。

同时,做事要铭记曾国藩提倡的"明",在做任何事情之前懂得理性地思考,不以力量上的强大来赢得尊重,尽量用柔的一面去对待别人的咄咄逼人,这样的人更能在将来胜任大事。

心中极明,而后口中可断

【原文】

总须心中极明,而后口中可断。

【译文】

总之,必须在心中对事物特别明了,然后才能在言语上对事物做出正确的判断。

【解读】

孔子在《论语·季氏》里说:"言未及之而言谓之躁,言及之而不言谓之隐,不见颜色而言谓之瞽。"这句话有两层意思:一是不该说话的时候说了,叫作急躁;二是应该说话的时候却不说,叫作隐瞒;三是不看对方的脸色变化,贸然信口开河,叫作闭着眼睛瞎说。

这三种毛病都是没有做到"心中极明,而后口中可断"。曾国藩认为,心里没有想明白,就先在嘴巴里把没有经过深思的话放了出去,是鲁莽,是不"明";反之心里先想明白了,知道了哪句话该说、哪句话不该说、哪句话该拐弯说,才是"明"。而要达到这种明,实际上不过是把握话机罢了。

说话是双方的交流,不是一个人的单方面行为,它要受到各方面条件的制约,如说话对象、周边环境、说话时间等等,所以说话要把握时机。如果该说的时候不说,时境转瞬即逝,便失去了成功的机会。同样,如不顾说话对象的心态,不注意周边的环境气氛,不到说话的火候却急于抢着说,很可能引起对方的误解。如果信口开河,乱说一通,后果就更加严重。所以掌握好说话时机是相当重要的。

没有掌握最恰当的时机说话,不论话的内容有多么精彩,也不会有任何意义,很难使对方接受你的意思。这就犹如一个有着强健体魄、良好技艺的棒球运动员,没有掌握好击球的瞬间,结果挥棒便只能落空。

武断自己之事为害犹浅,武断他人之事招怨实深

【原文】

武断自己之事,为害犹浅;武断他人之事,招怨实深。

【译文】

只凭主观对自己的事情做判断,所造成的危害还不算大;主观臆断别人的事情,那么,招致的怨恨就实在深了。

【解读】

曾国藩经常在家信中对子弟说:欲成大事,"明强"为本。明与强各有指代;明,即智;强,即勇。明强,即为有智有勇,有智的同时有勇,是曾国藩所认同的。而"武断"虽为"强"的一种,却因为没有"智",变成了一种蛮干、断想,是为曾国藩所不认可的。

他认为一个人在自己的事情上武断,不至于造成大的危害,如果在他人的事情上武断,不仅会给他人造成伤害,还会给自己招来怨恨。那么如何能做到不武断呢?曾国藩给出的答案是:要有智慧,知道什么时候该做什么事,知道在什么情况下用什么样的态度对待。

用智比用力要好,武断就是只用力不用智的莽夫之举。有些时候用智并不是妥协,也不是低头,而是采取了另外一种方法:不急于下定论,不一味横冲直撞,先适当把语

气放缓，给他人解释、改善的空间，也给自己做进一步了解、调查的时间。等到双方都尽了各自的努力，一方做了解释，一方做了细查，然后再坐下来商谈，才不至于武断他人的事，给自己招来不必要的麻烦。

当年子路问老师孔子什么是强，孔子解释说，强分两种，南方的强和北方的强。所谓南方的强，即是以宽容之心给他人空间，以柔和语气给他人教育和理解，即使面对蛮横的态度也能像打太极一般，以柔克刚。所谓北方的强，是说勇士一般的硬碰硬，哪怕以死亡相威胁也面不改色。依照孔子的理论，曾国藩不提倡的武断是一种北方的强，虽然显得威风、干脆，却难免一时鲁莽。相反不武断他人事、个人事，即是一种南方的强，是君子的强。

暂时不用强，心里却在一直坚持不屈服不顺从。比如说遇到了困难，"明"能让人知道该做些什么事情，该采取什么样的措施才能克服困难，渡过难关，而不是一味用强去横冲直撞，这样不仅不能解决问题，反而会是障碍越来越多，困难越来越难，越来越不易渡过。

曾国藩主张"思必明，柔必强"，下论断前，先思考，准备出手时，先想一下宽容以对是不是比针尖对麦芒更有效果，等这些考虑成熟了，再把自己的决定说出来，是不武断，是明强。他这样自我警示，也这样教育自己的兄弟。他在同治二年(1863年)七月一日，给弟弟曾国荃的信中讲，"强"字必须从"明"字做起，然后始终不屈不挠。如果对事情全不了解，一味蛮横，即是匹夫之勇。要等到别人用正确的道理进行驳斥，并用事情的实际后果来验证。曾国藩跟弟弟解释说自己也并不是不要强，只是因为见闻太少，看事不明不透，所以不敢轻易要强、下定论。

当时曾国藩在朝中正是处于得势的时候，如果气焰嚣张，言语放肆，一方面会让人觉得自己难以接近、恃宠而骄，另一方面还会给他人留下把柄，不利于仕途长久发展。由此来看，曾国藩主张强，并不是让人争强好胜，嘴上不饶人，行为上也不给人台阶，而是要人不迁就、不盲动，要有主见，有宽怀。

人生在世，要做到真正的强者，就要用"明"来约束自己，不要妄下定论，要做到"明强"才是真正的强者。像曾国藩一样有坚持不懈的拼劲，有忍辱负重的忍劲，有坚持到底的恒劲，又有明智的头脑的人，不成为强者是不可能的。当别人向自己说些什么的时候，耳朵要听，心思要动，切不可轻易被他人的话机误导，轻易说出未经深思熟虑的话。

谦退而不肯轻断，最足养福

【原文】

惟谦退而不肯轻断，最足养福。

【译文】

只有谦虚退让，并且不愿意轻易做决断的人，是最能够保住福分的。

【解读】

古代学者强调谦者为尊、弱者为强，意思是谦虚的人会得到他人的尊敬，真正的强者往往会掩盖其自身的本领，向外人示弱。不过示弱不代表真弱，相反它是一种真强。看似强硬的不代表真强，反而是一种外强中干。那么什么是真强呢？曾国藩认为一个人能自强，却不盲目自强，而且能结合一定的条件和场合，不失原则的同时表现谦逊，才是真强。引申出来的意思便是要想做强者，先学会谦虚待人。

有一位名人曾说过："人要有傲骨，但不能有傲气。"所谓的傲骨便是坚持孟子的集义、曾子的从自我反省，这是曾国藩所提倡的；而傲气的人则如李斯、曹操、董卓、杨素等人，他们的强是目无一切、盛气凌人，为了一己私利，所以都没有获得好下场。

历史上，强调"明强"，用谦虚谨慎的方式为人处世的例子有很多。

唐顺宗在当太子时亦好壮语，恍然以天下为任。太子有盛名，服人心，自然也是使自己顺利当上皇帝的一个先决条件。但太子胜过父皇，又往往有逼父退位的举动，所以又常会遭父皇的猜忌而被废黜。

一日，太子对僚属说："我要竭尽全力，向父皇进言革除弊政的计划！"但王叔文却告诫他："作为太子，首先要尽孝道，多向父皇请安、问起居饮食冷暖之事，不宜多言国事。况且改革一事又属当前敏感问题，你若过分热心，别人会以为你邀名邀利招揽人心，如果陛下因此而疑忌于你，你将何以自明？"

太子听得如雷贯耳，立刻闭嘴无言。其父皇德宗晚年荒淫而又专制，太子始终不声不响，直至熬到继位，方有了唐后期著名的顺宗改革。

这种含才不露、不显身手的风格，便是"谦虚得来的福分"，也就是他们知道如何对待自己的特长。

曾国藩饱读史书，对历史上过度地显露自己才能而招来杀身之祸的例子耳熟能详，尤其是身处官场，又逢乱世，各种激烈的矛盾冲突随时会把自己卷入旋涡。因此，曾国藩无论是在官场，还是在带兵之际，都时时提醒自己要小心谨慎，不让自己处在太显眼的位置，用一时的谦虚退让来保全自己永久的福分。

对于平常人而言，不做官，不必整日提心吊胆、如履薄冰地和领导说话，为领导办事，但是即使平常生活中，与人交往，也应该留心自己的言行中是否流露出了傲气，表现出了蛮强。我们经常会遇到一些喜欢吹牛的人，无论是在乘坐公车还是饭店就餐，无论是社交往来还是商务交流，这些人都会时不时地从我们身边冒出来。他们信口开河，说着不着边际的话。作为聆听者，我们只能忍受着他们自以为是的行为，虽然表面上懒得和他争论，心里对他们却是不认同的。

与其这般花里胡哨地做人，不如把心气放平，谦下待人。只要自己的实力够硬，即使自己不夸耀，别人也会由衷赞赏的。世界上任何一个真正的强者，都不自称自己是强者，他们心中都有自知之明，表现谦虚，办事漂亮，反而让别人替自己刻上了强者的标签。

在自修处求强，不可在胜人处求强

【原文】

故吾辈在自修处求强则可，在胜人处求强则不可。

【译文】

所以，我们在需要自我修行的地方追求强盛是可以的，但是，在比别人优胜的方面上寻求强盛是不可取。

【解读】

中国自古就有自立自强的传统，这是我国民族文化的重要组成。无论什么民族，无论贫富，自强的人总是受人敬重。而对于一个人来说，追求自身的强大也是大多数人自己的要求。但追求自强的方面涉及很多，有人追求在衣着上强于别人，有人追求在饮食营养上强于别人，有人追求在自身修养上有所坚持……不同的目的性造成了初衷的差异，而过程的复杂多变也给追求带来了不同的结局和形式。

有的人在追求所想的时候，总是左顾右盼，看看别人有没有超过自己，看看自己有哪些别人没有的，或者没有哪些别人拥有的。

可是，像这样在比较中追求，容易让人产生依赖的捷径机巧之心、中途改动的动摇之心、攀比的虚荣心，而这些人反而会分散人们求强的精力。一般来说，"气人有笑人无"的心态是一种枉费人生的行为，这种在比别人优势的地方寻求强盛正是自己弱点的表现。

所以，当人们发现自己技不如人的时候，抱怨与怪罪只会为自己的无知和浅显平添砝码，过分地求助于别人也会让他者白眼相对。所以，身存一份短，心生一份长，用内心的勇气去面对外在的不足，不管是金钱、地位还是其他，我们现在所拥有的也许正是别人梦寐以求的。

曾国藩在刚刚考中进士，被选为翰林院吉士之时，过着清贫的生活。当时清朝官吏的俸禄很低，连一个官员最起码的生活都无法很好地维持。曾国藩身为家中长男理应孝敬父母，身为长兄更要接济自己的子弟，但面对微薄的俸禄，他有时候也只能无奈地摇摇头，藏下心中深深的愧疚。

为了维持生计，他也试过向别人借钱，但是借钱的辛酸让他懂得受制于人的感觉，从而更坚定了他自立自强的决心。毕竟没有人可以帮助你一辈子，真正的大丈夫就应该"贫贱不能移"。他意识到了唯有节俭才能自强。自此他不求在吃食、排场上强于人，不求应酬、寒暄上强于人，只是希求在勤俭上强于人。这种求自强的方式，让他失去了一些朋友，也助他结交不少肝胆相照的知己。

不同于那些吝啬的富人，曾国藩的节俭不是为了敛财，使自己成为富甲一方的有钱人，而是为了在这方面追求自强自立。既然不能在财富上胜过他人，那就在节约上胜过他人，和一个挥霍的富人相比，一个通过节约也能过得衣食无忧的人，也是强者。

人总会有各种各样的短处，毕竟人无完人，从这个层面上来说，求强不过是在求弥补，找到取长补短、不断提升自己的方法，并用这个方法不断精进，使自己的短处不足以限制个人发展，即是在做自强的努力。一个不求个人努力的人，即使在吃穿住用行各个方面强过他人百倍的人，也不会靠自己的能力打出自己的一片天地。所以与其和别人比这比那，不如像曾国藩所说的"在自修处求强"，发现短处弥补它，发现长处发挥它。

第三章 坚 忍

居官以坚忍为第一要义

【原文】

昔耿恭简公谓，居官以坚忍为第一要义，带勇亦然。

【译文】

从前，耿直的恭简公说过，做官要把保持坚忍作为最重要的，即使是心中怀有奋勇之气，也应该是这样。

【解读】

"坚忍"不仅是简简单单的两个字，更是一种处世的态度。人最厌烦的就是遇到麻烦时那种剪不断理还乱的复杂，让人烦闷不已。倘若我们可以平心静气处理这些麻烦，再复杂的事情也能够抽丝剥茧，逐渐变得清晰。然而，有时候难就难在忍耐烦扰之事。

中国有句话叫作高处不胜寒，居高位者必然有别人无法体会的烦忧。曾国藩总结的"居官以坚忍为第一要义"不无道理。为官者一定要懂得让自己处世不烦，对所有的事都要耐烦，这样才能在遇到任何难事时都能保持清醒，做出冷静、正确的判断。当官的人所遇的烦心之事，是无法推脱，无法逃避的。官场中的钩心斗角、争权夺势无须多言。世事本就是如此，倘若选择从仕的道路就该知道自己要生怎样一颗玲珑之心。

不仅为官，在为人和学习方面也要有一颗能耐得住烦躁的心。人生有万千事，事事皆烦扰，遇到这样那样的麻烦，要学会耐烦，做到耐烦。

一个成功的人既要别人的监督，也要自我监督。别人的监督可以发现自己发现不了的事情，而自我监督就可以防止给对手攻击的空隙。自制最重要的一点就是要"耐烦"，不要被外界的事情扰乱心智，以免最后自乱阵脚。

一个人的短处在平时是不易为人察觉的，只有在遇见挑战的时候才会暴露出来。在挑战面前，有人慌乱愤怒，有人则镇定自若。耐烦就是指人善于控制住自己的情绪，保持清醒冷静的头脑，不随外界的变化而动摇心智。

众口铄金，才华过人者面对无中生有的诽谤之言，心中也不免怒火冲天，与那些捕风捉影者一一对质，结果流言蜚语会因此流传更广。品德出众者对这种言论心存畏惧，控制好自己的情绪，更加注意自己的言行举止，结果流言就会偃旗息鼓，自行消亡。曾国藩努力使自己成为后者，也不忘记教育他的后辈，希望他们能够分辨两者的优劣。成为一个能够平息流言的人。

他对弟弟说："名望所在，赏罚随之。众口悠悠，初不知其所自起，亦不知其所由止。有才者忿疑谤之无因，而悍然不顾，则谤且日腾；有德者畏疑谤之无因，而抑然自修，则谤亦日熄。吾愿弟等之抑然，不愿弟等之悍然。"意思是名望总是伴随赏赐和处罚。众人的议论，不知道从哪里传出，也不知道什么时候终止。光有才能的人，会因为这些没有因由的流言心中不平，出言捍卫自己的尊严，最后流言的声音却越来越大。德才兼备的人，敬畏这些没有因由的流言，以此作为警示，更加严格要求自己，最后流言渐渐消散，不攻自破。我希望我的弟弟们遇到这样的事情能够严格要求自己，而不是出言否认。曾国藩这样说的原因，是他懂得愤怒会让人失去理智，不耐烦更是失败的源头。

清人傅山也说过，愤怒达到沸腾时，就很难克制住，除非"天下大勇者"，否则便不能做到。如果我们如对方一样发怒，就应想想这种宣泄所产生的后果。如果发怒对自己百害而无一利，那么就约束自己、控制自己，无论这种自制是多么困难。成功者，往往也是能够成功地控制自己情绪的人，懂得自制的人。

人的好胜心、求功心、逐利心使得自己总是有一种浮躁心理，总希望找到成功的捷径。"必须打好基础，才能建造房子"，这样的道理其实我们都懂，但是好高骛远，贪抄捷径的心理，却常常妨碍人们去认识这最普通的道理。浮躁之心一起，就如心生野草，东摇西摆，被急功近利的风一吹，便消散无形了，结局只能是无果而终。

所以在这个忙碌的时代，每一个人做人做事之时都要切忌浮躁虚荣。要学习曾国藩的坚忍，沉下心来，守住内心的宁静，淡泊地对待名利，踏实地做事、求学。从每一件事做起，轻松面对烦恼，坚忍沉稳，你的人生才会朝着预想的方向大步前进。

腹中怀些不合时宜，却一味浑含

【原文】

迪安妙在全不识世态，其腹中虽也怀些不合时宜，却一味浑含，永不发露。

【译文】

迪安（曾国藩之友）的妙处在于全然不知世事状态，他虽然也常常怀有一些不合时宜的想法，却一直都很含蓄，永远都没有向外透露。

【解读】

要想战胜敌人，必须先削弱敌人。削弱敌人的方法有很多，其中之一就是麻痹敌人，使其放松警惕。就好像我们写文章一样，意不可说尽，势不可用尽。恰当留白才能使文章变得更有趣味。

曾国藩不仅在写文章的时候运用这一点，做人也如此。他在日记中谈道："大抵作字及作诗古文，胸中须有一段奇气盘结于中，而达之笔墨却须遏抑掩蔽，不令过露，乃为深至。若存丝毫求知见好之心，则真气溃泄，无足观矣。不特技艺为然，即道德、事功，亦须将求知见好之心洗涤净尽，乃有合处。故曰七均师无声，五和常主淡也。"

他的意思是说，无论是读书写字做文章，都要做到厚重精练，下笔有神，表而不露，不能够有丝毫的求好、求胜心，这样才能写出好的作品。做人做事也要这样，这种"一味含浑，不轻易发露"的战术被古人熟练地运用在战场上。

战国时候，赵将李牧奉命守卫赵国北方，他熟知匈奴兵骄横跋扈的习性，因此，便对匈奴兵采取了欲擒故纵的策略。他命令部队坚守不战,甚至在军中规定:一旦匈奴入侵,全体将士务必回营自保,不得迎战,有敢捉拿匈奴人者处死!久而久之,不用说匈奴人说他胆小如鼠,士兵们也开始埋怨他是畏敌之将。边地军卒得到丰厚的供养而未能效力,也都想请求一战。于是李牧精选战车一千三百乘,精骑一万三千万匹,骁勇步兵五万人,弓弩兵十万人,加紧演习战术。同时放纵边民畜牧,使民众布满原野,诱使匈奴入侵。

匈奴见此情景,先是派遣小股兵力入侵。接战后,李牧伪装败走,丢下几千人给匈奴。单于闻之,率大军入侵赵地,李牧则出奇兵,以两翼包抄战法出其不意包抄匈奴军,一举歼灭匈奴骑兵十余万人。接着又乘胜破东胡、降林胡,单于败逃。其后十多年,赵国北边十分稳固,匈奴再也不敢接近赵国边境的城邑。

李牧抵御匈奴时,故意伪装胆怯、不敢出战,结果使匈奴中计,从而大败匈奴。要想使鱼儿上钩,就要有足够的耐心。诱使敌人中计是一个长期的过程,在这个过程中,有一系列的工作要做,要一步一步诱使对手上当。

正因为遵循这样的原则,曾国藩的文章和为人都给人一种浑厚醇正的感觉。他觉得这是一种很好的处世技巧,不同于装疯卖傻,而是要有一个人该有的厚重根基。收敛才华,积累能量,最后展现自己的实力,给别人眼前一亮的感觉。他在给属下的信中也多次分析了这种处世之法:

大抵初入仕途,每患议论之过激;阅历稍久,又患泾渭之太淆。若是非皎然于胸,而一毫不露,刚气常抱于内,而百挫不渝,斯则难能可贵。

这段话的意思很简单,就是教导人们即便心中泾渭分明,也要一丝不露,只有在适当的时机才能显现出来。

想要达到目标,最有效的方法就是先对其置之不理,压制住自己猎取的欲望,深藏自己的意图,让对方毫不察觉从而放松警惕。自制者方能制人,知道如何等待的人才能通晓获取之道。掌握此术,便能使自己更接近成功。

时时发露,非载福之道

【原文】

我兄弟则时时发露,终非载福之道。

【译文】

我们兄弟则是常常做事外露,终归不是带来福气的办法。

【解读】

时时发露的表现,就像猎物在荒原之上亮出鲜艳的皮毛,无疑是要引来猛兽的注意的。与此相对,低调一点、凡事忍耐一点,反而更利于自己安身立命。从曾国藩一生的经历来看,他确实是忍过来的。

读书时,他与一性情怪僻的书生同居一室。曾国藩的书桌离窗有数尺,为了借光,便移近窗前。那个书生发怒道:"你把我的光都遮了。"

曾国藩道："那我搁在哪里？"

书生指着床侧说："可以搁这里。"曾国藩依言搁在床侧。半夜曾国藩仍读书不辍，那个书生又发怒道："这个时候了读什么书，扰人睡觉！"曾国藩便无声默念。

这样的一件小事，反映出的是曾国藩对他人挑衅、无理取闹的一种忍耐。虽然看似软弱退让，却无疑为曾国藩匀出了很多读书的时间。倘若当时的曾国藩忍不住一时怒气，恐怕整日整夜都要跟那书生纠缠下去了，反而没了读书的清净。

当然，懂得运用"忍"字，也并非一味忍耐，软弱可欺。曾国藩初任帮办团练大臣时，凡事雷厉风行，此时的他并不想去忍耐什么，但是接下来面临的事实则让他不得不忍。

咸丰二年（1852年），咸丰帝钦点曾国藩为湖南帮办团练大臣。在长沙城里，驻扎的不仅有湘军，还有清廷的正规军，被称为绿营兵。自从清军入关，到咸丰时期已经有两百多年的历史了，但是此时的绿营兵早已英勇不再，战斗力极差。可是，清廷一向娇惯绿营兵，平日里他们不是喝酒就是吸大烟，根本就不参加正规的训练。这让曾国藩颇感为难。

曾国藩将绿营兵和湘军放在一起训练，可是让绿营兵在烈日里训练，简直像要了他们的命一样。为此，曾国藩特意让湘军将领塔齐布做总指挥，负责两支军队的训练。这样的安排引发了绿营兵将领的不满，在他们的教唆之下，绿营兵更加憎恨曾国藩和塔齐布。

平日里，因为湘军的军饷比绿营兵的高出三倍，所以绿营兵总是喜欢找湘军的麻烦，军营里也常常发生两军的械斗事件。本着息事宁人的态度，每一次曾国藩都会对参加械斗的湘军进行严惩，但是绿营兵的将领对其部将犯下的错误不闻不问。这样，绿营兵更加有恃无恐地对湘军进行挑衅。

一天，曾国藩手下的参将塔齐布带着几个关系比较好的湘军去吃饭，恰好遇上了几个绿营兵在街上酒后闹事。他们几个人看到了塔齐布，就冲上来一顿拳打脚踢。血气方刚的湘军看不下去了，冲上去教训了那几个绿营兵。绿营兵的战斗力不强，再加上人少，只有挨打的份，他们很快就招架不住逃跑了。

待塔齐布等人吃过饭后回到营地，突然从四面冲出一百多名绿营兵，将他们团团围住。塔齐布一看大事不妙，掉头就跑。绿营兵在后面一路追到了塔齐布落脚的参将府，依然没有找到他的影子，愤怒之下，一把火烧了参将府。

绿营兵的将领眼见众怒难平，就趁机点火，说了很多曾国藩的不是，结果愤怒的士兵又冲向了曾国藩的府邸，想要杀他。曾国藩听闻消息后，躲进了巡抚衙门，才逃过这一劫。

经过这么一闹，曾国藩心里明白，在长沙自己算是待不下去了。有人劝他上奏圣上，说绿营兵的将领不听从指挥，可是曾国藩没有那么做，他忍下了这口气，率领湘军移师衡州。在以后的几个月时间里，很快训练出了一支颇具实力的军队。

被朝廷委以重任的大臣，却屡屡受到排挤，甚至险些丢掉性命。换成一般人无论如何也是咽不下这口气的，但是曾国藩忍了下来，他把与别人争风吃醋、钩心斗角的精力都用在了团练上，终于以一支相对强大的正规军证明了自己的实力。

曾国藩的一时忍耐和退让，不仅让他免遭性命之危，还让他用事实证明了自己的实力。这就是忍耐的妙用，挺得、耐得才有成事的可能。为人，不仅要"跳得了龙门"，享受生命的辉煌，也要能够"钻得了狗洞"，忍受生活中所遇到的委屈。人们总是羡慕那些成功人士的高人一等、风光十足，却忽视了他们曾经"低微"的经历。凡是有大志向的人，都要忍受命运的不公和别人给予的屈辱，但他们不会一味地跟别人逞强斗狠，而是从大局出发，从大处着眼。为了实现更大的目标，忍辱负重，以曲求伸，蓄势中寻找获胜的机会。

其实，生活中暂时的忍耐是为了长久的不忍耐，现在的低头只是为了以后把头抬得更高。把拳头缩回来，再打出去，会产生更强劲回击力量。处于人生低潮的我们，不妨以曾国藩的一句话自励："吾生平长进全在受挫受辱之时，务须明励志，蓄其气而长其智，切不可戚恭然自馁也。"不放弃希望，不停止努力，我们总会迎来更美好的明天。

养活一团春意思，撑起两根穷骨头

【原文】

三更不眠，因作一联云："养活一团春意思，撑起两根穷骨头。"用自警也。

【译文】

三更时睡不着，于是写了一副对联："养活一团春意思，撑起两根穷骨头。"用来自我警示。

【解读】

天地间的高度只有三尺，想安身者务须学会低头忍耐，但低头忍耐不是没有原则，而是要保留自己的主见，办事说话可以迂回，但是原则不能有所妥协。这不仅是哲学家对人生的认识，也是曾国藩所认同的，他口中的"养活一团春意思，撑起两根穷骨头"即是这个意思。

为了长远的利益，可以一时屈从，但是骨子里不失硬气。古来由忍得以避祸、先低头而后昂首的人不胜枚举。提到忍辱负重的典型，卧薪尝胆的勾践和受胯下之辱的韩信可算是家喻户晓。除了他们，从屈辱中萃取财富，从磨难中提炼智慧人的还有很多，如在外流亡十九载的公子重耳，假如他没能经受住颠沛之苦和流离之悲，怎么能在春秋五霸中占据一席；将父仇和血吞咽、委曲求全的秦孝公，忍下割地之辱的"赳赳老秦"自此休养生息，从任人鱼肉的贫瘠小邦变成了一统天下的泱泱大国。

反观那些受不了气、低不下头的人，时常怒发冲冠或任性行事，最终的结果常常是或沦为庸人，或功败垂成。这方面的代表人物是极具悲剧意味的项羽，虽然不少人钦佩他"不肯过江东"的耿直与血性，但又莫不为他自刎乌江而扼腕叹息。假如项羽渡江而去，历史是否会重新书写？

"心"字之上立把"刀"，即为"忍"，从感官的印象就可以知道忍耐的过程是多么痛苦，就像一个七尺男儿必须在天地之间的三尺空间弯腰而行一样，从身体到灵魂都要有所担负。古人早就总结过：忍辱可负重，当利刃刺心，不能坚心忍受者，无以担起天降于斯人的"大任"。大凡成大器的古人，常有刀刺心头而不惊的气度，不仅忍得下筋骨之劳、体肤之饿，还忍得了亡国之恨、灭族之仇、占攻之欺、争锋之伤、胯下之辱……

雄鹰有时候飞的比鸡还要低，但鸡永远不能像鹰那样自由翱翔。学会低头，这是一种生存智慧。人生之路何其漫长，不可能每一扇门都是按照我们的高矮胖瘦修建而成，执拗的人若只知一味向前，不懂迂回，难免会磕碰门框，甚至撞得头破血流。智者就懂得侧一侧身，弯一弯腰，甚至从低矮的门洞中爬过，姿势固然丑了些，但终归是安全通过了那些没必要为之流血牺牲的障碍。

在崇尚个性的今天，不少人，尤其是心比天高的年轻人常常将"弯腰""低头"视为软弱甚至媚俗，事实上少些傲气不等于没有傲骨，甘居人后者的卑微姿态下往往有一颗并不卑微的心。据说，企鹅在上岸之前，先要猛地扎到水里，尽力下沉，然后借助海水的浮力蹿出水面，腾空而起，潜得越深，就会腾起得越高，这就是所谓的"蓄势待发"。

不怨不尤，反身争个清静

【原文】

余生平作自箴联句颇多，惜皆未写出，丁未年在家作一联云："不怨不尤，但反身争个一壁清；勿忘勿助，看平地长得万丈高"，曾用木板刻出，与此联略相近，因附识之。

【译文】

我一生中作过很多自我劝诫的联句，可惜都没有写下来。丁未年在家写有一副对联："不怨不尤，但反身争个一壁清；勿忘勿助，看平地长得万丈高。"曾经用木板刻写出来，与这个对联较近似，就附记在这里。

【解读】

在清政府中，要坐到高位，不仅需要一流的才智，更要具备勇毅果敢的品质，因为这一路的艰难险阻是旁人难以想见的。这种勇毅，就是坚忍；不是鲁莽死扛到底或逞强斗狠，而是不轻易埋怨他人、埋怨环境的坚忍。

每个人在通往成功的道路上都不可能是一帆风顺的，很多人或者被艰难险阻所吓倒，或者因咽不下一时之气而做无谓的牺牲，最后都无法实现自己的理想。唯有坚忍之人才能够走得更远。曾国藩自拟谥号为"文韧公"，不难看出其中对自己处事诀窍的自得。

曾国藩在与属下官员闲谈时，曾语重心长地对他们说道：我年轻时喜欢与人顶着干，别人干不好，就怨这怨那，现在老了，没力气再和人争什么了，也懒得去抱怨了，也就没有什么功绩了，看来还得挺，所以你们要记住，世上的事能不能胜，就看你忍不忍得住。

曾国藩所谓的"忍"，就是指在危急时刻，要坚持住，而在他身上，"挺"主要表现在这样三个方面：

一是对生理上痛苦的承受。曾国藩生下来就患有顽固性的皮肤病，俗称牛皮癣，发作时痛痒难忍，曾国藩几乎每天都要忍受这种折磨。然而，就在疾病的煎熬中，他仍然南征北战，丝毫不影响治军作战。他惊人的承受能力令人敬佩。对此他谈笑自若，如咸丰十一年（1861年），他给李续宜的信中说："敝疮亦小愈，然手不停搔，颇以为若。郑板桥有言：'隔靴搔痒，赞亦可厌；入木三分，骂亦可感。'阁下既吝此'隔靴'之赞，鄙人当自为'人木'之爬。何如，何如？"其言诙谐幽默，而所受之苦，绝非别人可想象。由此更显示出他的"挺"字功夫。

二是对于各种政治上的挫折和官场上的失意，他都能挺住。曾国藩在仕途上并非一帆风顺，如咸丰七年（1857年）被迫家居，同治六年（1867年）因剿捻不力而被撤职回任，对他都是很大的打击。但他并不气馁，仍以"挺"字坚持，静待时机。

三是军事上的挫败，他对付失败的办法也是"挺"，即坚忍。四次惨败，他都靠顽强的意志挺了过来，重新振作，最终转败为胜。

由于经历了无数困难，使曾国藩得出了这样一个认识：无论何人，只要想做成一番事业，就得经受磨难。他在日记中写下了自己的体会："天下事未有不自艰苦得来而可久可大者""天下断无易处之境遇"。而能成就事业的人物，必须具备与困难作斗争的意志。

忍人之不能忍，方能成人之不能成。在自己的能力不足和人抗衡的时候，选择忍耐、忍辱，是一种眼光长远的蓄势；在自己的能力已经足够和人抗衡的时候，选择忍，别人有所触犯，还能原谅，是一种宽怀。对于胸怀大志的人来说，这种忍的行为比一时逞强暴力更为勇敢。

曾国藩说："大抵任事之人，断不能有毁而无誉，有恩而无怨。自修者但求大闲不逾，不可因讥议而馁沉毅之气。"一个人要做成大事，不可能做到人人满意，无人非议，但是在面对非议时坚守住自己的信念，不轻易抱怨，不轻易牢骚，反而能给自己找到一隅清净，供自己韬光养晦。

第四章 刚 柔

圣贤者,各有自立自强之道

【原文】

从古帝王将相,无人不由自立自强做出,即为圣贤者,亦各有自立自强之道。

【译文】

历朝历代的帝王将相,没有人不是从自立自强而走向成功的,即使是圣人先贤,也各自有各自自立自强的方法。

【解读】

自古成大事者,家世、学识、为人处世或有所不同,但都具备一个共同的特点,就是自立自强。自立自强乃人之根本,从前对于这两个词的解读都过于抽象,而其真正意思,则是指独立的人格和坚定的价值观。曾国藩认为"圣贤者,各有自立自强之道",其实就是指他们拥有独立的人格和坚定的价值观。

一个人要想赢得他人的尊重,独立的人格尤为重要,人云亦云、随声附和的人也许可以显贵一时,却不能长久地为人所尊敬、信任。人格像是人的脊柱,支撑着人的整个身体,若没有这根脊柱,就像瘫痪在床的病人,不能替自己做主,而一个人若是不能替自己做主,也就丧失了独立的人格。陶渊明是东晋时期著名的诗人,虽然隐归田园,却备受后人的尊崇,这一方面是源于他过人的文采,另一方面则是因为他富贵不淫、贫贱不移的人格。汉武帝时期的苏武,也是因其威武不能屈的人格,而赢得他人的尊重,苏武牧羊的故事因此流传至今。

公元前100年,匈奴派使者来向汉武帝求和,还把汉朝的使者都放回来。本想出兵攻打匈奴的汉武帝为了回应匈奴的善意,派中郎将苏武拿着旌节,带着副手张胜和随员常惠,出使匈奴。

没想到匈奴单于却出尔反尔,将苏武关押起来,逼迫他投降,但百般劝说之后,苏武不为之所动。单于无奈,只得把苏武囚禁起来,不给他吃喝。天下雪,苏武便窝着嚼雪,同毡毛一起吞下充饥,几日不死。

匈奴见状,认为苏武有神灵护佑,更不敢动他一根汗毛,把苏武迁移到北海(贝加尔湖)边没有人的地方,让他放牧公羊,许诺他只要公羊产下小羊,便放苏武返回大汉。苏武迁移到北海后,粮食运不到,只能挖取野鼠储藏的野生果实来吃,他挂着汉廷的符节牧羊,睡觉、起来都拿着,以致系在节上的牦牛尾毛全部脱尽。

苏武出使的时候,才四十岁。在匈奴受了十九年的折磨,胡须、头发全白了。回到长安的那天,长安的人民都出来迎接他。他们瞧见白胡须、白头发的苏武手里拿着光杆子的旌节，没有一个不受感动的，说他真是个有气节的大丈夫。

苏武因为其独立的人格而受到人们的尊敬，与此同时，苏武之所以能守节十九年也是因为其坚定地价值观，正是这种坚定的价值观给了他坚持下去的动力和希望。一个人在拥有独立的人格的同时，坚定的价值观也显得尤为重要，坚持自己觉得对的，不管他人威逼利诱，都始终坚守自己的信仰，在赢得他人尊重的同时，也成就了自己的宏图伟业。

成大事者，独立的人格、正确而坚定的价值观缺一不可。独立的人格是成大事的基础，拥有独立的人格，可以为自己的事情做主而不是摇摆不定随波逐流，这样的人才会赢得他人的追随和信赖。但是，一个人格独立的人，缺少了坚定的信念，遇到困难就退缩不前，最终也难成大事。真正能赢得他人尊重和追随的，自立自强兼而有之，也就具备了成大事的重要因素。

太柔则靡，太刚则折

【原文】

近来见得天地之道，刚柔互用，不可偏废，太柔则靡，太刚则折。

【译文】

近年来体会到天地万物生存的道理，那就是一刚一柔相互作用，不可以偏执于某一方而荒废另一方，太柔软了，则容易萎靡不振，太刚强了，则容易折断。

【解读】

我们常说以柔克刚，指的是用柔软去克制刚强，从而取得胜利，这是道家的智慧。所谓的柔，不是一种单纯的圆滑，也并非对不公平的缄默无声，更不是指那种奴颜媚骨、阿谀奉承。柔，应该是一种策略，一种智慧，一种韧劲。刚则代表了强硬、不知变通、坚毅等诸多因素。刚柔相济是刚与柔之间的结合，是刚中含柔，柔中见刚。只有把刚柔的力度拿捏恰到好处，才能真正立于不败之地。

相传，孔子曾带弟子去向老子请教。孔子见到老子，恭恭敬敬地行过礼，垂手站在一旁。老子上了年纪，正在闭目静养，听到响动，抬起眼皮望了望。

孔子忙请安道："弟子孔丘前来候教。"

半响，老子张开嘴，用手指着自己的嘴问："你看我的牙怎么样了？"

孔子说："全掉了。"

老子又问："那我的舌头呢？"

孔子回答说："还好好的。"

然后，老子又合上眼皮，重新静养起来。孔子沉思片刻，悄悄地招呼弟子，吩咐他们套车回家了。

半路上，一个弟子耐不住心中的困惑，便问："老师不是来求教的吗？怎么不见您提问，就这般匆忙地往回赶呢？"

孔子看着提问的弟子笑了笑，说："其实他已经告诉了我们很多，只是你们没有领会罢了。他说，牙齿是刚强的，却又是柔弱的；舌头是柔弱的，却又是刚强的。看起来刚强的牙齿，敌不过柔弱的舌头。这不是教给我了吗？"

孔子从老子那里学来的，其实是非常朴素的辩证法。强和弱，刚与柔，本来是一对矛盾体，并无高下之分，但是老子从自然万物中总结出了自己的一套观点。在他那里，柔弱胜于刚强。他从生命的演进来推测："人之生也柔弱，其死也坚强。万物草木之生也柔脆，其死也枯槁。"他在对水的观察中得出："天下莫柔弱于水，而攻坚强者莫之能胜，其无以易之。"他还说过："是以兵强则灭，木强则折，坚强处下，柔弱处上。"

老子认为，天下最柔弱的东西，往往能战胜最坚强的东西。比如说水，水是善于利万物而不相争的，它乐于往人们所不齿的低处走，却能无坚不摧，因为它不争，所以没有忧患。因而老子说，水最合于道。水的凝聚力极强，一旦融为一体，就荣辱与共，生死相依，朝着共同的方向义无反顾地前进，故李白有"抽刀断水水更流"的慨叹。水至柔，却柔而有骨，信念执着，追求不懈，令人肃然起敬。老子认为水是柔弱胜刚强的典范，但其实水本身有其刚强的一面，用刚柔相济来形容水应该更为恰当。

曾国藩在官场经历了种种挫折之后，悟出了为人处事要刚柔相济的道理：当刚则刚，该柔则柔，刚柔相济才能在复杂的政治环境中游刃有余。在他早年的为官生涯里，曾国藩刚柔的问题想得并不透彻，常常意气用事，结果是得罪他人，难以成事。

当时曾国藩想不通，为什么自己正直行事却不容于官场。后来，在经过了苦苦思索后，曾国藩悟出了"大柔非柔，至刚无刚"的真谛，能克刚之柔，比刚更刚。他在给弟弟的信中说："近来见得天地之道，刚柔互用，不可偏废，太柔则靡，太刚则折。刚非暴虐之谓也，强矫而已；柔非卑弱之谓也，谦退而已。"

曾国藩这时已经意识到，树木刚强则容易受到摧折，太柔弱就会容易倒下。当初在长沙办团练军，就是因为没有掌握好刚柔的分寸，以刚制刚，结果不容于长沙官场。为人处世也是如此，刚柔相济才是自立自强的根本。

现实生活中，我们也要刚柔并用，以圆融为做人的基本原则。凡事不能太急躁过分，遇到强硬的对手，以柔克之。柔是实现刚的手段，刚是柔所要达到的目的，以柔克刚，就是这个道理。而不宜像曾国藩早年那样以硬碰硬，这样往往会造成两败俱伤。正确的做法是，根据客观情况审时度势，刚柔互用，把握好处理事物的尺度，机变灵活地处事，这样才能让自己在任何情况下都能游刃有余，在复杂多变的境地中立于不败之地。

刚非暴虐之谓也，强矫而已

【原文】

刚非暴虐之谓也，强矫而已。

【译文】

刚强不是所谓的暴躁虐待，而是强硬矫健。

【解读】

曾国藩认为刚强不是暴躁虐待，而是一种强硬刚正的态度。暴躁虐待、气焰嚣张会使别人顺从，但这种顺从不过是表面功夫，敢怒而不敢言不等于心服口服。曾国藩认为这样的刚是不可取的，能成大事者的刚，是一种刚正不阿的气势，让人打心底里敬畏。不论是带兵打仗还是外交国事，有了这种风范，别人会俯首称臣，也就不会受到他人嗤之以鼻。若是让一个手无缚鸡之力的人带兵打仗，无论胜败，在气势上就先输了一截。

曾国藩所说的刚也并非傻大胆，虽然刚强，但胸中无物，鲁莽行事。做起事来横冲直撞不计后果则会使事态走向另一个极端。刚而莽撞，被称为莽夫，刚而睿智，则是豪杰，二者有很大的区别。曾国藩认为，真正的刚强是强硬矫健，临威不惧，急中生智。蔺相如完璧归赵的故事，就是曾国藩所说的刚强的最好范例。

战国时候，赵王拥有和氏璧的消息传到秦王的耳朵里。这和氏璧不是普通的玉石，而是楚国原先丢失的一块名贵宝玉。秦王为了得到这稀世珍宝便派使者到赵王处商谈，说赵王只要愿意交出和氏璧，秦王可以用十五座城池来换。

赵王听完后，心里一番思忖，他知道秦王表面上是做交换的，实质上是要定了和氏璧。如果赵王不给，秦王会出兵，如果赵王给了，秦王会出尔反尔。如此想来，赵王心头一阵烦乱，便找来群臣商量对策。

蔺相如左右权衡后，请求赵王让自己带着和氏璧去见秦王。并许诺如果得不到秦王说的十五座城池，一定会把和氏璧完整地带回来。赵王听后，虽然觉得此行危险重重，但想到蔺相如向来勇敢、机智，便同意了。

到达秦国后，秦王在王宫里接见了蔺相如。当蔺相如双手把和氏璧献给秦王后，秦王爱不释手，还让大臣们一一传看。丝毫不见有谈论以城换玉的打算。

蔺相如见状，脑筋一动，说："和氏璧虽好，却有一个小瑕疵，请允许微臣指给秦王看。"秦王一听，赶紧叫人把宝玉交给蔺相如。

蔺相如接过和氏璧往后退了几步，等退到柱子那边时，突然大义凛然地对秦王说："当初大王答应赵王要用十五座城换和氏璧。赵国大臣都怕您说话不算数，可我认为大王身为一国之君是重信义的，对赵王百般劝说，他才答应让我过来的。没想到大王确实没有用城换璧的诚心。现在宝玉在我的手里，如果大王硬要逼迫我，我情愿和宝玉一块儿撞到这根柱子上！"说着，蔺相如举起和氏璧，欲向柱子撞去。

秦王见蔺相如如此决绝，不敢来硬的，便放缓了语气对蔺相如说："不要着急！"说着叫人把地图拿来，指着地图说："一共十五座城，都划给赵国。"蔺相如不敢放松警惕，便对秦王说："当初赵王命我将和氏璧送到秦国前，曾为和氏璧斋戒五天，还特意举行了降重的送玉仪式。按照礼数来说，大王今日要接受这块宝玉，也应该如此，我这才能把宝玉献上。"

秦王本来理亏，不好拒绝，便装大度地说："好！就这么办吧！"说完，他就派人送蔺相如到公馆休息。

蔺相如拿着和氏璧来到公馆，叫一个手下扮成买卖人的样子，带着宝玉偷偷逃回了赵国。后来秦王发觉这件事，后悔已经来不及了。想发兵攻打赵国吧，赵国已在军事上做好了准备，恐怕打不赢。最后，秦王十分恼怒，可又见蔺相如机智勇敢，是位难得的人才，也没有为难他，便放他回到赵国去了。

蔺相如的这种刚强是一种智勇，是经过深思熟虑后的大义凛然。因为有精密的计划、策略的支撑，他的勇气不至于让自己陷于进退维谷的境地。在曾国藩看来，刚的含义并非只有一种，像蔺相如这种恰到好处的刚可以成事，而刚有余和刚不足则会坏事。

在纷繁复杂的现状时，有快刀斩乱麻的魄力；在面对抉择时，能做出果敢的决定而非武断决绝；在面对威逼利诱之时，态度强硬，临危不惧的坦然面对；在危难之时，不会慌了手脚，而是急中生智，这种刚就是曾国藩所说的"强矫"。

节制血气，保身利势

【原文】

释儒之道不同，而其节制血气，未尝不同，总不使吾之嗜欲戕害吾之躯命而已。

【译文】

虽然佛家和儒家所传授的道理是不一样的，但是在控制自己的情绪、压制自己的怒火这件事情上，是没有不同的，总而言之，不能使自己的嗜好和欲望伤害了自己的身体、残害了自己的性命。

【解读】

武侠小说中经常会看到一些武功高强的大侠因为"急火攻心"而死，现实生活中，虽然"急火"不会轻易"攻心"，但火爆的脾气不仅会损害我们的健康，更会对为人处世方面产生不利影响。

做人要学会软硬兼施、刚柔并济，一件事情的好坏往往不在于我们创造出了多大的价值，而在于做这件事情时留给别人的印象。如果总是急躁地想要把事情一次性处理好，或者在别人面前表现出来一副不达目的誓不罢休的架势，那么这些举动总会给对方一种压迫感，从而降低对我们的好感。学会控制自己的情绪，在事与愿违的时候"节制血气"，用冷静的心态去审视事情的发展和周围情况的变化，找到最佳的处理方法。

受到家风的影响，曾国藩在踏入官场前性情刚烈，时不时地会给他带来消极的后果。

初入政坛，曾国藩常常不能忍受其他官员的作为，总觉得他们的做法有辱官场的声誉，所以他一直在很努力维护公平的秩序。只要是遇到自己看不顺眼的事情，曾国藩就会马上奏请皇上，希望对这些丑陋的行为给予根除。但是皇上并不将重心放在官员的管制上，这让曾国藩十分寒心。

道光帝去世，咸丰皇帝登基，曾国藩以为看到了新希望，求治心切，马上向皇上奏请，希望能够整顿官风。可是，皇上一直忙于处理别的事情，并没有留心曾国藩的奏请。曾国藩见皇上依然没有重视自己的提议，心里非常着急，一连四次上奏，希望引起皇上的注意。

可是，曾国藩的做法不但没有对皇上起到督促作用，还招来了反感：官场里的事情，皇上怎么会不清楚，只是他不愿意操心罢了。曾国藩一遍一遍重复地提议让他一而再再而三地触碰其他官员的死穴，使其渐渐被孤立起来，而且其他官员还经常向皇帝说曾国藩的坏话。

起初，曾国藩是不在乎别人说什么的，他觉得自己是在为朝廷着想，尽到了一个官员的本分，相信身正不怕影子歪。直到后来，皇上下旨，取缔了曾国藩所有的职位。

被夺权以后，曾国藩心里不服气，曾几次向朝廷要官职，甚至在太平天国运动十分艰难的时候，以为父守丧为由，拒绝朝廷的调派，希望朝廷能够赋予他实权。

可是，咸丰帝并不想如他所愿。咸丰帝说："曾国藩以为我不知道他的想法吗？他的做法也太明显了。"后来，咸丰帝的一席话传到了曾国藩耳朵里，他才明白，之前被免官全都是因为自己太过着急，想要以最快的方式解决问题，让皇帝感到措手不及。

在了解了皇上的想法以后，曾国藩渐渐收敛。坚持了一段时间之后，皇上亲自下旨请他出山，委任他对抗太平军。

有时候，强出头并不能给自己带来好处。曾国藩喜欢阅读儒家、佛家的经典，认为儒释两家在很多观点、主张上存在分歧，但在"节制血气"方面想法一致。所谓"节制血气"是一种让自己保持冷静，无论遇到什么事情，不会过分地从自身角度出发而忽视别人感受。

在平常处理事情的时候，要尽量保持低调，不要过分彰显自己。等到机会成熟了，再来用自己的实力像别人证明。有道是"纵有十二分的才华，也要负一分的表现"，太过火的表现极有可能给自己带来祸端。

去忿欲以养体，存倔强以励志

【原文】

若能去忿欲以养体，存倔强以励志，则日进无疆矣。

【译文】

如果能够去除愤恨和欲望来修身养性，保养身体，留存倔强的脾性来激励志气，那么每天都会不断进步，没有疆界。

【解读】

人的自我修行用两方面来概括就是"存"和"取"。"存"是指保留一种倔强的脾性和一颗坚定的恒心；"取"是指取消人的内心中一些不利的因素，比如消极、暴躁的情绪、贪欲等。曾国藩这里所说的"去忿欲以养体，存倔强以励志"，即是对"存"和"取"两方面的自如应对，如此来达到自我修行的目的，便于自己在身心、志向方面到达一个新的境界。

曾国藩主张人们在"存"的方面，保持一种倔强的脾性。在他的眼中，不管拼搏事业还是精研学问，都需要从始至终坚持"倔强"这两个字。

很多人一开始的时候心怀壮志，但是在前进的途中，发现困难阻碍一重连着一重，理想离自己越来越遥远时，或者渐渐放缓脚步直至停滞不前，或者选择另一条路，重新启程。这两种做法不被曾国藩所认同，他认为任何一项事业的成就，都不是像顺水推舟般那样简单，其中免不了要遇到一些岩石、激流，这时候将"倔强"两字刻在心上，多坚持一下，多挺住一会儿，才能顺利抵达成功的彼岸。为了将自己的这一理念很好地传达给下属，曾国藩对他的幕僚讲过一个与倔强有关的简单故事。

曾经有一个老翁请了贵客在家里吃午饭，一大早他就让儿子去集市上买一些饭食果品。但是中午都快到了，儿子还没有回来。这时老翁就心慌意急，到村口去看望。只见离家不远处,儿子挑着菜担在田埂与一个挑着货担子的人面对面站着,一动不动。

老翁见此情景连忙走上前去婉言说:"老哥,我家中有客,等着孩子买来的菜做午饭。请你往水田里稍避一步,待他过来,你老哥也可过去,这样不是大家都方便吗?"

那个人不满意地说:"你为什么叫我下水,却不让他下呢?"

老翁说:"他身子矮小,水田里的水会把担子浸湿,坏了食物;你老哥身子高长些,可以不至于沾水。所以就请你避让的。"

那个人说:"你这担子里面装的只不过是些菜蔬果品,就是浸湿也可以将就着用;而我担中装的都是贵货,如果被水弄湿的话那就一文不值了。我的担子比你儿子的担子贵重多了,怎么反而让我先避开呢?"

老翁见说服不了他,乃挺身过去说:"来来来,既然你非要么么做:那就我到水田里去,你老哥将货担交给我,我顶在头上,请你空身从我儿旁边闪过去,我再把担子还给你,怎么样?"老翁说着马上就俯身开始解袜脱履准备下田。

那个人见老翁如此,过意不去,就说:"既然老丈如此费事,我就下了水田,让你儿子担过去。"

说着他立马就下田避让。

讲完这个故事之后,许多人都表示不解。曾国藩又接着说道,这个老翁就好比遇到困难的自己,而不肯让路的行人就是你眼前的困难。老翁用一种委婉的方式化解了困难,这看似是一种退让,却获得了自己想要的结果。所以说倔强不仅仅只是一种刚性的坚持,像老翁这样"软性的倔强",稍微退让一下就把剑拔弩张的对峙化解了。这也正是曾国藩所说的倔强之道。

遇到困难时,有人生气,有人哭泣,生气也好,哭泣也罢,归到一处,都是曾国藩所说的"忿欲"。存着它们,不仅不利于保养身体,还不利于我们对初衷、志向的坚持,倒不如把"忿欲"去除,保存心底不抛弃、不放弃的"倔强"之气,反而有利于个人的精进。

身在官场,曾国藩一路上不知道经过了多少的挫折和磨难,如果不能一路倔强地走过来,咬着牙告诉自己理想终能实现,他也不会成为晚清重臣。正如曾国藩本人所言,一个人无论是想要写文章还是建功业,想要有所成就都必须在心中存有一种对信念的倔强之情。

自胜之义:强制,强恕,强为善

【原文】

古语云自胜之谓强。曰强制,曰强恕,曰强为善,皆自胜之义也。

【译文】

有古话说:"自己战胜自己称之为强大。"强行制止,强压愤怒,为了行善而变得强大,这些都是自己战胜自己的意思。

【解读】

自己战胜自己强调的是一种控制性,自己和自己交锋,要懂得遇事时,学会控制自己，控制自己的脾气、欲望、行为举止等等。比如，有些人稍微遇到一点点的麻烦就会大发雷霆，导致场面陷入更加难堪的境地；有些人因为自己的嫉妒、意气用事失去了一个可以共同开创事业的伙伴，这些无法控制自己的行为总会造成得不偿失的结果。

曾国藩年少之时也是个易怒的人，他常常说自己"余天性偏激，痛自刻惩有年，而一触即发，仍不可遏"。虽然他深刻反省很多年，但是遇到事情仍然一触即发，不可收拾。可贵的是，自从他意识到一个人如果不能自我控制就无法成就大事，无法担当天下重任时，他能够自省并做出改变。曾国藩经常用自己曾经犯过的错误来告诫后世子孙不宜妄生意气。虽然他同左宗棠、沈葆桢当年的不愉快早已平息，但是曾国藩仍时常会懊悔当年的所作所为。

后来，曾国藩总结出为官之道最重要的就是能够控制自己，让自己保持在冷静平和的状态之中，不意气用事。他对他的属下也经常灌输这些道理，并以自己曾经和李元度的纠葛来让他们引以为戒。

李元度曾是曾国藩麾下大将，因急于获得实缺，被与曾国藩对立的何桂清集团拉拢。至此，他与曾国藩之间就结下了梁子。之后曾国藩升任两江总督，调回李元度去徽州驻守。由于指挥不当，曾国藩被困于祁门，而李元度战败后却迟迟不归。

朝廷却对曾李二人的处理一贬一褒，结果惹得曾国藩对李元度心生不快。于是，曾国藩上折参奏李元度。李元度见曾国藩参了自己一本，便离开了曾国藩，到别人麾下当官。曾国藩见状，再次上表朝廷，最后朝廷几经思量，惩处了李元度，李元度自此一蹶不振。

曾国藩终于如愿以偿，不过后来他意识到自己因嫉妒和意气用事，一手将真诚待己的李元度从身边推开。所以此后曾国藩又为李元度平反，并与李氏联姻。

其实，如果曾国藩当时不因一时冲动，非要与李元度一争高下，后来也就不必如此大费周章了。足见控制个人脾气对一个人的成长是多么的重要。当无法控制自己的脾性时，应该立即放松自己，把激怒的情境"看淡看轻"，避免正面冲突。当怒气稍降时，对刚才的情境进行客观评价，看看是不是自己的责任。

对于身边的人和事，我们不能世事略胜他人一筹，因为身外的东西并不受我们主观的把控，反而是自己的情绪、秉性是在自我掌控范围之内的。如果能在发无名火时，把怒气压下来，不迁怒于人，即是一种制胜；在心情不快的时候，把即将喷薄而出的牢骚、怨恨淡化，也是一种制胜；在和他人发生口角时，站在对方的立场上想想，然后试着原谅他，还是一种制胜……也许这些不算大事，但是曾国藩所说的强制、强恕、强为善，小是小些，对个人修行却是大有裨益。

严格把控好自己的言行举止是一种自我修行的技能，学好这个技能实属不易，要在平时的生活中养成静心定性的方法，以平静寡欲的情绪看待万物，欲望降低，情绪也就不会异常起伏，就能够在处理事情时以一颗平常心客观地评价。

趋事赴公当强矫，争名逐利当谦退

【原文】

趋事赴公，则当强矫，争名逐利，则当谦退；开创家业，则当强矫，守成安乐，则当谦退；出与人物应接，则当强矫，入与妻孥享受，则当谦退。

【译文】

办理事务，处理公事，就应当争强，争夺名利，就应当谦逊退让；开创家业，就应当强势，看守已定家业，安居乐业，就应该谦虚退让；出门与人应酬，接人待物，就应当坚强，回家和妻子儿女共享天伦之乐，就应该谦让。

【解读】

"趋事赴公，则当强矫，争名逐利，则当谦退"是曾国藩对何时强何时不强做出的说明。这句话的意思是说，在处理手边的工作时我们要强，面对名利，不仅不能强，还要表现出谦退的意象。

曾国藩认为，有才之人总希望能够表现自己，在众人面前一展才华，就像孔雀一样，在众人围观之时，骄傲地扬起美丽的羽毛，来展示自己的魅力。殊不知这样很容易引起他人的反感和嫉妒。所以他常说，位高权重之人，对自己的行为就要加倍小心谨慎，对家人的言行也要多加叮嘱，不要有仰仗家中人有权势就目中无人，嚣张跋扈。

翻阅曾国藩写给家人的信件，我们会发现曾国藩对家人这方面的表现格外重视，他会格外叮嘱家人，不要到县衙说公事，说这样不仅会让地方官难做，还会被同僚所鄙视；他多番嘱咐家人，即使家中有事，宁愿自己吃亏也不要与人打官司，以免被怀疑仗势欺人。

在他眼中，人可以在三方面有出色的成就，即立德、立功、立言。但"立德最难，也最空，故自周、汉以后，罕见以德传世的。立功如萧、曹、房、杜、郭、李、韩、岳，立言如马、班、韩、欧、李、杜、苏、黄，古今曾有几个？我辈勉力追求的只是尽吾心力之所能及，而不必马上希望自己成为千古万难攀跻之人。"

可见曾国藩在名利方面是有希求的，只是这个希求的程度与他是可以掌控的。诚如他自己所言"名利两淡，寡欲清心""富贵功名，皆人世浮荣"，既然名利富贵不是人间必需的物件，那么得到了自是一种幸运，得不到也不失为一种简约。至于如何对待、掌控自己对名利的欲望，曾国藩给出的答案是"花未全开月未圆"。

此话意思是说求名利，但不强求名利。名利一旦强求就会起贪心、奢望，会为强求更多而动歪心思。为此他常常告诉兄弟、子侄，要对名利保留一种"半"的心态。拥有名利不享尽，拥有富贵不使尽，怀未满的心去追求，自不会满心名利。

曾国藩认为一个人在外建功立业追求功名，在内则安置家业，以图殷实，在这两处都过分的追求的话，这种情况是不可能持续很久的。做官之人要想自己的官位保持得长久，必须要明白两个"不"：第一个就是不参与，与自己毫不相干的事情，不要去干预。第二个是不胜任，在别人夸赞自己、抬高自己的时候，心中不起傲气，不为求取更高的地位而接任更高的职位、更大的权力。

他常常感叹，"一天比一天谨慎，唯恐高位不长久"，身处高端，无异于游走在危险之中，在这个过程中有兢兢业业的人，有急功近利的人，二者相比，兢兢业业的人虽然在官位高低上不热心，但因为能把手边的事处理得很到位，所以能比较稳定地生活。而那急于在名利事上有所表现的人，反而会不得善终。

为此，曾国藩再三劝导同在官场为官，年轻气盛的弟弟，每晋升一次，就要以十倍的小心来处理事务。小心谨慎地把自己的公事处理好了，即使不主动求取功名，也不会有大的失误。如果长此以往下去，虽不至于有炙手可热的地位，但至少可以保一家平安。

强自禁制，降伏此心

【原文】

但强自禁制，降伏此心，释氏所谓降龙伏虎。

【译文】

但是要强力控制自己的情绪，压制住自己的怒火，佛教称这种行为为降龙伏虎。

【解读】

俗话说：苛政猛于虎。就一个人来说，火暴脾气同样比老虎还要凶猛。发脾气是情绪不稳定的表现，如果不能很好地控制情绪，人就容易变得冲动，找不准事情发展的方向，也不能理想地找到问题的解决办法。这个时候，最好先让自己冷静下来，平息了怒火，冷静了心情，反而比较容易想出最完美的对策。

曾国藩认为，养心之道，必须要去除愤懑、欲望等毒素，"强自禁制，降伏此心"的这番话，是在控制情绪、修习心性方面求自强的表现。修心做人像佛家那般降龙伏虎，在准备发火的时候，将怒气压下来，才能理智地处理棘手的问题。这道理虽然说来简单，懂得却不容易做到。

好脾气要从一个人的气量和涵养做起，曾国藩曾在给弟弟曾国荃的信里说道：担当天下大事靠的是精神状态，积蓄郁结得多，也就倔强之至，所以不能不表现出一些愤激行动。紧随愤怒其后的往往是情绪的失控，曾国藩的亲身经历让他对这一点深有感触。

在为父亲守丧期间，曾国藩因无法实现报负，为国尽忠，心里十分矛盾。心浮气躁的他遇到一点儿小事就迁怒于他的弟弟们。在守丧期间，他和曾国荃、曾国华等人都发生口角，兄弟之间的关系变得十分紧张。

后来的三河镇战役中，曾国华不幸遇难，曾国藩陷入了深深的自责之中。他觉得倘若自己当时不那么容易动怒，和弟弟最后相处的日子里就不会口角频频，可现在无论曾如何自责，也没有机会弥补了。

守丧期间，曾国藩更是心神难安，时常失眠，身体也大不如前。自此之后，他深深了解轻易动怒的坏处。在调节情绪的过程中，方法固然重要，但是保持健康的心态更重要，无论什么事情都要宽以待人，这样才能从根本上调节好情绪。怒气是一种能量，如果不加控制，它会泛滥成灾；如果稍加控制，它的破坏性就会大减，如果合理控制，就有可能减少愤怒。

有些错误可能无法避免，纵使懊恼终身也只是惘然。但是有些错误，稍加注意就不会再犯。愤怒就属于这种，要冷静地控制自己的情绪，来减少伤害他人的可能性。

人处于盛怒之中往往口不择言，然而说出去的话犹如泼出去的水，无法收回，造成的伤害也无法弥补。因此在情绪激动的时候控制怒气十分重要，否则就容易伤害到我们身边的人。正如有个哲人所说："任何人都会生气，这很简单。但选择正确的对象,把握正确的程度,在正确的时间,出于正确的目的,通过正确的方式生气,这却不简单。"

当怒火中烧时,应该尽力放松自己,命令自己把激怒的情境"看淡看轻",避免正面冲突。当怒气稍降时,应该对刚才的激怒情境进行客观评价,看看自己到底有没有责任,有没有道理发怒。

第五章　廉　矩

身后无以自庇，不特廉吏不可为

【原文】

身后萧索，无以自庇，不特廉吏不可为，亦殊觉善不可为。

【译文】

一个人身后萧索，没有什么可以作为庇护，能这样的除了廉洁的官吏无他人，就连我也觉得做到这般地步十分不易。

【解读】

《管子·牧民》中说："国有四维，一维绝则倾，二维绝则危，三维绝则覆，四维绝则灭……何谓四维？一曰礼，二曰义，三曰廉，四曰耻，礼不逾节，义不自进，廉不蔽恶，耻不从枉。故不逾节则上位安，不自进则民无巧诈，不蔽恶则行自全，不从枉则邪事不生。"

"维"是指挂在一张网四角的绳索，这四根绳索，根根不断，才能保证网的维度，才有保证网有约束人的功能。其中的"廉"字是指在为官过程中，不藏污纳垢，不被贪心等妄念蒙蔽。而在古人的眼中，为官勤廉与否，不仅涉及个人的饭碗，还关涉朝廷的安危，从这个角度说，做官是从业，也是一份责任的履行。那么怎么才算是廉吏呢？曾国藩说"身后萧索，无以自庇，不特廉吏不可为"。

在他看来，做一个两袖清风的人，是落寞的，也是光明磊落的。所谓身后萧索是因为廉吏无人可攀附，不给他人阿谀奉承的机会，因此不免落得个门庭冷落的局面。也正因为如此，他们经手的事情都是问心无愧的，因此心无挂碍。

对于这样清贫的廉吏，曾国藩敬佩的同时，谦称自己无法做到像他们那般优秀。曾国藩的仕途在外人眼里可谓是顺利的，年仅三十余岁就已官至二品，他做官不是以升官发财为目的的，而是为了治国平天下，所以曾国藩发誓做官不为财，他曾说过："予自三十岁以来，即以做官发财为可耻，以宦囊积金遗子孙为可羞可恨。故私心立誓，总不靠做官发财以遗后人。神明鉴临，予不食言。此时侍奉高堂，每年仅寄些许，以为甘旨之佐。族戚中之穷者，亦即每年各分少许，以尽吾区区之意。

盖即多寄家中，而堂上所食所衣亦不能因而加丰，与其独肥一家，使戚族因怨我而并恨堂上，何如分润戚族，使戚族戴我上堂之德而更加一番钦敬乎？将来若做外官，禄入较丰，自誓除廉俸之外，不用一钱。廉俸若日多，则周济亲戚族党者日广，断不蓄囊，亦能自觅衣饭；儿子若不肖，则多积一钱，渠将多造一孽，后来淫佚作恶，必且大玷家声。故立定此志，决不肯以做官发财，决不肯留银钱与后人。若禄入较丰，除堂上甘旨以周济亲戚族党之穷者。此我之素志也。"

曾国藩当初在筹备建湘军、办团练之时，就宣布"不要钱，不怕死"，这里的"不要钱"指的是不贪、不要非分之钱。曾国藩曾说过："不贪财、不失信、不自是，有此三者，自然鬼伏神钦，到处受人敬重。一般的人，都不免稍贪钱以肥私囊。我不能禁止他人的贪取，只要求自己不贪取。我凭此示范下属，也以此报答皇上厚恩。"曾国藩用这六个字时时警醒自己无愧于君父，并借此来招揽豪杰贤才。

曾国藩在率领湘军作战胜利之后，被清廷封为一等侯爵。此时，曾国藩已贵为汉臣之首，与满臣之首倭仁地位同等，从这里就可以看出来曾国藩的权力之大，官位之高。曾国藩能居于如此高位仍谨遵初做官时为自己定的"清正廉洁"的做官第一底线，能做到不贪不敛、坚持勤俭朴素，不得不令后世钦佩极。

贤者恒无以自存，不贤者志满气得

【原文】

韩公有言："贤者恒无以自存，不贤者志满气得。"盖自古而叹之也。

【译文】

韩愈就曾经说过："圣贤的人一直都没有自我存在，而不是圣贤的人却是志气盈满，骄傲自得。"原来是从古代就有的感叹啊。

【解读】

真正优秀的人，永远会抱着空杯心态待人接物，给自己不断提升的空间，因此，这样的人，身上不见傲气的浮夸，而是让人由衷赞叹其才能和为人。而自身不足假装优秀的人，会鉴于自身有限的才能而志得意满，待人接物常常流露出傲气，却很少做受人认可、感激的事情。诚如曾国藩引用的韩愈话："贤者恒无以自存，不贤者志满气得。"一个成熟的能人不会骄矜，反而是年少无知时，内心多狂妄。

骄矜、狂妄往往表现为自以为是，与他人一言不合便剑拔弩张。这与个人的修养有关，也与个人的年龄有关。曾国藩年少时就曾锋芒毕露过，当时的他与别人交谈时总是傲气四溢，一副目中无人的样子。

有一次，一个名叫窦兰泉的朋友前来拜访，与曾国藩探讨学问。两人都喜欢理学，就此展开了讨论。窦兰泉平日为人谦和，在发表自己见解同时，会为他人留下余地。曾国藩却好几次在没有明白对方意思的情况下打断了他的话，口若悬河地发表己见，窦兰泉几乎成了听众。

事后曾国藩很是后悔，在日记中检讨说："彼此持论不合，反复辩诘，余内有矜气，反疑别人不虚心，何以明于责人而暗于责己也？"也就是说："两个人意见不同，自己在辩论中有些盲目自大，从那之后更是变本加厉，反而怀疑别人不够谦虚。为什么在对别人提出意见的时候心里很明白，却很难看到自己的问题在哪里呢？"

曾国藩的自我批评是十分值得肯定的。自我批评原本就比批评他人要困难，因为人的眼睛总是看他人的时候远多于看自己的时候。所以在争论中就不会考虑别人意见的合理性，而把自己的想法强加在别人身上，别人如果不买账，就有了争论，甚至认为对方见识浅薄。曾国藩深知自己傲气的锋芒不仅伤害了窦兰泉，也会妨碍自己进步，因此在心中几次反省后，提出了要"戒傲"。

身居高位者本来就容易受到来自上下层的压力与猜忌，就更要注意戒骄戒傲，去除心中狂妄。曾国藩奉行儒家的中庸之道，十分理解收敛傲气，长存敬畏之心才能长久的道理。

"夫物盛而衰，乐极则悲。"天下的道理讲究的就是两极互化。为人处事，最关键的是掌握好一个度。自己三思而后行，不要因一时的骄矜，失去了奋斗辛苦而来的一切。何为骄矜？骄矜就是指一个人骄傲专横，傲慢无礼，自尊自大，好自夸，自以为是。

具有骄矜之气的人，大多自以为能力很强，很了不起，做事比别人强，看不起他人。由于骄傲，往往听不进去别人的意见；由于自大，则做事专横，轻视有才能的人，看不到别人的长处。谨慎小心对于每个人来说都十分重要，一个自大自夸的人，就算是有一些美德，有一些功劳和成绩，也会因此丧失掉，甚至酿成悲剧。古人强调恭谦自省，取得一点成就的人更要注意多思考自己的不足，多注意长远的目标，一定要做到谦虚谨慎、戒骄戒躁，就是这个道理。

欲学廉介，必先知足

【原文】

昔年州县佐杂在省当差，并无薪水银两。今则月支数十金，而犹嫌其少。此所谓不知足也。欲学廉介，必先知足。

【译文】

当年州县佐杂在省里任职时，并没有任何的俸禄。现如今虽然每月有几十金的补助，但人们依旧嫌少，这就是不知足的表现。为官之人如果想学廉介的话，就必须先要学会知足。

【解读】

人的欲望一旦不受束缚，就会不断地索取而无法满足，"欲壑难填"形容的就是这种情况。如果做官的人对自己的欲望无法控制，想要习得"廉介"基本上就是不可能。和珅就是受自己欲望的驱使而成为清朝第一大贪官，最终落了个家破人亡的下场。曾国藩这里说"欲学廉介，必先知足"，意思是想要学习廉洁，要先学会知足。"知足"二字，看着简单，实则有妙用。

对于从政的人来说，懂得知足是避免自己滑向罪恶深渊的方法；对于普通人来说，懂得知足会使自己过得更加幸福。有人曾经说过这样一句话："金钱这种东西，只要能解决个人的生活就行，若是过多了，它会成为遏制人类才能的祸害。"懂得知足，不会变为金钱的奴隶，也在心满意足中感受到生活的美好。

一个不懂得知足的人，即使再富有，也体验不到快乐，在陷入困境时，也很难得到他人的帮助。

吕洞宾有一天从天界下凡来,要救度有缘的众生。在半路上,他看见有个少年坐在地上流泪。

他向前问道:"少年朋友,你为什么哭呢?遇到什么困难吗?"

这个少年叹了一口气:"我母亲卧病在床,家里没有钱请医生来看病,我本来要去做工赚钱,可是母亲又不能没有人照顾!"

吕洞宾一听,心里很高兴,难得世间还有这么孝顺的孩子。于是为了资助这个少年,吕洞宾使用法术,把路旁的一块石头,变成黄金。当他把黄金交给这个孝子时,这个孩子却摇摇手,表示不要这块黄金。吕洞宾心里更是欢喜欣慰,这个孝子竟然还是不贪恋黄金的君子。

吕洞宾问:"你为什么不要黄金?这块黄金足够让你们母子几年不愁衣食呀!"

少年回答:"你给我的黄金,总有用完时候,我只要你的金手指,以后只要我需要钱,手指随意一指,遍地就是黄金。"

吕洞宾听了以后,对这少年的贪婪之性,感叹一声,飘然远去。

人的欲望像个无底的黑洞,永远没有填满的一天。一个人即使赚了亿万财富,心被贪欲驱使,生活也享受不到富足的快乐。为了自己的欲望不断奋斗,不断地向前赶路,没有心思停下来欣赏一下沿途的风景,久而久之,心灵就会不堪重负。懂得知足,懂得感恩,生活就会变得更加美好。

人生的道路上难免会留有缺憾,太贪求完美只会给自己带来更多的失望。懂得知足,用感恩的心去生活,就会发现人生处处充满精彩。曾国藩所说的,正是这样一种人生境界。

毋贪保举,毋好虚誉

【原文】

毋贪保举,毋好虚誉,事事知足,人人守约,则可挽回矣。

【译文】

不要奢望通过保举获取功名,不要嗜好虚无的荣誉,事事多些知足心,人人守好自己的为人准则,那么很多事情都可以有挽回的余地。

【解读】

诸葛亮五十四岁时写给他八岁儿子诸葛瞻的《诫子书》中有这样一句话:"非淡泊无以明志,非宁静无以致远。"大意是说,不追求名利,生活简单朴素,才能显示出自己的志趣;不追求热闹,心境安宁清静,才能达到远大目标。

外在的名利、优厚的物质,虽然会在一定程度上提升人们的生活质量,但有时候也会遮蔽人们的本心,让人疏于对内心的关照。这样的话,为人处事的原则和底线,就有可能被他人、外物动摇。而这对于做事业的人来说,无疑是开门揖盗的事情。因此曾国藩在《挺经》中写道:"毋贪保举,毋好虚誉。"名利、虚誉都是身外之物,对它们汲汲营营,说到底都是为了满足自己的虚荣心。若一味执着于此,有时会给自己带来杀身之祸。

子西是春秋末年楚国令尹,做事的时候过分看重名誉,甚至到了沽名钓誉的地步。

孔子知道此事后,对弟子说:"你们有谁能够去劝导一下子西,让他能把名誉看得淡一些呢?"

子贡说:"让我去劝劝他吧。"

于是,子贡就去劝说子西。等子贡回来后,孔子问他子西怎么样了。子贡说,子西也好像明白了这其中的道理,心中已经没有什么疑虑了。

孔子却说:"不受功利左右,才能胸怀宽广;保持本性不动摇,才能保持住高洁的品行。内心不正直的人,做事也不会正直;内心正直,做事才会正直。子西恐怕还是难以避免灾祸。"

果不其然,楚国发生内乱,楚国大夫百胜公流亡吴国,子西处事不慎,将其召回,并任命为巢大夫。不久之后,子西发动叛乱,结果被百胜公所杀。

其实,子西并没有真正放弃对名利的追求,也没有真正看轻这些外物之于人生的意义,否则他就不会做出让自己身处险境的事情了。孔子正是因为看到了这一点,才在子贡回报完后,流露出了担忧的神色。

过分追求名和利,就会变得患得患失,喜怒形于色,而流于肤浅庸俗。因为一点蝇头小利而不亦乐乎,因为一个虚名而得意扬扬,正所谓树大招风,这样做不但显得自己很没追求,也会招来他人的嫉恨。为了保住自己的名和利,人们有时会使自己走入歧途,变得利欲熏心,把别人当作自己的敌人,内心的气量愈发狭小,怨恨争斗也就在所难免。那些不惜牺牲他人的利益而得来的地位、财富,并非收获,而是有可能成为灭顶之灾。

当一个人不对名利、虚誉有所贪求时,做到知足、守约即是水到渠成的事情。曾国藩虽然身居高位,却拿"毋贪保举,毋好虚誉"来告诫自己。这既是明哲保身的良方,同时,也是修生养心的方法。淡泊名利,心胸会变得愈来愈宽广。不以物喜,不以己悲,内心免受凡尘俗世的干扰,自己所追求的志趣就不会流于庸俗。庄子之所以能成为著名的哲学家,跟他的淡泊名利密不可分。

第六章　勤　谦

修身治人之道，不外乎勤、大、谦

【原文】

古人修身治人之道，不外乎勤、大、谦。

【译文】

古代的人自身修养治理别人的方法，除了勤奋、宏大、谦逊之外，别无他法。

【解读】

曾国藩的同僚薛福成曾有一大段评论曾国藩的人品、待人处世方法的话：

"曾国藩自通籍后服官侍从……讲求先儒之书，剖析义理，宗旨极为纯正，其清修亮节，已震一时。平时制行甚严，而不事表暴于外；立身甚恕，而不务求备于人。故其道大而能容，通而不迂，无前人讲学之流弊。继乃不轻立说，专务躬行，进德尤猛。其在军在官，勤以率下，则无间昕宵；俭以奉身，则不殊寒素，久为众所共见。其素所自勖而勖人者，尤以畏难取巧为深戒，虽祸患在前，谤议在后，亦毅然赴之而不顾。与人共事，论功则推以让人，任劳则引为己责。盛德所感，始而部曲化之，继而同僚谅之，终则各省从而慕效之。所以转移风气者在此，所以宏济艰难亦在此！"

在曾国藩死后，对他的人品事功更是好评如潮。曾国藩和左宗棠都是清廷重臣，两人有相交甚欢时，也有构怨颇深时，但在曾国藩死后，左宗棠却给曾国藩写了这样一副挽联：

知人之明，谋国之忠，自愧不如元辅

同心如金，攻错如石，相期无负平生

其中对曾国藩生前为人、为政的赞誉，对曾国藩逝世的悲痛，可谓溢于言表。从薛福成和左宗棠对曾国藩的评价来看，为人诚恳，办事认真，是后人评价曾国藩的重点。一个人如何待人处世，与自身的修养分不开。修养包括很多方面，比如说话中的修养、交际中的修养、工作中的修养等，而曾国藩生前把修养之道归结为三大方面，即"勤""大""谦"。

"勤"包括五个方面：心勤、身勤、手勤、眼勤、口勤。心勤，主要是说思维不僵化，办事前多思虑，不可在计划、打算上有偷懒的心思。否则人生就有可能因规划不清晰而变得盲目、慌乱。

身勤、手勤，是指人活着要经常运动、活动，能亲力亲为的事情，就不要假他人之手。眼勤，包括两个方面，即看人、看事时要明察，不能偏信、偏听；看自己时要常省，及时扼住心中错误的根苗。

口勤，不是多说话，而是会说话的意思。在练习说话上多下功夫，懂得什么时候该说，什么时候不该说。

"大"即心胸宽大，诚如薛福成评价曾国藩的那就话："立身甚恕，而不务求备于人。"他人办错事，说错话，不急于发怒，而是心中藏恕，原谅他人在某方面的失误，给他人一个改过的机会，也是给自己一个修炼宽大胸怀的机会。

农民，一年到头辛苦地劳作，忙农活，农闲干建筑，收入却不高。

俗话讲：智养千口，力养一身。在体力上的勤，如果不结合智力上的勤，就会很局限。反之，如果很多思考的成果不积极动手去落实，也是一场空。

"谦"即谦虚。谦虚是一种修养，一种生存智慧，它的前提是有真才实学。如果一个人因为没有真才实学而不得不向人低头，那不过是一个必然要面对的窘况。而一个有真才实学的人，明明有高人一等的资本，却在待人接物的时候，谦和、亲切，那么这就是虚怀若谷的表现。

能在这三面修养到位的人，才有可能拥有人生的大格局。

为治首务爱民，爱民必先察吏

【原文】

为治首务爱民，爱民必先察吏，察吏要在知人，知人必慎于听言。

【译文】

从事治理工作的首要任务就是要爱护百姓，爱护百姓必须先考察官吏的品行，要考察官吏的品行就要立足于了解这个人，要想认知这个人就必须在听他说话时谨慎判断。

【解读】

勤，是对为官人的要求，至于在何处"勤"，曾国藩认为应该在爱民处勤奋手脚，贯注全心。古语有云，得民心者得天下，然而如果从政人不爱民，民心自然不能归顺。

曾国藩是儒门子弟，笃信儒家的仁爱之道，同时受宋明理学思想的影响也比较大。他说："我与民物，其大本乃同出一源。"其实这句话是对朱熹理学思想的一个传承，曾国藩认为要把对他人的仁爱当作是自己修行的一部分。他将自己和其他人视作平等，大有推己及人、仁者爱人的意思。

对待好友，曾国藩也竭尽仁义之情。

有一次，好友邵惠西的夫人携带孩子来上海逃避战乱，曾国藩得知此事后秘密地派轮船把她的两个儿子和一个已出嫁的女儿都接了过来，还每月出银子为他们一家人租了房子，把他们都安置妥当。几年后，邵惠西的夫人和长子相继病故，她的次子和女婿送灵柩回故土，留下小女儿一人在家。曾国藩见她孤苦伶仃，无依无靠，就让夫人收她为义女，这样她就能受到曾家周全的照顾了。

曾国藩还对士兵关怀有加，说："吾辈带兵，如父兄之带子弟一般。无银钱、无保举，尚是小事，切不可使之困扰民而坏品行，因嫖赌洋烟而坏身体。个个学好，人人成才，则兵勇感思，兵勇之父母亦感恩矣。我待将官如兄弟，我待兵勇如子侄。"曾国藩将手下将领士兵视作自家子弟。自己没有钱、没有功名都是小事,不能让将士因为骚扰黎民百姓而败坏品行,不能让他们因为没人制止抽烟喝酒吃喝嫖赌之类的行为而毁坏了身体。曾国藩立志教育他们,让他们个个成才。不仅那些士兵感激曾国藩,就连士兵的父母也会觉得欣慰。

在看到百姓饱受战乱之苦时,曾国藩几次唏嘘不已:"最近两年行军打仗,四处驻扎,看过不少城乡小镇,经常有被损毁的屋子,树木被伐,人民贫困。这些地方大多被盗贼荼毒,还有被兵士所毁。每当我看到这些,心中都会暗自感叹,行军打仗真是有害于百姓。我现在必须告诫各地兵将,禁止骚扰百姓,这才是眼下急需要做的事情。"

他自己爱护百姓,也告诫弟弟要心存爱民之心,希望弟弟无论行军打仗还是招兵买马,都能够不忘"爱民"这两个字。乱世之中,带兵之人,战场上的厮杀无法避免已经罪孽深重了。不要再多造孽,做些攻城掠阵之事,能够饶人性命,积下福德,就尽量去做。不能被杀意蒙蔽双眼。

自己要有所成就,就先要帮助部属有所成就,自己要有前途,就先要帮助部属有前途。对待部属,要像对待自己的子弟一样亲,一心希望他们成才,希望他们有所成就,这样他们就会誓死以报。这就是孔子所言的"己欲立而立人,己欲达而达人"。

勤谦需彻始彻终,须臾不可离之道

【原文】

勤若文王之不遑,大若舜禹之不与,谦若汉文之不胜,而勤谦二字,尤为彻始彻终,须臾不可离之道。

【译文】

像文王一样孜孜不倦地勤奋,像舜帝、禹帝一样胸襟宏大而不计较,像汉文帝一样谦逊不求胜,而且"勤谦"这两个字,特别需要从头到尾地贯彻,一刻都不能背离了勤奋、谦逊的原则。

【解读】

"勤谦"是一个持续性的动词,一时心血来潮,写诗作画、阅读书籍,一时突发奇想,不是"勤",对人和善,不是"谦","勤谦"和恒心相关,有恒心维持的行动,才是真正的勤,从始至终的虚怀,才是真正的谦。因此,在给子弟授业时,曾国藩说,希望子弟像古代贤君那样,"彻始彻终,须臾不可离之道"。他常说:"吾辈读书唯'敬'字'恒'字二端,是彻始彻终功夫。于进德则持之以'敬',于修业则贞之以'恒'。即时文一事,亦不可少有间断,久之自然精进,犹长日加益而人不觉也。"

曾国藩深知,学之成常在辛苦日,学之败多因得意时。他把此道授之与家人,家人又反过来给之提醒,这种互赠家书,虚怀戒躁的做法,可谓是为学之人的优良作风。一个人的成绩都是在他谦虚好学、伏下身子扎实肯干的时候取得的,一旦骄气上升,自满自足了,那么他必然会停止前进的脚步。

在曾国藩管理湘军的时候,战事上常常有胜有败,四处碰壁,究其原因,固然是由于没有得到清政府的充分信任而未授予地方实权所致,同时,曾国藩也感悟到自己在勤谦方面有很大的不足,有时不够虚心听取别人的建议,固执己见,自命不凡。

后来,曾国藩在写给弟弟的信中,谈到学会勤奋行事、谦虚待人之后所带来的收获:"兄自问近年得力唯有一悔字诀。兄昔年自负本领甚大,可屈可伸、可行可藏,又每见得人家不是。自从丁巳、戊午大悔大悟之后,乃知自己全无本领,凡事都见得人家有几分是处。故自戊午至今九载,与四十岁以前大不相同,大约以能立能达为体,以不怨不尤为用。立者,发奋自强,站得住也;达者,办事圆融,行得通也。"

因此一年以后,当曾国藩再次出山时,他则变得善于应酬,左右逢源,他自己也承认:"余此次再出,已满十个月。论寸心之沉毅愤发志在乎贼,尚不如前次之志;至于应酬周到,有信必复,公牍必于本日完毕,则远胜于前。"

以前,曾国藩对官场的逢迎、谄媚及腐败十分厌恶,不愿为伍。为此所到之处,常与人发生矛盾,从而受到排挤,经常成为舆论讽喻的中心,"国藩从官有年,饱历京洛风尘,达官贵人,优容养望,与在下者软熟和同之气,盖已稔知之。而惯尝积不能平,乃亦而为慷慨激烈,轩爽肮脏之一途,思欲稍易三四十年不白不黑、不痛不痒、牢不可破之习,而矫枉过正,或不免流于意气之偏,以屡蹈怨尤,丛讥取戾"。在经历了一段时期的自省自悟以后,曾国藩在自我修养方面有了很大的改变。及至复出,为人处世不再锋芒毕露,日益变得为人谦和、圆融、通达。

曾国藩曾说:"步步前进,日日不止,自有到期,不必计算远近而图长吁短叹也。"成功的路上没有止境,但永远存在险境;没有满足,却永远存在不足;在成功路上立足的最基本的要点就是虚心学习。学海无涯苦作舟,唯有虚心才是最佳的学习态度,它可以让我们不嫉妒、不灰心、不骄傲,从而让我们时时保持空杯心态,去吸纳更多的知识和经验。

爱而知其恶,恶而知其美

【原文】

爱而知其恶,恶而知其美,即"术"字之的解也。

【译文】

喜欢某一人应知道这个人的缺点,憎恶某一人却应了解这个人的优点,这就是对"术"这个字,即体察下属的解释。

【解读】

孔子把"仁"作为最高的道德原则、道德标准和道德境界。他第一个把整体的道德规范集于一体,形成了以"仁"为核心的思想体系。"仁"包含了很多方面的意思,其中"恕"占据了很重要的地位。

然而,"恕"是有前提的,宽恕某个人,是为了给某个人改过的机会,所以"恕"的前提是要对人有个相对全面的了解。曾国藩说:"爱而知其恶,恶而知其美",指的就是在了解一个人的过程中，不能因为喜欢，而忽视对方的缺点，也不能因为不喜欢，而憎恶对方的一切，忽视对方的优点。

在此基础上，要做到真正的恕，就是要引导对方朝向优点的地方改进。古语有云"海纳百川，有容乃大"，一个人如果能有像海一样的胸襟，容他人之不能容，对于别人所犯的过错，不苛责埋怨；对于他人的诋毁刁难，不针尖对麦芒般地予以报复。

蔺相如在渑池会上立了功。赵王封蔺相如为上卿，职位比廉颇高。

廉颇很不服气，对别人说："我廉颇攻无不克，战无不胜，立下许多大功。他蔺相如有什么能耐，就靠一张嘴，竟然爬到我头上去了。我碰见他，得让他下不了台！"

这话传到了蔺相如耳朵里，蔺相如就请病假不上朝，免得跟廉颇见面。有一天，蔺相如坐车出去，远远看见廉颇骑着高头大马过来了，他赶紧叫车夫把车往回赶。蔺相如手下的人可看不顺眼了。他们说，蔺相如怕廉颇像老鼠见了猫似的，为什么要怕他呢！

蔺相如对他们说："诸位请想一想，廉将军和秦王比，谁厉害？"

他们说："当然秦王厉害！"

蔺相如说："秦王我都不怕，会怕廉将军吗？大家知道，秦王不敢进攻我们赵国，就因为武有廉颇，文有蔺相如。如果我们俩闹不和，就会削弱赵国的力量，秦国必然乘机来打我们。我所以避着廉将军，为的是我们赵国啊！"

蔺相如的话传到了廉颇的耳朵里。廉颇静下心来想了想，觉得自己为了争一口气，就不顾国家的利益，真不应该。于是，他脱下战袍，背上荆条，到蔺相如门上请罪。蔺相如见廉颇来负荆请罪，连忙热情地出来迎接。从此以后，他们俩成了好朋友，同心协力保卫赵国。

宽容是一种美德，能修炼到宽容待人的境界，任别人怎样诋毁中伤，都不会伤害到自己，但要想达到这种境界也实属不易。人是感情动物，思维常常受到情感的支配，对一个人的好恶也是如此，在这个时候，宽恕就意味着抛出主观情感，用公正的心态去对待他人的优点和缺点。金无足赤，人无完人，没有谁是毫无缺点的，对于自己喜欢的人和物，不能一味偏袒，正视其缺点，对于自己憎恶的人和物，也不能以偏概全，试着去发现其身上闪光点，这样看人，就会更加全面，更加宽容。对于别人所犯的错误，如果只是一味抱怨和斥责，有时候反而达不到想要的效果。

换个心态想想，每个人都会有犯错误的时候，给别人一次机会，也许会有更好的结果。

古代有一位老禅师，夜晚出房门巡夜时，发现墙脚有一把椅子，他一看就知道有小弟子违背寺规私自溜出去了。老禅师没有声张，走到墙边，移开椅子，就地蹲在那里。过了一会儿，一个小和尚在黑暗中踩着老禅师的脊梁跳进了院子。当他双脚着地时，惊觉刚才踏的不是原来放的那把椅子，而是自己的师父。小和尚顿时惊慌失措，张口结舌。

出乎他意料的是，师父并没有厉声责备他，只是淡淡地说："夜深天凉，多穿件衣服，别冻着。"

听了师父的话，小和尚很惭愧。他扪心自问，决心改过自新，以后再没有犯过类似的错误。

小和尚没因所犯的错误受到严厉的惩罚，却被老禅师的宽容态度感动，从此改过自新，这未尝不是一个好的结果。这个世界是用爱来维系的，抱着宽容之心去生活，别人也会以宽容回报。曾国藩十分重视宽容待人，自己也身体力行地践行着"爱而知其恶，恶而知其美"的人生信条，也正是因为他的宽容豁达，才赢得了他人的尊重，拥有独特的人格魅力。

观人，在行事勘察，不在虚声、言论

【原文】

观人当就行事上勘察，不在虚声与言论；当以精己识为先，访人言为后。

【译文】

观察一个人应当在他行为处事上进行考察，而不是在他的保证和言语上进行考察；应当自己精细地认识了解这个人，然后再去听取别人对这个人的评价。

【解读】

处在领导地位上的人，免不了要甄选人才、决定人才去留。在这方面，做领导的是偷懒不得的。如果偷懒的话，随随便便听信某个人的耳边风，草率决定人才的去留，可能会给日后的管理留下隐患。而识人的好坏、优良，如同鉴定东西的品质是好是坏，从外形上可看出一样，从人的言谈举止之间，又可看出另一样。这就需要人们在识人过程中具备一双慧眼和一点心思。

曾国藩指派李鸿章训练淮军时，李鸿章举荐了三个人，希望曾国藩能授以官职。当李鸿章带着三人来见曾国藩的时候，他刚好饭后出外散步，李鸿章命三人在室外等候，自己则进入室内。

曾国藩散步回来，李鸿章请曾国藩传见三人。曾国藩摆摆头，说不用再召见了，并对李说："站在右边的是个忠厚可靠的人，可委派后勤补给工作；站在中间的是个阳奉阴违之人，只能给他无足轻重的工作；站在左边的人是个上上之才，应予重用。"

李鸿章惊问道："您是如何看出来的？"

曾国藩笑答："刚才我散步回来，走过三人身旁时，右边那人垂首不敢仰视，可见他恭谨厚重，故可委派补给工作；中间那人表面上毕恭毕敬，但我一走过，他立刻左顾右盼，可见他不够本分，故不可用；左边那人始终挺直站立，双目正视，不亢不卑，乃大将之才。"

而曾国藩说的这位"大将之才"，就是后来担任台湾巡抚的刘铭传。

曾国藩这种经由观察一个人的行为举止，以鉴识其品德与才能的方法就是识人。"听其言而观其行"，这是识人的简易有效的方法，但也不是万无一失的。陌生人之间相处，会因为不熟悉或者有利可图，而把自己的本来面目遮蔽起来，让被亲近者误以为此人善良、有才华等。在历史上以识人相人著称的曾国藩，也没免除被人蒙蔽、识人不清的遭遇。

曾国藩带领湘军对抗太平军的时候，有一天，一个打扮成书生模样的人来到了曾国藩的军营，大谈行军打仗的策略，说得头头是道。曾国藩觉得他是一个人才，就把他安置在营中，派了一个官职，希望他能够为湘军效力。可是，在一个月以后，有部将上报，说那个人卷了一千两的军饷逃跑了。曾国藩这才明白过来。原来，那个人是伪装成幕僚的模样来军营里骗钱的。

后来曾国藩感慨，后悔当时识人不清。不过，祸福本来相倚，经过这件事后，曾国藩在识人过程中更加稳妥、谨慎了，反而在不好中受到了益处。

识人是经由观察一个人的行为与言论以鉴识其品德与才能，正所谓"识人如辨物"，真能发掘出具有真才实学的人，为己任，对任何一个身居上位的人来说都至关重要。历朝历代，君主受辩士蛊惑终至误国的屡见不鲜。一个领导人有智慧辨识部下，是领导人必备的能力之一。在与人交往时，一定要有耐心，细细地观察，经过了一番考验之后，才能定夺能不能把重要的事情托付于这个人。

责任愈重，指摘愈多

【原文】

且又晋阶端揆，责任愈重，指摘愈多。

【译文】

而且又升官，职位越来越高，身上担的责任越重，被人指责的地方就更多。

【解读】

曾国藩说："责任愈重，指摘愈多。"身居高位的曾国藩，一举一动都关系到百姓的利益，身处这样的一个位置，稍有不慎，就有可能受到朝廷的指责，百姓的埋怨。从某种程度上来说，曾国藩的这句话可以说是他亲身经历后的经验之谈。

一个人身上肩负的责任愈大，意味着他要承担更多的事物，要和更多的人打交道，人进我退、我进人退中，免不了要考虑到很多人的利益。在承担责任、履行责任的过程中，做出成绩时，可能得不到别人的赞扬，一旦有了差错，就有可能遭遇来自各方面的指责，甚至冷嘲热讽。对于这样的局面，我们可能会抱怨其中的不公平，但是处在这样的位置，就注定要接受、面对这一事实情况。

因此，与其抱怨压力大、不公平，不如在讥谤中学习庄严的智慧。当人们谈论起处在中兴名臣地位上的曾国藩时，往往只会注重到他风光的一面，想到他可能会有的靠山、俸禄或者宅邸。可事实上，和高地位相关的是时不时要遭遇的指摘、诋毁。面对这样的局面，曾国藩用庄严的姿态来面对他人的指摘或诋毁，这就是他的处世智慧。

一个真正有修养的人，听闻毁谤，不仅不会暴跳如雷、反唇相讥，反而会在讥谤中显现出自己的庄严。

相传，古代有个地方官因为勤廉的做派，受到很多人的称赞，唯有一人对其颇为不服，终日咒骂，有一天索性跑到了地方官面前，当着他的面破口大骂。但是，无论他的言语多么不堪入耳，官员始终沉默相对，甚至面带微笑。

终于，这个人骂累了。他既暴躁又不解，不知道当官的为何不开口说话。为官者似乎看到了他心中的困惑，对他说："假如有人想送给你一件礼物，而你不喜欢，也不想接受，那么这件礼物现在是属于谁的呢？"

这个人不明白地方官的意思，略一思量，回答道："当然还是送礼人的。"

地方官笑着点头，继续问他："刚才你一直在用恶毒的语言咒骂我，假如我不接受你的这些赠言，那么，这些话是属于谁的呢？"

他一时语塞，方才醒悟到自己的错误。于是他低下头，诚恳地向地方官道歉，并为自己的无礼而忏悔。

以一言应答谩骂千言，即是讥谤中的庄严智慧。面对指摘，以宽容的姿态包容，以自信的方式回应，庄严也就显现。因为别人的指摘暴跳如雷，不但不会将指摘抵消，反而会使自己风度尽无。

面对他人的指摘，反思自己是否真的有过错，若有，虚心接受改过自新；若无，则更不必去理会，本来就是无中生有的事，何必拿来烦恼自己。责任愈重，指摘愈多。如果因为别人的指摘而苦恼，对自己并不会有多大好处，用一种庄严的姿态来应对他人的诋毁，是一种修养，同时，也会使自己变得更加智慧。

恭敬厚藏，身为鼎镇

【原文】

古之英雄，意量恢拓，规模宏远，而其训诫子弟，恒有恭谨厚藏，身体则如鼎之镇。

【译文】

古代的英雄，胸怀都很恢宏广大，事业规模宏大，而他们教训与告诫子孙，总是显得恭谨慎深，身体如同鼎一样稳固。

【解读】

"意量恢拓，规模宏远"是曾国藩对自古英雄性格特点的归纳，意思是说英雄大多是胸怀宽广、懂得原谅的人，即便是训导自己的后代，也是特别强调为人的厚道、守信。我们常说英雄侠气、义气，赞叹的是他们说一不二的厚道和胸无城府的坦率，而这两点是曾国藩所赞叹的。

他希望自己的子弟也能像古代的英雄一样，即便不能浪迹江湖，驰骋沙场，也应该修内心的一股侠气，为人率性些，懂得不去计较他人的过错或者失误。

东汉时有个叫陈重的人，他性格敦厚大度，与豫章鄱阳的雷义从小交好。雷义为人善良，注重义气。这两人在一起，不仅学习经典，还在修身养性方面共勉共进。后来二人同在郎署任职，期间的几件小事，让他们的为人受到很多人的赞扬。

当时一位郎官欠别人几十万钱，天天被债主追债，陈重悄悄地替他还了钱，那位郎官知道后非常感动，要感谢他，陈重却说，也许是有一个人和他同名同姓做了好事，但是这个人不是他。

还有一次，一位同僚告假回家前，错拿了另一位同事的裤子，陈重被怀疑是小偷。面对他人的猜疑、指责，陈重没做任何辩白，还给那个人买了一条新裤子。后来回家的那位同事回来，为自己的大意向那个人道了歉，事情才水落石出。曾经看不起、指责陈重的人，由此了解陈重的为人，对他敬佩万分。

雷义为官时，一直举荐善良之人，却从不炫耀自己的功劳。他曾经救过一个死刑犯，后来这人送他二斤金子，但是他拒绝了。这人为感激他，在他不注意时悄悄把金子藏在他家屋顶，后来雷义修缮房屋时发现了金子，但是送金之人早已过世，于是他就把这些金子交还给县里有关人员。

像陈重那样的原谅，看似是软弱，其实是宽容；像雷义那样的不遮掩，其实是厚道。而这两点都是曾国藩常常讲到的"恕"字中的含义。

有位国学大师曾说："把恕字分开来，解作'如''心'，就是和于我的心，我的心所要的，别人也要；我所想占的利益，别人也想占。我们分一点利益出来给别人，这就是'恕'；觉得别人不对，原谅他一点，也就是恕。"这等同于儒家"推己及人"的道理，就是说任何事情都要客观，想到自己所要的，他也是要的；替自己想也替人家想。

曾国藩把能否做到"意量恢拓，规模宏远"看作是识别英雄的标准。而对于时下人来讲，能否做到"恕"，能否在利益面前坚持厚道的为人方式，关系到这个人的信誉、人际关系、工作状态等多方面的情况。诚如一位大师的玩笑话，人们都喜欢老实人。老实人做得多，计较得少；原谅得多，怨恨得少，和这样的人交往，不会担心被骗，把工作交给这样的人操作，不担心出大问题。

终身幽默，暗然退藏

【原文】

而凡民之中有君子人者，率常终身幽默，暗然退藏。

【译文】

然而，凡是在普通民众之间有君子存在，这些君子大概都一辈子寂静无声，隐晦退让，藏于民众之中。

【解读】

人因自谦而成长，因自满而堕落。成功固然值得高兴，但不要自傲自满。老子在《道德经》中说："生而不有，为而不恃，功成而不居。"又说："功成名遂，身退，天之道。"

真正的君子不会因为自己名利的变化而让心性随之而动。相反，带来的改变越大君子越是会避其锋芒，选择功成身退。因为他们深知乐极生悲、盛极致衰的道理。

但是生活中有些人会在成功之后自我陶醉、享受胜利的喜悦的同时，迷失于成果中而停滞不前，这也就消除了今后获得更大成就的可能。

乱世之中的曾国藩，从一个默默无闻的守节闲官飞跃至名高位重的封疆大吏。其发迹的原因，离不开遇有机遇时的打拼，也离不开他低调的处事风格。他曾总结说，君子之所以能在平凡人中脱颖而出，是因为他们大部分时间都是在静默中修持，在韬光养晦中把控进退的机缘。以沉默、低调规范自己，会有洞若观火的效果，便于人们在别人不注意的地方，明察局势，熟练进退，长久自安。

曾国藩成为晚清权臣之后，阿谀奉承的人越来越多，时间久了他自己也有些飘飘然，说话时而浮夸，办事不免高调。就在这时，其弟曾国荃为其写了一封劝诫的家书。看过之后，曾国藩既高兴又惭愧。高兴的是有一个积极相助的兄弟，惭愧的是自己当官后的得意忘形。

不过，多年以后，让曾国藩非常焦急的是弟弟曾国荃仕途亨通腾达之时也变得骄傲自满，不听他的劝告。曾国藩反过来有多次写信告诫弟弟，一定不能自满自足，志得意满。

对于子女的教育，曾国藩也秉承了这一观点。他为了不让儿子滋长出纨绔子弟的习性，自己更是以身作则，勤俭持家，清廉为官。可以说曾国藩煞费苦心，因为他深知成功常在辛苦日，败事多因得意时的道理。一个人的成绩都是在他谦虚好学、伏下身子扎实肯干的时候取得的，一旦恋上了那种依赖他人赞扬、恭维的虚荣，就有可能停止精进的脚步。

一个人有一点能力，取得一些成绩和进步，产生一种满意感和喜悦感是无可厚非的。但如果这种"满意"发展为"满足"，"喜悦"变为"狂妄"，那就成问题了。这个问题会让自己暴露在别人挑剔的视线下，而别人会在我们不留神时，抓住我们的把柄。到那时，人们即便后悔，也可能于事无补了。

在这个世界上，谁都在为自己的成功拼搏，都想站在成功的巅峰上风光一下。但是成功的路只有一条，那就是放低姿态，不断学习。锋芒毕露高调行事，会把我们引向失败的牢笼。面对自己所取得的成绩固然应该喜悦高兴，但不能被这些成绩冲昏头脑，而是要时刻保持谦虚的精神，颗粒饱满的稻穗是低着头的，只有空瘪的稻穗才昂着头。

以贵凌物物不服，以威加人人不厌

【原文】

以贵凌物，物不服；以威加人，人不厌。

【译文】

依仗贵重欺凌别人，别人难以服气；用威望加于人，别人不讨厌。

【解读】

曾国藩在处理官吏与百姓之间的关系上，提出了"以贵凌物，物不服，以威加人，人不厌"的观点。其中的"贵"是指一种颐指气使的傲慢劲，这样的官吏，在和下属、百姓交往的过程中，会仗着自己的地位高，而使用命令的口吻，让他人服务于自己。这样造成的结果是，百姓口服心不服。

其中的"威"不是指威力、威武，而是指威信。威信，不是自己给自己的标签，而是别人对我们的能力、学识等方面的肯定，当一个人说某个人有威信时，就等于是说这个人有号召力，信得过。

在实际的接触、交往中，官吏用自认为尊贵的地位欺压百姓，很难令别人心服口服，有时还会激化矛盾。而运用本身的威信，带动百姓和自己一起行动，且不论结果如何，至少不会令他们讨厌自己，有时更加会使自己做起事来更加得心应手。

颐指气使的人和有威望的人相比，他们的区别在于，颐指气使的基底是傲慢，这样的人始终站在自己的立场上看待他人，目中无人；威望则是一种睿智，虽满腹经纶却含而不露，心胸宽广能容人，考虑问题时可以从他人的立场出发。

把曾国藩说的这句话用到今天领导和下属的关系上，身为领导的人可以从很多方面改善和下属、同事的关系。

领导要提高效益，与如何处理同下属间的关系是密不可分的。如果领导只是一味用自己的权力去命令下属，丝毫不近人情，把下属当作是完成任务的工具而不去关心其思想、生活和情感，久而久之，换来的便会使下属的埋怨和懈怠。倘若领导可以多关心和爱护下属，对下属不慎犯下的错误给予一定的谅解和宽恕，换来的将会是下属的敬重和加倍的努力。

《水浒传》中的好汉之所以可以"智取生辰纲"，很大一部分原因是因为杨志和下属的关系紧张。杨志是个严厉负责、办事认真却粗暴蛮横独断的人，这样的人做了领导，下属必定会吃不少苦头。在护送生辰纲的路上，杨志对挑担的军汉施行暴力统治，"轻则痛骂，重则藤条鞭打，逼赶要行"，为了赶时间，在大路上行走时五更便起行，即使是炎热酷暑，日头最大的正午也不能歇息，还经常手持藤条，满口污言秽语，对待下属就像对待牲口一般。半个月下来，军汉们在杨志的鞭打和谩骂下早已是怨声载道了。

就是在这样一种状况下，吴用利用天气的酷热难耐，知道杨志一行肯定会口渴，便在酒中下了蒙汗药。杨志的下属早已是筋疲力尽，对待这项重大任务也是充满了懈怠，知道有酒可以解渴，警惕性便被抛在了九霄云外，难怪会全被蒙汗药迷晕，导致生辰纲被劫走。由此可见，杨志没有护送好生辰纲，不单单是因为吴用聪明绝顶，也在于他对下属的不够关心，导致整个队伍没有凝聚力，犹如一盘散沙，这样的队伍必定是经不起考验的。

领导和下属虽然是上下级关系，但相互依存，领导的决策离不开下级的执行，而下级的行动离不开领导的抉择。领导只注重效益而忽略对下属的关心会使自己渐渐失去人心，一旦下属对工作产生了懈怠，那么效益就会受到影响。其实下属对领导的要求很简单，在必要的时候给予鼓励，给予关心，犯错的时候能得到体谅，就足以使下属全心全意地为领导工作。而作为一个领导，如果不懂得"以贵凌物物不服，以威加人人不厌"的道理，工作起来可能就不那么顺心顺意了。

曾国藩的一席话，是在说为官的方法，其实，也是在讲述一种为人处世的哲学，站在他人的立场上考虑问题，以谦和的姿态待人，都会使自己拥有良好的人际关系。

第七章 外 王

令人敬畏，全在自立自强，不在装模作样

【原文】

至于令人敬畏，全在自立自强，不在装模作样。

【译文】

至于令他人感到尊敬畏惧的，全都在于靠自己的劳动生活、依赖自己的努力向上，不在于故意做作、故作姿态。

【解读】

一个人想要有所建树，必先要树立起自己的形象与口碑。只有先得到他人的尊敬，才能让人由衷佩服，从而得到他人的支持与帮助。

为官者，要先服人，使人心生敬畏之意，才能更好地用人。得到他人敬畏的方法有很多，利用职权和酷刑对其打压是其中一种。历史上秦始皇、秦二世就是这么做的。他们发明了各种强刑酷吏，直至民不聊生。这样的方法表面上看似一种权威，其实不过是在假借严刑的威力，逼迫人们服从，自然是不可取的，从秦朝的短寿以及这两位暴君的下场与后人给定的评价就可见一斑。利用强权得到的敬畏，其侧重点在"畏"，而非"敬"。

曾国藩曾说过："至于令人敬畏，全在自立自强，不在装模作样。"意思就是说，至于令他人感到尊敬畏惧的，全都在于靠自己的劳动生活、依赖自己的努力向上，不在于故意做作、故作姿态。只有自强不息，用自己的实力树立起威望才是真实的，因为由威望得到的尊敬才是真诚的，出这尊敬油然而生的敬畏才是长久的。

世间的很多成功，很大程度得益于成功者不断丰富自己、挑战自己的自我精进。幼时的曾国藩完全没有之后人中佼佼的模样。相传他幼时在读书上十分愚钝，记性极差，甚至还有他读书时被小偷嘲笑的传闻。

天资这件事情，人力无法选择，但是可以改变。曾国藩幼时虽然资质平平，但是他肯努力，肯拼命。面对小偷的嘲讽，他并没有勃然大怒，大吵大嚷地为自己开脱，而是在读书上越发认真。一遍记不下，就记十遍；这次错了，下次就争取不再犯。不为自己找借口，也不以武力强权封住别人的口，曾国藩从来都只是以实力服众，用自强来回应别人的质疑。

常言道，"天助自助者"，意思就是，上天垂青的是那些自强不息、靠自己的本事闯天下的人。自强者，不仅可以得到他人的尊重，还可以为自己创造机遇。

在道光、咸丰年间，"贼寇"忽然举事，朝中根本无人御敌。当时正在家治丧的曾

国藩得知这一消息之后,立刻组织湘军抵抗。当时叛军无论是在数量上,还是在气势上都远胜湘军。曾国藩却坚持就算是战死也远胜于临阵逃脱。虽然孤立无援,他还是从容指挥部队抵抗。他的坚持最终被朝廷承认并予以重任,最后他击溃了敌军。

面对敌人的来势汹汹、旁人的不解,甚至是当局者的不支持,曾国藩没有解释,也没有放弃。若是当时曾国藩向朝廷求救,或是被敌军的攻势打乱了阵脚,服了软,那么他的结局绝对不是被委以重任,等待他的只会是一连串的罪名。自强不息的习惯让他的思想里没有"求人"这个选项,面对强风,他不会寻求庇护,只会越发的挺起胸膛,迎风而上,使自己长成一棵参天大树。一旦他的枝干足够粗壮,树荫足够形成庇护,人们就自然会相信他,尊敬他,敬畏他。不依靠,使他成为了别人的依靠。正如曾国藩所说,"立者,发奋自强,站得住也"。

自强不息方君子。一个人若是想要成才,就必须把自己视作一棵笔直的白杨,而不是风吹两边倒的墙头草。男儿自立,须有倔强之气,就是要不断挑战。知道自己的不足,就该多多学习这方面的知识,扬长补短;知道自己的恶习,就该多多注意这方面的言行,化恶习为美德……不断挑战自己,才能完善自我,最终战胜自己,成为受人仰视,使人敬畏的大家。

自己做好了,才有资格教别人;自己攀到了崖顶,才有资格享受他人仰视的目光。在妄图得到他人敬畏之前,先好好磨炼自己的筋骨,使自己成为更好的人。

恃己之所有夸人所无者愚

【原文】

凡恃己之所有夸人所无者,世之常情也。

【译文】

凡事拿自己已有的东西向没有这个东西的人炫耀,这是世间经常发生的事。

【解读】

曾国藩讲"凡恃己之所有夸人所无者,世之常情也",是在说沾沾自喜是人之常情。通常情况下,在人我对比的过程中,如果对方没有的,我们拥有,或者对方有的没有我们多,窃喜的心理就会在人心中作祟,久而久之,傲气、骄气就会滋生。而它们会像山林中的瘴气一样,遮住人们看清周边环境的实现。

古语云"人死于骄,败于傲",说的就是这个道理,"气人有笑人无",往往会把自己拉入不满足、刚愎自用的陷阱。

清朝的年羹尧早期仕途一路顺畅,1700年考中进士,不到十年已成为重要的地方大员——四川总督。这个时期是清朝西北边疆多战事的时期,当时康熙重用年羹尧,就是希望他能平定与四川接近的西藏、青海等地叛乱。

在1718年参与平定西北地区叛乱的过程中,年羹尧表现出了非凡的才干。他当时负责清军的后勤保障工作,虽然运送粮饷的道路十分艰险,但是在年羹尧的努力下,清朝大军的粮饷供应始终是充足的,从而为取胜创造了条件。因此,第二年年羹尧就被康熙皇帝晋升为川陕总督，成为清朝在西北最重要的官员。

但是，随着权力的日益扩大，年羹尧以功臣自居，变得骄矜自大起来。一次他回北京，京城的王公大臣都到郊外去迎接他，他对这些人看都不看，显得很无礼。他对雍正有时也不恭敬。一次，年羹尧在军中接到雍正的诏令，按理应摆上香案跪下接令，但他就随便一接了事，令雍正很气愤。此外，他还大肆接受贿赂，随便任用官员，扰乱了国家秩序。

年羹尧知道自己的错误之后不但不知收敛，却更加得意忘形，他还霸占了蒙古贝勒七信之女，斩杀提督、参将多人，甚至要求蒙古王公见到他都要先跪下。因此，年羹尧遭到了群臣的愤怒和非议，弹劾他的奏章多似雪片。

内阁、詹翰、九卿、科道合词奏言年羹尧的罪恶，于是部议尽革他的官职。雍正三年（1725年）十月，雍正帝命逮年羹尧来京审讯。十二月，议政王大臣等定年羹尧罪：计有大逆之罪五、欺罔之罪九、僭越之罪十六、狂悖之罪十三、专擅之罪十五、忌刻之罪六、残忍之罪四，等共九十二款。

雍正三年十二月，雍正令年羹尧自尽。年羹尧接旨后即自杀身亡。此案涉及年家亲属及友人，其父遐龄、兄年希尧罢官，其子年富立斩，诸子年十五以上者遣戍极边，子孙未满十五者待至时照例发遣，族中文武官员俱革职。

一代名将就这样自缢身亡，祸及后世子孙不得安然度日，足以可见保持谦逊的品性对于一个人的重要性。一个自大自夸的人，就算是有一些美德，有一些功劳也会因此丧失掉。

《管子·法法》中说："凡论人有要：矜物之人，无大士焉。彼矜者，满也。满者，虚心。满虚之物，在物为制也。矜者，细之属也。"这段话告诉我们，评价一个人，是有一定的标准的，凡是能够做出一番伟大事业的人，没有一个是具有骄矜之气的人。

作为统治者骄傲自大，不能以平等的态度待人，则会失去人才，失去人心，最后也必然要失去江山。作为统帅如果产生骄傲情绪，则骄兵必败。即使普通人，自以为是也会众叛亲离，难以成事。

忽于所习见、震于所罕见者愚

【原文】

忽于所习见、震于所罕见者，亦世之常情也。

【译文】

忽视经常看见的事物，震撼于罕见的事物，这也是世间经常发生的事情。

【解读】

风起于青萍之末，见一嫩芽生发便知春天已至，见一黄叶坠地便知秋之将至，智者可以从微小的现象中看出事物发展的端倪，见到事情的开端就知道它的最终结果。然而世间的人，就像曾国藩这里说到的，常常"忽于所习见、震于所罕见"，对于习以为常的东西，视而不见听而不闻；对于世间罕见的东西，惊叹不已。这一差别，造成了智者、凡人之间的差别。

于普通人而言，成为智者不是人人所能企及的事情，但是我们至少可以希求自己能敏锐地观察，尽量避免被一些表象所迷惑。

在我们的日常生活中，善于观察的人往往能发现被其他人忽略的小细节，从而抓住机会调整部署，有针对性地采取下一步行动。很多历史名臣就是因为能够抓住细节，分析其中的破绽和不合常理之处，能够根据一些不起眼的依据，做出正确的判断。

曾国藩常常将敏锐的洞察力视为人处事的必备能力之一，细致的观察、灵敏的反应和细心的分析往往可以为人们更好地工作和生活加分。他认为见微知著的能力不是人人都具有的，而是经过长时间的培养、拥有深厚的社会经验或者天生聪颖的人才能培养或具备的。根据曾国藩的观点，后人总结成功人士的观察方法和素养，大致有以下八条：

第一，沉迷其中。这指的是观察者对观察对象的"聚焦"反应。观察贵在专一，紧紧盯住目标。观察最忌浮光掠影，见异思迁。

第二，持之以恒。这是说在观察中应具有坚持不懈的精神。观察要有恒心，一个复杂的事物涉及广阔的领域，具有很长的发展变化、周期。如果观察是三天打鱼两天晒网，事物发展变化中的很多重要环节、重要方面就会逃脱观察者的视线。

第三，全面完整。这是说要既注重事物的正面，也窥视它的反面；既精细地观察它的部分和细节，又注意它的全貌和总体；既不忽视它的外表，又留心它的隐蔽条件和因素；既观察该事物的特征，又观察它在所属系统中的上下左右联系和衔接；既看到它目前的状态，又预测它今后的趋势。这样对事物才会有理性的认识，才能有创造性的发现。

第四，察微知著。一事物区别于其它事物，除有其内部的根据外，还有各不相同的外在条件和因素。仅就事物的外部形状、色泽、硬度、大小、特征而论，有的表现显露易于感知，有的从细微可窥见一斑，有的从平凡中可看到殊异。

第五，对比观察。在观察领域中，从"异"中求"同"对一个人的成才具有不可估量的意义。大量事实说明，从一些看来不搭界的事物中发现某些相通之处，就会孕育并创造出惊人的成果。

第六，深入思考。观察与思维是密不可分的，一方面借助观察源源不断地向思维提供粮食和营养；另一方面思维又对观察材料进行加工、整理，使之条理化并形成一定的理性认识。观察与思考相结合，往往能迸发出五彩斑斓的创造火花。

第七，巧借工具。为了扩大观察领域而借助的物质手段和为增强观察效果而借用的科学手段和精巧装置，对于人们观察、认识事物都是极为重要的。

第八，记录整理。及时写观察笔记。观察只是手段，它目的在于认识世界、改造世界。如果能将大量的有价值的观察笔记加以整理、概括，就可开拓崭新的创造园地。

威信：临难有不屈挠之节，临财有不沾染之廉

【原文】

临难有不屈挠之节，临财有不沾染之廉，此威信也。

【译文】

遇到困难有不屈不挠的节操，面对钱财有不动心念的廉洁，做到这两点，就是有了威信。

【解读】

威信，包括两个方面：名望和信誉。曾国藩说，威信包括临危不惧的勇气、临财不贪的清廉，是专门针对当时的将领、官员而言的。尽管关于威信的解释，有古今的差别。但是将其归根到一处，威信就是一种让人信得过的人格魅力。

如何能让人信任呢？简单来说就是不欺骗，为人诚实。无论古今，诚信都是为人处世必不可少的，如果失去了诚信，人与人之间，就会有很多猜忌、隐瞒，而这对职场中人来说，会影响工作效率，对生活中人来说，会影响人际和谐。而坦诚做人、诚信做事却可以给人留下诚实信用的印象更容易获得他人的合作。

也许乍看起来以诚待人似乎不如略施小计谋取利益来得实惠，但是事实证明，胸怀坦荡、真诚不欺的人往往才是笑到最后的那个大赢家。

自幼被誉为"神童"的北宋名相晏殊，当年他去参加科举考试，殿试之时文思泉涌、援笔立成，然而写着写着突然发现其中一项要求作"赋"的题目自己曾经做过，这样的事如果被现今参加高考的考生遇到，想必大多数人都会暗自窃喜，不露声色地写上正确答案，为自己获得高分争得一点先手。可是晏殊没有自作聪明地隐瞒这一事实，而是从容不迫地上奏皇帝，要求给自己更换考题。

其实对于文赋的评判标准十分主观，没有所谓的"正确答案"，如果晏殊隐瞒自己做过考题的事情，将自己之前的文章默写到试卷上，也未必就能比他当场写成的文章高明太多，可是他坦诚地将事实真相和盘托出，高姿态地放弃争先手的机会，反而使宋真宗在殿试的芸芸考生中注意到了这个十四岁的少年，并且留下了坦荡真诚的印象，他后来受到了真宗的重用，被倚为股肱之臣。

由此来看，即使不谈道德修养，诚信之人也比狡诈之人更容易获得利益，这也就是为什么会算计只能算作小聪明，而坦诚才称得上大智慧的原因。

既然诚信如此重要，那么如何才能获得别人的信任呢？以下几点可作为参考：

第一，良好的习惯是获取信任所必需的一种可贵的资本，人们很难相信沾染了各种恶习的人会诚实守信。第二，必须做到"言必信，行必果"。承诺全部践行，行事踏实可靠是获得别人信任的重要条件。第三，给自己储藏一份让人信任的资本。空口白话总是难以相信，要用自己一贯诚实守信的事实来博取别人的信任。第四，不轻易对别人许诺。有诺必践往往很难做到，稍有疏忽，就可能会失信于人。真正重诺的人从不轻易许诺，如果随口许诺，往往会引人质疑实现这些诺言的能力。

在越来越激烈的社会竞争中，人才之间的较量，已经从单纯的能力较量延伸到了品德方面的较量。而在所有的品德中，诚信越来越受到重视，从某种意义上说，诚信更是一种能力，因为诚信的人，能够更好地组成优秀的团队，更好地发挥自己的才干。须知取得成功最重要的因素不是一个人的能力，而是优良的道德品质。所以，想要成功的人们请从诚以待人，信诺处事做起。

第八章 英才

世不患无才，患用才者不能器使而适用

【原文】

故世不患无才，患用才者不能器使而适用也。

【译文】

所以，世人不会担心没有人才可用，只是担忧使用人才的人不能量才而用，发挥人才的专长。

【解读】

唐代文学家韩愈在《马说》中讲道："世有伯乐，然后有千里马。千里马常有，而伯乐不常有。故虽有名马，祇辱于奴隶人之手，骈死于槽枥之间，不以千里称也。"对于千里马来说，在没有大展身手前就死于马棚中，无疑是一种悲剧。但是，世间类似千里马这样的人才，数不胜数，到是能发现人才的伯乐，少之又少。也正是因为人才的特点得不到发挥和运用，才造成了资源浪费。

曾国藩在总结清王朝朝纲紊乱、农民起义的原因时，将其归结为吏治的腐坏，致使人才不得重用，朝纲不得整治。他认为"国家之强，以得人为强"，一个国家要想繁荣昌盛，首先要培养人才。于是在他力所能及的范围之内，他一直致力于人才的选拔、培养和任用。

曾国藩选材的目的十分明确，就是为了人尽其能、辅佐自己干一番事业。家世财富从来都不是他选才的标准，他更看重那些品德优秀、确有实才的，他时常破格录取一些人才。

比如，李棠阶位居军机大臣，善于办事。吴廷栋著述颇多，曾任刑部右侍郎，在理学方面的造诣深厚。王庆云著有《石渠馀记》，精于理财，官至工部尚书。严正基和江忠源则跻身行伍，前者官至通政使，后者更是湘军的创办人之一，湘军的旗号就是由他而起。

单这五人就能看出曾国藩确实具有一双慧眼。他选才举贤不问出身，而是有自己的标准。可用之才必定具备朴实、诚恳、忠贞、公正、严谨、廉洁等条件。唯有先学会做人才能做事。

对于用人，曾国藩更是谨慎，讲究知人善用。"办事不外用人，用人必先知人"和"收之欲其广，用之欲其慎"是他的用人原则。无论怎样选拔出的人才，他都一定要亲自接触观察，合则取之，不合则去。

在当代社会，即便一个平凡人，哪怕是结交朋友上也要谨慎，千万别因为一时迷

惑，结交了些狐朋狗友，初时未见其害，最后只能遗憾终生。正所谓"君子与小人难辨，隔层肚皮隔座山"，无论是交友还是用人，我们都应该注意读懂对方的第二张脸，透过他的一言一行，洞察人心，更应慎之又慎。

首先，要懂观人之法。"观人之法，以有操守，而无官气，多条理而少大言为主。尤以习劳苦为办事之本，引用一班能耐劳苦之正人，日久自有效"，这是曾国藩的观人之法。也就是说，用人要用四类人，即有德行的，能实干的，能吃苦的，有耐心的。

其次，为此我们在跟人交往时，一定要有耐心，细细观察，经过了一番考验之后，再确定这个人是不是值得交的朋友，能不能把重要的事情托付给他。

最后，人才的任用从了解人才开始。曾国藩说，用人极难，听言亦殊不易，全赖见多识广，熟思审处，方寸中有一定权衡。

获得了人才，对一个求贤者来说，可谓增加了一条有力的臂膀，但人才有大有小、真假难辨，并不是一眼就能看得出来的。曾国藩之所以能散步识人，缺了观人法不行，缺少平时处世的明朝秋毫不可，在用人时离了审慎更是不可。对于现世人了解人才要多面，判断人要审慎，如此可以在很大程度上避免因为疏忽，用错人，办错事，给团体利益带来损害。

虽有贤才，苟不适于用，不逮庸流

【原文】

虽有良药，苟不当于病，不逮下品；虽有贤才，苟不适于用，不逮庸流。

【译文】

虽然有上好的药品，如果不是对症下药，那么还不如一般的药物；虽然有贤能才华的人，如果做的事情不适用于发挥自己的专长，还不如一般人来做这件事情。

【解读】

老子在《道德经》中说："是以圣人常善救人，故无弃人，常善救物，故无弃物。"意思是说，圣人常常善于救人，所以人们都愿意跟着他；对于能做到物尽其用的人来说，世间没有被废弃的东西。其实这里的"常善救人，故无弃人、常善救物，故无充物"，也就是说，处在领导位置上的人要充分地发挥人和物的潜在作用。曾国藩说的"虽有贤才，苟不适于用，不逮庸流"其实说的也是同一个道理。

领导用人的过程，给人才一个适合的舞台很重要。如果把擅长外联、生性活泼的人，安排在每天负责整理文件、拟写发言稿这类的职位上，那么这个人可能会没有工作热情，不能充分发挥自己的优势。这样一来，做领导的人会缺少一个得力的助手，而做属下的会少一个赏识自己的领导。

曾国藩认为，每个人都有自己擅长的事，将其安排到合适的位置上，就能充分发挥才能，否则，他就会像普通人一样平平无奇，这既是对人才的浪费，也会给工作带来诸多不便。

春秋时代，有个叫孙阳的伯乐，以相马闻名。有一天，他受楚王之托，奔赴各地寻找千里马。寻找千里马的过程是艰难的，孙阳跑过了无数个地方，累得筋疲力尽了也没有发现中意的马。

正当他想着要无功而返时，看着一架马车经过。车上装的很满，拉车的马在爬陡坡的过程中，累得气喘吁吁。而赶车的人为了让马快些走，还不时地用马鞭抽它。

伯乐对马向来亲近，不由走到跟前。这时马突然嘶鸣起来，好像在跟孙阳诉说着什么。孙阳从马的叫声中判断，这是难得一见的好马。于是便对驾车的人说：

"这是一匹能驰骋沙场的好马，用来拉车不免有些大材小用，你不如把它卖给我，我给你个好价钱。"

听到孙阳的这番话，驾车人不由心中暗笑，说："这匹马连车都拉不动，还能上战场？"说完就跟孙阳要了个价钱，毫不犹豫地把马卖了。

孙阳牵着马兴冲冲地赶回楚国。楚王一听孙阳找到了千里马，赶忙来看。可是当他看到骨瘦如柴的马时，用略带责备的语气对孙阳说："这就是你说的好马吗？这样的马能上战场吗？"

孙阳读出了楚王心中的失望、不满，便解释说："这匹马确实是千里马，只不过，之前没有精心喂养，所以才会看起来这么瘦削。日后只要用心地喂养，很快就会恢复的。"

楚王了听了半信半疑，便吩咐人把马牵到马棚，好好喂养。

大概过了半个月的光景，当初看起来营养不良的马，变得威武、神骏了。楚王上马扬鞭，顿觉两耳生风，不由称赞："好马，好马！"后来千里马为楚王驰骋沙场，立下不少功劳。楚王对伯乐更加敬重。

千里马对于上场杀敌的将士来说是绝好的战马，但对于农夫来说，却连拉车的力气都没有。是千里马真得不够强壮吗？当然不是，只不过，农人不知道怎样发挥马的潜力罢了。如果没有伯乐的慧眼识真才，那么千里马便无用武之地。

对于人才也同样如此，如果一个人非常喜欢并且擅长画画，而他的父母却让他学钢琴，那么在美术界，也许就少了一位天才画家，而在音乐界，只不过又多了一个平凡无奇的乐师。对于他自己，由于做的不是自己喜欢的事，所以也没有了斗志，生活也就变得平淡无奇。如此看来，让一个人去做自己不擅长的事，带来的损失是巨大的。发现他人的长处，并把他安排在适合的位置，那么即使是件小事，也可以做得有声有色，这是一种用人的智慧。

当时当事，凡材亦奏奇效

【原文】

千金之剑以之析薪，则不如斧；三代之鼎以之垦田，则不如耜。当其时当其事，则凡材亦奏神奇之效，否则龃龉而终无所成。

【译文】

如果用价值千金的宝剑劈柴，那还不如用斧头；把历经三代的鼎放在田垄间，不如不用。如此看来，一个看似平凡的物件如果能在适合的时间，做适合的事，那么它就会显露出神奇的效用，否则只会被世俗埋没，一无是处。

【解读】

　　曾国藩认为，想要将一件事办好，用对人是非常重要的。人各有所长，善于发现他人的长处，并让其发挥所长，办事的效率会提高，效果也会更好。在说明这一点时，他说："虽有良药，苟不当于病，不过是让合适的人才，在合适的时间，做适合他的事情。不逮下品。"在他看来，用人好比用药，再好的药材，若不能对症下药，只会使药材浪费，再优秀的人才，如果用得不对，只会拖累双方。

　　而所谓的用对人，"人才无求于天下，天下当自求人才"。曾国藩知道人才也需要一个能施展自己才华的舞台，才会有绽放光芒的时刻。但是人才有自己的骄傲和自尊，所以求贤之人要在求贤时表达出对人才的尊重和求贤若渴之意。所以曾国藩才会说人才是不会主动提出来帮助治理国家的，言下之意就是自己应当像刘备三顾茅庐那样诚心实意、恭敬有礼地去请贤才出山。

　　曾国藩也确实是这么做的。他曾说求才就应当"如白圭之治生，如鹰隼之击物，不得不休"。白圭是战国时著名的商人，善于迅速捕捉赚钱的机会；猛禽猎取食物同样也是敏捷准确，因此曾国藩认为，求才也要有一颗不达目的决不罢休的决心和恒心，一方面识人要快要准，另一方面也要动之以诚，而后者是决定一个人能否得到人才的重要因素。

　　郭良焘是清政府驻外使节郭嵩焘的三弟，曾国藩非常赏识他的才华，认为论学问则嵩焘第一，论才华则良焘第一。所以他多次向郭良焘表示要重用他的意思，但郭良焘极爱他的妻子，不愿意为此而两人分离，所以总是婉拒不就。

　　但是曾国藩没有放弃，为了得到这位贤才，他特意写了一封信说："知公麋鹿之性，不堪束缚，请屈尊暂临，奉商一切。并偕仙眷同行，当饬人扫榻以俟。"言辞谦和，满纸诚意，终于打动了郭良焘。他接到信后不仅来到了湘军幕中，而且为表示敬意，他也没有携带妻子同行。

　　很快曾国藩又写信说："燕雁有待飞之候，鸳鸯无独宿之时，此亦事之可行者也。"他体谅郭良焘与妻子的恩爱之情，让他多回去与妻子相聚。这样一来二去，郭良焘终于接受了曾国藩的邀请，决心出来供职，并很快成了曾国藩的得力助手。

　　在此之后曾国藩依然对他关怀有加，或准他的假，让他多回家，或者是命他将妻子接来，尽量不因为供职之事而影响他们夫妻的关系。郭良焘自然对曾国藩更为忠心，做事也更加尽职尽责。

　　正是由于曾国藩如此不遗余力地广罗人才，才使得各路人才慕名前来，一时幕府之中人才济济，湘军也成为当时很强的军事力量。而这些人才之所以纷纷投向曾国藩处，大多也是看中的曾国藩的一个"诚"字。

　　精诚所至，金石为开。名利只能引诱追名逐利者，要真正让下属对自己忠心耿耿，情感是最好的纽带。曾国藩便以诚心招揽人才，以真心对待下属，与将士共享名利，终得到下属的忠心耿耿。

才足以济世，何患世莫知己

【原文】

才识足以济世，何患世莫己知哉？

【译文】

当你的才华见识足够来救济世人，还用担心世人不知道你吗？

【解读】

古代很多有才能的人，常常因为怀才不遇，不能为国效力而归隐田园，寄情于山水之间，借诗句来抒发自己内心的惆怅。韩愈就曾因为不能受到赏识而做《马说》，用"其真无马邪？其真不知马也"感叹伯乐太少。屈原因为郁郁不得志而做《离骚》以明志，最终因为自己的政治理想得不到施展而自沉汨罗江。这样的怀才不遇的人是非常多见的。但是，曾国藩认为，一个人的才华如果足以救济世人，是不会被埋没的。如果一个很有才华的人，却不能适应时局，不懂变通，那么他不被重用就是他自己的问题了。

这个世界上有才华的人数不胜数，世界并不会因为埋没了哪一个人才而停止运转，如果心怀大志的人不懂得去适应社会，而期待世界能按照自己的方式运转，那么他不得志也不足为怪。真正能施展自己才华的人懂得积极融入这个社会，让自己紧跟时代的步伐。

汉武帝即位初年，广纳天下贤良。东方朔毛遂自荐，用三千片竹简写就自荐书上呈。汉武帝用两个月的时间才把它们读完，被文字中流露出来的慷慨气概所震撼，便封东方朔为公车令，却始终没有召见东方朔。

生性狂傲的东方朔，在待遇极低的公车署中，满身才华无用武之地。于是他想了妙法，让自己尽快被汉武帝召见。这天，他对几个马夫说：

"你们这些人只会喂马，既没文采，又没武力，对国家无甚大用。最近我听说皇上要将你们这些无用的人杀掉呢。"

马夫们一听，万分恐慌，便急急忙忙去向汉武帝求情。汉武帝问明前因后果，知道了是那东方朔在捣鬼，便召来东方朔问罪。

见到武帝之后，东方朔丝毫无畏惧之心，面对皇上的问责，他不乏幽默地说道："为了见皇上，我也是万不得已呀。那些马夫无德无能，却拿着和我一样多的俸禄。您让我怎么心理平衡嘛？如果皇上看不上小臣，那不妨放小臣回家，省得我浪费您给的银两。"

听完这番笑中带刺的辩解，汉武帝不仅没有生气，还哈哈大笑起来，并提拔东方朔做了侍郎，陪他左右。

在此后的日子里，东方朔利用亲近武帝的机会，建言献策，多次受到汉武帝的赞赏。

汉武帝是个好大喜功的皇帝，很多大臣因为顶撞了皇帝而招来杀身之祸，而东方朔却能通过巧妙的变通，让汉武帝接纳自己的意见，并给自己的仕途开辟了道路。

像东方朔这般学富五车、聪睿机智的人，没有空等他人的赏识，而是借用智慧的手段,巧妙地把自己送到了皇帝面前。这种自动自发的自荐方式,化被动为主动,不愧是妙法。

有才之人心中多多少少会有些清高,这种清高可能为他们迎来赞美,也有可能束缚他们的手脚。当一种清高成为捆绑手脚的锁链时,它就成了一种冥顽不化。因此有才之人要懂得变通,所谓山不转水转,伯乐不过来,那才子就应该走到伯乐面前。

英才皆由勉强磨炼而出

【原文】

天下无现成之人才,亦无生知之卓识,大抵皆由勉强磨炼而出耳。

【译文】

天底下没有现成的人才,也没有生来就具有认知一切的卓远见识之人,大都是由于勉励顽强磨炼出来的。

【解读】

"宝剑锋从磨砺出,梅花香自苦寒来。不经一番彻骨寒,那得梅花扑鼻香",这些诗句都在歌颂梅花在苦寒中绽放美丽的坚忍。古人把梅花当作象征"坚强""傲骨"的意象,认为梅花之所以能拥有沁人心脾的香气,是因为那香气中包含了霜雪的洗礼。而在曾国藩看来,真正优秀的人才,也是如梅花一般,在经历寒冬一般的磨折后,才有了常人不可企及的满腹学识、孤高品格。

他说:"天下无现成之人才,亦无生知之卓识,大抵皆由勉强磨炼而出耳。"他认为天生有才华、有卓越志向的人,其实是没有的,大多数有志之士都是在逆境中成长起来的。虽然每个人对逆境的定义都有所不同,但逆境带给他们身体上或心灵上的锤炼是相通的。逆境可以磨炼人的品性,锻炼人的能力,所谓"真金不怕火炼",能经受住打击的人,才是真正的英才。

作为儒家学派的代表人物,孔子享受着世界各地、古今世人的敬重。可事实上,孔子今日的地位、荣誉和他生前经受的磨炼、困境是分不开的。

他三岁的时候父亲去世了,自此后经常受到族人的歧视。在那个使用竹简的年代,读书、写书是件不易的事情。因为它需要人们一刀一刀地把字刻在竹片上。尽管如此,孔子还是亲手刻出了《易经》。成书后,孔子翻阅无数次,链接竹简的牛皮绳都断掉了。

学成后,孔子抱着"仁政"的治国理念周游列国,但是在战乱纷飞的年代,他的政治主张没有得到雄心勃勃的君王赏识,吃了不少闭门羹。到他年过古稀时,孔子不仅没有得到诸侯重用,还多次遭受了生命危险。但孔子没有知难而退,反而是明知其不可为而为之。他一生遭受冷遇困境但不气馁,晚年时执笔写下《春秋》,最终成为一代圣人。

像孔圣人这般,一生在无数睥睨、误解中经受打击的人,人们都习惯于羡慕成功人士潇洒风光的生活,却往往忽略了他们曾经付出的艰辛。每个人都渴望成功,渴望实现自己的自我价值,但这些想法接触现实后,就可能因为阻碍、挫折而变得脆弱不堪。为了不吃闭门羹,不和磨折打交道,很多人选择了安逸平淡的生活。那些真正坚持下来的少数，历经磨难和打击，才有可能过上自己想要的生活。

曾国藩认为，逆境最能考验一个人有没有能力，能不能成功。正所谓"生于忧患，死于安乐"，在忧患中得以生存发展，而在安逸享乐中则会委靡死亡。就好比一只青蛙，将其放入滚烫的开水中，它会一跃而出；将其放入温水中，它便会悠然自得无所顾忌，而当这水被慢慢加热到沸腾时，这只青蛙也就命丧黄泉。

既然如此，如果一个人想靠自己的能力拥有别人无法拥有的成功，那就要为此付出常人无法付出的努力去应对接二连三的磨难。诚如当代大师柏杨先生所言，"磨难没有力量使人不幸福"。在每一次低谷的时候，都为走出低谷而努力，那么在争取的过程中，我们的手脚会硬朗，心智会成熟，而这就是磨难的价值所在。

第九章　忠　疑

内度方寸，靡所于疚

【原文】

诚内度方寸，靡所于疚，则仰对昭昭，俯视伦物，宽不怍，故冶长无愧于其师，孟博不惭于其母，彼诚有以自伸于内耳。

【译文】

果真从内心度量，萎靡不振源于内心的内疚，那么，如此光明磊落的人就可以仰视世间万物，俯瞰伦常百态，内心宽大毫不做作。所以，公冶长在老师面前无愧于心，孟博在母亲面前丝毫不感到惭愧，他们的精诚自然而然地向他们生活的圈子内部传递。

【解读】

世间的忠和疑都是相对的，领导想要人"忠"，就应该具备让人忠诚的资本。处在一个领导者的位置上，曾国藩强调"内度方寸"，即自我省察。在怀疑一个人时候，首先要先问问自己："是不是我多心了？"如果是的话，那就需要和自己打场官司，好好反省一番了。

子曰："已矣乎！吾未能见其过，而内讼自省者也。"孔子说："算了吧！我从来没有看到过一个人，能随时检讨自己的过错，而且在检讨过错以后，还能在内心自我审判。"

内心的自我审判是一个人自省自戒的功夫。每个人都有理智，对自己所做的事一无所知的人世间鲜有。世间常见的是有人明知有的事自己不愿做，但欲望一起，就压不下去，天理始终克服不了欲望，理智便也无法平衡感情的冲动。其后果便是助长一种傲慢的心理。

有位国学大师说，"人多半有一种傲慢的心理。"在这种心理在两种情况下最容易发作：一是遇到比自己优秀的人而心生嫉妒的时候；二是自己犯错误，死要面子的时候。这两者中无论是哪一个出现在领导身上，都会对领导的工作和领导的为人产生影响。

被人比下去之后，个人心里很难受，但在傲慢心理的作用下，不出两秒钟，觉得自己还是比他好，而且越想越觉得自己比他好，在自己犯错误时，明明知道自己错了，可是因为拉不下脸面承认，第二秒就能马上找出很多理由来，给自己的错误打圆场，越想自己越没有错。这是人类天生就有的劣根性。

克服这种错误的傲慢心理，是一种自我认知，自我征服，更是一种领导必备的修养。孔子所说的"譬如为山，未成一篑，止，吾止也；譬如平地，虽覆一篑，进，吾往也"讲的就是这个道理。挑土推山，功亏一篑，是谁造成的？是我们自己；平地垒土，虽然不高，也是一种进步，是谁的原因？是我们自己。世间的一切作为，其结果如何都在于一个人自己的作为。能否克服嫉妒，自省一己之不足，承认自己的错误，关键也在个人的内心。

曾国藩熟读儒家经典，认为儒家的学问重点是内讼和自省，圣人贤者无论出于何种境地，总爱自己先在肚子里审查一番。同时他也强调说，领导犯错总比领导明知有错还不悔改强。

对于那些犯过错误的领导来说，领导不改，还一如故我，会在背地里遭到下属的指摘，进而会有损领导者的威望。在这种情况下，如果领导要求下属跟随自己、忠于自己，下属一定会觉得不划算。而犯错后，能马上改过的领导，会在下属心中留下清明的印象，无形中提升了自身的说服力和影响力，这时即使领导不去要求，下属也会甘心跟随。

以不贰自惕，以不已自循

【原文】

守之以一，以不贰自惕，以不已自循，栗栗惟惧，斯终身无不顺焉。

【译文】

对于一件事情忠贞如一地守护，用没有二心来自我警惕，用孜孜不倦一直不停止来自我循环，害怕有悖于自己的良心，这样一生都不会不顺利的。

【解读】

《礼记》里说："不宝金玉，而忠信以为宝。"意思是说，金银玉帛不能算作宝贝，真正的宝贝应该是忠信。由此可见，忠信早在几千年前已被人所重视了。事实上，我们生活中也处处需要忠诚。

一个人，要对爱人忠贞不渝，要对亲戚朋友真心实意，要对国家无限忠诚。做到这些，才能保证家庭的睦，亲朋友爱，社会和谐。反之，如果做人缺失了忠诚，那么可能导致家庭的分崩离析，朋友的反目成仇，甚至成为让人唾弃的叛徒走狗。

历史上，总是不乏一些奸臣，给国家和民族带来了深重的灾难。南宋奸相秦桧，勾结金人，不顾满朝文武的反对，与金人签订丧权辱国的和约。他为了苟且偷生，大肆迫害主张抗金的忠臣良将。抗金英雄岳飞就是在"莫须有"的罪名下被迫害致死。这种卖主求荣、奸佞无耻的人自然逃不过历史的审判，他的名字永远地被钉在了耻辱柱上。

不忠不信，为人不齿；忠义两全，义薄云天，方能为人所敬仰。在这一点上，关羽可谓是忠义守信的典范了。

关羽对刘备忠贞不贰，处世行事知恩图报。当关羽在下邳城外被曹军围困的时候，曹操派张辽前来说降，而关羽却慨然表示："吾今虽处绝境，视死如归！"他一心忠于刘备，拒绝投降。

最后，张辽以"兄今即死，其罪有之"说服了关羽，但关羽约法三章，首先言明自己只降汉帝，不降曹操；其次要保护嫂嫂的安危；最后他不忘刘备，声明只要打听到刘备去向，便不管千里万里都要去追随他。

关羽这约法三章既有原则，又有策略。首先他声明降汉不降曹，正表明关羽即使在如此危急的时刻依然坚持正义，在大是大非上毫不妥协。而当时，为了保护两位嫂夫人，为了等待刘备的消息，他必须留下来，因此降汉不降曹是当时唯一可以采取的立场。更重要的是，在暂归曹操之后，关羽没有一天不在想寻找兄长刘备，他不会做出背叛刘备的事情，确确实实是身在曹营心在汉。

然而曹操对关羽又极好，对他百般照顾，屡献殷勤。三日一小宴，五日一大宴，上马一提金，下马一提银。纵是荣华富贵，功名加身，但这一切都不能动摇关羽的意志，他仍是对刘备忠贞不贰的。可关羽毕竟不是铁石心肠之人，能得曹操如此厚待，他也知恩图报，表示要立功来报答曹操，然后再离去。于是发生了斩颜良、诛文丑的情节，而后华容道释放了曹操也可以说是关羽义的延续。关羽的言行事迹光明磊落，真可谓忠贞不贰，义重如山。

像关羽这般忠贞不贰，是一种义薄云天的大义，同时也是时时刻刻不放松的内心修行。说到底"忠"不过是一种心里的情愫，所以要想对某个人忠诚，就不能放松心的修行。

曾国藩在修身处事上讲究"思诚"，就是要一心一意，专心不二，反对一心二用。他说："心不专一，则杂而无主。"修心时间越长，曾国藩越发感到专心的重要，他意识到不仅读书学习要专心致志，为人处世也要专心忠诚，不能朝三暮四，朝秦暮楚。鉴于此，曾国藩修身修心坚持"以诚字为本"，且始终"守之以一，以不贰自惕"，曾国藩牢记这一原则并严格遵循，力求做到"仰无愧于天，俯无怍于地"。

圣人之不可及处，在尽性以至于命

【原文】

圣人之不可及处，在尽性以至于命。

【译文】

一般人比不上圣贤之人的地方，在于在圣贤们用尽毕生的心血来探寻天命。

【解读】

从古至今，历史上出现过太多的能人：鞠躬尽瘁如诸葛，骁勇善战如张飞，足智多谋如张良，为国为民如孙文……江山有待才人出，每朝每代，最不缺的便是人才。能人众多，其中能被称为圣人的却寥寥无几。

在谈及圣人之道时，曾国藩说过："圣人之不可及处，在尽性以至于命。"所谓尽性，就是说，对于别人交付给自己的任务，或者自己认定的能完成的事情，要竭尽全力地去做，争取将其做到最好。所谓知命，则是说，对于生命中的所有不执着，来之则受，去之不留；当付出和回报不成比例时，要懂得淡然处之，不要过于伤悲。

尽性不争是一种积极的人生态度，它要求人们尽心尽力，而知命则是如水般淡泊，不争不求，顺其自然，是一种出世的超然。两种态度，可谓是南辕北辙。将这两种完全不同的态度统一于一身，就可以使人积极投身于现实社会生活中，又不被世俗的名利所束缚，来去自如，自在逍遥。

曾国藩一直学习古代贤人的言行，不断完善自己。他认为，办事时，要"坚忍有恒"，竭力为之；事成后，则要"不忮不求"；遇到"必不可行之事"，则"不必妄自轻营"，要懂得顺其自然。

在政坛上，本是书生的曾国藩披挂上阵，带兵打仗，虽然赤地立军，但建立了一支骁勇善战的水上之师。尽管当时有人说"无湘不成军也"，可实际情况远非人们眼中的那般乐观。在征战中，曾国藩不仅战事棘手，屡屡受挫。除此之外，曾国藩和他的军队还时常受到来自清政府内部的多方掣肘，真可谓身陷炼狱，艰难备尝。

但他都尽心经营，咬牙立志坚持下来，没有抱怨，也没有软弱，只是一再努力，精疲力竭而不能止。这之后，他因胜仗连连而受到朝廷的赏识，所出境遇得以改观，功名、财富由此而来。但是，即便这样，曾国藩并没有在名利面前手脚慌乱。在此后的家书中，他最常跟子弟提起的便要他们在得功名后要一如既往地保持心底淡然。

如此这般，曾国藩竭尽心力地把该做的事情做好了，在有功于朝廷后，依旧提醒自己保持心境的淡泊。这样尽力了就会问心无愧，淡然了就不会为外物捆缚手脚。上面的两句话，说来如此简单，可是真正能做到的是少之又少。

"圣人之不可及处，在尽性以至于命。"曾国藩这句颇具道家意味之言，给现代人的启示意义在于，他告诉了人们一种更容易获得满足、幸福的方法：顺其自然。在完成一件事的过程中，需全身心投入，尽心尽力，能做到十分的，绝不只做八分。这样去办事的人，会让人赢得领导的信任，而这样去要求下属的领导，会让下属觉得自己的上司随性、谦和。如此双方有好感，整个团队的凝合力就会更加强。

古人绝大事业，恒以精心敬慎出之

【原文】

古人绝大事业，恒以精心敬慎出之。

【译文】

古代的人成就大事业，都是因为长久拥有精细的内心以及敬业谨慎的态度。

【解读】

曾国藩所讲的"精心敬慎"指的是一种责任心，在他看来，负责是很多人得以成功的重要因素。人生在世，"责任"二字是必须要承担的。"责任"这两个字写起来不过十四划，但是真正扛起来，却重逾千斤。责任、负责的含义说来简单，不过是认真对待交付到自己手里的事情，抱着一种"敬慎"的态度，认认真真地做好自己，好好工作，好好生活。明白了这其中的真正含义，做起事来才会一丝不苟，才会真正珍惜阳光下的每一天，不虚度，不糊弄。

在曾国藩看来，为国家做事，就该认真不能松懈，一律按规矩办理。做事尽心尽责，一丝不苟，能够培养人坚毅的品格，它能带领人走向好的方面，又能鼓励优秀的人成就一番大的事业。

在古代，真正的有志之士能够受人爱戴，首先是因为他们本身志向高远，其次是因为他们那种"以天下为己任"的责任感，并用自己的言行和精神打动人心，赢得同时代人的信任。

对于自己的国家，曾国藩尽心尽力。他亲身实践，不当旁观者，并从自己做起，虚心从事，尽力办事。这就是把责任感和具体的行动结合起来。因此，他在信中可以对父母保证说："儿子虽然身在礼部衙门，依章为国家办事，很认真从不松懈，一律按规矩办理，这是我心甘情愿做的。"由此看来，责任不仅是对自己负责，同时也是为了让牵挂自己、信任自己的人放心。

但是对于像曾国藩他们这样的臣子来说，让自己的责任心得到上司的认可并不是一件容易的事情。有时候，尽心尽力地为国家办事，尽自己身为臣子的责任，并不一定都能得到好的下场。

殷商时期，纣王近佞臣，远贤臣，行暴政。对于这样的国君，百姓苦不堪言，但只能默默忍受。为臣子的人，虽然知道纣王此行的弊端，但是出于明哲保身的打算，很少人能站出来说真话。在这种万马齐喑的情况下，时为国家重臣的比干，知道自己责任重大，苦苦规劝纣王要改正自己的行为，但纣王执迷不悟。无奈中，他叹息说道："君主有过错不劝谏是臣子的不忠，怕死而不敢说真话是不勇敢，即使劝谏不听导致杀身之祸，也算是尽到了忠臣的责任了。"

后来一次，纣王被比干责问得无言以对，就问比干："你为什么要如此坚持？"

比干回答说："君有诤臣，父有诤子，士有诤友。下官作为朝中大臣，劝谏君王痛改前非，为的是保住商朝的江山。"但商纣王依旧不以为然。

接连几天，比干依旧进谏，最后纣王恼羞成怒，对他说："我听说圣人的心有七窍，现在我要挖你的心来验证一下！"于是他就令人将比干的心挖出来观看，最终比干因为进谏而被摘心而死。

比干明知道自己会有生命危险还是不遗余力的劝解纣王，是因为他知道自己的责任是什么，自己应该做的事情是什么，正因为比干懂得自己应该做的是什么，所以可以为了践行它而把生死置之度外。在曾国藩眼中，这便是忠臣，是君子所为。

其实，责任在本质上是对自己负责，做事对得起自己的良心，问心无愧，即时在履行责任。我们的真心别人可以不理解，可以不接受，我们自己却不能背叛自己的真心，否则我们就会在他人的眼光中迷乱。也许，办事一丝不苟会被人说成古板，处理问题太过理性，会被人笑为没有人情味，但是我们若不如此，心就会有担忧，在工作中就不可能尽心尽力，得到成功。

第十章 峻 法

立一法须实实行之，常常行之

【原文】

凡立一法，总须实实行之，且常常行之。

【译文】

凡是制定一项法令，总是必须切实地实行这项法令，而且应当持之以恒，一直实施下去。

【解读】

孟子在《孟子·离娄上》中说："离娄之明、公输子之巧，不以规矩，不能成方圆。"这句话是在劝诫人们，自由不能绝对地没有规范，有规范地自由才能避免世界陷入毫无章法地混沌。但是规范定出来，如果大家不去实行，那么规范等于零。因此曾国藩强调："立一法须实实行之，常常行之。"意思是说人人要切实地贯彻制定的纪律。

至于如何遵守规矩，这就涉及"严"这一个字，对于规矩、条例、法度，我们要严格遵守，这个"严"字就是遵守规定或掌握标准时的一种认真，不放松的态度。只有严格遵守规矩，才能使保证一个团体在一定的规范下良好地发展。

曾国藩说过："吾辈当自立准绳，自为守之，共约同志者共守之，无使吾心之贼，破吾心之墙耳！"他一直知道："立法不难，行法为难。"曾国藩对于严格遵守规矩这一点一直是身体力行，从不打折扣地严格遵守，他不光自己遵守，更是对部下严格要求，对于犯错之人，无论是谁都会给予惩罚。对于曾国藩严格遵守规矩这一点，从他上书弹劾李元度上就能略知一二。

李元度曾为曾国藩的幕僚之人，为人很有才华，擅长谋略，二人关系特别亲厚，就连曾国藩自己也说他与李元度"情谊之厚始终不渝"，并且李元度曾对曾国藩有过救命之恩。李元度与曾国藩之间的友情如此深厚，但是在李元度犯错之后，一样被曾国藩上书弹劾而丢了职位。

咸丰十年（1860年），太平军攻打徽州。因徽州是祁门老营的屏障，所以徽州的得失意义重大，于是曾国藩派李元度领兵前去徽州救援。在李元度领兵前往徽州之前，曾国藩因了解李元度善于谋却不精于战，恐有闪失，就特地与他约法五章，一再告诫他一定要在徽州坚壁固守，绝不能轻易迎战。但是等李元度到达徽州之后，太平军李世贤天天于城门外叫嚷辱骂李元度，李元度因忍受不了，最终违反了曾国藩三令五申"坚壁固守"的命令，出城迎战，结果一败涂地，失了徽州。对于李元度的大意失徽州，曾国藩愤怒于心、悔恨交加，虽然李元度是他的救命恩人，且与他有很深的交情，但是他为严肃军纪，终决定上疏弹劾李元度。对于曾国藩的此举，一众文武集体反对，甚至有人指责他背离恩义，就连李鸿章也表示要"率一幕人往争"，面对如此困境，曾国藩仍不为所动，坚持上疏弹劾。

曾国藩之所以如此坚决，目的有两点：一是为了严肃军纪，绝不能因为自己的私人感情而徇私舞弊，二是为了警告众人，敲山震虎。他这样做，也确实取得了比较好的效果，因为李元度对于曾国藩来说并不是普通的幕僚，而是与他有救命之恩的恩人，且李元度立过大功，对于这样的人，曾国藩都能上书弹劾，可见曾国藩的铁面无私，这件事一经传出，立刻轰动一时，而他手下的一众将领也为之一振，深知军法严肃，不容违背。

曾国藩对于法纪的执行是非常严格的，而这一点恰恰是现代人最缺少的。在当今这个社会，人们都是以自我为中心的，总是觉得自己做的是对的，即使不按照规章制度办事也无所谓，可是他们忘了，如果大家都不守规矩，那么公司将毫无制度可言，最终会乱成一锅粥，下场不是被开除就是公司倒闭。

对于失业这件事来说，大家都是不愿意的，既然都不愿意，就要改变自己的行为，主动去严格遵守公司里面的规章制度，这样才能让公司良性运行。我们要学习曾国藩严格遵守和执行军法的那种态度和行为，只有这样，我们才能督促自己更好地执行规章制度和法律法规，才能更好地发展我们的事业，使之更上一层楼。

立法不难，行法难

【原文】

立法不难，行法为难。

【译文】

制定一项法令并不难，困难的是实行这项法令。

【解读】

"乱世用重典，盛世用德政"，不过立法容易，执行起来就比较困难，因为面对众多的人口，纷繁复杂的社会情况，法律要顾及到方方面面。如果对一部分人有利而损害了另一部分人的利益，那么就容易造成社会的动荡，威胁到统治阶层的统治。

"乱世用重典，盛世用德政"可以看作是一种实施法律的好方法。乱世的范畴比较宽泛，政治、经济、文化、社会治安等诸多方面都有可能造成乱世。这不是一个人或者某一个简单的因素就能够引起的，一定是日积月累的问题到达了临界点之后所导致，所以不能简单地说因为刑罚轻了，乱世就出现了，刑罚重了，乱世就会消失。

处在乱世就要用一些严厉的法律来使社会恢复到正常状态。这时候的人往往会失去法律的约束，为所欲为，所以抢劫、偷盗、强奸等违法犯罪的事情会频繁发生，尤其是在一个国家刚刚成立的时候，因为政局不稳，各方面的规章制度还不完善，犯罪会成为一种现象出现，"严刑峻法"就变成了一种行之有效的手段。

曾国藩在早年的时候就提出过"严刑峻法"的主张，他认为，只有通过严格立法，才能够铲除世间的邪恶，使百姓过上安宁的日子。曾国藩的这个主张其实也是从爱民的角度出发，可以说他是一个坚持民本思想的人。

在曾国藩步入政坛二十年间，"爱民"两个字时刻萦绕在他的心中，希望"法为民所用"。但是迫于当时的社会情况以及封建等级思想的桎梏，曾国藩的这一观点迟迟得不到实现，所以一些律令实施起来也具有不彻底性。

"严刑峻法"源于法家韩非子的观点。韩非认为"法者，编著之图籍，设之于官府，而布之于百姓者也""法者，事最适者也"。意思是国家制定出来法律要切实可行，行之有效地规范社会的秩序，让人们的生活井井有条，并且要以普通老板姓的承受能力和理解能力为根据，不能超过一般人的限度，也不能低于一般人的水平。正如韩非所说："仅明察之士能知之，不可以为令，夫民不尽察，仅先贤者能行之，不可以为法，夫民不尽贤。"

另外法律制定的内容要尽可能详尽明了，让人一目了然。法律如果简单、烦琐的话，就会为那些不法之徒提供钻空子的机会，这不利于法律的实施。最后，为了保持法律的权威性，不能够今天制定的法律，过不了多长时间就进行修改，正如韩非所言："法莫如一而固。"

其实曾国藩所遵循的法家思想与今天的"有法可依、有法必依、执法必严、违法必究"的道理相似。

此外，法家思想还明确提出了"法律面前人人平等"的观点，就算君主也不能例外。要做到"不游意于法之外，不施惠于法之内，动无非法""功名所生，必出于官法"。两千多年以前的这种思想在今天看来仍然具有指导意义。

曾国藩根据韩非的这一思想提出"赏罚以法"的主张，根据就是韩非的法令，只要是下属，有功的就要给予丰厚的赏赐，有过的也要给予严厉的惩罚，为官就要做到赏罚分明，一切都要依法行事。他认为能够成为圣主明君的统治者，一定要学会恩威并举，赏罚分明，法律、规定过于仁慈或过于暴虐都不利于社会的稳定和整体秩序的维护。

痛加训练，以生其新者

【原文】

痛加训练，以生其新者。不循此二道，则武备之弛，殆不知所底止。

【译文】

治理军队，一定要严格训练将士，保证新战斗力的形成。如果不按照这个方法去做，必然会导致军务废弛，不知道会有什么样的结局。

【解读】

生活中我们常能听到一句话，叫对症下药。只有知道了症结所在，有了个具体的计划，再针对症状寻找解决方法，这样才能治病。若是连问题出在哪儿都不知道，没个准确目标就胡乱下药，就像是一个人明明得的是风热感冒，却偏偏要吃下许多治风寒感冒的药剂一样，问题只会越来越严重，最终病入膏肓，终至不治。

就像是治病要先开个药方才能抓药一样，无论是工作学习，还是治军治国，有个明确的目标，找到适合自己的指导思想，都是至关重要的。就拿治军打仗举例吧，有良好的战争策略，才能取得战争的胜利，而一个军营中如果主帅没有一个规范的治军方法，那么军队就会像一盘散沙，没有纪律、没有斗志，这样的军队在战场中必败。

曾国藩作为一个文官出身的湘军统帅，将他对儒家思想的理解融入治军方略中，主张"仁""礼"为治军之源；"忠""信"为行军打仗之本；"训"与"练"是兼施之法，并严格遵照此法训练军队，终于让他练出一批铮铮的战士。面对强悍的敌人，曾国藩认为，唯有训练出一批有思想的、战斗力强大的军队才能制敌。于是他"赫然愤怒以卫吾道"，恩威并施地训练手上的军队。湘军队伍建立后，曾国藩又治军得法，所以他才能在战争中取得胜利。

曾国藩之所以能够胜利，是因为他找出了军队的正解所在，并根据这症结寻出了解决方法，制定了思想方针，对症下药，自然能够收获事半功倍的效果。

想要制定一个适合自己的思想作为指导，最重要的是要先有自知之明，即了解自己，了解问题出在哪儿。隐隐觉出了问题的存在，不要因为出现了问题而烦躁，要静下心来细细分析，到底为什么会出错，缺点到底是什么？行事做人的指导思想不是坐着等来的，每个人的缺点不同，问题的程度也不同，这行事指导的结论，还是得自己下才是最适合的。

知道了问题是什么，便可以针对问题找到解决方法。曾国藩说过："今日之劣弁羸兵，盖亦当之为简汰，以剜其腐者，痛加训练，以生其新者。"意思就是说，现在军营中品行低劣、身体羸弱的士兵，原来也应当被精简淘汰了，就像痈疽病人剜去腐烂的肉一样，然后严格地训练，以至于形成新的战斗力。军队战斗力低下，那么便定下严格训练的治军方略，这样身体孱弱的、意志不坚的士兵自然就会被淘汰；士兵若是思想龌龊，品行低劣，那么便加强思想教育，久而久之，这样的士兵自然也会减少。

一个人若是行事拖沓，就要以效率为重，在保证事情完成质量的情况下提高速度；若是性子急躁，就要心中常记"静"字，耐下性子，平静心情，才能掌握全局；若是爱逞口舌之快，就要谨言慎行，学会语迟，凡事先想后说……如此这般，有了目标，就有了前进的方向，有了指导，才能让自己的行为不偏不倚，不至于走错了路，用错了力。

常言道，礼不可废。其实礼就是一种指导的思想，它不单单是一种束缚的力量，更是一个指路标，告诉人们下一步要往哪儿走。一个没有思想的军队，哪怕他们手中的兵器削铁如泥，他们的战士神勇无敌，都是没用的，这仍然是个软弱的军队，因为他们没有方向，所以就没个准则。有了明确的思想意识，才能军纪严明，所有人力往一处使，才能战无不胜。

其实无论是为国打仗还是建国立业，无论是学习知识还是任职上班，人都需要明确的思想作指导，并且能够付诸实际行动，在行动中找到可行的办法措施，这样才能对于我们所遇到的困难游刃有余，不至于在前进的道路上失了方向。

银钱慷慨大方，绝不计较

【原文】

银钱慷慨大方，绝不计较，当充裕时，则数十百万掷如粪土，当穷窘时，则解囊分润，自甘困苦。

【译文】

慷慨大方地将金钱给予他们，绝不计较，当钱财充裕的时候，则将钱像粪土一样数十百万地给他们，当穷困窘迫的时候，则将钱财分给他们，而自己甘于困苦之中。

【解读】

生活中，慷慨大方、乐善好施的人往往被人尊敬，受人欢迎。慷慨的人不计得失，仗义疏财，解救人于危困之中，给他人以物质上的救援，心灵上的慰藉。慷慨不是锦上添花的行为，而是雪中送炭的义举。往盛满美味佳肴的盘子里塞一段带鱼，不是慷慨；往大钱袋里塞一个红包，也不是慷慨。茫茫沙漠里，把自己的水壶来个底朝天，几滴水滴到别人嘴里才是慷慨；漫漫旅途上，将自己不多的旅费分一半给陌生的被窃者，才是慷慨。为朋友两肋插刀不是慷慨，路遇不平挺身而出才是慷慨。

谈起慷慨解囊，仗义疏财，总是让人想到江湖，想到行走天下救危扶困的侠客。这些到处游走的人物，似乎很是讲究仗义疏财，也很会仗义疏财。而且通过仗义疏财，赢得了江湖好名声，成就了社会上令人敬佩的名誉。人们佩服疏财者的豪爽，敬慕他们视金钱如粪土的侠义之举。

古代的侠客义士，都具有一种仗义疏财的品性，也是一种做好汉的美德，是一种能成大事的豪迈。《水浒传》中描写了鲁智深为救金氏父女，送了二人十五两银子；林冲发配沧州，途中投柴进庄上歇宿，临行，柴进捧出二十五两一锭大银相送；晁盖平生仗义疏财，专爱结识天下好汉，只要来投奔他，不论好歹，便留在庄上住，离开的时候，又把银两赠予他人。

宋江平生也是爱结交江湖上的好汉，遇到投缘的，如果对方落魄无助，囊中羞涩，他总是慷慨解囊，视金钱如粪土。在他发配江州的时候，在酒楼上宋江第一次见到李逵，便将十两银子交与李逵。随后，宋江、戴宗、李逵和新结识的张顺又到浔阳江边琵琶亭中饮酒，兴尽而散，宋江又送了李逵五十两一锭的大银。李逵之所以对宋江唯命是从，让其死也只能是"罢，罢，罢！生时服侍哥哥，死了也只是哥哥部下一个小鬼！"这其中，恐怕最大的原因还在于宋江对李逵的仗义疏财。俗话说，有钱能使鬼推磨。据有人统计，《水浒传》中写宋江送银子有十七处之多，宋江之仗义疏财名动江湖，不识其人，闻其名则敬慕不已，所以江湖人称及时雨，获得了极大的声名。

曾国藩带兵十多年，非常注意提拔保举人才，经过曾国藩保举的武职共达十几万人，其中三品以上的不下数万人。而文职官员中，有二十六人成为督抚一级的大员，五十人成为三品以上的大员，至于道、府、州、县的官员更数不胜数了。他不吝惜权力，慷慨地帮助部下和有才能的人发展进步，这一点备受下属敬佩。

曾国藩在领兵之初，对军中用钱看得很紧，不但自己分文不取，也严格禁止部下获得灰色收入。他再出山后，则开始对部下宽之以名利，在金钱上比以前放松了许多。他写信教导其弟曾国荃如何驾驭太平军降将李世忠时说："此辈暴戾险诈，最难习驯驭……吾辈待之之法，有应宽者二，有应严者二。应宽者：一则银钱慷慨大方，绝不计较。当充裕时，则数十百万，掷如粪土。当穷窘时，则解囊分润，自甘困苦。"他以前对战争的抢劫查得很严，而再出山后，对于抢劫所得，他通常不再过多干涉，采取宽容态度。湘军攻下南京后，城中财物抢劫一空，竟没有一点银两交与朝廷。

曾国藩不仅对下属慷慨，对亲戚朋友也是慷慨解囊，只要他能帮忙，就尽心竭力解人之困。何栻是曾国藩的门生，咸丰皇帝在位的时候，他在江西任吉安知府。一次，何栻因为有公事离开吉安，到省城去了。但是这给了太平军可乘之机，他们乘机进攻吉安，很快城池就陷落了，而何氏家眷全部殉难。因为城池失守，何栻这下算是得了失职之罪，因此被革职，生活也陷入了困境。正在何栻走投无路的时候，他的老师曾国藩慷慨解囊相助，帮他解决了衣食住处，为他解了后顾之忧。在攻克南京后，曾国藩的另一个学生李鸿章也帮助他，给了他两百张盐票，于是何栻成为扬州的盐商，很快成为当地巨富。

慷慨散财的人受人尊敬爱戴，吝啬无耻的人让人鄙视不齿。春秋时候的范蠡，功成身退之后隐姓埋名，辗转在各国居住。由于他具有极强的商业头脑，经商几年，就能积累数千万家产，然而他懂得物盛则衰的道理，每次都散尽家财，交给朋友乡邻，获得了极大的声誉，被誉为儒商的鼻祖。

左伯桃、羊角哀两人困于雪中，衣单食少，左伯桃脱了个精光，把衣服、食物全让了出来，乐呵呵地葬身于茫茫大雪之中。鲁智深资助了金氏父女之后，端坐在客栈门口，俨然释迦牟尼。古今虽然时代不同，但是道理都是通用的。乐善好施、仗义疏财往往被看作英雄行为，这未尝不是菩萨心肠。慷慨是一种潇洒的人生态度。金钱乃身外之物，能把钱用到需要它的地方也算各得其所，有什么好吝惜的呢？当然慷慨不等于挥霍，不能滥施善意。"春雨贵如油"，多了便是淫雨，大了便是暴雨，只有"润物细无声"才是解人救人的及时雨，恰到好处。

不与争功，遇有胜仗，以全功归之

【原文】

不与争功，遇有胜仗，以全功归之，遇有保案，以优奖笼之。

【译文】

不跟他们争夺功绩，遇到打胜仗的时候，将全部的功劳都归给他们，当遇到处理得好的案子，则应该加倍封赏来笼络他们。

【解读】

满招损，谦受益。越是自满的人，越容易成为别人的靶子。位高权重者更是如此，如若你因为掌权就肆无忌惮，不懂得避嫌，恐怕只会气数尽散，风光不再。毕竟没有人能够长久地位居权力中心，居高不下。

身为官员就要知道权力是把双刃剑，永远都是一方对着别人，一方向着自己。倘若不小心行事，总有一天会伤及自己。但总是有人走不出欲望的圈子，被权势套住，没有急流勇退的勇气。

曾国藩是个聪明的人，所以最终他能够全身而退。朝廷之中，关键在于军权，手握军权的人，也是帝王最顾忌的人。曾国藩为了应对潜在的危机，一直采取放权、但是不全放的方法，小心行事。他必须处理清廷和自己的关系，唯有如此才能既保全自己又为国尽忠。可是能做到这一点的古往今来又有几人？每当感到危机来临，或是看到前人因不及时功成身退遭殃的情形，曾国藩都有萌生退意的打算，这样的想法也时常在他的日记中显现。

从同治三年（1864年）到同治六年（1867年），曾国藩的退心从来没有消失过。为了平复他人的怀疑和诽谤，他多次希望能够放下兵权，过着悠闲自在的生活。他深知要想在宦海之中长存，就要懂得放下，要懂得成全。

曾国藩能有这种想法是因为他是个懂得知足的人。世上最怕的就是强求和贪婪。此二者虽说是人之常情，但是稍加注意就能改变。懂得知足常乐，自己的就是自己的，不是自己的就莫要强求。权力金钱也要有命享受才有意义。功名荣耀更是身外之物，又何必居功夺名。

公元280年，西晋名将王浚巧用火烧铁索之计灭掉了东吴，结束了三国鼎立的局面。谁知王浚克敌制胜的功劳刚报告给司马炎，就有人诬陷王浚攻入建康之后，把吴宫的大量珍宝据为己有。

飞来的横祸让王浚措手不及，他想到当年消灭蜀国、收降后主刘禅的大功臣邓艾就是在获胜之日被谗言诬陷而死。他非常害怕自己重蹈邓艾的覆辙，便一再上书解释战场的实际状况，辩白自己根本没做抢夺珍宝的事情。晋武帝司马炎力排众议，对他论功行赏，王浚逃过一劫。

自己立了大功，反而被豪强大臣所压制，一再被弹劾，一想到这些王浚便愤愤不平。于是他每次晋见皇帝时，都一再陈述自己伐吴之战中的种种辛苦以及被人冤枉的悲愤，有时情绪激动，也不向皇帝辞别，便愤愤离开朝廷。他的一个亲戚范通对他说："将军的功劳之大谁也无法否认，但如此下去，祸害还是躲不开啊！"

王浚问："这话什么意思？"

范通说："你凯旋的时候就应当退居家中，再也不要提伐吴之事，如果有人问起来，你就说：'是皇上的圣明，诸位将帅的努力，我有什么功劳可夸的！'这样，诬陷你的人就没话说了，皇帝自然也会高兴。像现在这样每天宣扬自己的功劳想避开小人都难啊。"王浚按照他的话去做了，果然谗言没了，皇帝对他也更加信任了。

分清利益的轻重，是自己的终归是自己的，没必要给自己所有的功劳都立个牌子。战场上杀敌保命最重要，胜利后保命依然重要。把功劳让给需要的人，得到功劳的人必然会对你有所回报。将名誉送给上司，在上司面前，自己既有让名之功，又得让名之赏赐，更能避开邀功自傲之嫌疑，何乐而不为。自表其功，容易抢领导的风头，在今后的工作生活中自己就会处于不利的位置。

剖决曲直，毫不假借

【原文】

应严者：一则礼文疏淡，往还宜稀，书牍宜简，话不可多，情不可密；一则剖明是非，凡渠部弁勇有与官姓争讼，而适在吾辈辖境，及来诉告者，必当剖决曲直，毫不假借，请其严加惩治。

【译文】

对待理应受到严厉对待的人:一方面是疏淡文礼,来往应该稀少,相互之间的信件应该简洁,话也不可以多说,情谊不能够太亲密;另一方面要辨别明了是非,只要那些胆敢与官府对峙的鲁莽大胆之徒,而恰巧在我们的管辖范围之内,当有人来报案时,一定当机立断,判决是非曲直,一点也不弄虚作假,绝不含糊,对这些大胆之徒给予严厉惩罚。

【解读】

世界之大,无奇不有,每个人一生中总会碰上形形色色的人,遇到各色曲折离奇的事,其中不乏需要靠我们自己去辨明真相的情况。虽说是非曲直总有公断,真相始终会水落石出,但是优柔寡断,判断不清始终会让人深受其乱。特别是对于决断者来说,遇到是非时站定立场,理性地剖析是非,辨明曲直是十分重要的。不管是为人还是为官,不管是在生活里还是在职场上,刚正不阿、明辨是非都是十分重要的。

《尚书·洪范》中写道:"三德,一曰正直。"纠正曲邪,是为正直也。正直自古以来便作为一种君子之道被圣贤所推崇。周敦颐在《爱莲说》里叹道,独爱莲"中通外直,不蔓不枝",正直豁达,不攀附权贵,实为君子姿态也。这世上,正直的人不少,他们仗义执言,好打抱不平,但他们不是君子,只算得上是有些侠气。为君子者,说话做事自然应铭记"公道"二字,公正不阿,还要拥有一双看清是非曲直、人心真伪的慧眼。

一个人有着一身正气,做人做事刚正不阿,这是一种气质、一种品性;一个人拥有一颗明辨是非的心,能够分辨得出什么是真,什么是假,看人看事有自己的理解和坚持,则是一种智慧。此两者相辅相成,缺一不可。空有一身正气的人,往往是见到不平之事,不问缘由,拍桌就上。这样的人极易被人利用了一腔热血,好心却办了坏事。若是一个人有着辨人看事的大智慧,总能一眼看到事情本质,分辨是非黑白,但他心中毫无公道正义的概念,那么这人的智慧便是把双刃剑——可以助人,也可以害人。只有当一个人同时拥有以上两者,才能成为被人称道、受人尊敬的君子。

曾国藩叱咤政坛几十年,他的思想、他的智慧、他的经历深深影响着几代人,至今还被人津津乐道。曾国藩一生为人正直,善于识人用人。作为一个大官,而且是在圣上面前恩宠不减的红人,他的一句话可以让人生,也可以让人死。晚清的政局其实早已开始腐朽,贪污受贿之风四起,权贵勾结严重。在这样的环境下,他却始终保持着自己的立场,不淫不邪,公正无私。

曾国藩自有一套对待是非的态度,总结起来是两点:

第一,对待应受惩戒之人,应该"礼文疏淡,往还宜稀,书牍宜简,话不可多,情不可密"。意思就是说,要疏淡文礼,来往应该稀少,相互之间的信件应该简洁,话也不可以多说,情谊不能够太亲密。言下之意就是要懂得避嫌,不与之同流合污,内外勾结。官官相护一直都是古代的官场文化,官与官之间勾结的结果就是使是非不分,黑白颠倒,于是一时冤案错案丛生,高官富贾活得肆无忌惮,蜜里调油,平民百姓则苦不堪言。而历代的清官,如曾国藩,如包拯,如海瑞却始终不与权贵相交,站定了立场便不再改变,如莲一般不蔓不枝,遗世独立。

第二,则是要"剖明是非,凡渠部弁勇有与官姓争讼,而适在吾辈辖境,及来诉告者，必当剖决曲直，毫不假借，请其严加惩治"。这就是说要辨别、明了是非，只要那些胆敢与官府对峙的鲁莽大胆之徒，而恰巧在我们的管辖范围之内，当有人来报案时，一定当机立断，判决是非曲直，一点也不弄虚作假，绝不含糊，对这些大胆之徒给予严厉惩罚。当机立断，明辨是非，这是每个决断者都应该拥有的能力。当机立断才能使有罪之徒毫无空子可钻，而明辨是非才能不被他人迷惑，让狡黠者无从狡辩。

想要明了是非，最重要的便是用一种理性的观点去看待事物。过多的私人感情掺杂其中只会让人偏听偏信，有言道兼听则明，偏听则暗。只有用独立的思维去听去看，才能看见最真实的状况。所以，曾国藩所说的第二点，是在做到第一点的基础上完成的——只有与戴罪者无甚牵连，才能做到真正的公正。

剖决曲直，毫不假借，这是曾国藩面对邪曲之事的态度，也是他为人处世的态度。为君子者，需如莲般中通外直，正义存心而世事洞明，才能香远益清，流芳百世。

第十一章 廩实

不贪爱奢华,不惯习懒惰

【原文】

凡仕宦之家,由俭入奢易,由奢返俭难,尔年尚幼,切不可贪爱奢华,不可惯习懒惰。

【译文】

凡是官宦人家,从节俭到奢侈很容易,但是,再由奢侈返回节俭就很难了,你年纪还小,千万不可以贪图荣华富贵、爱慕虚荣,不可以养成懒惰的习惯。

【解读】

古人云,"达则兼济天下,穷则独善其身",其中的"穷"字,含义深刻,绝不单单是指物质生活条件的拮据,还包括面对诱惑和抉择时的左右为难。如果在这种情况下,依然有不惧物质穷乏的勇气和定力,那么这就是所谓的"善其身"。而像曾国藩说的不贪爱奢华,不惯习懒惰,也是一种完善自身的方法。

在曾国藩看来,奢华、懒惰是官宦之家尤其需要警惕,然而历览前贤国与家,成由勤俭,破由奢,"奢侈"二字不论是对一个国家还是一个简单的家庭,危害都不容小视。

曾国藩虽然一生仕途起起伏伏,但总体来说还算比较顺利,还成为清朝晚期的"中兴之臣",但是他对后辈在物质享受方面的要求,可谓是苛刻。咸丰六年(1856年),在他给年仅九岁的小儿子曾纪鸿的信中说:"凡人多望子孙为大官,余不愿为大官,但愿为读书明理之君子……尔年尚幼,切不可贪爱奢华,不可惯习懒惰。"

他不希望他的兄弟、儿子像自己一样,通过读书走上仕途,封妻荫子,反而劝他们做"读书明理之君子"即可。读书明理是一种精神上的修行,通过这种修行可以修得内心强大和坚定,培养一种精神的高贵、勤俭自持的习惯。如果一个人注重这种修行,那么面对奢华的诱惑、穷困的威胁时,便不至于内心动摇,也不至于做出让自己后悔的事情来。

自从有了宋太祖陈桥兵变的前车之鉴,后世很多的手握军权的大臣,都不免会受到麾下将士劝进的诱惑,曾国藩同样不例外。在曾国藩带领湘军打败太平军,攻陷天京后,就有不少的湘军将士乘机进言,拥护他另起炉灶,取代清王朝。但是,聪明的曾国藩果断拒绝了这一建议,因为他知道,"揣而锐之,不若守中",唯有"挫其锐,解其纷",才能达到"和其光,同其尘"的目的,况且,但凡领兵在外的大臣,朝廷总是不那么放心,一旦有什么把柄落到别人手中,等待自己的就是万劫不复。

深知明哲保身之道的曾国藩,面对权力的诱惑,只肯"守穷",以"不怕死,不爱钱"为官带兵之道，果敢地拒绝了将士们的劝解。因为这种勤俭之风，在他为官三十几年中，从没有给人留下贪污的口实。

曾国藩曾经不无感慨地说道："凡带勇之人，皆不免稍肥私囊。"但是他不管别人做得如何，他自己"不能禁人之不苟取，但求我身不苟取"，既然不能要求别人不这样做，那就严于律己，把自己做好。他的弟弟曾国潢曾经因为手头拮据而向商号借了二百两银子，一时没有办法偿还，所以想让正在带兵的哥哥从军饷中预支一些，不料遭到曾国藩的回绝不说，还得了一顿痛骂。这就是曾国藩是如何对待钱财的态度。

实际上，"穷"与"富"都不可怕，可怕的是穷的时候没有了骨气，富的时候骄奢淫逸，无论贫贱富贵，只要对金钱抱之以审慎的态度，"君子喻于义，小人喻于利"，君子爱财取之以道，就能够独善其身。

"不贪爱奢华，不惯习懒惰"，是曾国藩为官、为人之道，他劝解自己的家人不为官的真实目的是让他们小心名利、财富的诱惑，养成勤俭的习惯，如此为官后，才能够在成人之后面对物欲的诱惑而不动心。

仁人君子不应置理财于不讲

【原文】

叶水心尝谓，仁人君子不应置理财于不讲，良为通论。

【译文】

叶水心曾经称，讲仁义道德的人不应该闭口不谈管理财务，这的确是共通的理论。

【解读】

淡泊，被看作是君子对待钱财应有的态度，人们对淡泊者的赞美，让人们逐渐建立起这样一种印象：淡泊之人隐于山林，或醉酒当歌，或寄情山水，或身居陋巷，埋头诗文，不求入仕。其实不然，按照儒家的理论，淡泊是一种心态，身为世俗人，不能完全和外物撇清关系，因此被尊为圣人的孔子提倡君子考取功名，积极入世。

曾国藩熟读儒家经典，对孔圣人的这番主张自然是心领神会。在他看来，真正的君子不仅不应该置理财于不顾，还应该认真经营自己的钱财。而所谓的经营不是为了得到金钱而钻营取巧，也不是为了保住金钱而一毛不拔，确切地说经营钱财是一种对待金钱的态度：不贪，不吝，自强为本。

在这种态度的引导下，人们不会把金钱当作享受的资本，而是一种工具。这个工具，于个人可以投资在有利于自我提升的领域，于国家可以投资在富国上。当初曾国藩之所以提出君子要理财，是因为当时的国情，已经不允许读圣贤书的人把自己高高挂起了。

清朝末年，清政府想在内忧外患的困境中突围，想通过大力发展经济来实现，基于此，曾国藩积极投身于洋务运动，主张师夷长技以制夷，求富强国。彼时的守旧思想中，求利之人为老儒们所不齿，商贾更是被认为是社会中最次的"下九流"。曾国藩却不顾他人的误会和偏见，大力支持与洋人通商。他反对守旧派一味重义轻利的偏见，认为"大抵军政吏治，非财用充足，竟无从下手处。"他在《挺经》中写道："自王介甫以言利为正人所诟病，后之君子例避理财之名，以不言有无，不言多寡为高。实则补救时艰，断非贫穷坐困所能为力。叶水心尝谓，仁人君子不应置理财于不讲，良为通论。"

意思就是说自从王介甫因为言利被人所诟病之后，后世的君子都习惯于不问理财之事，以不谈论利益的有无、钱财的多寡为品德高尚的表现，然而现在的世道已经变了，要想改变现实艰难的困境，绝对不是坐穷守困就能做到的。叶水心曾经说过，讲仁义道德的人不应该闭口不谈管理财务，这的确是共通的理论。曾国藩求财，并不是为了自己的私欲，而是为了巩固清朝统治，增强清朝实力。

他积极推动的洋务运动引进了西方资本主义国家的一些近代科学生产技术，培养了一批科技人员和技术工人，在客观上刺激了中国资本主义的发展，对外国经济势力的扩张，也起到了一些抵制作用，使清朝统治在当时内忧外患的风雨飘摇之际有了一丝喘息的余地。

国难当头，满嘴的仁义道德、墨守成规是不可能改变什么，更不能变幻成金钱，帮清政府化解财政危机。所谓的君子不能一味地视钱财如粪土，只追求精神上的清高，更应该根据当时的情况，承担起自己的责任。就如曾国藩一样，他所求的钱财都是取之有道，用之有礼，那么便算不上是追名逐利。若是人人都因他人的闲言碎语而不做该做之事，不说该说之话，那么便真正是国之将亡，无力回天了。

真正的淡泊，不关人们的经济状况，富有的人也可以淡泊。真正的君子，不是不食人间烟火，只读圣贤书，而是能在关键时刻有担当，负责任。自成君子的人，说自己不慕虚华，不贪名利，却不能动手经营一份安身立命的小家业，那么这样的人就是钱钟书先生说的"无用好人"，即会说理，会唱高调，却没有实在用处。

曾国藩认为仁人君子不应置理财于不讲，真实的目的就是让人在不贪财的同时，保有一颗利世利人的雄心，双方面具备了，满腹学识有用武之地，一个人也可以坦坦荡荡过一生。

勤俭自持，习劳习苦

【原文】

勤俭自持，习劳习苦，可以处乐，可以处约，此君子也。

【译文】

勤奋节俭，自我把持，学习劳动，能够吃苦，在这种情况下能够得到快乐，能够长期坚持的，这就是君子啊。

【解读】

在贫困时守得住清贫努力奋斗固然重要，但是在富贵时仍宠辱不惊更加难得。无论出于那个阶段，都可以勤俭自持的人，是曾国藩认可的真君子。这种人把节俭看作一种价值观，一种习惯，无论他们处于何种环境，都会一如既往地坚持勤俭。苏东坡未能进入仕途前，注重节俭，做了高官后，仍注重节俭，从不讲究奢华。他自订每餐只能一饭一菜，有客也只能增加两个菜，不许铺排，否则就拒绝用餐。

一次，苏东坡的一个老友与他重逢，请他吃饭，他嘱咐朋友千万不可大操大办。可是，当苏东坡应约去老友家赴宴时，见酒席准备得相当奢华，他婉言拒绝入席，告辞而走。

苏东坡走后，他的朋友感慨地说："当年东坡遭难时，生活很节俭。没想到他如今身居高位后，还这样节俭。"

苏东坡初时的节俭是因为环境所迫，不得不为。也许正是得益于这种艰苦环境下的无奈，生性敏感的诗人渐渐懂得了万物由来的不易，渐渐地在物质匮乏中修成了一份安然、淡然。这份安然、淡然常驻心间，自然不会为突然而至的财富、权势轻易改变生活的习惯。

曾国藩强调对苦、对劳，要"习"。所谓"习"即是一种习惯、一种自然而然。习惯了劳苦带来的寡味生活，也就具备了一种把控自己、治理家庭的方法。于个人而言，习劳习苦可以帮助人们练就忍耐、淡泊的功力，一种坚守个人底线、不为外物所动的原则。于一个家庭而言，习劳习苦即是在坚持廪实之道。

所谓"廪实"不是天生的衣食无忧，而是一种后天的经营，通过勤俭持家，经营一种细水长流的简单幸福。这一点是曾国藩经常向自己的家人灌输的持家之道。在他看来，如果人人以"勤俭"二字作为自己的生活准则，那么家门就会旺盛长存。生活中，曾国藩日常的饮食常以一菜为主，如果家中不来客人，他是绝对不会独自增加一菜；在穿衣上，他从不买绸缎衣服，彰显自己的身份。这种坚持彰显的不仅仅是曾国藩的一种生活习惯，更是一种超于人前的认识：逞一时口腹之欲，倒不如拥有一种美好超然的生活态度。

这种生活态度不只是口头的说教、炫耀，而是落实到行动上的坚持。儒家讲"一箪食，一瓢饮，在陋巷，人不堪其忧，回也不改其乐"，是说颜回的生活水平低到十分拮据的程度，尽管有人同情他，但他依然坚持故我，乐在其中。也正因为这样，颜回得到孔子的赏识，被后人尊称为"复圣"。孔子赞他："贤哉回也。"其中一个"贤"字，是孔子对颜回淡泊持身的赞扬，虽然简单，却是意味深刻。

要获得这个"贤"字的称赞，很简单，不过是在吃穿住用行方面，做些减法就好：食不求好，饱腹即可；衣不求华，得体干净即可；用度不求奢华，满足需求就好。可话是这样说，行动起来却是难上加难。因为很多人最受不了别人比自己多，自己比别人少，让他在生活上做减法，就像身处囹圄一样被束缚、不自在。

对此，曾国藩提出了自己的解决办法。他说要想真正地实行勤俭，首先要心勤。心中不生懒惰，就不会让身体一听劳作、行动就感到厌倦疲惫；第二要身勤，所谓早起三光、迟起三慌，一天之计在于晨，养成早起的习惯，从早上开始就保持良好的精神状态。将这两点养成习惯，便会收益良多。

勤苦俭约，未有不兴；骄奢倦怠，未有不败

【原文】

无论大家小家、士农工商，勤苦俭约，未有不兴；骄奢倦怠，未有不败。

【译文】

无论是大的家族还是小的家族，无论是士兵还是农民，无论是工人还是商人，只要

是勤奋，能吃苦，俭省节约的，没有不兴盛的；只要是骄傲奢靡，困倦怠慢的，没有不衰败的。

【解读】

对于一个家庭而言，治理的方法远不像治理一个国家、打理一家公司那样复杂、深奥。如果能在勤俭方面人人做到位，那么希求这个家庭在不遭遇意外的情况下，长长久久地安然度日，并不是一件难事。如果家中有一人挥霍无度，不知金钱用度的分寸，那么这个家庭就会像有漏洞的木桶一般，终不免要经历金钱枯竭的窘境。也正是因为这两个对比鲜明的结局，曾国藩才多次对自己的家人说："勤苦俭约，未有不兴，骄奢倦怠，未有不败。"

这句话看似有些危言耸听，却是包含了历史长河中数代人的感慨。古人叹："打江山容易，守江山难。"民间百姓说："富不过三代。"都是源于人生运势在贫富置换中的不可捉摸。曾国藩在这个问题上，有时也不免伤感，但是大多时候，他是理智的，他教育后辈说："凡世家子弟，衣食起居无一不与寒士相同，庶几可以成大器。"换成我们现在的话说就是，孩子要穷养。

穷养孩子，即是在孩子成长的过程中，给他灌输不仰仗家长的独立意识和勤俭生活的自律性。而这种灌输不是耳提面命，而是身为父母的人身体力行，示范给子女看。曾国藩是"中兴名臣"之一，但是，单从他的日常生活中绝对看不出一个一品大员应该有的排场。

曾国藩任两江总督的时候，家眷随行到了南京。当时提领淮军的李鸿章为了报答曾国藩的知遇之恩，以弟子身份亲自为曾国藩及其家人接风洗尘，大办宴席。但是，在去宴席前，曾国藩的两个小女儿却为难起来。原来，这两个小姐妹，只有一条体面的绸裤，平时遇到一些重要的出席场合，二人都是换着穿的。但这次李鸿章同时邀请了她们两个人，而且两个人都想出席，于是姐妹二人不由地争执起来。曾国藩得知此事后，出于无奈，便许诺她们说："明年若续任总督，必为添置绸裤一条。"这才止住姐妹俩的争执。

这件小事从侧面反映出，曾国藩的家境虽然地位不低，生活水平却低得让人难以置信。据说，曾国藩唯一的一套新衣服，还是他考中进士那年，做的一件天青缎马褂。这件衣服自那时起，一直被曾国藩珍藏着，不是什么非要参加不可的重大场合，绝对不穿。当被人问起这样做的缘由时，他说"古语云衣不如新，人不如故。然以吾观之，衣亦不如故也"，虽然，传说可能有些夸张，但是从中还是能明显地看出，曾国藩是如何对待物质享受的态度的。

这时，我们不禁要问，身为两江总督，难道曾国藩连给子女买件衣服的钱都没有吗？如果说没有，肯定没人相信。曾国藩有钱，但是他有的钱不是子女有的钱，此时给子女优越的生活，可能会断送他们以后自己创造优越生活的主动性。这就是曾国藩"穷养孩子"的方法。

归根结底，所谓"穷孩子"不是让孩子刻意地受贫穷的苦，而是要让他们懂得任何一个人的财富都是从无开始的，不穷时即是富有时，如何能不穷，不过在个人节俭处苦心孤诣，并让自己的家人为求家境廪实而以节约为荣。

由俭入奢易，由奢返俭难

【原文】

凡仕宦之家，由俭入奢易，由奢返俭难，尔年尚幼，切不可贪爱奢华，不可惯习懒惰。

【译文】

凡是官宦人家，从节俭到奢侈很容易，但是，再由奢侈返回节俭就很难了，你年纪还小，千万不可以贪图荣华富贵、爱慕虚荣，不可以养成懒惰的习惯。

【解读】

曾国藩这句话的意思是说，对于一般的官宦家庭来说，他们从节俭转变成奢侈很容易，但要让他们从奢侈重归节俭很难。在这句话的末尾，他对自己的儿女千叮咛万嘱咐，让他们千万不可因贪慕荣华富贵而养成懒惰的习惯。

在他看来，由俭转奢就像水往低处流，具有不可扭转性。人们应该抱着避免后悔的心态，在奢华的诱惑面前，保持坚持勤俭的原则。这种坚持中有一种对"贫穷"的畏惧，有这种畏惧的人，会把曾经的拮据当作今日财富的警戒，不生一丝一毫的懈怠心、放纵心。

纵观人类家业兴衰的历史经验和教训，家业兴衰的内在规律往往是，勤则兴，懒则败。这正如曾国藩在家书中告诫子弟时说的那样："历览有国有家之兴，皆有克勤克俭所致。"如果子孙后代精神懈怠，不勤不俭，万千家业，也会在朝夕间倾覆。历代的开国皇帝大多懂得打江山难、守江山更难的道理，所以他们更能懂得节俭对于一个国家的重要性。

宋朝的开国皇帝赵匡胤即便身居万人之上的至尊之位，他仍然生活俭朴，反对奢侈，还严格教育子女生活上也讲究俭朴。

有一次，他的女儿魏国长公主，穿着一件翠羽绣饰的华丽短袄去见他。宋太祖见了很不高兴，严厉的斥责女儿后命令她立即回去改换朴素的衣服，并禁止公主以后不再穿如此贵重的衣服。

魏国长公主很不理解："宫里翠羽很多，我是公主，一件短袄只用了一点点。有什么要紧？"

宋太祖严厉地说："正因为你是公主，所以才不能恣意享用。你想想，你身为公主，穿了华丽的衣服到处炫耀，别人就会仿效。全国不知要浪费多少钱财在昂贵的翠羽上。按照你现在所处的地位和生活，本应该以身作则、十分珍惜才对，你怎么能身在福中不知福还带头铺张浪费呢？"

公主无言以对，只好脱去那件美丽的翠羽短袄，但耿耿于怀。便想找个话茬儿试试自己的父亲。她想："您既然是皇上，又是我父亲，对我要求那么严格，看您对自己要求怎么样？"于是，她向宋太祖试探性地问："父皇，您做皇帝时间也不短了，进进出出老是坐那一顶旧轿子，和您至高无上的地位很不协调，不如用黄金装饰装饰！"

宋太祖对女儿的这番话很是无奈，但仍然心平气和地说："我是一国之主，掌握着全国的政权和经济，要把整个皇宫装饰起来都轻而易举，更何况只是一顶轿子！但古人说得好：让一人治理天下，不能让天下人供奉一人。倘若我自己带头奢侈，必然有更多的人学我的样子。到那时，天下的老百姓就会怨恨我，反对我。你说我能带这个头吗？"

公主一边听着，一边琢磨着每一句话，再看看皇宫里的装饰也很朴素，连许多窗帘都是用青布制作的。公主觉得父亲说的话，确实有道理，于是就诚心诚意地向父亲叩头谢恩。

一个国家的千秋万代离不开节俭，一个家族要想让家族的事业永续发展，也必须懂得勤俭的重要性。一时的挥霍可能会造成几代人也无法弥补的亏空，诚如曾国藩所说，"惜福福常在"，不懂节俭的人，也无法留住财富。

在我们的现实生活中，大多数人没有那么多的家产需要传承，但是，无论钱多钱少，我们都要把勤俭持家的美德告诉给我们的下一代，并在生活中以身作则，言传身教。让他们懂得今天的生活，凝聚了长辈们的辛勤劳作，对别人的劳动成果不珍惜，就是对别人的不负责。同时也要嘱咐他把这种教诲传给他的下一代。世世代代下去，家业无论大小总会得到延续。

第十二章 家 范

八字家规

【原文】

家中兄弟子侄，惟当记祖父之八个字，曰："考、宝、早、扫、书、蔬、鱼、猪。"

【译文】

家中的兄弟子侄们，只应当谨记祖父留下的八字训诫，它们是："考、宝、早、扫、书、蔬、鱼、猪。"

【解读】

"考、宝、早、扫、书、蔬、鱼、猪"是曾国藩的祖父留下了八字家规。曾国藩认为，无论是盛世还是乱世，家境贫寒还是富裕，只要能守住祖父的八字，就不失为受人尊敬的上等人家。可见曾国藩在治家时对这八字的重视。

考：就是认真祭祖。孝悌是中华民族所推崇的，百行孝为先，祭祀祖先也是孝的一种体现。所以曾国藩认为，祖宗虽远，祭祀不可不诚。

宝：强调了善待亲族邻里。中华民族讲求以和为贵。"与肩挑贸易，勿占便宜；见穷苦亲邻，须加温恤。刻薄成家，理无久享"，是曾国藩对宝的理解。

早：一年之计在于春，一天之计在于晨。曾国藩十分注重早起，在给自己所列的"十二课"中有一条就是早起。他认为"居家以不晏起为本"，从不准许子女睡懒觉。

扫：曾国藩对于"扫"，有两层界定，首先是扫庭院，保持内外整洁；另一层意思则是扫除内心的贪念，净化心灵。

书："忠厚传家久，诗书继世长"，古人讲求读圣贤书，并把读书当作功成名就的契机。曾国藩认为，读书更重要的意义在于明智和修身，这样家业才能得到巩固。

蔬：耕读传家，艰苦奋斗。曾国藩讲究勤俭持家，自给自足。

鱼："鱼"是"蔬"的延伸，也是在强调自给自足的生活方式。

猪："猪"是"蔬"和"鱼"的延伸，园中有蔬，塘中有鱼，栏中有猪，生活就有了基本保障。大人们辛勤劳动，持家有方，就会丰衣足食。

这八个字包含了读书、耕作、孝悌、睦邻四个方面。其中，曾国藩最重视的是读书和耕作，在教育子弟家人时，他常以"耕读"或"半耕半读"来概括。"耕"和"读"看似很容易做到，实则蕴含着很深的意味：耕，使人足衣食，并养成勤俭习惯，砥砺品行；读，使人长知识，明白道理，懂得如何做人。两者结合，更能互相促进，相得益彰。对于富贵之家来说，这看似简单的两个字要真正做到并不容易。曾国藩就曾在给夫人的信中说过："夫人率儿辈在家,须事事立一个章程,居官不过偶然之事,居家乃是长久之计,能从勤俭耕读上做出好规模,虽一旦罢官,尚不失为兴旺气象。"曾国藩熟读历史,对历史上家国的兴衰洞若观火。他认为一个家庭的兴衰,不在于一两个人做了大官,而在于子弟的贤与不肖。而子弟的贤肖六分禀于天性,四分在于家教。他分析认为,天下官宦人家子孙骄奢淫逸的,一代就享用完了,能够延续两代的少,商人的家庭,勤俭的能够延续三四代,耕读的家庭谨慎小心,能够延续五六代,孝友的家庭能够绵延十代、八代。

曾国藩十分崇尚节俭。他位极人臣,饮食却非常简单,每餐荤菜多则一样,少则没有,如果有客人来,则添一样荤菜。时人称其为"一品宰相"。一品者,一样荤菜也。曾国藩只穿粗布衣服,不穿丝绵。三十岁那年,他制了一件青缎马褂,但平时不穿,只在节日和喜庆的时候穿一下,三十年后,犹如新衣。他幽默地说:"古人说:'衣不如新,人不如故。'依我看,衣也不如故。看看今天的衣服,哪有当年光鲜啊!"

曾国藩有两个儿子五个女儿,他规定娶媳妇的用度和嫁女嫁妆不能超过二百两白银。当第四个女儿曾纪纯出嫁时,曾国荃正在老家。他不信大哥只给二百两陪嫁银,打开箱奁验看证实以后感叹不已,认为实在不敷应用,就送了四百两银子给嫂子用作喜事开销。

曾国藩立誓不靠做官发财,他说:"予自三十岁以来,即以做官发财为可耻,以宦囊积金遗子孙为可羞可恨。故私心立誓,总不靠做官发财以遗后人。神明鉴临,予不食言。"他进一步阐述了不留钱财给子孙的道理:"盖儿子若贤,则不靠宦囊,亦能自觅衣饭;儿子若不肖,则多积一钱,渠将多造一孽,后来淫佚作恶,必且大玷家声。故立定此志,决不肯以做官发财,决不肯留银钱与后人。"

为了促使曾氏子孙贤良,保持家族兴旺,曾国藩不仅总结了祖父的治家方法,而且将其发扬光大。他一生把"考、宝、早、扫、书、蔬、鱼、猪"奉为圭臬,自己努力实践,并且苦心教育曾家子弟恪遵家教,谨守家风,造就了曾家人才辈出的局面。

八本格言

【原文】

余日记册中又有八本之说,曰:"读书以训诂为本,作诗文以声调为本,事亲以得欢心为本,养生以戒恼怒为本。立身以不妄语为本,居家以不晏起为本,做官以不要钱为本,行军以不扰民为本。"

【译文】

我的日记中又有八个根本的说法,它们是:"读书的根本在于对字句所作解释,作诗写文章的根本在于声调的平仄,亲力亲为做一些事的根本在于能够得到欢快、心里高兴,养生的根本在于戒除容易恼怒的脾性。安身立命的根本在于不说狂妄的话,在家生活的根本在于不晚起、不睡懒觉,做官的根本在于不捞钱财,行军打仗的根本在于不滋扰老百姓。"

卷一 挺经

【解读】

　　现代生活的人都喜欢通过各种途径寻找到生活的真谛，许多人为自己立下了这样那样的座右铭，但是随着时间的流逝，这些箴言也渐渐蒙上一层尘土，早已被它们的主人抛在脑后。

　　不过有的人拥有一颗恒心，他们时刻用一些人名家的箴言来激励自己，让自己在成功的道路上不要有惰性，并且从名家的警句中找到一些人生的方法，在追求成功的同时，也让自己的性格境界得到升华。

　　曾国藩的人生箴言便是那个著名的"八本格言"，而现在他的故居就是以"八本堂"命名，在正厅的正上方悬挂这"八本堂"的牌匾，可见这在曾国藩的人生处世观当中，"八本格言"的分量是如此之重。

　　这八个格言分别为：

　　读古书以训诂为本。训诂学是国学特有的一门学科，这门学科主要就是考订文字的来源和含义，东汉许慎所著的《说文解字》便是代表这一学科有名的著作。通读古书首先要做到的便是知晓每一个字的含义，语句说的是什么，代表了什么意思，这样今后你才能够加以引用，并且不至于张冠李戴，闹出笑话。

　　其实不仅仅是古书，我们平时看书阅读，也会经常遇到一些生僻字，有的人有一过了之，根本不去查它的读法，意义，从而失去了一个增长见识的机会，这不是良好治学的态度。

　　做诗文以声调为本。在吟诗作对的时候要强调平仄之类的读法和韵律规定，这样才会让诗文读起来朗朗上口，让别人感觉到文采斐然。

　　养亲以得欢心之本。孝道是从古至今都十分强调的道德。孔子所讲的孝道强调的是"色难"。他认为最大的孝道是能够让父母开心，单纯的满足物质上的需求并非真正的孝道。实现孔子所说的看似容易，其实很难。

　　养生以少恼怒为本。真正的养生采取的是内外兼修，外在是从饮食、作息上进行调理，但是起到至关重要的还是内修，即拥有一个好脾气。俗话讲"百病由气生"，为了自己的健康，还是将自己的脾气磨炼得圆润一些。

　　立身以不妄语为本。妄语就是指不分场合、不分对象、不经过大脑脱口而出以及一些十分不着边际的话语。语言是一把双刃剑，不该说的话千万不要说，说错话还不如保持沉默。

　　治家以不晏起为本。书山有路勤为径，勤快对每一个人来说都十分重要。一个家庭，如果每一个人早上都能够早早起来去劳动，那么整个家庭就给人一种充满活力的感受，那么这个家庭的收入所得也肯定要比别人多。

　　做官不以要钱为本。清廉是为官的底线，曾国藩倡导通权达变，意思是说清廉不仅仅是一种道德标准，也是一种能够长期处于持盈保泰的方针。

　　行军不以扰民为本。其实这不仅仅说的是部队行军的事情，而是引申到政治的标榜上面，把它看作是一种行为规范。但是历朝历代的官兵都很难做到这一点，许多军队经过百姓居住的地方无不烧杀抢掠，无恶不作。

　　曾国藩的"八本格言"看似是给自己定下的座右铭，但是对后世子孙有着深刻的教育意义，他从各个方面给后人定下了道德乃至为官为民的准则，这些准则可以说是最基本的情况，但是能够完全做到这八条的人实在是少之又少，所以今人不妨以这看似简单实则不易的"八本格言"作为自己的督导,在今后的人生路上时刻提醒、警示自己。

不信地仙,不信医药,不信僧巫

【原文】

又谨记祖父三不信,曰:"不信地仙、不信医药、不信僧巫。"

【译文】

还要谨记祖父的三不信,它们是:"不相信地仙,不相信医药,不相信僧巫。"

【解读】

俗话说,谋事在人,成事在天。但是有很多人都将目光停在"成事在天"上,相信天理,相信命运,相信因果轮回,却忽略了在成事之前,更需要"谋事"。

曾国藩曾在家书中强调了祖父生前不信医药,不信僧巫,不信地仙,并希望弟弟也能够遵循祖父的遗训,继承家风,相信自己的力量,相信人的力量。这其中,也涵盖了谋事在人成事在天的道理。

正如《孙子兵法》中所说,"天时、地利、人和,三者不得,虽胜有殃。"人力与机遇是成功的两个因素,两者相辅相成,缺一不可。好的机遇可以成人,可以为成功加速,而一旦错失机遇,也可以使千秋基业毁于一旦。

正因为机遇的重要,人们便越来越重视时运命理,渐渐开始投机取巧,而忘了机遇来临时也需要靠自己的一身本事去抓住它。一旦取巧失败,便大叹一句"时运不济!天不帮我"。可正所谓"天助助己者",成功只属于有准备的人,只有相信人的力量,明白人的客观能动性是可以改变结果的,才能为成功打下前提。"谋事在人",是说"事"是人想出来的、做出来的,强调的是人要有积极谋事的思想和踏实做事的行动;而"成事在天"是说"事"的成败最终由"天"来决定,强调的是人要有尊重大自然的心态和顺应客观规律的心境,而非一味依靠老天的"神力"办事。

项羽是秦末一位名将,在与刘邦的交战中,项羽几乎是战无不胜,打得刘邦节节败退。面对垓下之战的惨败,项羽感慨道:"这是天亡我,而非战之罪也!"刘邦却不以为然,他将垓下之战的胜利归结为他识人才、用人才。他说:"运筹帷幄之中,决胜千里之外,我不如张良;镇国家,抚百姓,供粮饷、不断粮道,我不如萧何;连百万之众,战必胜、攻必取,我不如韩信。这三个人都是人中豪杰,我能取胜,就是因为能够任用他们。而项羽连唯一的能臣范增都没有用,这便是他失去天下的原因。"

天时指的是机遇,地利指的是时局变化、地理环境,而人和指的就是人的能动性。孟子曾说过,"天时不如地利,地利不如人和",天时和地利是成功的助力,只有人和才是成功的必要条件。刘邦之所以能够反败为胜,出奇制胜,就是靠的人的力量。

但是,想要以少胜多,以弱制强,毕竟还是需要助力的,所以抓住时机就变得非常重要。《吕氏春秋》上说得好:"圣人之于事,似缓而急,似迟而速,以待时。"圣人办事,看起来不慌不忙,实际上却在加紧准备,借以等待时机的到来。因一时之气而妄动是万万不可取的,想要胜过强大的敌人,需得沉淀自我,积累实力,再纵观全局之后伺机而动,方可一击制敌。

一场东风,在凡人眼里不过是场天气变化,而在诸葛亮眼里就是胜利的筹码。机遇来临时,是需要靠人们自己紧紧把握在手中的。纵观古今,即使是最幸运的人,也没有仅靠天命而成功的。迈向成功,是需要一步步踏踏实实地走下去的。成功的人,倚靠的是自身的能力和左右人才的相助,绝非一时简单的"天命所归"。

居家八败

【原文】

家败之道有四,曰:礼仪全废者败;兄弟欺诈者败;妇女淫乱者败;子弟傲慢者败。身败之道有四,曰:骄盈凌物者败;昏惰任下者败;贪刻兼至者败;反复无信者败。

【译文】

家道中落的原因有四个方面,即不讲礼仪的家庭会衰败,兄弟之间相互欺诈的家庭会衰败,妇女淫乱的家庭会衰败,子弟傲慢的家庭会衰败。身败名裂的原因有四个方面,即骄傲自大,恃才傲物的人;惑乱懈怠,放任下属的人;贪婪与刻薄并举的人;反复无常,没有诚信的人。

【解读】

事物都有一个从兴盛到衰败的过程,这是万物发展的自然规律,但是由高到低,由盛到衰的过程,内在因素并不是同一的。一个家族和个人之所以会衰落的原因,总结起来有这八方面的原因:

家道中落:

礼仪全废者败。

中国是礼仪之邦,对于一个大家族来说更是会看重礼仪之道。礼仪指的是礼节和仪式,在中国古代,礼节纷繁复杂,不管是人的出生还是死亡,都会有隆重的仪式来纪念,中国古代有"五礼"之说,"五礼"指的是祭祀之事为吉礼,冠婚之事为嘉礼、宾客之事为宾礼、军旅之事为军礼、丧葬之事为凶礼。而人们通常所说的礼仪包括下面几个方面:

自律。自律就是要求对自己的言行举止有一定的控制能力,与人相处既要热情主动,但也要谨言慎行,要做到心口合一,不能让人觉得你是一个两面三刀的人。

真诚。只有待人真诚,别人才会对你也付出真挚的情感,才能与他人建立起友好长久的关系。逢场作戏的人这一生只能活在悲剧的舞台上。

敬人。对别人表示出敬意是与人相处最基本的原则。如果你戴着有色眼镜看人,别人也会只对你冷眼想看。所以交往的时候向对方表示出你的敬意之心,让对方感受到他在你心里的重要地位。

适度。不管对人对事都要有一个标准来约束自己,根据与对方的熟识程度来控制与对方的距离，切忌过犹不及。

做不到以上这些的家族，衰败将是必然的，没有人会与一个对人不敬、不真诚、心口不一的家庭或者成员交往，所以这样的家族必将走向衰落。

兄弟欺诈者败。

在治家的原则中，曾国藩提出了"孝友"的主张，试想一下，一个与兄弟之间尔虞我诈、分崩离析的家庭，怎么会和睦地繁荣下去，内讧犹如一个烂了心的萝卜，表面看上去还算新鲜，但是内部已经腐烂不堪，所以衰败也将是必然的。

女子淫乱者败。

女子的淫乱不管是在古代还是现代都是有辱门风的事情，凡是有一点社会地位的家族，都十分注重名誉，如果家族之中出现了这种丑事，整个家族的事业和与其他家族的交往必然会受到影响，久而久之，也就逐渐没落下去。

子弟傲慢者败。

人一旦有了财富，就会小瞧那些穷苦的人，一个有钱有势的家庭，必然也会出现一些纨绔子弟欺行霸市。从历朝历代来看，凡事放纵那些仗势欺人、欺压弱者之徒的家族，最后都没有逃过家败的命运。

个人原因：

骄盈凌物者败。

天生我才必有用，但是一些人仗着自己天资聪颖便恃才傲物，不去努力用功，不懂得审时度势，与人相处，那么即便是智力超群，也将注定是一个失败者。

昏惰任下者败。

不懂得遵守原则，不明是非、纵容下属的人必然也没有自己为人处世的原则，所以这些人往往不值得信任和依靠，他们面对生活的大是大非总会有自己的理由颠覆已经被认同的原则，所以说，昏惰任下者一般会成为祸患的追随者。

贪刻兼至者败。

过分贪婪、尖酸刻薄的人也会注定失败的，古往今来，栽倒在金钱、权力、酒色上的达官显贵比比皆是，俗话说"君子爱财，取之有道"，人们可以对金钱等满足人欲望的东西进行追求，但是要适可而止，欲望多之即为祸患，所以懂得小富即安的道理。

另外，为人处世也不要太过尖酸刻薄，那样会失去很多朋友，没有人会愿意跟一个难以相处的人交朋友、谈生意，所以不要过多地苛求别人，而是经常地审视自己。

反复无信者败。

无信者不立，诚信不管在任何时间、任何领域都可以成为一个人立足于这个世界的招牌。古代人重视"一诺千金"的道德，一个拥有诚信的人，会赢得别人的敬重和赞扬。相反，一个反复无常的人，没有人会与之结交，更别说为其提供大展宏图的机会了。

愿为耕读孝友之家，不愿为仕宦起见

【原文】

我今赖祖宗之积累，少年早达，深恐其以一身享用殆尽，故教诸弟及儿辈，但愿其为耕读孝友之家，不愿其为仕宦起见。

【译文】

我现如今依赖祖上的积累，少年得志，家业显达，但我特别担忧我一个人就将这份家业给享用完了，所以，教诲各位兄弟以及下一代们，只希望我们家能成为耕田、读书、孝悌、友爱和睦的家庭，不希望这个家跟一般的官宦之家一样。

【解读】

从古至今，名商富贾比比皆是，富甲一方的范蠡、富可敌国的沈万三、红顶商人胡雪岩……他们的经商头脑和万贯家财不仅在历史上留下了痕迹，更是被文人墨客写进了小说里，随着说书先生的惊堂木成为了一个个传奇。可是，随着时间过去，他们的后人却不见踪迹，人们知道的也仅仅是这些人在世时他们家族的风光罢了，老百姓将其戏谑为"富不过三代"。其实不仅是这些富甲的商贾们，许多显赫一时的官宦之家，也难维持先人留下的荣耀。为何？是因建业易，而守业难也。

中国从来都讲究传承，无论是家业还是荣耀，人们都盼望着能一代代传下去，并且希望能出现个有才识的后人将其发扬光大。但事情往往不随人愿，书香世家出来的孩子无论如何也识得几个字，可官宦显贵世家出来的孩子从小养尊处优，虽说为非作歹仗势欺人的不多，脑满肠肥的却是不少。至于他们的先人所期盼的人才，寥寥可数。这些少爷们拿得出手的没几个，却一个比一个懂得享受，有朝一日百年家业毁于一旦，他们也无力回天，只不过是又多了几个掰着烧饼还要装腔作势的遗老遗少罢了。人们常说，坐吃山空，家业再大也有吃完的一天。想要将祖宗留下的基业一代代传下去，就要懂得如何守业。

曾国藩也曾很是担心家业会被享受一空，他在家信中跟弟弟说："我今赖祖宗之积累，少年早达，深恐其以一身享用殆尽。"意思就是我现如今依赖祖上的积累，少年得志、家业显达，但我特别担忧我一个人就将这份家业给享用完了。于是他告诫弟弟及后辈，"但愿其为耕读孝友之家，不愿其为仕宦起见。"希望家中能形成耕田、读书、孝悌、友爱和睦的气氛，而非一个只懂享乐的仕宦之家。

"耕、读、孝、友"，这四个字便是曾国藩告诉后人守业的方法，也是他留给后辈最大的一笔财富。

耕，即耕作。这里的耕作自然不是指简单的种菜弄田，而是一种勤俭朴素的习惯。耕作之人鸡鸣而起，日暮而归，不可能穿什么绫罗绸缎，也没有骄奢淫逸的恶习，最重要的是他们所吃所用的东西都是靠自己的双手获得的。他们代表的是人的一种淳朴、勤俭、自食其力的状态。富贵人家的孩子从小生活在优渥的环境里，长大了之后父辈家人们手中的关系网自然也能给他们一份吃穿不愁的工作。这样成长起来的孩子，最缺的就是自食其力和勤俭节约的意识，自然也就无力守业。所以，曾国藩要求他的后辈们用耕作之人的心态去生活，去努力，去为家中那方基业松土施肥。

读，即学业。有句话叫作"万般皆下等，唯有读书高"，虽说有些偏颇，但也不无道理。读书能明理，才能和见识不是生下来就有的，不断汲取知识才能提升自我。时代不断变迁，每个人都需要顺势而行，要想守好祖宗的基业，不但要传承，更加要结合实际情况，加以发展，这就需要足够的能力和学识来应对时刻可能面临的难关。这便是曾国藩要求后人多读书的原因，肚子里有了墨水，说话做事才能有根有据，祖宗传下来的东西才能生生不息。

孝，即孝悌。所谓百善孝为先，"孝悌"二字是儒家道德标准的基础，也是伦理纲常的基石。古代有"举孝廉"的习惯，君主们认为能做到孝敬父母，兄友弟恭的人，才能忠于国家。而守业中的孝，更是代表了一切的美德。有德行的人，才能为人尊敬，品行端正的人才能不入偏门，走向成功。曾国藩一直都是个孝敬父母的人，他的这些品质是建业路上必不能缺的关键，守业之人自然也要恪守此道。

友，即友爱。兄弟之间要友爱和睦，邻里乡亲要互帮互助，只有助人者人才会助之，以友爱之心待人，人们才会回以善意。生意人有句话叫作和气生财，成天以黑脸示人，说话做事尖酸刻薄，这样的人无论做什么都会被人排挤，算计，树为公敌，就更别说成功了。曾国藩年轻时也曾盛气凌人，总爱与人争辩，咬住了就绝不松口。这样的性格让他吃了大亏，到处碰钉子，后来他幡然醒悟改过后才成大业。正因为这段特殊的经历，曾国藩比谁都知道友爱同僚乡亲的道理，只有得到了他人的真心相助，才能使人如虎添翼。

无论家业有多大，祖上的官职有多显赫，骄奢淫逸之风不可长，不学无术之人不可取，离经叛道之事不可为，尖利恶毒之语不可言。官宦之家也好，富贾之后也罢，都须得以耕、读、孝、友四字为训，只有家里的每个人都恪守此道，家业才能得以传承，祖上留下的荣誉才不至于被抹黑。

虽在宦海中，须时时做上岸打算

【原文】

予自问学浅识薄，谬膺高位，然所刻刻留心者，此时虽在宦海之中，却时作上岸之计。

【译文】

我自己认为自己学识浅薄，侥幸荣获了高爵显位，所以，还是时时留意，刻刻小心，虽然，这个时候我还在仕途宦海当中，但是，时时刻刻做着上岸的打算啊。

【解读】

曾国藩真的学识浅薄吗？如果真是这样，他能进入人才济济的翰林院。其实，曾国藩这句话不过是自谦之语。而他在信中如此跟自己的子弟说，不过是为他们了解一点：在仕途中，如果不谦虚的话，就不可能走得长远。于是哪怕自己有才学，也要表现谦和。这种看似故作让步的表现，其实是一种人生的规划。目光短浅、骄傲自大之辈绝不会成就大事。

能够成就大事的人一定有广阔的胸襟，而又善于理清细节脉络，有才学是有实力，但是如果借此就妄自尊大，那就是另外一种情况了，越是目中无人，越显得自己没有气量，这样的人即便再有才学，也很难获得成功。

有人说:"谦卑者其实最高贵。"这是因为谦卑是走向高贵的通行证,他们懂得放低自己,因此行万里也会路途顺畅。懂得放低自己的人能够看到别人的长处,他们知道屈可以为伸,因而受辱时不反击,甘居人下而不犹豫。到了最后,就会转祸为福,让对手知错而成为朋友,使怨仇不传给后人,并且获得雅量容人的美名。

虽然曾国藩身居高位,手握大权,但是他从来不认为自己高人一等,所以会说出:"自秦汉以来,迄于今日,达官贵人,何可胜数?……及夫身没观之,彼与当日之厮役贱卒,污行贾竖,营营而生,草草而死者,无以异也。"老子说:"天地不仁,以万物为刍狗;圣人不仁,以百姓为刍狗。"青天之下,后土之上,万物都是平等的,所谓达官贵人,所谓贩夫走卒,又与一束茅草扎成的狗又高明多少呢?无非现身于世,又最终归于湮灭罢了。

曾国藩常常谦恭处世,心存敬畏。那些深谙做人之道的人,大多是在社会群体中能够摆正自己位置的人。而把自己看得高人一等的人,往往很容易陷入自我陶醉之中,他们会无视别人对他的看法和不满,终日沉浸在自我满足之中,对一切功名利禄都要捷足先登。这样的人反而难以得到人们对他的理解和尊重。

实际上,人们尊敬的是那些放低自己实心任事的人,而不是自吹自擂的炫耀专家。其实,越伟大的人越懂得众生平等的道理,成功不会使人高人一等,普通人也并不因为平凡而卑下。真正的大人物,拥有人生大格局的人,是那种成就了不平凡的事业却仍然像平凡人一样生活着的人。

老子说:"上善若水。水善利万物而不争,处众人之所恶,故几于道。"水是地球上一切生物的源泉,如果论成就,世界上没有什么事物可以超过它,然而它却始终以一种极低的姿态出现,永远向低处流,在极低处汇集。自然界的原理也是在昭示为人处世的道理,作为生命源泉的水都时刻保持低姿态,那么稍稍取得一点成就的人们,又有什么资格扬扬得意自视甚高呢?

放低自己不只是一种美德,也是一种生存策略。一个甘愿处于次要位置的人,一个低姿态处世的人,格局反而越来越大,越容易赢得大家的尊重和爱戴。无论何时何地,我们都应保持一颗谦卑的心,唯其如此,生命才有了一种无法言传的尊严和价值。

罢官居家,勤劳恬淡

【原文】

要令罢官家居之日,己身可以淡泊,妻子可服劳,可对祖父兄弟,可以对宗族乡党。

【译文】

希望在弃官回家居住的日子中,我自己本身能够淡泊名利,妻子儿女能够劳作,那么,就对得起祖父和各位兄弟,就对得起宗族乡亲们。

【解读】

曾国藩崇尚儒家思想,讲求"修身、齐家、治国、平天下",在儒家积极入世的思想指导下，他看重功名，急切地希望自己可以在政治上有所成就。他为官几十载，为朝廷鞠躬尽瘁，死而后已，也看惯了官场的尔虞我诈，晚年时，曾国藩辞官归家，准备过勤劳恬淡的田园生活。

至于田园生活怎么个过法，曾国藩提出了四个字："勤劳恬淡"。其中，勤劳是对身体的要求，虽然田园生活无"案牍劳形"，但决不能让身体在闲逸的生活中，有所懈怠，以致进入无所事事的状态。

"恬淡"则是相对于心灵、精神世界而言。没了名利场上的明争暗斗、尔虞我诈，骤然简化的生活中，不应有对过往的留恋和对未曾拥有的遗憾。这两样消极的情绪不来叨扰心绪，就为淡泊、恬静预留了空间。

历史上有很多因仕途不得志而归隐山林的人，但他们的人生没有在退出仕途的那一刻同时褪去鲜活的色彩，反而从中生发出另一番别样的景致。庄周辞官归家，得以在闲暇中感悟天地、自然，终成老庄哲学，成为道家思想的继承人。类似这样的经历，东晋谢灵运、陶渊明也遭遇过，但是这并没有阻止他们在文坛绽放奇葩。

仕途确实是通往权力、地位、财富的光明之路，但这条路并一定适合所有的人。要让一个胸无城府的人在官场上左右逢源、游刃有余，总归是件难事。不过幸运的是，仕途不是唯一的路，和它并排着的还有通往商业、文艺、治学等多个领域的通道，人们远没有必要在独木桥上挤来挤去。

也正是因为认清了这一点，经历了无数大起大落的曾国藩并没有对罢官居家这件事悲观看待，还在四个方面对罢官后的生活做了规划。

第一方面的规划是针对自己的：坚守内心的淡泊。曾国藩坚持的这个淡泊是一种洒脱，一种看开。不对得不到耿耿于怀，不对自己的不幸而心存抱怨，更不为了超脱罢官后的拮据而积极、刻意地钻营。

第二方面的规划是针对家人的。曾国藩告诉自己的妻子、孩子，不要因为自己的仕途受挫而哀叹，而是要把哀叹的时间，放在对新生活的适应上。家道中落并不等于家族灭亡，只要家人在生活资源不那么丰裕的前提闲暇，学会勤俭自持、自力更生，也可以活得身心富足。

第三方面的规划是对祖父兄弟的。虽然曾国藩遭遇罢官，在很多人看来是一件失意事，但在当事人看来，恰好可以借此机会在长辈面前表明一种态度，告知兄弟对待仕途沉浮应有的心态，即既在官场就争取做好分内事；既出官场，那就洒脱地迎着另一种生活。持这种想法既可以让长辈放心、欣慰，还可以让晚辈以兄长的事情为例，接受为官方面的教诲。

第四方面的规划是对宗族乡党而言的。曾国藩这方面的规划，目的是为了维持自己的家在整个家族中形象。力图让他们看到，一个人的不顺，并不足以影响一个家的形象。

这四个方面会让一个遭遇罢官事的家庭，从里到外保持益然。进而让外人觉得这个家庭有种不容人看轻的起势，而这种起势即是曾国藩所说的"家范"。

卷二 家书

第一章 修身

慵人以"惰"致败，才人以"傲"致败

【原文】

天下古今之庸人，皆以一"惰"字致败。天下古今之才人，皆以一"傲"字致败。

【译文】

天底下从古至今的平庸之人，都是因为一个"惰"字才导致失败的。天底下从古至今有才华的人，都是因为一个"傲"字才导致失败的。

【解读】

曾经有这么一个故事：

有兄弟二人，哥哥喜欢画画，弟弟喜欢弹琴。他们同时拜了一位画艺和琴艺俱佳的老师学习。他们天赋很好，学习也非常地努力，因此进步很快。可是多年后，不幸发生了，喜欢画画的哥哥双目失明，而喜欢弹琴的弟弟双耳失聪。他们非常的绝望，但后来在老师的开导下，二人改学对方的技艺，最终都成为了技艺高超的艺术家。

这个故事原本是为了教导我们在遇到困难时要灵活变通，不能陷入困境之中不能自拔。现在想想，未免觉得其中有着太过天真幼稚的味道。不过，这个故事也可以从另一方面来解读。我们试想，如果失明的是弟弟而不是哥哥，失聪的是哥哥而不是弟弟，那么会发生什么呢？答案是肯定的。什么也不会发生，因为画画不需要听觉的灵敏，弹琴也不需要视觉的高超。这样的话，他们虽然深有缺陷，但这缺陷并不会对他们的理想造成致命性的打击。但事实恰恰与此相反。于是，这两种缺陷就变得致命了。

由此我们可以获得一点启示：当任何一种缺点被孤立地看待时，它的性质都是中性的。这些缺点不会被看成任何致命的灾难，它们只是它们本身。但一旦被放在与之水火不容的人身上，它们就会变成致命的毒药。上面的故事就是典型的例子。

我们来看曾国藩的这两句话，表达的其实是相同的意思。表面上看，曾国藩把范围局限在了骄傲和懒惰这两种缺陷上，但这句话的高明之处就在于它们的定语：庸人和有才华的人。正是这样的限定使得整句话的意义无限扩大了。它非常透彻地告诫我们，一定要努力地找到并且剔除自己身上那个能让自己一败涂地的缺陷。

对于平庸的人来说，自己既没有过人的才能，也没有出众的技艺，要想从茫茫人海中脱颖而出的机会就如同大海捞针一般渺茫。但是，这种人想要成功并非不可能。只要他们能够铭记"勤能补拙"这句良训，积跬步而致千里，付出比别人更多的努力，终会迎来人生得意的时刻。

对于有才华的人，问题看似更为简单。既然身上有让人艳羡的才华，那么只要愿

意，获取成功便如探囊取物一般，还有什么值得担忧的地方吗？有。这样的人往往输在傲字上。"人不可有傲气，但不可无傲骨"，这里的傲，正是傲气。傲气，说白了，就是目中无人，只看到自己的厉害，看不到别人的厉害，只相信自己，不相信别人。这样的人，虽然有不世的才能，但往往会落得众叛亲离，下场是十分可悲的。这样的失败典型被记载、流传和演绎，《三国演义》中的吕布便是其中之一。

身为三国第一猛将，吕布不仅英勇善战，更兼文有陈宫、武有张辽等八大将的辅佐，手下城池、兵士也不在少数，跟曹操陈留起兵时的势力比起来不知强了多少倍，想必可成一番大事业。但吕布就是因为屡次不听陈宫良谋，又不信任麾下大将，致使在各大战役中屡吃败仗，势力逐渐衰颓，最后被曹操所灭，殒命于白门楼。这就是因傲至败的最典型体现。倘若他能明了自己的缺点并及时予以改正，信任身边的人才，使文臣武将各发所长。那么虽不敢说他将成为三国时代的终结者，也至少不会败得那么早，败得那么惨，只沦为整部小说中的一个线索人物，给后人留下无尽的遗憾。从此事看来，"傲"这一字对于吕布这样的人来说确实是太过致命了。

没有谁是天生的庸人，只是懒惰的缘故，让一个人懒得去付出努力，懒得去学习，所以才渐渐地沦为了庸人。而有才的人并不是天赋异禀，只是他懂得在后来的人生路上，克服懒惰不断精进，克服骄傲不断提升，所以才由一个普通人成为一个为人敬重的有才的人。人生在世，谁都想风风光光地走完一生，都想获得成功并保住成功。然而在通向成功的路上，总有一种致命的缺陷阻碍这我们向前的脚步。如果我们想继续前行，就必须战胜它。

"逸"字致人败，"骄"字讨人嫌

【原文】

家败，离不得个"奢"字；人败，离不得个"逸"字；讨人嫌，离不得个"骄"字。

【译文】

家道中落，离不开一个"奢"字；个人败落，离不开一个"逸"字；一个人被别人讨厌、嫌弃，离不开一个"骄"字。

【解读】

曾国藩的这句话涉及人生的三件大事：第一，我们想怎样经营自己的家庭；第二，我们想成为一个怎样的人；第三，我们想拥有一个怎样的人际关系。

如果能够把这三个问题想清楚，并且将心中所想付诸实践，那么可以说我们的一生就相当圆满了。当然，绝对的圆满是不存在的。正因为不存在，所以我们在思考这个问题时，就要牢记人生的相对性，尽自己所能把事情做到最好。

首先，我们想怎样经营自己的家庭。这个问题实际上涉及自己与家人之间的对话。每个人都希望自己的家庭能够在自己的努力下更加兴旺、幸福、美满，也希望自己的家庭能够将这份幸福传递下去，传给自己的子孙后代。

秦始皇在统一六国后便有这样的想法。他希望大秦的江山能够永固，希望自己的子孙后代永远坐在天子的宝座之上。他称自己为始皇帝，接下来便是二世、三世，传至千世、万世而不竭。对于个人而言，无论是经营一个庞大的帝国，还是维持一个微小的家庭，要想获得长久的安定和繁荣，最根本的要求都是一样的，那就是首先把自己的责任尽到，把国家治理好，把家庭打理好，不能让祖宗的基业断送在自己手上。在尽责的同时也要培养出优秀的下一代来继承家业，这样的代代相传才是使一个国家或家庭长久安定和繁荣的最根本办法。

那么，如何才能把家庭打理好并培养出优秀的下一代呢？答案很简单，就是要做到"戒奢"。贪图奢华是家庭腐败的根源，倘若一味地贪图享乐，我们就会变得自私起来。这样不仅会使自己常常做出不利于家庭的事情，也会让家中的财富流失，逐渐地贫穷下去。更为严重的是，一旦我们的下一代在这样的生活环境中成长，那么他们长大后会成为什么样的人就可想而知了。如此恶性循环，即使家庭不在我们的手中衰败，想必也不会长久了。秦朝二世而亡的教训，着实振聋发聩。

其次，我们想成为一个怎样的人。这涉及我们与自己心灵的对话。人应该有追求的，有了追求便有了方向，有了方向便有了动力。只有这样，我们才能成为一个充满力量的人。一个积极向上的人既不会因为前路艰险而放弃，也不会因为眼前利益而满足。总之，我们不会让自己放弃奔跑，停下来沉湎于让生命变得空虚而廉价安逸。我们最终会抵达终点，感受生命中最宝贵的幸福和快乐，我们的心灵也会对着我们高唱赞歌。

最后，人际关系的经营。这对于我们在人生的道路上如何行走是至关重要的，涉及的是我们与周围环境的对话。我们都希望用自己的人格魅力和事业上的成功来获得朋友们的接受和喜爱。人的一生中，能够拥有一干至交好友是非常让人快乐的。与朋友促膝谈心，分享人生的苦与乐，无论身处顺境还是逆境都能肝胆相照，相互扶持，这是一种灵魂的快慰。

要去赢得友谊，我们首先必须懂得的是心怀坦诚，平等待人。一个骄傲的人只会在意自己，很少会去关心朋友的处境和心情。而世间没有谁甘愿当配角，那些骄傲的自我为中心者，到最后都会被人讨厌和疏远。

人生虽然短暂，但每个人都在不断地去追求最完美的自己。要想让自己更优秀，我们在持家、待人和自我塑造上就必须做出一些成绩。因此，不贪求奢华，不沉湎安逸，消除傲气，就是非常必要的事情了。

以勤医惰，以慎医骄

【原文】

勤字所以医惰，慎字所以医骄。

【译文】

勤勉能够医治懒惰，谨慎能够医治骄傲。

【解读】

人都是有惰性的。有的人任由惰性侵蚀自己，以致其碌碌无为，最终一事无成。而有的人却能够战胜惰性,从而在学业和事业上取得骄人的成绩。在曾国藩看来,战胜惰性没有其他的解决方法,唯有一个"勤"字而已。《吕氏春秋》里讲:"流水不腐,户枢不蝼,动也。"水只有不停流动才能保持清新,门轴只有不停转动才不会被虫蛀。这说的也是勤奋的重要。

曾国藩之所以能成为一代治世名臣,这与他的勤奋刻苦是分不开的。他把自己几十年的人生经验写到了他的遗训里,以此来教导他的儿子处世为人。其中有一条就是讲"勤"的问题:"古之圣君贤相,盖无时不以勤劳自励。为一身计,则必操习技艺,磨炼筋骨,困知勉行,操心危虑,而后可以增智能而长才识。为天下计,则必已饥已溺,一夫不获,引为余辜。大禹、墨子皆极俭以奉身而极勤以救民。勤则寿,逸则夭,勤则有材而见用,逸则无劳而见弃,勤则博济斯民而神祇钦仰,逸则无补于人而神鬼不歆。"

在曾国藩看来,勤劳是古往今来圣王贤臣所共有的特征。他指出勤劳有三个好处。第一,有利于长寿。第二,能使自己学习更多的知识和技艺,增长才干,可以在以后的人生中派上用场。第三,辛勤的工作可以为社会创造财富,做官勤于公务更可以为天下人谋福祉。"勤"成为了曾国藩处事的核心概念,也成为他走向成功和辉煌的一个法宝。

曾国藩在家训里提出过"五勤":"当官者,一曰身勤、二曰眼勤、三曰手勤、四曰口勤、五曰心勤"。这是曾国藩对子弟行为习惯的要求,也是他官场生活的真实写照。

这种勤劳的思想大概和曾国藩的家庭有关。他的祖父在迁居白杨坪后,一直勤勤恳恳地置家立业。那时曾家有一块不小的梯田,但由于梯田面积太小,层层堆叠,非常不利于耕作。曾国藩的祖父带领长工日夜开垦,率领家人开田种菜,养鱼喂猪,没有一刻空闲。正因为如此勤劳,祖父积累了不少财产,为曾家日后的发达提供了坚实的经济基础。

受到这种影响,曾国藩读书异常勤奋,为官时也勤于公务。曾国藩也把这种家风传给他的子弟们,他在给侄子的信中写道:"吾家累世以来,孝弟勤俭。"他告诫侄子,即使现在稍微富裕了,也一定不能忘记先祖创业时的艰难,要继承他们这种优良的品质。

春秋时期,孔子读书非常勤奋。那时候书的主要材料是竹子,把竹子劈开做成竹简,用火烘干后就可以在上面写字。此后再用丝线、麻绳或者熟牛皮绳将这些竹片编连起来,这样一部书就完成了。但是用这种工艺制出来的书一般都很厚重。孔子晚年非常喜欢读《易》,他不停地翻阅这本书,不知道读了多少遍,以至于把串联竹简的牛皮绳都磨断了好多次,不得不换上新的才能继续阅读。

这就是著名的"韦编三绝"的故事。孔子如此勤奋地读书,但他自己仍觉得不满足。他说:"假如让我多活几年,我就可以完全掌握《易》的文与质了。"孔子不仅读书勤奋,且为官时处理政事也是如此。他还带领弟子两次周游列国,向当时各国的国君游说儒学的思想。正是因为勤于事,孔子才能取得如此大的成就,被后人誉为"万世之表"。

谋生的原则,没有比勤奋更重要的了。因此古人说:一生之计在于勤。如果一个人好逸恶劳,却希望能吃好穿好,那么他也只能在悠游闲荡中虚度年华了。倘若用这种态度去务农,那就难以除草除虫,庄稼也会因此歉收;用这种态度去当工匠,就可能偷工减料,工程质量得不到保证;用这种态度去经商,就不能抓住时机,反而容易导致商业危机;用这种态度去读书,也多半会半途而废,一无所成。

孔子韦编三绝,大禹三过家门而不入,王羲之勤练书法把一池清水都染成墨色。古人的这些事迹都告诉我们,一分汗水,一分收获,不付出辛勤的汗水就难以收获丰硕的果实。这世上没有轻而易举就能学到的本领,也没有不费一丝力气就能得到的成功。到曾国藩家里行窃的那个小偷固然聪明，但没有把这种聪明用于正途才使自己泯然于众，而曾国藩却靠勤奋弥补了自己天资的不足。所以说，勤能补拙是良训，一分辛苦一分才。

以劳戒惰，以谦戒傲

【原文】

"劳、谦"二字受用无穷，劳所以戒惰也，谦所以戒傲也。

【译文】

"劳"和"谦"两个字对与人们来说有无穷的裨益，勤劳可以去掉人的惰性，谦虚可以去掉人身上的傲气。

【解读】

"以劳戒惰，以谦戒傲"这句话对于曾国藩来说，是他一生当中的警句。小人物因为惰性葬送家庭，大人物因为惰性贻误国家，于是便要以勤劳来防范人的惰性。至于一个人的傲气，曾国藩认为要消除"傲"就必须得谦虚。"傲"和"惰"是不同的，大多数人都有惰性，但并不是所有的人都会骄傲。有傲气的人必须有资本，但他也会因为自己的傲气失去这些资本。西楚霸王项羽就因为傲气而不肯听信他人，结果才错失天下。

世人常常因为懒惰而失去了很多。因为懒惰，很多本应该早就做了的事情，我们可能拖到现在还没与做。懒惰会使我们在百无聊赖中白白浪费很多大好时光。梁实秋先生有一篇文章，叫《时间即生命》。在这篇文章里，梁实秋先生用平淡的笔触写下他对人生的感悟，其中流露出的是忏悔，是自省。对于自己的"惰"，他很懊悔，并用自己的故事告诉我们一个深刻的道理。当我们体力渐衰，人生迟暮的时候，回想我们的一生。如果那是碌碌无为的一生，无非就是一个"惰"字所造成。

梁实秋先生说："我己就是浪费了很多时间的一个人。我不打麻将，我不经常的听戏看电影，几年中难得一次，我不长时间看电视，通常只看半个小时，我也不串门子闲聊天。有人问我：'那你大部分时间都做了些什么呢？'我痛自反省，我发现，除了职务上的必及人情上所不能免的活动之外，我的时间大部分都浪费了。我应该集中精力，读我所未读过的书，我应该利用所有时间，写我所要写的东西，但是我没能这样做。"读了梁实秋的这段话后，我们反思自己的人生，是否也浪费了太多的时间。倘若我们无法摆脱惰性，那么在生命突然被夺走的瞬间，我们会多么的后悔。

我们常将"懒"和"惰"两个字连起来说，其实惰和懒还是有很大的差距的。懒是无所事事，不知道自己该做什么，而惰是虽然知道有该做的事，但是自己不愿意做。很多人抵制不了心中的惰性，该上课的时候在上网，该看书的时候在听歌。本该在大好年华绽放青春的光芒，却在酒桌牌桌上虚度青春。很多年轻人抱怨自己运气不好，好像事事不如意，但又不知反省。

"以劳戒惰"，这是曾国藩克服惰性的关键，他认为只有勤劳才能克服惰性。其实大多数人都知道这个道理，可是真正能够做到的又有几个人呢？从曾国藩的事迹里我们或许可以得到一点启示，找到自己奋斗的目标。

曾国藩小的时候喜欢睡懒觉，他的父亲作为私塾的老师，十分看不惯儿子的这个坏习惯。这一天，曾国藩早上又睡过头了，上学也迟到了。他本以为自己的父亲是老师，心想不会受到责罚。没想到他到了私塾以后，父亲便将他狠狠骂了一顿，说他连早早起床都这么困难，以后还能够做什么有出息的事情。曾国藩被痛骂之后顿生悔意，从此以后，他每天都坚持早起，再也没有睡过懒觉了。

　　曾国藩不仅自己早起，对身边的人也严格要求。他告诉自己的家人、朋友以及部下，早起可以节约出很多的时间来做更多有意义的事情。这样一来，自己的生命也在不知不觉中延长了。如果能够早起，然后按照计划完成一天中该做的事情，克服自己的惰性，生命也会变得有意义。

　　正因如此，曾国藩训练出来的士兵都没有贪睡的习惯，军队的战斗力也变强了。这就是曾国藩训练出来的结果，他的这种做法不仅让士兵们懂得珍惜生命的每一分钟，还培养了他们的意志力。曾国藩和李鸿章共事的时候，李鸿章睡个懒觉，曾国藩就看不顺眼，就要跟他讲道理，硬是把李鸿章也拉入了早起的大军。

"勤"字功夫，第一贵早起，第二贵有恒

【原文】

　　"勤"字功夫，第一贵早起，第二贵有恒；凡将相无种，圣贤豪杰无种，只要人肯立志，都可以做得到的。

【译文】

　　"勤"这个字的造诣，第一，贵在早起，第二，贵在持之以恒。王侯将相本不是天生的，圣贤豪杰也不是天生的，但是，只要一个人愿意设定远大志向，都是可以做到的。

【解读】

　　俗语说：早起三光，晚起三慌。如果早晨能早起，那么就有充足的时间把该办的事情办好，事情就可以做得很顺手。如果晚起，那么就容易手忙脚乱，把该办的事情落掉，慌慌张张地误了事。

　　闻鸡起舞的故事广为人知。东晋的祖逖年轻时就很有抱负，他跟好友刘琨为了增长本领、报效朝廷，他们一听到鸡鸣，就披衣起床，拔剑练武。这种早起苦练的方法帮助他们实现了人生理想，成就了一番事业。

　　的确，一日之计在于晨。人在早晨的时候，经过了一夜充分的休息，精神会格外的舒畅。这时候读书的话记忆力处在巅峰，学习效率就可以成倍增加。做事情的话，也因头脑清醒，效率增高。况且早期之后不仅可以处理一些杂务，而且可以规划一下新的一天，设定一个目标，这样生活才能更有动力。反之，如果贪睡赖床就容易精神倦怠，不仅荒废了时间，也委靡了自己的精神。

　　曾国藩说："败人两字，非傲即惰。"他看到了惰性的坏处，因此提出"以勤医惰"。那么怎样落实"勤"呢？首先就要做到早起。

李鸿章是曾国藩的得意门生,曾国藩非常器重他。曾国藩在湖南办团练军的时候,事业开始风生水起,许多士人都跑到曾国藩的湘军中做幕僚,李鸿章就是其中之一。李鸿章富有智慧,文章也写得出色,因此经常给曾国藩出谋划策,协助他处理公文。由于受到曾国藩的器重,再加上是他的学生,李鸿章就有些骄傲起来。对于李鸿章的特立独行,曾国藩多数能包容。但李鸿章有一个不好的习惯是曾国藩难以容忍的,那就是睡懒觉。

在清代,朝中的大员都有早起的习惯,这倒未必是他们从小养成,很大程度上是上朝奏事的需要。清朝的皇帝多勤于政事,文治武功卓著的康熙皇帝就是如此。他一生勤政,并提出"勤政实为君之大本,怠荒实亡国之病源"的治国方略。而且从康熙开始,皇帝每天都要御门听政,就是在皇宫乾清门前,由皇帝亲自主持御前朝廷会议。因此朝中官员也必须早起上朝。

曾国藩本人也养成了早起的习惯,且这种习惯伴随着他一生。在他组建湘军之后,他要求自己的士兵部下也都要早起,但是李鸿章不以为意。由于他晚上常常处理公务、写写文章,熬夜了就不愿意早起。对曾国藩要求早起的规定,李鸿章一直就不太满意。开始的时候他还能按时起来,日子久了,他就坚持不住了。

在一个冬日的清晨,李鸿章又睡过了头。当他发现自己要迟到的时候,便一不做二不休,蒙着头继续睡觉。在他睡得正香的时候,有士兵来敲门,请李鸿章去吃早饭。原来曾国藩有个习惯,他早上要跟所有的幕僚一起吃饭,这样就可以有效防止有人偷懒睡觉。李鸿章不想在众人面前丢脸,于是撒谎说自己头疼,就不去吃饭了。可不一会儿,那个士兵又来传话,说曾国藩说了,今天必须等所有的幕僚都到齐才能开饭。这下李鸿章没办法了,于是灰头土脸地起来,匆忙赶到了食堂。

席间,曾国藩的脸色并不大好,本来他平日吃饭都是有说有笑,可今天却一言不发。到快吃完时,曾国藩对正在喝粥的李鸿章说:"少荃,你既然来我幕中,我就不拐弯抹角了,来我这里的人,都得守一个'诚'字!"李鸿章听了诚惶诚恐,感到非常羞愧。经过这件事之后,他痛定思痛,再也没有睡过懒觉。

李鸿章本人也不讳言这件事,把它当成一个教训,十分感激曾国藩对他的教诲。

没有什么比早起能更好地开始新的一天了。早起之后你可以看到初升的太阳,呼吸到新鲜的空气,享受这宁静的早晨。吃一份营养早餐,做一次晨练,想一想一天的规划。早起的鸟儿有虫吃,早起的人需要有毅力,勤奋请从早起开始。

越自尊大,越见器小

【原文】

越自尊大,越见器小。

【译文】

越自负的人,气量越狭小。

【解读】

世界上最广阔的是海洋,比海洋更广阔的是天空,比天空更广阔的是人的胸怀。器量和胸怀决定一个人的人生价值和人格高度，处世立身，器量和胸怀最为重要。古人立身修德，追求一种"海纳百川，有容乃大；壁立千仞，无欲则刚"的境界。能够成就大事的人一定有一个广阔的胸襟，也有一颗善于观察注意细微之处的心。曾国藩认为"越自尊大，越见器小"。他所说的"自尊"并不是指自尊心，而是指"自负"。在待人处事的过程中，越是妄自尊大，就越显得自己没有气量。而这样的人往往很难成功。

曾国藩喜读史，司马迁在《史记·陈涉世家》中记载的一件事，让他感悟到一个人要想成就大事，胸襟的大小是很重要的因素。

陈胜称王以后，有一个从前和他一起当雇工的穷朋友听说了此事，便来投奔于他。这个人敲着宫门嚷道："我要见陈胜！"守宫门的卫士要绑他，他一再解释，才没被绑，但卫士始终不肯给他通报。后来陈胜出来了，这位穷朋友拦着路直呼陈胜的名字。陈胜无奈之下只得让他上车和自己一同回宫。这人因为和陈胜的关系得以自由出入宫殿，他还经常向别人说起他过去和陈胜在一起时的旧事。于是有人对陈胜说："这个人愚昧无知，专说些不得体的话，有损您的尊严。"陈胜听后，没有经过再三思虑，就把这人杀了。此后陈胜的老朋友都纷纷离他而去，再也没有人敢接近他了。

陈胜虽然是一位杰出的农民领袖，他领导的起义却以失败告终。当然，起义的失败有多重原因，作为领导人的陈胜自身的原因却不容忽视。狭小的器量让他失去将士与百姓对自己的信任，自然也就没人肯为他效力，百姓也就不会归顺于他。历史的确意味深长，引人深思：器量小，不容人，熟人和故交会形同陌路，孤家寡人难成大业；器量大，能容人，便可化敌为友，纳天下英才而用之，事业岂有不兴旺的道理！这足以见得，器量的大小对一个人的成功是多么重要。

柏杨先生曾说过："大胸怀是大海，纳百川，载千舸，容万物，育众生；大胸怀是高山，不厌细尘，不嫌怪石，披风雪，湍瀑布，生草木，活鸟兽。大胸怀是大地，默默承载，无怨无悔。无论是刀枪剑戟，车轮滚滚，还是巨峰的重压，江河的撕扯，铁蹄的践踏……它都能够平静地忍受。大胸怀是天空，默默包容，从不逃避。不管是阴云风雨，万钧雷霆，抑或朗朗晴空，朝霞彩虹，或是沙暴埃砾，日月晨星，它都能以寥廓之胸怀容之。"

"越自尊大，越见器小"，倘若一个人可以广泛接触不同性格、不同爱好的人，并与之和平相处，那么他的工作就会变得更加协调和顺利，未来的道路也会更加的宽广。

德以满而损，福以骄而减

【原文】

德以满而损，福以骄而减矣。

【译文】

品德因为自满而受到损失，福分因为骄傲而减少。

【解读】

中国有句古训，"满招损，谦受益"，是说，骄傲自满会招致灾祸，谦虚有礼才能受到益处。这可以说是中国古人智慧的结晶。一个有德行的人，一定也是一个谦虚的人，因为谦虚，所以为人所尊重。反之，如果一个人骄傲无礼、自以为是，那么他的德行就会受到牵连，也就容易招致灾祸。从某种角度来说，谦虚和骄傲可以成为福祸的分界线。

人生起起伏伏，各人的境遇都有所不同。有的人本来地位卑微，一朝飞黄腾达，要么掌握了很大的权势，要么获得了巨大的财富，这时做人态度就跟以往大不相同了。言谈举止中流露的傲慢自大，不把别人放在眼里的不可一世的态度，一言以蔽之，就是骄傲自满。月满则亏，水满则溢，一个人的自满也是容易引来灾祸的。

唐朝名将郭子仪，在战场上屡建奇功，保卫大唐安宁长达二十多年，在朝野享有崇高的威望和声誉。一次他去寺院听禅师说法，问禅师道："什么是傲慢？"禅师以一种很骄横无礼的态度反问他："你也配问'傲慢'是什么！"这可着实让郭子仪感到气恼。要知道，就连当时的皇帝都对他礼遇有加，言谈举止都非常的客气，如今却突然被一个不知名的禅师如此羞辱，郭子仪当时的心情可想而知。就在郭子仪要发作的时候，禅师又恢复了之前慈祥的态度，笑着对他说："这就是傲慢。"郭子仪这才恍然醒悟。

作为一名将领，郭子仪深知"满招损"的道理，所以他行事谦虚磊落，恩泽广布。他的功劳越大，人们越尊重他；他获得的赏赐再多，大臣们也不嫉妒他。不仅是皇帝和朝中大臣，吐蕃、回纥等部落也对他十分尊敬，甚至有些安史叛将都为他的能力和气度所折服。

安庆绪的骁将田承嗣在占据了魏州后，割据一方，与朝廷分庭抗礼。独霸一方的田承嗣为人专断蛮横，飞扬跋扈，但田承嗣对郭子仪派去的使者非常客气，还派专人接待。使者到来之时，田承嗣还向郭子仪所在的方向遥望叩拜，并指着自己的膝盖对使者说："我这双膝盖，不向别人下跪已经有好多年了，今天我要为郭公下跪。"由此也可见郭子仪的威望，所以史家评价他时称其："权倾天下而朝不忌，功盖一代而主不疑。"

曾国藩受儒家思想影响很大，也主张谦虚谨慎，不妄自尊大。虽然早年曾国藩也因年轻气盛做过一些过头的事情，但由于他非常善于反省，在总结经验教训后渐渐变得成熟和谨慎。他认为，骄傲一方面无益于品德的培养、学业的进步，另一方面也会引发心浮气躁、妄自尊大的毛病。自恃才高的人在人际交往中往往得不到别人的信任和尊重，事业上也会受其影响而导致滑坡和退步。

在曾国藩离家进京求学时，他的祖父对他说："你的官是做不尽的，你的才也是好的，但不可骄傲，满招损，谦受益，你如果不骄傲，那就更好了。"他牢牢记着祖父的教训，把戒除骄傲的家训传承下来。曾国藩常常在家书中提醒和告诫自己的兄弟子侄，一定要戒骄戒躁，谦虚谨慎，"以除傲字为第一义"。

他曾在书信中写道："位不其骄，禄不其侈。凡贵家子弟，其矜骄流于不自觉；凡富家之子弟，其奢侈流于不自觉，势为之也。欲求家运绵长，子弟无傲慢之容，房室无暴殄之物，则庶几矣。"又写道："沅弟以我切责之缄，痛自引咎，俱蹈危机，而思自进于谨言慎行之路，能如是，是弟终身载福之道，而吾家之幸也！"

曾国藩深知骄傲的弊端，而且他很明白，富家子弟由于生活优渥容易养成傲慢的习气。所以他从家族的长远发展来考虑此事，认为这些兄弟子侄们只有收起傲慢的态度，去除奢侈的习气，做事谨言慎行，待人礼貌谦虚，才是长远发展的方法。其实不仅是治家，处世为人、修身治国也是一样。

西汉时，在遥远的西南地区有个夜郎国，面积大概是汉朝一个州的大小。夜郎国人口稀少，土地稀薄，但是这里的国王非常骄傲，自以为夜郎国是天下第一大国。西汉朝廷派唐蒙出使夜郎国，夜郎国国王竟傲慢地问道："你们汉朝与我国相比谁大啊？"唐蒙哑然失笑，他笑这个国王的无知。这种无知导致了内心的自满和骄傲，自以为天下唯我独尊，殊不知自己才是那井底之蛙，而"夜郎自大"也因此成为了一个流传千古的笑话。

"满招损，谦受益"，这是亘古不变的定律。一个人一旦骄傲自满，前进和上升的空间就被阻断了；一个人一旦喜欢自卖自夸，品德和修养就被污染了。因为一旦骄傲自负，就会拒绝别人的忠告和朋友的帮助，也会丧失做人的本能，就会失却自己的根，就会缺少见识，做人的准绳也会荡然无存。因此，只有谦虚谨慎才能给人带来福分和运气。

无论取得了多大的成绩，获得了多少诱人的财富，请记住："满招损，谦受益"，如此才不会被突然袭来的意外所蛊惑，也不被功名利禄所俘虏。与谦虚为伍，以谨慎为伴，这才是自强自立之道。

自骄自矜，为小人所忌、为君子所薄

【原文】

以才自足，以能自矜，则为小人所忌，亦为君子所薄。

【译文】

因为有才华而自满，因为有能力而自夸，此不仅为卑微之人所忌，也为有地位之人所轻视。

【解读】

人活一世，多多少少都会取得一些成绩。成绩无论大小，都是对自己能力的肯定。人们都会为自己所取得的成功而自豪，这本是无可厚非之事，可是往往一不留神这种自豪就会转变成骄傲。

在成绩面前，骄傲是最要不得的情绪。骄傲容易让人变的自大且不思进取，从而停止了自己前进的步伐。而这些自认为了不起的人，在曾国藩看来，会"为小人所忌，亦为君子所薄"，是很多人都看不起的人。

骄傲自大是人类的通病，但区别之处就在于有的人能意识骄傲对自己的危害性，及时调整好自己的心态；有些人却感觉不到这种威胁，来不及及时调整或者根本不想调整自己的心态。能及时调整自己的人大多能取得更大的成就，而不能调整好自己的人必定会庸庸碌碌的过一生。

曾国藩虽然是位智者，但是他也犯过这样的错，好在他及时的改正了自己的错误，才成就了他一生的辉煌。

1855年，曾国藩率领湘军打了一个规模较大的战役，史称"樟树镇大战"。曾国藩自认为自己的湘军很出色，战斗力也很强，一定能取得这次战役的胜利。开战之时，他带着自己的幕僚赵烈文参观湘军的操练，满心以为会得到他的赞扬。赵烈文非常有才华，在军中有"小钦差"之称。在湘军作战最艰难的时期，曾国藩曾将其派去前线支援曾国荃。如果能得到赵文烈的赞扬，那无疑是对自己带兵打仗的一种肯定。但让曾国藩吃惊的是，赵文烈说湘军有暮气，十之八九会失败。

赵文烈的话无疑是一盆凉水，曾国藩心里自然不大痛快，便以前线作战不便深究为由打断了他的话。但赵烈文从曾国藩的表情中看出了他对湘军的满意程度已经到了自大的地步，他也知道这时的曾国藩是听不进别人的意见的，只有真正经历一次失败，才能让曾国藩明白其中的道理。

其后，赵文烈又以母亲病重为由，准备离开湘军，但被曾国藩硬留了下来。因为曾国藩此时已经得知湘军惨败于樟树镇的消息，才明白原来赵文烈说的话句句在理。与此同时，他也意识到自己有些过于骄傲，因此才听不进去赵文烈的意见。意识到自己所犯的错误之后，曾国藩立马改正。他秘密询问赵文烈，问他是如何看出湘军有暮气的。对此，赵文烈也如实以告。曾国藩正是根据赵文烈的话找出了湘军训练方法中的不足之处，并做了一系列的补救措施，从而使湘军后来成为更强大的军事力量。

曾国藩因为小小的骄傲，就惨遭失败，但知错能改，善莫大焉。从那以后，曾国藩便严格要求自己，再也没因骄傲自满而犯过错误。

曾国藩曾因为骄傲而跌倒过，那是因为他当时没有一颗平静淡泊的心。心不静就无法看淡成绩也无法不为功名利禄所动，因此他注定要在经历过失败以后才懂得"满招损，谦受益"的道理。而能意识到这一点的人都是真正接受过岁月的洗礼，时间的沉淀，有大智慧的人。

以不轻非笑人戒骄

【原文】

余正月初四日信中，言戒骄字，以不轻非笑人为第一义。

【译文】

我在正月初四那天的信中说，要戒除骄傲，要以不轻易议论、讥讽别人为第一个要点。

【解读】

有一个成语叫"利令智昏"，意思是因考虑利益而使智慧受到蒙蔽，以至于不辨是非，做出错误的判断或决定。一个骄傲的人，往往自以为是，妄自尊大，以为别人都不如他了。他们每每讥笑讽刺别人，却不知这是一种缺乏修养的表现。取得了一点成绩就沾沾自喜，好像全世界唯我独尊，这是万万要不得的。

孟子有一次去拜访梁惠王。梁惠王问他："我在位期间，治理国家尽心竭力。河内发生灾荒的时候，我就把那里一部分百姓迁移到收成好的地方去，并把收成好的地方的粮食运到河内来，这样发生饥荒的河内百姓就不会挨饿致死。如果河东发生灾荒，我也这样做，把其他地方的粮食运来，解决百姓的粮食问题。邻国的国君没有像我这么为百姓着想的，可是邻国的百姓没有变少，我的百姓也没有增多，这是为什么呢？"

孟子回答说:"大王爱好军事,那我就以此来打个比方好了。两军作战,当战鼓一打响,作战的士兵短兵相接,有的人丢盔弃甲,扔下兵器逃跑。逃跑的士兵有的跑得快,跑了一百步才停下来;有的跑得慢,跑了五十步就停下来。这时跑得慢的士兵因为自己只是跑了五十步而去嘲笑那些跑了一百步的士兵,认为他们是胆小鬼,您认为这种嘲笑对吗?"梁惠王回答说:"当然不对了,他们虽然没有跑到一百步,但也是临阵脱逃啊。"

这就是"五十步笑百步"的故事。人们通常以此来说某些人嘲笑他人的不足或过失,却没有反思到自己也有这样的缺点,只是程度要比别人轻一些罢了。"五十步笑百步"是一种典型的没有自知之明的表现。骄傲的人往往没有自知之明,哪怕是比别人多进步了一点,就扬扬自得,甚至以夸耀自己、贬低嘲笑他人为乐,这也是五十步笑百步啊。

曾国藩说:"非必锦衣玉食,动手打人,而后谓之骄傲者也,但使志得意满,毫无畏忌,开口议人长短,即是极傲尔。"在这里,曾国藩列出了两种骄傲自大的人。富贵子弟生活无忧,骄横跋扈,动辄便用武力解决问题,这是一种骄傲。扬扬自得,无所顾忌,好议论别人,这是另一种骄傲。

曾国藩是非常反对随便议论别人长短的。为什么如此呢?因为曾国藩深知自夸自大的害处。尤其是在官场之上,出言不慎很有可能莫名其妙地得罪别人。得罪的人一旦多了,就很难在官场上立于不败之地,更有可能性命不保。

因为长年在外做官,家中事务曾国藩不能亲自料理,所以这个重任就落到了四弟曾国潢身上。由于曾国藩官高权重,又与满朝文武结交,人际关系不错,这也让曾家沾了不少的光。曾国潢给曾国藩的信中说:"我家若无兄创立在京,热热闹闹,家中安得衣足食足,礼义频兴。"

正因为有曾国藩做靠山,所以历任地方官都对曾家礼遇有加,而作为族长的曾国潢自然能够在当地呼风唤雨,甚至被称为"湘乡第一绅士"。朝中有人好办事,有了名望自然就门庭若市。曾国潢在信中向哥哥描述自己如何受人欢迎:"不出外,则时有人会;出外,则一日数件,并拦马者之多。自问何知,而人人尊仰如此耶?"由此可见,曾国藩在朝中的地位给曾家带来了多大的声望。与此同时,也给曾家带来了不少的额外收入。但曾国潢一贯行事高调,字里行间透出志得意满,这不免让曾国藩有些担忧。

他在给曾国潢的信中这样写道:"弟于世事阅历渐深,而信中不免有一种骄气。天地间惟谦谨是载福之道,骄则满,满则倾矣。凡动口动笔,厌人之俗,嫌人之鄙,议人之短,发人之覆,皆骄也。无论所指未必果当,即使一一切当,已为天道所不许。吾家子弟满腔骄傲之气,开口便道人短长,笑人鄙陋,均非好气象。贤弟欲戒子侄之骄,先须将自己好议人短,好发人覆之习气痛改一番,然后令后辈事事警改。欲去骄字,总以不轻非笑人为第一义;欲去惰字,总以不晏起为第一义。"

曾国藩早在家书中就明确提出,要戒骄就得"不轻非笑人"。他意识到自家子弟有骄气的毛病,因此在信里告诫弟弟,谦虚谨慎才能带来福气。骄傲容易自满,太过自大就容易招惹祸端。要做到不骄傲,就要谨言慎行,不随便指摘别人,更不可讥笑别人粗鄙浅陋。曾国藩之所以将这番话特意告知四弟,一方面是针对曾国潢骄傲的习气来说,另一方面也是要他替自己教育族中子弟。

曾国藩身处官场,深谙为官之道,自保之计。他谨言慎行,不随意臧否人物,更不敢拥兵自重,骄傲自大。正因如此,他才避免了朝廷上下对他的猜忌,没有在波谲云诡的官场上倒下。

和骄傲相比，谦虚之所以使人进步，是因为谦虚的人从不满足于已经获得的成绩和名望。在他们心中，有更高远的目标激励着自己，鞭策着自己走向更大的成功。而骄傲往往导致自满，一个人倘若认为自己已经很了不起，觉得没必要再努力了，于是便停滞不前，甚至对他人指手画脚，冷嘲热讽。正是因为看到了骄傲自大的弊病，曾国藩要求子弟们决不能轻易讥议别人。谨慎发言，这样才不容易出错，也不容易养成骄傲的习气。

能勤能敬，愚人有贤知

【原文】

能勤能敬，愚人有贤知。

【译文】

如果能做到勤快认真，即使这个人有些愚笨也会有贤良的智慧。

【解读】

曾国藩在家训中多次提到"勤"字。在他看来，克服惰性"勤"字是关键，"勤"不仅仅能克服惰性，对个人、家庭和集体都有不可忽视的重大意义。

对个人来说，勤能够养生。曾国藩的大儿子曾纪泽从小身体就不好，吃了很多药和补品也总是不见好。于是曾国藩写信给他，希望他不要总是吃药，而是要多活动活动。走一走，动一动，身体舒展开来了，身体自然就好了。一味吃药吃补品，身体对这些东西的依赖性越来越强，最后什么药都不会起作用了。

只有多运动，多做事，身体才能得到保养。试想那些贫苦的农民，他们虽每日干活辛苦，却身强力壮，极少生病。所以多活动就是最好的药方。曾国藩虽不是医生，但儿子在遵从他的教导之后，不仅身体变好了，心情也愈加开朗。现在很多精神不济的人，在医生的指导下，也无非是多运动，多外出活动、至于老年人，更是要多动动手指动动大脑，这样身体才不会生锈，毛病自然就少了。由此看来，曾国藩的确是一位有远见的智者。

勤不仅能养身还能修身，使人的修为变高，形成一种良好的品格。曾国藩认为勤劳是一种良好的品质，它能够带动其他好的品格的产生。因此，曾国藩在家书中一再告诫自己的家人们要做到"五勤"，分别是手勤、脚勤、口勤、脑勤、事勤。

前四"勤"要求人能够做事勤快，多帮助别人；嘴巴勤快，多说好话，向人请教，问候他人；头脑勤快，多思考问题。至于"事勤"考验的就是一个人的综合能力了，要集合几种不同的勤于一生，将事情做到极致。倘若一个人学会了这"五勤"，在社会上就能够谦虚谨慎、多思多学了。

个人事业的成功不代表人生的成功，只有在完善个人的同时发展好自己的家庭，那才是真正的成功。人常说"家和万事兴"，这一点曾国藩也是同意的。但在曾国藩看来，独有"和"这一字，对一个家庭的发展来说是不完善的。家庭不仅要"和"，还要"勤"，只有家中人人勤勉，家庭才能向上发展。"和"求的是安稳，而"勤"求的是发展。曾国藩的家训中有句名言："无论大家小家、士农工商，勤苦俭约未有不兴，骄奢倦怠未有不败。"意思是说无论是大家庭还是小家庭，不管是农民还是商人，勤劳节俭的家庭没有不兴旺发达的，而骄傲奢侈又懒惰的家庭，则没有不衰败的。

正是在这个理念的支撑下，曾国藩对家人的要求都十分严格，决不能衣来伸手饭来张口。即使曾国藩出远门，也不忘在临行前交代自己的家人，并给他们制作工作表，回来之后还要验收。正是在曾国藩的这种锻炼下，曾家一直是人才辈出，勤劳的风气也是世代相传。

曾国藩不仅对家人如此，对手下的士兵们也是一样。在训练士兵时，曾国藩深切地感受到当前军队战斗力的削弱。经过缜密的思考，曾国藩认为其主要原因有两个：一是带兵体制的腐朽；一是军队风气的腐化。针对这两个问题，曾国藩提出了很多改革的措施：其一是改变军队的体制，其二就是通过"勤"字来改变部队的风气。

曾国藩一生对"勤"字身体力行，不仅自己做到了，也带领家人做到了。尤其是他晚年身体每况愈下的情况下，仍然能够坚持日日勤勉。他时常检讨自己是不是不够勤奋，是不是不够用功。

心常用则活，不用则窒

【原文】

心常用则活，不用则窒。常用则细，不用则粗。

【译文】

大脑常常思考，思维逻辑就会敏捷、畅达，不常思考则思维阻塞。常思常想则会心思细腻，面面俱到，否则的话就会考虑得不周密。

【解读】

"学而不思则罔，思而不学则殆"，孔子的这一席话强调了思考对于人的重要性。如果只是一味地接受知识，没有自己的辨别能力，有可能就会被错误的观点所误导。或者，即使一本书所传达的知识非常有用，但因为没有经过自己的思考，这些知识难以被内化，终将不能为人所用。"心常用则活，不用则窒"，曾国藩的这句话说明的也是类似的道理：常常思考，思维会更加敏捷、有逻辑，不常用的话，思维就会阻塞。从这个意义而言，人的大脑就好像一把刀，经常用磨刀石磨，刀会变得越来越锋利，否则就会生锈。

明代文学家、书画家徐渭从小就非常善于思考，民间流传着很多他的机智故事。一天清早，不到十岁的徐渭去私塾读书，走近村外那座石桥，远远看见桥堍围观了好些闲人，还听得河道里的争吵声，便急步朝石桥奔去，并挤进人群，钻出来站到桥墩边，只听有人骂骂咧咧地说："前面的船快让道，我们要赶路哪！"

"我过不了桥洞。"

"笨蛋，把稻草搬掉几层嘛！"

"搬上河岸，过了桥又要搬上船，这样要耽搁多少工夫啊！"

"谁叫你装这么多？你晓得耽搁自己的工夫，就不怕耽搁旁人的工夫？！"

双方互不相让，争吵得不可开交。年幼的徐渭见那只挡道的小船满载着稻草，恰好高出桥洞半尺光景，小船横竖过不了桥。后边大小船只排成了长蛇阵。船老大们高声怨怪，叫骂不绝。

岸上围观者见这么僵持下去不是办法，便有几个好心的青年自告奋勇地跳下岸，对稻草船主人说："哎，你不要怕麻烦，我们都来帮你搬上搬下就是。"

船主也不好再硬撑下去，只得同意搬草。

正当船主刚刚搬了两捆稻草甩给岸边的青年时，徐渭大声说道："不用搬，不用搬，我有好办法——往船舱里舀水，船重了吃水就深，稻草顶就会低于桥洞顶嘛！"

稻草主人就按照徐渭的办法去做，果然很快顺利地通过桥洞。阻碍消除了，一长串大小船只逶迤地划过桥洞。

又有一次，徐渭的伯父把两只小木桶装满水，领着徐渭同一群孩子走到一座又矮又小的竹桥边，并对大家说："谁能把这两桶水提过桥，我就送他一包礼物。"

徐渭仔细地观察，这座竹桥桥身很软，又贴近水面，人一走上去，桥身就会弯下去碰到水面。如若一手提着一个水桶走过桥，水肯定会洒。小朋友也都默不做声。徐渭灵机一动，说："那我来试试。"

说着，他脱去鞋子，用两根绳子系着小桶，将小桶置入竹桥旁边的水里，便走上竹桥，拖着小桶毫不费力地过了桥。小朋友们齐声喝彩，徐渭的伯父也叫好。

上述有关徐渭的两则小故事可以说是曾国藩所言的最好注解，阐明的道理显而易见：思考可以让人更准确地去认识客观世界，帮助人掌握事物发展的规律，给人们的生产生活提供便利；遇到问题时，不经过思考，而只是盲目地采取行动，其结果就会是竹篮打水一场空。可以说，三思而后行会有事半功倍的效果，否则就只能事倍功半了。曾国藩的天资并不聪颖，他最终却成为权倾朝野的大臣，这与他的勤学善思有着密不可分的关系。

第二章 敬恕

为人"四知":知命,知礼,知言,知仁

【原文】

为人之道四知:知命、知礼、知言、知仁。

【译文】

为人处世必须做到"四知",也就是知道自己的命数,知道礼仪,懂得言辞,懂得仁心。

【解读】

做人是门大学问。有些人性格温润如玉,宛如谦谦君子。这种人的温和有礼当然不是生来就有的,这来自于他的学识以及平素对生活的感悟。有些人孤僻刻薄,不好相处。这样的人也不是天生就惹人讨厌,也和他后天性格的养成有关。这么一看,要做个好人,做个为人称道的好人,的确不是那么简单的事。

《论语》里说,做人要"知命、知礼、知言",而曾国藩却将它拓展为"做人四知",谓之"知命、知礼、知言、知仁"。

知命,即知天命。常言道,"五十而知天命",说的是人到了五十,就应该懂得做人贵在一心一意的道理,该做的做,不该做的不做,不可逆天而行。懂得命运,就是告诉人要识时务,明确人生的职责与道义。不仅如此,还要学会理性地面对现实,了解客观事物发展规律,尽量做到不与之相违。

曾国藩曾说过:"尽人事以听天,吾唯日日谨慎而已。"意思就是说,尽人事而听天命,我能做的只是每日谨言慎行而已。知命贵在顺应时势,做好自己能做的,对于做不到、得不到的东西不要强求。有些东西是强求不来的,若是有人偏要追求不属于自己的东西,只会像逐日的夸父一样,一生盲目地追逐着天边虚幻的太阳,至死也无法达到目标。古人言,知足才能常乐。知命惜福,这也要求人们学会知足。每日兢兢业业地完成该做之事,不去强求结果;珍惜自己所有的,不奢求自己不该得的,这样的人才能活得潇洒,活得快乐。

知礼,就是懂得礼法,维护社会秩序。常言道,国有国法,家有家规。真正的礼并不是为了束缚人类天性的发展而存在的。它是一个规范,一个标准,让世人的所作所为不至于离经叛道。礼就像是一个指路标,指引着人们前进的方向。曾国藩也说过:"礼义廉耻,可以律己,不可以绳人。"人应该要行事有礼,非礼勿视、非礼勿听、非礼勿言。先懂得礼法,才能立足于社会。

知言，就是懂得分析辨别别人的言论，能认识了解他人。所谓知人知面不知心，每个人都有不为人知的一面，一个人也不可能一辈子只说真话。正因如此，在结交朋友的时候懂得识人就非常重要。曾国藩在识人用人方面十分用心，常常能在细节处做到最好。

曾国藩有个追随他多年的随从，他一直对曾国藩忠心耿耿。但有一次他发现这个随从趁机向前来拜见他的人索取钱财，于是他便毅然将此人逐走。事后他说，这种贪小财的人不足信。正是有这种识人、辨人的功力，曾国藩才能够集结一批真正有勇有谋的人才，辅佐他成功。

在现代社会里，知言同样重要。特别是作为一个领导者，只有懂得手下人的心思和人品，才能做到知人善任，不受人诓骗摆布。

至于"四知"最后补充的"知仁"，曾国藩自己解释道："仁者，恕也。己欲立而立人，己欲达而达人，恕道也。立者足以自立也，达者四达不悖，远近信之，人心归之。孔子所云'己所不欲，勿施诸人'，孟子所云'取人为善，与人为善'皆恕也、仁也。知此，则识大量大；不知此，则识小量小。故吾于三知之外，更加'知仁'。"所谓恕，即如心——行事做人要顺应本心，不能做违背良心的事；遇事遇人，要学会体恤他人，多站在别人的角度为他人考虑。做人做事，若可以奉"四知"而行，则可以为君子也。

一鼓作气发仁心，尽吾力之所能为

【原文】

一鼓作气发仁心，尽吾力之所能为。

【译文】

仁心一发，就要鼓起劲头，勇往直前，竭尽全力做力所能及的事情。

【解读】

什么是"仁"？孔子说"爱人"就是仁。孟子也曾说过："仁者爱人，有礼者敬人，爱人者，人恒爱之；敬人者，人恒敬之。"

"仁"是以孔孟之道为代表的儒家学说的核心，概言之，就是仁者爱人。一个人要做到仁，就要去爱别人、帮助别人、体谅别人，这是一种博爱的思想。此外，"仁"也有"忠恕"的含义。"忠"就是要做到"己欲立而立人，己欲达而达人"，"恕"就是"己所不欲，勿施于人"。以仁为指导的社会规范倡导人们相互尊重和关爱，这样社会才会更加和谐，人们的生活才能更加幸福美满。

曾国藩是儒家学说的坚定信奉者和传承者，对"仁"这一字也有自己独到的见解和体会。他说："仁言不如仁心之诚，利近不如利远之博，仁言或失于口惠，利近或失于姑息。"曾国藩把"仁言"和"仁心"做了区分，指出有时候"仁言"不一定会实现，虚伪的人反而会以"仁言"为矫饰。所以要做到仁，关键是心诚。然而光有仁心还不够，要把仁心付诸行动，这才落实了"仁者爱人"。

曾国藩还说:"凡仁心之发,必一鼓作气,尽吾力之所能为。稍有转念,则疑心生,私心亦生。疑心生则计较多,而出纳吝矣;私心生则好恶偏,则轻重乖发。"意思是说,起了善心以后要一鼓作气,竭尽全力地去帮助别人。善心的同时也伴随着种种顾虑和私心,如果一个人不立刻把自己善心付诸行动的话,那么就可能为私心所惑,以至于不能公正地对待善恶,也分辨不清轻重缓急。这样一来,即使最后做了好事,反而不如一开始就立马行动来得爽快。

曾国藩的遗训里,有一条就是要后人"求仁"。他说:"求仁则人悦。凡人之生,皆得天地之理以成性,得天地之气以成形,我与民物,其大本乃同出一源。若但知私己而不知仁民爱物,是于大本一源之道已悖而失之矣。至于尊官厚禄,高居人上,则有拯民溺救民饥之责。读书学古,粗知大义,即有觉后知觉后觉之责。孔门教人,莫大于求仁,而其最初者,莫要于欲立立人、欲达达人数语。立人达人之人有不悦而归之者乎?"

在曾国藩看来,"仁"是值得恪守一生的道德理想。求仁就要做到"仁民爱物",对需要帮助的人施以援手,普遍地爱他人,爱自然万物,这是一种大爱的精神。如果做了高官,食君俸禄,那么就更有拯救万民于水火之中的责任和义务。求仁所要追求的效果是"人悦",帮助他人,对自己也是一种给予,更能从中获得快乐和成就感。所谓赠人玫瑰,手留余香,道理大约就是如此。

在《送陈岱之出守吉安序》中,曾国藩这样写道:"父母者,育我;天者,先父母而生我;君者,后天而成我者也。有不忍忘本于父母者,而后爱身以及子姓;有不忍忘本于天者,而后爱吾君以及人民庶物,故入而供弟子之职,出而力王家,勤民事,非直好为观美,内有所激发,不得已而为之者也。"他在这里提出一个观念,即爱并非后天所得,而是"内有所激发",这和孟子的性善论是吻合的。

因对生养自己的天地、父母有着强烈的报恩意识,所以曾国藩力求做到仁爱,"入而供弟子之职,出而力王家,勤民事"。这正是儒家"仁"学思想为人处世的根本表达。

曾国藩虽然治家谨严,但他也十分注重处理家庭成员之间的关系,教育子弟们要有孝悌之心、友爱之心,且他本人也是这种价值观的积极践行者。不仅如此,他更做到了儒家仁学所说的博爱。曾国藩不仅对父母兄弟仁爱,而且把这种爱普及到了亲族朋友,甚至是将士兵卒。《清史稿·曾国藩传》里记载其"遇将卒僚吏若子弟然",可见他并不是空有仁言,而是将仁心落到了实处。

曾国藩考取进士以后,开始了他长达数十载的官宦生涯。虽然远离家乡,但他经常通过写信了解家里的状况,对家乡的亲朋好友和读书人都十分关注。曾国藩虽俸禄不高,但还是把自己积攒下来的余钱分送给亲戚朋友和需要帮助的人。即使在经济拮据的时候,他也不忘帮助那些贫困的人,想尽办法为他人排忧解难。

爱人者人恒爱之,曾国藩就是如此。由于受到"仁爱"思想的指引,他与人为善,关心他人,真正地发扬了儒家的仁爱观念。他也因此上受皇帝重用,下为百姓所爱戴。老子说:"上善若水。"与人为善可以像水一样荡涤污垢、化解恩怨、净化心灵。

其实,生活中处处存在善行,每个人也都心有善念。我们不仅要赞扬这种美德,更重要的是把它作为处事的指导原则。"勿以恶小而为之,勿以善小而不为",有时候一个发自内心的小小善举,也会成就多姿多彩的人生轨迹。记住别人对自己的恩惠的同时也要适时地对他人施以援助之手。唯有如此,人生的旅途才能艳阳高照、晴空万里。

以圣贤律己，躬自厚而薄责于人

【原文】

雅量虽由于性生，然亦特学力以养之，惟以圣贤律己，躬自厚而薄责于人，则度量闳深矣。

【译文】

高雅、气量虽然有天赋的因素，但通过努力学习也可以着力加以培养，只要以圣贤之道为准则，严于律己，宽以待人，其气度自然就渊深了。

【解读】

所谓忠恕之道，便是要求人们要严于律己，宽厚待人。这两点要求，一个是对己，一个是对人，看似是无甚联系的两个方面，实则不然。

"律己"和"待人"，这两件事虽然所针对的对象不同，但其实两者关系密切，相辅相成。曾国藩就这点曾经说过，"以圣贤律己，躬自厚而薄责于人。"意思就是告诉人们要以圣贤之道要求自己，严于律己，宽以待人。只有将两者做到相得益彰，才能够成为真正顶天立地的大丈夫。

曾子每日三省其身，孟子也曾说"行有不得，反求诸己"。孔孟两家的大圣人尚且每日躬身自省，又何况世间碌碌庸人呢？其实，只有打磨好了自己，才有资格去要求别人。湘军在作战之时，不少将士都会乘机大肆抢掠，中饱私囊。对此曾国藩说："盖凡带勇之人皆不免稍肥私囊。余不能禁人之不苟取，但求我身不苟取，以此风示僚属。"大意是说，大凡带兵之人都免不了中饱私囊，我不能够禁止别人不取分毫，只能要求自己做到不取一文。古时总督一职是个肥差，只需在各项经费中稍做手脚，便能挣得个盆满钵满，更别说各级官员用各类名目送来的"辛苦费"了。

面对此等诱惑，坐怀不乱的人可谓少之又少，但曾国藩显然就是其中一个。他深知贪污受贿非君子所为，面对属下中饱私囊的小动作，他并不是一味以强压酷刑明令禁止，而是以身作则，用自己的行为树起一座标杆。只有他做对了、做好了，才有资格告诉手下的人该怎么做。

其实，曾国藩以身作则，严于律己的性格不仅仅表现在这件事上。曾国藩在给儿子解释孟子说的"恕"时曾说"凡是行为得不到预期的效果，都应该反过来检查自己，自身行为端正了，别人自然就会归服"。在生活中的每个细节里，曾国藩都是这样要求自己，这也就是为什么他带领的军队骁勇善战，甚至被世人叹为"无湘不成军"的原因。

严于律己是完善自身，赢得他人的尊重。但如果在此基础之上加上宽以待人，那么人生便又可以达到一个更高的境界，那就是面对错误，不一味责怪他人，而是从自己的身上找出原因并加以改正。

《孟子·公孙丑》有言："仁者如射。射者正己而后发，发而不中，不怨胜己者，反求诸己而已。"追求仁德的人内心好比射箭，先要端正自己的位置。如果射出的箭没有中靶，仁人不会去责怪那些射中了目标、胜过自己的人，只会反省自己的不足。这样的想法不仅仅是仁德、雅量的体现，更是一种以身作则，承担责任的态度。

　　曾国藩在招揽人才的过程中曾被宵小之辈欺骗，以礼相待之后却发现此人已卷款私逃。左右亲信都劝说曾国藩速速将此人捉拿，而曾国藩只是说："不要追。"手下之人不明就里，曾国藩解释道：一来这个人不过是骗骗钱财，如果逼急了，他会倒戈相向，那样危害就更大了；二来这也是自己贪恋他人谄媚所造成的结果，实属咎由自取。

　　面对欺骗，曾国藩不仅没有冲冠一怒，反而将罪责归结为自身的品质修养不足之上。更令人惊叹的是，在这样的情况下，他还能保持清醒的头脑分析利弊，权衡左右。虽然是别人欺骗了自己，但是责怪他人又有何用？不如先从自己身上找原因，这样也可以避免下次再犯同样的错误。

　　当错误发生，先原谅他人的失误，再自省其身，从自己身上找原因，更加严谨地约束自己。这一紧一松，体现的不仅仅是一个人的涵养和胸襟，更能从中体味出此人运筹帷幄的雄才和抱负。

　　严于律己，宽以待人，先自治，后制敌。古往今来的圣贤用近乎苛刻的条件约束自己，也正是他们忍人之所不能忍之事，才能成人之所不能成之事。

相见必敬，开口必诚

【原文】

　　相见必敬，开口必诚。

【译文】

　　与朋友见面一定要尊重有礼，跟朋友谈话一定要诚实无欺。

【解读】

　　古人云："与朋友交，言而有信。"这说的是诚信的重要性。只有与朋友真心交往，将心比心，才可能获得对方的信任和尊重。

　　孔子说："友直，友谅，友多闻，益矣。"与耿直公正的人交朋友，与诚实守信的人交朋友，与学识渊博的人交朋友，这便是有益了。这是告诉我们怎样选择朋友，朋友选好之后又要如何与之相处呢？曾国藩从他的经验教训中总结出这样两句话，即"相见必敬，开口必诚"。

　　"敬"是儒家伦理思想的重要范畴。它一方面是指人与人之间在交往过程中对彼此的尊重，一方面指的是一种为世人所提倡的修身养性的方法。子路曾经问孔子怎样做才算得上是一个君子，孔子答道："修己以敬。"就是说要提高自己的修养，对人对事都要保持一种严肃恭敬的态度。

　　曾国藩也说"敬"，但"敬"这个字在他那里有了更多重的含义。他在遗训里给曾家的子孙留下四条忠告，其中有一条就是讲"敬"的问题。曾国藩说："主敬则身强。内而专静统一，外而整齐严肃，敬之工夫也；出门如见大宾，使民为承大祭，敬之气象也；修己以安百姓，笃恭而天下平，敬之效验也。聪明睿智，皆由此出。庄敬日强，安肆日偷。若人无众寡，事无大小，一一恭敬，不敢懈慢，则身体之强健，又何疑乎？"

从实践的指导原则来讲，"敬"就是要内心专一，外表整齐严肃。具体操作起来就是要认真对待自己的仪表穿着，尤其是出席正式的场合，一定要庄重整齐，这是对别人的尊重，也是对自己的尊重。不仅外表要端庄，待人接物也要彬彬有礼，认真负责。具体到为官之道上，即指做事要怀有一份宗教般的虔诚，要对百姓负责，不能有一丝大意放松。

曾国藩还说："或师或友，皆宜常存敬畏之心，不宜视为等夷，渐至慢亵，则不复能受其益矣。"这里他提出一个"敬畏"之法，认为无论是与老师还是朋友结交，都应心存敬畏。不应当把自己与他人看得平等而没有差别，那样的话会导致对他人的傲慢和不尊重，所以即使是朋友，还是应当"常存敬畏之心"的。

东汉时有个人叫梁鸿，因为品德不错，所以成为许多人家择婿的理想对象。但奇怪的是，梁鸿一一谢绝了他们的好意，始终保持着单身的状态。

与他同县的有一位孟姓女子，长得五大三粗，力气极大，能把石臼轻易举起来。

孟氏三十岁了仍未出嫁，她曾说："我要嫁一个像梁鸿一样有贤德的男人。"

梁鸿听说了这话后，就立即下了聘礼，娶她为妻。婚后，每当梁鸿回到家时，妻子就托着放有饭菜的盘子，毕恭毕敬地送到丈夫面前。

此外，孟氏从不敢仰视丈夫的脸，总是把盘子托的跟眉毛齐平，而梁鸿也总是彬彬有礼地用双手接过盘子。由于夫妻二人相敬如宾，所以婚姻幸福美满，夫妻关系十分和谐。

这就是举案齐眉的故事。推而广之，不仅是夫妇，朋友之间也应如此，相互敬重有助于打造稳定而坚实的友情。

除了"敬"之外，曾国藩还有一个重要的交友原则，那就是"信"。诚信，是人的立身之本。俗话说，"大丈夫一言既出，驷马难追"，说的就是做人要诚实守信，不能出尔反尔。孔子说："人而无信，不知其可也。"苏轼也说："天不容伪。"可见，诚信是人赖以生存的基础，是人与人交往的基本准则。一个人若不讲诚信，便会失去别人对自己的信任，而一个不被人信任的人是很难有所成就的。

"信"在曾国藩这里不仅仅是诚信的意思，它还包含着说话有根有据，不妄谈，不说大话的意思。所谓"知之为知之，不知为不知"，说的就是此理。一个人不够诚实，说话时的语气就容易变得虚伪，讲道理时也容易毫无根据，强词夺理。不仅如此，在谈论问题的时候，虚伪之心也往往会使所说之话文辞浅陋。倘若还想以此显示自己学理精湛，那就是狂妄自大了。

"敬"和"信"是曾国藩思想体系里两个重要元素。敬，就是要认真专注，庄重严谨，敬畏尊重。信，就要诚实守信，言之有据，不做妄谈。唯有"敬"才能与人和睦相处，唯有"信"才能在和睦的基础上深化友谊。只要做到了这两点，那么与朋友交往就没有什么大碍了。

恕则不肯损人利己，存心渐趋于厚

【原文】

敬则无骄气，无怠惰之气，恕则不肯损人利己，存心渐趋于厚。

【译文】

恭敬就没有骄傲的气焰,没有怠慢懒惰的情绪;宽恕就不愿意做损坏别人、对自己有利的事情,就会保存着一颗越来越厚德的心。

【解读】

世人忙碌一生,所希望的不过是自己能够从世人之中脱颖而出,取得与众不同的成就。人有这样的欲望实属正常,倘若能将出人头地的欲望用于正途,便可以产生强大的动力,推动人不断地超越自己;但万一误入歧途,为了利益一味地同旁人争强斗胜,就只会自食恶果。

纵观历史,官场中的权势之争尤为严酷。谁都想一人之下万人之上,但如何在权利的中心站得持久,这就是一门学问了。古往今来,官员们利用各种手段和途径互相打压,稍有失势的人,就成了众矢之的,再难有翻身之日。在这样冷酷的环境下,最为难得的就是能够无私地举荐人才,向失势之人伸出援手。

作为朝廷重臣,曾国藩一直位于权力风暴的中心,但他仍然能够坚持自我,善待他人。在平日的待人接物中,曾国藩最看中的便是"敬""恕"二字。他认为圣贤在为人方面的教诲归结起来就是这两个字。懂得敬重别人的人就不会妄自尊大,不知所谓。而知道宽恕的人,就不会被自己想法所蒙蔽,看待问题能够换位思考,这样才能走得更远。

曾国藩认为人要懂得站在别人的立场思考,如此才能立于不败之地。简单说来,无论"敬"还是"恕",关键都是要给人留有余地,不断他人后路。

饱受儒家、道家思想影响的曾国藩,无论对待下属或者同僚都注重"仁"和"恕"。他不会因为你不讨好他而打压你,更不会因为你的一次错误而将你立于危冰之上。

湘军重帅之一的左宗棠,遍读诗书,熟知兵法,是个良将亦是良才。但左宗棠为人恃才傲物,时常言辞刻薄,觉得自己不可一世。正因如此,他与曾国藩时有争执,对其很是不敬。但曾国藩为人大度,并未因此而疏远他,打压他,而是取其可取之处而用之。不仅如此,曾国藩还多次向朝廷举荐左宗棠担任要职。在左宗棠贫困潦倒之际,曾国藩更是伸出援助之手,助其成功。这是何等宽广之胸襟!

对别人落井下石不难,对与自己有恩之人,涌泉相报也不难。难的是以德报怨,用广阔之心容人,以坦荡之心待人。

曾国藩在写给其弟的信中曾提道:"我要步步站得稳,须知他人也要站得稳,我要处处行得通,须知他人也要行得通。"你行,别人也行。就算别人现在境遇不佳也不代表他以后不能成功。如今受欺凌嘲讽的人是他,也许有一天就会是你。所以无论对谁都要学会留有余地,至于自己,就更要切忌锋芒毕露,徒惹他人非议。与人方便就是与己方便,这样做起事来才能顺风顺水,一路走向成功彼岸。

争强好胜只会让自己离成功越来越远。因此,为人处世一定要把握一个度,无论有多么傲人的资本,多么出众的才智,都不要把自己看得太重。更不要到处争强好胜,把他人逼到绝境才肯善罢甘休。

我们应该做的是收敛自己的锋芒,平和心态,淡然处世,懂得给他人留后路。在别人犯下错误时,如果无伤大雅,不触及整体的利益,可以尽量地选择原谅,这样才能在人生路上一路前行。也只有正视别人一时的失败、自己一时的成功,才能取得更大的成就。

治世以大德，不以小惠

【原文】

治世以大德，不以小惠。故匡衡、吴汉不愿为赦。

【译文】

管理国家、处理政务，凭借的是高尚的品德，而不是小恩小惠。故此，匡衡、吴汉不愿意实行大赦。

【解读】

一个人如果有治国平天下的远大理想，那么首先要做的就是提升自己的能力，做到以德服人，这样才能获得成功。在管理国家、处理政务方面，曾国藩的主张是"以身作则，身体力行"。

在处理国家大事的过程中，曾国藩非常注重自身的表率作用。因为只有严于律己，才能去要求别人。曾国藩一生坚持"克己之学"，要求自己以敬待人，且从不懈怠。

曾国藩的以身作则体现在很多方面。如在生活上，曾国藩每餐只有一菜，故此被人称为为"一品宰相"；在工作上，曾国藩始终坚持自己批阅公文，每日从早忙到晚；在军队中，他带头严格遵守军纪，无论何人触犯军纪，都要依法处置。

曾国藩之所以对自己如此严格，就是为了在日常生活中以实际行动服众。他深知，对一件事语言方面的解释永远都只能让人口服心不服，而让人心服的根本就在于自己能否以身作则，这就是身为领导要为下属做出表率的真正原因。

以德服人才能让人真正信服，其他的方法只能治标却不能治本，用暴力来使人屈服的，不是心服，只是力量不足而已；只有以德服人，才能让别人真正地心悦诚服。真正有智慧的人眼光绝不可能只停留在眼前之利上，而是会高瞻远瞩，为长远考虑。聪明之人都明白一个道理，那就是一时的征服并不能彻底解决问题，让人信服才是为人处世的关键之处。

这个道理在现代生活中同样适用。作为一个领导者，提升自己的实力和道德修养是很有必要的，这样你的下属才会以你为榜样。因此，能做到以身作则和以德服人的领导才是一个合格优秀的领导。身为一个领导者，想要得人心，让下属对你忠心、为你效力，一味地施小恩小惠或用权势、暴力压人都是不可能长久的。

在这个瞬息万变的社会中，可能一眨眼就会有翻天覆地的变化，所以实力从来就没有永恒一说。盛极必衰，物极必反，这是自然规律，所以实力再强的人都有衰弱的一天。如果没有实力，只会用暴力让人屈服，就只能换来群起而攻之的悲惨结局。

用暴力去压制他人，往往会与人结怨。即使取得胜利，那也只是暂时的。昔日的暴力会为今后的发展埋下隐患，所以以德服人才是最明智的做法。与人结缘总比与人结怨要好得多。

对待别人，要做到"晓之以理，动之以情，示之以义，服之以威"，这才是正理。也只有做到实力与德行并举，威仪与仁义共具才能长久。所以我们要学习曾国藩，想要让别人信服，就一定要提升自己的实力，在方方面面以身作则，拒绝暴力，以德服人。

心中不着私物，无以欺人

【原文】

人之所以欺人者，必心中别着一物，心中别有私见，不敢告人，而后造伪言欺人；若心中不着私物，又何必欺人哉？

【译文】

人之所以会欺骗别人，一定是心中藏着一些事情，心中藏着自私的想法，不敢告诉别人，然后编造谎言来欺骗别人；如果心中没有藏有私念，又为什么一定要欺骗他人呢？

【解读】

世上之事，有所为，有所不为。对于应该做的事情，尽力去完成，那是对自我能力的一种肯定和证实；对于不该做的事情，也不用去多想，顺其自然就好。为人处世要懂得明辨是非，牢记不做亏心之事。

正如曾国藩所说："心中不着私物，无以欺人。"虽然谎话有时也许并不会对他人造成伤害，但会给自己的心灵上一道枷锁，使自己身心俱疲。顺应自己内心的真实想法，顺势而为，内心就会变得坦然，自然也就不必费尽心思去伪装自己，徒添烦忧。

曾国藩的智慧之处就在于他能够发现自我。人生在世应该尽性知命，明白自己的缺陷与不足，进而了解自己的责任和该有的态度。只有这样才能做到知进退，明所为。在面临抉择时，就会有自己的判断力，知何事可为，何事不可为。

当然对于可不可为的困惑，自然会引发出可不可求的疑虑。子曰："富而可求也，虽执鞭之士，吾亦为之；如不可求，从吾所好。"孔子所谓的求，指的是合于道，可以去求的意思。如果是违反原则去求来的，那就是不合道义的。孔子提出"可求"和"不可求"正反两个概念，而"可"与"不可"是有其严格的道德标准的。如果对于自己心中所想可以不择手段，这个得来之物就不符合正统的道德，这也正是孔子所说的"不可求"。一个人做什么并不重要，关键在于他能否坚持自己内心的良知，心中是否有一个"可"与"不可"的原则。所以无论如何，心中都应有一杆秤、一把尺。

君子身处世间，心中都应该有一个行事的准则，天下之事有的应该做，有的则不应该做。一旦遇到违背自己的良心与正义的事情，即使可以给自己带来巨大的财富和利益，也要坚决拒绝。为人处世应该当行则行，当止则止，有所为，有所不为。这样就不用活在忧患之中，回首往事也就无愧于心，了无遗憾。

至于那些没有原则的人，就常常会做出一些越位的事情，触犯到他人的禁忌，也给自己带来不必要的麻烦。因此，在关键的时刻是否能够坚持自己的原则，常常是判断一个人智商和情商的重要依据，更是衡量一个人能否成功的标准。

负我者，我又加厚；疑我者，我又加信

【原文】

有负我者，我又加厚焉；有疑我者，我又加信焉。

【译文】

有负我之人，我要对他愈加厚密；有对我疑心之人，我要对他愈加信任。

【解读】

辜负自己的人，"加厚"对之；怀疑我们的人，"加信"处之，是曾国藩落实宽恕的行动。人们都敬佩能够用博大胸襟宽恕他人的人，却不知道从宽恕中受益最多的恰恰是我们自己。有人曾说，如果把公事或私事一件不落地放在心中，夜里就会辗转反侧，难以成眠，因此一定要将心放宽。这就和庄子所说的"观化"，程子所说的"观天地"是同一个道理。通过这种方式才能把心中那些烦恼和抑郁清除出去，让自己有一个好梦，能够以饱满的精神迎接新一天的到来。

释迦牟尼布法时曾言："以恨对恨，恨永远存在；以爱对恨，恨自然消失。"不管是爱还是恨，都是自己内心中的情绪，虽未必能影响到别人，但一定会影响到自己。如果对某个人或者某件事一直苦恼不已，轻则伤神，重则伤身，那就得不偿失了。

懂得宽恕的人，能够心平气和地与他人交往，把生活安排得井井有条，不会为了别人对自己的辜负或者是怀疑而惊疑不定。因此曾国藩说："有负我者，我又加厚焉；有疑我者，我又加信焉。"不管别人怎么看待自己，都要学会从自身寻找原因。只有加倍地修身养性，才是善待他人和自己的最佳途径。

"恕"的关键在于扩大自己的心胸和气量。世间本无不能理解不可接受之事，万事万物都有其存在的道理，不应过分苛求。所谓"尽人事，听天命"，如果认为其不合理那么就努力去改变，如果改变不了，就顺其自然地接受它。

宋朝的宰相富弼处理事务时，事无巨细都要反复思量，以求做到最好。正因为他处事太过小心谨慎，就有人借此来批评他、攻击他。一日清晨，就在他马上要上朝的时候，有人让他府中的丫鬟将一碗滚烫的莲子羹递与他，并故意装作不慎打翻在他身上，弄脏了他的朝服。富弼并没有因此生气，还问丫鬟道："有没有烫着你的手？"然后他从容地将弄脏的朝服换下，上朝去了。

"恕"讲求的不仅是在与人交往上要以宽容为标准，也要求对待功名利禄这些身外之物时也保持同样的淡泊之心。曾国藩说："古今亿万年无有穷期，而人生才力之能办者不过太仓之一粒。自己的经历与天地之永恒相比实在太短暂，因此遇到忧患应该平静地对待；与地势之广阔相比，我成功的业绩又实在太微弱，因此在遇到争名夺利的事情时要谦逊退让。"

与天地相比，自己所追求的东西实在是太过渺小，人间的纷纷扰扰又有多少只是不足挂心蜗角虚名蝇头微利？如果能把心胸放宽，学会自己宽恕自己，不要让自己在功名利禄的尘网里纠缠不休，最终落得身败名裂。那么，人生道路就必能够一往无前；对于

万事万物，也能够做到得之坦然，失之淡然。

予人一分面子，人必予两分面子

【原文】

予人一分面子，人必予两分面子。伤人一分面子，人必损十分面子。为人处世，面子不可不慎。

【译文】

给他人一分情面，他人必定会给予你两分情面。伤他人一分情面，他人必定会损害你十分情面。一个人做人以及处理事务，在情面一事上不能不谨慎。

【解读】

《挺经》中有言："不折大节，不弃小惠。进退有据，循天理而存人情，此所以为全身之术也……必欲图之，勿以小惠，以大德；不以图近，而谋远。"意思是说，不损伤大的节操，不放弃小的恩惠。进退得宜，既遵循天理又体恤人情，这是用来保全自身的方法……一定要图谋的话，不要用小的恩惠（引诱）而要用大的德行（教化）；不要图谋近处（的小利）而要图谋长远（的利益）。从深层意义来看，这段话说的是一种处事的态度，其中也涉及人际关系的处理方法。

中国有一句古话，叫"水至清则无鱼，人至察则无徒"。为人处世如果太过精明，处处都要与他人争个高下，论个短长的话，那必定是不得人心的。正所谓"吃亏是福"，做人真正的智慧在于善于吃亏，善于给他人面子，这样才能得到更多人的支持。

隆庆皇帝死后，万历皇帝朱翊钧即位登基，他身边的大太监冯保也由司礼监秉笔太监升级成为了握有最高权力的太监——司礼监掌印太监。明代的掌印太监又被称做"内相"，控制着圣旨的下发，甚至连皇帝和内阁之间的沟通都是以他为桥梁的。正因位高权重，明朝不少的司礼监掌印太监最后都代替皇帝和内阁控制了朝政大权。

面对这种情况，刚刚坐上内阁首辅之位，想要推行新政的张居正要怎么做呢？

据史料记载，张居正先后贿赂冯保金三万两、银二十万两、珍珠帘五挂、名琴七张、夜明珠九颗。此外还发挥他的特长为冯保作了《司礼监秉笔太监冯公预作寿藏记》，为冯保预修生茔的举动歌功颂德。

冯保觉得张居正很识时务，于是向他推荐了南京六品主事胡自皋出任两淮盐运使。两淮盐运使一职堪称天下第一肥缺，但所有人都知道胡自皋是一个贪财好利的人，也曾有过行贿受贿的不良记录，如果任用此人为两淮盐运使，无异于将老鼠放入米仓里。在朝议汹汹的压力之下，张居正竟然顶住压力，批准了这项任命。事后他解释说："任用一个贪官就可以惩治千百个贪官，为何不用？为了国家社稷着想，官府之间的交易总是难免的。"

张居正审时度势，没有过分拘泥于传统的道德规范，而是想方设法结交冯保，所用手段甚至不乏金钱贿赂和政治交易。因为取得了冯保的信任和支持，张居正推行新政的阻力陡然变小，更大更多的政治改革得以顺利进行，这也是他忍辱负重，给他人一份面子之后得到的长远的好处。

这就是"不折大节，不弃小惠"的做法，张居正为了争取冯保的支持，以顺利推行新政，不惜做出一些为人所不解的行为，但由于他大力推行的万历新政确实于国有大利，完成了富国强兵的远大目标，也就无人再去指责他的这些小过失了。

生活中有很多人只会将目光停留在眼前利益上，无论做什么都不舍一分一厘，只求自己独吞利益，常常因一时赚得小利，而不顾长远之大利，可谓捡了芝麻丢了西瓜。我们要知道，这世间之人，谁都不愿意做亏本的生意，但是最先尝到甜头的人未必到最后也能饱尝硕果，反而最先吃亏的人往往占了最后的大便宜。所以能适时地主动让利，实则是做人的一种境界，也是处事的一种睿智。

与人方便就是与己方便。将别人渴望的东西主动送上门去，给他人一个"面子"，就能免愤恨、招感激，且这个"面子"也为自己赢得了一份宝贵的人情，使自己日后的工作开展得更加顺利，为自己的人生留下一点余地。

大过改之，微瑕涵之

【原文】

大过改之，微瑕涵之，则可。

【译文】

只要能将大的缺点改正，小的缺点予以包涵，也就可以了。

【解读】

常言道，人非圣贤，孰能无过？看似完美之人，也会有性格上的缺陷；大奸大恶之人，也非毫无可取之处。面对别人的错误时，"大过改之，微瑕涵之，则可"。

人毕竟不是机器，每一个程序都能精细推算，每一个部件都能趋于完美。作为一个有血有肉的人，有优点，自然也有缺点。在处事和交友时，不能一味地盯着他人的小缺点不放，要多看看他人的长处。若是能虚怀若谷，用宽广的胸怀面对一切，包涵别人无关紧要的小过失，那么不仅可以收获他人的尊敬和信任，更能发现此人身上的闪光之处。

曾国藩为人拙诚，语言迟讷，而左宗棠恃才傲物，自称"今亮"，语言尖锐，锋芒毕露。两人的性子看似格格不入，却偏偏惺惺相惜。这其中缘故，不得不说与曾国藩的为人处世之道大有关系。

左宗棠颇有识略，又好直言不讳。咸丰七年（1857年）二月，曾国藩在江西瑞州营中闻父亡，立即返乡奔丧。左宗棠认为曾国藩不待君命，舍军奔丧，这种做法是不合礼制的。湖南的官绅们听闻此事后也纷纷应和，这使一贯为人所重的曾国藩颇失众望。

其实，父亲离世，做儿子的悲痛不已，返乡奔丧之举也在情理之中。即便是有哪些细节不合规矩，也是可以理解的，毕竟失去至亲之痛，剜心锉骨犹不及啊。但是左宗棠如此不留情面地加以指责，使曾国藩落入尴尬的境地中，实在是有些过分。

面对左宗棠不近人情的态度和做法，曾国藩并没有恼怒。

此事发生后的第二年，曾国藩奉命率师援浙。在路过长沙时，他特到左宗棠府上拜访，并集"敬胜怠，义胜欲；知其雄，守其雌"十二字为联，求左宗棠篆书。这件事使两人一度紧张的关系趋向缓和，可见曾国藩的心胸是何等的宽广。

不止如此，曾国藩更是在左宗棠极其潦倒、四顾茫然的时候，向其伸出了可贵的援助之手。

咸丰十年（1860年），左宗棠深陷囹圄。曾国藩上书举荐他，使得左宗棠能幸免于牢狱之苦。

锦上添花人人都会，但雪中送炭之举并非人人都能做到。曾国藩不计前嫌、宽宏大度至此，不仅因为他深知为人处世之时应宽于待人的道理，还在于他懂得识人用人的真谛。左宗棠做事是有些锋芒毕露，凡事不给他人留情面，但毕竟瑕不掩瑜，他始终是个可用之才。曾国藩正是看清了这一点，才"涵其微瑕"，扬其长而避其短。有如此容人的气量，别人自然乐得与他相交。

待人接物时，若是能胸襟坦荡，学会包容，就能收获他人真心的支持和相助，这些都是助你成功的加速器。向来以诚待天下，天下人也自以诚待他，和人相处，无诚不交，会慢慢地培养起信赖和默契。对于一个领导来说，果真能这样，必然会换得人才济济的大好局面。

闻有逆耳之言，当平心考究一番

【原文】

不特吾之言当细心寻绎，凡外闻有逆耳之言，皆当平心考究一番。

【译文】

不单单是我的话应该细心地寻味琢磨，只要是外边听到不好听的言语，都应当怀着一颗平静的心细细考察一番。

【解读】

俗话说，良药苦口利于病，忠言逆耳利于行。正所谓："君子当官在职，不计难易，而志在济人，故动辄成功。小人苟禄营私，只认便安，而意在利己，故动多败事。"心胸宽广的君子当领导可以济人，济人者助己，所以能够成功；气量狭窄的小人当领导只会谋私，损人利己丧失众心，结果只会败事。身为上位者，若是被下属当面指出不足，自然会觉得被驳了面子。若为了所谓颜面而对旁人的忠告充耳不闻，最终也只会落得个众叛亲离的下场。

一言以蔽之，作为一个团队的领导者，心须善于听取不同意见，面对下属或旁人的谏言，不仅让人家把话讲完，还要静下心来仔细想想，自己错在哪里，而这份谏言又对在哪里——这便是曾国藩所说的"闻有逆耳之言，当平心考究一番"了。

《诗经·周南·关雎·序》中说道："言之者无罪，闻之者足戒。"意思就是说，直言进谏的人不该有什么过错，相反听见劝谏的人要引以为戒，反思自身。而作为上位者，待人接物之时还有一个更重要的原则，那便是"恕"。

面对直谏者，要恕。

唐太宗李世民即位后，任用曾经反对过他的魏徵做谏议大夫。虽然皇帝手握生杀大权，但魏徵一生不惧权势，始终直言不讳地指出唐太宗的错误，有时甚至将唐太宗的颜面置于不顾，气得这个九五之尊大呼："会须杀此田舍翁！"但自始至终唐太宗也未动魏徵分毫，反而在他死后极为伤感地对众臣说："以铜为鉴，可以正衣冠；以古为鉴，可以知兴替；以人为鉴，可以明得失。今魏徵逝，一鉴亡矣。"

唐太宗一而再再而三地宽恕魏徵的冒犯，不仅是因为他有容人的肚量，更是因为他懂得魏徵的这些谏言都是使大唐兴盛的动力。只有他宽恕了魏徵，天下人才会想说，敢说。

身为人君，取人命易，得人心难。与其用强权惩处有罪之人，使他人屈从在君威之下，还不如以宽容之心感化他人，让他心甘情愿地俯首称臣。纳谏也是一样，天下人何其多，处心积虑想着如何堵住别人的嘴，还不如踏踏实实地做事，消了他们心底的怨恨。唐太宗虽说恕了魏徵，失了面子，但他因此得了民心，得了大唐王朝一个辉煌的开始。

面对属下曾经的错误，也要恕。

曹操在发迹之前，实力不够强大，在与袁绍的较量中一度处于下风。但后来他以少胜多，取得了官渡之战的胜利。大战之后，曹军在袁军的帐篷里搜到了一些信件，全是曹操手下的一些官员与袁绍暗相勾结、示好献媚的信。有人建议将这些写信之人全都处死，可曹操却不同意这样做。他说："当初袁绍的力量如此强大，连我自己都感到自身难保，这事又怎么能责怪他们呢？假如我站在他们的立场之上，也会这么做的。"曹操下令把信件全部烧掉，对写信的人也一概不予追究，就这样将此事解决。那些原本惶恐不安的人一下子安了心，对曹操也愈加忠心耿耿，做事也更加卖力了。

曾国藩曾说过，能庇人便是大人。真正的贤德之人是能容忍他人，能为他人考虑的人，面对逆耳之言，平心待之，不仅宽恕对方，而且认真细心琢磨。

第三章 取舍

能人贵慎其所择,先其所急

【原文】

能人贵慎其所择,先其所急。

【译文】

有才能的人会谨慎地对待所要面临的选择,先解决那些亟待解决之事。

【解读】

一个人的成长总是伴随着成与败、得与失。当我们站在人生的十字路口时,如何选取一条正确的道路,这对我们日后的发展和成功是十分重要的。一次正确的选择可能会为你的人生打开一扇窗,让你看到更美丽的风景。

曾国藩有一句话颇值得人深思,那就是"能人贵慎其所择,先其所急",意思是有才之人面对选择的时候态度是十分谨慎的,他们会选择先去做那些亟待解决的事情,而不因小失大,顾此失彼。再次,曾国藩指出了选择时的一个重要原则,那就是一个"慎"字。

"慎"字有细致周到、小心稳妥之意。做人要谨慎,做事要像曾国藩说的:"先静之,再思之,五六分把握即做之。"谨慎不是胆小怕事,而是在做事之前经过深思熟虑,方方面面都考虑得当。如此才能避免那些不必要的麻烦,减少失败的概率。

曾国藩在用兵上谨遵"慎"字诀,在官场上更是如此。初入官场之时,曾国藩并没有意识到"慎"之一字有多么重要,处处争强好胜,也因此吃了不少亏。随着时间的发展,曾国藩的阅历渐渐丰富,在他意识到官场黑暗的时候,才开始变得小心谨慎。

咸丰十年(1860年),鲍超因功升为提督,自满之心溢于言表。曾国藩立即写信告诫他说:"凡做人,当如花未全开月未圆满之时。花盛则易落,月满则必缺,水满则易倾,人满则招损。贵镇统师日多,声名太盛,宜常存一不自满之心,庶几以谨厚载福。此处所谓谨厚载福,即是说以谨慎纠自满之弊,才可保福避祸。"

曾国藩为官数载,战功彪炳,官位显赫,同时深知功高盖主必招惹嫌隙的道理,所以为人做事都十分低调,待人接物也愈发地小心谨慎。他在日记里经常写道:"官位越高,权势越重,就越容易招致大祸。"眼光何其高远。

《管子》中说:"其所谨者小,则其所立亦小;其所谨者大,则其所立亦大。"可见谨慎才能成就事业,也是一个成大事者不可缺少的素质。人活着少不了要和人打交道,和各种事物打交道,在这个过程中,只有做到谦虚谨慎,才能从容地应对各种危机，稳稳当当地走完一生。

慎重之人，自己每走一步路都要经过深思熟虑，尽量不让自己出现差错。因为只要一步走错，不仅会影响到自己今后的命运，更会给自己带来很多不必要的麻烦，绊住自己前行的脚步，给自己的成功增添很多障碍。所以说，无论是战场也好，官场也罢，任何时候都要牢记"谨慎"二字。

君子愈让，小人愈妄

【原文】

君子愈让，小人愈妄。

【译文】

君子越是谦让，小人就越是狂妄。

【解读】

曾国藩提倡宽容，多次在家信中教育子弟要秉承"敬恕"，但是他的宽容并不是没有底线的。在他看来，宽容君子，君子会感恩，宽容小人，小人只会得寸进尺，正是因为小人这种行为，古语才有"亲贤臣，远小人"的说法。

小人的存在，可说时刻威胁着我们正常的人际关系，更会造成其在我们背后放冷箭的悲剧发生。此外，经常与小人打交道，也会让我们离君子的德行越来越远。正所谓"近朱者赤，近墨者黑"，在不知不觉中我们很可能就会沦落到小人之流，这也是谁都不想看到的事情。

对此，曾国藩提出"小人宜务去，而君子宜务进"，教导他的后人要多与有道之人交往，而远离小人。因为与小人交往越多，对其越纵容，就越会让其猖狂放肆。

历史上因为没有做到远小人而受其危害的反面教材有很多，明万历帝朱翊钧就是一例。乾清宫有两个执事太监叫孙海、客用，他们很会讨朱翊钧的欢心，经常带着皇帝在宫中舞刀弄剑地玩乐，还时常搜寻些奇巧好玩的事物进献给皇帝，因此很得宠信。

万历八年（1579年）农历十一月的一天晚上，万历皇帝喝了点酒，兴致极高。在他醉意朦胧之际，孙海、客用二人便怂恿他离开乾清宫到处转转。在闲逛途中，三人遇上了一个小太监，便让他唱曲取乐。小太监不从，朱翊钧一怒之下就派人将小太监打成重伤。万历皇帝事后得知这个小太监是冯保的养子，于是又派孙海、客用到冯保的住处拍着门大骂一通，这才罢休。

事毕之后，朱翊钧心满意足地回乾清宫睡觉去了，而受到惊吓的冯保连忙将此事告到了李太后跟前。李太后将朱翊钧叫到慈宁宫一顿训斥，并命他诵读《汉书·霍光传》，用霍光废掉汉废帝刘贺的故事来吓唬朱翊钧，声称要改立他的同母弟潞王。朱翊钧十分害怕，在太后面前连连谢罪，并下令将把孙海、客用赶出宫去，贬为南京孝陵卫"净军"，后来还由张居正代笔，专门就此事下了罪己诏。

朱翊钧没有做到亲君子远小人，随着孙海、客用胡闹，最后差点丢了皇位，还下了罪己诏，大丢颜面。这就是张居正所警诫的"小人立而邦危"的力证。

现代社会鱼龙混杂，在我们身边，什么样的人都有。但作为社会的一分子，我们又不能把自己置于真空之中，不与他人交往。因此，人际交往中良好的判断力就显得尤其重要了。我们在与人交往相处时，一定要擦亮双眼，分辨清楚身边人的为人秉性。尤其要留意的是那些一味奉承自己的人，切不可因为他的逢迎就重视他、依赖他，因为这种时时裹着糖衣对他人阿谀奉承的人很可能就是一个小人。

明辨身边的君子与小人之后，我们就要参考张居正的话。那些对自己有益的君子，我们就要亲近之；而对那些无益甚至有害的小人，则应当尽力疏远之，把"小人宜务去，而君子宜务进"作为一条为人处世的准则而践行一生。

两利求大，两害取轻

【原文】

两利求大，两害取轻。

【译文】

在遇到两难抉择的时候，要选取利益大、危害比较轻的那一个。

【解读】

生活中，机会很多，要做的选择也很多。虽说"鱼和熊掌不可兼得"，但当这二者同时放到你面前，让你择其一时，相信大多数人都会毫不犹豫的选择熊掌。这是因为所有人都明白两利求大的道理。但你有没有想过，若是一深一浅两个泥潭同时置于必经之路上，怕是有好多人都要犹豫不决了吧。

像两利求大的道理一样，两害同时出现，解决的办法就要取其轻而行之。就好比泥潭的例子，若是不愿沾污裤脚，又要怎么在这条路上继续走下去呢？踏过了泥潭，虽然裤脚脏了，但是能收获一条更加宽广的大路，又何乐而不为呢？人要有所得必要有所失，只有学会放弃，才有可能登上人生的最高峰。

在太平天国的后期，曾国藩指挥的湘军一马当先，一路攻下了天京（今南京）城并俘获了忠王李秀成，最终的胜利指日可待。

一日，曾国藩兄弟二人同席饮酒。曾国荃认为此仗大局已定，兄弟二人只需等着加官晋爵便可。可曾国藩并不同意弟弟的看法，认为如今他兄弟二人手握数十万大军，打了胜仗之后，朝廷一定会担心他们拥兵自重而采取对策削减二人的兵权。再者，曾家两兄弟在朝中也算是位高权重，这自然会引来其他大臣的嫉妒之心。

曾国藩还发现弟弟总是以战敛财，贪婪成性，在攻下天京后大肆烧杀抢掠，已在朝臣中引起了非议，皇上对于此事肯定有所耳闻。鉴于以上种种情况，曾国藩认为应当先找个退路，再做进一步的打算。

事情果然不出曾国藩所料，皇上并没有将他们二人封王，而是只封为了侯爵。这就表示，朝廷已经开始对他兄弟二人有了防备之心。曾国藩在接到诏书以后，赶忙向皇帝上奏，说湘军打仗时间太长了，已经失去了原有的生气和活力，所以请求朝廷裁军。又奏请说弟弟曾国荃沉疴又起，病情加重，希望皇上能恩准他回乡养病。皇上一看曾国藩有意削除兵权，又自动舍弃了"左膀右臂"，自然恢复了对他的信任。

曾国藩曾说过："处大位大权而兼亨大名，自古曾有几人能善其末路者，总须设法将'权位'二字推让少许，减去几成，则晚节渐渐可以收场耳。"反思曾国藩兄弟二人这次的遭遇，此言不假。曾国藩看似失去了左膀右臂，还被裁了军，甚至失去了封王的机会，处境相当不利。但是相较于失去皇帝的信任，从此再不得翻身来说，这已经是最好的结果。

试想如果此番曾国藩没有当机立断，大胆舍弃，那么等待曾国藩的一定会是朝中大臣的排挤、皇上的猜疑，甚至可能会是杀身之祸。有时候舍弃并不是一件坏事，反而是对生活的另一种成全。这正应了中国那就老话"有舍方有得"，这也就是两害取其轻的道理。

在生活中，每个人都希望获得更多，并奢望着在不断得到的同时将付出减至最少。但现实毕竟不是幻想的童话，天下也不可能有白吃的午餐。碰上了好的机遇，就要学会沉下心来好好考虑，到底哪个是最好的，不要被喜悦冲昏了头脑，做出错误的判断。当危机来临，也不要一味惊慌失措，或是妄图幸运女神降临，可以无病无灾地过这次厄运，而是要痛定思痛，果敢地舍弃小部分的利益，来保护大部分的基业。做出舍弃是困难的，但是没有付出就不会有获得，只有我们大胆地舍弃了，才能有更多的收获。

人生之中，处处都有选择。面对鱼和熊掌不可兼得的局面，就应该学会放弃其一。如果不能当机立断，或是不想舍弃，那么必将一无所得，甚至会失去本来已有的东西。

驰事者无成，慢人者反尔

【原文】

谁人可慢？何事可驰？驰事者无成，慢人者反尔。

【译文】

哪些人可以迟缓？哪些事可以求快？做事情一味求快的人将不能成功，做事迟缓、深思熟虑的人却能成功。

【解读】

曾国藩曾说过："凡遇事须安详和缓以处之，若一慌忙，便恐有错。盖天下何事不从忙中错了。故从容安详，为处事第一法。"这句话的意思很简单，概括起来就是五个字——欲速则不达。

俗话说，心急吃不得热豆腐。所以所遇之事无论多么紧急，都要稳扎稳打，切不可急躁，这样才不至于在慌乱中出错，以至于造成没有必要的损失。

曾国藩之所以能成就如此大的事业，与他一生求稳求慎是分不开的。他一生的成就，无不在昭示着他是一个可以成大事之人，而成大事的必要条件之一就是稳重。

曾国藩于同治二年（1863年）十一月起至同治三年四月初五日中，五次告诫弟弟曾国荃道："望弟不贪功之速成，但求事之稳适。""专在'稳慎'二字上用心。""务望老弟不求奇功，但求稳着。至嘱！至嘱！"在他五次去信告诫曾国荃之后的一个多月，湘军就占领了天京。曾国藩之所以选择在临胜前如此反复郑重地叮咛弟弟，就是怕他因急功近利而错失取胜良机。

咸丰十年（1860年）正月，当湘军正在迅速进军时，他写信给胡林翼说："十一日全军获胜后，罗溪河实已无虞。山内一军，其妙无穷；脑后一针，百病皆除。但此后仍当以'稳'字为主，不可过求速效。"

曾国藩一生求稳，因此非常反对速战速决。他认为兵犹如火，易于见过，难于见功。与其因求神速而立即风过，不如但求稳慎而渐缓见功。曾国藩还极力反对不知敌我、不知深浅的浮躁之举。求稳是曾国藩战略思想的核心，所以他强调："扎营宜深沟高垒，虽仅一葛武侯之攻陈仓，受创于郝昭，皆初气过锐，渐就衰竭之故。陆抗之拔西陵，预料城之不能速下而蓄养锐气，先备外援，以待内之自蔽，此善于用气者也。"

每个人的命运都是变幻莫测的，而我们人生道路也不会永远顺风顺水。人生漫漫，我们或多或少都会遇到一些失败和挫折。遇到这种情况时，往往很多人就会变得烦躁不安，暴躁易怒，丢掉了自己的稳重。这样的结果却只能是做得越多，错的越多，越做越错而已。正因如此，我们在遭遇到人生坎坷之时，要努力平静心态，只有身心俱稳，才能有反败为胜，重新站起来的一天。

无论是在日常生活中，还是在学习工作中，只有心态稳重才能将事情思虑周全，考虑到方方面面可能出现的状况，及时采取措施防患于未然，这样才能取得主动权，遇事不至于手忙脚乱。

曾国藩的求稳思想对于现代人也是同样适用的。随着经济的发展，物质生活的提高，人的内心变得越来越浮躁，稳重之人越来越少，轻浮之人越来越多。故此，我们更应该学习曾国藩万事求稳的思想和做法，只有求稳，才能让我们变得成熟，变得从容，才能更得他人信赖。也只有这样，我们才能于事业上取得更大的进步，最终立于不败之地。

剑戟不利不可断割，毛羽不丰不可高飞

【原文】

剑戟不利不可以断割，毛羽不丰不可以高飞。

【译文】

剑戟不够锋利就不能披荆斩棘，羽毛不够丰厚就不能够远走高飞。

【解读】

我们该学会淡定，面对困难如果能够谈笑风生，那便是再好不过的了。喜怒不形于色，懂得将自己隐藏在暗处的人才有可能成为真正的成功者。

在没有能力把握全局的时候，把自己的长短之处过早地表现出来，这无疑是将自己

暴露在空气之下，将主动权拱手让人。

湘军在还没有建立之时，曾国藩就已经在心中绘制出了一幅蓝图。在湘军人数扩充至数万人之后，曾国藩将这支部队分为了水路两军。湘军还没有开始进行操练，这个消息就被曾国藩的好助手江忠源上报到了朝堂。

当时清政府在前线的战役可谓是节节败退，处境十分艰难。咸丰帝对曾国藩下了命令，希望他的湘军能够上前线支援。曾国藩接到旨意后陷入了前后两难的境地，他站在御书房内，对着皇帝跪了下来，拒绝了将湘军上前线的命令。

因为曾国藩清楚地知道，现在的湘军就像是一盘散沙，如果贸然出兵的话，只会溃不成军，死伤无算。但是倘若在这个时候使湘军的实力得以保存，那日后必定会一展雄风，有所建树。

但咸丰帝并不知道曾国藩的心思。面对曾国藩的拒绝，他的脸色变得十分难看，皱起眉头说道："朕身为天子，这天下都是朕的，老百姓都是朕的子民。你曾国藩身为人臣，居然敢违抗圣命！"

曾国藩听了皇帝的训斥，当场便跪下表明了自己的忠心，还向咸丰帝说了自己对湘军日后建设的想法，这样才得到了咸丰帝的谅解。

此后，曾国藩加快了训练湘军的速度。但好景不长，一个突发事件又一次让曾国藩为难。起因是曾国藩的恩师吴文镕在前方战况不佳，因此请求他出兵救援。面对老师昔日的恩惠和数万湘军将士的性命，曾国藩做了一回不忠不义不孝之人，拒绝了老师的请求。

他写信回复恩师道，虽然现在的湘军和之前相比实力强大了很多，但是湘军仍缺少装备，没有船炮如何能够面对强军！倘若现在勉强出战，即便是能拖延一时，也拖延不了一世啊！

曾国藩的话说得是句句在理，吴文镕也表示理解曾国藩的难处。如果为了一己之私而影响了朝堂的命运，那么自己无疑是个罪人。吴文镕自知有罪，既无脸面对列祖列宗，又无脸活在世上，于是便自尽而亡了。

事后也有人问过曾国藩，为何不出手时帮一帮自己的老师。曾国藩的回答大致如下：大家小家只能保护一家，那么舍弃小家换得大家也是值得的。所谓"磨刀不误砍柴工"，只有保存了实力，将来才能获得更大的成就，这和他所说的"剑戟不利不可以断割，毛羽不丰不可以高飞"是同样的道理。正是因为曾国藩清楚地明白这一点，所以才让湘军成为战场上的一个神话。

用兵之道，贵在自知。如果自己没有实力去与对方抗衡，那么就不要冲动行事，因为冲动造成的恶果不是可以轻易弥补的，曾国藩就是在这一道理的指引下为自己的人生垫下一块块的基石，最终走向成功和辉煌。做人也是一样，在没有了解对手的强弱之时，切忌过早地将自己暴露，因为那样只会让自身的弱点被别人看得更清楚。

敌在暗，我在明，即便你再小心，最终也是防不胜防。在我们的生活中更是如此，没有实力就没有主动权和发言权，实力可以说是生存的绝佳武器。在自己没有足够能力的时候，增强自己的实力是唯一的途径。只有不断地接受磨炼，不断地接受并改正自己的缺点，总有一天会扶摇直上九万里，翱翔于成功的蓝天之下。

有人觉得自己已经领先于他人，站在了一个居高点上，并时时享受着一览众山小的优越感。但殊不知这种好高骛远的态度，只会让自己故步自封，又怎能如曾国藩一般立于不败之地呢？

对于刚刚毕业的大学生来说，即使在学校里成绩十分了得，那也只是纸上谈兵，倘若实践经验不足，就只能败在下风。假如你觉得从底层做起很委屈，那即便是对你委以重任，你也没有足够的能力使你的事业一帆风顺？反过来，若能够脚踏实地地从小事做起，经过不断学习和积累，必会有成为胜利者的那一天。"先成功后失败"，还是"先失败后成功"，但凡是有思想的人都会选择后者。

一个做大事并能成事者，不可不审慎。他必须懂得保存实力，舍弃一些非关键因素。牢记一点，在自己的能力尚不足以应对眼前局面之时，切记不可轻举妄动！保存实力，耐心地等待出击的机会，才是明智之举。

将来遇有机缘，即抽身引退

【原文】

吾兄弟常存兢兢业业之心，将来遇有机缘，即便抽身引退。

【译文】

我兄弟几人时常存有谨慎、勤恳的心态，将来遇到机会和缘分，就可以离开政治生活、隐居起来。

【解读】

人生在世不如意事十有八九，我们不能奢望将每一件事都做到圆满，也不能奢望每一次的付出都能得到相应的回报。曾国藩常说："君子之道，以知命为第一要务。"知命不是为了让我们认命，而是让我们能更从容地看待看淡名利得失。而且要在盛极之时能及时抽身，因为物极必反，月盈则亏，在盛极之时及时抽身，才是为人处世的长久之道。

曾国藩还曾说过："久利之事勿为，众争之地勿往。物极则反，害将及矣。"对很多事都不能去过分追求，尤其是不能将"名利"二字常挂心上。曾国藩从不过分看重名利和权力，这样才不会被胜利冲昏头脑，做出一些不明智的举动。

在攻克天京之时，曾国藩手握十万湘军。这支部队历经了战争的烟火，是一直从生死中历练出来的精锐部队。毫不夸张地说，当时清朝的命运有一半是握在曾国藩手里的。

在曾国藩荣极一时的时候，他的一些密友曾劝他废了清帝，自立为王。一位朋友甚至写信给他，信里有一首诗写道："鼎之轻重，似可问焉。"曾国藩将这句诗改为"鼎之轻重，不可问焉"，把信又寄了回去。

只一个字的改动就可看出曾国藩对于此事的态度，他之所以选择这么做是因为他知道物极必反的道理。此时的他不仅位极人臣，战功赫赫，且手握重兵，这个时候肯定会受到统治者的猜忌，一不小心就会落得身败名裂的下场。他深知如果显赫到了极致，那么离没落也就不远了，而贪念太大也只会将自己陷入万劫不复之地。因此，他很明智的选择了主动请求裁军。曾国藩的这些举动都是为了自保，因为他懂得名利荣耀再好，如果没有性命去享用，那一切也都是枉然。

人生在世，不仅要懂得知足常乐，还要谨记天道酬勤。只要我们尽自己的全力去做了，那么对于结果的成败，利益的得失就不应该看得太重。懂得在权力场及时抽身是一种人生的大智慧。凡事都要给自己留余地，有时候有遗憾反而是一种圆满，是一种别样的美丽。

《易经》中有"阴阳互动，顺厄可变""穷则变，变则通，通则久"两句，就是要告诫我们，不能贪多，要懂适可而止的道理。过分自满，不知道适可而止，就会难保长久；金玉满堂，往往是人无法长久拥有的；富贵而骄傲，一定落人口实。只有在功成名就之时急流勇退，淡泊一切功名利禄，才符合自然法则，只有这样才能保持长久。也就是说，知足常乐才是通向幸福和快乐的正确途径。

名和利，得与失，都是人生中必然要面对的选择。但你要牢记，它们并不是你人生的全部。且名利之物，生不带来死不带去，都是一些身外之物，本不必太过在意，懂得知足常乐和知足天地宽的道理，且放手，且看清，更容易感受到生活的价值。

论功推以让人，任劳引为己责

【原文】

与人共事，论功则推以让人，任劳则引为己责。

【译文】

和他人一起做事，衡量功绩时要将功劳推让给他人，担当劳苦时要将其作为自己应尽的责任。

【解读】

"有难先由己当，有功先让人享，此乃事业之基"，这是晚清中兴之臣曾国藩留给后世之人的一句箴言。很多人在功名利禄面前，都无法控制好自己，总是想把所有功名利禄都据为己有，却不想为此付出分毫。苦让别人吃，功让自己占，这或许也是大多数人的想法吧。

做人要踏实本分，做好自己的事，尽好自己的责任，万不可为了贪慕功名而将自己陷入不义之地。尤其是与他人一起共事之时，过分地在意利益和得失只会让你失道寡助。

曾国藩的处世之道是"功不可一人独享"。因为与你共事之人大多数都是有所图谋的，他们或为名或为利，多多少少都有所求，如果你将所有的功劳都归为己有，那么别人就会一无所获，这样他又为何要再帮助你？

曾国藩对待朋友讲究以诚相待，用真心换真心。因此曾国藩身边的幕僚极其多，这些人也为他的事业的发展作出了不少的贡献。在用人方面，曾国藩不光是以诚相待，更善于抓住别人的弱点，给予诱惑，以此来拉拢人才。

人心所向是成功的基础，尤其是在行军打仗的时候，无论是将还是士，大家上战场为的都是建功立业，离开了士兵，将军不过是光杆司令，成不了事。因此，对于军队中的将士，曾国藩除了怀有一颗真诚的心，更时刻牢记"功不可一人独享"。与别人分享功劳是减祸之道，是加福添寿之药方。把功劳平均分配到大家头上，让每个人都成为有功之士，这样也就更能为自己尽心尽力。

虽然曾国藩能够做到不独享战功，但他的弟弟曾国荃不能像哥哥一样严于律己。当时曾国荃久攻天京不下，但又想独享大功，因此不愿接受李鸿章的援军。曾国藩就写信开导他说："我和昌歧长谈，得知李少荃实际上有和我兄弟互相亲近、互相卫护的意思。我的意思是上奏朝廷请求准许少荃亲自带领开花炮队、洋枪队前来天京城会同剿灭敌军。等到弟对我这封信的回信（不过十八九日回信就能到），我就一面上奏朝廷，一面给少荃去咨文一道，请他立即来天京。"

曾国藩在此委婉地向曾国荃表达了自己希望他能够与李鸿章并肩作战，同立战功的想法。但李鸿章也看出曾国荃并不想让他插手天京事务，他也不愿意借此揽功。李鸿章于是上报朝廷，一方面上说曾氏兄弟完全有能力攻克天京，另一方面又派自己的弟弟率军前去助战。

攻下天京之后，李鸿章亲自前去祝贺，曾国藩带着曾国荃迎于下关，说道："曾家兄弟的脸面薄，全赖你了！"面对曾国藩如此客气的言辞，李鸿章自然要谦逊一番。曾国藩一再声称，此次大功得成实赖朝廷的指挥和诸官将的同心协力，至于他们曾家兄弟只是仰赖天恩，得享其名，实是侥幸而来，只字不提"功"字。

除此之外，曾国藩还上书朝廷把此次的战功都归于朝廷的英明和将士们的劳苦，丝毫不提自己兄弟二人的贡献。谈到收复安庆之事，他也是归功于胡林翼的筹谋划策、多隆阿的艰苦战斗。在其他战役中，曾国藩也总是把赏银分给部下，把功劳归于他人并加以保举。这样，既得了将士的欢心，也鼓舞了军队的士气，也让朝廷能够对他放心。

曾国藩不居功不邀功的做法为他赢得了部队的军心、将士的忠心和统治者的放心，他便能在官场上顺风顺水而又不遭人记恨。这无疑是曾国藩的聪明之处，也是他成功的重大原因之一。曾国藩对人性十分了解，他深知只有先有福同享才能后有难同当，只有先给予别人好处，别人才能在他日他受难之时与他共患难。

没了得失心，声气舒展

【原文】

只没了得失心，则声气舒展，此心与旁观者一般，何事不济？

【译文】

只有没有了患得患失的心态，那么心情才会变得舒适，这种心态就像自己是旁观者一样，如此一来，又什么事做不好呢？

【解读】

有人说："放下，就会自在。"人的一生就是由纷纭的世事所构成，若是一味沉溺于得到了什么，失去了什么，便会深陷这得与失的迷局之中，作茧自缚，反而失了一派天真自在。佛家旨在让人们放下，回归天真，重返质朴，实则放下之后得到的反而更多。

若是得失心过重，只去追究得到的是否与付出的成正比，渐渐地便会忘了最开始的初衷，钻进了"目的"的牛角尖里。有目标的活着，知道自己要的是什么固然是件好事。但凡事物极必反，一味追求结果，被得失心蒙蔽了双眼，只会像只无头苍蝇——不仅无法达到目的，还撞得个头破血流。

曾国藩作为一代大家，对得失心自然也有自己的解读。

他曾说："人只是怕当局，当局者之十，不足以旁观者之五。智臣以得失而昏也，胆气以得失而奋也。"这就是所谓的"当局者迷，旁观者清"。当局者之所以迷，是因为他们有所求，自然不能用一种冷静清明的心态来纵观全局。反观旁观者，他并非局中之人，局中之人的得失亦与他无关，那么他自然可以轻轻松松地看到问题的本质。

面对因得失心而生的困境，曾国藩给出的解决方法很是简单——"只没了得失心，则声气舒展。"不计较个人得失，将结果且置一边，只着眼于先下我要做的，我该做的，我能做好的，自然就能少了一份浮躁与急进，也能在慌乱中找到属于自己的步调。如此一来，结果自然是——"此心与旁观者一般，何事不济？"

人一旦有了得失心，难免就会患得患失。处心积虑、步步为营，想要走好每一步以求得到最多，但结局往往不尽如人意。若凡事能以平常心对待，不但能收获意外惊喜，心情也能自在得多。

得失心多的是执着急躁，少的是一份"得之我幸，失之我命"的怡然自得。就是因为太看重，太执着，于是一旦小有成就，便高兴得不知今夕何夕，若是成绩稍逊他人一筹，便成日愁眉深锁，只想着如何改变战局。如此大喜大悲，又哪有静下心来想想我该怎么做，又为什么要这么做的时间呢？只怕是大部分的时间都用来缓解情绪了吧。

什么都放不下的人，往往什么都拿不起。得失心太重的人总是目光短浅，错过难得一遇的机会，得不偿失却也后悔晚矣。世间原本便是有舍才有得，每一次拿起的背后都是一种放下，放下了对权力的追逐，收获的是内心的宁静；放下对金钱的强烈欲望，收获的是朴素的幸福。

知足惜福，不计较得失，才能看见周围的美丽。只要心态放正了，那么一朵普通的小花也可以展现出绚丽多姿的风采。放下得失心的同时是为自己的内心留出更多的空位，只待更多美好的事物来将之填满。用得失心处事，则深处百花深处亦只闻得扑鼻恶臭。用平常心处世，则深处隆冬也能找到属于自己的一派春和景明。

第四章　中庸

无众寡，无小大，无敢慢

【原文】

君子无众寡，无小大，无敢慢，斯不亦泰而不骄乎！

【译文】

君子对待他人，不管对方势力大小，还是资历高低，都不能有所怠慢，这不也是稳重而不骄傲的表现吗！

【解读】

唐朝宰相李勉，性格直爽，无论为官做人，都奉公守法，清正廉洁。更加难得的是，他用人交友，从不在乎对方身世背景，无论是市井小民还是达官贵人，他都一视同仁，以礼相待。

李勉在任节度使的时候，听说李巡和张参二人学识过人，便请他们为自己出谋划策。每有宴会，李勉都邀请他二人一同畅饮，天文地理，无所不谈。后来李勉当上了宰相，地位虽然变得尊贵，但他从不以此为傲，甚至亲自到士兵家里慰问他们的家属。因此朝中上上下下都称赞他是个礼贤下士，不可多得的好官。

要平等待人，便切记勿自恃才高。曾国藩就曾在写给弟弟的家书中几次三番地耳提面命，要弟弟们"力戒傲字，以做无恒之弊"。而他的"无慢室"，正是他这种淡泊思想的一种证明。

"无慢室"原是曾国藩做京官时的书斋名之一。"无慢"一词，典自《论语·尧曰》中"君子无众寡，无大小，无敢慢，斯不亦泰而不骄乎"一语。

《尧曰》记载了这样一个故事：子张问孔子怎么做才适合从政，孔子说要"尊五美，屏四恶"，而"泰而不骄"就是"五美"之一。何谓"泰而不骄"呢？君子待人，无论对方人数多寡、势力大小，都恭恭敬敬不敢怠慢，对待居官上位的人要如此，对亲戚邻里也得如此。

曾国藩对此深有感触，不仅在"无慢室"门联上题句"万卷藏书宜子弟，一尊满意说桑麻"，表达自己要与田家父老亲朋相处融洽，不自恃过高的想法，更将"无慢"二字作为修身的准则，时时以此规范自己的行为。

其实曾国藩年轻时也是个桀骜不驯的毛头小子，没有半点后来的大家之风。那时的他锋芒毕露，肆意妄为，还时常出言不逊，导致他在仕途上碰过了不少钉子。但正如他自己所说："闻过而不改，谓之丧心。思过而不改，谓之失体。"在意识到自己的过错之后，曾国藩决定痛改前非，修身养性。

当满身的硬刺都被渐渐丰富起来的内心所磨平，曾国藩收获到的自然不仅是仿若圣贤的好性子。用平等的态度待人，不轻慢，不骄傲，不仅是修身的需要，更是治国、平天下的需要。

当上位者学会尊重他人，平等待人之后，人们的心也会渐渐向他靠拢。用一种俯视的态度去对待他人，自然便看不到自己的缺点。只有放低姿态，用正确的眼光看待别人，才能正确地评价自己。自恃过高，最容易出现的情况便是自成了个"一言堂"，凡事刚愎自用，妄自尊大。而将自己摆在一个正确的位置上，就能够杜绝这种情况的发生。也只有这样，才能以一种良好的心态，去吸取和学习他人的智慧。

无众寡，无大小，无敢慢。给予他人应得的尊重，也使自己成为不骄不逸的君子，在更加宽广的天地中更好地学习、思考。曾国藩悟得了此大智慧，也难怪世人常言"做人要学曾国藩"了。

治生不求富，修德不求报

【原文】

治生不求富，读书不求官。修德不求报，为文不求传。

【译文】

经营生活不追求一定富裕，读书不追求一定做官，修炼品德不追求一定有回报，做文章不追求一定能够传世。

【解读】

"欲"，说的是一种生活目标，一种人生理想；而"刚"说的则是一种心灵的状态，一种无所畏惧的坚强。无私则无畏，无欲则无求。当年左宗棠被派戍守新疆，途中路过林则徐的家，林则徐送左宗棠一副对联以示勉励："海纳百川有容乃大，壁立千仞无欲则刚。"百川之水，归于大海，而正是大海这种来者不拒的气度成就了其浩大。挺拔的大山高耸入云，它告诉我们为人要正直不阿，像大山一样傲然自立，不要有任何的私欲，如此方可站得稳，行得正。

人要生活下去，就会有各种各样的欲望。从生物学的角度来讲，欲望是人的一种生理本能，是从心理到身体的一种渴望和满足。人有七情六欲，这也是自然之理。但凡事总要有个尺度，如果欲望过多过大，那必然欲壑难填。但在现实生活中，人的欲望总是无休无止的，物欲、财欲、权欲、色欲，种种形形色色的欲望都在时刻困扰你的内心，一旦欲望无度，便会纵欲成灾。

"无欲则刚"，并不是让人泯灭欲望，而是要求克制私欲。如果能够做到克制私欲，就能寡欲清心，淡泊守志，如此方能奉献他人，赢得美名。

一天，孔子在和他的学生们讨论问题。孔子不禁感叹道："我还没有见过真正刚强不屈的人啊！"那些年轻的弟子对此感到很奇怪，像子路、申枨等人，都是很刚强的人，为什么老师会发出这样的感叹呢？尤其是申枨，他虽然年纪很轻，可是每次在跟别人辩论时都不会轻易主动退让。即使在长辈或师兄的面前，申枨也毫不掩饰自己，总是态度强硬，因此大家都对他退让三分，不敢轻易与之辩论。所以，当众弟子听到孔子感叹说还没有见过刚强之人时，他们不约而同地说道："如果要论刚强，申枨应该是可以当之无愧的吧！"

面对弟子们的疑问，孔子回答道："申枨这个人欲望太多，如何能称得上是刚强之人呢？"一个学生又问："申枨并不是贪钱爱财之人，老师为什么说他欲望多呢？"孔子回答说："其实所谓的欲望，并不见得就是指贪爱钱财。简单地说，凡是在还没有明辨是非之前就一味地去和别人争，有想胜过别人的私心，那就算是'欲'。申枨虽然生性耿直，却事事逞强争胜，经常感情用事，这就是一种'欲'啊！像他这样的人，又怎么可以称得上是刚强不屈呢？"

孔子接下来又说："所谓的'刚'，并不是指那些好胜之心，而是指一种能够克制住自己的能力。无论在任何环境中，只要能够克制住自己的欲望，不去违背天理，并且能够始终如一地去保持，不轻易去改变，这才算得上是真正的'刚'啊！"

孔子也曾说："克己复礼为仁。"在他看来，"克己复礼"是达到仁之境界的最有效的途径。"克己复礼"是孔门传授的"切要之言"之一，是一种十分重要且十分有效的修身养性的方法。在这里，"克"有"克制"的意思，同时也有"战胜"的意思。

宋代学者朱熹认为，"克己"的真正含义就是战胜自己内心的私欲。朱熹眼中的"礼"不仅仅是指具体而细微的礼节，而是泛指天理。"复礼"就是应当遵循天理，这就把"克己复礼"的内涵有浅层次扩展到一个深层次。朱熹还指出，"仁"就是一种完美道德境界，倘若能战胜自己的私欲而复归于天理，自然就达到了仁的境界。

曾国藩在任两江总督之时，将自己的修身持家之道归纳为"慎独则心安""主敬则身强""求仁则人悦""习劳则神钦"四条，并将其作为教育子侄的重要家训。其中，"慎独则心安"一条就跟"克己"有着密切的关系。

中国古代儒家思想中讲究"慎独"二字，并把此作为修身的基本要求之一。曾国藩推崇理学，认为如果一个人能做到"慎独"二字，那么即使他处于无人监督的情况下，仍能一如既往地以儒家的道德规范来约束自己，如此才能求得心灵的安静宁谧和修养的浸润升华。

人在独处之时讲求要"耐得住寂寞、经得起诱惑、受得起挫折"，道理其实是一样的。曾子有言"问心无愧"，孟子有言"俯仰天地，不愧不怍""养心莫善于寡欲"，都是注重通过慎重独处时的言行名节来修养身心、历练品性。而前文所提的林则徐的名联中有"无欲则刚"四字，恰是"慎独"的最高境界。

当今社会日益繁杂，欲望带来的诱惑比以往任何时候都来得猛烈。那么面对花花世界里的种种诱惑之时，我们该如何应对？"治生不求富，修德不求报"恰可作为我们立身处世的指南。

人若无欲品自高。意思就是说，如果一个人摒弃了自己的私欲，品格自然就会变得纯净高洁，不受世俗的污染。但如今的社会并没有我们理想中的那样清明太平，所以怎样拨开迷雾见青天，怎样跳出欲望的深渊勇往直前，成为很多人苦思冥想的一个问题。其实对于这个问题，儒家先贤们已经为我们指引了一条道路，那就是克制自己，减少欲望。

淡泊方能明志，宁静益于致远。无欲则刚，这样才能使人如同苍松翠柏，不怕乌云翻卷，不怕雨暴风狂，挺立世间，永不摧折。

成大事者,规模远大、综理密微

【原文】

古之成大事者,规模远大与综理密微,二者阙一不可。

【译文】

古代成就大事业的人,气势宏远博大和管理缜密细微,这两方面缺一不可。

【解读】

"古之成大事者,规模远大与综理密微,二者阙一不可",此句出自曾国藩给弟弟的书信之中,原意大致如下:"对古人能办成大事者来说,目光远大和考虑细密二者缺一不可。弟在关注细微事物方面,精力比我强。"在这封家书中,曾国藩还提及一事,那就是关于湘军的器械管理方面的意见和建议。

曾国藩认为古人善用铠甲等武器来武装自己,这些东西都具有威震敌人的作用,也是求胜的可取途径之一。因此,曾国藩对于军械一事十分上心,建议弟弟将军中稍微精良些的军械另立一册,亲自登记,并交给一个可靠的人来管理。

不仅如此,经过细心的观察,曾国藩发现军中将领对这些兵器各有所爱。例如刘峙衡对于火器十分重视,经常花时间去维修保养,但对刀矛就全不讲究了。再如,他曾经派褚景功去河南采购白蜡杆子,又置办了大批腰刀,分别赏给了各军将领,并获得了他们的喜爱和重视。鉴于这种情况,他希望弟弟能够多留心各部将领的军械使用状况,做到心中有数,认为这也是综理密微的一项内容。

曾国藩在信里想要传达给弟弟的一个重要信息就是:"自古以来,能够成就大事的人,目光远大和考虑细密二者缺一不可。"为什么曾国藩会这样教导自己的弟弟呢?因为在他看来,弟弟思虑缜密,善于考核问题,在这方面比自己要强。但人非完人,在关注细枝末节之外,曾国荃缺少的是一种展望未来、高瞻远瞩的眼界。大处着眼,小处着手。思虑缜密与目光远大都是取得成功不可获取的两个部分,只有兼备其二才能够在人生的历练与挑战中善于把握机会。

曾国藩对于"规模远大"与"综理密微"二者关系的论述对我们现代人来说依旧具有很强的借鉴意义,更是值得我们深思与仿效的人生哲学。能够成就大业,在自己所处的领域有所造诣,且最后青史留名之人,无不是从小事做起,注重点滴积累。所谓"不积跬步,无以至千里。不积小流,无以成江海",只有在细节处认真踏实的人才能是那个在机会来临时有所准备的人。这也就是所谓的"综理密微"的意义所在。

但当人生的机遇摆在面前时,是否可以及时地把握住它,在人生的转折点上,是否有乘势而上的眼光,全都需要人们做到"规模远大"。这里的"大"指的是开阔的眼界,远大的视野。作为芸芸众生中的一员,我们绝不能局限于自己的小世界之中,对个人的得失和利益的短长斤斤计较。我们应该拥有的是一种博大的胸襟,是一种总揽全局的意识,这样才能够合理地规划和考量自己的人生,才可以在机会来临的时候能够发现机会,把握机会。

曾国藩曾说:"古之成大业者,多自克勤小物而来。百尺之楼基于平地,千丈之帛，一尺一寸之所积也，万石之钟，一铢一两之所累也。"每个人在面临问题时都应该牢记这"一大一小"两个关键点，做到既不忽视细节，踏踏实实走好每一小步，又能高瞻远瞩，计划好自己的每一大步。

官阶不愿再进，虚名不愿再张

【原文】

现在但愿官阶不再进，虚名不再张，常葆此以无咎，即是持身守家之道。

【译文】

我现在只希望官位不要再升了，虚无的名声不要太过张扬了，经常保持现在的事态而不犯错误，就是持身守家的方法了。

【解读】

在曾国藩看来，做官好比下海，如果下了海，就要知道该如何上岸。这也是位极人臣的曾国藩得以在乱世之中善始善终的根本原因。

生活在纷纷扰扰的社会之中，谁都会对名利有追逐之心。无论是求名还是求利，只要懂得适可而止，都不是什么坏事。适当的欲求有时反而会促使自己向更高的层次进发。

关于如何看待名利，有句话说得很好，有道是"名利高寒阁，冷暖自尝知"。每个追名逐利之人，都是像寒鸭戏水一般，水流的冷暖只有自己才知道。所以无论是在官场、商场还是在情场，只有做到"看淡"二字，才能最终笑傲人生。

很多人对名利的追求，都源于中国封建社会的"官本位"思想。在这种思想的指引下，做官只为了光宗耀祖，只为了积累财富，只为了让子孙后代过上要风得风要雨得雨的日子。所以很多人读书就是为了入仕，当把读书看成了一种进入仕途的一种手段，那读书的目的也就不是汲取知识、提高自己的见识和修养那么简单了。

虽然很多人都有这种想法，但是曾国藩不这样想。他曾这样说过："宁愿世代为耕读之家，也不愿世代为官宦之家。耕读之家虽贫寒，但可久长；官宦之家虽大富大贵、光宗耀祖，但时时面临着不可预知的危险，甚至是自身难保。"

秦朝名臣李斯出生在一个贫寒之家，一开始只是郡中一个小小的办事员，社会地位十分低下。但胸怀大志的李斯一直不甘心在社会底层度过自己的一生。有一次，李斯看见官舍厕所中的老鼠正在偷食污秽之物，但每逢有人和狗经过，就立刻惊恐万状，仓皇而逃，而那些粮仓中的大老鼠却肆无忌惮地，悠闲地吃着仓库里的粮食。李斯触景生情，感慨万分地说道："人就像老鼠一样，才能的有无，本事的大小，全看自己处在什么样的环境之中。同样是人，其中的差距为何如此之大。"因此李斯下定决心要改变自己所处环境，想要像那些粮仓中的大老鼠一样，去谋求一种富足闲适的生活。

秦始皇时期，李斯当上了丞相。起先他在吕不韦手下任郎官，得到秦王的赏识和信任之后，又逐渐升为为长史、客卿和廷尉。秦始皇正是依靠他不论国别、任人唯贤的谋略统一了天下。作为一个能力和才华俱佳的政治家，李斯在秦统一的过程中，确实起到了不容忽视的作用。但遗憾的是李斯并非一个有骨气之人，后因贪图富贵，又与赵高合谋篡改诏书，助纣为虐，最终将秦王朝送上了不归路。自己最后也不得善终，被赵高陷害致死。

其实李斯追求名利的行为并没有错，但是他身在宦海，却没有明白"聪明且露头者，必杀其身"的道理。在有智慧又懂得藏锋这一点上，曾国藩就做得比李斯强太多了。正因为他在看破官场功名真意的同时，还能保持一颗平常之心，所以才能够善始善终，身名两全。

倘若我们能看淡名利，我们的身心就能得到放松，在追求名利的时候，才不至于不成为名利的奴隶。切记不要为了争名逐利去做那些让自己身心俱疲，丧失人格尊严的事。把名利看淡一些，能让我们在行进之时还能停下来去看看路边的风景，能用心去追寻平淡的幸福，能在恬静的生活中笑看人生。

平则致合，激则招争

【原文】

平则致合，激则招争。

【译文】

平和处世，可以使大家相处和睦；激烈的处事方式反而容易找来争议，引起不和。

【解读】

滚滚红尘中，我们会遇见很多这样或那样的麻烦事，这些事情如果处理得当就会变成好事，但如果处理不当，就会发展得越来越糟，最终变得难以收拾。其实，在处理麻烦事时，首先需要人们静下心来，因为只有静下心来，你才能以一种平和的心态去对待整件事，这样也许就能很快发现解决问题的关键所在。

遇事之时要牢记切莫惊慌，更不要用偏激的想法去处理事情。正所谓"当局者迷，旁观者清"，遇事还是得先冷静下来，慢慢思索，才能不被表象所蒙蔽，最终找出事情的真相并将其解决。诚如曾国藩所说："对于道曲折，立岸者见而操舟者迷；棋势胜负，对弈者惑而旁观者审！非智有明暗，盖静可以观动也，人能不为厉害所曰，则事物至前，如数一二，故君子养心以静也！"

曾国藩还有一句说得很有道理，那就是"养得胸中一种恬静"。只有做到心中恬静，才能心安下来；只有心里真正地安定下来，才能用理性的思维去思考，才能用心去发现事情的本质真相。心里恬静下来了，心就变得澄明透彻了，就能看透事情中的曲曲折折、是是非非，能明白那些在你偏激、烦躁时永远也看不清楚，想不明白的事情。因此想要做到遇事能泰然处之，曾国藩这句话还是十分有启迪意义的。

曾国藩早年身体孱弱，疾病缠身，成名后为修身养性则"游心于老庄之虚静"。他独创养心十四条，日日磨炼，身体终于在三十年后恢复如常。这三十年的养心经历，让曾国藩练就了一颗淡然处事之心。在遭遇麻烦、烦心之事时，曾国藩能冷静以对，从容不迫，这都来源于他有一颗恬静的心。这颗恬静之心让他有了一种淡然、平和的处世态度，因此他才能看透本质，抓住关键，在解决问题时一击即中。用淡泊之心去看事，用平和之心去对事，以恬淡之心处世，才能把事情处理得井井有条、一丝不乱。

心的平静能使自己远离自然的喧哗，能让你身处闹市犹在净土，这就正好迎合那句"问君何能尔？心远地自偏"。拥有一颗平静的心，便能看淡世事，就会以平和的态度去解决世事。

对世人来说，在处理和解决问题时，那些委婉一些的方法更能发挥其效用，这就是为什么态度平和友好就能顺利地将事情解决，反之偏激强硬的方法却会把事情越弄越糟，最终弄得不可收拾。

如果我们不能用平和的心态和方法去解决事情，而是选择了暴力或激烈的方法，那么就会将一件很小的事情演变成一件很大的事情，到最后甚至无法收场。所以说想要更好、更安全、更顺利地去解问题，心态平和是最重要不过的。态度温和之人在第一眼就会给他人留下良好的印象，再加上文明的措辞、得宜的举止，事情就能很好解决了。所以，想要在以后的生活、事业中更好地解决问题和麻烦，就赶快去学习静心之法，学习曾国藩那种平和的处世态度。

逊，自无后患

【原文】

既不被欺凌，则处处谦逊，自无后患。

【译文】

既然不想被他人欺负凌辱，那么遇事之时就处处谦让，这样自然以后就没有忧患了。

【解读】

在日常生活中，我们经常可以看到这样一种人，他们渴望成功但急功近利，常常会不自觉地在别人面前过度地表现自我，并将这样的态度和做法作为自己的习惯。他们往往不懂谦逊，以为谦让别人就是忍受自己被人欺负。通常这样的人都不会有很好的人际关系，因此常常处于一种困境之中而不自知，这就是他们因不懂谦让而给自己埋下的恶果。

《挺经》中曾说："不矜才，不伐功，不忘本。为人以谦，为政以和，守其常也……有隙则明示之，令其逸不得入；大用而谕之小用，令其毁无以生。"意思是说，不要因为自己的才华而自大，不要向他人夸耀自己的功劳，不忘记自己的根本。做人要谦虚，治国要平和，（这样）是保住长久（的方法）……有嫌隙就光明正大地说出来，这样才能让逸言不能入耳；受到重用要告诉别人是小职位，这样诋毁才不会出现。明代万历朝的名相张居正就曾因为自己的才能与年少不知谦虚而引来一场无妄之灾，这就是不谦逊而惹祸端的典型例子。

张居正的爷爷张镇年轻时游手好闲、不务正业，年纪大了也无所作为，只在辽王府做了一名护卫。不过张镇有一个令人羡慕的好孙子，这就是张居正。张居正幼年就有神童之名，不仅在家乡小有名气，甚至被当时江陵府的几位重要官员所看重。不仅如此，张居正在十二岁时就中了秀才，在当地被视为天才。

第七代辽王朱宪炜的嫡母毛妃知道大名鼎鼎的神童小张秀才竟然是府里护卫张镇的孙子，于是便时常邀请张居正到府里来和朱宪炜一起学习玩耍，给贪玩任性不上进的朱宪炜做个榜样。毛妃还经常拿张居正来刺激朱宪炜说："你这孩子再不上进，早晚有一天会被张居正牵着鼻子走啊！"年纪尚轻，少不更事的张居正也还不懂得要谦虚谨慎，自闭锋芒的道理，而是任由别人把自己的才华作为一种鼓励和刺激他人的工具。时间久了，本就不是什么心胸开阔之人的朱宪炜就在心里埋下了对这个玩伴根深蒂固的恨意。

嘉靖十九年（1540年），十六岁的朱宪炜为父亲守孝期满，继承了辽王之位，与此同时，同样是十六岁的张居正竟然中了举，成为了江陵府最年轻的举人。辽王的意气风发、春风得意顿时被张居正的风头所盖过。在朱宪炜眼中，张居正成为一个骄傲不堪、小人得志的典型，他决定要报复这个从小就让自己受气的张居正。但张居正毕竟是举人身份，有功名在身，又很有名气，对张居正自然不能轻举妄动。于是朱宪炜就向府中护卫，张居正的爷爷张镇下手了。他将张镇请来赴宴，席间不停地赐酒，甚至张镇醉得不省人事了，还要派人强灌。最后也许是酒精中毒，也许是饮酒过量引起了什么病症，张镇竟然就一醉不起，撒手人寰了。

若干年后，张居正回忆起这件伤心的往事时，曾自叹道："大用而谕之小用，令其毁无以生。"就因为年轻时的一时不慎，铸成了难以弥补的大错。所以说，谦虚谨慎不但是自身应该建立的一种品德和修养，同时也是保全自己免遭他人嫉妒，酿成无妄之灾的一堵保护墙。

真正聪明的人懂得以低姿态为自己织就一张防护网，这样才不会引火烧身。如果不能做到"不矜才，不伐功，不忘本"，就很容易招来嫉妒，也很可能会遭到别人的打击，所以在不涉及原则问题时学会低一下头，遇事谦让，这才是是真正睿智的做法。

处世之道，内刚外柔

【原文】

处世之道，内刚外柔。

【译文】

为人处世的道理，在于内心刚毅而外表温柔和顺。

【解读】

曾国藩的文集中有这样一段话："余近年默省之勤、俭、刚、明、忠、恕、谦、浑八德……就中能体会一二字，便有日进。"这段话的意思是说，我这些年来默默的自我反省检查勤、俭、刚、明、忠、恕、谦、浑，这八项品德，只要能够从中体悟到一两个字，就能够有很多收获。这八字中有一"浑"字，就是成功处世不可或缺的重要因素。

所谓"浑"字，和"内刚外柔"讲得是一个意思，指的就是为人处世要适当作到糊涂和圆滑。而这里所说的糊涂并不是真的糊涂，而是指在适当的时候装糊涂。

曾国藩曾经说过，古人所说的"三达德"，第一就是智，智就是明，英也是明。而明有高明和精明两种，但不管是高明的人还是精明的人，一定要对眼前之事十分明了，才能对事物有所判断，且在做判断的时候是不能含混的。正所谓"用人极难，听言亦殊不易，全赖见多识广，熟思审处，方寸中有一定之权衡"，曾国藩所说的"明"是指其本质，而"浑"只是一种外在表现形式，也就是所谓的"外柔"。

正因为如此，曾国藩一生都践行着《论语》中"为璞玉之浑含，不为水晶之光明"的箴言。人常说，如果能够用肉眼清晰地看到水中的鱼，那是不吉利的事情，做人也是如此。如果为人太过聪明伶俐，像水晶那样晶莹剔透，全无含蓄，那样就不能够保全自己了。曾国藩对这一道理的理解很透彻，他曾在致友人的书信中说道："愿阁下为璞玉之浑含，不为水晶之光明，则有以全二亦不失。"曾国藩所说的"浑含"，就是我们今天说的"该糊涂时就糊涂"。

刘备落难投靠曹操，曹操收留了刘备，却没有对刘备完全放心。曹操生性多疑，他害怕刘备有朝一日重整旗鼓，会和自己争天下。刘备住在许都，为防曹操猜忌，就在后园种菜，每日亲自浇灌，做出一副躲避世事纷扰的样子来迷惑曹操。

一日，曹操约刘备入府饮酒，以龙喻人，评论谁为当世之英雄。曹操征求刘备的意见，刘备点遍袁术、袁绍、刘表、孙策、刘璋、张绣、张鲁、韩遂，均被曹操一一贬低，曹操指出英雄的标准是："胸怀大志，腹有良谋，有包藏宇宙之机，吞吐天地之志。"

刘备问："谁人当之？"曹操意味深长地一笑，说自己与刘备才是英雄。

刘备以为曹操看破了自己的心事，吓得把匙箸也丢落了地下，恰好当时大雨将至，雷声大作。刘备拾起匙箸，战战兢兢地说："一震之威，乃至于此。"曹操哈哈大笑，大大减轻了对刘备的戒意，认定天下再无人能与己争。

刘备在自己不占优势的情况下，选择了装糊涂，让曹操误以为其胆小，却也由此，减轻了曹操的戒备心。在强者面前，尤其是与自己有利益冲突的强者面前，多露浑含、装糊涂，虽是退让，却保护了自身的安全。

现实生活中的处世之道也是如此，心中清楚明白、有判断、有主意即可，没有必要事事挑明。一个人太过较真，凡事都要求个明白、准确，有时反而会灼伤他人，引人嫉恨，最终挑起纷争。

我们应该在不涉及原则、不逾越底线的前提下，给别人点面子，给双方点余地，反而会保得自身平安。"处世之道，内刚外柔。"这应该是值得深刻领悟的。

位高而资浅，貌贵温恭，心贵谦下

【原文】

位高而资浅，貌贵温恭，心贵谦下。天下之事理人才，为吾辈所不深知、不及料者多矣，切弗存一自是之见。

【译文】

有些位高权重之人却资历尚浅，有些相貌高贵之人却温和恭敬，有些思想崇高之人却很谦卑。天底下的事情、道理、人物，我们所不知道、不了解、出乎预料之事太多了，所以千万不要有自以为是的偏见。

【解读】

谦恭是一种美德。它与谦虚、恭敬为邻，反对狂妄自大和傲慢无礼。拥有谦恭之心的人不仅处事圆润，能与他人和谐相处，还能做到以诚待人，礼贤下士。

谦恭不是一种姿态，而是一个人内在品德和修养的体现。一个谦恭的人，他不会因为学问的渊博而骄傲自大，也不会因地位的显赫而傲慢无礼。与之相反的是，这些人越是学问大越能谦虚谨慎，越是地位高越能以礼待人。

中国人是十分讲究谦恭之道的。圣人孔子很早就说："三人行，必有我师焉。"几个人同行，别人一定有比你优秀的地方，所以孔子提倡学习别人的优点，不以向不如自己的人请教为耻。事实上，孔子也用他的实际行动来践行了"谦恭"两字，为后世之人做出了表率。

孔子非常虚心好学，如果他有不明白的事情，总是虚心地向别人请教。一次，孔子到鲁国太庙里参观祭典，太庙是国君祭拜祖先的家庙，祭典礼仪非常烦琐，却是孔子的兴趣所在。

孔子一进太庙，就问这问那，每个细微之处都不放过。孔子本人也懂礼，但是他仍虚心地向太庙里的官员学习，由此可见他的谦虚好学。孔子的弟子子禹曾经问子贡，为什么孔子每到一个国家都能听到该国的政事。子贡回答他说，孔子温和、善良、恭敬、俭朴、谦让，他用这样的态度去对待别人，别人自然也会把自己知道的政事告诉他。

孔子以"温良恭俭让"处事待人，成为后世人们学习的榜样。曾国藩也讲谦恭，这是他在官场上摸爬滚打多年总结出来的经验。他也曾年少轻狂，骄横傲慢，只是他在不断的历练中总结和反省自身，才做到了谦虚谨慎，礼让他人。

曾国藩在长沙办团练的时候，动辄就指责别人的过错，因此和湖南很多地方官的关系都不好。再加上他年轻时争强好胜，伤害了许多人的感情，对自己的声誉也产生了负面影响。由于和他人矛盾的原因，曾国藩在湖南的团练工作也得不到支持，进展很不顺利。后来他在家守制的时候，开始反省自己以前的处事方式和工作态度。经过长时间的自省，他认识到，自己现在处境如此尴尬就是由于对人傲慢的缘故。至此，曾国藩悟出了官场中的做人之道："历观名公巨卿，多以长傲、多言二端而败家丧生。"

由于认识到了骄傲的危害，懂得谦恭的重要，曾国藩变得谦虚谨慎起来。他不仅对同僚和下属表现得礼让谦虚，也常将自己手中的权力推让给他人。咸丰十年（1860年）六月，曾国藩被授予两江总督、钦差大臣一职，但是他并不敢专权，多次上疏奏请减少自己的职权，并请求朝廷另派大臣来江南协助他。

曾国藩还认为"天地间唯谦谨是载福之道"，谦恭成为了他的处事准则，只有谦虚谨慎，才不至于得罪别人，这样才能保全自己，在浮浮沉沉的官场中游刃有余。

曾国藩不仅自己保持着谦恭处世的态度，也把自己的这一人生经验分享给他人。他在家书中写道："沅弟爱博而面软，向来用人失之于率，失之于冗。以后宜慎选贤员，以救率字之弊；少用数员，以救冗字之弊。位高而资浅，貌贵温恭，心贵谦下。天下之事理人才，为吾辈所不深知、不及料者多矣，切弗存一自是之见。"

这是曾国藩给三弟曾国荃的忠告。当时曾国荃在山东为官，有用人轻率繁冗的毛病。曾国藩写此信告诫他，并与他分享自己为官的法则——"貌贵温恭，心贵谦下"。曾国藩还说："自谦则人愈服，自夸则人必疑我。恭可以平人之怒气，我贪必至启人之争端，是皆存乎我者也。"意为谦虚可以让人对你产生敬佩之心，自夸却只会让人对你产生怀疑和猜忌；恭敬能平息别人的心中的怒气，而贪婪却会与人发生争执和纠纷，可见曾国藩对谦恭的重要性有着多么深刻的认识。

不仅是曾国藩，古代许多贤能君主都懂得谦恭的道理。齐桓公不记追杀之仇拜管仲为相，终于称霸中原；刘备力排众议三顾茅庐，才请得诸葛亮出山助他兴复汉室；曹操更是赤脚迎接许攸，最终荡平天下，成为一代枭雄。谦恭的君主能得到最好的人才，因其礼贤下士，所以士大夫愿意竭尽所能地帮助他们治理天下。

其实，无论是君主圣贤，还是平民百姓，都应当做到谦恭有礼。趾高气扬不会受人尊敬佩服，傲慢无礼更让人无法接受。为人处世最好的态度就是谦和恭敬，这样才能在事业上与人为友，在生活中与人为善。

第五章　宽　怀

不甘为庸庸者，向平实处用功

【原文】

吾亦不甘为庸庸者，近来阅历万变，一味向平实处用功。

【译文】

我也不甘心做一个平庸的、碌碌无为的人，最近亲身经历的事情千变万化，而我一直都在向平淡实在的地方下功夫。

【解读】

"大器晚成"，出自《老子》四十一章中"大方无隅，大器晚成。大音希声，大象无形"一句。这个成语的原意是指越铸造大个头的铸件（如鼎、钟）所需要冷却凝固的时间就越长，冷却时间足够长，铸件方能"成器"。现指能担当重任的人物要经过长期的锻炼，所以取得成就的时间也就较晚。

对于一个有才能的人来说，无论在何时成功，结果都是相同的。所以无论是少年得志还是大器晚成，都是对自己实力的一种证明。但必须承认的是，大器晚成比少年得志需要历经更多的磨炼，也更加需要耐性。曾国藩也认为，一个人在年轻时就出人头地，并不是一件好事，因为这容易使人得意忘形。人生总有不如意之处，一时的失意并不代表一世的失意。因此，我们的眼光要朝前看，不必拘泥于暂时的失意和挫折。

曾国藩也算是大器晚成的典型。他到二十八岁才进入仕途，在翰林院任庶吉士一职。曾国藩的一生屡遭大风大浪，但他的大器晚成让他拥有丰富的能力和经验去应对一切。得益于此，他才能在官场上如鱼得水，一步一步走上成功的台阶，最终成为晚清四大"中兴之臣"之首。

从古至今，很多大人物的成功都不是偶然的，也不是一蹴而就的。他们之所以能成功，不是因为他们天资有多聪颖，而是因为他们懂得在平实处下功夫，花大量的时间来打基础。所以在他们崭露头角之前，总比一般人要花去更多的精力和耐心，这也绝不是一朝一夕就能完成的。

东汉时，有个名叫马援的人在十二岁的时候就失去了双亲，是他哥哥将他抚养成人。马援少年时期虽很有理想，但天资并不聪颖。当时和他同村有个叫朱勃的人，与他年纪相同，却能够张口背诵《诗经》和《尚书》。马援知道此事后自愧不如，便向哥哥提出要去边疆放牧。哥哥很了解马援，便安慰他说："你是很有才能的人，只要肯发奋努力，克服自卑，将来定成大器。"马援听后，更加努力学习。在他的坚持下，终于在五十五岁时被封为伏波将军。此外，马援还在东汉建立的过程中屡建奇功，因此成为了一位"大器晚成"的名将。

大器晚成比少年得志更能经得起时间的考验。这些大器晚成之人在成功的道路上付出的辛苦和努力要比常人多的多。在这个异常艰辛的过程中，他们不光要顶着世俗的眼光和压力，还要戒骄戒躁，以平常心对待一切人和事。因此，大器晚成的人通常都是最具有实力成功的人。成功无关年龄，只要尽到自己最大的努力，肯在平实之处下工夫，命运往往都会对你有所回馈。

曾国藩就是一个很注重在平实处用功的人。他从不做无用功，也不去做那些华而不实的表面功夫。他是一个注重累积的人，因为他曾说过："学问来自一点一滴的积累，不可速求，要如愚公移山。"在曾国藩的观念里，只有一点一滴的积累，才能打好基础，才能有获得成功的希望，无论是读书还是做事都是如此。曾国藩的四弟和六弟屡试不中，他便安慰弟弟们不必因为一次的失败而羞愧，只要发奋努力，就一定能够成功。他还说成大事者往往成名都较晚，并劝慰祖父母不需要因此而过分忧虑和担心。

曾国藩劝弟弟的话确实有道理。如果平时用功在实处，那么效果势必会比较慢。所以在这个过程中要保持平和的心态，不能急于求成，这正是大器晚成所蕴含的真正道理。须知欲速则不达，只有坚持把每一步都做好，着眼于最基本、做基础的地方，你的成功才会比别人的更大，也更能经受得住时间的考验。

专守一"静"字法，可期万稳

【原文】

当此酷暑，贼以积劳之后远来攻扑，我军若专守一"静"字法，可期万稳。

【译文】

正值酷暑之际，敌人在长期的劳累之后会再从远方来攻打我们，我军如果专门遵照一个"静"字，那么万事就可安稳了。

【解读】

佛家有语云："以不变应万变。"意思就是要以静制动，用既定的原则去应付千变万化的势态。

老子认为"道"中包含着静和动这两个对立面。静是本，动是流，静是动的基础，因此无论治国处世，都要以静为本。在古代兵法中，"静"之一道更是制敌的关键。

曾国藩从来奉"静"字为守身秘诀。尤其在行军打仗之时，湘军一直以守"静"而取胜。曾国藩在谈到此事时曾说过："战阵之事，须半动半静。动者如水，静者如山。又思兵不得已而用之，常存不敢为先之心，须人打第一下，我打第二下也。"

"静"字看似容易，想要做到却很难。平日里人们总说，凡事要占个"先机"，但为了这个"先机"贸贸然采取行动的却大有人在。原本是想以奇袭攻其不备，却不料反而自曝其短，将自己置于不利之地。

曾国藩在讨论战事的时候曾提到："当此酷暑，贼以积劳之后远来攻扑，我军若专守一静字法，可期万稳。"意思就是说，盛夏之际，酷暑难当，贼人在长期的劳累之后再从远方来攻打我们，我军如果专守"静"字之法，便可万事妥当，胜利在望。面对劲敌，曾国藩首先考虑的并不是如何出兵攻打，而是在看清了时势，分析了利弊之后，利用天时地利来拖垮敌人。

不难看出，兵家所推崇的这一"静"字，并非只是一味空等，而是以一种更加清晰冷静的角度分析战局，找出敌人的弱点和攻打的时机，伺机而动，出奇制胜。善于守"静"之人就如同一只潜伏在暗处的豹子，绷紧了全身的筋肉，只等时机一到，就扑出来一口咬断猎物的咽喉。

以"静"字为守则，除了要懂得伺机而动之外，还要学会沉着冷静。

苏洵曾说："为将之道，当先治心，泰山崩于前而色不变、麋鹿兴于左而目不瞬，然后可以制利害，可以待敌。"这正是说，成大事之人，不能因眼前的变故而大惊失色，乱了阵脚。在指挥手下将士之前，将领先要做到镇定自若。

战场之上，危机丛生。若是因一点风吹草动便失了章法，就会让整个大局为之改变，后果必然不堪设想。慌乱使人无法做出正确判断，一步错而步步错，一次失败就有可能永无翻身之日。只有将心态放平，看清眼前的形势，走好每一步，才有机会从中逃脱。

兵家讲究"一鼓作气，再而衰，三而竭"，但一举制胜的信心和能力非常人能拥有，倘若在思索之前便冲动行事，就更加不可能制服对方。高手过招之时，先动就意味着将自己的弱点暴露于人前。

动静之中，"动"是力争之意，看似积极；"静"是不争之意，看似消极。但若能将这二者合理利用，便能做到我不动而敌动，我后动而敌先动，从而让先动者的力量消耗殆尽。如果说对手是一头垂死的病虎，那即使你只是一只尚显弱小的恶狼，应付它也是绰绰有余了。

其实以静制动的道理并非只适用于兵家一途。常言道，商场如战场。在商海中，形势变化万千。看似平静无波的海面，可以霎时间掀起惊天巨浪。面对这些变动，如果光靠着勇气咬着牙硬拼，只会落得个鱼死网破的结局，既无法撼动大局，也无法拯救自己。此时，若能镇静下来，泰然处之，或许还能找到一线生机。以静制动不是随波逐流，也不是放弃，而是在动荡的情势下保留实力，只有如此，才能在看到出路时鼓起十二分的精神，杀出一条生路。

面对变故，心浮气躁只会让形势更难，处境更险。反之，沉着冷静，伺机而动，往往能无往不利，所谓"专守一静字法，可期万稳"是也。

畏止祸，足止贪

【原文】

食能止饥，饮能止渴，畏能止祸，足能止贪。

【译文】

吃饭可以使饥饿停止，喝水能够使口渴停止，敬畏之心能够阻止祸害的发生，学会知足能够阻止贪念的产生。

【解读】

有位中年人觉得自己的生活压力太大，日子过得十分沉重。不堪重负的他想要在纷繁的世事中寻求一种解脱之法，因此便去向一位禅师求教。禅师听完他的诉说之后给了他一个篓子，让他背在肩上。中年人依其所言背起篓子，禅师便对他说："你可看见前面那条小路？去走一遍，但要记住，每走一步就将路上的一块石头放进自己的背篓里，回来之后告诉我你的感受。"

中年人虽然不解，但还是照着禅师的指示去做了。当他回到禅师面前时，背上的篓子里已经装满了石头。此时禅师问他这一路走来有什么感觉，他回答道："我只觉越走背上的篓子越沉重。"

禅师听后语重心长地对他说："我们每个人来到这世上时，肩上都背着一个空篓子。每当我们往前走一步，就会将一样东西放进篓子，如此自然会感觉肩上的担子越来越重了。"

中年人又问："那大师可有什么法子能减轻人生的重负呢？"

禅师并没有回答他的这个问题，而是反问他道："那你可否愿意将你毕生所得的名声、事业、财富、家庭和朋友拿出来舍弃呢？"那人低头不语。

禅师见状，又说："每个人的篓子里装的，都是自己费尽心思从这个世上寻来的东西。倘若你拾得的太多，又不肯放弃其中的一部分，那么你的生命必然承受不起。"

中年人又问禅师："那在人生之路上，该将什么留下，将什么丢弃呢？"

禅师大笑道："这有何难。留下心灵之物，丢下身外之物便是。"

当我们低着头满头大汗地寻找地上的石子的时候，便错过了抬头就能轻松欣赏的漫天璀璨；当我们鼓起一身干劲快步向前的时候，便错过了路旁草丛里嫩黄花瓣带来的生的讯息……那么，这样的人生，究竟得到了什么，又失去了什么呢？

诚然，现在我们拥有的机遇越来越多，可以得到的东西也越来越多。但与之相应的是，人们的贪欲也越来越大。人一旦有了功名，就会对功名觊觎多；有了金钱，就会对金钱贪得多；有了爱情，就会对爱情要得多；有了事业，就会对事业求得多。当得到的东西超过生命承载力的时候，你该怎么办？该留下什么，又该舍弃什么呢？

其实，最好的方法便是减少自己的欲望，返璞归真。

曾国藩曾说，"食能止饥，饮能止渴，畏能止祸，足能止贪"。意思便是，吃饭可以使饥饿停止，喝水能够使口渴停止，敬畏能够阻止祸害的发生，满足能够阻止贪念的蔓延。

人的欲望是无穷尽的，若是由着性子来，不考虑自己和背篓的承重能力，将自己想得到的石子无论大小轻重，不断地纳入囊中，最后的结果只有竹篮打水一场空。懂得知足，懂得珍惜自己已得的，不一味地去追求那些虚妄之物，日子自然就可以过得简单而幸福。对绝大多数人来说，功名利禄就像背篓里的石子，得到的越多，行走的步履就越沉重。选择其中最重要的留下，其他的皆舍弃，人就会越通达，越容易感受到幸福。倘若过于贪心，想把一切做到尽善尽美，只会令自己的生活不堪重负。留下真正重要的，舍去不该得到的。因为心中的贪念愈少，得到的幸福也就愈多。

心以收敛而细，气以收敛而静

【原文】

每日临一百字，将浮躁处大加收敛。心以收敛而细，气以收敛而静。

【译文】

每天临摹一百个字，将急躁、不沉稳的心情减弱。内心因为减轻了浮躁之心而变得细腻，情绪也因为学会内敛而变得安详。

【解读】

有人说："现在人们最短缺的不是物质，而是一颗宽容的平常心。"我们且不去判断这种说法正确与否，但倘若能拥有一颗宽容的平常心，那在面对外界的各种变化时，便能做到不惊不惧，不愠不怒，不暴不躁，我们的内心就抵达了禅意的境界。同样，一个人如果不懂得收敛控制，那便难成大器，最终面临也可能是失败。

道光年间，想要进入仕途便只有考试一途。寒窗十载，并非一般人所能承受，但曾国藩为了能入朝廷一展抱负，可谓是下足了苦功夫。

经过一番努力，曾国藩终于得偿所愿，考中了进士。刚步入朝堂的曾国藩可谓是志气满满，但不久之后，他才知道身居官场是多么的力不从心。

起初曾国藩的仕途四面碰壁，十分不顺。他在翰林院内编著枯燥的书籍，无疑就像是遁入空门，了无乐趣。曾国藩每天心中都有着一把无名之火，见到谁便吹鼻子瞪眼，少不了与人大动干戈，更得罪了不少同僚。不仅对同僚如此，就是见到宫内的小太监、小宫女，曾国藩都会不分青红皂白地骂他们一顿。紫禁城就像一个集市，消息传得十分快，曾国藩暴躁动怒的性子也就通过众人之口传到了道光帝的耳中。

后来，曾国藩的弟弟来到了北京，同曾国藩住在一起。由于曾国藩每天都扯着大嗓门对他一顿臭骂，其弟便负气回到了家乡。

曾国藩似乎对自己的暴躁易怒也感到了懊恼，就在这个时候有个名叫唐鉴的人闯入了曾国藩的生活。唐鉴是理学大师，道光皇帝在接见他时，特地叫曾国藩前往陪同。曾国藩也知道唐鉴的名气，于是便借着想学程朱理学为由，拜了唐鉴为师。

唐鉴不愧为理学大师，他在知道曾国藩喜欢发脾气这个坏习惯后，便开始悉心教导曾国藩。起先，唐鉴让曾国藩每天都写日记，将自己一天所经历的事情记录下来。日记就像是人的一面镜子，里面有着自己最真实的一面。如此一来，曾国藩每每都会翻阅自己以前写过的内容，并从中总结出自己的不足，然后便可以一点点地改掉自己的缺点，后来干脆把自己的号改成了"涤生"。

唐鉴知道后点头赞赏，毫不吝啬地夸奖了曾国藩，说他能够将自己易怒的习惯改掉真是十分难得，并告诫他以后为人处世要戒骄戒躁，心平气和。

唐鉴的话对曾国藩来说如醍醐灌顶，他立刻从以往的困惑中清醒过来。想到以前因为自己的暴躁在官场结了不少怨，曾国藩更觉得要控制自己的情绪了。

除了写日记自省的办法，曾国藩后来还用练字之法修身养性。他曾说过："每日临一百字，将浮躁处大加收敛。心以收敛而细，气以收敛而静。"练字可以平心静气，试问一个自律和内敛之人又怎会心浮气躁呢？

曾国藩的这番话也告诉我们一个道理。当我们遇到棘手的事时，不要急躁，要平定自己的心绪，这样才能想出对应的法子。因为一点小事而迁怒他人，于己于人都不利，是十分不明智的。

心静则明，如果我们在发脾气的时候能够冷静对待，那么浮躁的情绪就能得到控制，处事的方法也会更加理智。倘若控制不住自己的情绪，最后的结果就是得不偿失。只有平复心中躁气，收敛自己的脾气，才能懂得生活的最高境界。

静中真味，煞能领取

【原文】

静中真味，煞能领取，心微浮则气浮矣。

【译文】

宁静之中才有人生本原的意味，并极可从中获得，若心中稍有浮躁，那么精神状态也会受到浮躁的影响。

【解读】

在刚步入仕途时，曾国藩举止轻佻浮夸，做了不少的荒唐事。那时的他身上有很多缺点，没有人能看出他会成为晚清的中兴之臣。

后来曾国藩意识到自己不能再这样下去了，否则自己的后半生将毫无光明可言。他想改掉自己身上轻浮的毛病，但用了很多方法都不管用，直到理学大师唐鉴送他一字，他照做之后，才彻底改掉了浮躁的缺点。之后的曾国藩变得沉着冷静，看事也更加准确、透彻。

唐鉴是倭仁的老师，他给曾国藩的这个字说起来很简单，要真正做到却不容易，这个字就是——静。唐鉴告诉曾国藩："最是静字功夫要紧！若不静，省身也不密，见理也不明，都是浮的！总是要静。"

曾国藩听了唐鉴的这番话，如醍醐灌顶，豁然开朗，终于知道自己该如何去做才能提高自己。

之后曾国藩说："既而自窥所病，只是好动不好静。先生两言，盖对症下药也。务当力求主静，使神明如日之升也，即此以求其继继续续。"大致意思是说，我身上的这些轻佻浮夸的毛病都是因为自己好动不好静造成的。唐先生所说的话，正是对症下药。现在开始我要全力在"静"这个字上下功夫，循序渐进，一定要改正缺点，超越自我。

曾国藩说到做到，真的在"静"字上下足了功夫。为了能做到平心静气，曾国藩用了两种方法，一是静坐，二是写日记。曾国藩认为静坐只是一种形式，真正的目的是在静坐中静心，所以从不拘泥于静坐的形式，双盘可以，单盘可以，甚至只是坐着也可以，只要能达到静心的目的就行。至于记日记之法则是为了让自己每天都能在记日记或者回看之前的日记时直面自己的错误，反省自己的过错。曾国藩自1839年开始记日记，一直持续到他去世的前一天，坚持不懈长达三十多年。

曾国藩用这两种方法确实让自己做到了平心静气。心绪平稳之后，从前的轻浮变成了之后的稳重，从前的浮躁变成了之后的冷静。正是这个"静"字让曾国藩脱胎换骨，终成一代名臣，名留历史。

现代社会，浮躁越多，是非也就越多。人们总是来去匆匆，忙忙碌碌，但知道自己人生意义何在的人又有多少？人们给自己制造了一种忙碌的假象，认为只有忙碌才能证明自己的存在。这实际上是一种心不静的表现，因为看不透，才自欺欺人，纠缠于是非中难以自拔。在这点上，我们应该学学曾国藩，在宁静中过滤掉凡事中的是是非非。只有这样，我们才能感悟到人生的真谛。

梁实秋先生有一部名作题为《雅舍小品》，文里谈吃喝、谈男女、谈世相百态，虽是嬉笑怒骂之言，但最终都能回归到一种关于心灵的思考。人们不禁好奇，梁实秋先生口中之谓"雅舍"究竟是怎样的幽静雅致？然而当谜底揭晓时，人们的失望却大于欣喜。原来所谓"雅舍"既没有让人凝神静气的绿树相拥，也没有古典精致的陈设装饰，甚至连遮风挡雨的功能都不算健全，且梁实秋先生还不是它的真正拥有者。

当年，梁实秋先生为了躲避战乱来到四川，寄居在山坡之上的陋屋之中。房屋阴冷，邻人聒噪，就连周围的环境也都带着几分苍凉。但就是在不算乐观的环境里，梁实秋先生收到了生活赠予他的思维之礼和文学之礼。后来他应邀为当地的一家出版社写专栏，毫无保留地将自己在四川的所感、所想誊录在了那浅浅的红笺之上。

对于读者的失望，梁秋实先生却并无多少遗憾。他在为此雅舍著文的过程中写道："'雅舍'非我所有，我仅是房客之一。但思'天地者万物之逆旅'，人生本来如寄，我住'雅舍'一日，'雅舍'即一日为我所有。即使此一日亦不能算是我有，至少此一日'雅舍'所能给予之苦辣酸甜，我实躬受亲尝。"此雅舍并非真正的"雅舍"，但正是这种能把陋室看成雅舍的心态，才使梁实秋先生在任何处境中都能淡然以对，随遇而安。这也跟刘禹锡《陋室铭》中所说的"斯是陋室，惟吾德馨"有几分相似之意。

遇事，恬静方能心安，心安才能思考，思考就会生智，生智才会有法，有法才能解决，解决才能反省，反省才能看透，看透最终彻悟。静下心来，心就变得澄澈，便能看透心不静时看不透的，能明白烦躁时永远不明白的道理。也只有静心，才能清晰地看透事物的本质，感悟到人生的真谛。做一个纯粹的自己，以宁静的心态去看事，以恬淡的态度去处世，这才是人生最大的价值。

唯忘机可以消众机，唯憕懂可以被不祥

【原文】

惟忘机可以消众机，惟憕懂可以被不祥。

卷二 家书

【译文】

只有忘掉算计才可以消除大家的心机,只有懵里懵懂才可以消除不祥的祸端。

【解读】

何谓心机?机巧之心也。

我们常常被教导,为人处世时要留点心思,多个心眼,自以为心思用尽便能成竹在胸,一步跃上枝头,成为人人称羡的凤凰。殊不知,往往聪明反被聪明误。譬如《红楼梦》中的王熙凤,人称"凤辣子",是个多么八面玲珑的女人。她虽为一介女流,却能够在贾府翻手为云,覆手为雨。可就是这样一个风光的人物,最后也只落得个草席裹尸的凄惨结局,惹人唏嘘。曹雪芹给她的判词中有"机关算尽太聪明,反误了卿卿性命"一句,正点出她之所以结局如此,就是因为"机关算尽"四字。

曾国藩,晚清中兴四大名臣之一,官及大学士,何等威风。就是这么一个看似心中城府万千的人物,却悠悠叹出"惟忘机可以消众机,惟懵懂可以祓不祥"的感叹来。这并非神赐的顿悟,而是曾国藩在半生荣辱起伏后所悟得的人生真谛。作为一个胸怀壮志的青年,曾国藩也曾满腹心机。正因为他的精于算计和锋芒毕露,使其在官场上吃了不少闷亏。曾国藩一度自恃处事圆滑,人情世故无一不通,却始终无法应付官场上阿谀奉承之人。反观他的好友迪安,全然不懂人情世故,却依然如鱼得水,怡然自得。几番思索之后,曾国藩终于悟得,只有忘却自己的心机,才能使自己免除被困他人心机之扰。

在官场职场之中,位于金字塔尖的人少之又少。越是锋芒毕露,树敌便会越多。众人都以为使尽浑身解数,尽力发散自己的光芒,就能让别人看见自己是块闪光的金子,却忽视了这光芒也能招来他人的妒恨,迷了自己的眼。或许人们投来的羡慕的目光会让你感到满足,但在这目光之下隐藏的是更浓的嫉恨。

忘却心机以求看清时势,不露锋芒以求免遭厄运。而在收敛锋芒,忘却心机之时,唯有"谨慎"二字可以助人早日到达成功的彼岸。

君子之道,贵在谨言慎行,厚积薄发。若一味将自己展露于人前,让人看透你的长短和喜恶,就如同在进行一场被人看透底牌的豪赌,迟早会输得身败名裂。

老子也曾说过,君子盛德,容貌若愚。真正聪明的人,往往是那些满腹经纶,一身绝学,却仍能谦虚对人、以诚待人的人。曾国藩也曾说过:"人以伪来,我以诚往,久之则伪者亦共趋于诚矣。"

或许有人会觉得,谨慎谦虚的生活方式有种避世的意味,透着股消极的感觉,实则不然。正所谓"以退为进",受人尊重的人往往是谨言慎行的人,而赢得他人好感和信任的人,也往往是谦逊诚恳的人。只有那些自作聪明的愚笨之人,才会任意妄为,把自己的小聪明当作天赐的禀赋。

诚如曾国藩所说,"功不必自己出,名不必自己成",交友待人要"推诚守正,委曲含宏,而无私意猜疑之弊"。如此贤人,也难怪一代伟人左宗棠也"自愧不如元辅"了。

为人处世,比起事事争强好胜,更重要的是明白欲扬先抑的道理。放下心机,藏起锋芒,不是不争,而是换一种更加聪明的方法,使自己争得漂亮,赢得轻松。这种"不争",大大增加了成功的概率,反而是"争"的一条捷径。

"惟忘机可以消众机,惟懵懂可以祓不祥",与其竖起全身的尖刺与别人斗个你死我活，伤人伤己，倒不如像曾国藩一样，先把自己藏起来。因为只有在慎独律己的沉潜之后，才能一步步地成为一代大家。

心宽然无累，反觉安舒

【原文】

若全无名心，记亦可，不记亦可，此心宽然无累，反觉安舒，或反能记一二处，亦未可知。

【译文】

如果全然没有名利之心，记住也可以，记不住也行，这样的心态宽大豁然，不会感觉到累，反而觉得安详舒服，也许反而能够记住一两处，这也是不知道的。

【解读】

生活中总是充满着各种各样的意外。命运是最难捉摸的东西，所以一个人的人生终不可能只有坦途，没有挫折，只有甘甜，没有苦涩。很多人在遇到挫折时，总是满腹牢骚，怨天尤人，但是这样又有何用？埋怨不仅得不到任何的好处，反而让自己的心情越来越郁闷。与其这样，不如将心放宽，学会自我调节，这样才能适应这变化莫测的人生。

责人不如责己，求人不如求己，把自己的心放宽，为自己营造一个平和安宁的环境。心宽了，气顺了，这样做起事来才能达到想要的效果。曾国藩在谈求学处世的方法中，强调了抱怨的危害性，并且告诫他的四个弟弟凡是在要发牢骚的时候，必须扪心自问："为何你心中怀不平之气？有什么事情使你不满足？"倘若能够做到积极地反省自己的内心，使心绪平和，这样就没有什么事情是不能忍受的。在这之后，再想法去解决，能改变的就去改变，不能改变的就坦然接受。

曾国藩的这种求学处世的方法就是教人在遇到困难时，与其满腹牢骚，不如静下心来去反省。因为只有静心才能看清，看清了，才能接受，接受了才能找到最正确的办法解决。孔子告诫我们应该做到"人不知，而不愠"，这里的"愠"字有"怨天尤人"的意思。也就是说，人如果能够真正具备了很深的修养，就不会怨天尤人。

面对挫折和失败，淡然地一笑而过是一种自信和平和。只有把心放宽，才能不沉溺于失望和痛苦中无法自拔。其实失败和挫折就像是遮住了太阳的乌云，会让人感到不开心，不舒服，但乌云不能总是遮住太阳，终有云开雾散，阳光普照那一天。任何苦难都是暂时的，它不会持续一辈子，所以不要因为眼前的风雨就去否定明天的阳光。

遇到事情，要尝试去多多反省自己，不能在心中藏着怨天尤人的念头，如此我们才能拥有冷静的头脑和平静的心，才能在最短的时间内找出解决问题的方法。只有具备了"人不知，而不愠"的胸襟和气度，才能让自己始终保持平和的心态。

曾国藩曾说过："富贵功名皆人世浮荣，惟胸怀次浩大是真正受用。"他的人生道路上虽充满了荆棘和坎坷，但他从不怨天尤人，从不喋喋不休地发牢骚。他只会把心放宽放静，然后深思解决之法。

一切的苦难都是暂时的，总会有雨过天晴的时候。所以在遭遇挫折的时候，不要一下就被击垮，更不要把苦难看作是无法逾越的高山，只要学会宽心，学会静心，就一定找出摆脱眼前困境的方法。要像曾国藩一样，做到心胸宽大，这样才能更好地解决困难，才能更好地继续你的人生道路。

去机巧，求笃实

【原文】

守笃实，戒机巧；守强毅，戒刚愎。

【译文】

保持笃定踏实，戒除投机取巧；保持坚强刚毅，戒除刚愎自用。

【解读】

作为晚清声名斐然的士大夫之一，曾国藩的很多言行都成为后世人学习的榜样。在他的一生中，"守笃实，戒机巧，守强毅，戒刚愎"这十二个字一直是他坚守的人生信条。

"立德、立言、立功"之"三不朽"是中国古人一直所推崇的理想，而曾国藩这个"末世完人"给后人带来的影响不仅体现在人格上，更给传统的儒家文化带来了新的气息。在为学方面，曾国藩严于律己，时间一长就形成了一种气派，这从其与朋友往来的书札中就可以看出。

曾国藩曾经说过："天地之所以不息，国之所以立，圣贤之德业之所以可大可久，皆诚为之也。故曰：诚者，物之始终，不诚无物。"在他看来，万事万物的存亡都与诚相关，唯有笃实地去做，才能避免掉入机巧的陷阱。在教育兄弟子女时，他更强调无论是为人处世，还是功业文章，都要以诚为本，踏踏实实，切忌投机取巧。

看过武侠小说的人都知道，武功有正邪之分。正者讲究的是根基扎实，练习之人必须按部就班地修行，才能慢慢修炼到最高境界。与之相反，邪者看重的是结果。为了追求结果，他们可以不择手段，虽功力提高很快，但最终都会以走火入魔收场。《射雕英雄传》中的郭靖与杨康就是一正一邪的最好例子。

郭靖性格憨厚，在习武方面可以说是天资愚鲁，但好在他为人厚重踏实，不怕吃苦，从不取巧做事，最终练成了降龙十八掌等惊世骇俗的上乘功夫。在此期间，郭靖又得到聪慧超人的绝代美女黄蓉的青睐，成为了人人羡慕的大侠。相比郭靖的踏实用功，杨康却贪图虚荣，为了荣华富贵投敌卖国，被武林中人唾骂，不得善终。

其实许多事情就是如此简单，只要踏踏实实去做，每个人都可以到达成功的彼岸。但就是有很多人想偷懒、耍滑儿，不肯脚踏实地，于是败在了自己所谓的"聪明"上。郑板桥曾说过这样的话："试看世间会打算的，何曾打算得别人一点，真是算尽自家耳！"正所谓"聪明反被聪明误"，一个人如果太过精明，的确可以占得不少便宜，但你的精明也会让别人对你加以防范。

在日常交际中，人们常常喜欢与单纯的人交往。因为与他们交往轻松、自然，不需要时刻警惕，费尽心机。单纯并非就是愚蠢，可以随意欺骗与捉弄，相反它指的是心地的纯净、平和和淡泊。正如荀子所说的"温和如玉，完美纯正"，温婉单纯之人懂得多，想得深，看得透，但他们宁愿把心思放在更有价值和意义的事情上。而与精明的人交往，必须得处处小心，时时提防，因为稍有不慎，就会落入他人的陷阱之中。与这种人交往越深，就越会感觉自己被欺骗、被愚弄。

做学问贵在精明，但在为人处世上则需糊涂一点，不要太精于算计。郑板桥还说过："聪明难，糊涂难，由聪明返糊涂更难。"的确，让精明之人学会糊涂实非易事。因为只有经历过挫折和磨难的人，才能够真正明白人生的内涵，才能达到难得糊涂的境界。

经历过风雨的人不会去计较人世间的是非恩怨。不但在非原则问题上不会去计较，在某些原则问题上也会大而化之，更不会在细小之处做过多纠缠。所以我们要学会理智地去应对任何事情，学会适应各种环境，面对各种逆境。以理智的"糊涂"去化险为夷，以聪明的"糊涂"去平息矛盾，这才是一种大智若愚的人生。

不管是对于家庭还是对于社会来说，"难得糊涂"都是一个至高境界。对家庭来说，它意味着理解、包容和平等。因此在面对长辈的唠叨时要多一些理解，面对爱人的过错时要多一些包容，面对孩子的幼稚时则要多一些平等。对社会而言，糊涂意味着宽容与爱心。忍一时风平浪静，退一步海阔天空。如果一个人真能修炼到如此境地，真是人生一大幸事！

"不用巧"是诡智的最高境界，而"守笃实"则是对其的超越。这是一种睿智，一种坦荡，一种悠然的处世之道，也是一种端正的人生态度。心胸开阔，心情平和，淡泊明志，宁静致远。坦然地去面对一切，以静养心，便可达到超凡脱俗的境界，成就人生的大智慧。

勿外享大名，内图厚实

【原文】

若一面建功立业，外享大名，一面求田问舍，内图厚实，二者皆有盈满之象，全无谦退之意，则断不能久，此余所深信，而弟宜默默体验者也。

【译文】

如果一方面建立功勋成就大事，在外享有盛大的名气，另一方面置办家产、谋求个人私利，在内贪图厚实，一旦这二者都达到极致，完全没有谦虚退让的意思，那一定不会长久。对此，我十分地相信，而弟弟你应当默默地体验。

【解读】

世间万物多有极限，唯独欲望无休无止。正所谓欲壑难填，一个人一旦起了贪念，那就会难以控制，无法满足。用有限的生命去填补欲望的沟壑，恰似精卫填海，不仅自不量力，且愚蠢至极。人生苦短，欲望就是痛苦的根源，所以少一分欲望，就多一分超脱；少一分痛苦，就多一分欢乐。

曾国藩是一位传奇人物，但他生活节俭，守着"穷"字过了一世，恰好应了岳飞那句"文官不爱钱，武官不怕死，则天下治矣"。曾国藩在年轻之时就非常勤俭且深谙理财之道，湘军的军饷大多都是他自己筹集的。这其中的艰辛，也只有他自己明白。每一笔军饷，曾国藩都亲自落账入库，支出时也有严格的手续。在他位居重臣之时，更是将勤俭摆在了关乎国家兴亡的重要地位，不仅以身作则，还时常教育别人。

曾国藩身为将相，每餐却只以一菜佐饭。在他考察扬州一带时，盐商以各种珍馐为其接风洗尘。他在礼貌地吃了几口之后，就再也无法动筷。宴席之上，他对身边的官员说："一食千金，吾不忍食，且不忍睹。"工作之上，他更是尽心抓住每一秒的时间，唯恐光阴流逝，一去不返。曾国藩的勤勉，在其身后留下的日记诗文中就可见一番。

曾国藩时常教导子女："家中的男孩子必须走路，不可坐轿骑马，女孩子不要太懒惰，应当早日学习烧菜煮饭。家里有书、有蔬菜、有鱼、有猪，可以显示一个家庭的生气；少睡觉，多做事，可以显示一个人的生气。勤快，就是生动之气；节俭，就是收敛之气。一个家庭能做到既勤且俭，那就绝对不可能不兴旺发达。"他不愿看到自己的子孙后代因家业兴盛就开始过骄奢淫逸的生活。因为这样只会让家道中落，家人最终也会落得四处流浪，饿死于沟壑之中的下场。

正因如此，曾国藩不止一次地教导他们"勤俭"的重要。他的弟弟曾国荃因家中人口增多，便自作主张花费三千两建造了一间新屋。曾国藩得知此事后很是生气，并写信责怪弟弟说，新屋落成之后，搬进去容易，搬出来难。我此生决不住新屋。如果一个人在"外享大名"之时还"内图厚实"，那便是贪心不足。倘若还不知谦逊，那断不能持久。因此曾国藩从来不在乎家室是否华丽，衣着是否光鲜，一生都秉持着"勤俭节约""居安思危"八个大字。

但可惜的是，像曾国藩这样的臣子实在太少。那些贪官污吏为了满足自己的私欲，无论做官之前是如何贫穷，做官之后都能很快聚敛万贯家财，娇妻美妾环绕左右，骄奢淫逸，无所不至矣。

欲望一旦失控，就如同脱缰的野马。人一旦无法控制自己的贪念，就会成为欲望的奴隶，永远纠缠其中，得不到救赎。

一个僧人惊慌失措地从树林中跑出来，在林子边上刚好碰到两个非常要好的朋友。朋友问僧人为何如此惊慌。僧人答道："我在林子里挖出了一堆黄金，这简直太可怕了！"两个人禁不住说："你这个傻瓜！黄金这等好东西怎么会可怕！快告诉我们你是在哪里挖出来的！"

僧人说："黄金是吃人之物，你们真不害怕？"那两个人说："我们不怕，你快告诉我们黄金埋在什么地方？"僧人说："就在西边的那棵树下，离此处并不远。"

这两个人立刻找到那个地方，果然发现树下埋有黄金。其中一个人说："这黄金是人人都渴望之物，在那个愚蠢的僧人眼里却成了吃人的怪物！"另外一个人也随声附和，点头称是。他们于是开始讨论怎么把这些黄金运回家中。其中一个人说："白天运送黄金太不安全，我留在这里看着，你回去拿些食物，我们在这里吃完饭，等到天黑之后再把黄金运走。"

同伴走后，留下的那个人心里便生出邪念，想要将黄金据为己有。为了钱财，他决定在同伴回来时就将他打死。回去拿饭的人也在想:"我先回去吃饱饭,然后在给他的饭里下毒。他如果死了,这些黄金就全归我了。"等到他拿着饭菜回到树下,他的朋友就从背后用木棒狠狠地将他打死,然后说道:"你不要怪我,都是黄金逼迫我这样做的。"然后他就拿起同伴送来的饭,狼吞虎咽地吃起来,最后也毒发身亡。

很多人都说,金钱是万恶之源。但细究之,这个观点根本就是不正确的。金钱的价值是人们赋予它的,所以万恶的根源应该是被欲望所支配的人心。只有控制住自己心中的欲望,不为欲念所控制,懂得知足常乐的道理,做人做事才能坦坦荡荡。

曾国藩的一生,当官以清廉有信为本,不图安逸,不图虚名,崇尚勤俭。其实不止是做官,做任何事情也都是同样的道理,只有看淡名利等身外之物,才能做好自己的本职工作。只有获得了心灵的宁静,才能享受自由自在、无拘无束的人生。

第六章 挺 忍

受不得屈，做不得事

【原文】

受不得穷，立不得品；受不得屈，做不得事。

【译文】

忍受不了贫穷，就成就不了高尚的品德，忍受不了屈辱，就无法成就大事。

【解读】

曾国藩常常说自己是在一次又一次的逆境中，不断成长起来的，所以对待逆境，他不主张逃避，而是主张忍受。曾国藩的忍功了得，也正是这个"忍"字，让他在变幻莫测的官场中笑到最后。

何为"忍"？忍，是指把内心或喜或悲的感受加以控制，不让其表现出来。将"忍"字拆开来理解，意思更加一目了然。"心"字头上加一把刀，本义是指为了不让心受伤而乖乖地一动不动。

"忍"这个字是每个人都必须学会的，因为没有人能一帆风顺，毫无波折的走完一生。人生不可能像一潭死水，平静无波，它更像潮水，涨涨落落，起起伏伏。在潮涨的时候，我们开心雀跃，但此时要学会不骄不躁；在潮落的时候，我们失落悲伤，此时就更要学会忍耐。

曾国藩的人生之路十分坎坷，尤其是在杀人不见血的官场，他能走到最后全靠一个"忍"字。对于在官场行走的曾国藩来说，忍耐就像吃饭睡觉之于普通人一样，几乎变成了人的一种本能。

一次，一个和曾国藩有过误解的御史当众给他难堪。他不仅将曾国藩大骂一顿，还牵扯了许多往事，且言语尖酸刻薄，大有故意找茬儿、秋后算账的意思。在这种情况下，周围的人都担心曾国藩会被骂的失去理智，一时失手做出什么惊人的举动。到时场面一旦失控，那么就将无法收场。眼见御史越骂越过分，就连周围的人都快受不了了。要知道文人骂人，其尖刻程度简直是无法想象的，不带半个脏字也能把人气个七窍生烟。尽管如此，曾国藩依旧是面无表情，既不回应，也不反驳。到最后，这位御史骂无可骂，只好灰溜溜地回家去了。

曾国藩能忍受别人的辱骂并不是因为他生性懦弱，爱逃避现实，而是因为他知道，对于这类辱骂他人之人，最好的反击方法，不是回骂，也不是挥拳相向，而是以漠然处之，让他一个人去唱独角戏。因为无声的反抗会让被羞辱者处于弱势的地位，这样既能博取他人的同情又显示出自己的大度，何乐而不为呢？

用沉默来对羞辱你的人，最终的结果都是对方风度尽失，灰溜溜地落荒而逃，而于你毫无损失。倘若你和他一般见识，在大庭广众之下对骂起来，那你岂不是和他一样，像跳梁小丑一样滑稽可笑。用沉默来对抗他人的羞辱，就好像太极中的借力打力一样，巧妙地把对方的力化解后再无声地打回去，这才是最好的解决办法。曾国藩的忍让我们看到了他的智慧，而这种智慧更是我们现代人需要学习的。

吃了一点点的亏就呼天抢地，好像天塌下来一样，不是忍让者应有的气度。而这些人之所以如此焦急，是因为他们受不得气，受不了委屈，所以就更要学会忍耐。孔子有言："小不忍，则乱大谋。"今天的忍耐不是软弱，而是为了明天更大的成功。但就是这样浅显的道理，却有一些人并不真正懂得并将其付诸实践。

能耐、能耐，说白了就是能够忍耐。没有人能不受委屈，随心所欲的想做什么就做什么。"受不得穷，立不得品，受不得屈，做不得事"，想要活得更好，活得更开心，就要学会忍。小忍，是修养，大忍，是气度。

忍，不一定是忍受委屈，还可能是忍受诱惑或者困苦。能忍受痛苦之人，就不会再怕辛苦，也就不会担心自己若有一天陷入困境会一蹶不振。郑板桥所说的"难得糊涂"其实也是一种忍。这是一种忍的态度，也是一种忍的境界。都说吃亏是福，其实想想也有道理。"祸兮福所倚，福兮祸所伏"，任何事都有两面性，不能只看一面。只要能正确对待问题，学会忍耐，不怕吃亏，或许就会有意想不到的收获。

常言说得好："忍一时风平浪静，退一步海阔天空。"这句话告诉我们，一时的忍耐，并不会让我们损失什么，今天所受的屈辱可能在将来会得到更大的回报。人生的艰难困苦，无时无刻不存在我们身边。遇到困难时，不要逃避，要学会用正确的心态去接受它，去忍耐它。所谓"能受苦方为志士，肯吃亏不是痴人"，忍耐是一种人生的磨炼，它会让我们的性格更加坚韧，思想更加成熟，做事也更有章法。

曾国藩说过："一个忍字，消了无穷祸患，一个足字，省了无限营求。和可消人怨，忍足退灾星。"忍，是一种智慧，一种解决问题的办法，能给自己减少很多不必要的麻烦。那些渴望成功的人，那些想要成就一番大事业的人，无疑不经历过种种的困苦和磨难。倘若想坚定不移地走完你的人生之路，并在最后取得辉煌的成就，就要像曾国藩一样，要学忍，要会忍，更要能忍。

艰苦则强，娇养则弱

【原文】

吾所以教家人崇俭习劳，盖艰苦则筋骨渐强，娇养则精力愈弱。

【译文】

我之所以教诲家里人要崇尚节俭、习惯于劳动，是因为艰难困苦可以使人的筋骨越来越强健，娇生惯养会使人的精力越来越虚弱。

【解读】

自古以来，似乎许多能够独当一面的大人物都跟"勤俭"二字有着密不可分的联系，如吴隐之卖狗嫁女，苏轼房梁挂钱，曾国藩不办新袄都是如此。虽不能说勤俭之人都能成为人上人，但可以肯定的是，成大事者绝不出于骄奢淫逸之辈。

曾国藩一生勤俭节约，即使到了晚年身居高位也不曾奢侈。对于后辈及家人，他也是以"勤俭"二字进行约束。他经常告诫族内子侄们，世家子弟，钱不可多衣不可多，这和现在人们宠溺下一代的行为截然相反。曾国藩认为艰难困苦可以使得筋骨越来越强，娇生惯养会使得精力越来越虚弱，因此他时常教诲家里人要经常保持勤俭。

曾国藩的做法，用现在的话来说就是要将孩子"穷养"，不要"富养"。诚然，勤俭的孩子更能体会到挣钱的不易，也就更懂得努力进取。更为重要的是，他们对物质的欲望和要求较之他人要少得多，懂得将更多的精力放在精神上的进取而非物质的享受上。其实，艰难困苦磨砺的不仅是人的筋骨，更是人的精神品质。只有懂得了何谓艰苦，才能拥有更加强韧的意志力和更强大的处事能力。

何谓勤俭？其实就是用"勤"鞭策自己不断进取，用"俭"约束自己不耽于享乐。说得更简单一点，就是要会吃苦，不怕难。现在人常说："男孩穷养，女孩富养。"其实道理是差不多的。在中国的传统思想中，男人就该是顶天立地的。正因为肩上的责任重，所以男人自然要拥有一颗强韧的心，不惧危险，迎难而上。相比之下，女子比较柔弱，需要他人的庇佑和照顾，那么软弱一点也无伤大雅。

常言道："宝剑锋从磨砺出，梅花香自苦寒来。"从来绝美的风景都是出现在峭壁深渊，只有经历过一番辛苦的人才能一睹它的美丽。同样，吃得苦中苦，方为人上人，只有吃得了旁人咽不下的苦，才能成就别人成不了的事。

朱元璋自幼贫寒，父母兄长均死于瘟疫。他自小孤苦无依，入皇觉寺为小沙弥，每天做些清洁、整理的杂事。朱元璋出家不到二个月，方丈就因荒年寺租难收，将众僧遣散。无奈之下，朱元璋只得离乡为游方僧，以乞讨度日。然而就是这样一个出身贫寒的"小乞丐"，最终却成为明太祖。

元末蒙古族贵族对汉人的压迫奴役已经到了无可复加的程度，但想要起义推翻残暴腐朽的朝廷又谈何容易。朱元璋却凭着他的聪明才智和坚定的信念咬牙抗争，从未放弃过兼济天下的理想。

乱世出枭雄，当时的能人异士何其多，比朱元璋更占先机的人并不在少数，为何出身微贱的朱元璋却能异军突起，最终称王？这是因为，对于朱元璋来说艰难困苦只是平常事罢了。自幼艰苦的经历让朱元璋拥有了无坚不摧的意志力，正是这种强大的精神力量让苦难不再是他成功路上的阻碍，反而成为了让他这把宝剑更加锋利的磨刀石。

诚如曾国藩所言，艰苦则强。是苦难成就了朱元璋，让他有了一颗足够强大的内心。他的坚韧足以应付称霸路上的种种挑战，于是他成功了——废除了蒙古人制定的种族政策，驱逐鞑虏，创立了大明王朝，拯救万民于水火。这是多么耀眼的功绩！

当一个人尝过世上最酸涩的苦果，那么再多的苦涩于他而言都与蜜糖无异，尝之甘之如饴。反之，若是一个人自小只是不断地尝着甜，那么再淡的苦涩对他来说都无异于是一场灾难。艰苦则强，娇养则乱。天盖地庐虽苦，但它能给人更强劲的筋骨、更直挺的脊梁。

耐得千事烦，收得一心净

【原文】

耐得千事烦，收得一心净。

【译文】

忍受得住万千事情的烦恼，便能收获心灵的宁静。

【讲解】

晚清名臣曾国藩有三句至理名言："打脱了牙和血吞。""居官以耐烦为第一要义。""养活一团春意思，撑起两根穷骨头。"从这三句话里面可以看出，曾国藩是一个擅长忍耐的人。他为官和处世之道被后世津津乐道，其中又以"忍"之一字最为人所钦佩。

曾国藩曾说过："遇棘手之际，须从耐烦二字痛下功夫。"他的忍耐之心可以从很多事情上看出来。曾国藩进京参加会试，曾两度名落孙山，但他并未就此放弃，而是愈加努力，终于在第三次一举中第。他虽为一介书生，却战胜了自己的劣势，带领湘军攻克了太平天国的天京。太平天国运动是中国历史上规模最大的农民起义，湘军之所以可以以少胜多，很大程度上源于曾国藩顽强的意志和"屡败屡战"的不屈精神。不仅如此，在兵败岳州、九江受挫、祁门被困等多次战役中，也是因为曾国藩视死如归的信念，才扭转了一次又一次的危局。

这一切的成就都源于曾国藩在遇事时，从容不迫、冷静以对的精神和态度。他用一颗善于忍耐的心，用一种淡然的处世态度，积极应对人生中的诱惑、失败和挫折。而世上之人，在遇事时多是看得明白，却不能忍耐，因为他们敌不过自己的私欲，多数是看得破，忍不过。

可用东汉时管宁、华歆割席断交的故事来解释"看得破，忍不过"这句话。故事的大意是管宁和华歆本是同窗好友，有一天，二人在菜园中劳作，管宁翻土时挖到了一块金子，没多看几眼掷之如粪土了。可华歆不然，他走过去捡起金子，细看了一番才丢下。管宁将这一切看在眼里，回家之后就和华歆割席绝交了。

管宁这样做，在世人眼里看来是有些不近人情，因为在历史记载中二人交情甚好。其实管宁观察华歆很久了，拾金一事让他断定华歆是一个不安于淡泊的人，遂绝交。事实也证明管宁的做法确实是正确的，华歆后来扶助曹丕篡汉，成为被人唾弃的千古罪人。

华歆的结局完全是"看得破，忍不过"所造成的恶果。因为他不甘平凡，又没有一颗看淡世事的心，所以在受到诱惑时就一定会做错事。比如他看到了金子，明知是不义之财，还不赶紧弃之，反而多看几眼才丢弃，这就说明他对钱财之物还是有贪心的。也许后来他的理智压倒了贪欲，也许是旁边还有管宁，也许是这些金子对他的诱惑不够大，最终他没那么做，但这并不代表他没有那个心。

世界上不乏像华歆这样的人，世界上谁不想做好人好事？都想做。很多人知道应该怎么做，道理都懂，可是做起来就不是那么回事了。

其实，金钱的诱惑只是人生中众多烦扰的一个方面而已，人们还会在很多事情上失去忍耐之心。尤其是在面临艰难困苦的时候，浮躁不定的毛病犯得更严重。苦难是人生必须要经历的，但是很多人都忍不过。这些人没有一颗能让自己面对苦难，泰然处之的心，轻者自暴自弃，重者则会选择结束生命这种极端的方式来解决问题。

曾国藩说："遇忧患横逆之来，当稍忍以待其定。"还有"居心平，然后可历世路之险。盘根错节，可以验我之才；波流风靡，可以验我之操；艰难险阻，可以验我之思；震撼折衡，可以验我之力；含垢忍辱，可以验我之操"。至于如何做到"看得破，忍得过"，就要以儒家的"中庸"思想来应对。

"耐得千事烦，收得一心净"，对待世事的纷扰，我们需要像曾国藩一样学会忍耐。因为只有耐得住繁杂，耐得住寂寞，才能养得胸中一种恬静和淡泊。也只有这样，才能以一种平和的心态去看淡，去看破世事；才能在面对诱惑时保持清醒的头脑，不被私欲所控制。

以忍治失意事，以淡处快心事

【原文】

失意事来，治之以忍，方不为失意所苦。快心事来，处之以淡，方不为快心所惑。

【译文】

当遇到不得志的事情时，用隐忍的方法来处理，这样才不会为不得志的事情感到苦恼。当遇到快乐的事情时，用淡泊的态度来对待，这样才不会被得意之事所迷惑。

【解读】

"明天"对于每个人来说，都是神秘而值得期待的。世事变幻无常，没人知道下一秒会发生什么。如果是喜从天降，那么此刻的心情就好比是被人拉到了半空中，浑身软绵绵、轻飘飘的，怎么也落不到地上来。如果是飞来横祸，就像是被人一把拽进了地狱，纵然苦苦挣扎，再也找不到过去的快乐和幸福。

七情六欲虽是人之常情，但大喜大悲往往会给人的心绪带来大的损害。古训有云："不以物喜，不以己悲。"这种超然的处世态度要做到实在太难，那么不妨退一步，把凡事都看淡一些。

当遇到不得志的事情时，用隐忍的方法来处理。"塞翁失马，焉知非福"，今天的痛苦有可能会变成明日的福祉。倘若轻易被挫折打败，成日将自己置身于灰暗的阴云中，那么又怎能以良好的状态去迎接明天新生的朝阳？学会隐忍，学会接受挫折，这样才不会为失意之事所困扰，才不会被其缚住你想要重新前行的脚步。

遇到值得高兴的事情时，要用淡泊的态度去对待。乐极生悲，范进中举之后被巨大的喜悦生生逼疯的故事就是一个极好的例子。虽然这个故事大有夸张之意，但是不得不引以为戒。大喜过望可能会让人失去对时局的准确判断。失败的人并不都是最愚蠢的，而是被胜利冲昏了头脑后才做出了愚蠢的决定。当喜讯来临时，把成功看淡些，这样才不会被得意之事所诱惑，失了最起码的自我控制力。

曾国藩一生数次被破格升迁，他中进士留京师后十年七迁，连升十级，三十七岁时便任礼部侍郎，官至二品，地位尊贵。从山野书生一跃成为二品大员，这种角色转换是巨大的，也极易让人迷失前进的方向。但是曾国藩很好地适应了这一转变。面对升迁，他不是不喜，只是比起喜悦，他更加看重的是与升迁一起而来的责任与艰难。

为了担起肩上的重担，曾国藩越发孜孜不倦地去学习，日夜苦读不息。"日以读书为业"，他不仅博览群书，还不耻下问，如饥似渴地汲取着书本中的知识。这些知识储备与他清醒的政治头脑帮助他形成了自己独特的政见，也养成了他强大的人格魅力。正因如此，他才会有十年连升十级的传奇经历。

诚如曾国藩自己所言："人我之际，须看得平；功名之际，须看得淡。"若是他一味沉溺在喜悦中，忘了前路艰险，佞臣阻道，那么别说连升十级了，怕是在第一次的升迁后就因喜不自胜被打回原形。将胜利的喜悦看淡些，反而能让你的成功延续得更长久。

作为朝之重臣，曾国藩的爱国之心显而易见。面对鸦片战争的冲击，曾国藩既没有被失败打击得一蹶不振，也没有盲目地夜郎自大，奉自己为"上国"，继续做着闭关锁国、孤芳自赏的日子。他把暂时的失意搁置一边，将自己挫败的情绪放淡，冷静地分析起了时局。一方面他十分痛恨洋人侵略中国，认为卧榻之旁，岂容他人鼾睡，并反对借师助剿，以借外国之力为耻；另一方面，他又不盲目排外，主张向西方学习其先进的科学技术。他组织购买洋枪、洋炮、洋船，推进了中国军队武器的近代化。

韩信曾说："胜不骄喜，败不惶馁，胸有惊雷而面如平湖者可以拜为上将军。"古今中外，凡是有所成就的大人物，都与"胜不骄，败不馁"有着密不可分的联系。楚汉之争初期，刘邦屡败。巨鹿之战楚军大胜后，项羽根本不把刘邦放在眼里，多次将其放走。刘邦并没有因此而一蹶不振，最后通过自身的努力战胜了不可一世的项羽，创立了汉王朝。

生命必然有难以承受之重，成大器者必须坦然面对成败，淡定对待顺逆。处于高峰时且歌且行，人在低谷中不必落泪。人生没有绝境可言，无论在多么恶劣的环境里，求生的本能与谋强的意识都会促使人们寻找出路。

不争一时之短，须争一世之长

【原文】

不争一时之短，须争一世之长。

【译文】

不去争一时的长短，应该去争取一辈子的能力与功绩。

【解读】

世人总有争强好胜之心，意气风发时做事也难免会冲动些。有些事情需要抓住时机，当机立断，速战速决，但是有些事情应该从长远的角度来考虑，因为很多东西的是非好坏并不是短时间就可以看出来的。为人处世，不要在乎一时的得失，更不要争一时之长短，而要为一生一世的成功而努力。

不争一时之长短就是告诫人们要有远大的志向和宽广的心胸，要用包容的思想去对待世间万物。有一则寓言，这样说道："老鹰有时飞得比鸡还要低，但鸡永远飞不了老鹰那样高。"一时的高低并不能代表什么，长久的成功才是最为重要的。人生不过匆匆数十载，在这有限的生命中，只有尽心尽力的、心无旁骛地专注于目标，不在乎一时的得失，才不被蝇头小利迷惑，获得最终的胜利。

《庄子·外物》中记载了一个关于任公子钓鱼的故事。

任公子喜爱垂钓，但他不想和其他人一样在池边和河边这样的地方，为了一些小鱼、小虾而劳心费神。虽然这些人每天都能有所收获，但是这样的小利无法打动任公子的心。在任公子心中，只有那些世人闻所未闻，见所未见的大鱼才是自己的目标。

为了实现自己的心愿，任公子用粗大的绳子做成了渔线；用铁锚做成了鱼钩；用五十头犍牛做成了鱼饵。一切都准备好后，任公子带着他的钓鱼用具来到了会稽山上，面向东海开始垂钓。

就这样，任公子在海边整整待了一年。在这一年中，没有一条鱼咬他的鱼饵。尽管如此，任公子仍然没有气馁，而是更加用心地去等待。皇天不负苦心人，终于有一条大鱼朝他游了过来。这条鱼咬住鱼饵之后，剧烈地挣扎，山川大地都为之动容。但最后，大鱼还是成为了任公子的囊中之物。

任公子钓得大鱼之后，将其分割成数块，分别赠予了国人。那时浙江以东、苍梧以北的人们都因任公子的馈赠而饱餐了一顿。世人看到任公子成功后，便纷纷效仿他去海边钓鱼。但是那些模仿者并没有任公子的毅力，根本坚持不了那么长的时间。总之，在任公子之后，再无一人钓到这么大的鱼了。

只为眼前的小利小义没有任何意义，想要获得让世人都赞许和羡慕的成就，就一定要付出长期的等待和努力。

曾国藩出仕为官时，清政府已经是腐败不堪了。在步入仕途之后，曾国藩看到了官场上的派系争斗，官员们的结党营私以及贪污受贿。作为一名汉人官员，曾国藩的立场十分尴尬，一方面他希望为国家、为人民做一些事情；另一方面他也明白，凭一己之力是无法撼动官场的现状的。清朝中后期，地方官员和当地的乡绅为了自己的利益都保持着良好的关系，这也是稀疏平常之事。在曾国藩的家乡就有这样一位姓朱的县令，他和包括曾家在内的当地乡绅的关系都十分的亲密。

有一年，曾国藩家乡的财政出现了赤字，当地的乡绅们害怕朱县令被调职或者降职，于是想要号召全县人民集资补上这个缺口。对于乡绅们的这种行为，曾国藩不以为然。在他眼中，这只是乡绅们怕危及到自身利益而采取的手段，只能解决一时的问题，却并非是长远的解决之道。

对当地的百姓们来说，他们既要顾及生计，又要挤省出口粮钱来填补衙门的空缺，这就使得他们的生活变得愈加艰难。而对于乡绅们，他们是否会出这笔钱钱，又会拿出多少，这都是未知数。就算募集到了所需要的数目，上交之后又一定无法避免被贪官污吏的层层盘剥。到最后，财政赤字的问题还是无法解决。

作为朝廷要员，曾国藩还清楚地知道，官员的任免和调遣都是国家统一规定的，地方财政问题是完全不会影响官员调动的，所以乡绅们的举动是完全没有意义的。正因为分析的如此透彻，所以曾国藩在这件事情上选择了静观其变，保持中立，不参与其中。

不争一时的长短，也含有韬光养晦之意。就是说在对自己不利的形势下，暂时的退让并不可耻，而是为了日后的成功而做的准备。真真假假之中，一时的输赢并不重要。因此不需要为此固执己见，只要时刻保持清醒的头脑，尽心尽力去做好自己应该做的每一件事，就一定能够笑到最后。

做一分算一分，在一日撑一日

【原文】

大局日坏，吾辈不可不竭力支持，做一分算一分，在一日撑一日。

【译文】

天下时局越来越糟糕，我们这代人一定要竭尽全力支撑把持现如今的局势，能出一分力算一分力，在位一天就要支撑一天。

【解读】

我们每个人都渴望过着无拘无束、自由自在的生活，希望生活事业一帆风顺，天天过得无忧无虑。然而现实不是我们所想的那么简单，活在这个世界上，总有许多你身不由己，不得不做的事，这就是所谓的责任。

人处在复杂的社会关系网中，身上总是肩负着这样那样的责任。对父母亲人尽孝是一种责任，父母含辛茹苦地把我们养大，我们应该报答父母的生育之恩、养育之情。对兄弟朋友尽义是一种责任，与朋友交，要诚心实意、肝胆相照。对国家社会尽力也是一种责任，国家花了若干资源培养我们，因此对国家也应有爱国之心和报国之义。

天下兴亡，匹夫有责。国家的强盛，社会的和谐，离不开每个人的付出和贡献。责任对于一个人来说，是一种压力，也是一种荣誉，因此要时时牢记。除了享受权利，生活的另一真谛就是承担责任和履行义务，而幸福的奥义不仅在于获得还在于付出。

清朝末年，社会破败不堪。内有农民起义暴乱，外有八国联军侵华，整个国家千疮百孔，民族危机空前严重。历经了洋务运动的失败、戊戌变法的破灭，腐朽的清政府再难撑大局。

康有为和梁启超等人的变法维新虽然惨遭失败，但这批仁人志士始终心怀对国家和民族的责任感。他们各处奔走，尽自己最大的努力来寻求救亡图存的方法。变法失败后，梁启超逃亡日本，在日本创办了《清议报》，通过报纸这一媒介继续推动维新。

当时的帝国主义为了占有中国，制造舆论污蔑中国是"老大帝国"。为了驳斥帝国主义的无耻谰言，同时也为了纠正一些国人自暴自弃、崇洋媚外的奴性心理，激起民族的自尊心、自信心和责任心，梁启超慷慨激昂地写出了爱国名篇——《少年中国说》。

这篇文章最精彩的一段是这样说的："故今日之责任，不在他人，而全在我少年。少年智则国智，少年富则国富，少年强则国强，少年独立则国独立，少年自由则国自由，少年进步则国进步，少年胜于欧洲，则国胜于欧洲，少年雄于地球，则国雄于地球。"在这里，梁启超精辟地指出了青年人身上肩负的巨大责任。在这种民族存亡的关头，只有年轻人独立自由、进步富强，那么国家才能进步强盛。

咸丰八年（1858年），钦差大臣和春到天京城外组建江南大营，这已经是清政府第二次组建江南大营了。江南大营虽有官兵二十余万，但因为军队腐败，纪律松弛，战斗力十分低弱。咸丰十年（1860年），江南大营在与太平军交战中大败，官军将领死的死、逃的逃，清政府的军事力量又一次受到重挫。

在这生死攸关的时刻，曾国藩没有忘掉身上肩负的重任。处于对局势清醒的把握，他在给沈葆桢的书信里说："四月之季，胡润帅、左季高俱来宿松，与国奎及次青、筱空、少荃诸人畅谈累日，咸以为大局日坏，吾辈不可不竭力支持，做一分算一分，在一日撑一日，庶几挽回于万一。"在朝廷官兵溃败的情况下，曾国藩召集湘军的将领，与他们共商大计，以图扭转危局。

虽然总体形势不妙，湘军屡次被太平军打败，但是曾国藩还是要求手下将领尽心竭力，"做一分算一分，在一日撑一日"。清政府看到了曾国藩的努力，下旨令他署理两江总督，让他率领湘军，在与太平军的对抗中大显身手，为国效力。正是由于心中责任感和使命感，曾国藩才能在不断的挫折中东山再起。

责任无论大小，都是一种你无法选择和逃避的存在，你必须努力地去践行它，才能获得应有的回报。责任有时也是一种巨大的力量，它让你永远有努力的勇气和劲头。

《礼记》里说："老有所终，壮有所用，幼有所长，矜寡孤独废疾者皆有所养。"这种天下大同的境界是天下人的责任，需要每个人付出努力。如果我们每个人都可以把分内的责任做好，那么我们这个社会才能变得和谐而美满。

安分耐烦，挺然特立，作一等人物

【原文】

安分耐烦，寂处里间，无师无友，挺然特立，作第一等人物。

【译文】

规矩老实，忍耐得住烦恼，寂静地待在人聚居的地方，没有老师，没有朋友，正直独立，成为第一等的人物。

【解读】

曾国藩说："稍论时事，余谓当竖起骨头，竭力撑持。"单看这句话，就能看出曾国藩是个性格很强硬的人。他要做顶天立地之人，因此决不会屈从于命运，而他所著的《挺经》一书，正表达了他这种刚劲强硬的性格和处世态度。

所谓"挺"，有伸直、挺拔之意，即势不可用尽，功不可独享，大名要推让几分，盛时要做衰时想，刚柔相济，无为而无不为；百尺竿头，不能再进一步；欠缺本身就是完美。曾国藩之所以能在众说诋毁的官场安然保全自身，依赖的就是这个"挺"字。

曾国藩带领湘军对阵太平天国初期，经常吃败仗，以至于他两次想投水自杀。在他给朝廷的汇报材料里，他如实地写到，湘军虽然作战很努力，却屡战屡败，云云。左宗棠看过他写的奏折后建议他把"屡战屡败"改为"屡败屡战"。经此一改，皇帝非但没有责怪湘军的败绩，反而对他大加褒奖。朝廷对自己的认可振奋了曾国藩的精神，他咬牙力挺，最终完成了平叛大业。

人这一生，要是想成功，就要在某一方面特别擅长，做出与众不同的成绩。但你要知道，没有一事是可以轻轻松松就做好的。想要术业有专攻，就必须付出更多的努力，在所选的方面不断地深入学习，研究，实践，不能怕困难，不能怕失败。因为有了困难就会着力解决，失败了就会去找出原因，然后继续完善。

在哪里跌倒就要在哪里爬起来，在面临压力、责任、烦恼等负面情绪时，都要学会自己扛起来，肩负起属于自己的责任。当然，有好成绩的基础是要有个好身体。所以，保持身体健康也是成功的必要条件之一。健康的身体，专业的学识，丰富的经验，强大的心理，淡然的态度，只有具备了这些条件，才能获得真正的成功。

"挺"字不仅指做事，也同样适用于做人，这其中蕴含的道理都是相同的。做人，要挺直腰板堂堂正正；做事，要挺起胸膛扛起责任。不怕磨难，不怕失败，不怕压力，学会忍耐，学会静心。苦难不是阻拦你前进的障碍，把自己困在苦难中难以自拔的只是你自己，因此能解救自己的也只有你自己。不要把遇到的困难当成惊天动地的大事，要谨慎对待，但又不能太过小心，束手束脚不敢作为。

面对人生，面对艰难困苦，不仅要有积极向上的态度，还要有一颗淡然的心。不论身处的环境如何，都不要惊慌失措，也不要失望灰心。要打起精神，自信地挺起胸膛，挺直腰板与困难较量。在困境苦难中寻找光明，在布满荆棘的道路上寻找前行的路线，寻找通向未来的出口。人生没有过不去的坎儿，只是看你有没有信心，有没有毅力迈过去而已。

曾国藩说："天下断无易处之境遇，人间那有空闲的光阴。"世界上的事情，想做好并不容易，当下定决心去做一件事时，就要做好十二分的准备去迎接各种困难，正视它们，忍耐它们，然后通过不断努力突破它们。

咬定牙根，徐图自强

【原文】

惟有一字不说，咬定牙根，徐图自强而已。

【译文】

只有一个字都不说，忍受痛苦而坚持到底，慢慢谋求自我强大罢了。

【解读】

曾国藩说："困心横虑，正是磨炼英雄，玉汝以成，徐图自强。"人在遭遇失败，身处逆境的时候，最需要的就是忍耐，因为只有忍耐才能稳定局势，解决问题。如果学不会忍耐，那么一旦遇到困难你就会手足无措，自然永远不会有成功的那一日。面对挫折和挑战，不要不去尝试就选择低头。即使知道结果如何，也不要轻易认输，轻易放弃，要在忍耐中慢慢积蓄自己的力量，等待爆发的那一天。

说起曾国藩，我们第一时间想到的就是他的成就。但了解曾国藩的人却知道，他的一生并没有看起来那么顺利，其中充满了挫折和辛酸。而他之所以能取得如此斐然的成就，是因为他是一个特别有忍耐力的人。

曾国藩虽是个文人，但在国内出现动乱之时，他以文臣之姿站出来，亲自训练湘军，对抗太平天国。但是他毕竟不是武将出身，根本不擅长带兵打仗。在他与太平军较量的过程中，失败的次数数不胜数。客观来说，他的军事生涯远没有做政客那么顺利，其中充满了惨痛的教训。

一次又一次的失败让曾国藩灰心丧气，茶饭不思，甚至还曾写下过遗嘱。但无论状况如何惨淡，他最后都能走出阴霾，走出失败的阴影，重整旗鼓，继续前行。也正是因为他这种不屈不挠的精神和忍受失败痛苦的强大心理，才使他在最终获得了成功。

曾国藩的这种忍耐力，不是一般人能做到的。在面对失败时，他不会轻言放弃，而是忍辱负重等待时机，以期反败为胜。就像曾国藩说过的一句话："天下事未有不由艰苦中来，而可大可久者也。"所以忍耐其实是一种积极的等待，是一种不服输的精神，只有饱经挫折和磨炼，才能到达成功的殿堂。

无论经历多少失败和等待，都不要轻言放弃，告诉自己要忍耐。忍不是懦弱可欺，不是放弃，不是逃避，而是一种战略性的撤退。因为我们要给自己一个慢慢变强的机会，等到敌弱我强的时候，再给予致命一击。

想要成功，就必须要学会忍耐。不要在意他人的嘲笑和异样的眼光，要坚信自己会成功。在求取成功的路上，无论有多少见艰难险阻，都要坚定地一步一步地向着成功的方向迈进，直到成功的那一刻。那一刻，身边所有的人都会为我们的成功而自豪；那一刻，所有的忍耐都会变得值得。也只有到那时，你才会发现，是忍耐把你带向成功，带向辉煌。

曾国藩曾说过："遇忧患横逆之来，当稍忍以待其定。"面对苦难，忍耐是最好的办法。只要我们还活着，只要我们还在路上走，就要学会忍耐。苦难是人生的必修课，忍耐则是在这堂课上得高分的秘诀。只有经历忍耐，人才能变得更坚韧，只有经风雨才能见到彩虹。

我们要向曾国藩学习，学习他的忍功，学习他面对挫折时不屈不挠、永不放弃的态度和精神。忍耐是一种智慧，也是一种自我保护的手段，更是一种低调的张扬。不要因为今日的苦难，就失去对明日的信心，失去对未来斗志。要相信，今天的挫折和忍耐是你将来成功的垫脚石。只要学会忍耐，总有一天，那些苦难会结出甘甜的果实。

坚忍维持而后再振，坚忍力争而后有济

【原文】

其后本部堂办水师，一败于靖江，再败于湖口，将弁皆愿去水而就陆，坚忍维持而后再振；安庆未合围之际，祁门危急，黄德糜烂，群议撤安庆之围，援彼二处，坚忍力争而后有济。

【译文】

这之后，本部堂成立水军，第一次在靖江失败了，第二次在湖口失败了。故此将领们都愿意舍弃水军而改办陆军，用坚毅和忍耐去维护保持实力，然后再重新振作；安庆没有被包围的时候，祁门危险急迫，黄德混乱不堪，大家商议撤离安庆的包围，来支援祁门、黄德这两个地方，也是用坚毅忍耐之心去奋力争取，然后才会有所成效。

【解读】

　　人之所以要忍，就是为了保护内心免受伤害。而想要做到如此，就必须要放平心态，以不变应万变，寻找时机脱离险境。

　　忍，并不是坐以待毙的消极态度，也不是把所有怨气都憋在心里。坐以待毙，则无所作为；郁结于胸，则使人智昏，这都不是"忍"的真实意义。忍，是一种涵养，一种策略，是用去面对困难、委屈及磨难时的那种坚韧、坚忍的态度。它要求我们在静观其变的同时不断地充实自己，然后再等待机会，主动出击。

　　忍的哲学，第一层便是忍耐。

　　所谓"万事忍为先"，每个人都有七情六欲，有些人性子急，就更易被周围的环境所左右了情绪。当遇到不满之事时，发怒只会蒙蔽人们的双眼，对看清真相、解决问题毫无益处。不仅在不清楚真相的情况下要忍耐，就算知道了事情的来龙去脉，也切记不可轻举妄动。

　　韩信当年若不是忍得胯下之辱，怕是早丢了性命，又何来之后的丰功伟绩呢？曾国藩曾说过："忍所不能忍，容所不能容，惟识量过人者，能之。"忍之一字，在曾国藩身上可谓被演绎得淋漓尽致。

　　身在官场，曾国藩沉浮几十年，虽经过一番打击潦倒，但终究步步高升，成为朝堂之上一支不可忽视的力量，靠的是什么？靠的是他的博学，他的勤勉，更是他的坚忍。曾国藩初任团练大臣的时候，可谓是雷厉风行，说一不二，从不忍人一分。但是他逐渐发现，若是他想要生存下去，若是他想要做出一番成就，他就必须要学会忍耐。

　　当时，太平军不论在声势还是在实力上都胜清军一筹。曾国藩却认为，最大的敌人不是对手，而是朝廷内部的矛盾。湘军在当时腹背受敌，对手的威胁，财政上的困难，再加上清廷的忽视，都使得平叛一时步步维艰。在这样的境遇下，曾国藩咬着牙忍了下来，不仅度过了这段最难的日子，还自立自强，训练出当时战斗力数一数二的队伍。曾国藩之所以能做到如此，靠的就是一个"忍"字。他靠内心的坚毅忍过了狂风骤雨，等来了风晴日暖。

　　做到了忍为先，便要学会沉潜。沉潜意指在蛰伏的时候充实自己，使自己变得更强劲有力。

　　越王勾践，一日失国，忍辱负重，卧薪尝胆不敢忘其辱，日日励精图治，发奋图强，三年之后终于破吴而归，一雪前耻。勾践之所以能够完成复国大业，忍辱负重和发奋图强这两个条件，不可或缺。勾践失国，是因为他技不如人，成王败寇罢了。若是他不懂忍耐，盲目反抗，怕是早就被结果了性命；若是他只懂得忍耐，不懂得充实自己，那么无论过了多少年，尝过多少苦胆，也注定复国无望。

　　企鹅捕鱼之后要上岸时，就会猛地从海面扎入水中，拼力向下沉潜。因为潜得越深，海水产生的压力和浮力就越大。那时企鹅只需轻轻一摆脚，就能如离弦之箭一样蹿出水面，落回到陆地上。人也是这样，所谓厚积而薄发，只有手上有了十分的力气，才能办成施五成力的事。

　　曾国藩曾说过："凡事皆用困知勉行功夫。"意思就是在解决困难的过程里学得知识，在无数的忍耐中磨炼心智，突破一个又一个困境以努力前行。他在给学生黎庶昌的信中提到："从古奇人杰士类皆磨砺中来，艰巨杂役，磨砺也；米盐烦琐，亦磨砺也。"同治三年（1864年），曾国藩给江西一候选县丞也讲过类似观点，其言曰："古来忠臣孝子，多半是处逆境磨炼出来的。若一片顺境，有何难处？"

曾国藩的忍耐，有他强大的精神力量加以支持。面对困难，他不会自怨自艾，而是咬牙立志，徐图自强。强大的意志力使他能够忍受困境带来的苦难，羽翼未丰绝不妄动，也可以给他奋发向上的动力。正因为有这种打不倒的意志力，他才成为一个真正能忍之人，而不是被长时间的内敛磨去了自己的棱角，变成一个懦弱避祸之辈。

正如曾国藩所说的，"坚忍维持而后再振，坚忍力争而后有济。"面对困境，要坚忍不拔，要坚持初衷，才有可能重振声威；面对挑战，要忍住急躁，时机一到，便出手力争，才有可能得到回报。因此无论你在做什么，想要得到什么，都要先学会忍耐。忍耐虽是苦涩难熬的，但它结出的果实必定是绵软而沁甜的。

智慧愈苦愈明，不可因境遇坎坷而止息

【原文】

精神愈用而愈出，不可因身体素弱，过于保惜；智慧愈苦而愈明，不可因境遇偶拂，遽尔摧沮。

【译文】

精气神用得越多就能激发出越多，不能因为身体本来柔弱，就过分地保护爱惜；聪明才智越是苦思冥想就越明朗，不能因为偶尔处于逆境，就惊慌失措，感到受到挫败而沮丧失望。

【解读】

大多数人都知道，当他们在做一件事情时，如果遇到很多困难和阻碍，就一定要改变方法或者改变方向。因此，求变是人们在面对困境时的第一选择。但事实上，有时只有坚持才是正确的道路，才能最终走向成功。

曾国藩就是这样一个不会随波逐流的人，他在面对事情时的选择是静静地等待，而不是轻易谋求改变。在曾国藩看来，人的潜力是无限的，只要意志坚定，智慧和能力就会不断地涌现。

公元1851年，咸丰帝即位登基，这时朝廷所面临的最大的困境就是太平天国起义。长期被压迫的人们反抗的气势是十分强烈的，而当时的清政府中已经没有什么可用的满族将领了。在这种情况之下，咸丰帝选择了以汉制汉的策略，希望用汉族将领和军队平定太平天国起义。

在咸丰帝破格提拔的汉人将领的名单中就有曾国藩的名字。虽然曾国藩此时作为当地德高望重的乡绅成为了皇帝宣召的将领，但他对于权势并不是十分地看重。那时正逢曾国藩丧母，所以他便以要为母亲守丧为由婉言拒绝了征召。对于这样难得的机会，曾国藩的朋友多次劝说他接受，但他都不予理会。直到他的好友表明如果他能出仕为官，他的父亲曾麟书也会为他感到高兴时，曾国藩才接受了皇帝的征召。

曾国藩被启用后的首要任务就是对抗太平天国的起义军。作为一个文人，曾国藩从

没有上过战场，也没有自己的军队。所以他赴任之后所做的第一件事就是组建一支属于自己的湘军。

湘军刚刚组建时，还存在很多的问题，例如军队的训练不够，战士之间的默契不足，兵器粮草也还在筹备，可以说是完全不成气候。对于湘军此时的问题，咸丰帝完全不知情。他不仅没有下旨帮扶湘军，还不停地敦促曾国藩带兵去援助其他省份。

曾国藩知道，面对气势如虹的太平军，如果不顾自己的处境与之一战，一定是以卵击石，全军覆灭。因此，他更坚定了自己不能贸然出战的决心。但自古军令如山，皇命如天，如果不依圣旨行事的话，曾国藩全家的性命都将受到威胁。

在这样尴尬的处境下，曾国藩没有选择改变自己的决定，更没有因为皇命而屈服，而是选择不停地上书咸丰帝表明自己的处境，阐明自己的观点。起初咸丰帝对于曾国藩的做法非常不谅解，他在盛怒之下认定曾国藩是一个自私自利、好高骛远、贪生怕死的人。

面对咸丰帝的愤怒，曾国藩没有退却。他虽然只是个文人，但自从他领了圣命的那一天起，他就是一个带兵征战的将领。纵然他不畏惧死亡，但也绝不能眼睁睁地看手下的将士去送死。在他的上书中有这样一句话："臣自知才智浅薄，唯有愚诚不敢避死而已。"正是这句话感动了咸丰帝，让他最终理解了曾国藩的苦衷。不仅如此，他还将曾国藩视为知己，对他礼遇有加，对湘军也是大加安抚。

通过坚持，曾国藩不仅为自己赢得了他人的尊重，还为自己将来的仕途赢得了保障。

人生在世，不会永远顺风顺水，困难和逆境是每个人都会遇到的事情。面对这些情况时，寻找自己的过错、思考其他的方法固然是解决问题的手段，但是有些时候想要成功，就一定要勇于承担责任，坚定自己的想法，而不是一味地畏缩和逃避。一个人应当将困难当成一种磨炼，用自己的努力和坚持来换取成功。

第七章 言 辞

说话中事理，担斤两

【原文】

说话中事理，担斤两。

【译文】

只有口中之言合乎事理，才能承担得起他人给予的责任和重担。

【解读】

　　早在几千年前，孔圣人就说过："可与言而不与之言，失人；不可与言而与之言，失言。知者不失人，亦不失言。"除此之外，孔子还给我们留下了诸如做人要"讷于言""慎于言"的告诫。这都是在告诉我们，想要成为一个有智之人，就要学会时刻注意自己的言行，说话时要审慎考虑，切不可胡言乱语。

　　《战国策》中记载了一段关于范雎见秦昭王时慎于言的典故。秦昭王两次召见范雎并向他询问政事，但范雎都是一言不发。直到第三次，秦昭王单独会见他，范雎才说出自己的见解，并成功打动了秦昭王，被封为宰相。

　　为什么三次召见范雎的态度有如此大的反差，那是因为他发现秦昭王前两次召见他时心不在焉，而他要讲的又是如何使秦国富强的道理，既然对方如此不重视，讲出来也毫无意义。直到第三次的秦昭王单独召见他时，他发现昭王确实是虚心向他求教，且态度十分诚恳，这才把自己的见解说了出来。可见，像范雎这样的人，才是一个真正的既不失人、又不失言的智者。

　　为官多年又深谙中国传统文化精髓的曾国藩自然也懂得"讷于言""慎于言"的道理。他深知那些热衷于名利的人常常会怀疑和中伤那些有才德而又能淡泊名利的人，那些邪恶放纵的小人往往要嫉恨和加害那些言行谨慎的真君子。因此，为了免遭他人的猜疑和忌恨，就要做到不仅拥有才德，还要懂得收敛自己，不轻易表现自己的才华。

　　但一个德行兼备之人不可能永远沉默不语，不去表达自己的观点。那么怎样说话才能既不失言失人，又不引起小人妒忌和非议呢？曾国藩所说的"说话中事理，担斤两"就是最好的解决之道。

　　正如老子所说："人法地，地法天，天法道，道法自然。"意思是说宇宙万物都是遵循"道"，依照自然法则而行事。依照牛的生理结构进行解剖，才能做到游刃有余，把一头筋骨脉络错综盘结的大牛，不费吹灰之力地肢解开来。这就是庄子所谓"依乎天理"便可"庖丁解牛"，说话自然也当如此。

　　历史上有很多有智之人说话讲究天地之道而事半功倍的事例，赵武灵王推崇胡服就是其中之一。

公元前307年，赵武灵王亲率军队进攻中山，却接连惨败。赵武灵王将失败的原因归结于中原传统的步兵和战车这种不合理的作战方式上。因为古时的战车十分笨重，只宜在较为平坦的地方作战，在复杂的地形中运转十分不便，且再多的步兵也无力对付那奔驰迅猛、机动灵活的骑兵。因此，要从根本上扭转赵国此时的被动局面，就必须学习胡人的长处，以骑兵对抗骑兵，这才是增强赵国军事力量的唯一出路。

如果想要以骑兵对抗骑兵，那么首先这就需要将中原地区的宽袖长袍的汉服改为短衣紧袖的胡服，这样才能适应骑战的需要。但想要改穿胡服实非易事，因为胡服骑射不单是一个军事改革措施，同时也是一次对传统观念的更新，是一个国家移风易俗的象征，因此以公子成为代表的贵族官僚们都拒绝改穿胡服。这些朝廷内的保守势力抵触情绪很大，他们或公开反对，或称病不去上朝。在这种压力下，群臣也都不愿穿戴胡服，一时间怨言四起，朝局动荡。

在如此巨大的阻力面前，赵武灵王并没有灰心，他相信自己的主张是有道理的，只要耐心地去说服群臣，以理服人，改革定然会受到大臣们的支持。于是他数次拜访叔父公子成，将改革的深意晓之以理，动之以情地告诉他，最终得到了公子成的谅解。事后，公子成和赵武灵王一起穿上胡服上朝，众大臣见状也纷纷效行。

赵武灵王下达的"胡服令"既符合了赵国的利益也顺应了时代的要求，更从侧面满足了人民抗拒强敌侵扰的愿望，完全是合"事理"的举动。且他善于言辞，知道怎样对臣民进行说服教育。正因为他"说话中事理"，才担起了一份"斤两"，扭转了赵国的命运。

巧语悦人，自扰其身

【原文】

巧语悦人，自扰其身。闲言送日，亦搅女神。解人不夸，夸者不解。

【译文】

花言巧语使人愉悦，却困扰着自己。闲言碎语很好打发时间，但也会打搅到你的心神。了解别人就不会随便赞扬，随便赞扬的人就不了解别人。

【解读】

常言道："病从口入，祸从口出。"这表明生活中的很多祸患都是由于我们说话不小心而引发的。因此，我们才要学会谨言。那些道听途说的东西，会让智者见笑，让愚者惊骇，惊骇之人弄清原委以后，会说你欺骗他。笑话你的人会鄙视你，即使你很直率，也会怀疑你。最终忧患悔恨丛集，便下定决心一定要改正。虽然脑子里记住了，但以后仍然重蹈其覆辙，到这时你已经年华老去，时日不多了。因此，我们要明白慎言的道理。

曾国藩是一个极其慎言的人，不该多说的话他绝对不说半句。他所处的时期是封建社会末期，那时社会动荡不安，尤其是处在政治权力中心的官场，就更要谨言慎行，所以他曾说："做官之人，终身涉危蹈险，如履薄冰，故不能不自省、察人。"

曾国藩懂得人言可畏，也明白三人成虎，所以不论是对自己还是对家人，他都要求自己做到谨言慎行。他曾说过:"做官的人,比一般人办事方便得多,做大官的人,往往他想都没有想到,就已有人帮他把事办好了。不仅他自己是这样,就是他的家人往往也是一言九鼎,颐指气使,翻手为云,覆手为雨,无限风光尽被占。这就叫一人得道,鸡犬升天。"

随着官职越来越高,曾国藩的谨慎之心也越来越强。他在给弟弟曾国荃的一封信中提及这样一件事:"捐务公事,我的意思是老弟绝不多说一句话为妙。大凡人官运极盛的时候,他们的子弟经手去办公务也是格外顺手,一呼百应。然而闲言碎语也由此而起,怨恨诽谤也由此而生。所以我们兄弟应在极盛之时预先设想到衰落之时,在盛时百事平顺之际预先考虑到衰时百事拂逆之际。弟弟你以后到长沙、去衡州、回湘乡应把不干预公务作为第一重要的原则。这是为兄我阅历极深之言,望弟千万铭记在心。"可见,曾国藩对流言蜚语何等为惧。阿谀奉承之语虽然能使人身心愉悦,但也会将你引向万劫不复的深渊。

谨言用于当今社会更是再合适不过。当今社会,人际关系越来越复杂,往往由于一句话就能引发出许多事端,给我们自己带来很多不必要的麻烦。因此我们一定要谨言,为自己的嘴把好门,上好锁,不要因为多嘴而惹来祸事。与人交谈之时,说出口之前一定要思虑周全,不该说的一定不要说。话到嘴边留三分,不能为了一时的痛快就口不择言。无论是在职场还是在生活中,谨言的人往往能走得更远,事业也能做得更成功。

智者不夸,夸者不智

【原文】

智者不夸,夸者不智。

【译文】

拥有智慧之人不会夸夸其谈,那些喜欢夸口之人都是不够聪明的。

【解读】

古往今来,恃才傲物之人大多数没有什么好下场,不是招人怨恨,就是臭名昭著。古人云:"傲物失德,多言招怨。"人们也常以"祸自口出"为戒。通常来说,骄傲之人大多是才情浅薄之人。正所谓"傲人不如者必浅人",恃才傲物之人通常执拗且自负。他们以自我为中心,个人主义意识强烈,与周围人很难相处。

这个道理很简单。一个说话很少的人必不会在言语上犯错误,当然也就不会轻易地使自己的缺点暴露在他人眼前。相反那些话多嘴碎的人,他们容易得罪人,也常常因为说错话而惹祸上身。他们在用言语吸引别人注意的同时,也轻易地把自己的缺点给暴露在外。过多的话语容易触及别人的隐私或是痛处,招来别人的厌烦或是不必要的麻烦,因此"慎言"就是我们为人处世一定要遵守的一条准则。

因为"傲物"与"多言"而付出惨痛的代价的例子数不胜数,比较著名的就是三国时期的杨修。杨修可谓是"才高八斗,学富五车",但他同时有一个致命的缺点就是自视甚高。因为他的恃才傲物和口不择言,被曹操残忍地杀害。杨修所遭受的杀身之祸其实就是来源于他那张嘴。

对于这种骄傲自负，祸从口出之事，英国文学评论家塞缪尔·约翰逊就曾说过："许多道德家都曾谈到，人的诸种恶行中，骄傲为最，它以多种多样的形式出现，而又在极其繁复的伪装下隐匿，那种伪装好似掩盖月光的那层翳障，既是月亮的光辉，又是月亮的阴影，它虽可以把月亮藏匿起来，叫我们看不见，又因藏匿得不彻底而叫月亮泄露了自身。"

这样的训诫古已有之，就连《圣经》中也提道："这个世界上不可挽回的有三件事，就是射出的箭、失去的机会和说出的话。"古今中外的教训都告诉我们，想要成为一个真正的君子，就必须做到孔子所说的"讷言"。

工于自省的曾国藩也看到了这一点，甚至比别人看得更深、更远。他一直坚信"长傲不必表现在言语上，神气面色上的长傲，也足以拒人于千里之外"。其实多言不必一定就是指话多，喜欢议论别人、好搬弄是非等也是很招人讨厌的。

我们应该看清，天下有才之人比比皆是，自己引以为傲的东西也许根本不值一提，所以要从内心深处杜绝"傲气"的自省。此外，在人格的修养上，我们也要宽厚，做到少讥评、少嘲讽。

曾国藩在给一位朋友的信中曾说过这样一句话："是非皎然于心而一言不发，劲气常抱于胸而纤毫不露。"就连被称为"修身齐家治国中华千古第一完人"的曾国藩也始终不忘修习此功，更何况是我等一介众生。"智者不夸，夸者不智"，真正拥有智慧的人，又怎会将精力放在夸夸其谈之上。

不说大话，不谈过高之理

【原文】

厚者勿忌人，实则不说大话，不好虚名，不行架空之事，不谈过高之理。

【译文】

厚德的人不要妒忌别人，诚实的人不会说虚夸不实的话，不喜欢虚浮的名声，不做虚浮不实、没有基础的事情，不谈论不切实际的理论。

【解读】

曾国藩对说话的艺术有另一段论述："厚者勿忌人，实则不说大话，不好虚名，不行架空之事，不谈过高之理。"意思是说忠厚的人不要妒忌别人，诚实的人不会说不符合事实的话，不喜欢虚无的名声，不做无基础无根基的事情，不谈论不切实际的理论。这其中隐藏着对说话艺术的一番深奥的见解，一个人必须谨言慎行才能长久的在社会上立足。说话艺术中的最高境界是忘言，其次是慎言、寡言和讷于言。

忘言是很难达到的一种境界，陶渊明一句有名的诗句说道："此中有真意，欲辨已忘言。"也就是指当人达到某种境界时会出现无法言说的情况，那时所有的意境只可意会不可言传。道家的代表人物庄子在其著作《庄子》中有言："言者所以在意，得意而忘言。吾安得夫忘言之人而与之言哉！"原来陶渊明所追求的境界在更早的时代就已经被哲人们提出。忘言是说话中的大智慧。一切真理都了然于心，但无法言说，这就是说话的至高境界。

慎言，顾名思义指的是说话小心谨慎，对要说的话仔细斟酌，话语也尽量精练简短。小心说话谨慎处事的人固然不会犯很大的错误，但是这样的人难免会给人工于算计的感觉。

寡言就是少说话。话说得少了，对言语的疑惑自然也就少了。至于说话艺术中的最后一层讷于言，则是指心中道理明晰，但是口头上不擅长表达。这样的人虽然也给人木讷之感，在社会上吃力不讨好，但也不至于在言语上惹什么祸端。

从忘言到讷于言，虽然有境界高低之分，但同为说话之道，只是精通的程度不同而已。"不多说话，不乱说话，更不说巧话"，这也是说话艺术中需要牢记的一点。朱自清先生更是凭借这个标准来区分君子和小人。他认为，"至诚的君子，人格的力量照彻一切的阴暗；他用不着多说话，说话也无须修饰。只知讲究修饰，嘴边天花乱坠，腹中矛盾森然，那是所谓小人；他太会修饰了。倒叫人不信了。"

朱自清先生所说君子和小人当然不能包括所有的人。说话少的人不一定真的有学问，也许只是腹中草莽，又不善于表达。当然，大多数有真学问的人是不用过多地吹嘘自己的，夸夸其谈反倒会使人不信任。然而世间人大多是介于君子和小人之间的平凡人，普通人既不会有君子高深，也不会像小人那般为了某种目的将自己吹得天花乱坠。平凡之人只求平平淡淡度过自己的一生，不求多说但求能够言之有物。所以林语堂先生也把"多言无益"列入了说话的艺术。

林先生说："俗语有云，会捉耗子的猫儿不会叫，这表明，一个人不要多说话，多说是没有益处的。的确，一个酒鬼，酒后噜噜苏苏地说个不休，有谁把他的话当真？一个老太婆，一天到晚唠叨着，没人会把她的话当真。法庭上的法官，他是不大说话的，但不开口则已，开了一句口，没有一个不大加注意的。"

普通人说话没有人会真心地去聆听，但是法官一开口就是一字千金。所以说，话说得好坏跟说的多少没多大关系，关键要说到点子上。该多说的时候就不要惜字如金，不该说的时候最好是沉默是金。

在《多言无益》一文中，林语堂先生举了这样一个例子。当我们走进商店时，店员殷勤地迎过来，把店里的商品一件件介绍给我们，夸得天花乱坠。面对这样的口若悬河的推销者，我们不一定会买他推销的商品，因为他推销的大多数商品都不是我们当下需要的。而我们此时已经被他说得很是厌烦了，结果很可能是一件也不会买，他推销了那么长时间也可能是徒劳无功。一个好的推销员，不会一直跟着顾客说个不停，而是善于观察顾客的神色，看顾客需要什么再去给其介绍相关的商品。如果看到顾客对一件商品反复观摩，就可以走过去介绍，以最少却最精准的话，说服顾客买下。这就是对"多言无益"的最好解释。

古人对话说得正确与否，及其对事情的影响有很多的阐述。话说得好，正如刘向在《说苑·谈丛》中所说："百行之本，一言也。一言而适，可以却敌；一言而得，可以保国。"这是说可以依照行事的参照只有一句话，一句话说对了，可以击退敌人，一句话说得恰当了，可以守卫国家。

林语堂先生知道为人处世难，而说话就更是难上加难。所以他经常提醒我们，说话不在于你说得多或少，而在于你是否掌握好了其中的分寸，什么该说，什么不该说，这才是真正的智慧。因此，做人需谨慎，"非到关键处，不可多言"。

以上的例子告诉了我们几个做人的道理。我们若能依此行事，在为人处世上就进步了一大步。

首先，用心倾听。我们每个人都有倾诉的欲望，总是希望别人能够听自己说。但是如果人人都抱有这样的想法，那所有人都会只顾自己，说个不停，最后一次气氛融洽的谈话就可能演变成一次争吵。因此，我们要注意给人话机，让对方也参与到谈话里来。学会用心倾听是一门高深的学问，学会倾听，不需说话你就已经高人一等。

其次，深思熟虑。任何一个人都不可能熟悉所有的领域，当别人谈论一个你并不了解的话题时，如果你不知道该说什么，就最好选择沉默。倘若你只了解一点，但又没想好如何开口的话，就选择少说。若真到了非说不可的地步，就一定要经过再三思虑，然后再开口。且务必组织好你的语言，让你的整个立论有逻辑性。如若不然，你说的话就有可能是废话，不仅别人不愿听，也是白白浪费自己的精力。

再次，不争抢话题。在面对一个自己熟悉的话题时，你可能希望尽快将自己的观点表达出来，让大家了解你的看法。这种心情是可以理解的，但千万不要抢别人的话。在他人的话还没有说完时，你就迫不及待地去打断别人，这样谈话的兴致也就消失殆尽了。

最后，要有耐心。与人谈话培养的就是耐心，待别人说完自己的话后，你再发言。这样不仅会增加你发言的分量，同时还会调动大家的情绪，让别人仔细聆听你的话语。

所以，我们在说话时不能随心所欲，该说的就说，不该说的时候最好选择沉默。不要说一些无用的话，也不要抢别人的风头。谨记这一点，你自然学会了做人。

言必忠信，不欺人，不妄语

【原文】

且我诚能言必忠信，不欺人，不妄语，积久人自明之。

【译文】

姑且我能保证我说的话一定是讲忠实、讲信用的。不欺骗别人，不狂妄用语，这样时间长了，我的心意自然为人所明白和理解。

【解读】

"言必忠信，不欺人，不妄语"是曾国藩一向重视的品质。久居官场的他深知官场险恶，多说一句话，说错一个字就会招来难以想象的恶果。但想要在成为一个成就大事的智者、英才之时学会发表自己的观点，那么在日常的言行举止中就要学会把握一个度。这个度简而言之就是上文所提及的"言必忠信，不欺人，不妄语"这三个标准。

曾国藩还曾因为自己的弟弟曾国荃犯的一个错误更加肯定了"慎言"的观点，也更重视把这方面的教育传达给族中子弟们。曾国藩的三弟曾国荃是一个比较缺乏政治智慧的人，他早年没有接受儒家的传统教育，再加之很少有世俗的阻碍给他造成什么困扰，因此他为人不够成熟慎重，常常放言无忌。终于有一次，他因为不懂得揣度分析形势，轻易就发表不成熟的言论，差点儿给自己和家人招来杀身之祸。

咸丰皇帝去世后，奕䜣和慈禧为了争夺权势发动了政变，虽然由小皇帝同治继承了皇位，但实际的政权则是掌握在慈禧等人的手中。这种时局的变化在当时自然是天大的事情，聪明人都会懂得在这种时候谨言慎行，在不欺骗别人的基础上，也不妄加评论，胡乱发表自己的看法。但曾国荃偏偏就不是这样的人。他不知受了谁的鼓动，贸然地上书建议应该甄选顾命大臣，按照顺治、康熙当初继位时那样，由满族亲贵中德高望重之人来辅政。

曾国荃的这番话如同一根针，刺在了有垂帘听政之野心的慈禧太后心上。慈禧此时刚垂帘不久，根基尚不稳固，此时"王大臣"之类的话题正是她忌讳、敏感的。

幸好曾国荃有曾国藩这样一位聪明过人的哥哥，他及时阻止了弟弟的进一步行动，并用孔子"慎言其余"的道理狠狠地批评了曾国荃一番。这可能是曾国藩平生对曾国荃最严厉的一次教育。他对弟弟说："孔子教我们要'慎言其余'，你自己听到的本来就不多，又乱说话，你今后这一条如果改不了，我们兄弟都没得做。今后自己没弄清楚的事情，不要轻易发表意见。"可以说，是曾国藩的及时劝阻和教育，才保全了曾国荃和曾氏一族的性命，否则后果不堪设想。

《论语·为政》中有这样一段教诲："多闻阙疑；其余，则寡尤；多见阙殆，慎行其余，则寡悔。言寡尤，行寡悔，禄在其中矣。"人生有的时候可以尝试，可以奋力一搏。但是到了关键的时候，如果没有特别大的把握，切记不可轻举妄动。

不仅做人，说话更是如此。多少本来有才能的人因为没有管住自己的口舌而惹祸上身。因此，我们说话办事要讲究诚信，只说有根据有把握的话。"言必忠信，不欺人，不妄语"，这不仅是政治家的谈话标准，官场上立足的必要准则，也是我们每一个普通人需要培养的品质。

多言嚣讼，凶德致败

【原文】

古来言凶德致败者约有二端，曰长傲，曰多言。丹朱之不肖，曰傲曰嚣讼，即多言也。历观名公巨卿，多以此二端败家丧生。

【译文】

自古以来因言辞坏德而导致失败的人大概有两种，一是太傲气，一是话太多。所谓尧帝的儿子丹朱不如其父，就是在于骄傲和吵闹争论，也就是太多话。历数自古以来的名望之士及高官，很多人在这两点上导致家道中落，甚至失去性命。

【解读】

"古来言凶德致败者约有二端：曰长傲，曰多言。"这是曾国藩在家书中告诫弟弟们的话。大概意思就是说，从古至今，在个人品德方面，导致个人失败的原因有两个：第一是骄傲，第二是话多。丹朱的所谓的不肖，也是因为类似的两点——骄傲和聒噪。

长傲与多言，看似都是一些小毛病，不足以影响大局。但千里之堤溃于蚁穴，正是这些易被忽视的小缺陷最终致人失败，甚至招来不可预计的祸端。

所谓"长傲"，即骄傲自满，恃才傲物。这类人必是锋芒毕露，自大轻敌。这样的性格和处世态度，无论在何时何地，都是不可取的。一个人若是太过狂妄自大，便容易失去对事物的判断力，辨认不清时局。这样又如何成就大业呢？长傲之人极易自鸣得意，若是为人猖狂，便容易得罪宵小之辈，这样便给自己的成功添了许多阻力与困扰。

至于"多言"，则是喜欢对事情妄加评论，好与人一争高下。曾国藩年轻时也有争强好胜，妄言多言的毛病。他曾在他父亲的寿宴上与一个叫作郑小珊的医者争论，言辞间得意扬扬，丝毫不收敛自己的傲气，在场之人无不侧目。他父亲为此非常生气，将他好好教训了一番。进入仕途之后，以他那个多言好争的性子自然是无法在官场生存的，于是他便要求自己"戒多言，少争论，勿纠缠"。

所谓言多必失，说得多自然就错的多，将自己的缺点曝于人前不说，还会授人话柄，惹来非议。其实无论是长傲还是多言，都是少了一分谨慎，一分把自己"藏起来"的自觉。

戒长傲，要懂得藏锋芒。曾国藩几次三番叮嘱弟弟们"戒傲"，要学会低调做人，谦逊谨慎。俗话说得好，枪打出头鸟，一个人若是锋芒过露，必定会招来祸端。因此不论是为官还是做人，都应该要谦恭有礼。

戒多言，则要懂得城府在胸，深藏不露。所谓"非有城府不足以立足"，自恃满腹经纶，在人前口若悬河，人们难免将你视为狂妄自大之徒。说话时，要学会把自己的想法适当地隐藏起来。这不仅是一种自我保护的方法，也是实现人生价值的一条原则。

"言多招祸，行多有辱"，说话做事之前一定要三思而后行。俗话说"谦受益满招损"，谦虚使人进步，更能带来好运。虽说沉默是金，但有时沉默甚至比金子更加珍贵。

长傲之人，要慎于行；多言之人，要讷于言，没有经过仔细考虑的事情，不能轻易付诸实施，没有经过仔细斟酌的话，不能轻易出口，如此才能自立于世从而走向成功。

多言好辩惹祸端

【原文】

多言好辩惹祸端。

【译文】

喜欢多嘴，喜欢辩论，容易给自己招致祸端。

【解读】

曾国藩不仅著书讨论说话时应该注意的细节，还根据自身的经验探讨了这个问题。咸丰八年（1858年）三月，曾国藩的父亲寿终正寝。父亲的离世使曾国藩非常伤心，这段时期他意志低沉，对什么事都提不起兴趣。他一方面要面承受丧父的痛苦，一方面还要面对朝廷上的是是非非。他虽对皇帝忠心耿耿，在战场上奋不顾身，也为国家牺牲了很多，取得了一定的成就。但朝中总有些奸臣小人诋毁他、排挤他，就连皇上也开始不信任他。

曾国藩之所以一心一意地为朝廷付出，就是希望能获得君王、同僚和天下人的认可。但到头来不仅皇帝不承认他，身边连一个可以信任的人都没有。失落之余，他开始反省自己，认为一定是自己在日常生活中有什么不注意的地方，冒犯了身边的人，情况才会变得如此糟糕。

他在经过反复思考后，最终得出了这样的结论：

一是自己说话的时候总爱和别人发生争执。在跟别人的观点发生冲突的时候，他太过执拗，从来不肯听从别人的意见。有时可能别人是对的，但自己没有给别人任何解释和说理的机会。这样不顾后果地去顶撞别人，很可能会让身边的人处于一种尴尬的境地。你以为是自己占上风，却不知已经为自己树下了不少敌人。

二是自己经常写文章抨击身边的人和事，不仅不给任何人留情面，甚至还和别人打笔战。有些时候不是自己说话的时候，或者根本不该自己发表任何评论，但总是忍不住插一句嘴。这样不仅得罪了同僚，也给皇帝留下了心胸狭隘，不能容人的负面印象。

深思熟虑之后，曾国藩暗自给自己定下了一些规则，希望自己以后在与人交往中少说话，多去倾听别人的话。遇到一件事情，首先听听别人是怎么说的，看他所言到底有没有道理。如果非常想发表自己的观点，就将这些话述诸笔端。他发现家中弟弟们也有诸如此类的毛病，便把自己的心得体会跟家人分享，写了一些家信来劝导告诫他们。

古人总结失败的原因有两种，一是傲慢，二是多言，历史上很多不忠不孝、德行低下的人都有这样的毛病。傲慢多言并不是所有人都有缺点，而是一些门第高家世好的贵族子弟容易心生傲气，然后这种傲气就会在言语上表现出来。曾国藩还说，我现在遭到皇帝和朝廷中人的排挤，境遇大不如前，你们已经没有骄傲的资本了。再者你们也没有什么过人之处，这就更没有什么可得意的了。你们只能虚心学习，恭敬待人，如果一味骄傲多言，只能为自己带来祸患。

曾国藩的这些话触及人心，道出了人与人相处时最真实的道理。言多必有失，说的人也许只是想要炫耀一下自己的资本和见闻，但是听的人早已经在心里对你产生厌恶之意。这样你在不知不觉中就已经得罪一些人了。更何况，话说得太多，别人会认为你不够踏实，光会说不会做，你的动手能力也会遭到他人的怀疑。

俗话说："聪明的人要有长的耳朵和短的嘴巴。"意思就是要多聆听，少说话。少说话虽然会使你显得沉闷，不突出，但是少说就会少错。试着多从别人的言语中发现闪光点，吸取他人的优点来完善自身，这才是最紧要的事。

有些人刚到一个新的环境，对各方面的情况都不是很熟悉，但又喜欢发表自己的意见，这样极有可能给人留下话柄。在任何情况下，我们都应该牢记"少说话多做事"。如果你的口才实在是很好，想要将内心的想法表达出来，那就等熟悉了情况之后，再以事情本身为依据来发表自己的见解。如果在言语上冲撞了别人，不仅不能完美地表现自己，反而给别人留下不好的印象。

说话太多，神必躁扰

【原文】

饮酒太多，则气必昏油；说话太多，则神必躁扰。

【译文】

喝了过多的酒，心气必定会浑浊散乱；话说得太多了，心神必定会烦躁不安。

【解读】

说话是一门艺术，在适当的场合说适当的话语是一项技术。曾国藩说："饮酒太多，则气必昏油；说话太多，则神必躁扰。"说的是我们平时如果饮酒过量，心气就会变得混沌散乱，不能集中精神；如果话说得太多了，精神就会变得烦躁不堪。

人们常说话语是有温度的，一篇题为《说话的温度》的文章阐述了我们应这样说话："急事，慢慢地说；大事，清楚地说；小事，幽默地说；没把握的事，谨慎地说；没发生的事，不要胡说；无法完成的事，别乱说；伤害人的事，不能说；讨厌的事，对事不对人说；开心的事，看场合说；伤心的事，不要见人就说；别人的事，小心地说；自己的事，听听自己的心怎么说；现在的事，做了再说；未来的事，未来再说。"人们只有把说话这门技术运用得恰到好处，才会赋予话语以温度，让对方在与你交谈的过程中感受到人性的温暖。

很多人喜欢讲真话，且这种人也常常被标榜为正直的人，似乎大家都认为如果你不讲真话就待人不真诚。有这样一些人，他们的倾诉欲望非常强烈，常常藏不住心里的事，不管是开心的还是伤心的事，他们总喜欢向别人倾诉，想跟别人分享自己的心情。虽然这种行为可以理解，但是如果不分地点场合，随便地将真话告知他人，可能会引起不必要的麻烦。所以，讲真话也要分清楚时间和地点。

孔子曾说过这样一句话："可与言之而不与之言，失人；不可与言而与之言，失言。"这就是说，我们要分清什么话是可以告诉别人的，什么话是不能够对别人说的。对那些值得信赖的人，你可以告诉他们真话，这样你的真诚待人也会赢得他们的信赖和尊重。反之，你如果对这些人撒谎，你也许就会失去这些难得的朋友。当然，如果对方是不可以信赖的旁观者，我们就要管好自己的嘴巴，不要轻易地被套出话来。倘若被他们的三言两语所迷惑，就很容易上当、中招，最后追悔莫及。

人们常以硬币来比喻人与人心灵的距离，说人与人心的距离就像是硬币的两面，可以很近也可以很远。硬币的两面永远也不会出现重合，也就是说没有人能够完全地、真正地去理解和看透另一个人。其实我们每一个人的心里都有一方净土，那里埋藏着许多自己的心事。它们只属于自己，不为人所察觉。所以不要轻易地将这方净土暴露于人前，否则你容易受到伤害，甚至是受到生命的威胁。

因此，我们在处理自己的心事的时候尤其要慎重。向别人倾吐自己心中的秘密，实际上就是向别人暴露出自己脆弱的一面。当你的脆弱面暴露出来的时候，有些人可能会欣赏，觉得那是你的真性情，但也有一些人会认为这是你的软肋。他们会因此瞧不起你，甚至会拿你的缺点来要挟你。比如工作上的压力和一些不如意，这些都算是比较机密的事情。一旦你将这些事告知他人，就很有可能被人抓住把柄，对你的事业造成威胁。更可悲的是，很多人在遭受打击之时还没有明白，这一切的恶果都来自自己一时的"大嘴巴"。

我们常常认为事物都是非此即彼，觉得除了真话就是假话，但事实有可能并不那么简单。平常生活中，当我们面对一种真假两难的局面时，那就需要一种既不说真话也不说假话的第三种说话方式，也就是古人常常说的"中庸"。古代的一些饱学之士都奉行着"中庸之道"，这其实与传统文化所提倡的忠君、孝仁等礼仪都很大的关系。所谓"忠言逆耳"，在与人交流中，很少有人会把心中所想完全表达出来，毕竟像魏徵这样敢于直谏的忠臣太少了。在这样的大环境下，自然就有人甘愿做旁观者，用一种中和的态度去说话、去处世，这其实也是一种变通。

虽然我们强调要"少说话，说真话"，但人们常说的"人生六论"中有一条就是"真话可以打折"。有些时候那些打折了的真话并不意味着软弱或是胆小，相反可能会产生更好的效果。在讨论问题的时候表达一些有弹性的观点，可能更容易达到预期的目标，同时也会减少生硬的真话可能带来的争吵或仇恨。

欲以口舌胜人，转为人所不服

【原文】

早在朝房言一事，谓无样子，失言，欲以口舌胜人，转为人所不服也。

【译文】

早上在朝房讨论一件事，讨论的是"无样子"，没有把握住自己的言语，想用口舌之才胜过别人，反而不被他人信服。

【解读】

让人信服，耳提面命的教导、语气严厉的训斥都有可能起到反作用，结果愈加让人不信服。和这些方法相比，曾国藩认为，以德服人才是最有效的。以德服人是一种自己先做到再要求别人做到的处事方式。坚持这种办事方式的人，很少靠嘴皮子的功夫，指挥他人去做，而自己却眼高手低，什么都做不来。

汉代飞将军李广曾说过："以身作则，身先士卒。其身正，不令则行；其身不正，虽令不从。"《史记》中这样记载李广的言行："广之将兵，乏绝之处，见水，士卒不绝饮，广不近水，士卒不尽食，广不尝食。宽缓不苛，士以此爱乐为用。"这些事实无一不在强调作为一个领导者以身作则的重要性。

曾国藩深知只有自己做到了，才能去严格要求下属。曾国藩要求自己待人以敬为主，一生坚持"克己之学"，从不稍懈。他能在诸多方面做到身体力行，就是为了在与别人的争论中以实际行动服众。因为他知道语言的力量永远都只能让人口服心不服，而让人真正心服的根本就在于自己是否能先做到，这就是身为领导为何要以身作则的真正原因。

这个道理在现代同样适用。要想成为一个合格优秀的领导者，首先要提升自己的能力，不能光做表面功夫，更不能只在嘴上逞能。否则会在下属心中失去威信，并渐渐失去自己的领导地位。任何人才在决定归附一个人前，都会先判断这个领导有没有让自己信服的能力，如果没有就会转投他人。领导的下属也会在实际工作中，用能力考量自己的上司，如果他觉得领导不会再给自己什么提升，那么他必然会跳槽。因此，无论是想招人，还是想留人，让人心服口服都是前提。

只会耍花腔，没有行动的能力，只会说空话，不会做实事，即使占了一时之利，也会失去长期发展的后劲。同时，靠嘴上功夫赢人，还有可能与人结怨，不益于良好人际关系资源的保留。

古语有云："纸上得来终觉浅，绝知此事要躬行。"对于自己而言，要了解一件事情的真相，要去实践。对于他人而言，要让他们相信一件事，要做给他们看。光凭一己之言就妄想让全天下的人都信服，几乎是不可能的事情。话说得再动听，也仅仅是一种说辞。想要别人心悦诚服，就只能拿出真正的实力来，用事实去证明你的才华。

为了避免陷入曾国藩这里说的"为人不服"的境地，我们应该在以下几个方面提升自己的说服力和影响力。

第一，未做到之前，不许诺，不夸口。

第二，和别人合作时，不嘲笑对方的技术不成熟，不自夸自己的贤能。合作的事情，是需要双方一同努力才能完成的。如果因为我们的口舌之功，打消了对方的积极性，留下自己一个人，可能会完不成计划中应该完成的事情。

第三，事后不夸耀，要多感谢。事情成功后，要感谢为此付出过努力、起到过帮助的人。这样会让对方觉得，我们认可他们的付出，进而希求再次的合作。

今日所说之话，明日勿因小利害而变

【原文】

今日所说之话，明日勿因小利害而变。

【译文】

今天所说过的话，明天不能因为一些小的利益冲突就变口了。

【解读】

左"人"右"言"而为信，言而有信，言出必行，乃君子之道也。

孔子曰："信，则人任焉。"言出必行，说到做到的人，别人才会给予信任和尊重。虽然答应别人的事就一定要尽心尽力去做，但在做到言而有信之前，要先学会的一个重要原则就是"慎言"。

年幼的周成王与弟弟叔虞在一起玩耍。正在兴头上时，周成王从地上捡起一片桐叶，剪成象征诸侯权位的玉圭的样子送给叔虞，说："我要封你为侯。"史官将此事告诉当时的摄政者周公，周公便找成王来了解情况。但成王一脸茫然地说："我只是开个玩笑啊。"周公却说："天子无戏言。"成王无奈，只能择日封叔虞于唐，即是后来的晋国。

兄弟之间的打闹玩笑固然是小事，但是若是身为君主，就必须要谨记"君无戏言"。有些人失言，是因为一些利益与好处，这种人的确应受众人轻视。但有些人犯下过失，却是因为能力不济，不懂得说话的技巧。这样的人，错不在失信，而在妄言。

曾国藩曾说过："人有求于我，如不能应，当直告以故。切莫含糊，致误乃事。"做人做事，要量力而行。在承诺他人之前先想一想，这件事能不能做，做不做得好。若觉得他人的请求合情合理，又在自己能力范围之内，再答应下来也不迟，切勿因好一时的面子，而乱给承诺。到时候为了履行承诺忙得焦头烂额，不仅吃力不讨好，还落得个失信于人的尴尬下场，真是哑巴吃黄连，有苦说不出了。

曾国藩还说过这样一句话："今日所说之语，明日勿因小利害而变。"若是承诺他人之事自己能做到，那便要在最短的时间内去完成，不能因为贪图小利或是一时困难就改变之前的承诺。

出尔反尔，只会让人失去对你的信任。若是托你办事的是个喜欢妄言之辈，那么你失信于人的行为便会落得世人皆知，今后的发展怕也会困难百倍。与朋友交往，要言而有信，才能收获真情；为他人办事，要说到做到，才能收获信任；为人父母，要言出必行，才能以身作则；为官为君者，要一诺千金，才能收获忠诚。

战国时，秦孝公起用商鞅变法图强。让商鞅苦恼的是如何才能让人们相信变法一事是真的呢？思考良久后，他在都城南门竖起一根三丈高的木头，并放出话来说谁能把它扛到北门去，就赏黄金十两。没有人相信这是真的，自然也就没有人去扛。

为了鼓励众人，商鞅把赏金一直加到五十两，最后终于有一个壮汉把木头扛到了北门。商鞅当场兑现诺言，赏了这个壮汉五十两黄金。老百姓见商鞅如此重承诺，不禁心下暗服，日后一定要遵从他的命令。这件事为商鞅树立了一个言而有信、言出必行的君子形象，也为他日后的变法铺好了道路。

后来商鞅变法成功，不仅奠定了秦国富强的基础，更为后来秦朝的大一统创造了条件。

做人做事，应将"诚信"二字长记于心。曾国藩接人待物从来都是以诚为本，无论对谁，都以诚相待。所谓"人而无信，不知其可也"，说到做到不但是一个人对自己的要求，更是他人给予的评价。它是一个人品格的表现，也是君子立于世、成大业的基础。

不轻易立说，专务躬行

【原文】

继乃不轻立说，专务躬行，进德尤猛。

【译文】

继而不轻易创立自己的学说，专心致力，亲自施行自己的思想，道德修养就会提高得尤其快。

【解读】

宋代袁文在《瓮牖闲评》中说："彼安分守己，恬于进取者，方且以道义自居，其肯如此侥幸乎？"意思就是教导我们要安于规矩老实地生活，守自己的本分，不做违法的事情。

众所周知，安分守己是严守做人的分寸，也就是说要做好自己，保持好自己的本色。我们常说："人要活出自己，人要活在责任、义务里。"但如果我们不安分守己，就不能更好地履行应尽的义务、尽到自己的责任，如此就难免会误人、误事，使自己不能尽己之能。古代圣贤们都知晓这个道理，并以此作为自己治家立业的一条准则。

曾国藩也是一个非常重视安守本分的人。他不仅要求自己做事踏实务实，更常常在这方面教导自己的弟弟们。曾国藩的弟弟可以说是一员猛将，在朝中的地位也很显赫，但唯一不足的是在处世上面欠缺圆润。当时军务紧急，其弟又突发疾病。在如此复杂的局势下，曾国藩用"不轻立说，专务躬行，进德尤猛"的道理来告诫弟弟要在言辞之上十分谨慎，专心致志，身体力行地施行自己的思想，道德修养也会很快地提高。这也是讲了要谦虚谨慎、安守本分的道理。

《中庸》中说："素富贵，行乎富贵；素贫贱，行乎贫贱；素夷狄，行乎夷狄。"其实这是告诉我们，如果人一向都过着富足的日子，就应该保持一种谦虚谨慎的贵族风范；如果一向过着贫困且地位低微的日子，就应该随时保持知足常乐的想法；如果你生活在少数民族地区，只要保持原来那种简单纯真的性格就好了。这就是所谓的"素位而行"。

清朝乾隆年间，沧州有个名叫刘熰的人，他的母亲是康熙朝生人，到了乾隆五十七年(1792年)，已经超过了一百零一岁。令人称奇的是，这位老妇的身体依然十分健康，且精力充沛，饭量也不小。乾隆皇帝多次颁布恩诏，要各地赡养高龄的老人。当地的乡官便想为她上报官府，好让她能够领取些粮食布匹安度晚年，却屡次遭到她的拒绝。

有一年，官府再次为她请求旌表，建立牌坊，她依旧不肯答应。官府人对此十分不解，就问她："老人家你为什么如此固执呢？"老人感慨地回答道："我自小就是穷人家的孩子，后来又成为了穷人家的寡妇，天生命贱福薄。但我这一生都谨守自己的本分，虽然尝尽了穷日子的苦头，但也绝不会贪意外之财。只有这样，我才会得到神灵的保佑，所以得以长寿。假入我一旦贪求非分的钱财和福气，那么我的死期也就不远了。"

由此看来，这位老人的见解多么高明，她一生忙忙碌碌，却没有一点过分的要求。顺应天意，恬淡静泊地生活着，自然便能延年益寿。

我们要向曾国藩以及这位老妇人学习，认识到每个人都有自己应守的本分，不仅要有安分守己的意识，还要学会谨言慎行，踏踏实实做好自己的本职工作，才会提高自己的道德修养。

聒噪不如沉默，息谤得于无言

【原文】

聒噪不如沉默，息谤得于无言。

【译文】

与其喋喋不休说个不停，不如沉默不语，因为能平息流言和诽谤的只有无言。

【解读】

国学大师季羡林的《病榻杂记》一书中涉及老年人需要注意的一些问题，其中重要的一条就是切忌"牢骚满腹"。这句话与曾国藩所说的"聒噪不如沉默，息谤得于无言"是一样的，就是告诉人们与其喋喋不休地唠叨和抱怨，不如沉默不语，好好静下心来思考。一个人如果牢骚抱怨之语过多，必然会不受人欢迎，也会影响正常的人际交往。因此平息流言诽谤最好的方法就是沉默，毕竟流言止于智者，而智者多是不语的。

季羡林也曾说过"沉默比抱怨更健康"，且他也用自己一生的时间践行了这句话。

季羡林常以陶渊明的"纵浪大化中,不喜亦不惧。应尽便须尽,无复独多虑"来抚慰和激励自己。他认为,面对任何的事情的时候,我们都要以一种沉默冷静的态度去对待。

面对无常的变化,只有用平和的心态淡然地接受这一切,才能经得起岁月的洗礼,在回首往事时,我们才会觉得自己的人生是充实、有积淀的。苦难毕竟是短暂的,但幸福也未必会永恒持久,一切的一切都是过眼云烟。只有你经受住了挫折的考验,它们便会幻化成你人生的积淀,伴随着你追寻更美好的未来。唠叨和抱怨只会让你离成功越来越远,对自己的人生经历也是百害而无一利。

季羡林正是抱有这种静默淡泊的心态。在他晚年之时,老伴、爱女相继离世,但他未被这种苦痛击垮。宁静处世的人生态度让他渡过了一次又一次的难关,虽然他失去了亲人,但也不会在抱怨和感慨中结束自己的生命。

2000年,已经九十岁高龄的他写了一篇题为《九十述怀》的文章,表达了他对于未来生活的憧憬和展望。他说他就像鲁迅先生笔下的过客一样,只需要往前走,前方的风景如何,老翁看到的是坟墓,小孩看到的是野百合花,而他看到的大多数都是野百合花。无论是坟墓还是野百合花,都不能够阻挡他前进的步伐。无论前面的道路是平坦还是曲折,他都会抱着平稳的心态积极前行。就像他自己改写的一首诗一样,"人生在世一百年,天天有些小麻烦。最好办法是不理,只等秋风过耳边"。

季羡林的一生就像他自己概括的:"走过阳关大道,也走过独木小桥。路旁有深山大泽,也有平坡宜人;有杏花春雨,也有塞北秋风;有山重水复,也有柳暗花明;有迷途知返,也有绝处逢生。"

面对人生的顺境逆境,季羡林的态度就像是他极力推崇的二月兰一样,默受悲喜。他曾写道:"东坡的词说:'月有阴晴圆缺,人有悲欢离合,此事古难全。'但是花们好像是没有什么悲欢离合,应该开时,它们就开;该消失时,它们就消失。它们是'纵浪大化中',一切顺其自然,自己无所谓悲与喜,我的二月兰就是这个样子。"季羡林认为只有这样,生命才会在沉默中达到祥和的状态。面对人世的沉浮,抱怨只会增加憎恨与失望,而静默悲喜,静心面对,生命反而会愈发亮丽精彩。

面对任何事情,坦然去面对,无愧于自己的良心,而这些都是季羡林的做人心得,他认为做到这些,他的心愿也算是满足了。顺其自然、静默悲喜就是季羡林的人生哲学,也是我们所有人应该学习的人生哲学。

第八章 处 事

从波平浪静处安身，莫从掀天揭地处着想

【原文】

天道忌巧、天道忌盈、天道忌贰。立者，发奋自强，站得住也；达者，办事圆融，行得通也。但患不能达，不患不能立；但患不稳适，不患不峥嵘。此后总从波平浪静处安身，莫从掀天揭地处着想。

【译文】

世间有其自身的法则天道，切忌投机取巧、骄傲自满、三心二意。坚强自立者，奋发图强，可在世间立得住脚；宽怀豁达者，为人处世圆融，在世间也行得通。不怕不能安身立命，怕的是自己不能够飞黄腾达；不怕人生不够辉煌峥嵘，怕的是为人不够妥帖平稳。以后记住要在风平浪静处安身立命，不要将自己置于风口浪尖之上。

【解读】

在日常的工作和生活中，你肯定会遇见许多无法认同的事，遇见许多看不惯的人。但若是遇见什么事都要抱怨牢骚，碰到什么人都要挖苦埋怨，仿佛每天都遇事不顺，遇人不淑，这样就容易伤身了。这里所说的"伤身"，一是指不利于保持身心健康，二是指无法在纷繁的世事中做到明哲保身，不仅容易得罪人，授人话柄，还可能会招来祸端，所谓"祸从口出，患从口入"是也。

人生在世，不如意者十有八九。每个人都会碰见难处，遭受非议，没什么大不了的。曾国藩曾说过："愤怒二字，圣贤亦有之，特能少忍须臾，便不伤生。"遇事应当保持一颗宁静、淡定的心，牢骚和抱怨只会徒增烦恼，无益于解决实际的问题。要做到平静淡定，就要先学会从低处着眼，不要事事都眼高手低，要学会看清眼前的东西。

曾国藩比曾国荃年长十四岁，在他不惑之年时曾国荃也才三十出头，等到他五十多岁时曾国荃方逾四十。应为年龄上的差距，曾国荃总是比哥哥血气更旺，斗志更强。

曾国藩看在眼里急在心上。因为人的血气一旦过于旺盛，遇事就难以冷静思考，就爱不计后果，好高骛远。这样的人总以为自己是对的，别人是错的，于是麻烦也就接连不断。在与太平军作战中，曾国荃率兵收复了两个省后，曾国藩就此写了一封家书警醒他："你收复了两省，功绩绝对不能磨灭，根基也极为深固。你只担心不能飞黄腾达，不担心不能安身立命；只担心日子不稳适，不担心岁月不峥嵘。从此以后，你只从波平浪静处安身，莫从掀天揭地处着想。"

"只从波平浪静处安身，莫从掀天揭地处着想"，曾国藩这句话看似胸无大志，其实不然。事事都往高了看，就容易眼高手低。做人做事，要先在波平浪静处安身，才有

可能应付波涛汹涌的险境。所谓"达则兼济天下，穷则独善其身"，只有先埋头苦干，做好自己的事业，过好你自己的生活，才能尽自己的努力去改善周围的生活环境，伸张正义，帮助那些需要帮助的人，从而做到"兼济天下"。

常言道："高处不胜寒"，位高权重，就更要懂得"小心安命，埋头任事"的道理。一心在平实处用功夫，不是萎靡不振，而是一种力量的蓄积。楼高易倒，树高易折，把眼光放低些，讲究一种宽和、谦逊的人生态度。只有做到胸中自有一片风平浪静，才能有清醒的头脑去居安思危，从而在惊涛骇浪中游刃有余。

"不怨天，不尤人，行有不得，反求诸己"，这句话算得上是曾国藩成功的一大秘诀。当一个人的言行与他人相悖，就能说错误都在别人吗？所谓"存在即合理"，人家自有人家的思量考虑，所以自己也应该承担一点错失和责任。

曾国藩认为遇事应"安详和缓以处之"，切不能冲动为之。遇人遇事，在一味地抱怨别人的不同，埋怨别人的过失之前，先要懂得反思自己的错误，明白自己的不足。倘若能够做到先反思，自然就能静下心来分析局势利弊，这样才能寻找到解决之道。若是只看到别人的过错，就会被情绪乱了理智，一错再错，于事无补。不怨不恼，不仅更有益于事情的解决，也会给人留下遇事不乱，心胸宽广的好印象。

不要轻易抱怨他人，也不要轻易埋怨生活，负面的情绪和行为只会让人的情绪更加沮丧，进而陷入不幸的泥沼中难以挣脱。只有凡事着一"淡"字，淡看他人的刁难非议，淡然处理生活中的狂风骤雨，才能有心思着眼于眼下的生活，做好手上的事。所谓"从容安详，为处世第一法"，意思就是如此。

成事之道：以专而精，以纷而散

【原文】

凡人为一事，以专而精，以纷而散。

【译文】

但凡人做一件事，精神专注就能做好，杂乱无章必然做事无成。

【解读】

曾国藩是晚清洋务运动的倡导者，主张"师夷之长技以自强"。在谈到西方科技的优势时，曾国藩说："凡事患在不为，不患不能。西洋技艺所以卓绝古今者，由其每治一事，处心积虑，不臻绝诣不止。心愈用愈明，技愈推则愈巧。"

在他看来，西方之所以能在科技上领先于中国，并不是洋人比中国人要聪明或者见识高超，而是他们对待每件事情都尽心竭力，力求做到完美。如此，心性越磨炼越灵活，而技术也在不断地钻研下越来越高超。

其实不仅技艺如此，这一道理同样也适用于各行各业。专心致志，刻苦钻研，是在任何行业里脱颖而出的不二法门。因为专注，所以精通；因为专业，所以成功。

曾国藩曾以"掘井"为喻："用功譬如掘井，与其多掘数井而皆不及泉，何若老守一井，力求及泉而用之不竭乎！"意思是，用功就好比挖井，同时挖几口井，则容易精力分散，很可能因为井浅而无水。如若专心深挖一口井，一直挖到泉水喷涌，那就可以取之不尽、用之不竭了。

做学问也是如此。要想学业精进，没有什么终南捷径，只有像钻井一样深入钻研才能有所获益。当你精于某一领域时，就会"一经通而百经通"。这时再将视角延伸到其他领域就会容易得多。但这并不是说除了专业知识之外，旁的概不涉猎。曾国藩在给他弟弟的书信里说，九弟志在书法，当然要把主要精力放在对书法的研习上，但也不可为此偏废其他学问。只要专注于一门学问，并精通这门学问，那么当你再研习其他学问时就可以举一反三，触类旁通了。

学问尚如此，做人亦如是。在谈到修身之道时，曾国藩说："做人之道，亦宜专学一古人，或得今人之贤者而师法之，庶易长进。"又说："凡事皆贵专。求师不专，则受益也不入；求友不专，则博爱而不专。心有所专宗，而博观他途以扩其识，亦无不可。无所专宗，而见异思迁，此眩彼夺，则大不可。"

在他看来，如果想要修身养性，寻求一位圣贤作为楷模来学习是十分必要的。榜样的力量是无穷的，在潜移默化中被圣贤的言行所感染熏陶，如此才能有长足的进步。无论是学习还是交友，只有专心才能够有所受益。眼睛所看的事物太多容易目眩神迷，耳朵同时听的声音太杂就会混淆难辨，这就是专心致志的重要性。

曾国藩还把这种专心的哲学贯彻到军事策略上。他曾致信湘军将领张运兰说："主守则专守，主战则专战，主城则专修城，主垒则修垒，切不可脚踏两边桥，临时张皇。"依他所想，李元度之所以战败就是因为攻守不定，没有坚定地守住自己的阵地，主张打开城门去作战，战败后再进城防守。但这个时候敌人肯定不会给你喘息的时间和机会，定会不等你准备好就发动进攻，而此时我方士兵丢盔弃甲，士气已经受挫，凭什么抵御敌人的猛攻呢？

所以曾国藩认为如果要坚守阵地就应该早点布置妥当，等敌人攻城而不要轻易出战。等把形势看分明了再出击，如果没有必胜的把握就不要贸然出手。他虽不止一次告诉李元度这个道理，但对方都置若罔闻，依旧固执己见。后来徽州全军覆没，不仅徽州失守，还危及祁门，李元度要为此负首要责任。

当代生活繁杂多变，无论学习还是工作，许多人常常被眼前的迷雾所遮蔽，瞻前顾后，左顾右盼，往往忽视了专注的巨大力量。曾国藩的句句箴言都在提醒我们，专注会帮助我们拨开眼前的迷雾，在充满惊涛骇浪的人生航线上越走越远，越走越辉煌。

不贪财，不失信，不自是

【原文】

不贪财、不失信、不自是，有此三者，自然鬼伏神钦，到处人皆敬重。

【译文】

不贪图钱财，不失去信用，不自以为是，有这三样，自然而然鬼神都俯首钦佩，到了哪儿人们都很敬仰尊重。

【解读】

曾国藩做人有三不,为不贪财,不失信,不自是。他说,如果能够做到这几点,鬼神都会对你俯首钦佩,不论到哪都会得到他人的敬仰和尊重。诚然,每个人都有自己的心魔,"贪""狡""傲"可谓是人的通病,人的劣根。若是能将劣根摒除,便可谓之君子,自然受人尊敬。

不贪财,即为廉。当人的欲望大大超过了他的真实需求,这种欲望就不再合理,就可以称之为"贪"。不贪财不仅是君子之行,更是避祸的关键。曾国藩曾说过:"世不若不求利,即无害",还有句话叫作"人为财死,鸟为食亡"。鸟为食亡,这无可厚非,这是动物为了生存下去的一种本能反应。而为财而死的人,实在是因为贪得无厌而自掘坟墓。

人的欲望总是无穷无尽的,有了银子,就会想要金子,有了金子,就会想要钻石……欲望为万恶之源,当人的贪念越来越大,那么为之付出的也就越来越多。为了达到目的,也就可以不择手段。在这无止境的放纵贪念的过程中,看似荣华富贵,实则暗流丛生,一不小心便会万劫不复。

人要活得快乐自在,就要懂得知足和惜福。该得的,心安理得地接收;不该得的,不贪不抢,不念不求,只有这样才能无患无忧,平安地度过自己的一生。

不失信,则为诚。古语有言,"言而无信,不足以立也。""诚信"二字,是为人处世的基础,是每个人都该奉行的准则。特别是言而有信一条,我们更应该时时铭记于心。若是一个人连自己说过的话,答应过的事都做不到,那又怎能让人放心委以重任呢?

《论语》里说:"言忠信,行笃敬,虽蛮貊之邦,行矣。言不忠信,行不笃敬,虽州里,行乎哉?"说话要忠实守信,行事要有礼尊敬。如果能做到如此,即使是生在蛮夷之邦,还是很有发展前途的。不遵守诚实守信的原则,行事鲁莽草率,纵然是一个州的领域,也不会有好的发展的。狼来了的故事想必是每个孩子必备的床头故事,失信于人,就如同身陷狼群,腹背受敌、孤立无援。只有以诚待人,才能得到别人的信任,才能避开生活中潜藏在暗处的饿狼。

不自是,则为慎。骄傲自满使人看不见自己的缺点,也看不见别人的优点。事事妄自尊大,自以为是,对旁人的建议置若罔闻,这实在不是做人做事该有的态度。做人,贵在自信而不自傲。要相信自己的能力,勇敢面对挫折挑战,也要看见别人的长处,明白自己的不足,以扬长避短,更上一层楼。

不自是,简单来说就是谦逊,而更高层次的谦逊就是谨慎。谦逊要求人不自满、不自大,而谨慎则要求人们在摒除自大狂妄的基础上,时刻反思自己的错误,在自信的同时,看见自己的"自卑"。在得意处不忘自身的不足,在位高时不忘尊重他人的意见。就像浩瀚的大海敞开博大之胸怀,接纳所有的江河与溪流——这样的人才是真正的君子。

曾国藩所说的这"三不",看似简单,却概括了为人处世最高的三点要求。他虽生活在社会政治污浊不堪、官场腐败登峰造极的晚清时代,却能保持清醒的头脑去走自己的路,实在难能可贵。

"三不"对任何人来说,都不是一件容易的事情,做到它需要艰苦的生活历练,更需要经过大的挫折之后的醒悟。尽管如此,每个人还是应该要以此来要求自己,规范自己的言行举止,做到自立于世而无愧于心。

择一术以坚持，他术不可全废

【原文】

择一术以坚持，而他术固未敢觉废也。

【译文】

选择了一个将要长期坚持的方向后，也不能让其他的方面有所偏废。

【解读】

曾国藩说："凡人做一事，便须全副精神专注在此一事，不可见异思迁。"大意是但凡做任何事，都要全神贯注在此事上，不能见异思迁。

众所周知，曾国藩是个做事很专心的人，这一点单从他在读书的态度上就能看出来。曾国藩在给自己制定的日课十二条里面，第四条为读书不二，就是说一本书不读完不能读第二本。

一本书不读完，其中所蕴含的知识就不可能被读书之人全部弄懂、吸收，这个时候再去读另外一本书，结果只能是一知半解。倘若一直这样下去，就算读再多的书都没有意义了，只能是杂而不精，读个意思罢了。其实在这句话里面，曾国藩教给了我们一个道理。这个道理不光适用于读书，也适用于其他任何事，那就是做一件事的时候要集中精神，全神贯注，以期精益求精。

中国有句俗话叫"艺多不压身"，多才多艺总是好的，没有人会为此苦恼。对于现代人来说多一项才艺更是多了一种谋生的手段，多了一条生存途径。现代社会压力越来越大，人们恨不得一天有四十八个小时去多学点东西。不仅对自己如此，对下一代更是如此。为孩子报各种各样的兴趣班、学习班，力求把自己的孩子培养成全能型人才。这种做法本身并没有错，但是要把握好一个度，千万不要本末倒置。因为对于当前的孩子来说，学习是第一要务，其他的只是次要的，舍本逐末只会得不偿失。

人的一生多多少少都会学一些与实际生活需要无关的东西，但这也仅是休闲时的一些娱乐罢了。人在渐渐长大之后就要明白，什么时候该做什么事。一个做事不专心的人很难把事情做好，但集中精神去做一件事就会让你变成战神。

做事需要专心致志，需要一心一意。曾国藩爱读书是世人皆知的事，他不光自己爱读书，还经常督促家人多读书，并把督促族中子弟们读书学习当作自己的一项任务。可是就是这样一位酷爱读书之人，却在一封家书中劝诫弟弟"不宜常看书"，这又是为何呢？原来在写这封劝诫弟弟"不宜常看书"的家书时，曾国荃刚刚率领湘军攻占九江，可谓是气势如虹。在这种形势之下，当务之急是整饬营务，奋力作战，再接再厉，这就需要将所有的心思放在处理军务上。

曾国藩深知一心不可二用，做事不能见异思迁的道理，所以在这个时候绝不能一边读书一边处理军务。一旦分心，后果就很可能不堪设想。所以曾国藩说："荀子称耳不两听而聪，目不两视而明，庄子称用志不纷，乃凝于神，皆至言也。"这就是他写那封家书劝诫弟弟"不宜常看书"的原因。他是想要提醒弟弟，不管做什么事，成功的秘诀只有一个，那就是"心无旁骛，以专而精"。

无论是做学问还是带兵打仗，做任何事都贵在"专精"二字。曾国藩教给我们的这个道理在许多方面都十分适用。尤其是在当今这个人心浮躁的社会，人们做事越来越贪多，专心二字能让他们处理好利益关系，知道自己在什么时间应该做什么事。

须知"贪多嚼不烂"，做事贪多，既想做这个又想做那个，到最后肯定一事无成。因为贪多并不代表擅长的就多，这样做的结果很可能就是什么都知道一点，懂一点，会一点，但是也仅是一点点而已，没有一样是精通的。所以与其贪多，还不如只想一样，只做一样。

专心于一件事，说起来容易，做起来却难。在做到专心之前，首先要养成一个良好的习惯。只有在平日里养成专心一致、心无旁骛的好习惯，在做事时才能集中精神，全力以赴。其实，专心也是一种智慧，一种能让自己做大事的智慧。专心之人都是明智之人，最起码他们知道做事的最基本准则。做一件事，如果心都不专注，那么成功就是镜中月水中花，永远看得到摸不着。就像曾国藩所说的"力气用到点子上"，试想倘若把力气用在了最重要的地方，那又何愁不成功呢。

凡事不可待明日，愈积愈难清

【原文】

凡事不可待明日，愈积愈难清。夜不出门旷功疲神，切戒切戒。

【译文】

任何事情都不能等待到明天，积累得越多就越难清理。晚上不要出门，以免耽误时间使得精神疲劳，切切以此为戒律。

【解读】

明代文嘉的《明日歌》说得好，"明日复明日，明日何其多？日日待明日，万事成蹉跎！世人皆被明日累，明日无穷老将至。晨夜滚滚水东流，今古悠悠日西坠。百年明日能几何？请君听我明日歌"。但纵然有前贤的谆谆教诲，我辈仍然是蹉跎了岁月，虚度了年华，枉费了光阴。

今日事今日毕，否则日积月累，终会造成累疾而难以消除。在曾国藩看来，任何事情都不能等到明天，在给子侄的家书中他曾反复强调，"凡事不可待明日，愈积愈难清。夜不出门旷功疲神，切戒切戒"。在这里，他不仅要求后辈们要有时间观念，学会珍惜光阴，同时也对他们的生活习惯提出了自己的想法，要求他们避免在夜间出门，因为这样既耽误时间，又劳心费神，对学业的提高是有百害而无一利的。

要做到今日事今日毕，凡事不可待明日，就需要有勤奋的精神做保障。俗话说得好"早起的鸟儿有虫吃"，的确，勤能补拙，这就和曾国藩在家书中说到的"勤奋自立始能兴家立业"是同一个道理。他说自己是"生平行事有初鲜终"，所以希望后辈们不要像自己那样，而是应该"力求有恒"，坚持当日行当日之事的作风。唯有这般，才能立业兴家，"改我之旧辙而振家之丕基"，继承先祖遗命，实现家族振兴的宏愿。

一般人在遇到困难时，总是会产生拖一日是一日的想法，这是人的惰性使然，有时也不可避免。曾国藩极度反感人的这种"惰性",他认为"惰傲两字乃失败之由",懒惰、骄傲对一个人的成长的制约作用是很大的。

另外,曾国藩教子,要求他们要牢记"虚心实力勤苦谨慎"八字。勤劳是耕读传家的曾国藩最为推崇的做人品质之一。因为唯有勤奋不辍,才有能力做到今日事今日毕,唯有勤劳自强,才能在毕生之年完成自己应该做,又必须做的事业。

一寸光阴一寸金,寸金难买寸光阴。时不我待,如果一味的拖延时日,那么终将会被机遇和时间所抛弃。成大事者,就应该有快刀斩乱麻的魄力,兵来将挡水来土掩,遇一事解决一事。犹如治病救人,如若迁延时日,日积月累,结果就可能使病人病入膏肓,无从就医了。

因此,我们需谨记曾国藩对后辈们的教导,"凡事不可待明日",在有生之年完成力所能及的事情,如此才不辜负在世间走了一遭。

先求稳当,次求变化

【原文】

唐亮将军打仗不慌不忙,先求稳当,次求变化;办事无声无息,既要精到,又要简捷。

【译文】

唐亮将军打起仗来不慌不忙,首先谋求的是稳妥顺当,然后再谋求战术变化;所以办事要求无声无息,既要做到精准、到位,又要做到简便、快捷。

【解读】

孔子曰:"无欲速,无见小利。欲速则不达,见小利则大事不成。"意思是教育我们做事不要求快,不要贪求小利。一味追求速度反而达不到目的,贪图一时的小利就不能成就大事。人生在世,做事情不能只求快捷,要沉稳平和,并在这种沉稳中追求质量。

曾国藩为人一生求稳,他有很多关于"稳"的至理名言,如"事到手且莫急,便要缓缓想。想得时切莫缓,便要急急行""处天下事,只消得'安详'二字,兵贵神速,也须从此二字做出。然安详非迟缓之谓也,从容详审,养奋发于定之中耳"等等。这些至理名言,都在昭示着曾国藩为人处世时的一种沉稳的态度。

曾国藩曾说过"言语迟钝、举止端重,则德进矣",要做到沉稳,需注意"纳言缓行"四个字。你一说话,别人就可以从你的言辞中判断你修养的高低,况且言多必失,多听多思,少说多做;在处理问题上,不要急于求成,要三思而后行。不妨将眼前的问题放一放,冷处理一下再说,最好是多方了解一下事件的真实情况,多征求几个明白人的意见。

曾国藩强调做事要沉稳。凡事要考虑好了再干,纵因此延误了些时日,也好过因为冒进而铸成大错,前功尽弃。曾国藩有言:"君子则不然,赴势甚钝、取道甚迂、德不苟成、业不苟名、艰勤错迕、迟而后进,铢而积、寸而累。"这种重视日常累积的人,相比那些轻取冒进、投机取巧的人来,似乎有些固执和迟钝,甚至有点迂腐。但只有这样的人才能在日积月累中练就深厚的功底,等到机会来临之时,必然能够德成业就。

在用人方面，曾国藩尤为谨慎稳重。他说："吾辈之慎之又慎者，只在用人二字上，此外竟无着力之处"，因为"人不易知，知人不易"。这一方面强调了用人的重要性，一方面又强调了用人之难。

曾国藩在用兵上更是强调"稳慎"二字，主张"慢中求快"、先守后战、以静制动、以主待客。他曾在不同的场合多次说过"望吾弟无贪功之速成，但求事之稳适"，要"专在稳慎二字上用心""先清后路，脚跟已稳而后进""用兵之道可进而不可退，算成必兼算败"，与其求神速而立即见过，不如求稳慎而渐缓见功。他曾称赞过唐亮带兵时的沉稳作风，称其"打仗不慌不忙，先求稳当，次求变化"，并推崇一种"办事无声无息，既要精到，又要简捷"的方法和态度。

康有为曾说过："学者之患，皆在见小、欲速，由志趣不远、规模不大，而成就因此狭小。"明代张岱也说过："做事第一要有耐烦心肠，一切蹉跌、蹭蹬、欢喜、爱慕景象都忍耐过去，才是经纶好手。若激得动、引得上，到底结果有限。"沉稳就是要有泰山崩于前而不改色的淡定从容，就是要有面对挫折和失败时的耐力和豁达。沉稳是一种行为，也是一种智慧，更是一种气质。

作为现代人的我们，在做任何事之前都要考虑到方方面面，做好万全的准备。不仅要有稳重的态度，还要有灵活的应变能力，这样遇事时才能做到临危不乱、处变不惊。

尽一分心，做一日事，不计成败

【原文】

吾惟尽一分心做一日事，至于成败，则不复计较。

【译文】

我只有用尽自己的每一分心来做每一天的事情，至于成功和失败，就不再计算比较了。

【解读】

每个人都渴望成功，害怕失败，这是人之常情。但在做事之前，很多人首先考虑的，不是如何去做好这件事，而是担心最后的结果会不会成功。因为太期待成功，在行事的过程中心里便不禁会出现一些怀疑——自己能做到吗？这么做对吗？心理有这样的想法，你走的每一步路都战战兢兢、小心翼翼，生怕走错一步便会影响了结果。如此这般，反而会失去应有决断力，白白失了许多先机。

在这些太过计较得失人的心里，过程只是为了结果服务。但他们忘了过程和结果还有一层关系，那就是过程决定了结果的好坏。因此无论是做事还是做人，想要成功，最重要的不是外界因素，而是一个人对人对事的方法和态度。

曾国藩做人有三十六字诀，其中有一点就是要"硬"。

第一，做事要过得硬。他说："吾惟尽一分心做一日事，至于成败，则不复计较。"意思就是说，他只有用尽自己的每一分心来做好每一天的事，至于成功和失败，就不要太计较了。想要做成一件事，其关键就是要专注在所做的事上，忘记成败得失。

常言道："谋事在人，成事在天。"可以影响结局好坏的因素太多，根本是无法预料到的。但如果能在完成一件事的过程中一步一脚印，踏踏实实地做好每一个步骤，就能为成功写下必要的前提。人的潜力是无穷的，很多时候都可以靠自身的力量将不可能变成可能。奇迹并不是不能发生，只是需要人去创造。尽力将每一件事做到完美，才有可能创造属于自己的奇迹和辉煌。

第二，学识要过得硬。人贵自强，所谓求人不如求己，在遇到难关时，是咬紧牙关闯过这一关，还是就此止步，从此一蹶不振？这个问题的关键不在于一个人能从外界获得多少支援和帮助，而是看自己的能力到底有多少。正如曾国藩所说："凡危急之际，只有在己者靠得住，其在人者，皆不可靠。"曾国藩到晚年也不忘学习，博众家之长来充实自己。

一个人想要爬得更高，就要拥有更强健的四肢。只有拥有一身过得硬的真本事，才能应付接下来将要面对的难题与挑战。人只有不断地充实自己，完善自己才能走得更远、更好。

罗马非一日建成，成功也不能一蹴而就。奋斗的过程是漫长的，也是艰辛的，所以"硬"字诀最重要的一条就是精神要过得硬。一个人要有骨气，要有坚持不懈的精神和强韧的品质。真豪杰从不轻易放弃，也只有永不言败的人才能成为真正的豪杰。事在人为，滴水尚能穿石，铁杵亦能成针，练就一身铜皮铁骨，就算是满布荆棘的漫漫长路也能一步一步地走到最后。

只把眼光放在遥不可及的目的地，忽略脚下正在走的每一步的人是愚蠢的。在完成一件事时，要学会把目光投向近处，专注于眼前，踏踏实实去做好每一个步骤、每一个细节。当一个人能做到专注过程而忘记成败的时候，成功便离他不远了。

凡事，做一节，说一节

【原文】

凡事，做一节，说一节。

【译文】

凡做任何事情，都要做完一件事情，再评述这个事。

【解读】

这世上的诺言大抵分为两种：一种被人随意说出口，带着点漫不经心和玩笑的意味，这种承诺十有八九无法兑现，只是张空头支票罢了；一种是经过说话的人深思熟虑之后才被提出。如果有谁得到了这样的承诺，那么恭喜他，不出意外的话，他一定会得到一个满意的结果。

既然诺言有两种，那么给出承诺的人自然也分成两种。一种人喜欢随意给人承诺，好逞口舌之快，大多喜欢在人后议论他人是非。这种人常吃失言的亏，也常因食言而失信于人。长此以往下去，他们说的话在他人看来完全不足为信，就如同总爱嚷嚷着狼来了的那个孩子一样，无论说什么、做什么也只是被众人一笑了之。

那些说话、承诺前要再三思量的人，大多都谨言慎行。这些人懂得言多必失的道理，也懂得语迟的好处。不轻易给人承诺，但一旦许下诺言，基本都能办到——这是这类人的特点，也是这些人得人信任、尊重的原因。这两种人在日常生活中都不在少数，前者大多碌碌无为，而后者则多成栋梁。

常言道："言而无信，不足以立也。"诚信是一个人处世的基础，人与人之间的信任则是交往、合作的纽带。

一个人，若是别人有求于他，那是基于对此人的信任。若是此人言而无信，就是将人家给予的信任亲手砸碎。长此以往，在别人的信任一个个被敲碎的同时，你自己的诚信也在一点点地流失。而且今后一旦有何大任，别人也不会再考虑到你。因为连自己说出的话都可以轻易驳回的人，又怎么能放心让你处理要务呢？

一句承诺，似乎是微不足道的事情，但从一个人说话做事的态度就能看出此人的品性习惯。多嘴多舌的人大多心性浮躁，好吹嘘，喜浮夸，不懂得话到嘴边留三分，而这些缺点对于一个想要成功的人来说都是大忌。曾国藩对于许诺的看法是，"凡事，做一节，说一节"，就是说，做任何一件事情，说到做到，切不可在没有做到之前空许诺言。

其实，一言九鼎只是一个方面，更重要的是要谨言慎行。不仅不要轻易开口承诺他人，更要懂得不轻易评论他人，不随意发表看法。说话做事前都要牢记三思后行，切勿张嘴胡言。

曾国藩在官场上沉浮数十载，从一开始无名无姓的小卒一步步上升到举足轻重的大官，其能力和品行都是不可多得的。年轻时的曾国藩也有多言的毛病，好议论，好与人争辩，毫不懂得避锋芒。他的这种性子自然是得罪了不少的权贵，使自己在官场处处碰壁，被人打压，父亲甚至常常为此责骂他。曾国藩毕竟不是一般人，他不可能一直这么错下去。在意识到自己的错误之后，他发誓要改掉这些毛病，时刻注意自己的言行，奉"谨慎"二字为要。

后来的曾国藩被人形容为"语迟"，每当大家一起商讨事情时，他总是最沉默的那个。任旁人争得如何面红耳赤，他也只是表情严肃地在一旁坐着，却总能在最关键的时刻给出一针见血的见解。在同僚们看来，这样的曾国藩城府是极深的，所以与他同朝的官员，特别是下级官员在敬佩他能力的同时，还带了些敬畏的意味。而曾国藩正是凭借这种"语迟"的性格，使自己渐渐成为同僚们心中的领头羊。一个沉默寡言却能力超群、从未失信于人的人，自然比谁都更有领导气质。

人往往是在细节处见成败，一个人的性格往往能决定他的命运。言行举止最容易暴露一个人的本性，谨慎、守信则是成大事者最应具备的性格。总而言之，一个人若是想要有所为，就要先从嘴上谨慎做起，从"诚信"二字做起。

不随众人之喜惧为喜惧

【原文】

惟在己之规模气象，则我有可以自立者，亦曰不随众人之喜惧为喜惧耳。

【译文】

只有在我自己身上的才具气概，那么，我能自持自守，不为外力所动，也就是说不会跟随大家的欢喜而开心，跟随大家的担忧而害怕。

【解读】

曾国藩曾这样说："惟在己之规模气象，则我有可以自立者，亦曰不随众人之喜惧为喜惧耳。"坚强自立的人对于为人处世总有自己一番思索，不会跟随他人的喜怒去改变自己的喜好和坚持，而这份对人生的坚持则来自于内心的强人的意志力和忍耐力。

人的意志决定人的成败。《论语》有云："空手与犯虎搏斗，徒步而涉深水，表面是勇气，内在是意志。"曾国藩也曾说过："危难时可以验证平素之功力。"《抱朴子》中将"坚志"称为"功名之主"，《呻吟语》称"志不坚确，必无所成"。

意志力是一种心如鼎镇，志如磐石的态度和品质。曾国藩深知意志的重要性，他说过"有志就断然不肯甘居下流""有恒就没有做不成的事""志向到达的地方，金石也会断开，又有谁能抵挡"等等。曾国藩对于意志力量的重视，可以说达到了极致。心如鼎镇，不是一般人可以达到的境界，而是一种泰山压顶不弯腰的品格，这可以说是意志的最高境界了。

人生之路，如逆水行舟，需要人们以极大的意志力去支持。意志力是支持自己前行的强大动力，只有这样才能取得进步。坚持就是忍耐，人生中总会遇到这样或那样的苦难。在艰难困苦面前，我们不能退缩，要以坚强的意志力为支撑，咬牙挺过去。人们喜爱梅兰竹菊，并将其称为"四君子"，那是因为它们代表了一种坚定傲然的品质。正因为它们耐得住寒，经得起风吹日晒，才为人们所景仰，所企盼。

只有受得住苦，才能品得到甜。一个人不经过命运的残酷考验，是不能成就大事业的。人的一生不可能一帆风顺，如果你的志向越高，目标越远大，你成功的阻力也就越大。所以只有那些意志力坚定的人，只有那些经得起痛苦煎熬的人才能成就一番事业。

世人皆知曾国藩忍功了得，但是很少人知道，他的"硬"功同样厉害。这里的"硬"指的就是意志坚定，不为外界所影响的意思。曾国藩以正统读书人的道德标准严格要求自己的私生活。他不近女色，不嗜烟酒，不奢侈，不铺张，不敬鬼神，不信医巫，保持了传统士大夫和乡村绅士的持家本色。他不但要求自己严格，也同样严格要求族中子弟和部下幕僚。

意志力就是人们抗打击的能力。意志力坚强的人，就能战胜成功路上的艰难险阻，最终到达成功的殿堂。意志力薄弱的人，就会被挫折和失败所阻拦。面对成功，他们只能一辈子望洋兴叹。

人的忍耐力就是一种自胜之力，它和意志力一样，都是人克服困难、迈向成功必不可缺的品质。曾国藩通过阅读古代典籍，也认为能够承受压力，承受打击的能力是古往今来成大事者必备的要义之一，而他自己就是这样一个人。面对别人的不理解，不支持或是讥讽、嘲笑甚至是侮辱，他所做的不是怨天尤人，而是打脱牙和血吞，咬牙立志。

想要成功就要学习曾国藩的意志力和忍耐力。因为只有具备这两种力量和品质，才能拥有渡过难关的信心，才能拥有向前迈进的动力。

行事不可任心,说话不可任口

【原文】

行事不可任心,说话不可任口。

【译文】

做事不能随心所欲,说话不能随口胡说。

【解读】

在我们身边,很多人的性格都是疾恶如仇的。他们看到不平的事就要马上站出来指正,甚至比当事人的反应还要激烈。但这些人在指责他人的时候忘了,这本不是他们职责范围内的事。之所以这样说,不是因为道德感和正义感的丧失,而是提醒我们在伸张正义的同时,学会谨言慎行。如果不学会保护自己,就会引发一些不必要的麻烦。

学会谨言慎行,就是要求我们学会在什么情况下做什么事,说什么话。曾国藩是一个非常注重谨言慎行的人。用花言巧语取悦于人,最终只能给自己带来困扰。闲言碎语虽然能够打发时日,不仅给他人生活带来不便,还会扰乱自己的心神。平常时候,多说一句,少说一句,可能无伤大雅,但是在公众场合、工作场合,一句没有经过深思熟虑的话可能会带来很大的影响。

要时刻牢记谨言慎行,因为它有时会是你的保命良方。曾国藩在大败太平军后,手握雄兵,完全有能力起兵造反,改朝换代,自己做皇帝。但是他却没有这么做,而是选择了主动上书请求裁军,削弱自己手中的权力。曾国藩这样做不是他愚蠢,而是因为他懂得审时度势,知道什么时候做什么事是安全,最符合自己利益的。另外,深谙儒学之道的曾国藩其忠君报国的思想也不可能会有起兵之念。

如果当时曾国藩起兵造反,胜负成败尚未可知。倘若失败,便会落得个抄家灭门,诛灭九族的下场。就算成功,也要背上背主篡位的恶名。何况那时朝廷已经对曾国藩起了猜忌之心,并在他的四周暗下埋伏,形成了包围之势,只要他一有异动,估计马上会身首异处,不得善终。在这件事上,可以说是曾国藩的谨言慎行拯救了他自己和全家的性命。也正是因为他为人处世处处小心谨慎,又懂得审时度势,才能有后来的成功。

我们做人不可锋芒过露,也不可因为圆滑而失了自己的个性和原则。在现实生活中,委婉的处事方式总会更容易被人接受,这就和做人的道理是一样的。在复杂的人际关系中,直来直去的性格总是不合时宜的。对人温和圆润些,对事谨慎小心些,总归没有坏处。"行事不可任心,说话不可任口",牢记这两点,你的人生一定会有意想不到的收获。

第九章　处　友

求友不专，博爱不亲

【原文】

求师不专，则受益也不入；求友不专，则博爱而不亲。

【译文】

拜求老师不专一，那么得到的收益也不能真正的转化为自己的；寻求朋友不专一，那么对每个人都很喜欢也就会使得每个人都不亲密。

【解读】

人世间有三种最基本的感情，即亲情、友情和爱情。亲人是我们在这个世间最能信赖最亲近的人，朋友是我们在这个世间最能敞开心扉诉说的人，而爱人则是我们这个世间最可能陪我们走到最后的人。所以人生在世，亲人、友人、爱人，三者都不可或缺，缺少一样你的人生都不完整。

在我们的人生之中，朋友也许不如亲人那般独一无二，也不如爱人那样一生相随，却有着和亲人、爱人同样重要的地位和作用。多一个朋友多一条出路，或许有的朋友就只是在你的人生中出现一下，好像路过一般，但他对于我们的一生来说，是一笔不可多得的财富。

既然朋友是我们宝贵的财富，那我们就要明白如何交朋友，交到之后如何与朋友相处。对于这个问题，曾国藩早已给了我们答案，就是一个"诚"字。他曾说过："以诚换诚，无人不诚。"朋友之间相处贵乎诚，只有以诚心才能换来他人的真心。

曾国藩对于交友的重要性有深刻的体会。之所以能有这么多人帮助他，支持他，也与他对待朋友的态度有莫大关联。他以真诚去结交人心，以诚换诚，必然会得到众人的支持与爱戴。

不光是对本国人，对待外国人曾国藩也十分诚恳。他的孙女婿曾经口述过这样一件事：

李鸿章从南洋调到北洋接替曾国藩的职位时，曾国藩问他今后要如何与洋人打交道。李鸿章回答道："门生也没有打什么主意，我想，与洋人交涉，不管什么，我只同他打痞子腔。"曾国藩听后良久不语，其后才徐徐启口说："呵，痞子腔，痞子腔，我不懂得如何打法，你试打与我听听。"

李鸿章一听曾国藩对自己的回答不是很满意，即连忙改口说："门生信口胡说，错了，还求老师指教。"曾国藩又是不语。沉默良久之后，他看着李鸿章说："依我看，还是用一个诚字，诚能动人，我想洋人也通此人情。虚强造作，不如老老实实，推诚相见，想来这比痞子腔总靠得住一点。"

李鸿章所说的"痞子腔"，是他家乡的一句方言，简单来说就是流氓腔。大约籍隶合肥的李鸿章想用他家乡的青皮流氓的混办法来对付洋人。但曾国藩此时的头脑还是十分清醒的，他知道洋人不会吃这一套，所以主张还是应该讲诚信，凭实力说话。

曾国藩对待朋友的态度很值得我们学习。对待朋友，付出真心诚意固然重要，但在这之前我们要做的就是选择正确的朋友。曾国藩曾说过："择友乃人生第一要义。一生之成败，皆关乎朋友之贤否，不可不慎也！"他以为，交友是人生成败的一大要诀。选择朋友是一件很重要的事，也是人生最为关键的事情之一。

在如何选择朋友一事上，我们应该像曾国藩学习。曾国藩之所以能取得如此大的成就，除了自身的努力之外，与他广交益友也有密不可分的联系。曾国藩曾说过："求师不专，则受益也不入；求友不专，则博爱而不亲"，交朋友不在多而在精，如果你在交友方面不够专心的话，朋友再多，也只是泛泛之交。

再者，朋友的品性好坏，才华如何，都对我们有巨大的影响。一个人一生的是非成败，都与所交往的朋友有直接的关联，所以择友一定要慎之又慎。

曾国藩所结交的朋友都是德才兼备之人，其中有为他出谋划策的幕僚，也有在他落难之时伸出援手的侠士，更有在官场上提拔他的上位者。这些人在他的事业中扮演了重要的角色，因为有了这些人，他的事业才能成功，他的仕途才能走得更远。

朋友是我们与大千世界相连接的媒介，通过朋友，我们可以更客观更真实地看清这个社会。在我们的一生中，会遇到各种各样的人。这些人有好有坏，并不都是我们的良师益友。每个人都是独一无二的，正因为没有完全相同的两个人，所以我们也不能要求只遇到好人不遇到坏人。其实损友对我们同样有好处，最起码我们能在他们身上吸取经验和教训，增长人生的阅历，从而更加珍惜那些益友。

朋友是与你并肩同行之人，友谊对于我们的意义也是无法取代的。想要在这个世界上走得更远，走得更稳，想要自己的人生更加丰富多彩，那么就请学习曾国藩交友之道。不仅要善于择友，还要以诚待友，所谓"以诚心求之，虚心处之"正是此意。因为只有以诚才能换诚，交到对自己有益的朋友。

求友以匡己之不逮

【原文】

求友以匡己之不逮。

【译文】

希望朋友能在自己犯错的时候纠正自己，在自己不足的地方提点自己。

【解读】

作为晚清的名臣之一，曾国藩的修身经验是很值得我们后人去研究和效仿的。在他众多的人生箴言中，"借助外力来监督自己"更是值得我们赞赏和学习。

从根本上来说，人很容易受外界因素的影响，这也是大多数人的通病。作为总是被决定的一方，外在的影响力远远大于内在的控制力。就连一向信奉内心力量的曾国藩也说过："事必有所激有所逼才能有成。"可见外力对我们的成长还是有很大作用的。

一个人的自制力不论如何强大，也总会有懈怠的时候。如果在此时，有个人在旁边监督着自己，情况可能就大不相同，自己的斗志也有可能大大提高。这就好比在根根笔直的竹林中，有一根基因不佳的竹子。它虽然一开始长得扭曲，但为了与其他竹子争夺阳光和雨水，为了争夺一点生存的空间，它肯定会拼命地长得笔直。这就是所谓的"夹持"效应。

在外力的"夹持"中，曾国藩最看重的是"师友夹持"。孔子有云："三人行，必有我师焉。"不论是朋友还是老师，在我们的成长过程中，都会给我们莫大的鼓励。正因为他们是我们身边亲近而又不过分亲密的人，所以对我们的监督力量也就比其他人更大。

在进京之初，曾国藩是住在城外的，但他的朋友竹如（即指吴廷栋）一定要他搬到城中居住。而曾国藩之所以答应了朋友的建议，其中一个重要的原因就是在城内有许多益友，可以"夹持"他成长。他曾说："盖城内镜海先生可以师事，倭艮峰先生、窦兰泉可以友事。师友夹持，虽懦夫亦有立志。"又说："盖明师益友，重重夹持，能进不能退也。"

为了在朋友的压力和监督下尽快成长，曾国藩甚至让好友们阅读点评自己的日记，以此来交流修养身心的心得体会。"余向来有无恒之弊，自此次写日课本子起，可保终身有恒矣。盖明师益友，重重挟持，能进不能退也。"在现今保存的曾国藩日记中，还赫然留有当时朋友们的点评，且这些话大多都是鼓励、劝谏的言辞。例如倭仁的批语："我辈既如此学，便须努力向前，完养精神，将一切闲思维、闲应酬、闲言语扫除净尽，专心一意，钻进里面，安身立命，务要另换一个人出来，方是功夫进步。愿共勉之。"

在曾国藩之后的岁月中，这种将日记公之于亲朋以自修方式一直持续着，即使是在战乱之中，他依旧不忘把自己日记的副本定期寄回家中，让亲人们阅读品评。

曾国藩看到家人和朋友的评语后时常深有感触，颇有醍醐灌顶之感。亲友们的话警醒了他，他在感叹他们的话是"药石之言"的同时，也为自己平时的一些不当行为而汗颜。正因为他能及时地看到自己的缺点和不足并加以改正，才能不断地进步，最终成就一番事业。而这一点也是需要我们认真学习的。

交友须常常往来，不可太疏

【原文】

泽六爷近年待我家甚好，即不请他诊病，亦须澄弟到他处常常往来，不可太疏。

【译文】

泽六爷这些年对待我家非常好，就算不请他问诊看病，也一定要让澄弟到他家经常往来，不能太疏远了。

【解读】

对于交友这件事，我国有一句古训："君子先择面后交，小人先交面后择，故君子寡尤，小人多怨。"在曾国藩看来，一个人所交朋友的品质好坏，关系着这个人的人生成败，必须慎重、认真地对待选择朋友这件事。

朋友是对我们影响很大的人，虽说这种影响不甚明显，却以一种潜移默化的方式在悄悄地改变你的性格和处事的方法。生活中，我们不难发现这样一个现象，就是一个人身边的朋友如何，往往他就会如何，这就是所谓的"物以类聚，人以群分"。这种现象其实告诉了我们一个关于交友的真理，那就是交友一定要交益友。

益友既是友又是师，他就像一本好书，能带给你莫大的好处，使你受益良多。虽然益友如书，但是远胜于书。益友可以在你生活中扮演不同的角色，他可以是你工作的伙伴，可以是你生活的密友，可以是你心灵的知音，还可以是你灵魂的伴侣。不管角色如何，他所起到的作用都是一样的，就是为你指引好前行的方向。所以得交益友后，不仅要对他诚心诚意，更要和他常常来往，这样你们的友谊才能历久弥新。

曾国藩对交友一事一直十分看重外，他对自己的朋友也特别诚心，希望能用自己的真心换取朋友的信任和尊重。他在家书中曾提及一事，说泽六爷近年对他家人都好，希望弟弟与他常常往来，不要生疏了才好。曾国藩对待家中的大夫都如此尽心，对朋友自然更是不在话下了。

曾国藩在赴京科考的途中认识了"少有志节"的刘蓉，又通过刘蓉认识了"胸怀壮志"的郭嵩焘。他三人"欣然联欢为昆弟交"，最后都实现了自己的理想，有一番成就。曾国藩的手下也是群雄聚集，刘传莹、何绍基、罗泽南等人都是其中的佼佼者。也正因为这些好友的匡扶和帮助，使他在京城的名气大增，不仅树立了在朝的声望，还扩大了自己的政治视野。

曾国藩虽有很多至交好友，却与之来往密切，从不中断，为的就是维持住这些难得的友谊。他戊戌时会考得中，总考官即为穆彰阿。自二人有了师生之谊后，曾国藩就抓住机会时常与他往来。因为曾国藩颇有几分才干，又勤奋好学，态度也很恭谦，所以甚得穆彰阿的器重与赏识，也处处得到穆彰阿的关怀和照顾。

和道德品质高尚之人相交固然是重要的，但还要记住常常来往，如此才能从他们身上学到你所不具备的优点和品质。长此以往下去，也就能拥有如金子般珍贵恒久的好品质。就像在《论语》十六章中孔子说的："友直，友谅，友多闻，益矣；友便辟，友善柔，友便佞，损矣。"与正直的人交朋友，与守信的人交朋友，与见多识广的人交朋友，是有益的。与谄媚逢迎的人交朋友，与两面三刀的人交朋友，与花言巧语的人交朋友，是有害的。

所以我们在交友时，不仅要像曾国藩一样做到态度谨慎，还要对朋友保持一颗诚心，做到"损友敬而远，益友亲而近"，更要做到时常往来，不可生疏。因为只有这样，才能保证你的身边都是益友。也只有和这些益友保持密切的联系，才能使自己受到更多的感染和鼓励，最终获得更大的成功。

大小喜事，常常表示

【原文】

大小喜事，宜长送礼。

【译文】

遇到值得贺喜的大事小情，应该经常送礼。

【解读】

曾国藩这里讲的是一种朋友之间相处的方法，意思是说对待朋友，要让朋友知道自己时常在关注他，一直把他放在心上。而所讲"送礼"，并不一定是什么名贵的东西，俗话说"礼轻情意重"，送贵的也好，便宜的也好，最重要的是让对方看到我们的心意。

虽然"送礼"看起来很世俗，但是越是世俗的东西，越是有人情味。朋友之间的人情味说到底不过是一种诚心。从这个层面上讲，朋友之间送礼，不过是彼此诚心的表达。曾国藩告诫子弟常送礼，并不是要他们变得世俗，而是告诉他们处友以诚，对方才会诚心以待，这是人生的处世之道。

常言道，在家靠父母，在外靠朋友，一个人的能力终究是非常有限的，要成大事，离不开别人的帮忙。人脉交情就是生意场上经商生财的资本。多个朋友多条路，无论新交旧识，都要用心去经营。但是那些自称是朋友的人，不会有求必应。对方有难处、无能为力、无法施与帮助，可以理解，不必埋怨。但是也有些人，平时对人很亲切、诚恳，但是一遇到问题就躲得远远的，这里面就有问题了。

其中的原因不过两大类：一是彼此之间，不过泛泛之交，没有深厚的交情；二是彼此之间有利用关系，以前的亲切不过是有目的的伪装。由此来看，"出门靠朋友"中的这个"靠"字可不是随随便便就能靠得上的，关键是要看你在向别人提出需求之前，给别人留下了什么印象。

如果平时对别人都不诚心，不让对方感到他在我们心中的地位，那么对方何必要有求必应呢？

一个好的人脉是一张广大而伸缩自如的关系网，这张网可以让你活得轻松自在、潇洒自如，为你开辟出一条全新的道路。在生活、工作中如何建立良好的人际关系，以下几点可供借鉴：

1. 为人不诈，多施善。

一个人在人际交往中可以世俗，可以能说会道，但有两点必须坚持原则：其一，从不干对不起朋友的事；其二，把控事情的轻重出入。要明白，别人最忌讳的是所交之人有歹念、有贪图。所以，如果我们能多施善，对别人多些帮助，自然会为好人脉建立基础。

2. 各路人士都要结交，如此才能拓宽人脉。

3. 好人脉平时要多经营。

拥有人缘靠自己，时常问候，过节送礼，不用太勤太贵，心意到了，人缘到了，人就留住了。

这个世界上，有人办事顺利、一帆风顺，也有人办事就处处受卡、麻烦不断，这个差别与一个人的交际力量与办事密切相关。如果在人际交往方面下功夫，就可以解决许多难题！善于利用人际关系的人，大多会比讷于此道的人快一步。因此，要想像他们就要遵循上面的方法，有意识地建立良好的人际关系。

择交,须择志趣远大者

【原文】

择交是第一要事,须择志趣远大者。

【译文】

选择朋友是一件重中之重的事情,必须选择那些志趣远大的人。

【解读】

道光二十三年(1843年),曾国藩的四弟、九弟要去衡阳边教书边学习。得知弟弟们的打算后,曾国藩与他们多次面谈,想打消他们的念头,但是弟弟们依旧不改初念。于是曾国藩在家书中写道:"按衡阳风俗,只有冬学要紧,自五月以后,师弟皆奉行故事而已。同学之人,类皆庸鄙无志者,又最好讪笑人。"他认为衡阳那个地方的求学之人,胸无大志,品行低俗,不利于四弟和九弟学业上的精进。

他说:"今四弟意必从觉庵师游,则千万听兄嘱咐,但取明师之益,无受损友之损也。"虽然曾国藩已经做了妥协和让步,但是依旧可以从中看到他的担忧:"兄所最虑者,同学之人,无志嬉游,端节以后,放散不事事,恐弟与厚二效尤耳,切戒切戒。"

曾国藩之所以放心不下弟弟外出,是担心他们受到鄙俗者的影响而误入歧途。常言道:"近朱者赤,近墨者黑。"一个志向不高,甚至十分卑琐的人,会带坏和他们亲近的人。那么什么样的人才是值得交、对自己有益的朋友呢?曾国藩给出的答案是"志趣远大者"。

志趣远大的人是对自己的未来有明确规划的人,他们会为了实现这个规划而严格要求自己,一步步地向理想的目标靠近。所以这样的人通常眼光长远、自动自发。和这样的人相处,会受到他的鼓舞,产生见贤思齐的心理。能起到这种效果的人即是益友的一种。

在赴京科考的途中,曾国藩认识了"少有志节"的刘蓉,又通过刘蓉认识了胸怀壮志的郭嵩焘,于是三人"欣然联欢为昆弟交",最后三人都成就了事业。曾国藩同手下也群雄聚集。刘传莹是曾国藩的好友,专攻古文经学,精通考据,交往中大大弥补了他古文字上的不足。何绍基精通书法,擅长吟咏,曾国藩与他常来常往。曾国藩还有很多好友,也正是这些好友使他在京城的名气大增,树立了声望,扩大了视野。

曾国藩交的这些朋友都是很优秀的、才德兼备之人,我们不能说曾国藩的成就是因为交了这些朋友的缘故,但是也不得不承认,这些朋友在曾国藩打拼的过程中起到了重要的作用。

交朋友一定要交益友,因为益友能给我们带来莫大的好处。这种好处可能不是物质上,比如好吃好喝,好穿好用,但一定是精神上的。和他们相处的过程中,我们都会感到一种心灵的默契,会共勉,会共同进步,也会共同分享彼此的欢喜和苦涩。

待友，常存敬畏之心

【原文】

待友，常存敬畏之心。

【译文】

对待朋友，需要常常有敬肃无怠慢之心。

【解读】

古人谈及友谊，常将"君子之交淡如水"奉为友人相处的至高境界。梁实秋先生在解释这句交友原则时说："因为淡所以才能不腻，才能持久。与朋友交，久而敬之。敬也就是保持距离，也就是防止过分亲昵。不过'狎而敬之'是很难的。最要注意的是，友谊不可透支，总要留几分。"

人与人交往，要保持一个安全的距离。远了便显生疏，近了便易生嫌隙。所谓外在的距离就是朋友之间交往的形式，而内在的距离则是彼此间心灵的契合。梁实秋先生所说"友谊不可透支总要留几分"，分开来解释也可以说是，不能透支友情去做那些涉及名利之事。倘若逾了外在距离，就会疏远了心灵距离。

曾国藩素来对交友之道颇有见地，他认为交友贵雅量，要"推诚守正，委曲含宏，而无私意猜疑之弊""凡事不可占人半点便宜，不可轻取人财""要集思广益，兼听而不失聪"。可见曾国藩对交友要存"敬畏之心"的道理又多了一层理解。

梁实秋先生所说的"敬"，是指要保持一定的距离，而曾国藩除了要求自己与朋友要以心交，不以利交之外，还要做到一种心灵上的"尊敬"。这种尊敬一是指"信任"，不以私意随意猜度。以真实的言语、真实的感情去交往，摒除利害关系，才能拥有手足般的义气情谊，从此相知相惜，相互关爱，彼此扶助。二是指以一种尊重他人的心态来对待朋友的学识和才华，并加以学习，充实自身。不认为自己高人一等，强人一招，而是做到兼听纳言。曾国藩还指出，交友不仅要"兼听"，还要在此基础上做到"不失聪"。

人与人之间距离太近，便很容易偏听偏信，失了自己的做事原则与判断标准。尤其是在有金钱和利益参与的情况下，就更无法理智地做出判断了。人与人之间就犹如铁轨的两侧，相互平行，只有不腻不疏，才能并肩远行。一旦亲密无间，空间的局限便会束缚住彼此的自由。如果把心关得太紧，就容易缺氧，最后窒息而亡；倘若将心扉完全敞开，又容易受风着凉。

每个人都是独立而又渴望彼此依靠的个体。我们一方面有着寻找伙伴、融入群体的愿望和本能，另一方面又不想在接近彼此的同时丧失自己的个性。若是自己的私人空间完全被外人占领，就会有一种超越了自己的安全底线的不舒服的感觉。这种因担心他人窥知自己过多信息，或发现自己过多缺点而产生的危机感足以葬送掉曾经非常深厚的友谊。但若是朋友之间隔得太远，就无法使彼此的身心处于同一个空间中，也就更不用提"交心"一说了。

不远不近的距离，虽然难以把握，却是值得我们用心去追求的"恰当"。与人打交道，不要把对别人的帮助停留在形式上，要落在实处。生活没有技巧，想要获得真正成功的人际关系，就要用一颗诚心去对待他人，在朋友需要帮助时毫不犹豫地伸出援助之手。

待友，贵在常存敬畏之心；交友，贵在淡如水、馨如兰。不求交友交得轰轰烈烈，但求在真挚中修得涓涓不断的如水情谊。

君子忌苟合，择友如求师

【原文】

君子忌苟合，择友如求师。

【译文】

交朋友最怕凑合和同流合污，其实选择朋友就像选择老师一样重要。

【解读】

"与善人居，如入芝兰之室，久而不闻其香，即与之化矣。与不善人居。如入鲍鱼之肆，久而不闻其臭，亦与之化矣。"孔老夫子总是能够在各个方面给我们以启示，在交友之道上自然也不例外。

所谓"人有良师益友，虽懦夫亦有立志"，拥有一个真正有益的朋友，不仅可以补己之不足，还能在适当的时候，给自己建议，修正自己的人生道路。如此一来，即使是一个懦夫，也会因为朋友的敦促和提携而树立起远大的志向。

《曾国藩家书》记载了曾国藩劝谏其弟的一段话："乡间无朋友，实是第一恨事，不怕无益，且大有损。习俗染人，所谓与鲍鱼处，亦与之俱化也。兄曾与九弟道及：谓衡阳不可以读书，涟滨不可以读书，为损友太多故也。今四弟意必从觉庵师游，则千万听兄嘱咐，但取明师之益，无受损友之损也。"在他看来，乡间是不适合读书的，古时"孟母三迁"就是为了寻一处适合孟子读书的地方。因此，他希望自己的弟弟能够跟随好的老师，交到真正的朋友，并一再告诫其弟勿交损友。

曾国藩的考虑可谓是意义深远。环境对一个人的影响是不容忽视的。所谓"近朱者赤近墨者黑"，走得近的人在潜移默化之间，学问、情操、人品、志向等等都会相互影响。虽说见贤思齐，但小人的流毒似乎更为深远。"近贤则聪，近愚则聩"，坏的习性养成很容易，但要改掉就不那么简单了。君子慎取友，交友这个问题不得不引起人的加倍重视。

古有管宁割席，又有"道不同则不相为谋""士为知己者死"的箴言，可见能得到一个推心置腹的朋友，真可谓是人生之大幸。不过，知己都是可遇而不可求的。

古人把朋友分为四等"畏友、密友、昵友、贼友"，畏友、密友者，患难与共，可以无话不谈；昵友，亲密但不适合深交；至于贼友，则往往是口是心非、口蜜腹剑之徒，交友时需要防备的就是此类。

曾国藩极其重视交友，正因如此，他对择友的标准可谓是相当严格。"择友如求师"，好的朋友就如同师长一样，能够给你莫大的帮助。所以曾国藩在交友时最看重的是一个人的人品和学识，如若对方品行端正且有真才实学，即使人家不愿意和自己做朋友,也要放下身价,鼓足勇气,主动和对方相交。相反,如若对方是一个浮夸之徒,品行又不端正,即使其身份再尊贵,也耻于与其相交。

君子之交淡如水,小人之交甘如醴。真正的友谊虽然平淡如水,却愈久弥新。反观那种酒肉之交,大多是追求新鲜刺激,等到大难临头之时却只顾自己,丝毫不考虑他人。君子之交,可以相互激励,共同进步,小人之交则会相互倾轧,尔虞我诈,玷污神圣的友情。在人生的三大失误中,"遇良友而不交"就是其中之一。如若能够得一诤友为知己,就可以说"此生无憾了"。

从曾国藩的人生经历中可以看出,良师益友就是人生道路上的一盏指明灯。只要择其善者而从之,就可以不断修正自身的错误,提升自己的修养,充实自己的人生,为走向成功奠定坚实的基础。

以过相贬,以善相养,千里同心

【原文】

以过相贬,以善相养,千里同心。

【译文】

在犯错的时候互相指正,在行善的时候互相鼓励,就是相隔千里之遥双方都能志同道合。

【解读】

在大千世界,滚滚红尘中,人与人通过接触就可以成为朋友。朋友一般分为两种,一是泛泛之交,二是知己好友。朋友易交,知己难求,有的人或许辈子也无法遇到一个知己。

几千年前,俞伯牙与钟子期以一曲《高山流水》造就了一个流传千古的知音传奇。知音即知己,那何为知己?知己,顾名思义,就是了解自己的人。芸芸众生,知道自己的人不少,但是了解自己的人不多。那些认识你的人或许只是知道你的姓名和身份罢了,而真正了解你的人不仅知道你的喜好,还懂得你的内心。

人心本就复杂且孤独,有时自己都未必真正懂得自己,能遇到一个真正明白自己的人,是一件多么幸运,多么难得的事。正因为知己难求,所以才有"人生得一知己,足矣"和"士为知己者死"这样感人肺腑的承诺。

对于交友,曾国藩"结网天下,雀无所逃",并把友谊视为"一生成败之所系"。但人与人交往难免夹杂着利益关系,一旦有所图,就必然无法成为知己。对于朋友,曾国藩的态度却是宁缺毋滥。如果是益友,那自然是越多越好,但这样的情况确实少之又少。曾国藩是幸运的,因为他的一生有两位知己。

"日日怀刘子,时时忆郭生。仰天忽长叹,绕屋独巡行。"这是曾国藩在北京做官时所写的诗,里面的"刘子"指刘蓉,"郭生"指郭嵩焘,都是曾国藩的知己挚友。郭、刘二人作为曾国藩的知己,在他的事业中起了重要的作用。曾国藩经常与他二人彻夜长谈,天各一方时,又以书信来延续友情。不仅如此,他三人还互换庚帖,拜为异姓兄弟。

鲁迅先生曾送给好友瞿秋白一副对联："人生得一知己足矣，斯是当己同怀视之。"以此来感叹知己者的难能可贵。

1932年夏天，瞿秋白与鲁迅相识，彼此意气相投。到了1934年年初，瞿秋白远赴江西苏区，二人交往仅一年半，但友情十分深厚。瞿秋白通晓俄文，文学修养又极深，鲁迅就想通过他把苏俄文学介绍给中国读者。瞿秋白为此想方设法为鲁迅提供外文原著，并将之翻译出来。瞿秋白发表的许多有分量的文章，用的都是鲁迅的笔名。因为所写的文章触及了当权者的利益，瞿秋白一年之内被追捕了三次，无奈之下只得在鲁迅家避难。鲁迅欣然接纳了他，丝毫不色难，侠骨柔情可见一斑。

正因为他二人是至交，所以瞿秋白是为数不多的对鲁迅杂文评价公正的人。20世纪30年代，他费尽心血编成《鲁迅杂感选集》，光序言就长达一万七千字。这篇《序言》见解之精辟，行文之凝重，都让鲁迅佩服之至。甚至有传言说，鲁迅在阅读这篇稿件时，连烟蒂烧到了指头也没有察觉。后来鲁迅为瞿秋白撰联时写下了这副对联："人生得一知己足矣，斯世当以同怀视之。"

知己是朋友，朋友却未必是知己。面对知己，我们可以随时随地地畅所欲言，但朋友则不然，我们会不好意思，怕会打扰到他们。

生活总是平淡的，哪怕最初轰轰烈烈，到最后也总要归于平凡。虽说平平淡淡才是真，但生活的平淡不代表精神的平淡。想要让自己的精神超脱于生活之外，就一定要去寻找那个能够在灵魂深处与自己同行的人。这个人可以是男可以是女，可以是老可以是少，可以是爱人也可以是朋友，因为心灵的契约者是不分年龄、国界、种族和性别的。他将会是你一生的朋友，无论你离开多久、走了多远，只要转身，就能看到他还在那里。

银钱量力资助，办事竭力经营

【原文】

同乡有危急事，多有就男商量者，男校祖父大人之法，银钱则量力资助，办事则竭力经营。

【译文】

同乡有危难着急的事情，大多都和我商量，我仿效祖父帮助别人的方法，钱财我有多少就资助他多少，帮他办事则是竭尽全力地去做。

【解读】

立足于世，光凭一己之力去打拼是寂寞孤独的，也是辛酸艰苦的。这苦并非单指身体上的劳累，更多的心灵和精神上的负担。人是群居动物，朋友则是人生一世不可或缺的重要组成部分。毕竟相互依靠，才能组成一个"人"字。

饮茶之人品的是心情，并不在意茶的香甜或清苦，也不在意茶的名贵或平凡，交友亦是如此。有的人即使八面玲珑，但与之相对仍不免惴惴无言；有的人虽然淡如春风，却能温暖整个寒冬。朋友使你痛苦时不必一个人哭泣，让你的心灵更加充实，屋外的阳光也因朋友的笑颜而更加灿烂。真心付出的友谊有时甚至有着改变命运的力量，令人动容。

古代有个荀巨伯，他得知自己的朋友病重，便千里迢迢去探望他。不料当时遇到胡人进攻，朋友对荀巨伯说："我已是快死的人了，你回去吧！"巨伯摇了摇头，说道："我特意赶来探望你，如今你身处险境，我怎么能离你而去呢？"

顷刻间，胡人就攻到友人的住地。胡人对巨伯说："大军进城，这地方所有的人都跑光了。你是何人，怎么还在这里？"巨伯回答说："友人有病在身，我不忍弃他而去。我宁愿用自己的身体来换取我友人的性命。"胡人听了巨伯如此说，感到十分惊异。胡人首领把同伴都聚集起来，说："我辈无义之人，反侵入了有义之国，真是惭愧。"最后胡人离开了。

面对危难，荀巨伯并未考虑自身的利益，而是不计得失、不顾安危地留在朋友身边。他用他的真心换得了友人的平安，更换得了一个地方的安定。

曾国藩曾说过："同乡有危急事，多有就男商量者，男校祖父大人之法，银钱则量力资助，办事则竭力经营。"意思就是说，同乡有危难着急的事情，大多都和我商量，我仿效祖父帮助别人的方法，钱财方面的资助我是量力而行，但帮人办事确是竭尽全力。

其实，朋友间最为珍贵的不是钱财方面的馈赠，而是那种不计报酬为朋友付出的真心。结交朋友，靠的是以心换心，而不是奢望从他人那里得到什么好处。一个只肯为自己盘算的人，恐怕一生也难以结交到真正的朋友。他们在与人结交时考虑的只是自己的得失，有利便上，无利便逃，他们看重的只是利益，而非感情。这样的人即使是有所付出，也是以回报为前提的。这样的关系根本不能称之为友谊，只能是一种交易。

与人交友，贵乎诚。如果能够做到以心交心，那么对方的身份地位自然便犹如风中尘埃，不值一提。曾国藩交友有"八交"，分别是"胜己者；盛德者；趣味者；肯吃亏者；直言者；志趣广大者；惠在当厄者；体人者"，这八种要求皆从心而发，由心而入，无半点世俗之态。

"千金易得，知己难求"，这是几千年不变的真理，俞伯牙高山流水遇知音的故事也如他的琴音一般久久萦绕在人们耳边。人生若能得一懂得自己的人，那还有什么值得遗憾的呢？为了报答这份相知，又有什么是不能放弃、不能付出的呢？

真正的朋友，不会嫉妒彼此的优势，更不怕暴露彼此的缺点。有些朋友，可以同甘，却不能共苦；有些朋友，却只能共苦，无法同甘。这么看来，能找到一个甘苦与共的朋友是多么不容易的事啊！

珍惜那些与你甘苦与共的人，善待那些值得相交的人，以心交友，用真心待人换人真心待自己。只有这样，才能在这芸芸众生中找到与自己心灵相契的朋友，才能用友谊为自己的心灵筑起温暖的港湾。

近贤友，远损友

【原文】

近贤友，远损友。

【译文】

亲近贤良的朋友，疏离不好的朋友。

【解读】

明代苏浚在《鸡鸣偶记》中说:"道义相砥,过失相规,畏友也;缓急可共,死生可托,密友也;甘言如饴,游戏征逐,昵友也;利则相攘,患则相倾,贼友也;情厚相与,默契相通,知友也;博观约取,钩玄体道,学友也;把握当下,精勤不懈,益友也;非人自是,多疑少信,损友也。"苏浚所说的"畏友、密友、昵友、贼友、知友、学友、益友、损友",与孔圣人所说的"益者三友,损者三友"实属异曲同工。

前文已经提到过,曾国藩在朋友的选择上是十分慎重的,因为他认为朋友是人生中必不可少的一笔财富。"在家靠父母,出门靠朋友",这是中国人几千年传承下来的人生经验。鉴于此,曾国藩时常在给子侄的书信中嘱咐他们,一定要善交良友。与此同时,他对"益者三友,损者三友"也有着自己独到的体会和见解。

首先来看"益者三友"。孔子将其解释为"友直,友谅,友多闻"。曾国藩认为,所谓"友直",就是要"道义相砥,过失相规",能够直言不讳地说出朋友的缺点,并以规劝为己任,同苏浚的"畏友"是一个道理。"畏"者,敬畏也。朋友间互相敬畏,才可能保证友谊的长存。"友谅",即是苏浚所说的"缓急可共,死生可托",乃是古人所谓的刎颈之交,是值得信赖的朋友。"友多闻",自然是说"博观约取,钩玄体道"的学友了。与这种朋友相处,就如同处兰芷之室,所谓"谈笑有鸿儒"是也。

再来看"损者三友"。"损者三友"指的是"友偏辟、友善柔、友便佞"。同样,曾国藩认为,"友偏辟",指的是那种心胸狭隘、刚愎自用、不听良言规劝的朋友。这类人自以为是,往往把朋友当作自己的私人物品或者是可以利用的工具,不允许朋友指出其缺点,最终害人害己。"友善柔",说的是那种口蜜腹剑之辈。这些人两面三刀,心口不一,当面一套,背后一套。与这种人相交,就如同在自己身边安放了一颗定时炸弹,是最为危险的。"友便佞",就是指那种无真才实学、却爱夸夸其谈的人。这些人因为爱自我表现,夸下海口后却不能坚守诺言,实属食言而肥之徒。

曾国藩就是以这几个标准来衡量和选择自己的朋友的。在《曾国藩家书》中,他曾经提到了邵蕙西。那是他一生中最为看重和信任的朋友之一,他在日记中这样称赞邵蕙西,"为人直率,能够让我在大恶中而自知,实属真正的朋友也"。邵蕙西曾经当着曾国藩的面指出了他的三个缺点:为人怠慢、自以为是、爱慕虚荣。这批评不可谓不严厉,但曾国藩自忖确实有这三个大毛病,于是把邵蕙西引为至交。

与志同道合的朋友同处兰芷之室,只为倾心相交,不为名利,只图相知相惜,不图共享荣华,这是每一个君子都向往的。无论是在学问上,还是在事业和生活中,曾国藩都以能够交到"益友"而高兴自豪。他的成功,与这群朋友的鼎力相助不无关系,毕竟一个人的能力和力量是有限的,有众人的帮扶才能走得更远。

取明师之益,无受损友之损

【原文】

但取明师之益,无受损友之损也。

【译文】

应当汲取睿智老师好的地方，不要接受坏朋友坏的部分。

【解读】

对于交友一事，曾国藩的态度是多多益善，但一定要交诤友，交益友。他曾在家书中对自己的四弟这样说："相问无朋友，实是第一恨事，不惟无益，且大有损。"

曾国藩对四弟说的一番话，很能说明一个道理，就是世人太容易受他人的影响。无论是自己身边的亲朋好友还是所处的环境，都能影响到自己的判断和决定。有句话说："众人皆浊我独清，众人皆醉我独醒。"能做到这样的人自有一番清高风骨，但他们的结局大都悲惨。因为世人大多不会轻易承认自己的错误，也不会允许有人站在自己的头上，所以为人处世的姿态不能太高。与之相较，"同流世俗不合污，周旋尘境不流俗"才是更加明智的选择。这也是国学大师南怀瑾极为推崇的处世之道。但学好不易，学坏不难，如何做到"同流世俗不合污，周旋尘境不流俗"，这就是一种学问了。

以《老子》中对"道"的解读为例来解释这个问题。《老子》有云："挫其锐，解其纷，和其光，同其尘。"若按字面意思去理解，就是说收敛锋芒，消除纠纷，含敛光耀，混目尘世，这种隐没不见而又实际存在的感觉与人际交往中的方圆之术十分相像。

古语道："处治世宜方，处乱世宜圆，处叔季之世当方圆并用；待善人宜宽，待恶人宜严，待庸众之人当宽严互存。"就是教导我们处在不同的环境，对待不同的人时，态度都要有所不同。

做人，要守住自己的底线。无论身处怎样的污浊环境，都要牢记这一点，但在做到的同时也要谨遵方圆之道。方圆之意，古人早有诸多论述。老子的道德理想是自然，是天地，是天圆地方；孔子的理想道德是中庸，是适度，是不偏不倚。将方圆之道用于人际关系中，就能使你与他人的关系变得更加和谐，既不会为人所污染也不会为人所孤立。

人是群居动物，没有任何人能脱离这个世界，独自生存。群居就需要人际交往，如果持有一种"众人皆醉我独醒"式的清高，就只会让自己像浮萍一样无依无靠。

无相禅师一次外出行脚时，因天热口渴而四处寻找水源。就在此时，他看到一个年轻人在池塘里打水车，无相禅师就走过去向他要了一杯水喝。年轻人羡慕地对禅师说道："禅师！如果有一天我看破红尘，我肯定会出家为僧，做像你一样的大事。但我出家后不会像您那样到处行脚居无定所，我会找一个地方隐居起来，每日参禅打坐，再不抛头露面。"

无相禅师听后没有发表自己的意见，只是笑着问他："那你什么时候会看破红尘呢？"年轻人答道："这一带就数我最了解水车的了，这里是村里的主要水源，倘若有人能接替我照顾水车，我就无牵无挂地出家了。"

无相禅师又问："你既然是最了解水车的人，那我且问你，如果水车全部浸在水里，或完全离开水面会发生什么事呢？"

年轻人答道："水车是靠下半部置于水中，上半部逆流而转的原理来工作的，如果水车完全浸泡在水里，那不但无法转动，甚至有可能会被急流冲走；如果水车完全离开水面，那连水都带不上来了。"

听了他的回答，无相禅师语重心长地说道："你看，这车与水流的关系正说明了个人与世间的关系。如果一个人纵身江湖，完全入世，未必不会被五欲红尘的潮流冲走；但若全然出世，再不与世间人往来，那他的人生必是漂浮无根。所以说一个修道的人，要做到出入得宜，既不能袖手旁观，也不能投身粉碎。"

入世与出世的关系便是如此，在无相禅师的心里，出世是为了更好地入世，两者之间不可能完全分开。他的这番话也告诫我们，无论对周围的人或环境有多不满，对这个世界有多厌恶，都不要产生厌世之心，把自己推向极端。

曾国藩有一句名言："居有恶邻，坐有损友，借以检点自慎，亦是进德之资。"意思是告诉我们，在我们不能改变环境的时候，就要改变自己来适应这个环境。这并不是让我们改变自己的原则，只是换一种方式来把坏事变为好事。在现实生活中，很多人抱怨自己身边的人或环境如何影响了自己，那么为什么不去想想，自己为什么会这么轻易受影响，为什么不能像曾国藩那样，把恶邻、损友变成检查自己不足的器具呢？

宁静不在世外，而在俗世。只要心里是平静的、安定的，那么就没有什么能影响到你。谁人不向往桃源生活，田园惬意，山水悠然？但是绝缘了的生活岂不如白水般乏味寡淡，而且如果一个人离开城市，刻意要到山中去过着幽静的生活，那么他也不过是环境的奴隶。

人在世间行走，方圆结合才是正确的处世之道，只要保持了内心的超然与清醒，外在的制约、束缚对你的影响就不会那么大了。当一个人具有充分了的节制力，不再受环境的支配时，纵然是身处闹市，也会从中觅得一丝清闲。

友人相助相抚成事，孑然力单者无成

【原文】

友人相助相抚成事，孑然力单者无成。

【译文】

朋友之间要相互帮助才能成事，只靠自己一个人的力量，最终很有可能会一事无成。

【解读】

人与人之间的关系是十分复杂的，维系情谊的不是共享荣华富贵也不是志同道合，因为有太多同甘却不能共苦的案例，而志不同道不合的人不是不能成为朋友知己。

其实要维系朋友之间的融洽关系，只需要一颗"将心比心"的体谅之心，这就是佛学大师星云法师所说的"佛心"。从中国的"己所不欲，勿施于人"到西方的"你们希望别人怎样待你，就要怎样对待他人"，道理都是一样的，那就是"将心比心"。

一旦人与人之间有了这颗体谅之心，相互之间就会多些包容，多些尊重，也会更懂得爱惜彼此。如此说来，体谅之心确实是比富贵荣华、志同道合更加美好。这种体谅和宽容他人的品质，在八十高龄的禅学大德眼中是无比珍贵的，它就像是催生蓓蕾的和风，滋润万物的春雨，能够化解诸般矛盾，平息纠纷，使这个世界更加的和谐美好。

在人际交往的过程中，如果我们能做到将心比心，那么为人处世时也就会多一丝理智、宽容、信任和理解，少一点冲动、对立、怀疑和埋怨。体谅他人不仅是一种体贴和宽容，更是一种理解与爱。与陌生人交往时，我们都要学会体谅他人，更何况是在朋友之间了。

我们生活的社会是一个密切联系的整体，每个人都不是孤单独立的。人与人之间的关系就像是一棵树上的叶子与枝丫，草原上的小草与野花。至于朋友，就是同一枝上的叶，或者是同一朵花中的蕊了，他们对我们的帮助是不言而喻的。有句话说得好，"众人拾柴火焰高"，曾国藩也曾说过"友人相助相抚成事，孑然力单者无成"，说的都是同一个道理。

在充满荆棘的人生道路上，朋友之间要互敬互勉，才能够克服眼前的困难，度过严寒的冬天，迎来温暖的春天。正是这个原因，我们才要多体谅朋友。因为只有这样，他才会陪你在成功的道路上越走越远。也只有从对方的角度去看问题，才不会对朋友过多苛刻。多一份体谅，就会少一些伤害。否则，就像是用自己的左手伤害自己的右手，在刺伤对方的同时也伤害了自己。

将心比心，就相当于送给别人一盏明灯，在照亮双方的同时还会照亮更多的人。倘若宽容多过固执，热忱多过漠然，幸福的将会不是一个人而是一群人。如果说"雪中送炭""锦上添花"是物质上的煞费苦心，那么将心比心就是精神上的一种慰藉。只需一个眼神、一句话语或一个动作，却比物质上的帮助更加自然贴心。这样的友情也更能经得住时间的洗练，从而变得坚不可摧。

其实，要做到相互体谅很简单，只需要在开口之前先考虑对方的立场，明白如何做、如何说才能让对方感觉到舒适。

世上难得有知己，交友得交心

【原文】

世上难得有知己，交友得交心。

【译文】

这世上的知己是十分难得的，和这样的人相交，就要付出自己的真心。

【解读】

曾国藩语录中有这样一段话："尝自虑执德不宏，量既隘而不足以来天下之善，故不敢执一律求之。虽偏长薄善，苟其有裨于吾，未尝不博取焉以自资益；其有以谠言急论陈于前者，既不必有当于吾，未尝不深感其意，以为彼之所以爱我者，异于众人泛然相遇情也。"

如果一个人的心胸不够宽宏，器量过于狭小，就不能博取天下的美德，因此不能拿自己的标准去强求他人。他人的一点长处、一点善行，倘若与自己有益，都要广泛地吸取，以求培养自己的德行。那些将正大之词、劝勉之论告知你的人，虽然不一定合你的心意，也不能不感念他的诚意。正所谓"良药苦口利于病，忠言逆耳利于行"，这些人的关心，和其他人的泛泛之词是迥乎不同的。

人活一世，朋友易得，知己难求。所谓知己，是与你志趣相投，且能与你共患难的人。他们跟你心灵相契，且能够与你的灵魂同行。知己是最了解你的人，他对你的帮助也往往是最大的。他往往能一针见血地指出你的不足之处，所以说一位知己好友是你事业成功的奠基石，也是你一生中最大的一笔财富。

对待朋友，要以诚相待，对待知己更要与之交心。曾国藩就是一个以诚待人之人，他不仅用真诚来换取对方的真心，还能虚心接受朋友提出的意见。倘若那真是自己的不足之处，就会立刻改正。正是因为这样的态度，他才得到了别人的真心信赖，吸引了真正的有才之士，交到了真正的良朋知己。

道光二十三年（1843年）二月的一天，吴竹如与曾国藩促膝谈心。当谈到他生平所交好友时，他称曾国藩为知己。吴竹如说："凡是阁下您所有的以期望许诺下的古语，信了它就足以滋长您自以为是的私念，不信它又恐怕辜负了您相知相许的真情，我只好自始至终怀着恐惧的心理。"吴竹如这几句话虽然不愠不火、不恼不怒，却字字力若千斤。

曾国藩当即记下了他的感受："听了吴竹如的几句话，我悚然汗下，竹如对我的敬重，简直是将神明收敛在内心。我有什么道德能担当得起呢？连日来安逸放肆，怎么能成为竹如的知己？实在是玷污竹如啊！"

直言不讳如邵蕙西，真心实意如吴竹如，这样的知己可谓是千金难求。曾国藩的事业发展得如日中天，就是因为他身边有这样能指出他错误，真心为他好的知己好友。

对待朋友时不仅要有一颗诚心，还要有一颗饶恕的心。真正的朋友说起话来往往直来直去，可能不会太在意听者的感受，这就很容易在无意之间伤了人的自尊心。可我们要相信，朋友这么说是为了我们好，不说才更伤人。所以不能因为那些逆耳的言辞使自己和朋友产生隔阂。朋友之间一旦有了隔阂，就很难恢复最初的亲密关系了。

不仅如此，对朋友也不能太过奢求，更不能一味地去苛责别人。人与人之交往要将心比心，设身处地地站在对方的立场考虑，如此才能与朋友相处地更加和谐。而有了朋友的帮助和支持，我们的生活才能越来越美好，我们的事业才能越来越腾飞。

真正的知己良朋是我们绝对不能失去的宝贵财富。一旦失去这样的朋友，将是很大的损失。在交友之道上，待人以诚，知己才能陪我们一直走下去，一同分享人生的千滋百味。

第十章 审 时

适时则贵，失时则损

【原文】

适时则贵，失时则损。

【译文】

适时而动就会得到好处，错过机会再行动就有可能受到损失。

【解读】

人们常说细节决定成败，可细节的作用远没有想象中的那么大。虽然细节常常会影响事情的发展，但还不足以起决定性的作用。在处理事情的时候，最重要的是把握整个发展形势，即我们所说的"大局"。想要成就大事的人，一定要时刻关注大局，借着形势来展开自己理想的蓝图。如果你这么做了，或许会事半功倍，否则的话就有可能毫无作为。曾国藩在他的仕途中也曾遇到过这样的问题。

在他开始创建湘军的时候，因为没有实权和充足的军饷，兵力发展特别缓慢。曾国藩想尽办法，但是依旧没有如愿得到朝廷的封赏。

之后，曾国藩在剿灭太平军一事上为朝廷立下了汗马功劳，但在仕途上依旧不是很顺利，官职也迟迟没有着落。曾国藩甚至在为父亲守丧期间向朝廷索要官职，但仍遭到拒绝。

直到1860年，事情终于发生了转机。在这一年里，太平军士气高昂，越战越勇，清军节节败退。对曾国藩和湘军来说，这是一个大好的机会。经过对时局的仔细分析，曾国藩与部下胡林翼商量认为，倘若朝廷此时需要他曾国藩，就一定会给湘军一个交待。果不其然，几天后，皇帝就颁下圣旨，任命曾国藩为两江总督。属于曾国藩的时代来临了，他终于可以一展抱负了。

虽然朝廷认可了曾国藩的实力，但是他依旧不敢掉以轻心。在打仗期间，曾国藩也不忘时时关注朝廷的消息。因为他知道，朝廷的一举一动都关系着湘军的利益和未来。

曾国藩虽然一直密切关注着时局，但是在那个时代，消息的传播速度很慢。再加上交通不便，所以在湘军攻占了安庆后的一个星期，曾国藩和胡林翼才知道咸丰帝驾崩的消息。其后慈禧太后发动政变，垂帘听政的消息也是一个月后才为曾国藩所知。

直到朝廷颁发了新的任命诏书，曾国藩才知道八位顾命大臣遇难的消息。知道这一消息之后，曾国藩愈发地小心谨慎了。他马上对朝廷的形势进行了分析，在重新找到了行动的重点和方向之后，才上书给慈禧太后，目的就是为了得到她的信任。曾国藩的举动很合慈禧太后的心意，于是在此后围剿太平军的行动中，湘军一直是主力。

欲成大事之人，一定要学会深谋远虑。所谓"运筹帷幄，决胜于千里之外"，只有看得深想得远，才能够在别人意想不到的地方寻找生机。也只有在大局上获得了主动权，才会在应对措施上以不变应万变，获得意想不到的收获，从而获得成功。

大家都听过负荆请罪的故事，可是，我们常常看见同廉颇一样的人，却极少看到同蔺相如一样的人。这是因为人总是以自己的利益为出发点，做任何事情时都只想到自己，从不考虑到大局。但大多数时候我们只有兼顾大局，自身的价值才能得到充分的发挥。

现在很多年轻人都喜欢生活在自己的世界中，对外在的一切事物都采取不管不问的态度。其实要想获得更好的发展机会，其关键就是摸清整个社会的发展方向。"适时则贵，失时则损"，如果我们只顾闭门造车，不与人交流沟通，最后只会迷失在自己的一方小天地中，自然不会再有更大的作为。

相机图事，不可用力太猛

【原文】

万一不然，亦须相机图之，不可用力太猛，易发难收也。

【译文】

万一不是这样，也一定要看准时机来图谋这件事情，不能一下子投入太多的精力，以至于容易开始难以结尾。

【解读】

曾国藩曾说过："万一不然，亦须相机图之，不可用力太猛，易发难收也。"意思就是说如果情况有变，也一定要把握好时机来筹划这件事情，不要一下子将全部的精力都投入进去，这样很容易弄得开头顺利结尾难。

人们常常把官场比作大海，潜得越深，危险就越大。曾国藩也曾这样说过，"宦海是很险恶的，在官一日，即一日是在风波之中。能够平平安安地上岸的，实在不容易"。在他看来，人在仕途，就应该时刻持有危机意识，为自己留好后路。因为即使是在官场中，也要时刻做好上岸的准备。

曾国藩第一次率湘军大败太平军获得武昌大捷时，声名大振于天下，但因为他疾恶如仇的性格和特立独行的行事风格使他在朝廷中频频遭受同僚们的排挤。曾国藩被贬谪回乡之后，内心抑郁，每日郁郁寡欢，身体状况也每况愈下。这段时间，曾国藩陷入了迷茫之中，就连他一直坚信的孔孟之道也不能缓解他内心的郁闷。但曾国藩没有沉沦，明朝宰相李春芳的故事适时地给了他安慰。从此，他心中的抑郁与迷茫才有所缓解。

李春芳是明嘉靖朝的进士，因写得一手好文章而受到了皇上的青睐。官运亨通的他不断迁升，成为红极一时的大臣。但李春芳并没有恃宠而骄，他深知"伴君如伴虎"，皇上喜怒无常，终日陪伴在他左右，迟早会惹祸上身。

正因如此，每当在朝廷议政的时候，李春芳都保持一种中庸的态度，既不过激也不落伍。因为他知道即使是身在宦海之中，享受着普通人享受不到的荣华富贵，也要时刻保持警惕，给自己准备后路，以保证可以随时远离官场这块是非之地。

隆庆年间，朝中的权力斗争愈发地激烈。李春芳抓住时机，趁别人相互排挤之时，提出要告老还乡，最终得到了皇上的准许。就在李春芳辞官回乡的一年之内，朝局就因为政治斗争发生了巨变。当初同朝为官之人，死的死，逃的逃，只有李春芳得以在家中颐养天年，得享天伦之乐。

当有人问李春芳隐退的原因时，他这样说："官场之中，那么多人都是提着脑袋做事，我又能好到哪里呢？"这就是告诉我们，"月圆则缺，水满则溢"，只有抱有居安思危的思想，并在恰当的时机急流勇退，人生才会获得一个圆满的结局。

李春芳的故事给了曾国藩很大的启发。他心想，自己虽一心为朝廷效力，但过于坚持，不懂得急流勇退，才会落得如此境地。后来曾国藩重新得到朝廷重用时，他不再像从前那般鲁莽和冲动，而是时时刻刻小心谨慎，使自己能够进退自如。

做任何事时都要给自己留有余地，等到前方没有了去路时才后悔就为时已晚。我们也应该学习曾国藩的做法，要相机图事，量力而为。因为有时候，你看好的事情并不一定会按照你预想的轨迹发展，如果先把后路斩断，就有可能使自己陷入万难的境地。所以，给自己留好后路，也为自己在危难之时留条生路。

人人料必胜者，中即伏败机

【原文】

人人料必胜者，中即伏败机。

【译文】

人人都认为会成功的事，当中一定隐藏着失败的危机。

【解读】

能在别人为胜利欢呼雀跃时，想到其中可能隐藏着失败的危机，这样的人是高明的，也是独具慧眼的。这样的人往往比通常的人想得深远，思维更加缜密，办事更加慎重。在官场中，如果想要立于不败之地，就必须具备审时度势的能力，看到其他人不曾关注的地方。

曾国藩善于把握大局，他所看到的不仅仅是眼前的小利，而是更关注于未来。局势的变动和人际关系的调整都有可能会影响曾国藩的每一次决定。而他之所以能立于不败之地，就在于他能审时度势，从而掌控整个局面。

顾命大臣肃顺曾有意拉拢曾国藩。他屡次给湘军各种好处，但一直遭到曾国藩的婉拒。虽然曾国藩对肃顺的帮助求之不得，但他清楚地了解当时政局的混乱，高层权力的倾轧，于是一直对肃顺的示好有所保留。正是因为他不为利益所迷惑，时刻保持冷静清醒的头脑，才使得自己在这个复杂的官场中游刃有余。

在他看来，朝廷目前最大的问题不是内部的权力之争，而是太平天国起义。为了对付起义军，朝廷才将大权暂时移交到他手上。鉴于这一层的认识，曾国藩采取了一系列的措施。其目的不仅在于维护湘军的长远利益，更巧妙地避免了朝廷对于自己和湘军的猜忌。

"狡兔死，走狗烹；飞鸟尽，良弓藏"，历史上能够安享晚年得以善终的官员都懂得这个道理，春秋时的范蠡就是一个十分典型的例子。范蠡早已摸清了越王勾践的性格，知道他是个可共患难却不可共富贵的人。在越国雪耻之后，范蠡毅然离开，与西施泛舟于太湖之上，过着神仙眷侣一般的生活。相对于范蠡，大夫文种却不听劝告，最终落得个自刎剑下的下场。

　　此外还有楚汉时期著名的将领韩信。他以点兵多多益善著称，在沙场上百战百胜，助汉王刘邦夺得了天下。但可悲的是，韩信在关键时刻错判了时局。在可以自立门户时，韩信念及刘邦昔日的恩德不忍自立为王，在天下安定时却想分一杯羹，最终落得个身死魂灭的悲剧下场。从韩信的经历我们可以看出，他虽然是个优秀的将领，却不是一个优秀的政治家。

　　相对文种、韩信等人而言，曾国藩不仅军事才能出众，头脑也很明锐。他不仅能够关注战局，还能做到审时度势。作为一个优秀的军事家和政治家。他高瞻远瞩，深谋远虑，能够在复杂纷乱的局势中站到常人不及的高处，看到别人很难看见的风景，化解身边所有可能出现的灾难。

人人料必挫者，中即伏生机

【原文】

　　人人料必挫者，中即伏生机。

【译文】

　　每个人预料一定会受到挫折的事，其中一定潜伏着生还的机会。

【解读】

　　每个人都喜欢平坦大道，都希望可以平平安安、顺顺利利地走完自己的一生。

　　但就算是这样一个简单的愿望，对大多数人来说也是一种奢望。因为在一个人的人生经历中，福与祸、得与失是相辅相成的，你的人生中不可能只有收获，没有付出。很多人害怕面对困难，不想陷入逆境，但其实这些人生路上必须要经历的艰难险阻并不可怕，只要你把心态放平，就能很快找到解决的办法。

　　无论处在怎样的逆境中，只要淡然以对，随遇而安，会发现痛苦其实并不可怕，它并非你人生的阻碍，而是你人生的宝贵财富。古人常说"置之死地而后生"，只有经历苦难，才能真正成长。曾国藩就是一个善于把苦难变成人生财富的人。

　　万事万物都有其两面性，而我们要做的就是在困境中求出路，在苦斗中求挺直，所谓"险中求胜"就是如此。

　　曾国藩曾说过"人人料必胜者，中即伏败机"，又说"人人料必挫者，中即伏生机"。这两句话其实是相对的，在众人看来一定会成功的事情中，往往隐藏着失败的危机，同样，在人人都认为一定会受挫的事情中，又未必不会有转机。

　　正因为曾国藩看透了事物的矛盾性，才能以一种积极、平和的心境来看待人生过程中的成功和挫折，才能以盖世之功在众说诋毁中保全自身，在前有猛虎后有毒蛇的情况下，淡然地享受一种悠闲的人生。

很多人很好奇，曾国藩是如何战胜挫折，缓解失败给他带来的巨大压力的。这个问题的答案其实很简单，就是在面对失败的时候，不要光看到其消极的一面，而要从失败中总结经验和教训，在绝境中寻找生机。

"祸兮福所倚，福兮祸所伏"，只有在那些险象环生的困境中寻找到一条生路，才有可能披荆斩棘，继续在人生的道路上前行。正是因为看到了这一点，曾国藩才能养成一种不屈不挠的精神和承受失败痛苦的强大心理。在他的坚持和努力下，湘军也成为当时唯一能与太平军抗衡的主力军队。

曾国藩在面对失败时，没有怨天尤人，只是忍辱负重地等待时机，找准机会，反败为胜。所以说忍耐其实也是一种积极的等待，更是一种不服输精神的体现。面对苦难，不妨把悲观失望的时间和精力放在积极应对上，努力在失败中寻找成功的希望。我们虽不能改变苦难本身，却可以改变自己的心境，用一种乐观的态度把苦难转化为自己成功的动力。学会在困境中求生机，在苦难中求快乐，不仅是一种积极的人生态度，更是一种为人处世的智慧。

审立身之所处，诚内度方寸

【原文】

盖君子之立身，在其所处。诚内度方寸，靡所于疚，则仰对昭昭，俯视伦物，宽不怍，故冶长无愧于其师，孟博不惭于其母，彼诚有以自伸于内耳。

【译文】

所以，君子如何树立自己的人格，在于他所处的环境。精诚之心可以从内度量一个人的品性，如果内心没有愧疚之处，那仰视世间万物，俯瞰伦常百态，都能做到内心宽大而毫不做作。所以，公冶长在老师面前无愧于心，孟博在母亲面前丝毫不感到惭愧，是因为他们的真诚能使内心自信而坚定罢了。

【解读】

曾国藩说："盖君子之立身，在其所处。诚内度方寸，靡所于疚，则仰对昭昭，俯视伦物，宽不怍，故冶长无愧于其师，孟博不惭于其母，彼诚有以自伸于内耳。"这句话告诉我们，君子人格的形成取决于他们自身所处的环境。

从一个人是否诚心可以度量其品性，倘若心存愧疚，其状态必然是萎靡不振的。所以说光明磊落之人会纵观世间万物，笑看伦常百态，不仅能够做到内心宽宏大度，且为人处世时也丝毫不做作。

要锻造好的人格，外在环境固然重要，但更重要的还在于我们的内心。一个人对自己所做的事是否有真心和热情，不仅决定了他的外在表现，还决定了他内在的修养。而这里所说的"诚心"，很大程度上是指对待事物时的执着、努力之心。

一位哲人曾经说过："世界上能登上金字塔顶的生物只有两种：一种是鹰，一种是蜗牛。"鹰和蜗牛的登顶方式虽有所不同，但其目的和结果却是一样的。鹰凭借的是一双翅膀，而蜗牛凭借的则是勤奋与执着。

人人都希望自己是雄鹰，铁翼一振便可以扶摇直上。可并非所有的人都有这样的幸运，一生下来就有天赋异禀，可以前程无忧。且人生并没有捷径可言，面对人生的高峰，我们更多时候需要的是一种蜗牛的精神，靠着执着与勤奋慢慢地向上攀爬。退一步讲，即使我们是天资奇佳的雄鹰，但如果疏于苦练，那种极目四望、俯视万里的傲然英姿也不过是空想罢了。

成功不能一蹴而就，人生的道路也不会是一帆风顺的。坎坷和曲折都是人生旅途中必经的一部分，不仅无法避免，更无法找到终南捷径。无论你处在什么样的环境中，都要始终牢记有付出才能有收获。只要内心秉持着真诚与执着，就能获得成功的自信与勇气。

不审力者骄，审力而不自足者衰

【原文】

不审力，则所谓骄也；审力而不自足，即老子之所谓衰也。

【译文】

不看清自己的能力，那就是常说的骄傲自大了；了解自己的能力却不能自我加强，那就是老子所说的衰败了。

【解读】

一个人如果想要成功，就必须学会审时度势和量力而行，对于自身的能力、所处的环境和办事的时机都要做到心中有数。只有在把握大局的同时注重细节，才能制订出完美无缺的计划，让自己成为笑到最后的人。晚清名臣曾国藩之所以能在风云莫测的官场走到最后，就是因为他能看清局势，凡事都量力而行，且能在学习中不断提高自己的见识和能力。

曾国藩在太平天国起义中有平乱之功，因而手握百万雄兵，声势十分浩大，其赫赫战功一直为清廷的贵族们所忌惮。当时的清王朝处在风云莫测的乱世之中，内忧外患已经让统治者应接不暇，如今又出现一个手握重兵的曾国藩，随时都有可能取自己而代之，这如何不让最高统治者恐惧和忌惮。

对于皇帝的忌惮之心，曾国藩看得十分明白。他的应对方法只有四个字，那就是——誓死效忠。曾国藩清楚自己的能力所及，所以无论何时都谨守自己的本分，即使是属下有拥立他之心，他也丝毫不为所动。

曾国藩深受儒家传统思想的熏陶，深知自己一旦失去了皇帝的信任，那些锦绣前程、荣华富贵都会随风而逝。在他看来，统治者赐予自己的功名利禄并不是属于他自己的，只要他们稍有不悦就能随时随地地收回，不会留任何情面。

只有看得远，才能走得稳。曾国藩在官场上看得清楚，看得明白，他了解自己的处境，所以不会做出那些犯统治者忌讳之事。他不结党营私，不拥兵自重，即使功高盖主也始终谦虚低调，誓死效忠。

在官场这个波谲云诡的环境中，在做到高瞻远瞩，深谋远虑的同时，还要练就一颗忍耐之心。"忍"之一字是曾国藩官场成功的一大秘诀。很多事情，只有做到了忍耐，才能顺利地将其解决。"打落牙和血吞"是曾国藩说过的一句名言，从这句话我们也可以看出曾国藩的忍功是多么了得。小不忍则乱大谋，只要忍得住一时，就能避免很多麻烦和纠缠，最终获得属于自己的海阔天空。

欲成大事者，光会审时度势还不够，还要学会审力。所谓"审力"，就是要随时审查自己的能力。倘若能够在正视自己的同时做到及时改正自己的缺点，弥补自己的不足，那前程就大有可为了。自身实力的强大是成功的先决条件。只有做到"审力"而"不自足"，方可不断提高自身的能力，让自己变得越来越强大。就像曾国藩所说过的："能战，虽失算亦胜。不能战，虽胜算亦败。"如果实力足够深厚，即使在时势都欠佳的情况下，照样可以扭转危局，置之死地而后生。

曾国藩凭借自己的忍功和审时度势的能力，在挫折中不断磨炼自己的意志，强化自己的实力，最终在官场上名利双收。现代人在工作中，不仅要学会审时度势，还要做到谦虚谨慎，不断地充实自己。

在职场中，无论怎样地被领导赏识，遇到怎么样的好机遇，如果自身实力不足，那么再好的机会都会与你失之交臂。纵然命运和机遇特别垂青于你，你也不能好好地把握它。一个人能力的缺乏是外力无法弥补的，只有通过自己不断的努力才能获得有效地提升。

稳扎稳打，机会来了再出击

【原文】

稳扎稳打，机会来了再出击。

【译文】

步步设营，稳妥作战，等时机成熟了再主动进攻。

【解读】

曾国藩自咸丰四年到同治三年，十一年间率领湘军与太平军数次激战，期间成败参半。最为凄惨的一次战役是在咸丰五年（1855年），石达开率太平军夜袭湘军水营，导致湘军千余艘战船被焚烧殆尽，"文卷册牍俱失"，甚至连曾国藩的座船也被太平军俘获了。这次战役可谓是曾国藩毕生之辱，他愤怒至极，"欲策马赴敌以死"。直到同治三年（1864年），历经"天京之变"的太平军土崩瓦解，湘军攻陷天京，曾国藩也因此立大功被加封为太子太保、一等侯爵。在十几年的戎马生涯中，曾国藩不断总结失败的教训和成功的经验，逐渐形成了自己独特的兵法和战略。

古时的战争，军队的数量是一个非常重要因素，制约着战争的成败。纵然历史上虽有不少以少胜多的著名战例，但在多数情况下，拥有一个数量庞大的部队就是取得战争胜利的最大优势。

但千军易得，良将难求。曾国藩在多年领兵中深深体会到"兵多将寡"的弊端，人海战术只适用对付那些没有多少战略眼光的对手，如若对方也是深谋远虑之辈，这就可能成为被对方利用的一个因素，将士再多也会成为一种累赘。因为士兵过多，就会造成调动不利和士气涣散等一系列问题，会严重制约军队作战的机动性和灵活性。鉴于此，相对于士兵的数量，曾国藩更看重将领的质量，一个优秀的将领，对一场战役起着至关重要的作用。

除了重视将领的因素之外，曾国藩用兵还有一个重要的原则，那就是以"稳扎"为第一要义。这一点与传统的"兵贵神速"的战略思想大相径庭，就连他亲自调教出来的九弟曾国荃都不赞同他这一策略。但在实际的作战过程中，曾国荃逐渐体会到急躁冒进的弊端，因此也开始慢慢了解到哥哥重视"稳中求胜"的苦衷。

后来，他在给哥哥的信中对哥哥的战略深表赞同。

《曹刿论战》中有言："一鼓作气，再而衰，三而竭"，古代也有不少军事家们强调作战时的士气。但曾国藩与众人不同，他在作战时一直都是主张稳健而行。在曾国荃提调湘军征战太平天国时，他就一再写信嘱咐其不可贪功冒进，追求速成，须知欲速则不达，"千里之行始于足下"，作战亦是如此，应该先把自己的基础打牢固，根深方能叶茂，望其弟作战时务求稳健。

事实证明，曾国藩的这种战略思想在征战太平天国是很有效的。静待时变，相机行事，同样是兵家战略之一。特别是在跟气势如日中天的太平军交战时，急于冒进，贪求速成，必遭大祸。反之，以稳健行事，一方面可以休养生息，另一方面等到敌方发生变动时再伺机而起，便可一举获胜。

"不轻进，不轻退"是曾国藩在面对重大战事时的首选策略。他在给曾国荃的信中说道："与贼相持日久，最戒浪战。兵勇以浪战而玩，玩则疲；贼匪以浪战而猾，猾则巧。以我之疲敌贼之巧，终不免有受害之一日。"

当时与太平军和捻军交战时，许多将领们都喜欢"浪战"，就是类似于我们今天所说的"游击战"，但与之也有一定的差异。所谓"浪战"，就是在不知道敌方虚实，又难分胜负高下的情况下，以小股兵力持续性地骚对方。

运用这种策略虽然也有可能会取得一些胜利，但对于整个战局来说是十分不利的。因为一旦分出小股兵力去"浪战"，就会导致兵力的分散，将士的身体和精神都会陷入一种疲惫的状态。这时如若敌军突袭，就很可能会自乱阵脚。所以在战略决战或者是持久战中，尤其要避免这点，以逸待劳，坚守待变方是上策。

除了"总以不出壕浪战"外，"以主待客"也是曾国藩长期征战所总结的一条重要战术。虽然兵法中有"先发制人，后发制于人"之说，但这条原则并不是在任何时候都奏效的。而"以主待客"之法却能够以静制动，往往会收到意想不到的战果。

他在日记中说道："凡扑人之墙，扑人之壕，扑者客也，应者主也。我若越壕而应之，则是反主为客，所谓致于人者也。我不越壕，则我常为主。"要想战胜别人，就要牢牢抓住主动权，否则就会被对方反客为主。主动权一旦丧失，就会影响到整个战局的发展，甚至会有全军覆没的危险。咸丰五年（1855年），江南大营的惨败，其中一个重要的原因就是主将顾此失彼，丢掉了战场上的主动权。

曾国藩的军事思想是博大且庞杂的，以上只不过是略作介绍。但窥斑见豹，从中也可以看出曾国藩在军事上的真知灼见。这些行军打仗的策略于为人处世方面也是同样适用的，我们应该从中汲取精华。

尽人力之所能为，听天事而无所容心

【原文】

吾辈但当尽人力之所能为，而天事则听之彼苍，而无所容心。

【译文】

我们只要竭尽全力做我们所能做到的，然而，上天的安排就听任苍天的安排，没有什么可在意的。

【解读】

所谓"听天事"不是信天由命，而在有限的范围内"尽人力之所能为"。人不是万能的，许多事情只要自己尽力了，成功与否就不是我们能决定的了。"知命"并非"听天由命"，它不是一种消极的人生观点，而是一种积极的人生态度。知命不是要我们甘于现在的处境，一切听从老天的意愿，而是要我们在做任何事时都要尽自己最大的努力。但不要对结果太过在意。

知命的人生观有两个最大的好处，一是能让我们保持心境平和，不为得失成败而大喜大悲，学会心平气和处理事情；二是能让我们相信"天道酬勤"，相信努力过就会有成功的可能。这两点都是叫我们学会"勤"和"淡"这两个字，即要勤劳上进，还要看淡得失。

"勤"这个字伴随了曾国藩的一生。他曾说："刻苦求进，勤学善思；懒惰误己，勤奋兴财。"勤勉上进不仅是他对自己的要求，更是他成功的先决条件之一。拥有一颗勤勉之心，才能努力地去完成自己的理想，才能不断地督促自己进步。勤劳是兴业之本，只有先有了勤劳的态度，做事才能有成功的可能。

至于"淡"字，主要指的是在功名之际，把心态放宽，让自己把外物得失看淡。看淡是为了让自己的心能安静平和，不过分看重名利之事。倘若一个人对名利看得过重，他的功利心也就越重，对成功的欲望也就越重。这样一来，一旦他失败了，就肯定承受不住打击，也许就会做出一些无法挽回的人生憾事。

但值得注意的是，在听天事的同时我们不能心存侥幸，不能不做出任何努力就想要获得成功。我们要认识到人生无常，人的一生不可能一帆风顺，常常充满了各种各样的波折。有些时候我们获得了努力却未必会取得成功，在这样的情况下，我们就要以一种积极的态度去面对失败。此时，"得之我幸，失之我命"也未尝不是一种心理的慰藉。

在现实生活中，我们要秉着一种"凡办大事，半由人力，半由天事"的淡泊心态，要明白想要做成一件事，不仅要有先天的努力，还要有后天的运气。对于得失不要看得太重，对于成败也不要过于在意。一旦拥有了一颗宁静淡然的心，那么无论成功还是失败对你来说都是一种收获。要始终牢记"命里有时终须有，命里无时莫强求"，保持这样的处世态度，你的人生会更幸福一些。

放开手，使开胆，不复瞻前顾后

【原文】

放开手，使开胆，不复瞻前顾后。

【译文】

将手放开，胆子放大，不要顾虑太多、犹豫不决。

【解读】

曾国藩自道光十八年（1838年）初入仕途，到同治十一年（1872年）病逝于南京两江总督任上，历经三十四载。在其三十四年的仕途生涯中，有过功勋，也有过失意。岁月如梭，人生如梦，成败荣辱往往都是相生相克的，即使曾国藩在历史学家心中有着诸多的污点，但是作为一个臣子，却能够毫无愧色地成为封建君主制下尽忠敢谏的楷模。

历史追溯到道光三十年（1850年）二月。这一年，道光皇帝驾崩，新君即位，已经步入不惑之年的曾国藩迎来他仕途生涯中的第二位主子——咸丰帝。熟悉清朝历史的人都清楚，虽然清朝到了中晚期国力衰微，一代不如一代，但皇帝们都是致力改革之人，年轻的咸丰帝也不例外。咸丰皇帝初登帝位，自然应该做出一番成绩，以服天下苍生。

曾国藩在道光年间就深受皇帝的器重，经常被委以重任，新登基的咸丰帝自然也十分关注他。

新皇登基不到一个月的一天早朝后，曾国藩被传召到了御书房。咸丰帝见到他后，劈头盖脸就问道："先帝在的时候，对你很是器重，现在你们这些老臣也该给朕出出主意。你说说看，新皇登基后，该做些什么事？"

面对咸丰帝的突然袭击，曾国藩没有任何心理准备。但深谙官场之道的他略加思考，不慌不忙地说道："按祖制，先皇驾崩，新君即位，应首先将先皇遗物分发给王公诸臣，继而大赦天下，对有功之臣加以封赏。"见咸丰帝点头称是，曾国藩又乘机说道："以上是礼法所要求，还应该广纳良言，任人唯贤，群策群力，减轻赋税……"听着曾国藩一系列的建议，咸丰帝深感欣慰，不断地点头称赞，自此对曾国藩愈发倚重。

这位年轻的帝国皇帝，虽然有心重振国威，却无奈庙堂之上一帮臣子手握重权，但又饱食终日，尸位素餐，加之年轻人的天性易松懈，因此也就渐渐地就把曾国藩的建议抛之脑后了。

看到皇帝治国之心大不如前，曾国藩连上三折，对当时朝堂之上那种食君之禄却终日昏昏碌碌，不思进取的消极怠慢风气，给予了深刻的批评。曾国藩一心为国，一直都以"放开手，使开胆，不复瞻前顾后"为人生信条，这次上书也是冒了极大的风险的。但纵然如此，也没有改变咸丰帝的顽劣之心。再加上左右小人终日里的阿谀奉承，报喜不报忧，大清王朝就这样一天天地衰弱下去。

曾国藩看在眼里，急在心里，深受儒家正统思想影响的他毅然冒天下之大不韪，又给咸丰帝上了一道奏章。这道奏章和先前的截然不同，不再是和颜悦色的谆谆教导式的劝谏，而是言辞激烈的批评。

俗话说"伴君如伴虎"，何况是大张旗鼓地捋虎须。奏章一呈到咸丰帝案头，自是龙颜大怒，皇帝当场就要治曾国藩犯上之罪，幸有曾国藩的老师和同僚为其求情，才躲过一劫。

这是一道怎样的奏章，居然惹得咸丰帝如此震怒？

原来曾国藩在奏章中对于皇帝选拔官员的方式，进行了这样的评价："古代的圣明君王，选取人才是以才能为依据的，而今圣上选拔官员单单凭借其字写得是否漂亮，岂不知历史上的秦桧、严嵩之辈都能写得一手好字，如此，圣上又怎能任人唯贤，这种方式，对整顿吏治无异于南辕北辙……"

如此激烈的言辞，一般人都难以接受，更何况是刚刚登基的咸丰帝。所幸的是，咸丰帝并非昏庸之主，气急之余，还是能够冷静下来，仔细地体味曾国藩所奏之言。最后，咸丰帝不仅没有处罚曾国藩，反而与其褒奖，让其兼任刑部侍郎，专司刑法，以正朝堂风气。

古之谏臣，唐有魏徵，宋有包拯，明有海瑞，都因敢谏直言而留名青史。曾国藩虽不是谏官，没有进谏的职责，但其既然以"放开手，使开胆，不复瞻前顾后"为人生信条，就不会为个人的得失所羁绊，而是将手放开，胆子放大，一心只为家国着想，决不会顾虑太多、犹豫不决。畏首畏尾，失去的不仅是机遇，更是宝贵的时间和生命。

人生一世，固然不可锋芒太露，但若是一味地做老好人，不敢发表自己的见解，关键时刻因怕得罪人而瞻前顾后，那再好的机遇也会从指间悄然滑过。如此一来，你的一生就可能碌碌无为，无所适从了。

切不可以为有损架子而不为小事

【原文】

子侄除读书外，教之扫屋、抹桌凳、收粪、锄草，是极好之事，切不可以为有损架子而不为也。

【译文】

子侄们除了读书之外，也要教他们打扫房屋，擦抹桌子板凳、收集大粪积肥、挖除杂草，这些都是非常好的事情，千万不能因为怕丢面子而不去做。

【解读】

"耕读传家"是古时候很多贫门小户引以为豪的治家传统。所谓"耕读"就是说以务农为主要的谋生手段，闲暇时读读四书五经，学习圣人们为人处世的道理，以此来陶冶情操。曾国藩虽然属于豪门大户，却认为自己既然出生于耕读世家，就决不能忘本。因此，他对子侄们的要求是"除读书外，教之扫屋、抹桌凳、收粪、锄草，是极好之事，切不可以为有损架子而不为也"。

在曾国藩看来，劳动干活并不是什么低贱的事儿。要求子侄们除了读书之外，还需要教他们打扫房屋，擦抹桌子板凳等家务事，说这些都是非常好的事情，切不可将其归为下贱之事，而耻于为之。倘若因为怕丢面子而不去做这些小事，又何谈经国之大业呢。所谓"一屋不扫何以扫天下"，古语说的还是十分有道理的。

"克勤于邦，克俭于家"，成由勤俭败由奢，可见勤劳的重要性。如果以名门自居，不屑于做那些一般人每天都必须要干的事情，就可能影响其人格的健全发展，于今后的事业也无益。这就涉及了为人处世的两个问题——劳动和"摆架子"。这两者从表面上看是相互背离的，但真正的"架子"绝不是单纯的面子，而是一种个人操守和风范的自然彰显。

我们先来看看曾国藩对于劳动的态度。古语有言："劳则思，思则善心生；逸则淫，淫则忘善。"曾国藩认为劳动对于成就大事业之人是非常重要的。在他看来，一个家庭的兴旺发达，都是在前人披荆斩棘的基础上不断地积累而成的。也就是说，没有了勤劳持家，就不可能会有家族的繁荣昌盛。因此要想使家族长久兴盛，勤于劳动就必不可少。

"人生在勤，不劳则匮"，勤于劳动不仅仅只是农民所该做的，天下所有的人，都应该在劳动中锻炼身心。"天道酬勤"，劳动不仅是一种习惯，更应该是一种为人的品质。世间一切的美好，都是劳动所创造出来的。曾国藩还认为，劳动对于修养身心有重要作用，在参加劳动的过程中，不仅可以使人体会到"一丝一毫得之不易"的道理，还能够加强人的责任感，培养自己与他人团结协作的精神。不仅如此，集体劳作还可以有效地消除私心杂念，摒弃自私自利的行为。

陶渊明有诗云："种豆南山下，草盛豆苗稀，晨兴理荒秽，带月荷锄归。"最得劳动之真味。从他那散发着田园气息的灵性诗篇中，我们可以清楚地体会到劳作对修身养性的作用，也可以感受到劳动给人带来的那种呼之欲出的欢乐和快感。

曾国藩对"架子"的见解，更是发人深省的。

世间好为人师者多，但是亲身践行者少。在给别人提意见的时候，很多冠冕堂皇的话就随口而出，但是轮到自己时，同样是说一套做一套。曾国藩却能够把谦虚谨慎、"不端架子"践行到日常生活和工作中去。

前面所说的"扫屋、抹桌凳、收粪、锄草"这类杂事，不是曾国藩单说给后辈听的，而是他每日的必修课之一。就算是在官，他也绝不会在下属面前摆架子。能够自己做的事情他都尽量做到事必躬亲，并为此不亦乐乎。

我们要明白，真正的有涵养的人，是不会用所谓的"架子"来装点门面的。摆架子实际上只是一种不自信的表现，人在觉得单靠自身的气场不足以镇住场面时，往往就会搬出架子来以壮声势，实属是鼠辈的做法。

古人有"立德、立言、立功"之"三不朽"，这些都在曾国藩身上得到了体现。从曾国藩的身上，我们可以学到很多为人处世的宝贵经验。我们要用平等的眼光看待一切人，一切事，切不可自高自大，居高临下，更不能仰视他人，自惭形秽。我们应该学习孟子，"善养浩然之气"，如此就可自内而外的散发出自信的光芒。和光同尘，等到年华逝去，留下的就是一个真正的自我。

一面顺天意，一面尽人事

【原文】

吾辈当一面顺天意，一面尽人事，改弦更张，另谋活着。

【译文】

我们应当一方面顺应自然的法则，另一方面尽自己最大的努力，改变做事的计划和方法，以纠正偏差或错误，另外谋求道路活下去。

【解读】

古之成大事者，对成败得失都看得很淡，晚清中兴之臣曾国藩就是其中之一。他不过分追求成功，也不过分在意失败。因为人生在世，不如意者十有八九，不可能所有的事都会一帆风顺，也不是所有的事，只要你努力过、付出过，就一定能够成功。人生中总是充满了太多的意外和不确定，所以我们对任何事都不能太过强求，做到自己应该做的，至于成败得失，就要尽人事听天命。如果事事都太过在意，那你的人生还有何乐趣可言。

曾国藩的一生并非一直顺风顺水，他虽位极人臣，但也曾遇到过沉重的打击。太平天国战争虽成就了曾国藩，但也给过他重创。早期曾国藩带领湘军与太平天国对抗时，可谓是屡战屡败。在巨大的压力和打击下，曾国藩甚至两度想到了自杀，但最终都被他扛过来了，这靠的就是一颗平实之心。他曾说过："吾辈当一面顺天意，一面尽人事，改弦更张，另谋活着。"此路不通，自然要去寻找其他的出路，一味地自怨自艾，失去的将会更多，后果也就一发不可收拾了。

成功之前的曾国藩也是一名普通人，因此他能悟透的道理我们也一定能有所体会。我们要把人生中的失败和逆境以及那些求而不得的事，都当作是一种人生的历练。只要你能成功地经历过这些，人生就会豁然开朗。对待成败得失，不要太执着，要有一颗看淡的心，即使不能心平气和地去面对，也要尽量控制自己的情绪，切记不可大喜大悲。

人生中，很多事情都要看机遇，也就是所谓的命运。许多人在求而不得的时候都喜欢怨天尤人，因为他不知道，过程远远比结果更有意义。只要你真真切切地经历过人生的酸甜苦辣，那一切的得失都不过是过眼云烟罢了。

中国有句古话——天道酬勤，说的是勤奋努力的人，老天都会给他相应的回报。这种理解虽然十分通俗，但也同样贴切。有些事经过努力不一定会成功，但不去努力，就一定不会成功。努力去提高自身的实力和修养，尽全力去做好一件事，即使结果不尽如人意，但你收获到的是充实的人生。

适当放手不是一种妥协，更不是软弱的表现，只是对人生的无常有了一个全面的了解罢了。放下手中的负累，放下对不可能得到的东西的奢望，然后努力去求取自己能得到的，反而会让人更加容易打拼出自己的一片天地。

第十一章 居 官

居高位，以知人晓事为职

【原文】

居高位者，以知人晓事二者为职。

【译文】

处在高贵地位的人，以知晓人才、明白事理这两件事作为职责。

【解读】

作为官员和臣子，最高境界莫过于"鞠躬尽瘁，死而后已"这八个字。然而纵观中国历史，能称得上这八个字的士大夫官员却寥若晨星。虽然我们常说为官要大公无私、心系天下，但在实际的操作过程中，在集体和个人利益的取舍中，很多官员都倾向于个人利益的最大化。

儒家讲求"修身、持家、治国、平天下"，这是古代士大夫为官的终极理想。在这种思想的教导和指引下，也有不少官员能够做到摒除私欲，以天下苍生为重，这是很令人钦佩的。

曾国藩的官场之路顺风顺水，屡屡得到皇帝的提拔任用。但作为朝廷重臣，他兢兢业业，真正做到了忠于朝廷，忠于天下。尽管当时有不少的贪官污吏，但值得庆幸的是，能做到"先天下之忧而忧，后天下之乐而乐"的官员也不在少数，曾国藩就是其中之一。

曾国藩荣膺礼部侍郎之后，家人着实为他感到高兴，尤其是他的父亲曾麟书。但他深知儿子的脾气秉性，不禁为儿子担忧起来。于是父亲给曾国藩写了一封家书，在信中叮嘱曾国藩不能因为官阶高人一等，就自视清高，为人处世一定要谦虚谨慎。对待老师，不可失师生之理；对待优秀的后生，要努力提拔；对待前辈，要恭敬有礼，多向他们学习。不能收受贿赂，要为公忘私，尽职尽责。

曾国藩也谨记父亲的教导，时时刻刻严格要求自己。他不仅心系国家，还不时地鼓励自己的兄弟子侄建功立业，为天下苍生谋福祉。他的弟弟曾国华、曾国葆等人要么战死沙场，要么为国操劳致死。曾国藩在悲痛之余，更是发出了"举室效愚忠"的慨叹。

李鸿章是曾国藩的学生。他初任江苏巡抚时，曾国藩写信告诫他说："吾辈当为餐冰茹蘖之劳臣，不为脑满肠肥之达官也。"在他看来，身为朝廷高官，就应怀有匡济天下、忠心为国的抱负，投身到为国为民的事业中去。急国家之难，救黎民之困，不能只顾自己的官位，终日尸位素餐。

三国时的诸葛亮一生都在南征北战，助刘备父子建立和巩固政权，希望可以匡扶汉室一统中原。诸葛亮尽管位高权重，但为人却清正廉洁，从未利用手中职权谋一己之私利。

在自己的遗表中，诸葛亮写道："伏闻生死常有，难逃定数；死之将至，愿尽愚忠：臣亮赋性愚拙，遭时艰难，分符拥节，专掌均衡，兴师北伐，未获成功；何期病入膏肓，命垂旦夕；不及终事陛下，饮恨无穷！伏愿陛下清心寡欲，约己爱民，达孝道于先皇，布仁恩于宇下。提拔幽隐，以进贤良；屏斥奸邪，以厚风俗。臣家有桑八百株，田十五顷，子弟衣食，自有余饶。至于臣有外任，随身所需，悉仰于官，不别治生产。臣死之日，不使内有余帛，外有余财，以负陛下也！"

即使在临终之际，诸葛亮仍然将国家大事记在心上，他的谆谆叮嘱，可谓是字字深刻，一片赤诚之心实在令人感动。更为难能可贵的是，他只留给自己的后代"桑八百株，田十五顷"的遗产，"不使内有余帛，外有余财"，只要能满足他们日常的食用即可。这样一来，他们就可以自食其力，懂得一分耕耘一分收获的道理。有些高官生前给自己的后人留下巨额财富，这样反而会导致其家业凋零。相比之下，诸葛亮的做法不仅高明，也显示了其清正廉洁的高风亮节。

曾国藩、诸葛亮已成古人，但他们的智慧如明亮的灯塔，指引着我们前进的方向。每个人都应该坚定自己的信念，怀有一颗是非仁义之心，尤其是那些居高位者，更要以知人晓事二者为己任，在自己的岗位上恪尽职守，为社会做出应有的贡献。

宁可肥公，不可肥家

【原文】

宁可肥公，不可肥家。

【译文】

宁愿能够使公家强盛，也不能中饱私囊，使自己家里殷实。

【解读】

无论是在古代还是现代，官本位的思想在中国一直都十分严重。古话说学而优则仕，但许多人出仕为官为的只是自己的福利。一个人如果心中有贪欲，那么他就会逐渐地丧失自己的人格和自尊，最终沦为贪欲的奴隶，因为欲望是无止境的，所谓"欲壑难填"，说的就是此意。

而曾国藩的这句"宁可肥公，不可肥家"，宁可自己受损都不可贪图国家的利益，却表明了自己的立场，不做欲望的奴隶。在金钱问题上，要扼住欲念里的贪婪。如果贪婪不受抑制，可能做出让自己后悔的事情来。

陶朱公原名范蠡，他帮助越王勾践打败吴王夫差以后，急流勇退，转为经商。他谋划治国治军的功夫厉害，经商赚钱的本事也不差，后来成了大富翁。

后来他的二儿子因杀人被囚禁在楚国。陶朱公想用重金赎回二儿子的性命，于是决定派小儿子带着许多钱财去楚国办理这件事。

长子听说后，坚决要求父亲派他去："我是长子，现在二弟有难，父亲不派我去反而派弟弟去，这不是说明我不孝顺吗？"

陶朱公的夫人也说："现在你派小儿子去还不知道能不能救活老二，不如派长子去吧！"

陶朱公不得已就派长子去办这件事，并写了一封信让他带给以前的好友庄生，交待说："你到了之后就把钱给庄生，一切听从他的安排。"

长子到楚国后，按照父亲的嘱咐把钱和信交给了庄生。庄生看了信之后对他说："你先回去，即使你弟弟出来了，也不要问其中的原委。"但长子告别后并未回家，心想把这么多钱给他，如果二弟不能出来，那不吃大亏了？

其实，庄生虽然穷困，但却非常廉直，楚国上下都很尊敬他。他并不想接受陶朱公的贿赂，只准备在事成之后再还给他。陶朱公长子不知原委，以为庄生无足轻重。

第二天上朝时，庄生向楚王进谏，说某某星宿相犯，这对楚国不利，只有广施恩德才能消灾。楚王听了庄生的建议，命人封存府库，实行大赦。

陶朱公长子听说马上要大赦，心想弟弟一定会出狱，那么给庄生的金银就浪费了，于是又去见庄生要回了钱财。

庄生被他这种行为激怒了，又进宫向楚王说："我以前说过星宿相犯之事，大王准备修德回报。现在我听说陶朱公的儿子在楚杀人被囚，他家里拿了很多钱财贿赂大王左右的人，所以大王并不是为体恤社稷而大赦，而是由于陶朱公儿子的缘故才大赦啊。"楚王于是下令先杀掉陶朱公的次子，然后再大赦。结果陶朱公的长子只取了弟弟的尸骨回家。

长子回家后，陶朱公说："我早就知道他一定会害了他弟弟的！他并非不爱弟弟，只是因为他年少时就与我一起谋生，所以看重钱财。而小儿子一出生就生活在富有的环境中，所以轻视钱财，挥金如土。我坚持要派小儿子去办这件事，就是因为他舍得花钱啊。"

自古以来，金钱的诱惑是巨大无比的，很多人为了得到金钱，会丢掉礼义廉耻，会丧失基本的准则，公私不分，到最后必将付出惨重的代价。就像陶朱公的长子，他身在富贵之家却仍然视钱财如生命，甚至在弟弟身陷困境时向庄公索回求人帮忙的钱财，失去了别人的信任，自毁前程。

一个有理性的人都会算这样一笔账：拿生命、人格与金钱相比，金钱不过轻若鸿毛。生在官宦家，曾国藩懂得金钱诱惑的危害，所以他多次告诫子弟，在面对金钱这类的诱惑时，必不能逾越做人的底线，不应把金钱作为生存唯一的基石，更应该看重的是做人做事方面所必须具备的高贵品质。

办公事，视如己事

【原文】

凡办公事，须视如己事，将来为国为民，亦宜处处视如一家一身之图，方能亲切。

【译文】

只要是办理公家事务，就应该把它看作自己的事情，将来为了国家、为了人民，也应该每一处都看作是自己家、自己本身的事情来谋取，这样才能感觉到亲近和密切。

【解读】

孔子说："不在其位，不谋其政。"反过来说，就是要求我们在什么样的职位做什么事，不论做什么都要恪尽职守。每一个人在社会上都有自己的位置，兢兢业业地做好本职工作非常重要。一个成功的人不可能整日浑浑噩噩、无所事事，他一定是非常敬业和努力的。做官更是如此，一个在工作上都得过且过之人，又怎能做出一番政绩？为人臣子，不仅要对上级负责，为朝廷效力，更要勤政爱民，保一方太平，做一个合格的父母官。

做事认真负责的人，心中时时怀有一个"敬"字。所谓"敬"，即是心中时时牢记自己的职责，并全力以赴做到最好。曾国藩就是这样一个常怀"敬意"的好官，在自己的岗位上一直勤勤恳恳，凭着一股敬业的精神做到了旁人所不能及的地步。

自为官之日起，曾国藩始终以国家大事和天下黎民的福祉为己任。他一生都恪守职责，努力做好每一件事。他每日早起晚睡，不仅要处理军政要事，还要读书、应酬，几乎无一时之闲暇。在这些事情中，最为耗费心神的就是每天都要处理的大量公文。

早年的曾国藩每次遇紧急的奏章，都要亲力亲为。在写完草稿之后，他还要做大量的修改，非常认真负责。随着年纪的增大，他的精力也有所减退，视力也在逐渐变弱，但他仍然不改这种习惯，其严谨的工作态度可见一斑。由直隶回任两江总督时，曾国藩的右眼已经失明，左眼的视力也不好，看文章、写字非常吃力，所以一般公文只好令人代拟，但那些较为重要的公文，他仍然坚持亲自执笔。

同治十一年正月二十九日，也就是曾国藩去世的前五天，他在日记中记录了自己一天的活动："起床后诊脉，开药方；早饭后清理文件；见客五次；然后阅《二程遗书》；见客人一次；中饭后阅本日文件，见客一次；核科房批稿簿；至上房一谈；傍晚小睡一次；夜核改信稿五件，约共改五百字。二更五点睡。"

就在二月初二，曾国藩依然跟往常一样工作。但此时的他觉得特别疲倦，好像什么事情都做不了了。他右手发颤，不能握笔，口不能说话，无奈之下只好停办公事。曾国藩之所以身体状况如此之差还在坚持工作，是因为他深知在其位就要谋其政，只要他还在这个位子上一天，就要努力工作，不能只做官不做事。

对自己的工作永远保持着审视的眼光，这就是敬业。曾国藩不辞辛劳地日夜操劳，却还认为自己没能完全做到尽忠职守，因而心存愧疚。他在日记中这样说道："不能振作精神，稍治应尽之职责，苟活人间，惭悚何极！"在他看来，自己不仅没有做到尽职尽守，还思维散漫，可以说是一无所成。正因如此，他曾多次在自己的日记中反思，鞭策自己继续努力，不断地完善自己。事实上，曾国藩于国于民都做到了尽心竭力，直到生命的终结。

世人多是稍微做了点实事，就自得自满，以为自己已经尽忠职守了。两相对照来看，后者的浅薄可笑显而易见。身担大任者，总会执着于自己的事业，力求做到尽善尽美，否则自己的价值又如何体现？所以踏踏实实做好自己的本职工作吧，只要把每一件事情都做到极致，心中就不会存留遗憾。

处大权位，推让少许，减去几成

【原文】

总须设法将权位二字推让少许，减去几成，则晚节渐渐可以收场耳。

【译文】

总之,应该设法将"权位"这两个字推让掉一些,消减去几成,那么,晚年的名节就可以慢慢地收束了。

【解读】

古人云:"有志事易,无志事难。知难不畏,绝壁可攀。"这是告诉我们立场坚定的重要性,只要不畏艰难,坚定自己的立场,那什么事情都难不倒你。这句话固然有可取之处,但人生并非处处都需要这种九死无悔的果敢。中国有一句老话叫"不撞南墙不回头",还有句话叫"浪子回头金不换"。知错而能改者,有勇气追求,也有勇气放手,乃智者;撞了南墙还不知回头者,乃愚人,因为他们明知已深陷绝境仍然冒失前行,实在不够明智。

生活的智慧不仅在于知道什么时候应该抓住机会,努力进取,更在于明白何时应该抽身退步,以退为进。山不转路转,路不转人转,此路不通,何妨换一条小径。一路向前的勇气诚然可嘉,但退步抽身、另辟蹊径却是一种更大的智慧。

《易经》有云:"穷则变,变则通。"万事万物都会有发展到极点的时候,这时候就要产生变化,如果不知变通,那是死路一条。无论是人或事,只有富于变化,才能获得生机,获得新的发展。古代的士大夫往往对功名富贵孜孜以求,有的人撞了"南墙"后知道抽身回走,但有人却一条道走到黑,直到头破血流、身败名裂却仍不知悔改。

对待功名,曾国藩一直保持着清醒的头脑。他深知树大招风,官位越大,风险也就越大。他在家书里不断告诫自己的兄弟子侄,待人接物要谦虚谨慎,说:"功名之地,自古难居。兄以在籍之官,募勇造船,成此一番事业,其名震一时,自不待言。人之好名,谁不如我?我有美名,则人必有受不美之名与虽美而远不能及之名者,相形之际,盖难为情,兄惟谨慎谦虚,时时省惕而已。"

不仅如此,遇事时还要谦辞退让,"然处大位大权而兼享大名,自古曾有几人?能善其末路者,总须设法将权位二字推让少许,减去几成,则晚节渐渐可以收场耳"。曾国藩看透了历史的兴衰之变,懂得"枪打出头鸟"的道理,因此他曾多次辞官谢爵,为的就是避免盛极而衰。他曾说:"总须设法将权位二字推让少许,减去几成,则晚节渐渐可以收场耳。"正因为他对"权位"二字处置得当,做到位高不居,才得以安享晚年。

身居官场,功成须身退,这样才能够避开高层的权力斗争,不至于影响自己的声名。古代的许多志士仁人都精于此道,汉朝的张良就是如此。张良本是韩国的贵族,秦始皇吞并六国后,他一直寻找机会韩国报仇雪恨,甚至在博浪沙这个地方刺杀过秦始皇。

秦末天下大乱,战争迭起。在起义军的征战中,张良遇到了刘邦,从此成为刘邦的腹心,为他出谋划策。在击败项羽后,刘邦总结了他取得天下的原因,说:"夫运筹策帷帐之中,决胜于千里之外,吾不如子房;镇国家,抚百姓,给馈饷,不绝粮道,吾不如萧何;连百万之众,战必胜,攻必取,吾不如韩信。此三者,皆人杰也,吾能用之,此吾所以取天下也。"

这就是赫赫有名的"汉初三杰",而在这三人中最富智慧的无疑就是张良。在功成名就之后,张良这样说道:"今以三寸舌为帝者师,封万户,位列侯,此布衣之极,于良足矣。愿弃人间事,欲从赤松子游。"他深知位极人臣时最宜做的就是功成身退,修仙养生，对权位之时贪欲太盛反而是自寻死路。正是靠着这种智慧，张良才得以保全自身。反观韩信，他虽战功卓著，却没能及早抽身隐退，他强大的势力威胁到了帝王的统治，因此刘邦和吕太后视他为眼中钉、肉中刺。而他最终也没能逃脱兔死狗烹的厄运。

很多时候，我们所选择的路并不是一帆风顺的。当我们的坚持迟迟得不到应有的回报时，就应该审时度势地考虑下是否应该换一条新的途径。漫漫人生路，有很多事情需要我们退一步处理。如果一味地坚持错误的选择，那么你只能在无所事事中蹉跎岁月，或者在荆棘密布中苟延残喘。与其如此，不如给现实一个华丽的转身，把目光投向身后，允许自己"知难而退"，这样说不定会翻开人生的新篇章。

"见可而进，知难而退，军之善政也。"这句话出自《左传》，大意是说当进则进，遇难而退，只有如此才能在行军打仗时立于不败之地。军事策略如此，其他事情亦然。知难而进并不等于无所畏惧，因为那可能是有勇无谋；知难而退也不是一退不前，因为适当的退让是为了取得更大的进步。为了更好的前进而适时地后退，这才是成熟人生应有的姿态。

以"勤"字报吾君，以"爱民"二字报吾亲

【原文】

默观近日之吏治人心，及各省之督抚将帅，天下似无戡定之理，吾惟以一"勤"字报吾君，以"爱民"二字书报吾亲，才识平常，断难立功，但守一"勤"字，终日劳苦，以少宵旰之忧，行军本扰民之事，但刻刻存爱民之心，不使先人积累，自我一人耗尽，此兄之所自矢者，不知两弟以为在否？

【译文】

这些天默默观看官吏的对众人思想的治理，以及各省总督巡抚将领们，天底下似乎没有既定的道理，我只能用一个"勤"字来报答我的君主，用"爱民"这两个字来回报乡亲。才学见识平常之人，虽难以建立功勋，但只要坚守一个"勤"字，每一天都辛劳刻苦，就能分担皇上的忧愁。行军打仗本来是打扰民众的事情，但只要时刻存有爱民之心，不能使祖先们的积累，被我一个人消耗殆尽。这是哥哥我的人生目标，不知道两位弟弟认为在理吗？

【解读】

"以一勤字报吾君"，讲的是忠诚。忠诚是人类最重要，最具有价值的美德之一。无论你是风云人物，还是无名小卒，如果渴望在工作和事业上获得成功，渴望被委以重任，获得梦寐以求的广阔舞台，就应当在所做之事中投入自己的忠诚和热情。道光三十年（1850年）正月二十六日，道光皇帝薨逝，咸丰皇帝即位。那是一个时局动荡的年代，内忧外患随时威胁着清王朝的统治。刚即位的咸丰帝为了巩固自己的统治，渡过眼前的难关，下诏让百官进言，提出治国的良策。

当时许多有志之士都应诏进言，直陈流弊，曾国藩也是其中之一那时的他已经掌管了六部中除户部之外的五部，可以说没有人比他更熟悉清王朝的政情利弊和民生疾苦

了。曾国藩根据目前的复杂局势，多次上书，从不同的角度切入问题，每一次都能够详细地指出病症的所在和具体的解决方法。在他眼中，此时国家的忧患大致在两个方面：一个是国家财政的不足；一个是军队的涣散，且这两方面并不是彼此孤立的，二者间存在着紧密的联系。

曾国藩认为解决这一困境的方案很简单，所谓"兵贵精而不贵多"，首先要做的就是节用军饷。他主张对军队进行强化训练，并对士兵进行严格的筛选。为了说服皇上，他痛陈其弊，使其意识到军队改革的必要性。

除了屡上奏折之外，曾国藩忠君爱国之志在他的家书日记中也皆有体现。他对自己的兄弟说，"兄弟尽力王事，各怀鞠躬尽瘁、死而后已之志"，还说要"惟以一勤字报吾君，以爱民二字书报吾亲"。他一心关心国家安危，为苍生免受战乱之苦死而后已，上以报国，下以爱民，其忠诚爱国之志令人仰之弥高。

曾国藩一直怀抱一颗对天下的责任心，正是这种使命感，使他一生都能一丝不苟地关注着自己的工作和事业，也使得他在仕途之路上越走越远。

东汉末年，天下大乱，群雄四起，逐鹿中原。刘备三顾茅庐，以时局大事求问于诸葛亮。诸葛亮精辟地分析了当时的形势，提出了首先夺取荆、益作为根据地，对内改革政治，对外联合孙权，南抚夷越，西和诸戎，等待时机，两路出兵北伐，从而统一全国的战略思想，这即是历史上著名的《隆中对》。

诸葛亮被刘备的诚心所感动，答应出山助其完成兴复汉室的大业。他提出"联孙抗曹"的策略，大败曹军于赤壁，夺取了荆州，建安十六年，又攻取了益州。其后，他又率汉军击败曹军，夺得了汉中之地。建安二十六年，刘备在成都建立蜀汉政权，诸葛亮被任命为丞相，主持朝政。刘备病危时，托孤于诸葛亮，希望他能辅佐刘禅完成自己一统天下的夙愿。

刘禅继位后，诸葛亮领益州牧，勤勉谨慎，大小政事必亲自处理。不仅如此，他还赏罚严明，与东吴联盟，立志于改善和西南各族的关系，还实行屯田，加强军队的战略储备。他先后六次北伐中原，多以粮尽所困，最后无功而返。因为积劳成疾，诸葛亮病逝于五丈原军中。"出师未捷身先死，长使英雄泪满襟"，杜甫正是为诸葛亮这种不屈不挠的精神所感动，才写下了这流传千古的名句。

"鞠躬尽瘁，死而后已"，这句耳熟能详的话出自于诸葛亮的《后出师表》。诸葛亮自二十七岁初出茅庐，五十七岁病逝五丈。整整三十年间里，他为两代蜀国帝王殚精竭虑、耗尽心血，把中兴刘汉的重担背负在了自己的身上。因为这种强烈的责任感，他时刻不敢忘记先帝的遗志，南平番国，北伐中原，希图"兴复汉室，还于旧都"。正是这种忠诚，诸葛亮才得以青史留名，受到无数后人的景仰。

责任感这个话题在任何一个时代都不会过时，当代社会更是一个讲究责任心的时代。如在职场中，一个忠于公司、对企业有着强烈责任感的人很容易受到上司的赏识。而现实的状况却是，很多公司在遇到困难，最需要员工的支持和帮助时，得到的却是员工的冷眼和离弃。

忠诚并不是说一定要从一而终，它说的是一种职业的责任感、一种对职业的忠诚和敬畏。一个有责任感的人，远远要胜于一个徒有能力却毫无责任心的人。怀着强烈的责任意识，兢兢业业地做好本职工作，定能在事业上风生水起，大展身手。

崇廉让以奉公，禁大言以务实

【原文】

绅士之道四要：一曰保愚懦以庇乡，一曰崇廉让以奉公，一曰禁大言以务实，一曰扩才识以待用。

【译文】

成为名望之士其方法有四点要领：第一点，用保护愚笨弱小者来庇佑乡里，第二点，在奉行公务上崇尚廉洁谦让，第三点，禁止讲大话空话，要实事求是，脚踏实地，第四点，要扩充自己的才华见识以备以日后所需。

【解读】

名声指的是一个人的名誉和声望。古往今来，无论是圣贤高官还是普通百姓都希望自己能有一个好的名声。一个人的名声应该同他的实际才能和其对社会的贡献相符，成语所说的"名副其实"指的就是这个道理。基于这样的观点，人们就产生了这样一种道德倾向，一个追逐虚名、华而不实的人在世人眼中是可耻的，用孟子的话来说就是"声闻过情，君子耻之"。

那么我们要做一个名副其实的人，其实很简单，就是两个字——务实。因为唯有务实之人，方可成就一番事业。

务实之人脚踏实地，不刻意追求如梦般的浮名；务实之人头脑清醒，不会因别人的奉承赞扬而自得自满。但设身处地来看，能做到务实却并不容易。这世上，有人为了名利去剽窃他人的成果；也有人为了取得好成绩而弄虚作假，贿赂考官；更有甚者，以欺诈的手段骗取他人钱财以供自己享乐，这样的事情屡见不鲜。许多人为了虚名，做着这样那样的错事，一旦被人发现，就不免名声扫地，受到世人的唾骂。

好名之心就像好美之心，可以说是人皆有之。但你的名望是要与你的贡献和能力相一致的，否则就是"盛名之下，其实难副"了。曾国藩是一个好名之人，他不像有的智者圣贤那样轻视名声。他对名声的态度用他自己的话讲就是"名者，大器也"，"造物所珍重爱惜"，因为他深知千金易得，美名难求。

好名声需要用实际行动去获得和维护。曾国藩在日记中多次提醒自己要多做实事，少说空话，不要欺世盗名，否则就会发生难以预料的祸事。其实，一个人通过自己的努力成就一番事业后，名声自然也就随之而来了。

曾国藩以求真务实的精神，热情地投入到创建中国近代工业的伟大事业中。他也因此摆脱了夷夏大防的心理，掀起了轰轰烈烈的洋务运动。也因此成就了一番事业。他对中国近代工业起步所做出的贡献可圈可点，这也已经载入史册，为后人所感念。

人最好名实相副，名不副实只能给人带来一时的成就感和自豪感，但群众的眼睛是雪亮的，虚假不实的光环总有褪色的时候，到时候的下场自然可想而知。我们应当像曾国藩那样秉着一种求真务实的精神，多做实事，如此才能厚积薄发，千万不要戴着一顶华而不实的帽子招摇过世。

用之于己有节，取之于民有制

【原文】

衣物饮食厉行节约，声色洋烟一一禁绝，不献上司，不肥家产，用之于己有节，取之于民有制。

【译文】

衣物饮食上严格实行节省、俭约的准则，声色洋烟之物全部都要禁止断绝，不贡献给上司，也不充实自己的家庭财产，用在自己身上要节省，从老百姓那儿索取要有节制。

【解读】

自古以来，为官者都以廉洁为贵。东汉著名学者王逸在《楚辞·章句》中注释说："不受曰廉，不污曰洁。"意思就是指不接受他人的馈赠的钱财礼物，不让自己清白的人品受到沾污，这就是廉洁。

廉者，清廉也，即不贪取不应得的钱财；洁者，无垢也，指的是一种光明磊落的人生态度。总结起来，"廉洁"的意思就是说我们做人要有清清白白的行为，光明磊落的态度。对于人本身来说，廉洁是一种高尚的品德，更是一种洁身自好的坚持。做一个廉洁的人，并不仅仅只针对于那些身在朝堂的达官显贵，对于所有想成为君子之人，它都是适用的。

曾国藩一生提倡廉洁自律，秉公办事，不求功名利禄，只求清白做人。彼时的清朝，贪污之风盛行，所谓"三年清知府，十万雪花银"，便是当时官场的真实写照。在如此污浊的环境下，曾国藩始终坚持"以做官发财为可耻，以宦囊积金子孙为可羞可恨"，几十年如一日的保持清廉之身。

在他的为官生涯中，曾遇到过"三难"，他曾在家书中记载道："现在京寓欠账五百多金，欲归则无钱还账，而来往途费亦须四百金，甚难措办，一难也；不带家眷而归，则恐我在家或有事留住，不能遽还京师，是两头牵扯，如带家眷，则途费更多，家中又无房屋，二难也；我一人回家，轻身快马，不过半年可以还京。第开缺之后，明年恐尚不能补缺，又须在京闲住一年，三难也。"从中不难看出，曾国藩的三难皆与经济上的拮据有关。其实他当时身居高位，钱财对于他来说是最易解决的问题，但他始终不敢越雷池一步。这是一个人对于高洁品德的坚守，也是君子之德的一种表现。

清廉之德并非一日形成，它是要坚持一生的习惯。那么要如何保持廉洁，不受外界所诱呢？在这个问题上，曾国藩认为需"崇俭朴以养廉"。对此，他补充道："衣物饮食厉行节约，声色洋烟一一禁绝，不献上司，不肥家产，用之于己有节，取之于民有制。"意思就是说，人要做到在衣物饮食上严格实行节省、俭约，声色洋烟都全部禁止断绝，既不贡献给上司，也不充实自己的家庭财产，用在自己身上要节省，从老百姓那儿的取得要有节制。

以俭养廉、克己奉公是曾国藩对自己的要求，也是他整饬吏治时对于官员们的要求。对于当时清朝内忧外患、贪污成风的现状，曾国藩在震惊之余更是沉痛不已。他上位后便从整治贪腐之风开始，大刀阔斧地整饬吏治。他要求官员"治署内以端本。为官先治其身，凡银钱不取分毫，凡文书案牍躬亲检点，以身作则，杜绝徇私舞弊"，"崇俭约以养廉。毋贪保举，毋好虚荣，事事知足，人人守约"。

曾国藩畅廉政，惩贪利，用恩威并施的方法劝勉地方绅士及州县官员们要勤明廉洁，奉公爱民。他的一系列做法帮当时岌岌可危的清朝统治者暂时稳住了脚跟，虽说当时的清朝大势已去，但凡是经他治理过的地区，吏治都得到了不同程度的澄清，民间疾苦也多多少少得到了减轻，社会矛盾也得到了一些缓和。

所谓廉者，民之表也；贪者，民之贼也。对于一个国家来说，倘若清廉之风盛行，那国运昌盛就指日可待了；反之，一旦贪腐之习猖獗，就会怨声载道，国势衰微。贪官污吏不仅作乱朝堂、危及统治，更是为人所不齿，死后也只能留下千古骂名。无论是对百姓，还是对君主来说，朝堂之上能有一个清廉自律的官员，都是一种福祉。

无论如何，做官做人都应以"廉洁"二字来要求自己，要如曾国藩所言，"用之于己有节，取之于民有制"。身处浊世，就更要洁身自好，在泥沼之中活出自己的一片清廉洁白。

不妄花一钱，则一身廉

【原文】

不妄花一钱，则一身廉。

【译文】

不胡乱花掉一分钱财，那么，就能做到一身清廉。

【解读】

人自呱呱坠地来到这个世界，就没有带来任何东西，在他离开这个世界的时候也是孑然一身，了无牵挂。这个事实告诉我们，任何东西都是生不带来死不带去。一个人即便是敛尽今世财富，但死后却依然没办法带走一分一毫。所以人生在世，为什么要那么贪恋物欲呢？

曾国藩一直都将物欲看得极淡，终其一生，从未被物欲蒙住双眼。如果要用四个字来总结他的人生，那就是"厚彼薄己"。因为以仁厚待人，他可以散尽千金救人于困境；因为严于律己，他可以不受贿赂保持自身的清正廉明。即使是在官至大学士以后，曾国藩依然保持着廉洁的操守。

在他三十岁生日时，曾国藩为自己做了一件青缎马褂。这件衣服他平时不穿，只有在节庆时才拿出来穿一次，所以在他死后，这件旧衣服依然像新的一般。曾国藩日常穿戴也常是旧衣布鞋，他还幽默地说："古人说'衣不如新，人不如旧'，可在我看来，新衣服不如旧衣服啊，你看看当今的衣料有过去那么精良么？"把旧衣当作新衣穿，这正是他简朴清廉的真实写照。

曾国藩时刻谨记父辈对自己的教导，并始终坚持自己为官的誓言。他说："我从三十岁开始，就以做官发财为耻辱，以官宦公饱私囊、为子孙聚敛财富为耻。因此我立下誓言，此生绝不靠做官发财，也决不为后人敛集财富。神明作证，我决不食言！"

事实也是如此，他为官一生，都不忘自己曾立下的誓言。曾国藩虽为官多年，但得到的俸禄却极少。但他不仅从不抱怨，更是一直以自己过着清贫的生活为荣，在贪婪成风的官场中能做到这点实在难能可贵。他一生仅收取过一次贿赂，不过那并不能算作真正意义上的贿赂。为官者总有为官者的无奈，他接受别人的财物并非爱财，而是为了缓和与别人的关系，平息事端而已。在这种不得已的情况下，这也算不得是什么十恶不赦的大事。

曾国藩在组建水师的时候，曾有一员心腹大将叫黄翼升。因为在组建水师时的出色表现，黄翼升深得曾国藩赏识。所以在淮扬水师建立后，黄翼升便由原来的职位升为统带。1862年，恰逢曾国藩用人之际，此时的黄翼升已经是李鸿章的得力助手。曾国藩念着黄翼升宅心仁厚、性情温良，便想把他调回到自己手下，但李鸿章坚决不放人。

曾国藩和李鸿章两人因为此事陷入僵局，黄翼升夹在二人之中也感到十分尴尬。就在这个时候，黄翼升的夫人想出一个办法，才使事情有了转机。在曾国藩夫人寿诞之日，黄夫人带着翡翠钏一双，明珠一粒，纺绸帐一个前来贺寿，并执意要拜曾夫人为义母。碍于情面，曾夫人只得应允，并收下贺礼。曾国藩知道此事后，十分气恼，可是转念一想，黄翼升夫人这样做正好缓和了两家紧张的气氛，无奈之下也只得不了了之。这就是曾国藩唯一一次收取的"贿赂"，其目的也是为了缓和同僚间的关系。如若因此而指责曾国藩贪财受贿，那就未免不厚道了。

对待他人，曾国藩从不以金钱多少作为衡量标准。多年来，他一直以来都以"躬自厚而薄责人，则度量宏深"来要求自己，实际上他在待人接物上一直也是这样做的。他仗义疏财，从不会因为朋友的落魄而避而远之。有一年，曾国藩的好友邵蕙西的夫人为了躲避战乱，孤身一人带着孩子来到上海。曾国藩得知情况后，便秘密派轮船将他们接来并安置妥当，还每月为他们提供二十两银作为生活费。几年后，邵夫人和其长子相继病故，二儿子将其灵柩护送回老家，只留下小女儿。曾国藩念她孤苦伶仃，于是收她为义女，照顾她的生活。

以金钱来作为衡量人的标准，不仅是一种愚见，也是一种道德上的缺失。岂知否极泰来，万事万物都在不断变化中，今天的穷小子可能就是明日的大富翁，这些都是难以预料的。且金钱乃身外之物，无需太过重视，要像曾国藩那样不贪财，看淡金钱，如此方是明智之举。

富贵如浮云，转眼风流散。功名利禄就如同过眼烟云，得而失之，失而复得都是常有之事。因此，对于钱财一事，要取之有道，用之有度。"不戚戚于贫贱，不汲汲于富贵"，淡泊名利，这样的生活反而会更加轻松和洒脱。

不私用一人，则一营廉

【原文】

不私用一人，则一营廉。

【译文】

不私自利用一个人，那么就会整个军营廉洁。

【解读】

曾国藩在其所著《挺经》中讲到了"廉矩"一词,对于为官之人来说"廉矩"涉及的面很广,在金钱的问题上不贪不昧是廉,在用人问题上不徇私也是一种廉,从本质上说,只做原则范围以内的事情,不逾越个人底线、职务的规范,谋个人的便利,即是廉矩。

居官有"矩"(规矩),守矩即是"廉"。居官生活,每天要和各方的人打交道,而在打交道的过程中,免不了要受到各种各样的诱惑和考验。如此情况下要常留"矩"字在心间,不能让别人有意设下的陷阱成为居官者的牢笼。

曾国藩位高权重,身边趋炎附势的人很多,他对此总是冷静地处理,既不因被人奉承而喜,也不因人谄谀献媚而恼。他的一个手下对那些溜须拍马之人非常反感,总想找机会教训他们一下,于是就在一次批阅文件时,将其中一位拍马的官员狠狠讽刺了一番。曾国藩看过该批阅后,对手下说,那些人本来就是靠这些来生存的,你这种做法无疑是夺了他们的生存之道,那么他们必然也将想尽办法置你于死地。曾国藩的一席话让手下恍然大悟。

别人怎样为官是对方的事情,我们做不了主。既然看不上对方的所作所为,那就警告自己不要像对方一样就好。这是曾国藩话语中的题中之意。面对向他谄媚的人,曾国藩知道他们会有求于己,所以不喜不恼,不给对方空子。这样的态度,会让一些知趣的人知难而退。

如果因为一时的妇人之仁、或者心念动摇,违背自己的原则,私用一人,那就等于说告诉别人:"我是个没有底线、原则的人。"这样一来,必然会一发不可收拾,长此以往下去,办事时失了规矩,"廉"也就无从谈起了。

不出于私人利益,任用本来不合适的人,是在放低自己的底线。底线一低,另有所图的人就会乘虚而入,让人无法拒绝。这样哪怕自己想拒绝,别人也会耻笑你假装清高,这时候想把过去的事情一笔勾销基本上不可能了。

曾国藩讲,不私用一人,则一营廉,还强调了一种居官的联动效应。中国有个成语叫"上行下效",意思是说上面的人怎么做,下面的人就怎么做,套用民间俗语,即是"上梁不正下梁歪"。人们常用这个成语批评那些起不到示范、领导作用的上司。为此,居高位者,应该警惕自己投在下方的影子,如果不想下属做什么事情,先要审查自己是否有资格去劝说、批评别人。

领导和下属构成的团队,其风气如何,很大程度上取决于领导的管理和示范作用。曾国藩想要求"一营廉",但他没有首先要求下属不贪钱、不谋私,而是首先对自己的言行做出规范。相比于明文规定来说,领导自身的表率更有说服力和执行力。

誉望一损,远近兹疑

【原文】

誉望一损,远近兹疑。

【译文】

名誉和声望一旦被损坏,无论和你关系亲密或是疏远的人都会对你产生质疑。

卷二 家书

【解读】

名节是被古人视为比生命还重要的一个存在，一个人可以丢掉自己的性命但不可以失去自己的节操。名节是一个人名誉和操守，对于古人来说，失去名誉和操守，虽生犹死。曾国藩就曾说过："以忠沽名者讦，以信沽名者诈，以廉沽名者贪，以洁沽名者污。忠信廉洁，立身之本，非钓名之具也。有一于此，乡原之徒，又何足取哉？"从中足可见他对名节的重视。

"誉望一损，远近兹疑"，这是曾国藩对一个朋友的批评，意思是说一个人的名誉和声望一旦被损坏，那么无论和你关系亲密或是疏远的人都会对你的人品产生质疑。曾国藩的这位朋友曾奉命守城，但在城池被太平军攻破之后，他却扔下全城百姓和将士，一个人趁乱逃生去了。对于这位朋友的做法，曾国藩十分不解。在他看来，城破之时最明智的做法就是挥剑自尽，以此来保全自己的名节。

通过这个例子我们就可以初步体会出古人对名节的重视程度，文天祥流传下来的千古名句"人生自古谁无死，留取丹心照汗青"，还有"舍身成仁""舍生取义"等一系列成语，无一不在向我们昭示名节的重要性。可是在现代有些人对于名节的概念就太模糊了，有的人甚至可以说是全无这一观点。

现代社会中一些纷乱复杂的事情，有的人对此已屡见不鲜，似乎已经不再注重自己的名声如何，想的只是如何才能让自己出名、怎样才能让自己享受一时的快乐和刺激。可是他们却从没想过，这一时的享乐，却会成为你一辈子也无法摆脱的噩梦和苦难。

正因为很多人毫无名节的意识，也乐意牺牲自己的名誉来做些哗众取宠之事。快乐一时却要用痛苦一世来交换，这样的交易实在是不够公平，所以我们还不如学一学古人，做一个重视名节的人。

在我国传统儒家思想里，生命一直是受到重视的。古人常说："身体发肤，受之父母"，因此绝不能轻易损伤。但古人为了名节和道义却可以放弃宝贵的生命，可见古时的名节观有多神圣。古人曾用女人的贞操来比喻名节，谓之"士无名节，犹女不贞，虽有他美，亦不足赎"。意思是一个人要是没有名节，就像女人不守贞洁一样，别的方面再好，也终抵不了这一个污点。

在古人心中，声誉是可以高于一切的，就像曾国藩所言："名节之于人，不金帛而富，不轩冕而贵。士无名节，犹女不贞，虽有他美，亦不足赎。故前辈谓爵禄易得，名节难保。"那为什么现在的人们却做不到这一点呢？难道社会风气的开放带来的就只是伦理的丧失，人性的毁灭，道德的丢弃吗？如果是这样，那人类是何其的可悲！如果自己都不在乎、不珍惜自己的名誉，那么还会有谁会在乎你的存在呢？

在现代社会中，我们依然要注重自己的名节，尽全力去保护自己的名誉。名节观不是封建思想，也不是腐朽观念，它是我们立足于社会的一种保障。如果连做人的保障都丢弃了，那么人与禽兽又有什么分别。一个人如果不对自己负责，不珍惜自己的名誉，到头来受伤害的只能是自己。

因此我们要做一个有正确观念的人、思想成熟的人，要学会尊重自己、爱护自己。唯有做到这些，我们的人生观才不会被扭曲，我们才不会犯下令自己后悔终身的错误。我们要像曾国藩一样，做一个有良好信誉的人，做一个重视自己名誉的人，这样才能让自己获得别人的尊重和爱戴，也更能给自己带来一份心灵的恬静和淡然。

名望正隆，宜力持不懈，有始有卒

【原文】

弟目下名望正隆，务宜力持不懈，有始有卒。

【译文】

弟弟你现在名誉和声望正是兴隆的时候，务必坚持不懈地保持现有的名誉和声望，做到有始有终才好。

【解读】

要做到有始有终地去做好一件事，保持一个习惯，的确是一件不容易的事。也许你能在贫寒时保持勤俭节约的好习惯，但在富有后却不一定能继续维持，因为金钱所带来的物质享受会渐渐腐化你的意志，让你只知享乐，不思其他。

曾国藩曾说过："勤于邦，俭于家，言忠信，行笃敬。"节俭是他一直坚守的准则。曾国藩吃饭"只吃眼前菜"，这个习惯与古今两位名人十分相似，但这看似相同的习惯背后却隐藏着不同的内涵。即使在官位正盛之时，曾国藩也一直保持着这个习惯，还因节俭而被尊称为"一品宰相"。

"只吃眼前菜"最早说的是北宋的改革家王安石。王安石吃饭时只吃放在自己眼前的那盘菜，无论那盘菜滋味如何，其他的一概不吃。那王安石为什么"只吃眼前菜"呢？原因其实很简单。

王安石当时的身份是参政知事，又锐意于改革。他日理万机，这些吃饭之类的小事根本就不会被他注意。一日三餐对他来说只是一种任务，他吃饭是为了补充体力，进而更好地去处理政事。正因为他的心思根本不在吃饭上，所以就只知道吃眼前的那一盘菜。

国学大师章太炎也有同样的习惯。章太炎曾被袁世凯软禁过，但在软禁期间，袁世凯并没有虐待他，每日都给他准备丰盛的饭菜。可章太炎对着满桌的美味佳肴，却只吃眼前那道菜。为他做饭的厨子十分精明，他发现了章太炎的这一习惯，就给他做更多的好菜，为的是拿章太炎吃剩的菜去置办酒席。

章太炎之所以只吃眼前菜，是因为他有着文人狂放不羁、清高自傲的性格。他自己也说过，他是懒得将筷子举到那么远的地方，所以只举到伸手就够得着的地方，这也算是文人特立独行的一种个性吧。

至于曾国藩，是因为他一直以来就有勤俭节约的习惯。他在两江总督任上时曾到扬州去视察，当地盐商可以富甲天下，听说总督大人来了，自然要备下盛宴款待。曾国藩不好意思断然拒绝，但看到晚宴之奢华，也不禁瞠目结舌。在众目的注目下，曾国藩寒着个脸，只在眼前的一道菜上动了两筷子，其他的菜碰都不碰。事后曾国藩对身边的人说："一食千金，吾口不忍食，目不忍睹。"他只吃眼前那道菜，正是对这种奢靡之风的一种无声的抗议。

同一个习惯，却有着三种截然不同的含义，王安石只吃眼前菜是因为他工作太过专注，章太炎只吃眼前菜是因为他特立独行的性格，而曾国藩只吃眼前菜则是因为他忧国忧民的信仰和洁身自律、勤俭节约的习惯。

曾国藩曾说过："凡世家子弟衣食起居无一不与寒士相同，则庶可以成大器，若沾染富贵习气，则难望有成。"他认为贫寒能锻造人的品格，富贵只能让人甘于堕落。然而做到一时的勤俭容易，但要做到一世的勤俭就很难了。为人贵在坚持，尤其是在名望正盛的时候，更要注重自己的言行，做到有始有终。

能不能安于贫困，和一个人的品格以及人生成就都有着莫大的关系。如果一个人能做到在任何时候都坚守自己的品行和操守，那他就会发现之前以为很艰难的事原本并没有想象中的那么困难。人生在世，我们要面对苦难，忍受痛苦，只有这样才能让自己更好地成长起来。只有拥有坚持不懈、有始有终的人生态度和良好的性格品质，我们的人生才能迎来新的希望。

居官四败

【原文】

居官昏、傲、贪、诈四败。

【译文】

身为官员，会因为昏聩、傲慢、贪婪、奸诈而身败名裂。

【解读】

自清王朝灭亡之后的一百多年间，一些为官之人或多或少都会羡慕曾国藩，以其为榜样，并将其所著的《挺经》奉为自己的官场指南。这些仕途之人之所以如此信赖曾国藩，除了他自身卓绝的能力之外，更因为他仕途的顺利程度超乎人的想象。曾国藩在短短的五年时间内，从七品芝麻官做到了二品大员，历经道光、咸丰、同治三朝而屹立不倒。

曾国藩的发迹史，除了他自身的努力以外还有另外一个重要的因素，用他的话来说就是："想要居官有成就，就一定要尽力避免这四种败落的因素：昏庸懒惰放任自己部下的人肯定失败，傲慢凶狠恣意妄为的人肯定失败，贪婪粗鄙毫无顾忌的人失败，性格反复无常心地狡诈的人失败。"曾国藩是一个非常善于总结经验和教训的人，他根据自己的所见所闻和自己做官的经历，非常精确地总结出了官员败落的四字诀，即"昏、傲、贪、诈"。

昏即昏聩。曾国藩认为做官决不能不明事理、头脑糊涂、不明是非。虽不一定能做到明察秋毫，但是也要做到耳聪目明。对下属要严加管理，不能任由他们奉承恭维自己，说假话欺骗自己，也不能放纵他们欺上瞒下，做些违法乱纪的勾当。

傲即傲慢。做官之人决不能自高自大、目空一切。不能因自己居高位就觉得高人一等，就看不起别人，不尊重别人。傲慢只会让自己的人际关系越来越差。与上级相处时，傲慢会让领导觉得你太过轻浮，没有真才实学，与下属相处时，傲慢会使你失去树下的忠心和爱戴。一旦失去了民心，那这个官也做到头了。

贪即贪婪。曾国藩认为做官之人一定不能贪心、不知足。贪婪会打开你一切欲望的闸门，让你沉溺于自己的贪欲中无法自拔。人一旦有了贪欲，就有了弱点。这个弱点如果被他人所得知和掌控，就会为人所利用。一个内心贪婪的官员不会将为百姓谋福祉当作自己的责任，只会想方设法地从百姓身上搜刮油水。而不能为百姓办事之官，总有一天会被拉下马，所以当官之人绝对不能贪婪。

诈即狡诈。为官之人切记不能阴险狡猾、诡计多端。狡诈之人只会为自己谋福利，较之于百姓的利益，他们更看重的是自己的仕途。这样的人在关键时刻肯定不会为百姓出头。他们为人不光明磊落，一定会有欺上瞒下的行为。一旦这样的行为被发现，统治者绝不会容忍，且百姓也不会需要一个只为自己着想的官员，因此为官之人一定不能狡诈。

虽然曾国藩"居官四败"的箴言是在中国最后一个封建王朝走向没落时总结出来的，但它却适合历朝历代的官场。那些身居高位而落败的，没有一个不是在这四点上出错的，例如天下第一贪官和珅就是败在自己贪婪的欲望上。与之相反，大改革家王安石，为人清正廉洁，即便在政治斗争中失去了权力，也能全身而退，安享晚年。

上位者，要时刻谨记"昏、傲、贪、诈"这四败箴言，否则轻则丢官，重则就会有性命之危。尤其是当官之人，除了谨记不能犯"昏、傲、贪、诈"四字之外，还要牢记另一个四字箴言，即"廉、俭、严、明"，如果能做到这四点，即使不能让你平步青云，也能让你遇到危险时能够全身而退。

第十二章　治　人

得人四事：广收、慎用、勤教、严绳

【原文】

得人不外四事，曰广收、慎用、勤教、严绳。

【译文】

得到人才不外乎有四个方面，它们是广泛招收，谨慎选用，勤奋教诲，严格执法。

【解读】

在曾国藩任两江总督之时，一天，他在亭子中徘徊，看见有一个头顶戴着耀眼花翎的人，拿着手板，向仆人做苦苦请求的样子。仆人摆手拒绝他，举止非常傲慢，那个人无奈地离去了。第二天登亭，曾国藩又看见那个人，情景和昨天一样。第三天，他看见那个人摸索袖中，拿出一包裹的东西，弯着腰献给仆从，仆从马上变了脸色，曾国藩看到这里，心中有点儿疑虑。

过了一段时间，曾国藩在签押房，看到仆从拿着手板进来，通报说有新补的某位监司求见。曾国藩立即让仆人将此人请进来，原来就是自己连日来在亭子上所看到的向仆从苦苦哀求的那个人。曾国藩问监司何日来这里的，监司答说已来三日。曾国藩又问为什么不来觐见，监司则支支吾吾不能对答。于是，曾国藩对监司说："阁下新近就任，难道不缺什么办事的人吗？"监司回答说："衙署中虽是人满为患，如果您要是有推荐的人，在下也不敢不从命。"曾国藩便对他说："那好，我给你推荐的这个仆从实在是太狡诈，万万不可以派以重要的差事，只让他得一口饭吃就足够了。"监司点头称是。

于是，曾国藩召那位仆从进来，严肃地对他说："这里已经没有用你的地方了，现特推荐你到某大人处，希望你好好侍从新的主人，不要怠慢。"仆从不得已，以示谢意。等到退出去以后，大为气愤，携带行李去了别的地方。

曾国藩之所以对这名仆人的事处理的这么不留余地，是因为他明白自己身边绝对不能留此等私心重、奸佞之人，否则终有一天自己会被连累。曾国藩是幸运的，因为仆人索贿一幕恰巧被他看见，让他及时看清楚了这个仆人的品性之差，他才能做出把他送走的正确决定，倘若他没看到这一幕，那个仆人以后就会继续像其他人索贿，甚至变本加厉，那么后果将不堪设想，他的一世英名也将被毁于一旦。

用人即选用人才，善于用人。而对于如何用人又衍生出了用人之道，即如何选拔人才，怎样使人尽其才。用人之道。这些方法无论是在古代还是在现代，都同样适用，因为无论社会发展到何种程度，最需求的永远都是人才。诚如曾国藩所言，"国家兴衰，首在人才，得人则兴，失人则亡"，现在对于任何一个企业来说，没有人才就等于没有手脚的人不能走路一样。但是，在对待人才这个问题上，最怕的就是用人不慎、遇人不淑。

曾国藩作为一个领导人物，在识人、用人方面有自己的一套理论，而他的相人、用人之能，更是受到同朝好友、战场敌手的交口称赞。他识人的本领早在太平天国起义之初就有所体现。面临起事，清廷无以应对，正式用人之际，曾国藩向朝廷推荐了李棠阶、吴廷栋、王庆云、严正基、江忠源五人。这五人在日后分别取得了不小的成就。

作为历史的旁观者，我们能够冷眼旁观这些历史人物，比较客观地评价他们所取得的成就，所以从这五人之后所取得的成就来看，他们的成功确实能证明曾国藩具有一双相人、看人的慧眼。曾国藩一直都认为"英雄各有见，何必问出处"，他选才举贤从不问出身，而是有自己的一套标准。

"办事不外用人，用人必先知人"和"收之欲其广，用之欲其慎"是他一直遵守的用人原则。曾国藩认为在做事需要人才的时候，对于人才，一定要先了解，才能去重用，而且对于任用人才一定要谨慎，要讲究知人善用。他认为可用之才必定具备朴实、诚恳、忠贞、公正、严谨、廉洁等条件，而其中最基本的条件就是会做人，因为唯有先学会做人才能做事。对于人才，无论怎样选拔出来的，他都要亲自审查，不容他人在用人事上徇私情。

在用人一事上，最重要的是要谨记"慎"这一字。这就是曾国藩把"慎用"作为用人原则之一的重要原因。他在用人上慎之又慎，对于这一点，很少有人能比得上。很多人盲目地用人，根本不了解所用之人是何品性，即使了解到所用之人的品性多么的不堪，也自信对之许以重利就能让其死心塌地为之办事，但是却从来不去想，他可以因为你许下的重利办事，那么如果出现一个能给他更多好处的人，你就会立即被他背叛，甚至出卖你，把你推入深渊。

我们在用人之时必须要像曾国藩一样具有一双慧眼，要精于揣摩人性，把握人心，这样才能洞察人心，态度要谨慎，甚至慎之又慎，这样才能做到正确识人、择人、用人。尤其是在当代社会，人才紧缺的时候，更应该注意人才的任用和管理。只有深谙用人之道，才能更好地安排和利用人才，而且千万要谨慎，别因为一时迷惑疏忽而用错人，也许初时未见其害，但是随后各种祸事就会接踵而来，让人一败涂地。

将必亲选，兵必自募

【原文】

将必亲选，兵必自募，饷必自筹。

【译文】

将领一定要自己亲自选出来，士兵一定要自己亲自招募，军饷一定要自己亲自筹备。

【解读】

一个人想要发展得好，除去自身的努力，还需要有人从旁辅助。对于能辅助自己成功的人，必定要有真才实学，要能帮自己少走弯路，以最快的速度获得成功。但是要得到这样一个人，不能全靠他人推荐，必须要自己亲自挑选。这就好比买衣服、买鞋子一般，自己不亲身试穿，就不会找到真正适合自己的风格。所以，要人才，除了等人才自己送上门之外，还要自己亲自发掘，甚至亲手培养。

曾国藩特别强调过培养人才的作用，有人曾问，人才相当于什么？相当于农夫种庄稼一样，人才就像他们栽在田地当中的禾苗。如果农夫没有天天到田间当中去耕作，就会出现一个什么样的后果？那就是，禾苗良莠不齐地在一起生长。在这种情况下，应该怎么办呢？长官就要像农夫一样，到田间当中去，每天和下面的人打交道，才能知道哪一个人是优，哪一个人是劣，哪一个人在这个方面有特长，哪一个人在那个方面有缺陷，这样使用起来才能更好。

曾国藩能充分认识到人才对自己的重要性，所以他重视人才，更是把培养人才作为一项事业来用心做好。对于如何培养人才，曾国藩有一套自己的理论。曾国藩在培养人才时，特别提出了四个概念：教诲、甄别、保举、超擢。

教诲的意思是在长官对下属进行教诲的时候，要注意方法，如果夸奖士兵，士兵会很高兴，并乐意为上司卖力气。即使说一句责备的话，下属也不会怨恨，并会及时地来改正。可以说，教诲在培养人才的过程当中，应该是最重要的；甄别是对人才进行分门别类，建立档案；保举是举荐的意思，如果觉得有人适合做这样的工作，那就可以进行保荐。最后一个超擢是针对如何对特殊人才的，特别是那些非常有才能的人才，只要认准了就破格提升。像左宗棠、李鸿章，都是从局级破格提拔到正部级。

曾国藩的四个概念让他尽可能地网罗人才，能对所培养的人才的性格、情况等看得特别清楚，在遇到特别有才能的人时不浪费时间，直接就能任用，还能在培养之后让这些人才去到自己最适合的位置，发挥自身最大的优势和作用。

在接见人时，曾国藩有一个特殊的习惯，就是在接待之后，在他们的名字背后画上一个特殊的标记和符号，主要有三角、圆圈、点或竖四种符号。四种符号代表他对人才的四种判断结果。画三角的，是不能用的人；画圆圈的，是能用的人；如果画上两个圆圈，那就是最好的人；如果画上一竖或一点，就是这个人一点儿也不能考虑。比如说，当时有一个候补知县叫陈德明，曾国藩给他写的评语是：这个人鼻歪、眼大，下面写了"心术不正"，后面还写了"精明能干"，后面还有几个字——"颇放肆"，可能是因为陈德明在他的面前不是很规矩的样子。面对这样的人，曾国藩画了一个三角，表示这个人是不能用的。

他把天下所有的事情、工作，都归纳概括为四个方面：军事、吏事、饷事、文士。通俗的解释就是军事、当官、搞财政、做秘书。

曾国藩将人才招到麾下之后，他会根据这四个方面再依据每个人的自身条件给每个人进行详细的分工。曾国藩要求所有到他这里来的人，一定要在这四门功课当中选一门，在每一门当中，都要求学精。而且，曾国藩还要对他们进行定期的考核，特别是后来他跟太平天国打仗并不是特别激烈的时候，他每半个月，或者最少一个月，都要出一次题考核下面所有的人。考核的内容也非常有趣，主要是国家当前所遇到的大政。大家清楚，这在过去叫"策论"，也就是建言的意思，就是在几种疑难当中，提出一个或两个最佳的方案，供领导采纳、决策、参考。

在功课上，曾国藩会给每个人提供一个切入点，好让他们在学习中更简单明了一些。例如一个人立志将来做一个军事家、一个将帅，曾国藩会让他从三件事情上入手：

一个是战守，一个是地势，一个是敌情。如果这个人是做文职官僚的，曾国藩会让他从以下四个方面入手：一个是怎么教化百姓，一个是怎样缴纳赋税，一个是怎样处理地方治安，最后一个是劝民兴业。如果是从事财政工作的，主要有三个方面：一个是税种，当时主要是厘金、盐税等税种，其次是开源，最后一个是节流。从事文事的，要从上报奏疏、草拟公文、往来书函三个方面提高本领。

曾国藩说，学习也好，教化、培养也好，在这些事情当中，我们每个人要选择最适合自己的一个方面，成为一个专家型的领导人。所以在每一个方面，曾国藩都提出了具体的、可以努力的方向，一步一步地把这些人带到一个专家的行列当中。但是，理论有了，基础也打好了，可是该怎么开始做呢？对此，曾国藩提出两个字："学"和"问"。学要向古人来学习，还要向今人学习，要多读史书，多找榜样。曾国藩有一句名言，他说：无论为官为将，都要找好师、好友、好榜样。人生的过程就是寻找榜样的过程，如果人生没有学习的榜样，那就太可悲了。"所以他说，"学"字就是向古人学习，看书籍；向今人学习，找榜样。

至于另一个字"问"，曾国藩说是要问两类人：一个问当事人，一个问局外人。当事人在处理一件事情时，都有自己的方法，因为他们可能会有自己的苦衷。这种苦衷只有当事人能知道，所以要问当局者。但还有句俗话说得好，当局者迷旁观者清，当局者也有迷失的时候，不能客观评价自己的作为，这时就需要问"旁观者"。旁观者因为本人不处在事件中，能更冷静地对待，对一件事的成效评价往往更客观，也能提出当局者意想不到的好办法。

对于曾国藩的人才观和培养人才的高瞻远瞩，令现代之人也钦佩不已。到现在，他的培养人才的办法还依然有用，只是现代人在其基础之上加以增添罢了，我们在感慨曾国藩培养人才的能力之高的同时，也要佩服他的智慧。他的智慧让他坚定要亲自挑选培养人才，要让每个人才都发挥出最大的作用，也让他用人之道运用得比他人更加纯熟。而且曾国藩待人真诚，很多事情上都亲力亲为，不让人有距离感，所以他从不缺少很有才华的幕僚，也为他以后的成功之路奠定了基础。

但求一长可取，不可因微瑕而弃有用之才

【原文】

衡人者但求一长可取，不可因微瑕而弃有用之才。如果过于苛求，则庸人反得幸全。

【译文】

衡量一个人，只要求他有可以取用的一个长处，不能因为他有细微的缺点就放弃有用的人才。如果过分的苛责、强求，那么，平庸的人反而被意外保全。

【解读】

古语说得好，"金无足赤，人无完人"，虽天下之大无奇不有，但是却找不到一个十分完美的人，每一个人在有优点的同时也有缺点。即使是完美主义者也不可能做到十全十美。那么既然连自己都做不到的事，就更不能去要求别人做到，在与其他人的相处

交往过程中，不能苛求对方做任何事都做到完美，不能要求对方十全十美，太过苛刻会让自己不讨别人喜欢，也交不到知心好友，何不大度一点，包容对方不会触碰你做人底线的小缺点，这样不会违背良心，也能获得真心好友，何乐而不为呢！

在与人交往中，曾国藩就有自己独特的见解。他对人宽容，能原谅他人的短处，从不要求别人完美无瑕。他曾经说过："概天下无无暇之才，无隙之交。大过改之，微暇涵之，则可。"意思是说，天下的人没有一点缺点也没有的人才，没有一点嫌隙也没有的朋友。有了大的错误，要能够改正，剩下小的缺陷，人们给予一点包涵，就可以了。为此，他总是能够宽容别人，原谅别人的短处。

当年，曾国藩在长沙读书，有一位同学性情暴躁，对人十分不友善。曾国藩把自己的桌子放在靠近窗户位置，那人说："教室里的光线都是从窗户射进来的，你的桌子放在了窗前，就把光线挡住了，这还让我们怎么读书？"命令曾国藩把桌子搬开。曾国藩也不与他争辩，搬着书桌就去了角落里。

曾国藩喜欢夜读，每每到了深夜，还在用功。那位同学又看不惯了："这么晚了还不睡觉，打扰别人的休息，别人第二天怎么上课啊？"曾国藩听了，不敢大声朗诵了，只在心里默读。一段时间之后，曾国藩中了举人，那人听了，就说："他把桌子搬到了角落，也把原本属于我的风水带去了角落，他是沾了我的光才考中举人的。"别人听他这么一说，都为曾国藩鸣不平，觉得那个同学欺人太甚。可是曾国藩和颜悦色，毫不在意，还安慰别人说："他就是那样子的人，就让他说吧，我们不要与他计较。"

由此可见，曾国藩的容人之量，绝对不是一般人能够相比的。从古至今，凡成大事者，都有宽广的胸襟，广阔的胸怀。所谓大肚能容，就是这个够意思。中国自古有一句名言：宰相肚里能撑船，就是说做人要宽宏大量。这句名言出自一个历史故事，讲的是三国时期蜀国宰相蒋琬的事。

蒋琬有个性格孤僻、讷于言语的属下名叫杨戏，每次蒋琬同他说话，杨戏都只应不答，别人都觉得杨戏为人傲慢，对待蒋琬更是怠慢。但蒋琬替他开脱，觉得人都有自己的脾气秉性，杨戏不当面赞扬自己是因为他本性是这样，不当面指责自己的错处更是为了给自己留面子。蒋琬不但不曾责备杨戏，对他更是以礼相待。

宽容是种美德，也是一种良好的心态，对待别人要宽大有气量，对于别人的小小缺点不计较、不追究，要有容忍之量。宽容之人，大多是成功之人，他们要么位居要职，要么有大的成就。因为宽容教会他们宽恕，教会他们以一颗平常心去看待别人。在与他人的交往中，宽容之人不计较别人的缺点，不一味横加指责，也不嫉妒别人的优点，并能从中弥补自己的不足。做一个宽容的人，眼里不要只盯着别人的短处，要多看看他的长处，有时候就是你对人多了那么一点点宽容，一点点理解，生活就会多一份美好，离成功就会近一步。用宽容把人生的酸苦咸辣变成五彩的乐章，在生活中学会宽容，你会明白很多从前不懂的道理。

学会宽容，不时时刻刻的锱铢必较，耿耿于怀，不记恨别人，不记仇，那是放过别人也放过自己，在你宽容他人的时候，何尝不是也在宽容自己。宽容是一种大智慧，宽容别人就不会心胸狭隘，眼界狭窄，就能看到更多的美好，更能提高自己。学会宽容，做一个宽容之人，原谅他人一下，就是为自己将来留些机会，重新去认识这个人，才能更了解他，也可以让自己有更多的精力去做更有意义的事。

有时候宽容是解决事情最好的方法。成大事者都有一颗宽容的心，如果你想成功，那你就要做到像曾国藩一样，宽恕他人，不苛求他人，取他人之长处，不可因他人之微瑕而放弃有用之才。

将才的四重标准

【原文】

凡将才有四大端：一曰知人善任，二曰善觇敌情，三曰临阵胆识，四曰营务整齐……贤弟当于此四大端下功夫，而即以此四大端察同僚及麾下之人才。

【译文】

一般情况下，将才的标准有四：第一，要能知能善任；第二，要擅长观测敌情；第三，要能上阵杀敌，不畏不惧；第四，要能保持内务的齐整……弟弟你要以这四点来要求自己，多加努力，同时，也要以这四个标准来衡量、考察你的同事及手下。

【解读】

古语有云："能领兵者，谓之将也；能将将者，谓之帅也。"在军队中，将领是关键所在，是整个军队的灵魂所在，一个将领的才智谋略直接关系着战争的胜负，关乎着千万士兵的生命，甚至在国家遭遇危难之际更是关系着一个国家的生死存亡。所以说将领在军队中是起着至关重要的作用的。

一个真正优秀的将领不光要善于带兵、更要精于练兵。就像孔子在《论语·子路》中说的："以不教民战，是谓弃之。"意思是如果不先对老百姓进行作战训练，这就叫抛弃他们。孔子曰："善人教民七年，亦可以即戎矣。"爱惜人民的人教练百姓达七年之久，也就可以叫他们去当兵打仗了。孟子曰："不教民而用之谓之殃民，殃民者不容于尧舜之世。"大意是不先训练百姓就用他们打仗，这叫坑害百姓。坑害百姓的人，在尧、舜时代是不容许存身的。可见练兵对于军队的作用之大意义之深。

众所周知，曾国藩是文臣，但是他却能以文臣之资训练湘军大败太平天国，为清廷立下汗马功劳，这一切都证明了他是一个极其善于用兵的人。曾国藩对于用兵思想是，主张结硬寨、打呆仗、集中优势兵力消灭敌人，变更主客之势以掌握主动。

曾国藩在建立湘军伊始就意识到了建军的核心问题，即军饷是大胜仗的关键，军队中缺少带勇之人和水战难于陆战这三点。既然意识到了建军的难题，就要想办法解决，于是曾国藩提出了"谋金陵者必踞上游，法当舍枝叶图根本"的战略思想，又编练水师，最终打了胜仗。

曾国藩之所以善于用兵，还因为他对于战争形式分析很到位，他在与太平天国的作战中，结合太平天国的地理位置和实际情况，将他们的弱点分析得极其精确，于是他对太平天国的作战战略变成了：先重点围困安庆，兼带庐州，等太平军前去支援的时候趁机攻打一举歼敌，然后驻兵进滁州、和州一带，切断供应天京的粮草，继而围困天京，攻打太平天国的根本。曾国藩这样的作战战略计划在大败太平天国后被证明是完全正确的。

曾国藩这样的作战战略其实就是对于地形的分析，军队在战争中能否取胜跟分析敌军所在地的地形有莫大的关联，可以说分析地形是能否取胜的关键点。例如在《水浒传》中宋江三打祝家庄的故事，前两次打祝家庄的失败就是因为他没弄清楚地形，而最后一次的成功恰恰是因为他终于弄清楚了祝家庄的地形，这才顺利的占领了祝家庄。

除此之外，善于用兵的人还十分注重军法，对军中士兵要求十分严格，军中士兵不论身份只要犯错就要惩罚，王子犯法与庶民同罪，正可谓是军令如山。无论是军队还是其他的任何团队，铁的纪律都是迈向成功的重要保障，没有规矩不成方圆，只有大家都严格遵守规矩，才能保证团队正常运行。

曾国藩以"公、明、勤"三字为原则对将才本身提出四点要求，即能服众、不怕死、淡名利、耐辛苦。除此之外，最好的将才还要具备忠义血性，就是要有持久的激情，敢做敢当。对于忠义血性这一点，曾国藩非常看重，甚至曾说过："要求四条都具备，似乎有点求全责备，但是后面的这一条不具备，我认为是不可以当领导的，这就是忠义血性。一般说来，有忠义血性的人，则这四条往往随之而有，无忠义血性，那就是表面上看好像具备这四条，但最终也不可靠。"

曾国藩对于将领的选拔标准依然是用于当今社会，因为在当今社会，一个团队，领导是核心，纪律是保障，忠义血性是动力，所以说当今团队想要做常胜将军，就一定要做好这三点，才能在如战场的商场中获得成功。

来一官帮一官，自此无安息之日

【原文】

若相援为例，来一官，帮一官，吾邑自此无安息之日。

【译文】

如果用相互帮助来作为例子，来一个官员，咱们帮助一个官员，那么我们这个县从此以后没有安宁平息的日子了。

【解读】

曾国藩作为清末中兴之臣，门生故吏遍天下，无论是在朝在野，都很有影响和势力，在曾氏集团中，人员庞杂，架构极大，因此人事安排问题就显得尤为重要了。

"纳新不吐故"是曾国藩处理集团内部中高层人员人事问题的一个重要原则，简言之，就是说一方面要不断地提拔和重用年轻一辈，另一方面，决不能做"鸟尽弓藏、兔死狗烹"的事，对待那些老功臣，不仅需要善待之，还要让其自身感到存在的价值。这其实是一个很简单道理，如果用成本效益分析的方法，就可以很明显地看出，重新培养一个高层次的新人所需要的时间和金钱都是巨大的，并且，如果"吐故纳新"，就可能会出现人才的断层，有青黄不接的危险。

正是鉴于此，曾国藩的幕府中高层的架构是相对很稳固的，不会为了接受新人而把老一辈的官员撤换下去，用曾国藩的话说就是"人不什，不易旧"，如果没有十倍的利益，淘汰旧人换新人是很不明智的做法。

在人事调度方面，最怕的是人情、关系的影响，本来是公事，只要按事实说话就可以了。但是人情因素的加入，会让事情变复杂。对于此，曾国藩的看法是，"若相援为例,来一官,帮一官,吾邑自此无安息之日",人员的调动,管理的任免,切记不能像亲戚之间互相帮助那样,来一个官员,帮助一个官员,否则工作中,将从此没有安宁平息的日子。如此导致的人事调动过于频繁,只会导致做事效率的低下,对其他无所助益。

曾国藩懂得人才的重要性,所以对自己集团内部的人才都相当珍惜,"中兴业,需人杰",作为中兴名臣之一的曾国藩自然会让每一个人杰都能够人尽其才。

在曾国藩领兵平叛苗沛霖的叛乱时,就有人建议撤换一些非嫡系的人员,以确保集团的稳定,但是曾国藩却不同意,他有曹操"疑人不用,用人不疑"的品质,比如,在扬州设防抵御太平军的都兴阿,李鸿章就主张换掉,但是他认为用新不如用旧,都兴阿具有"守成"之才的,用他来防守扬州,一方面可以潜质在扬州的太平军,另一方面还可以兼顾临淮,在自己的阵营中,无人能出其右,因此坚持任用都兴阿。

对任何一个公司来说,它的领导都不希望自己的人员有太大的波动,即便有人事调动,也会在保持整体稳定的前提下,做调整。因为即使一个再有才华的人,他进入新环境时,也不可能一下子上手,这期中必然会耗费掉一定的精力。正是因为如此,曾国藩不会轻易让部将调换岗位,他认为北宋之所以孱弱,很大程度上就是由于频繁的人员调动,造成了将不识兵,兵不知将的隐患,一旦战事起,就会出现兵力调动的脱节,不仅会贻误战机,还会由于对士兵的不熟悉,做出错误的战略部署,带来惨败。

在曾国藩为官期间,他很少会提拔自己故交至亲,虽然先贤说"举贤不避亲",但是作为一个大集团的领头人,稍有不慎就会被人非议,何况在选贤任能上呢。在《曾国藩家书》有这样一段话,大致是这样的意思,"我治事多年,左右信任之人湘乡同县者极少。刘蓉相从三年,仅保过教官一次。近年来则秘书处及身边的人员中根本就没有湘乡的人。难道亲戚家族乡里中没有一个可用之人?不是的,就是不让人说任用私人啊"。

从某种程度上来讲,正是由于曾国藩的这种用人策略,才会在自己身边积聚了一大批贤能之士,以曾国藩为首的曾氏集团才能在清朝末年的历史舞台上崭露头角,就是到了今日,依然影响深远。

不轻进人,不妄亲人

【原文】

不轻进人,即异日不轻退人之本;不妄亲人,即异日不妄疏人之本。

【译文】

不轻易招进人员,这也是他日不轻易遣退人员的根本;不胡乱亲近别人,这也是他日不胡乱疏远别人的根本。

【解读】

人才不是万能的,他们有自己特点和独特之处,并不能适应全部的工作,对待人才,不要盲目地寻求,要根据自己的需要和人才的特点来判断一下他对你是否有用。

在这一点上,曾国藩爱才、惜才,但在用才方面把控得极为严格。对待人才的任用,一定要经过谨慎的精挑细选,才会决定人才的去留。由于曾国藩对待选人用人的谨慎态度，和他对人才的不同定位，是他在考察人才时有着一套自己的标准和步骤。

曾国藩把人才划分为三等。深沉厚重，魅力十足是一等人才，不拘细节，磊落豪雄是二等人才，聪明绝顶，辩才无碍是三等人才。他的这种划分标准很明显参考了明代大儒吕坤的三分法，即通过具体而重要的事情，可以看出是哪一等人才：碰到大事、难事时，看他的担当；遇到逆境、顺境，看他的胸襟；临喜、临怒的时候，看他的涵养、群行、群止的时候，看他的见识。除此之外，他还提出，当一个人有所成就的时候，即使台面狭小，也会出现几个人才同时应运而生的情况。在得到几个人才之后，人才的性情又各有不同，兴趣、志向又有远近之分，才识都准备好了，又需要济之以福泽。

曾国藩对于用人的小心谨慎使得他在正式任用人才前，总要先经过测试、考察。他的一般的做法是：每当有人才来投效，他先给少量薪资让对方安定下来，然后再亲自接见，并一一观察。根据每个人的特点分配岗位，如有胆气血性的领兵打仗，胆小谨慎的筹办粮饷，文学悠长的办理文案，讲求性理的采访忠义，学问渊博的校勘书籍。

通过测试的人才，并不能被曾国藩立刻重用，而是还要通过他的用人三步骤的考察。第一个步骤是在身边带。通过每天与他们谈话，历练他们，并自己对其言传身教。经过一段历练后，就到了第二个阶段——到地方领军，任分统，或任中层或下层。如果能经受住考验，并有实实在在的政绩，才能够进入第三个阶段——正式任命一个更高的层面，独当一面。

这三个步骤确保了能留在曾国藩身边的人才都是有真才实学并且品格好、能力强的。

曾国藩用人不崇尚深奥，而专取平实。他任两江总督后，掌握三省（实际是四省）的人事大权，而人事又关系到江南四省的吏治民生，因此他用较长时间，通过比较和探索，找到自己认为最合适的人。

曾国藩的人才划分法，用人三步骤，能帮助人们降低用人失败的风险，这些详细的用人标准合在一起，更是能让他的用人之道超过他人许多。曾国藩的用人之道如今依然有用也值得我们学习，即使有些不符合时代，但是万变不离其宗，其中所蕴含的用人的道理却是亘古不变的真理，因为任用人才，不要单纯地只看智，还要看稳和人品如何。拥有综合素质的人才才是真正优秀、能助你成功的人才。

诱之以名利，动之以真情

【原文】

诱之以名利，动之以真情。

【译文】

遇到真心想得到的人才，可以用名利诱导他，用真情感动他。

【解读】

一个国家想要发展得好，治理得好，想要国运昌盛，繁荣富强，该如何？答案很简单，就是两个字——贤才。何为贤才，即有出众才智，贤德的人。贤才，是帮助上位者治理国家，出谋献策之人，国有贤才才能扶世运，贤才之于国家就像头脑之于人一样重要，没有贤才，就像人没有大脑一样，还何来的发展与繁荣呢！

一个国家的发展和治理需要贤才，但是同样的，贤才也需要国家这个舞台来展示、发挥自己的才能，国与才是相互需要的。正是因为曾国藩明白这个道理，他才会说人才不会主动提出来帮助治理国家的，国家应当亲自去求贤才，言下之意就是自己求贤时也应当这么做，就像刘备三顾茅庐那样恭敬有礼地去请贤才出山。

曾国藩这么说也确实是这么做的，他在给胡林翼的信中说"台端如高山大泽，鱼龙宝藏荟萃其中，不觉令人生妒也"，又说"庄子云：'以天下为之笼，则雀无所逃。'阁下以一省为笼，又网罗邻封贤俊，尚有乏才之叹。鄙人仅以营盘为笼，则雀且远引高翔矣"。意思就是你在一省之内选材，还有邻省的贤才前去投奔，依然觉得人才不足，更何况我在营盘里搜罗人才呢？

能称之为贤才之人，都是才华过人的，至少在某一方面有着特殊的天赋，这样的人，大多不把世俗放在眼里，他们有着自己的人生追求，不会为单单了一个职位就放弃自己的执着，所以对于求贤，不仅要诱之以利，还要动之以情，用真心去感动他们。胡雪岩收服嵇鹤龄一事，便充分体现曾国藩这句话在招纳贤才方面的实用性。

王有龄刚到湖州上任，恰好赶上新县城民众聚众抗粮，他的领导看出王有龄是一个难得的办事人才，便把这项艰巨的任务交给他去办。然而，王有龄是一介书生，对于带兵之事可谓是一窍不通。而且如果在这件事出了什么差池，导致民变不说，王有龄就算不在新城丧命，也会被革职查问。因此这份美差着实让王有龄头痛。

思来想去，还得找胡雪岩帮忙。胡雪岩对兵法也不是很精通，但是他却有一个相当灵活的头脑。接到朋友的嘱托后，他立即派人四处调查。功夫不负有心人，他得知有一个叫嵇鹤龄的候补知县，此人主张"上策先安抚，下策再围剿"，是解决这件事的不二人选。但是这个人虽有勇有谋，却恃才傲物，不肯轻易为人所用，而且嵇鹤龄是个明白人，这等可能送命的差事他可不愿去。

胡雪岩多方调查，得知嵇鹤龄刚死了妻子，而且又家徒四壁，连安葬亡妻的钱都没有。亡妻的尸首还安放在家里，但嵇鹤龄是个爱面子的人，不哭穷不求人，所以这件事才没有被传开。

胡雪岩看出这中间的端倪，立即登门拜访。不想聪明的嵇鹤龄早就看出了他的目的，以"素昧平生"为由拒绝见面。

胡雪岩也不心急，因为当时有个规矩，家中死人，客人行礼，主人一定要还礼。胡雪岩便径直走到其亡妻跟前，捧起刚点燃的香，行起礼来。无奈之下，嵇鹤龄只得出来相见。在胡雪岩的软磨硬泡下，嵇鹤龄接受了胡雪岩的帮助，安葬了亡妻。嵇鹤龄欠了胡雪岩一个大人情，只得委身去处理新县城民乱。他协同地方乡绅，设下计谋，擒获了新城民乱的首犯，押送去杭州法办。

王有龄心里乐开了花，嵇鹤龄帮他解决了大难题，王有龄一心想留住这个人才。此时胡雪岩提议道："我倒有一个妙法。一来可以给嵇鹤龄一个官位，二来也可以留住他这个人才，那就是推荐他去当海运局坐办。一旦他坐上这个位置，他还是归你管，这也有利于我们今后的生意。"

随后，为了避免他人从中作梗，胡雪岩暗地里以嵇鹤龄的名义汇了两万两银票给王有龄的领导。如此一来，嵇鹤龄上任之事便水到渠成。

有了所有这些铺垫，嵇鹤龄早已把胡雪岩当大恩人。两人的关系自然是亲密无间。

在跟嵇鹤龄的交谈中，胡雪岩经常可以学到一些东西，这让他获益良多。他把从嵇鹤龄身上学到的东西运用到市场行情分析中，更有始料未及的效果。这也使他在日后的商场、官场中能够运用自如。

像嵇鹤龄这种恃才傲物的名士，除了有一种顽固的心理定式，还有一种有恩必报的精神机制。胡雪岩就是抓住了嵇鹤龄的这个特点，一步步解除他心理的防御。先是以礼相待，接着施以恩惠，最终得士之助。

得一人可免一分咎，得十人渐受百分福

【原文】

得一人可免一分咎，得十人渐受百分福。

【译文】

觅得一个贤才，可以免除心中的一份歉疚，觅得十个人才就能受到一百分福气。

【解读】

曾有一人冒充校官高谈阔论，曾国藩见这个人言辞伶俐，于是他心中好奇，便与他谈及欺骗他人的话语，此人听后严肃地说："受欺不受欺，全在于自己是何种人。我行走社会这么久，早有所闻，像中堂大人至诚盛德，别人不忍欺骗；像左宗棠严气正性，别人不敢欺骗。而别人不欺却怀疑别人欺骗他，或已经被欺而不知的人，也大有人在。"

曾国藩见此人讲了四种"欺法"，觉得很有道理，不禁大喜，对他说："你可到军营中，观我所用之人。"这个人便答应了。第二天，拜见营中文武各官后，他便煞有介事地对曾国藩说："军中多豪杰俊雄之士，但我从中发现有两位君子式的人才。"曾国藩急忙问是何人？此人举涂宗瀛及郭远堂以对。曾国藩又大喜称善，待为上宾。但一时找不到合适的位置，暂时让他督造船炮。

谁想到，没过几天，有人向曾国藩报告此人挟千金逃走，请发兵追捕。曾国藩默然良久，说："停下，不要追。"士兵不解，曾国藩则说："人不忍欺，人不忍欺。"身边的人都觉得不可思议。几天后，幕僚问他为什么不发兵追捕那个欺骗他的人。曾国藩则说："如今捻军正是猖獗之时，这个人只是骗些钱来维持生计，如果过于逼他，恐怕他会进入敌营，那样伤害可就大了。失去的只是千金，这比起我受欺的名誉微不足道。"

可见，曾国藩不但对自己阵营的人才有所爱惜，同时也重视笼络各方面的人，不轻易与他人陷入纠纷之中，这也就是"得一人可免一分咎，得十人渐受百分福"的道理所在。

曾国藩特别重视对人才的培养，常把经营"人"作为自己的第一要务。在《至沅弟》的信中，曾国藩特别提出："办大事者，应以多选替手为第一义；满意的人选择不到，姑且选差一点的，慢慢教育他就可以了。"

在如何观人、用人的问题上，曾国藩有自己的一套见解。他认为，没有官气，办事清晰，不说大话的人是可用之人。能够吃苦耐劳、踏实肯干的人也是可用之人。但是那些官气十足、乱放空话的人绝不是什么人才，这样的人只会惹人生厌。

"有操守""无官气""有条理""少大言"可算是曾国藩用人的四条标准。操守就是原则，或者说理想。所谓有操守而无官气，就要求一个人需要有远大的理想和抱负，不是为了钻官场上的一些空子，贪图一些小便宜而做官，为人处世都要遵循自己的原则。

有条理少大言则是强调做人要谨慎，善于思考，看待问题要全面而有见解，并且不说空话，言而有信。《三国志》中有"（诸葛）亮独观其大略"，这个"大略"，就是条理的意思。没有条理的人必做不成大事。从这四条标准可以看出，曾国藩在选拔人才的过程中更看重一个人的德行。

我们知道，中国传统文化中历来把人分为四个层面，圣人，有才有德；愚人，无才无德；君子，有德少才；小人，有才少德。在曾国藩看来，一个人的德要远远比才更加重要，因为才可以通过后天的培养或是他人的帮助来弥补，德是一个人立身的基础，难以有所转变，所以曾国藩宁选那种有德少才的君子，并认为德如树之干，才是树之叶。

曾国藩幕府中最出色的人才，就是后来成为晚清第一重臣的李鸿章。李鸿章少年时代跟随曾国藩学习诗文，后来在曾国藩幕府中出谋划策，起草重要文件，曾国藩对他特别器重，并评价其为"劲气内敛，才大心细，堪封疆之任"。封疆之任，就是有能力做巡抚和总督。"心细"，既有考虑事情细密周全，又有做事有条不紊的意思。从这也可以看出曾国藩选拔人才的一些标准。

曾国藩平生礼贤下士，对投幕的各种人都倾心相接，并且他胸襟广大，常有远见之久。

用人之智：磨其锐，激其才

【原文】

用人之智：磨其锐，激其才。

【译文】

用人的智慧在于：打磨他的锐气，激发他的才能。

【解读】

曾国藩想来是一个懂得用人之智的人，他认为真正的人才应该懂得谦虚谨慎，不应该恃才傲物，因此在用人时要学会打磨他的锐气，使之可以更加正视自己。但却不能把人才打磨成庸人，这就需要学会适度地激发人的才能和潜力，用一些方法鼓励人才。

激励的方法可以是物质上的，比如一些奖金、一次请客或聚餐等，也可以是精神上的，比如一次打气，一番鼓励等。其实无论是哪种方法，目的都不过是让下属看到自己的努力是得到认可的，自己还有希望做得更好。

咸丰四年（1854年），曾国藩指挥的湘军接连攻克了岳州和武昌。捷报传到朝廷，咸丰皇帝龙颜大悦，在曾国藩的保荐下，湘军哨长以上的军官都得到了朝廷的封赏，成为名副其实的朝廷命官。军官们自然欢欣雀跃，高兴万分。

接着，曾国藩传命要接见湘军军官们，他是要实施人才激励的计划。这天，数百名身着崭新官服的湘军军官们，整齐地排列在湖北巡抚衙门宽敞的院子里，等候湘军大帅曾国藩的接见。随着一声"大帅驾到"的喝道声，曾国藩身着崭新的二品朝服，头戴红顶宫帽，在胡林翼、罗泽南等湘军将领的簇拥下，迈着稳重的步履，威严地走了出来，面向数百名湘军将官站定。湘军军官们看着这样一位威严的大帅，自然是列队整齐，个个都挺直腰板，翘首肃立。曾国藩的严肃出场是想要先灭一灭这些刚刚立下战功的军人们的傲气，让他们踏实下来。

接着，曾国藩站在台阶上，用洪亮的湘乡话说："诸位，我奉皇上之命，训练湘勇，讨伐叛逆，已经快两年了。在这期间，我们虽然遇到了很多挫折，又遭到岳州、靖港之败，但我们屡败屡战，愈战愈强，接连取得了湘潭大胜、岳州大胜，现在又攻克了武昌、汉阳，湘勇之名，威镇寰宇。前不久，各位都得到了皇上的封赏，成为朝廷命官。你们不仅为自己，也为列祖列宗争得了风光荣耀。为了发扬全体将士服从命令、精诚团结、勇猛刚强、百折不屈的精神，本部堂特意打造了五十把腰刀，奖给立有大功的勇士们。"

好戏上演了，两个湘勇兵丁抬出来一个木箱，一名军官从箱子里拿出一把腰刀，递给曾国藩。曾国藩手持腰刀，神情凛冽地说："这五十把上等腰刀，每把刀鞘上都镶嵌有宝石，刀柄上还刻有'殄灭丑类，尽忠王事'八个字，这是本部堂对各位的期望，也是三湘父老对各位的期望。谁得到这样一把腰刀，谁就是我们湘勇中的勇士！"

上等腰刀既是一种物质的奖励，更是一种荣誉，这对各位军官来说无疑是一种激励。湘勇军官们一个个兴高采烈，全用期盼的眼神盯着曾国藩，都希望自己能得到这样一把腰刀。

曾国藩站在台阶上，高声喊道："湖南水陆提督塔齐布！"

"到！"塔齐布气宇轩昂地走上台阶，对着曾国藩恭恭敬敬地行了一礼。

"训练湘勇，劳绩卓异，攻城略地，连战连捷，塔齐布乃湘勇中第一功臣。本部堂赠你第一号腰刀。"

塔齐布双手接过，雄赳赳地走下去。正在大家无限羡慕之际，曾国藩又手持一把腰刀，高声喊道："浙江宁绍台道道员罗泽南！"

"到！"罗泽南应声而出，行礼后接过腰刀，归入队列。

随后，曾国藩将腰刀依次赠给彭玉麟、胡林翼、郭嵩焘、杨载福等四十七人。阳光照在刀鞘刀把上，五光十色，绚丽夺目。得到腰刀的人喜不自禁地将腰刀抽出，强烈的光束刺得人睁不开眼睛，旁边的人自然是既赞叹又羡慕，一时间，人人都想要得到这样一把宝刀。

就在这时，曾国藩又说话了："宝刀赠勇士，红粉送佳人。五十把腰刀，已经发下去四十七把，还剩下三把。如果谁想要，可以上台来自报战功。如果配得上'勇士'这个称号，我就奖他一把腰刀！"

随后就有一个叫刘连捷的哨长自报战功，赢得了宝刀一把。更有军官为了赢得宝刀举行射箭大赛，到最后人人摩拳擦掌，恨不得为腰刀拼个你死我活。

从此，曾国藩所赠的腰刀，就成为湘军重要的奖励象征，每个湘军将士在战场上都奋勇杀敌，以争取获得这样的殊荣。

一把上等的腰刀其实并没有多么稀奇，不外乎是一件物件而已，但是曾国藩在事宜的场合公开赠刀的行为却大大激励了军官们的斗志，他把握住了人才的心理，为湘军之后更加骁勇的作战打下了基础。

类似这种小小的表示，是领导者用才过程中必不可少的手段。所谓"激其才"即使给自己手下在精神上以动力，让他们有动力、有热情跟随自己一起打拼。

用养兼顾，宽于名利

【原文】

用养兼顾，宽于名利。

【译文】

对待人才，既要懂得利用，也要懂得养护，还要在名利上面对他们予以宽容。

【解读】

一个人如果想做人上人，想变成上位者，那么他就有一样东西是必须要得到的，那就是人心。都说得人心者得天下，从这句话里足以看出人心对于领导者的重要性，只有受人爱戴、人心所向，才能众望所归坐上高位并久居高位。那么对于如何赢得人心，有很多不同的方法，因为不可能对每一个人都做到关怀备至、嘘寒问暖，那么就只能用大多数人想要的东西去得人心。

对于得人心这一点，曾国藩知道，在军队中要想赢得将士的爱戴，给予他们名和利是一种很好的方法。"天下熙熙，皆为利来；天下攘攘，皆为利往"，这句话把人与利的关系说得很明白，天下间多数人的交往都是由于利，古人上战场，讲求功成名就，出人头地。因此他从来都不独享功劳，他说，凡是遇到有名有利的事情，都要注意和别人分享，这种分享，即是一种在名利方面的一种宽容。

曾国藩不居功不邀功的做法为他赢得了军心、部下的忠心和统治者的放心，能在官场混得如此风生水起，又不遭人记恨，这无疑是曾国藩的聪明之处，但更是他成功的表现。

一些人只看到眼前的利益，把名利看得太重，紧紧地握在自己手中，一点都不分给别人，就无法得到人心，就注定会失败。就如中国历史上有名的西楚霸王项羽。项羽力能扛鼎，一方称王，但是最终却失败了，一代霸王只落得个乌江自刎的悲剧结果。韩信在分析项羽的性格时说：项王待人恭敬慈爱，言语温和，看见生病的人，心疼得直流泪，并将自己的饮食分给他，等到有人立下战功，该加官晋爵时，把刻好的大印放在手里玩得失去了棱角，却舍不得给人。将士的浴血奋战却没能得到应得的报酬，长此以往，项羽自然会失去军心；军心一失，失败早已注定。

项羽的失败对比曾国藩的成功，更能凸显得人心的重要性。项羽虽曾贵为霸王，但是他却不具备一个领导人该有的才能。想要成为一个成功的领导者不能学习项羽，要学习曾国藩那种"有福同享有难同当"的豪迈气魄，展示出一个领导者该有的魅力，这样才能获得下属的尊敬和爱戴，并愿意跟随他也乐于为他所用。

养廉之道：武人给钱，文人给名

【原文】

武人给钱，文人给名。

【译文】

对于武将要多给他们钱财，对于文臣要多给他们名利。

【解读】

岳武穆曾说过"武将不惧死，文官不爱钱"，就会天下太平。孟夫子也认为人人都有成为尧舜的可能，但是事实上，历史上的尧舜就只有一个人，人非圣贤，少有人能做到彻底的"无欲无求"。

有位心理学家在分析人的五大需求层次时认为，除了最为基本的生理需求、安全需求外，人还有高级的社交需求、尊重需求和自我实现需求，曾国藩虽然还不懂心理学，但是，他对这五大基本需求应用，可谓是炉火纯青了。

"士为知己者死，女为悦己者容"，对于部下的效忠，作为上司就应该予以相应的回应，否则"士"就会感觉不到自己存在的价值，久而久之，就会失去对上司的信心和忠诚，既然在此处得不到赏识和重用，为什么还非得要在一棵树上吊死？所谓"识时务者为俊杰"，一个人的一生何其短暂，如果能够得到欣赏，对于一个满腹才干有苦于无出路的人来说，无异于雪中送炭。

那么，曾国藩又是怎样使自己的部下死心塌地地跟着自己的呢？

其实，在为官之初，曾国藩也是不懂得如何才能驾驭自己的部下，他以为"以德服人"就能使属下心甘情愿地跟随自己，但是，眼看着一批又一批的部下离开自己投向胡林翼的幕府，他百思不得其解，直到赵烈文对他说了这样一番话，他才幡然醒悟。

这段话大意是："您礼贤下士的名声是闻名遐迩的，但是为什么会有那么多的人离您而去呢？他们是有负于您，还是说您觉得他们无甚大的本领而抛弃了他们呢？从您的作风上看，这两个都不是主要原因，古语说'投之以桃，报之以李'，太史公更明言'天下熙熙皆为利来，天下攘攘皆为利往'，毕竟以天下为己任者占据少数，多数人还是希望有投入就可以得到回报的。可是阁下您，一没有给那些投奔你的人提供升迁的机会，二也没有钱财赏赐，那么人家为何还要跟着你呢？"

从此，曾国藩明白了，善用人者，不仅是要以礼待人，更应该以利待人，一方面对贤士、有才之人要礼敬有加；另一方面，现实的物质利益也是必须要有的，以"礼"为根本，以"利"为诱导，手下的人才自然就不会流失了。

正是鉴于此，曾国藩对钱财看得很轻，首先，他以身作则，绝不贪求财富，其次呢，他给部下的将领们以丰厚的薪水，据史家统计，在曾国藩讨伐太平军时，他的幕府中的将领的俸银都是很高的，连一个普通营官每月的薪水都有二百两白银，统领万人以上的将领，每月可达六百两之多，这是对武将。对于下属的文官，他则是不遗余力地为其谋求更高的官职，在提携后进这方面，曾国藩可是个中翘楚，据不完全统计，曾经在他幕府中的四百多人中，有二十六人后来官至督抚，五十人官至三品，其他的则遍布个州府之中，说他门生故吏遍布天下，是一点都不夸张的。

这就是曾国藩的"养廉"之策，他认为，"武人给钱，文人给名"，就可以使得吏治太平，为将之人，出生入死，无非就是图个高官厚禄，安享晚年，文官一方面是希望能够经世致用，另一方面也渴望别人的认可，曾国藩的这种方式，正好就满足的武将和文官的利益需求，如此，能够进入曾国藩的幕府就如同跃进了龙门，无怪乎天下士人会争相投效了。

曾国藩还深知"功成身退"之道，基本上在每次重大战役胜利后，他都会把功劳推给部下，这样，部属自然会感恩戴德，死心效忠了，在太平天国被平息后的战功簿上，曾国藩把自己麾下的有功的一千多名将领的名字几乎全部列在上面，上至统领，下至营官，一个不落，这既是他不贪功的人格的体现，更是其高超的用人之道。

"合众人之私以成一人之公"，是赵烈文给曾国藩提的建议，曾国藩后来的用人方式也正是以这句话为蓝本的。大力保举手下有功、有才能的人，让他们看到自己官场上的希望，尽量满足他们的要求，为其提供便利，当然是在法度之内的，如此，手下人的愿望得到了满足，他们才会感到自己遇到了"伯乐"，"知己者"，才会有可能竭尽所能为其效忠，这就是以众人的私欲来成就个人的大业了，所谓"合众人之私以成一人之公"了。

我们暂且不论曾国藩的这种用人方式有无隐患，单从他对于人才的重视来看，是值得我们学习和借鉴的。

凡事公平照拂，不使远人吃亏

【原文】

既已通和讲好，凡事公平照拂，不使远人吃亏，此恩信也。

【译文】

既然已经互相往来、关系和好，每一件事情都要公正平等、相互照顾，不让在远方的人受到亏待，这是恩德和信任。

【解读】

奖罚分明一直是曾国藩用人的原则。在他看来，军令如山。不管是谁，都要严格遵守，一旦犯错，绝不姑息。如此才能保证军纪严明，这样的军队才能经得起考验。

在曾国藩看来，统帅团队就要有铁一般的纪律。如果因为某个人而枉法徇情，纪律的权威性就会降低。一旦有了松动，长此以往，纪律也就成了一纸空文。正确的做法应该是：违纪定严惩，立功须奖励。这样才能鼓舞士气、确立军威。如果法度不明，军威不立，任何军队都会顷刻被瓦解。

春秋时，吴王为了检验孙武的领兵能力，挑选了一百八十名宫女让他训练。最初孙武把宫女们编成两队，又挑选吴王的两个最宠爱的美妃，担任队长，让她俩持着战戟，站在队前。孙武对美妃和宫女说明了纪律，又命令士卒扛来执行军法的大斧，并声明违抗军令者处斩。战鼓擂鸣，孙武下达了向右转的命令。美妃和宫女不但不听命令，反而笑了起来。孙武说："约束不明，令不熟，这次应由将帅负责。"于是又反复对军纪做了说明。不料美妃和宫女们又一次哄笑起来。孙武说："纪律和动作要领，已讲清楚，你们不听从命令，这就是故意违反军纪。队长带头违犯军纪，应按军法处置。"于是，下令要斩左右队长。吴王在望云台上看见要杀自己宠爱的妃子，大为惊骇，急忙下令停止演练。孙武说："我既已受命为将，将在军，君命有所不受。"当即把两个队长一同斩首。嫔妃和宫女们立刻吓傻了眼，于是乖乖地听从孙武的指挥。

吴王失去了两个爱妃，心里很不高兴。事后，孙武先向吴王谢罪，接着申述斩妃的理由："令行禁止、赏罚分明，这是兵家常法，是将治军的通则；用众以威，责吏从严，只有三军遵纪守法，听从号令，才能克敌制胜。"吴王听了孙武的解释，豁然开朗，便拜孙武为将军。

立法容易执法难。如果孙武碍于吴王的权威而不执行军纪，那么嫔妃和宫女们可能永远都不会服从他的指挥，也就不可能建立一支军纪严明的队伍。在工作中也是如此。如果领导因为一时的仁慈而放松了对下属的要求，那么下一次有人犯错的时候，再想惩罚他，他就会用上一次领导的徇私来抗议。即便他接受惩罚，但是心里也势必认为不公，这会给领导的权威打一个很大的折扣。

对于取得成绩的下属，也应该及时给予奖励。如果对下属的成绩视而不见，那么他会觉得努力没有得到回报，工作的积极性就会受挫，工作效率也就随之下降。进而会影响到团队的工作效率和业绩。

曾国藩在这方面为我们树立了一个可以参考的标杆：恩威并施，赏罚分明。如此，治军则战无不胜，领导团队才能业绩卓著。

驭下宜严，治事宜速

【原文】

九弟临别，深言驭下宜严，治事宜速。

【译文】

九弟临走分别时，深切坦率地说管理下属应该严厉，处理事务应该快速。

【解读】

关于治人，曾国藩有很多心得、法理，"驭下宜严，治事宜速"中强调的管理的程度和办事的效率两点。

曾国藩曾说过："不和不可以接物，不严不可以驭下。"由此可见曾国藩是一个驭下极严之人。对手下要求严格，为的是树立领导者的权威，也是为了增强下属的责任意识。

如果领导是个老好人，下属做什么都没有什么严厉的话，那么久而久之，这个领导的权威就会消失，在下属心中的地位就会下降，同时，整个团队的贯彻力度也会受到影响，限制团队建设的规范化。

无论是在军队，还是在企业里，宽待下属要分场合和时机。私下里，上下级可以像朋友一样相处，互相开几句无伤大雅的玩笑都不成问题。但是工作上，必须有工作的样子，不能因为私下交好，在工作中打折扣。尤其是在对待下属违反原则性问题和犯错误的时候，要严厉批评，指出其不当之处，并加以适当的惩罚。

在有其他同事在一起的时候，如果下属犯了错，当领导的就要指出来，否则会给其他同事留下不公平、有偏袒的印象。驭下严厉是一个领导者必须做到的事情，如果做不到，就没有办法掌控好整个团队，管理也会如一盘散沙一样，这样的企业或者军队倒闭或解散是迟早的事。

当领导以一种公私分明的态度处理人事管理上的问题时，团队或者公司的效率也应该有所提升。如果效率跟不上，团队的整体发展就有可能落后于人。在今天这个速度制胜的时代，谁走在最前面，谁就最有可能抓取市场的空白和成功的机会。

要想提高公司的效率，驭下严厉是方法之一，除此之外，完善团队内部的管理机制，保障平常事务的规范性操作，打造铁一样的纪律，也是必要的方法。一些优秀的团队之所以比一般的团队优秀，除却一部分资金和技术的问题，就是因为这些团队有着严格的管理制度，公司员工必须严格按照制度执行，做错事就要受罚，这样的管理制度，就能很好地管住人们。相比之下，一些小企业，管理制度不完善，而且现有管理制度太松散了，领导之间好讲面子，不好意思去管别人，不好意思去惩罚别人，更有甚者怕打击报复，这样的情况，企业能发展得好才真是天方夜谭。

所以无论是管理什么，对待下属在生活上关心，在工作上一定要严厉，只有严厉才能让下属分清什么时候是生活、什么时候是工作，什么时候该做什么事。

赏罚之任，视乎权位

【原文】

赏罚之任视乎权位，有得行，有不得行。

【译文】

奖赏和惩罚的责任大小，看权力和地位来定，有的可行，有的不可行。

【解读】

赏罚的事情，不是单凭主观感情就可以做主的，什么人该赏，什么人该罚，或者什么适合多奖励，什么适合该惩罚，都是有讲究、看时机的。《韩非子·八说》："计功而行赏，程能而授事。"晋·陈寿《三国志·吴志·顾谭传》："时论功行赏，以为驻敌之功大，退敌之功小。"这是对论功行赏的不同见解。

一个军队作战，以保持整体的战斗力为胜利的关键。如果将帅对部下赏罚不公，赏罚无度，将官的命令就不能让部下信服，如果士兵不服从指挥，该进时不进、该止时不止，就是有百万大军，也起不到任何实际的作用。

将帅对待自己的部下，要委之以高位，封赏以钱财，这样就可以吸引有才能的人前来尽力；要以礼相待，以信、诚来鼓励部下，这样部下就会以舍生忘死的决心投入战斗；要经常对部下施以恩惠，赏罚时公平严明，一视同仁，这样就会赢得部下的信服、敬佩；要在作战中身先士卒，冲锋陷阵，在撤退时主动掩护他人，这样部下就会英勇善战；对于部下的点滴小事都要给予充分的重视，并进行适当的奖励，这样部下就会积极向上，互相劝勉，永保昂扬的斗志。

在这一点上，曾国藩就做得非常好，他每次战争取得胜利后，都会查明战功，论功行赏，这让他手下的人都心服口服。并且他也不好居功，懂得审时度势，适可而止。

曾国藩取得金陵城后，清政府为湘军将领论功行赏。并且封曾国藩为太子太保，授一等侯，世袭罔替，赏戴双眼花翎，这是曾国藩一生权力的顶峰。他的弟弟曾国荃也封太子少保，一等伯，赏穿黄马褂，戴双眼花翎。其他湘军水陆将领三十多人，各有封赏。

面对清政府的赏赐，曾国藩在感激骄傲之时，也深刻地懂得功劳是大家的，自己却享有如此大的赏赐并不妥当。为官几十年，他知道名太盛，权势过大，特别是拥有统率十二万湘军的大权，必然会遭到清廷的疑忌，同僚的嫉妒。同时，曾国藩考虑到湘军在攻占金陵后，人人抢得大量金银财物，个个思乡厌战，已成强弩之末，这对湘军日后的发展十分不利。于是他毅然决定大量裁撤这支军队的兵员，并以自削兵权的办法解除清政府的疑虑，保持已得的名位。

曾国藩的这种不居功的精神非常值得人敬佩，他适度奖罚，适时裁军的做法也是智者所为。我们也一定要学习这种智慧，对待他人时要学会公平公正，更好地处理好与他人之间的关系。

敢于放权，鼓励下属

【原文】

敢于放权，鼓励下属。

【译文】

在用人的过程上，要懂得下放手中的权力，鼓励下属挑战自己，自我超越。

【解读】

权利让人着迷，有些人毕其一生都在权力的旋涡中挣扎，一旦手中掌握了大权，便志得意满，目中无人。殊不知，这是栽跟头的前兆。这样的人能获得权力，却不懂得如何放权，攥得太紧反而容易从手中流失。

如何放权，给予你的下属什么样的权力通常让人倍感头疼。在这个问题上，曾国藩是怎样做的呢？在他权势尚小的时候，他坚定地维护队伍中成员的统一，对那些另起门户的人给予坚决打击。因为在这时，如果有人另起门户，那无异于瓦解自己。但是当自己无法一个人掌控大局，照顾到各个方面的时候，就应该让手下另谋出路。这样既不损伤自己的实力，也让属下有了更广阔的发展空间。就算他们日后发达了，他们依然也是自己的心腹，即便相互独立，也可以互相照顾。

曾国藩说："人才何常，褒之则若甘雨之兴苗，贬之则若严霜之凋物。"他认为用人是有诀窍的。春雨滋润幼苗，严霜凋零万物，对属下也是这个道理。也就是说，在对他们严格的同时，要给予他们肯定和表扬，在批评之时要注意场合照顾他们的自尊。

曾国藩常会鼓励自己的老部下，鼓励他们超越自己，这种鼓励不仅停留在言语上，而且真正地付诸行动。曾国藩曾写信给弟子李鸿章，告诫他多找一些好方法领导下属，善待他们，多培养出一些青出于蓝而胜于蓝的部下。有了优秀能干的下属，他们自然也会为你解愁分忧，帮助自己在事业上取得更大的成功。

春秋时，孔子有个学生叫宓子贱，是单父这个地方的父母官。平日里，大家常常见他在堂上闲坐抚琴，悠然自得，却也把单父这片地界治理得人民富足，人心安定。有人向他讨教其中的诀窍，宓子贱说道："我哪里有什么窍门，只不过我是调动大家做事，凭借和依靠众人的力量，当然自己就安逸得多了。"

如此看来，宓子贱安逸的秘诀就在于放权。只要下面的官吏各司其职，做好分内的工作，作为领导就可以轻松许多，所以有闲情逸致悠然抚琴。

大海用来自山川溪流的补给，所以海洋才如此博大。用人何尝不是如此。在做一种事业的时候，敢于用人，知人善任，非常有利于事业发展壮大。只要你有足够的智慧，敢于放权给下属并帮助下属提高进步，你才有可能在与他人的协作中实现仅凭自己的力量无法实现的理想。正是因为懂得这样的道理，曾国藩才能在官场之中左右逢源，不仅深受皇帝倚重，还深受下属爱戴。像曾国藩这样的为官者，都是因为懂得放权和授权的艺术，将其灵活运用，才取得了不凡的成就。

第十三章 为 学

废志无以成学，废学无以成才

【原文】

废志无以成学，废学无以成才。

【译文】

荒废志向之人不能成就学业，荒废学业之人不能成就才能。

【解读】

以当代人的眼光来看，曾国藩的确可以称得上是一位千古奇人。他所写的家书、家训、日记和文集，以及他为人处世的方法和态度，无一不带给我们无尽的启发和思考。曾国藩的处世经验确实给后人带来了很多益处，但他之于后世最大的意义并不在此，而在于他以自己的实践证明了一个道理，那就是一个资质平凡的人，可以通过自身的努力，"陶冶变化"成为一个超人甚至圣人。曾国藩于道光二十年（1840年）入京为官，这不仅是他仕途的起步，更是他人生的一个转折点。作为清朝的都城，北京是全国的政治和文化中心，聚集了全国各地顶级的人才，而翰林院更是精英之渊薮。

一入翰苑，曾国藩见到的多是气质不俗之士，往来揖让，每每领略到清风逸气。他更在写给诸弟的信中兴奋地说道："京师为人文渊薮，（朋友）不求则无之，愈求则愈出。现在朋友愈多，讲躬行心得者则有唐镜海先生，倭仁前辈，以及吴竹如、窦兰泉、冯树堂数人；穷经学理者，则有吴子序、邵惠西；讲习诗书、文字而艺通于道者，则有何子贞；才气奔放，则有汤海秋；英气逼人，志大神静，则有黄子寿。又有王少鹤、朱廉甫、吴莘畬、庞作人。"

每天面对这些朝中的精英，曾国藩很快就发现了一个现象，那就是这些人的精神气质与他以前的朋友们大有不同。这些人大多都是理学信徒，有着清教徒般的道德和热情。他们对自我要求十分严格，对待他人更是真诚严肃，面对红尘中的诱惑时也能保持一种内心的坚定。在三十岁之前，曾国藩的人生目标仅仅是功名富贵、光宗耀祖，但在结识了这些良友之后，他的内心受到了极大的影响和震撼，人生观和价值观也得到了改变。

因此他曾说："近日交得了一两个良友，才知道学问有所谓经学者、经济者，有所谓躬行实践者。才始知范仲淹和韩琦这样的名臣可学而至也，司马迁、韩愈这样的大学者亦可学而至也，程、朱这样的理学圣贤亦可学而至也。"遂开始检讨自己，立志自新。"慨然思尽涤前日之污，以为更生之人，以为父母之肖子，以为诸弟之先导"，在而立之年，曾国藩正式立下了"学做圣人"的志向。

才德全尽者谓之圣人，那些知行完备、至善之人是有限世界中的无限存在。诸子百家都有对圣人的独特的理解和定义，也都有自己心中的圣人典范。每个人都想把自己变得完美，变得毫无瑕疵，中国传统的儒释道三家思想对生命的理解都是如此。

从儒家的角度来看，成为圣人是儒学信徒的最高人生目标。儒家经典中所谓的"圣人"，就是指达到了完美境界的人。圣人通过自己的勤学苦修体悟了天理，掌握了天下万物运行的规律，因此可"前知五百年、后知五百载"，"明并日月，化行若神"。圣人的一举一动都是合乎时宜的，所谓"内圣外王"，说的就是对内可以问心无愧、不逾规矩，对外可以安邦治国，造福于民。

虽然绝对的圣人在现实生活中是不存在的，但这对我们来说不失为一种有效的心理暗示和鼓励。人的潜力是无限的，但这种潜力在平常状态下难以被激发，所以常常被忽视。普通人很少能激发出自己最大的潜能，而伟人却能运用自己的智慧将其发挥到极致。

曾国藩立志做圣人，他说"废志无以成学，废学无以成才"。只有树立了远大志向并为之付出了努力的人才可以成就番事业。从曾国藩自身的经历上，我们也可以体悟出自我完善的必要需求和必经之路。

自我完善的第一步就是立志。立志从来就不是一个可以短期内完成的目标，它是一个长期的目标，甚至是一个需要终生奋斗的目标。这对于一个人的成长是至关重要的，在这个过程中，需要的是极大的毅力。曾国藩对这一点认识极深，他曾说立志犹如打地基，"古者英雄立事，必有基业……如居室然，宏大则所宅者广，托庇者众。诚信则置址甚固，结构甚牢"。只有基础牢固，才能在上面盖起恢弘的生命殿堂。

道光二十二年，曾国藩在写给弟弟的信中说，他已经立定了终生之志，信中说道："君子之立志也，有民胞物与之量，有内圣外至之业，而后不忝于父母之生，不愧于为天地之完人。"这就是他为自己立定的"终身大规模"。

曾国藩话里的"完人"就是儒家所谓的"圣人"，他是儒家的忠实信徒，其人生目标确实可以称得上是"取法乎上"了。曾国藩的人生之所以会如此成功，其根本就在于他立下了最高远的志向，并为此坚持不懈地奋斗终生。这一志向让他逐渐具备强大的精神力量。正是这股强大的精神力一直支撑着他，让他在苦难面前不低头、不退缩，在诱惑面前不动心、不贪恋，驱使着他向自己一生追求的目标前行。

戎马倥偬中，不废圣贤之学

【原文】

戎马倥偬中，不废圣贤之学。

【译文】

即使在行军打仗的过程中，也不能荒废品德修养的学习和探究。

【解读】

经常驰骋于疆场，必然会分散生活中的大部分精力，但这并不能成为荒废圣贤之学的理由和借口，这就是曾国藩一向秉持的为学态度。他在给纪泽儿的信中这样说道："身处乱世，能够如此享受这宽闲的时光，真是难得的机会，千万不能错过这么好的时光啊。"由此可见他是一个十分珍惜时间，重视读书的人，且在他看来，读书不仅是对自己的一种提升，更是一种享受。

古书《淮南子》有云："圣人不贵尺之璧，而重寸之阴。"晋朝陶渊明也有诗曰："盛年不重来，一日难再晨，及时当勉励，岁月不待人。"唐末王贞白《白鹿洞》诗中更有"一寸光阴一寸金"的妙喻。

宋代刘克庄诗云："五更三点待漏，一目十行读书。"古人一般用沙漏来记录时间，这两句诗就是用来形容夜半读书的敏捷。从古至今，珍惜光阴都是有智慧的人崇尚的准则，历数古今中外一切有所成就之人，没有一个不是惜时如金的。

北宋文学家欧阳修还总结出"三余三上"的学习方法。所谓"三余"，就是指"冬者，岁之余；夜者，日之余；阴雨者，时之余"，而所谓"三上"就是指"马上、枕上、厕上"，告诉世人要利用这些时间来读书。

东汉末年有个叫董遇的人，对《老子》和《左传》都颇有研究。但凡有人向他请教，他都告诉这个人说，一定要先将文章读上一百遍，意思自然就明白了。向他请教的人常说自己没有时间诵读，董遇便教导他说应该用"三余"时间来学习，总之就是告诉这个求教者凡得空闲都可用来读书。

曾国藩就是这样一个善于利用一切时间读书的人。在他看来，书的魅力只可意会不可言传。如果一个人有机会有时间读书，千万不要错过，应该抓紧一切可以利用的时间，融情于书，以书感怀，在书中体会那无尽的快乐，让自己的人生变得更加充实。

如果年轻的时候不懂得努力读书的道理，把美好的时光轻易地放走，那么当你遇到困难的时候就无力去克服，就会有那种"书到用时方恨少"的遗憾。等到人生渐渐老去，你也会为自己的学识匮乏而悔恨不已。就要像汉乐府《长歌行》中所说的那样——"百川东到海，何时复西归？少壮不努力，老大徒伤悲"，等到那时再来后悔就为时已晚了。为了避免这种情况的发生，我们就应该从现在开始，珍惜一切时光，多读一些对自己有益处的书籍。

现在有些人读书多有一个通病，就是买了书却不看书。人们往往总是构想得很好，也曾经立下了看书的雄心壮志，但一旦到了要静下心来读书的时候就开始给自己找借口，一切的消遣活动都可以成为没有时间读书的托词。其实，那些真正可以静下心来读书的人根本不会因为读书而耽误了其他的事情，他们会将自己的时间合理地安排开来，并把读书当成自己的一种业余爱好。"戎马倥偬中，不废圣贤之学"。我们应在紧张的工作中，利用好时间，不间断自己的学习，以不断地提高自己的修养、水平、能力。

为学四字：速、熟、恒、思

【原文】

为学四字：速、熟、恒、思

【译文】

治学的过程中，要谨记四个字："速、熟、恒、思"。

【解读】

曾国藩是个喜欢读书也是个善于读书的人，他对做学问有一套独特的见解和心得，"速、熟、恒、思"四字就是他总结出来的为学的最重要的四个要素。

所谓"速"，指的主要是读书不仅要快而且要广泛，尽可能地扩展自己的阅读领域。这就要求我们在遇到新书和陌生的知识点时能够迅速地提高自己的阅读速度。曾国藩曾说："看新书就该求快，不多读书就显得孤陋寡闻。"在这里，他就是主张求学者应该大量阅读，应该高速阅读。这种高速阅读的主要目的是为了提高自己见识，因此可以暂时不求甚解。

但是，一味地追求读书的速度自然是不行的，大量且高速的阅读只能说是读书的第一步，之后还应该怎样呢？曾国藩就又提出了"熟"的要求。"熟"是要求在多读的基础上加入自己的思考，进行有记忆的深入阅读，把书籍中的精华转化为自己内心的见解，逐步加强阅读的深度。

当阅读有了一定的广度和深度后，就要进一步摆正自己阅读的态度，做到持之以恒。读书和学习绝非一日之功，俗话说得好，"活到老，学到老"。读书是每个人要坚持终身的一项事业，《中庸》里有个词叫"择善固执"，意思是说对有益的东西就要坚持把握，对那些自己认为是正确的事要坚决执行，而读书正是这样一件值得我们以恒心待之的事情。

读书需要时时有思考。如果看书不广，知识就无法扩展，更别说精读、细读了；如果看书不深，就无法将读过的内容了然于胸；如果没有读书的决心，就不能持之以恒、刻苦钻研。但仅仅做到以上三点，也只能成为一名普通的读书者，真正的智者在读书之后会有自己的见解和思考，这就是读书最后，也是最重要的一步——有所思。

盲目去浏览内容，而不去苦心研究，就如同野地上撒的草子儿，是无法长成参天大树的。只有把书中的内容与自己的思考融合在一起，才是读有所得，读有所感。以上所说的就是"速、熟、恒、思"四个字的内涵。

对于读书的具体方法，曾国藩提倡"猛火煮"与"鸡孵卵"相结合。这两种方法出自《朱子语类》，其中"猛火煮"指的就是看生书宜求速。曾国藩这样解释这条原则："每日至少亦须看二十页，不必惑于在精不在多之说。今日半页，明日数页，又明日耽搁间断，或数年而不能毕一部，如煮饭然，歇火则冷，小火则不熟，须用大柴大火乃易成也"，因此"凡读书有难解者，有一字不能记者，不必苦求强记，今日看几篇，明日看几篇，久久自然有益"。

那么，"鸡孵卵"指的又是什么意思呢？读书有个消化和融会贯通的过程，所谓"温旧书宜求熟"，这就像鸡孵卵，必须慢慢催化。所谓"十月怀胎，一朝分娩"，只有这样，才能深入地理解自己所读的内容，最后才能做到举一反三，悟出新的"境界"来。牢记"速、熟、恒、思"四字，从书中获得真正的智慧，此乃读书的智者之道也。

为学譬如熬肉，先猛火煮后慢火温

【原文】

予思朱子言："为学譬如熬肉，先须用猛火煮，然后用慢火温。"

卷二 家书

【译文】

我想到朱子说的："做学问就像熬肉，先需要用大火去煮，然后再用文火慢慢地炖。"

【解读】

读书要讲究方法，既不能读死书，也不能死读书。由于每个人的自身条件、思维方式都不同，所以适合自己读书的方式方法也不同，因此我们不能将别人的读书方法生搬硬套到自己身上，要找出最适合自己的读书方法，这样读起书来才能事半功倍。

曾国藩曾在家书中和自己的兄弟一同探讨了读书的方法。在书信中，曾国藩把书分为经书和史书两类，并认为不同的书有不同的读法，只有用适当的方法去读书才能取得良好的效果。在他看来，读经书以研究探寻其中的道理为主要内容，考据名物则是次要的。读经书最终目的是要有耐心，要做到一句不通，不看下句，今天不通，明天再读，今年不通，明年再读，直到弄通为止。

至于读史的方法，曾国藩认为最妙的就是设身处地去感受。每看一处，就设想自己是事件中的当事人，正在与周围的人应酬谈笑。不必人人都能记得，只要记住一个人，就好像和他在一起一样；不必事事都能记得，只记住一件事，就好像自己亲身经历这件事一样。经书，重在探求思考其中的道理；史书，重在反思事件对我们的启示。

曾国藩虽有自己的一套读书方法，但同时也会研究别人的读书经验，以此来取长补短。他在另一封家书中就提到了朱子曾说过读书方法，说："朱子说做学问好比熬肉，先要用猛火煮，然后用慢火温。我生平的功夫，全没用猛火煮过。虽然有些见识是从悟境得到，偶尔用功也不过优游玩乐罢了。好比没有煮熟的汤，马上用温火温，越温越不热。"

这里所说的"猛火煮"，就是要在最短的时间里读最多的书，各个类别的书都要涉猎，在某一个时期内把精力都花在摄取各种各样的知识上，讲求的是一个量的积累过程。而所说的"慢火炖"，就是要在积累了大量的知识后，开始静下心来去细细品味。就像小火才能将食物的味道都煮出来一样，看书过后，一定要仔细回味，慢慢琢磨，因为有时一个道理往往要领悟很久才能感受真切，这就是我们常说的"博观而约取，厚积而薄发"。

当时曾国藩几乎掌管着整个六部，除了户部之外，他担任过礼、吏、兵、刑、工五部的侍郎。在为官期间，他对照自己所任各部的工作特点，专心潜读《通典》和《资治通鉴》，由此洞悉了清代的政情利弊、官场风习、山川形势、民生疾苦等各个方面。

曾国藩由内阁学士升为礼部右侍郎署兵部左侍郎时，遍览道光之前的历史文献。他深处危机四起的时局之中，又眼见政风日渐颓靡，遂参照史籍上先后了几道针砭时务的奏疏，这体现了他明道经世的抱负。

曾国藩供职京师期间，正是中国内乱外患交迫之时。曾国藩所关心的，在外患有"英夷"，在内有太平天国，在灾情则有黄河决口。所以，他这时所读之书就侧重于经世致用之学，特别是舆地之学。

闲暇的时候，曾国藩就有所选择地阅读大量古代史籍，尽量把现实的问题考究详尽。所以他一旦当权，便能把平时读书得来的学问，自由地应用日常事务的处理中去。后来太平天国声势大盛，曾国藩以一书生出而致用，一般人多引以为异。但我们只要了解他十多年的京官生活，十多年京师名流之间的交往互教，十多年间坚持不懈地攻读经世致用之道，了解他如何关切时务，如何虚心研究，便可知道曾国藩的成功绝不是侥幸得来的了。

在战火纷飞、百务缠身的岁月里，曾国藩特别喜爱研究王船山的著作。在他的影响下，湘军中许多重要人物都积极地研读船山的著作，形成了自上而下倡导船山之学、研读船山之书的浓郁风气。后来王夫之的名声越传越广，影响越来越大，也与曾国藩大力倡导"王学"有着极大的关系。

随着社会的进步，时代的发展，人们研究的东西越来越多，越来越细，也越来越深入，各个门类知识之间的联系也越来越紧密。随着知识的门类越来越多，对人才的要求也就越来越高。

新知识多了，读书的方法也就多了。曾国藩提倡的读书之术在如今看来也许有些并不实用，但我们却不能因此否定他的读书方法给我们带来的巨大启发和思考。因为他那种终身不弃的读书精神是永远不会过时的，更是永远值得我们敬仰和学习的。

读书，贵在发现书中的漏隙

【原文】

读书，贵在发现书中的漏隙。

【译文】

读书的关键在于发现其中的疏漏之处。

【解读】

曾国藩在给弟弟的信中曾说过这样一段话："送给王五的第二首诗，弟弟有看不明白的地方，便写信向我询问，在他看来这是弟弟虚心学习的好态度，从而说每件事如果都能像这样勤思善问，那么就一定会有更大的进步。"可见他是个非常看重读而善问的人。

读书时能够发现并提取出书中的重要内容，再加以自己的见解和想法，这可以说是读书的上乘境界。大凡圣贤，对这一点都有自己很深的理解，譬如孔子就曾说过："学而不思则罔。"意思就是说，一个人在学习的过程中，如果只知道死记硬背，而不加以思考，就不能消化所学的知识，那他最终也会毫无收获。

明代的徐光启在编写《农政全书》时引用了两百多种古代文献，但对于这些资料，徐光启从来不盲目迷信。而是在经过自己的思考后，采取一种严谨的科学态度，纠正了其中许多不正确的观点。这就和王夫之曾经说过的"学非有碍于思，而学愈博则思愈远；思正有功于学，而思之困则学必勤"的道理是一样的，读书的大道也确实如此。

阅读是我们通过文字去认识世界，了解更多知识的一种手段和过程。但这个过程并不是一蹴而就的，而是经过无数次反观和思考后，才能最终实现的。只有那些不断思考、不断追问的人，才会有所发现，有所进步。对于一个不勤于思考的人来说，他所学过的知识还没等消化吸收，就会在无知无为中消失殆尽。因此，能够在读书的过程中思考和发现是非常重要的，这也是一个人能否为学成功的关键因素之一。

曾国藩还曾在家书中说过，自己的六弟和九弟因为不善于向人家请教，因此在诗文和书法方面都没有多大的长进。可见，曾国藩对于请教别人这一点，是非常重视的。

求教于他人，也是古代圣贤们谨记的求学之道。春秋时期的孔子被人们尊为"圣人"，他有弟子三千，大家都向他请教学问。一部《论语》，可谓是儒家的传世之作，其中记载的就是孔门师生之间日常学习和讨论的情景。孔子虽然学问渊博，但仍不忘虚心向别人求教。

一次，孔子到太庙去祭祖。刚进太庙，他就向别人问这问那。有人便笑他："你学问如此出众，为什么还要问别人呢？"孔子回答道："每事必问，这又有什么不好的呢？"他的弟子问他："孔圉死后，为什么叫他孔文子？"孔子回答道："聪明好学，不耻下问，这才配叫'文'。"所以说，虚心好学，肯向一切人，包括那些比自己地位低下的人学习，这才是真正的"不耻下问"。

同孔子一样，曾国藩也认为一个人如果遇到不明白的事情，而不去请教别人，只知自己闭门造车，那他永远都不会有新知，也永远不会明白事物中蕴含的真理。只有善于发现并虚心向他人请教的人，才能成为有为之士。

所谓"吾生也有涯，而知也无涯"，面对这浩瀚无涯的知识海洋，我们要学习智者们的读书之道，在读书中找出其中的漏隙，其实这是一种勤于思考和善于发问的学习方法，这样才能够增长见识，最终学业有成。

读书贵有心得，不必轻言著述

【原文】

镜丈言读书贵有心得，不必轻言著述；注经者依经求义，不敢支蔓；说经者置身经外，与经相附丽，不背可也，不必说此句，即解此句也。

【译文】

镜丈说读书可贵在有心里体会，那些著书论述之词都是次要的。解释经文的人要依照经文来寻求意思，不敢随便延伸出去；讲解经文的人则将自己放置在经文的外面，与经文相互依着，不用背诵也是可以的，他不一定说出这句话，但却能够解读这句话。

【解读】

曾国藩对于读书一事可谓是深有体会，也颇有一番见识。他曾在家书中说："镜丈言读书贵有心得，不必轻言著述；注经者依经求义，不敢支蔓；说经者置身经外，与经相附丽，不背可也，不必说此句，即解此句也。"

大致意思是说，读书贵在有心里体会，不用轻易地说出那些著书论述。那些解释经文的人要依照经文来寻求意思，不敢枝蔓开去；而讲解经文的人则要将自己放置在经文之外，与经文相互依着，他不一定背诵具体的经文，但却能够将其解读出来。

这是曾国藩的读书心得之一，也是其教导兄弟后辈的重要为学之道与做人之道。"读书贵有心得，不必轻言著述"一句看似与中国几千年来对读书人的要求有悖，因为读书为官，光耀门楣，最终流芳百世，一向被看作是一条读书正途，也是无数才子文人毕生的追求。但曾国藩偏偏说"不必轻言著述",这又是为什么呢?

其实,曾国藩所言才是一个读书到了一定境界、读出智慧的人的想法。在这里,曾国藩并不是要反对著述立言,而是表明自己对读书心得的重视,他强调的是读书要有思考、读书要有自己的见解的重要性。

宋代著名学者陆九渊曾说:"为学患无疑,疑则进。"意思是说,读书既要有大胆怀疑的精神,又要有寻根究底的勇气,更要有科学认真严谨踏实的态度。这也是"读书贵有心得"中的"心得"所指。我们读书时一定要端正自己目的和态度,不能只为著作等身,也不能只为加官晋爵,更不能只为青史留名,而是应该渴望从书中获得真正的知识,开启自己的见解之门,让自己的思考与书中的内容互相贯通,让自己的体会与作者的观点有所交融,把书中的内容记到脑里,把书中传达的观点与情感融汇在心中。这样才是有所得,才是读书最大的收获。

其实,不论是读书也好,还是工作生活也罢,都应该用心去做,以达到心有所得为目的。当你真正做到心有所思、心有所得的时候,一切诸如著述、功名的成就也就随之而来了。到这个时候,往往不是你在追求什么所得,而是成功追随你而来。

著名学者梁启超认为,曾国藩幼时家境"寒素",资质"朴拙",在同时代人中甚至被称作"最钝拙"。但他在那个国运衰微的时代,却能创下"立德、立言、立功"的"三立"不朽,凭借的都是后天的努力和修习。

曾国藩在读书、做人等方面都有所思考和见解,梁启超更是称其"一生得力在立志自拔于流俗",不受庸俗低劣的社会风气影响。他的成就,靠的就是"受之以虚,将之以勤,植之以刚,贞之以恒,帅之以诚,勇猛精进,坚苦卓绝"的精神。他不急功近利,不追求一时有所"著述",而是"历百千艰阻而不挫屈",经过日积月累,终于等到滴水穿石,功成名就的那一天。曾国藩的这种品性,不论是用在读书上,还是用在为人处世上,都是十分有益的,也是我们现代人在浮躁激进的社会中坚守自我的法门之一。

欲求学问之长进,宜多求良友,扩充其识

【原文】

欲求学问文章之日进,又似宜在省会多求良友,以扩充其识,而激发其志。

【译文】

想要谋求学问的进步,又好像适合在省会多交一些优秀的朋友,以此来扩展充实自己的学识,从而激发自己的志气。

【解读】

"欲求学问文章之日进,又似宜在省会多求良友,以扩充其识,而激发其志",这句话是曾国藩在家书中教导族中子侄的一句箴言。其所表达的意思是,想要谋求学问上的进步,就应该多结交一些优秀的朋友,以此来扩展充实自己的学识和见识,从而激发自己的志气。这也表达的是曾国藩谦虚好学、重视与有志德高之人交往的态度和愿望。

在曾国藩的日记和家书中,这类的至理名言是很多的。他始终认为一个人的学问及

事业和朋友的影响有着极为密切的关系，所以他平生十分注重拜师访友，他与理学名臣倭仁的交往就是一个很好的例子。

学承正统，德高望重的倭仁曾"命授皇帝读"，也被曾国藩视为有志德高的典范之一。倭仁的治学思想给曾国藩带来了很大影响，在曾国藩的成功之路上起了不可或缺的作用。

倭仁的思想上以程朱理学为主体，兼取思孟学派及陆王心学的某些观点，形成了属于自己的独特的理论体系。他对理学有很深的领悟，并且善于约束自己，将理论与言行做到了很好的统一，其自身的道德修养与封建社会所追求的道德规范达到了高度的和谐，因此也成为士大夫们学习的榜样。

曾国藩非常重视与倭仁这位良师益友的交往，且在日常生活中严格按照他的教诲行事。倭仁指出理学"修己"的真谛在于通过"克己省复"，将一切不符合封建道德的私心杂念在刚刚显露征兆时即予以剔除，以便自己的思想能始终沿着先贤所要求的方向发展。不仅如此，他还将学术、心术与治术三者联为一体，使学问得到增长，道德水平日益提高，从而逐步体验和积累治理国家的政治经验和才能。曾国藩深谙其中之道，并将道德自省和经邦治国的法则都一一付诸实践，这也是他的思想和人格能够迅速升华，成为佼佼者的重要原因之一。

曾国藩还将自己的日记定期送与倭仁审阅，对其不客气的批评也能够做到虚心接受。这种讨教的方式一直持续了快一年，直到道光十三年（1833年）七月，曾国藩出任四川乡试正考官，旅途匆忙，日记改用书信时才停止。

虽然生活的环境改变了，但曾国藩那种重视良师益友，善于向他人虚心学习的精神却一刻也没有停止。这使他能经常从他人那里学习到新的知识和品德，并以此来补充完善自己。正如《论语·述而》中说的那样："三人行必有我师焉，择其善者而从之，其不善者而改之。"曾国藩正是做到了这一点，才达到了"贤师良友在其侧，诗书礼乐陈于前"的境界。

学问阅历，渐推渐广，见习见熟

【原文】

学问阅历，渐推渐广，见习见熟

【译文】

求学问就像阅历的修炼一样，需要有个时间的过程，循序渐进，逐渐熟练。

【解读】

曾国藩不仅对学问之道参之甚深，且对为学之过程也有很深的体悟。在他看来，做学问就像做人一样，是一个循序渐进的过程，要注重每日的积累，只有一步一个脚印的刻苦耕耘才能换来最终的收获。决不能贪一时之快，期待速成的学问。要知道，学海无涯，在学习的过程中，是没有任何捷径可言的。

在真正的智者看来，做学问其实就是人生的一部分，应该将其融入到日常的生活中去，将其看作自己成长的一个关键步骤。一旦你达到了这个境界，那就无需刻意叫嚣什么是做学问了，因为学问和见识自然会在不知不觉中悄然增长。

古之圣贤对这一点都有深刻的体会。陶渊明有"好读书，不求甚解"之言，即是随心而读并不很费力的意思。庾信所云"书卷满床头"，老杜所云"散乱床上书""身外满床书"，都可以说明读书时不必总是正襟危坐，大可随便一些，枕上、床边也可以读书。孟浩然有"日长闻读书"之句，黄庭坚有"日长宜读书"之言，指的是用读书来打发时光和消遣的意思。这种轻松悠闲的读书方法，或者就是古人所说的"老闲犹有"的"读书心"吧。

当然，古时也有一些士子为科举考试而头悬梁、锥刺股的故事。在这样的故事中，读书成为一件很辛苦的差事，虽然这能体现出古人学习的刻苦，但却是极不正常的读书方法，更加不是智者所为。曾国藩就对读书抱以一颗平常心，他深知读书需要循序渐进的道理，因此视书如水，人心如花、如稻、如鱼。只有虚心涵泳，才能达到读书的最高意境。

这种意境同时也是一种趣味。在古代，有"书癖""书痴""书颠"的说法，认为"读书便佳""读书最乐"，甚至以"有功夫读书，可谓福气"，这些都是指能够轻松悠闲地读书。这也是读书读到深远处，物我两忘的一种境界。

正是在这种轻松自然的读书心态下，学问才会有所增长，知识才会有所充盈。读书应该是一种爱好，它出于生活或生命的需要，是一种乐事。当今社会，人心浮躁，社会发展迅速，人们的心态往往变得不那么平和自然了。如今许多人读书都带有强大的功利性，有的是为了求职升官，更有甚者是为了自己的面子去读书。这些人各怀明确而迫切的目的，自然也就谈不上读书之乐了。

我们应该学会平复自己的内心，多去思考读书过程中给我们带来的体悟和快乐。要知道，读书是一个循环渐进的过程，就像王国维在《人间词话》中所说："古今之成大事业、大学问者，必经过三种境界：'昨夜西风凋碧树。独上高楼，望断天涯路'，此第一境也。'衣带渐宽终不悔，为伊消得人憔悴'，此第二境也。'众里寻他千百度，蓦然回首，那人却在灯火阑珊处'，此第三境也。"想要立志读书做学问的人，不能不多多考量这三层境界的内涵。

知一句，行一句

【原文】

知一句，行一句。

【译文】

知道多少，就说多少，做多少，不能浮夸。

【解读】

人常说："知一句，行一句。"其想要表达的含义正如曾国藩箴言所说的那样："天下事知得十分，不如行得七分，非阅历何由大明哉。"这都是对"知"与"行"二者关系的阐述，也是对中国传统儒家思想中"知行合一""实践出真知"的道理的一种肯定。

扬雄在《法言》中说："学行之，上也；言之，次也。"朱熹也说："知之之要，未若行之之实"，"行不及言，可耻之甚"。这些都是古代先贤们对知行关系的一些见解。正所谓"真知即所以为行，不行不足谓之知"，如果没有行动的实践和证实，所谓的"知"也不足以成为"知"了。

曾国藩十分认同身体力行的重要性，他一生都本着"知一句便行一步"的原则，踏踏实实地做好每件事，过好每一天。正所谓"宜就所当所务者次第施行，做一件算一件，行一步算一步"，曾国藩也曾说过："读书人之通病，往往志大言大，而实不副也。"

曾国藩从知与行的角度分析了读书人的两大通病，曰："读书人之通病，约有二端：一曰尚文不尚实，一曰责人而不责己。尚文之弊，连篇累牍，言之成理，及躬任其事，则忙乱废弛，毫无条理。"其分析可谓是入木三分。

曾国藩认为一个人如果不务实，不仅会被别人看不起，也是对自己的不负责任。他曾在日记中记述过这样一件事：有一个姓庞的人，没什么才学，却很喜欢四处张扬，所以在京城的名声很不好。最近他的老毛病又犯了，且行径较之以往更加恶劣。最后的结果是，这位仁兄只好在别人厌恶的目光下灰溜溜地走了。这种人实在不好，我们可不能学他，做人不可以不务实。由此可见，曾国藩深刻地认识到，如果要想成功，就要有一种踏实肯干的精神，光说不练是要不得的。

知一句就行一句，踏踏实实地做事才能真正有所收获。成功路上的每一步，都饱含着血和汗，它就是如此的沉重。只有勇敢地挑起生活和理想的重担，才能得到真正的成就和辉煌。知道的再多，都不如亲身去实践一次，因为只有身体力行才能知道自己的缺陷到底在哪里，才能更快更好地提高自己。

事事做得下笔有神，事事不做文笔枯涩

【原文】

事事做得下笔有神，事事不做文笔枯涩。

【译文】

什么都做过，写起文章来就会文思泉涌；什么事都不做，思维就会不灵活。

【解读】

曾国藩曾说："事事做得下笔有神，事事不做文笔枯涩。"这句话正体现他对"经世致用"的重视。它传达给我们的是万事要不断实践，在亲自体验的生活中学习和提高的道理。如果只会死读书本，那一定不能得到真正智慧。正像古人所说："世事洞明皆学问，人情练达即文章。"生活就是一本需要仔细阅读，好好品味的"无字之书"。我们不能成为《三国演义》中诸葛亮所讽刺的亡国之将赵括——"青春作赋，皓首穷经，笔下虽有千言，胸中实无一策"。

学问从家庭生活，日常事务中来，又反过来为生活服务，这一点是曾国藩十分看重的。在教育弟弟们的书信中，他多次传达这样一个观点：对于弟弟而言，最大的学问，

就在"孝""悌"二字。如果真的能做到面面俱到，那么就是笔下写不出来，又有什么关系？相反地，文章写得再好，但不重视日常的行为与体悟，不能亲身做好一件小事，那纵有满腹经纶又有什么用处呢？

仔细分析曾国藩的观点，就能发现其中蕴含的两点大智慧：一是强调学问从生活中来，为生活服务，这是对学问实用性的强调；二是提出学问判断的一个新标准，即强调生活是学问的最终评判者，要用生活来检验自己的学问是否可靠。

无论是在过去还是现在，曾国藩的见解都是很有代表性的，且他自己也是时刻鞭策自己重视生活与实践的。他把这样的思想带进自己的日常生活，每从书上获得了新的知识，他都会想尽办法在生活中进行检验，亲身体会其中的道理。

众所周知，曾国藩是文人出身，但他却能够做武将才能完成的诸如带兵打仗的一类事，且完成得十分出色，这在很大程度上得益于他重视现实和实践的处世风格。这样的性格和处世方法为曾国藩以文人之身带兵打仗，不犯纸上谈兵的错误打下了良好的基础。

当今社会，竞争压力越来越大，现实的门槛也越来越多，一些好的工作机会对学历、专业等的要求也越来越高。长此以往下去，人们变得过分注重书本中的知识，对文凭也有着一种狂热的追求。此时，能够帮助我们完成工作的重要保障——实践却往往被忽略掉了。这就导致很多拥有高学历的人却没有办法做好一点小事，就像赵括那样，只能纸上谈兵，不能在现实的战争中调兵遣将。这种对现实的不适应也是曾国藩所说的"文笔枯涩"的体现之一。

想要改变现状，做到"下笔如有神"，就需要我们谨记曾国藩的大智慧，做到读书有道，实践有方。我们要重视实践，亲身去体验与尝试，让书本上的理论知识都在生活的润色下变得灵动起来，在处理问题的过程中有所领悟，不断地提高自己的内在涵养与实际的动手能力。

第十四章　持　家

执德宏，信道笃，终身可居之业

【原文】

子张曰："执德不宏，信道不笃，焉能为有？焉能为亡？"亦谓苟不能宏大、诚信，则在我之知识浮泛动荡，指为我之所有也不可，指为我之所无也亦不可。

【译文】

子张说："有品德但是不够宏大，相信道法但是不确定，怎么能够称之为有呢？怎么能够称之为没有呢？"也可以说是如果不能够宏伟远大、诚实守信，那么对我来说，见识和学识都虚浮动荡，说那些见识学识都是我的这是不行的，说那些见识学识都不是我的也是不行的。

【解读】

古人做学问、处事都很看重一个"恒"字，所谓"锲而舍之朽木不折，锲而不舍金石可镂"，虽然坚持不一定会有所成就，但是一旦失去了恒心，也就意味着放弃了取得成功的资格。

"执德宏，信道笃，终身可居之业"，这句曾国藩对后辈的告诫可谓是切中肯綮了，无论是修身还是治世，有品德却不宏大，相信道法的存在却不去坚守，又如何才能成就大业呢？千里之行始于足下，人一生的根基就在于品德修养是否牢固，见识和学识可以通过后天不断努力加以弥补。但是，如若根基不稳，一切只是枉然，犹如缘木求鱼，终究南辕北辙。

实际上，所谓"执德宏，信道笃"，简单来讲就是要以宏大的道德追求为目标，在追求道理的过程中持之以恒、坚持不懈。所谓"笃"者，就是笃信不疑的意思，只有对"道"的存在笃信不疑，才会有以力求道的决心和勇气。

众所周知，曾国藩是晚清的政治家和军事家，同时也是晚清极有名望的理学大师，他的为学态度尤其值得吾辈钦佩，用他自己的话说，就是"阅书需从有恒二字痛下功夫"。"善始者实繁，克终者盖寡"，曾国藩显然很清楚"始"与"终"之间的关系，在他给其子曾纪泽的信中说道：

"余于道光二十三四五六年等，用胭脂圈批。唯余有丁刻"史记"（六套在家否）、王刻韩文（在尔处）、程刻韩诗（最精本）、小本杜诗、康刻"古文辞类纂"（温叔带回，霞仙借去）、震川集（在季师处）、山谷集（在黄恕皆家）首尾完毕，余皆有始无终，故深以无恒为憾。近年在军中阅书，稍觉有恒，然已晚矣。故望尔等于少壮时，即从有恒二字痛下功夫。然须有情韵趣味，养得生机盎然，乃可历久不衰。若拘苦疲困，则不能真有恒也。"

真正的善始善终是很困难的，就算是曾国藩自己有时候也是很难完全践行，特别是人在年少的时候，容易经不起诱惑，心性不定，因此他劝告曾纪泽在年轻时就应该养成善始善终的习惯和品质，虽然兴趣很重要，但是如若单凭兴趣来选择自己的志向和职业，一旦兴趣索然，就可能会难以坚持下来。故此，无论做任何事，都应该有打持久战的觉悟，兼顾趣味，如此，方能达到预期目标。

"执德宏"还有另一层意味，孔子说："君子中庸，小人反中庸。"这里的"中庸"说的是一种冲虚平淡的人生态度，凡事不争不抢，功成而身退。这不仅是儒家传统中谦和的体现，更是作为一个生命个体应该有的生命常态，"宏"者"博"也，"海纳百川，有容乃大"，有了宏大的胸襟，就不会计较蝇营狗苟之类的利益得失了。"执德宏，信道笃，终身可居之业"，人之立身之本就在"执""笃"两字，曾国藩的智慧真可谓是浩若瀚海了，仅此就需人参透一生也不一定能够得到。

和气致祥，乖气致戾

【原文】

和气致祥，乖气致戾。

【译文】

和气招致吉祥，不和气招致灾祸。

【解读】

《论语》里讲："礼之用，和为贵。"人生一世，不能离开社会，也不能离开他人独自生存。怎样与人相处就是一门极大的学问，圣人孔子给出的答案是"和"。一个国家，能与邻国和平共处，那么百姓就会免受战乱之苦，人民才能安居乐业。一个家庭，父慈子孝，夫善妻贤，这样才能和和美美，日子过得风生水起。

曾国藩有一位贤惠的夫人，她帮助曾国藩解决了不少难题，这让曾国藩得以将全部精力都倾注到事业之中。曾国藩任两江总督的时候，总督府戒备森严，并非任何人都可以随意进出。一天，一位衣衫破烂的老人来到总督府门前，他自称是总督的干爹，说有事情要见曾国藩。门口的侍卫以为他是个骗子，于是就要驱赶他，他们为此争吵起来。恰好曾国藩从外面回来，认出那个老人就是自己的干爹，是曾国藩在白阳坪时认的。

原来，干爹这次来是因为他在家乡的地被人霸占了，官府也庇护那恶霸，老人无处说理，只好来找曾国藩帮忙。在得知了老人的遭遇后，曾国藩陷入了两难，一方面自己身为朝廷命官，按理说不应当给地方官员递条子，这是干涉官府办公；另一方面，看着干爹受委屈，他也于心不忍，一时间曾国藩踌躇不决。

这时，曾国藩的夫人开导他说："大人作为父母官，为百姓申冤，是你应该做的事情啊。如果你不替老人申冤，是没有尽到本职；作为老人的干儿子，如果不能为老人排解解难，就是不孝。不管怎样，您都应当帮助他啊。"曾国藩觉得夫人说得很有道理，于是收敛起忧愁的面容，将一把有朝廷命官签名的扇子给了老人，让他拿着扇子去官府说明冤情。

　　曾国藩接受了妻子的建议，这件事情才得以圆满解决，这也印证了那句话："每一个成功男性的身后，都有一个贤惠的女人做支持。"事实上，在男人的事业里，女人也常常可以帮忙出谋划策，甚至在男人犹豫迷惑之时，辅助他看清形势，做出正确的决断。在婚姻中，如果不能将自己的生命融入到对方的生命里，也要学会给予对方鼓励和支持。

　　在家庭生活中，夫妻要相互包容。跟一个人在一起生活，不仅代表你要享受他的优点，更多的是要包容他的缺点、接受他的过去。如果没有彼此的支持，家庭就会成为一个脆弱不堪的支架，一旦有狂风暴雨，家就可能在瞬间崩塌。只有家人之间和睦相处、互相尊重，才能构建一个完整的家，一个幸福的天地。小到家庭，大到国家，莫不遵循着这样的规律——家和万事兴。

一家之中，勤则兴，懒则败

【原文】

　　即令世运艰屯，而一家之中，勤则兴，懒则败，一定之理。

【译文】

　　即使目前世事运道艰难混沌，然而，对于一个家庭来说，勤劳就会使得家庭兴旺，懒惰就会使得家庭败落，这是一定的道理。

【解读】

　　曾国藩非常重视"勤"这个字，他以身作则，是个异常勤奋的人。在曾国藩的文集中有这样一句话："即令世运艰屯，而一家之中勤则兴，懒则败，一定之理。"意思是说，即使现在时运艰难，世道混沌，但是对一个小家庭来说，勤劳就会兴盛，懒惰就会败落，这是一定的道理。在曾国藩看来，勤劳关系到一个家庭的兴衰，即使在世道最差的时候，只要勤勉持家，也能够将家庭维持得很好。

　　此外，曾国藩还有一段关于"勤"的阐述："人一日所着之衣、所进之食，与一日所行之事、所用之力相称，则旁人赋之，鬼神许之，以为彼自食其力也。"也就是说，一个人日常穿的衣服、吃的食物与每天做的事情和每天付出的劳力相符，会得到旁人的赞许和鬼神的赞许，这就是"自食其力"。

　　在曾国藩看来，贪图享乐、追求安逸是人之常情，一个人若能够加以克服，就能够完成很多事情，这对个人乃至社会都是一件很好的事情。对于自己，辛勤的劳动可以培养一技之长，所谓熟能生巧，就是这个道理，这对自己的发展有不可小觑的作用。对于社会来说，若是能够通过辛勤的劳动来帮助他人，也是一件对社会有益的事情。这就是勤劳的境界——对自己、对社会有益。

　　曾国藩在信中曾经写道："古之圣君贤相，若汤之昧旦丕显，文王日昃不遑，周公夜以继日、坐以待旦，盖无时不以勤劳自勉。为一身计，则必操习技艺，磨炼筋骨，困知勉行，操心危虑，而后可以增智慧而长才识；为天下计，则必己饥己溺，一夫不获，引为余辜。"在这段话中，曾国藩引用古代圣贤勤勉的例子说明，如果不勤劳地处理国家大事，不能成就一代之辉煌，管理好整个国家。想要练就精熟的技艺就必须不停地操练和学习，锻炼自己的意志力。

曾国藩正是用这样的话来勉励自己，他深知，一个人要珍惜每一天的时间，时刻操劳才能够完成大业，取得好的功业，不能够埋没在芸芸众生之中，否则永远没有出头之日。正是因为曾国藩如此勤勉，他才获得了一般人无法超越的功业，最后得以名留青史。

对于自己的家人，曾国藩也从不松懈。他总是以各种形式来鼓励自己的兄弟，希望他们能够付出努力并取得成就。他曾对兄弟们说过有这样一席话："勤则有材而见用，逸则无能而见弃；勤则博济斯民而神祇钦仰，逸则无补于人而神鬼不歆。是以君子欲为人神所凭依，莫大于习劳也。"曾国藩正是用这样的话来鼓励兄弟们，他想让他们明白，只有勤劳才能使有才干的人发挥一己的才华，相反，贪图安逸则会使无所作为的人被抛弃。

曾国藩作为一个很勤奋的人，为家人树立了很好的榜样。他一度身兼多职，处理湘淮两军军务的同时还要兼管江南数省的军务。但是，就算他的公务再繁忙，他都不会放弃以写字读书来修身养性的习惯。曾国藩现在留下的很多书稿都是他在百忙之中抽空写出来的，他的书信、家书、日记都是本人亲自删订、整理的。现在，保留下来的曾国藩书稿有近千万字。有人曾对曾国藩的书稿进行了统计，结果有约近一千四百五十九封的家书，共计一百一十万字，这是他异常勤奋的明证。

从曾国藩对"勤"这个字的论述来看，一个人如果不勤劳做事是不可能实现丰功伟业的。历史上的英雄豪杰和君王将相，没有哪一个贪图安逸，贪图安逸只能引来厌恶和不信任，最后也只有被内心更加强大的人所取代。作为一代名臣的曾国藩，勤劳就是他的代名词。由此看来，勤奋是取得成功的必经之路，只有勤劳做事才能最终到达荣耀之巅，才能成就自己。以"勤"来持家的曾国藩也告诉我们一个这样事实：无论在哪一个年代，只有勤劳才能保证一个家族的兴旺发达。

贤肖不在高位，而在谨朴

【原文】

贤肖不在高位，而在谨朴。

【译文】

贤德、孝顺不在于做得大官，而在于谨慎质朴。

【解读】

在儒家的传统思想中有所谓"学而优则仕"的理念，这是体现了儒家对社会极其强烈的责任感。天下兴亡，匹夫有责，信奉儒家思想的读书人努力通过读书学习来提升自身的能力，争取入仕为官，继而实现治国、平天下的高远理想。儒家思想中的"仕"并不单纯地指做官，它还指一种实现社会理想的手段。

这种具有高度社会责任感的如家思想本应该是天下读书人都应具备的理念，但随着时间的流逝与社会的发展，这种思想却被严重扭曲了。在20世纪80年代，这种思想被曲解成了一种对社会危害极大的"官本位"观念。所谓"官本位"，就是指一个国家的社会价值观是以"官"来定位的，官大者社会价值就高，官小之人的身价自然也小，社会上其他的职业则比照"官"来定位各自的等级秩序。

无论是古代还是现代，对于大部分人而言，做官不是为了实现什么高远的理想，而是为了光宗耀祖和富贵荣华，享尽"官"所带来的荣耀与显赫。在"官本位"思想中，做官只是一种私欲的实现形式，早已偏离了儒家思想关于"仕"的真正含义。

曾国藩在给弟弟的一封家书中写道："贤肖不在高位，而在谨朴。"曾国藩认为贤德、孝顺并不体现在官位的高低，而是体现个人的谨慎质朴。曾国藩仕途通达，位极人臣，但是他所要追求的却不是高官厚禄，而是天下苍生的运命。曾国藩生在清朝末期，社会动荡不安，百姓生活困苦，贪官污吏横行。曾国藩进入仕途是以清正廉洁和安抚百姓作为志向的，纵观他的一生，其人修身养性，不贪不奢，不骄不躁，官位显赫却不见官气官腔，也没有权居高位后的骄矜之色。曾国藩经常告诫家人要注重礼仪孝悌，不要过于看重官位传承。

当今社会，官本位思想膨胀，很多人做官就是为了满足自己的欲望，为了发家致富、恩泽后代。这种思想与曾国藩根本就没有任何可比性。"官本位"思想最容易滋生的就是贪污腐败，最终受苦的还是百姓。所以，不论处于哪个时代，不论社会如何发展，我们都要向曾国藩学习，看淡官位所带来的福利和权力，要把做官当作是一种责任，一种为百姓谋福利的本职工作。

不求好地，但求平安

【原文】

不求好地，但求平安。

【译文】

居家过日子，不追求有好的田地，只是希望一家人能安分守己地平安度日。

【解读】

生命本是一张空白的幕布，等着你用五彩的画笔为它填充颜色。你可以画上痛苦的眼泪，也可以画上幸福的微笑，选择什么样的底色，完全在于你自身。生活的态度就是这样。痛苦并非必然，幸福也不是遥不可及，关键在于你以什么样的心态去生活和工作。

不可否认，有的人天生具有很大的野心，可谓雄心壮志，"欲与天公试比高"。但是这种人往往要历尽种种曲折、重重磨难，栽跟头、吃苦头是免不了的，甚至不达目的不罢休，结果弄得身处险境，能否绝处逢生就看造化了。通常来说，绝大多数人都是希望健康平安，这是每个人生活中最基本的幸福。不一定要做出一番惊天伟业，也不要去奢望大红大紫、大富大贵，在面对现实生活时，只要不做有悖于道德的事，就能求得心安。此外，只要保持身体健康，就能求得体安，而不做伤害别人的事，就能求得理安。如此描画生命的幕布，才会享受到平淡之美。

人人都希望家人身体安康，社会安定和谐。平安是通过我们的彩笔为生命的画卷所涂上的魅力颜色。早在两千多年前，老子就为我们描绘了一幅人们安居乐业的图画："甘其食，美其服，安其居，乐其俗。"春秋战国时期，社会动荡不安，战争频繁，身居其中的老子怀着对远古社会的向往，提出了"小国寡民"的主张。老子希望：国家不必太大，人口也不要太多；即使有许多的器具设备，人们也不去用它；人民不冒险，安土重迁；即使有车辆和船只，也无人去乘坐；即使有兵器装备，也无处去使用。

老子主张建立一个国小人少的社会。这个社会不需要丰富的物质生活，也不需有昌明的文化，人民无欲无知，满足于朴素、简单的生活条件和环境，让人民感觉到他们的饮食香甜，衣服美好，住宅安适，生活满足。尽管老子的这种理想是复古倒退的，但在一定程度上也有积极的意义，起码这里没有压迫，民风淳朴，即所说的无为而治的社会。

孔子不仅是圣人，也是伟大的教育家。在他众多的弟子中有七十二位最为有名。其中，颜回又是孔子最得意的学生。在孔子看来，颜回的一举一动都符合他的心意，尤其是颜回安贫乐道的品质，更是让孔子称赏不已，所以孔子常常以颜回的事例来教育其他学生。

有一次，孔子对学生们说："贤哉，回也！一箪食，一瓢饮，在陋巷，人不堪其忧，回也不改其乐。贤哉，回也！"孔子看到了颜回的与众不同，他即使住在破旧的屋子里，吃的是一小筐饭，喝的是一瓢清水，别人恐怕忍受不了这种生活，但颜回却能在这种环境中还自得其乐，真是贤才。

还有一次，鲁哀公问孔子："你这么多的弟子，哪一个是最好学的呢？"孔子回答说："只有颜回最好学。他生气的时候不发泄到别人身上，犯了错误就改正，也不会犯第二次，可惜他短命死了啊！"失去这样一个优秀的学生自然让孔子感到痛心，颜回是真正能做到"饭疏食饮水，曲肱而枕之，乐亦在其中"，他安于贫而乐于道，如此才能更静心地学习，才能淡泊明志，宁静致远。

曾国藩曾说："不求好地，但求平安。"也就是说，居家过日子，不追求有好的田地，只是希望一家人能安分守己地平安度日。得以"平安"的最佳途径就是平淡、稳妥地处理生活、事业上的诸种事宜。"平安"的人生哲学也被曾国藩运用在军事策略的制定上了。他的军事思想是"致人而不致于人""慎战"以及"以主待客，以静制动"，这些战略战术都力求稳妥地不在作战中元气大伤。

曾国藩曾带领湘军与太平军作战。从当时两军的军事力量来看，湘军的数量不如太平军，军事武器两军都差不多。曾国藩认为不能急躁冒进，而是应该深沟厚垒，以主待客，以静制动，以逸待劳，稳扎稳打。曾国藩所制定的稳妥的作战方略一方面避免湘军遭受大规模的损失，另一方面则在持久战中消耗了对方的实力，增强了自己的实力。因此，曾国藩才能够在以后与太平军的交战中屡屡获胜，最终攻克南京。

在生活中，我们也要扎扎实实做事，平平淡淡做人。平安是福，平淡是真。的确，生活需要激情，事业需要野心，爱情需要浪漫，可是生活、事业、爱情难免会受到挫折，受挫后以怎样的心态来对待就变得极为重要。要知道，平平淡淡才是真，人生的意义，也深深蕴含于平凡的生活中。

平淡，就是有所求而亦无所求，平淡鄙视庸俗的功利目的，而追求的是精神的升华、灵魂的涅槃。在竞争日益激烈、诱惑日趋纷繁的现代社会里，固守节操、甘于平淡并非易事，只有树立远大的理想和人生追求、乐于奉献的人，才能做到甘于平淡，才能达到淡泊明志、宁静致远的境界。

进一分德积一升谷，修一分业余一文钱

【原文】

今日进一分德，便算积了一升谷；明日修一分业，又算余了一文钱；德业并增，则家私日起。

【译文】

今天得到一分道德，就算是积累了一升稻谷，明天创造一分事业，又算得上攒下了一文钱；道德和事业共同积累增长，那么，家里财富也越来越多。

【解读】

孟子说："太上有立德，其次有立言，其次有立功，此之谓三不朽。"在古时，上至王公大臣、钟鸣鼎食之家，下到屠夫走卒、食糠咽菜之所，都把"德"看得很重，"立德"也是家庭教育中最为重要的一个环节。古人很推崇的"耕读传家"就是典型的贫家小户在"德""业"选择上的折中，"耕"是主业，"读"是自我修养，是德的具体实现形式。

在《曾国藩家书》中，有曾国藩给其弟曾国澄的一封书信，其中有一席语重心长的话："吾乡雨水沾足，甲五、科三、科九三侄妇皆有梦熊之祥，至为欢慰。吾自五十以后百无所求，惟望星冈公之后丁口繁盛，此念刻刻不忘。吾德不及祖父远甚，惟此心则与祖父无殊。弟与沅弟望后辈添丁之念，又与阿兄无殊。或者天从人愿，鉴我三兄弟之诚心，从此丁口日盛，亦未可知。且即此一念，足见我兄弟之同心，无论那房添丁，皆有至乐。和气致祥，自有可卜昌盛之理。沅弟自去冬以来忧郁无极。家眷拟不再接来署。吾精力日衰，断不能久作此官，内人率儿妇辈久居乡间，将一切规模立定，以耕读二字为本，乃是长久之计。"

在曾国藩看来，虽然整个家族在自己位极权臣之后愈发鼎盛，但是，这一切究其根本是得益于祖父所秉承"耕读传家"。因此，即使在祖业兴旺、人丁繁盛之时，也绝对不能放弃"耕读传家"的传统，只有秉承"耕读"二字，才能保证家族的长久兴盛。

"尽一分德积一升谷，修一分业余一文钱"也是曾国藩用来经常教导子侄的话，他曾说："今日进一分德，便算积了一升谷；明日修一分业，又算余了一文钱；德业并增，则家私日起。"今天得到一分道德，就算是积累了一升稻谷，明天创造一分事业，又算得上攒下了一文钱；道德和事业共同积累增长，那么，家里财富也越来越多，泰山不让寸土故能成其高，大海不择细流故能成其深，无论是修德还是置业，都必须要从小事做起，刘备教导阿斗说"勿以善小而不为"，事无巨细，都应该以认真的态度去处理。

"德"与"业"，这两者本身就是相辅相成的，"德"为根本，是一个人生存与发展的基石，"业"是保障，物质基础决定上层建筑，没有了物质的支援，个体生命就会失去生存的条件，道德的提升也就无从谈起了。曾国藩"进一分德积一升谷，修一分业余一文钱"的观点，不仅对我们持家兴业有重大指导作用，而且也是一种很重要的人生

经验，不可忽视。

情谊宜厚，用度宜俭

【原文】

情谊宜厚，用度宜俭。

【译文】

感情友谊应当深厚，开支费用应该节俭。

【解读】

关于兄弟之情，曾国藩曾说："至于兄弟之际，吾亦惟爱之以德，不欲爱之以姑息。教之以勤俭，劝之以习劳守朴，爱兄弟以德也。丰衣美食，俯仰如意，爱兄弟以姑息也。姑息之爱，使兄弟惰肢体，长骄气，将来丧德亏行，是我率兄弟以不孝也；吾不敢也。"兄弟之情是"孝、悌、忠、信、礼、义、廉"中的第二个字——悌，这个字仅次于孝，指兄弟之间的互相尊敬、爱护，可见中国人对兄弟之情的重视仅在孝顺父母之后。

受传统儒家思想影响，在中国人的伦理观念中，强调以长为尊，所谓"长兄如父""长嫂如母"所说的就是这样的道理。一般的家庭都以长子为重，长子在将来会继承家业，传宗接代。曾国藩就是家中的长子，而曾氏兄弟之间的关系则是兄弟和睦、齐心的典范。关于曾家的兄弟之情这，我们可以从《曾国藩家书》的字里行间窥知一二。曾国藩曾说，他把教育兄弟作为自己尽孝的方式。他对弟弟们的教育可谓不厌其烦，他的态度是直言不讳、开诚布公的，有时也难免尖刻到了让弟弟们难以忍受的地步。

曾国藩的一个弟弟曾写道："月月书信，徒以空言责弟辈，却又不能实有好消息，令堂上阅兄之书，疑弟辈粗俗庸碌，使弟辈无地自容。"意思就是，你每月来信，拿一通大道理来指责兄弟们，一点实际有用的也没有，这样的信让父亲看到，还以为我们这帮兄弟都是白痴呢。可以说，在曾家兄弟之间，言辞激烈的争执也会不时发生，但正是坦诚的沟通让曾国藩增进了与弟弟们之间的理解。在大多数情况下，在曾家兄弟之间所发生的是互相的激励，以及对一起进步的共识。

在家书里，曾国藩与弟弟们分享、讨论了为人处世的经验，这无疑是亲密有效的沟通，是兄弟之间得以"和"的关键。兄弟之间，如果矛盾没有被及时解决的话，就很容易造成兄弟决裂的后果。尤其是涉及继承家业等利益问题时，矛盾更容易产生，所以说如果想要兄弟和睦，情比金坚，就要处理好利益这个难题。

曾国藩一生提倡节俭，并能够身体力行，自己的日常饮食，总是一菜，没有客人就不增一荤。他的穿戴更是简朴，一件青缎马褂一穿就是三十年。在对待兄弟情这一方面，我们要向曾国藩学习，在如何处理兄弟间利益的问题上，其实也可以学习曾国藩，勤俭节约，清心寡欲，远离利益的纷争，让兄弟之间的情谊变得更加纯朴和真实。

每用一钱,均须三思

【原文】

余教儿女辈惟以"勤俭谦"三字为主。弟每用一钱,均须三思,诸弟在家,宜教子侄守勤敬。

【译文】

我教育儿女这一代人要以"勤、俭、谦"这三个字为主要守则。弟弟你每用一分钱,都应该再三地思考,各位兄弟在家时,应该教诲儿子、侄子们遵守勤劳、恭敬的原则。

【解读】

自古以来,中国人就提倡勤俭节约,这已成为中华民族的优良传统。孔子是"温良恭俭让"的典型,他主张国家要"节用而爱人",对个人来说要"食无求饱,居无求安",其中的核心都是勤俭二字。小到个人、家庭,大到整个社会国家,要想持续地生存发展,都离不开勤俭节约。一个人花钱大手大脚,挥金如土,钱财很快就会挥霍殆尽;一个国家的君主如果穷奢极欲,酒池肉林,那也就离灭亡不远了。

古往今来,成功的创业者大都经过了艰苦奋斗的阶段,能够深刻体味到创业的艰难,所以一般都会秉持勤俭节约之道。但是,对于守业者而言,他们没有经历过创业的艰辛,容易贪图享乐,一味地骄奢淫逸,最终命运必然是事业的衰败乃至家国的灭亡。这是中国几千年历史所昭示的真理。李商隐在《咏史》诗里曾这样总结道:"历览前朝国与家,成由勤俭败由奢。"诗人一语道破了节俭对于国与家的重大意义。

纵观中国历史,商纣王肉林酒池,为博宠妃妲己一笑,不惜滥用重刑,殷商终被周灭;秦始皇为修阿房宫大兴土木,民不聊生,终于导致农民揭竿而起,二世而亡国;唐玄宗宠溺杨贵妃,为博贵妃欢心,不惜人力千里送荔枝,唐朝盛极而衰,引来了安史之乱;慈禧太后在餐饭上一掷千金,对外也是"量中华之物力,结与国之欢心",结果民不聊生,百姓纷纷起义反清。

历史一再证明令人"成由节俭,败由奢"的道理。汉初,汉文帝在位时,由于国家不久前经历了秦末的战争,社会生产遭到极大破坏,百废待兴,所以文帝遵循了黄老无为之术,让人民休养生息。在物质资料相对缺乏的环境中,汉文帝能够亲自带头,做到一切事情尽量从俭。文帝在位二十三年,宫室、车骑、服饰等都没有增添。有一次,汉文帝打算修建一座露台,他招来工匠商议,询问需要多少钱。工匠告诉他,这需要一百两金子。汉文帝于是打消了修建露台的念头。汉文帝的节俭由此可见一斑。

汉文帝屡次下诏禁止郡国贡献奇珍异宝,自己平时的穿戴也是粗糙的衣裳,甚至给自己预修陵墓也要求从简。在中国历代的帝王之中,像汉文帝这样节俭的并不多。正是因为这种勤俭的作风,以及与民休息的政策,汉朝才逐步恢复了元气,出现了历史上知名的"文景之治"。设想一下,如果汉文帝像秦始皇那样大兴土木,穷奢极欲,汉朝的江山也就岌岌可危了。

曾国藩倡导勤俭持家,他本人也一直保持着勤俭的习惯。曾国藩每顿只吃一个菜,即使名位显赫也保持着这种简朴的生活作风。在任两江总督时,曾国藩有一次到扬州一带巡视,扬州的盐商们想奉承讨好他,特意准备了一个宴席,席上各种山珍海味,令人眼花缭乱。这些盐商不知道曾国藩习惯了粗茶淡饭,在宴席上,他也只是挑拣些自己面前的几样菜,稍微吃了一点。饭后他跟人说:"这一顿饭就得耗费千金,我看不下去,也不忍心吃啊!"

不仅是饮食,在穿着上,曾国藩也非常朴素,常常是把旧衣服穿了又穿。他三十岁生日的时候,做了一件青缎马褂,平时不穿,只在节日或者生日才穿。因为穿得次数少,所以几十年后还是像刚做出来的一样新。曾国藩勤俭持家是有传统的,他的祖父、曾祖父那一代为了开创家业,无不辛苦劳作,克勤克俭,在艰苦的环境中逐渐累积起了相对厚实的家业。到了曾国藩这一代,家中有了在朝中大员,家境优裕了不少。但曾国藩不敢忘记祖训,他有强烈的忧患意识,深知维持富贵的艰难。所以要求兄弟子侄们勤俭持家,不能骄奢淫逸。

曾国藩在道光二十九年四月十六日给众弟兄写了一封家书,信中写道:"吾细思凡天下官宦之家,多只一代享用便尽,其子孙始而骄佚,继而流荡,终而沟壑,能庆延一二代者鲜矣。商贾之家,勤俭者能延三四代;耕读之家,谨朴者能延五六代;孝友之家,则可以绵延十代八代……诸弟读书不可不多,用功不可不勤,切不可时时为科第仕宦起见。"

诸葛亮在《诫子书》中说:"夫君子之行,静以修身,俭以养德;非淡泊无以明志,非宁静无以致远。"他倡导以"静俭"来修身养性,这样才能戒骄戒躁,眼光才能更为长远。曾国藩也深得此理。他不主张留下巨额财富给子孙。如果子孙不肖,那么再多的遗产也无益,很快便会被挥霍殆尽。如果子孙发愤图强,那么即使没有财产也能自己挣得一份家业。事实上,奢侈无度是家业败落的根源,而勤俭节约才是成大事应有的品质。所以,我们要以曾国藩为学习榜样,简朴生活,淡泊明志,如此才能在生活中存一份淡然,在事业上有一番作为。

家庭不可说利害话

【原文】

"家庭不可说利害话。"此言精当之至,足抵万金。

【译文】

"家人之间不说狠话",这句话说得很精当,足以抵上千万黄金。

【解读】

曾国藩说的"利害话"就是狠话,伤人的话。俗话说得好:"良言一句三冬暖,恶语伤人六月寒。"身体上的伤害是受皮肉之苦,言语的中伤则会带来心灵的创痛。曾国藩认为做人要"能受委屈,能吃辛苦,不说利害话",人生在世,难免会受到一些委屈,如果因为心中一时的怨愤而对别人恶语相向,即会对别人造成伤害,对于自身,也有失风度。"忍"是中华民族的传统美德,所谓"忍一时风平浪静,退一步海阔天空",咄咄逼人,得理不饶人有时候并不是明智之举。忍是对我们内心的磨炼,安逸的生活固然人人都向往，但安逸同时也会使人丧失斗志，内心变得脆弱，经不起风浪的打击。

曾国藩常常告诫儿子，虽然生在衣食无忧的家庭，但不能因此而放纵自己，而更应该勤奋学习，能受委屈，能吃辛苦。安逸是扼杀天才的温床，从古到今，没有几个人是在安逸中取得成功的，正如孟子所说的那样："生于忧患，死于安乐。"杰出人士一般都是在逆境中成就了自己，逆境给予他们坚强的意志、强大的内心，只有经得起风浪的打击，才能担得起巨大的美誉。

安逸会磨灭人的志向和理想。秦朝末年，陈胜心怀鸿鹄大志，他不相信"王侯将相宁有种乎"，愤然揭竿起义，成为抵抗暴政的农民领袖。然而，刚刚获得了初步的成功，陈涉就开始贪图享受，雄心壮志渐渐被安逸的生活所磨灭，最终导致了起义的失败。安逸也会让人不思进取。北宋名臣寇准的子孙，因为祖上的功德而衣食无忧，不思进取，坐吃山空，偌大的家业在三十年间就衰败了。

清朝的康熙大帝八岁登基，先后除鳌拜，平三藩，剿平噶尔丹，收复台湾，如果他一味地贪图安逸，就不会被后人称为千古一帝，甚至有可能使大清江山易主。这样的例子数不胜数，其实都是在说明一个问题：没有谁会轻轻松松的成功。虽然每个人出生的环境各不相同，但如果没有自己的奋斗，就很难成就大事。曾国藩正是深谙这个道理，所以经常督促家人要自力更生，自己耕种，即使是妻女也要下厨房干活，让他们养成勤俭节约的习惯，而不是一味贪图享乐。能受委屈，能吃辛苦，才能拥有一颗宽容博大的心，自己也会变得更加坚强。

兄有言弟无不从，弟有请兄无不应

【原文】

夫家和则福自生，若一家之中兄有言，弟无不从；弟有请，兄无不应，和气蒸蒸而家不兴者，未之有也。

【译文】

家庭和睦，那么福气就自然而然产生，如一家之中，哥哥有吩咐，弟弟没有不听从的；弟弟有请求，哥哥没有不答应的，这样一团和气的家庭却不兴盛，是没有的。

【解读】

曾国藩是个治家有方之人，他知道家庭的影响对人的一生有多么重要，曾国藩爱他的家人，很重视他们之间的关系。可以说，家庭成员之间的关系是家庭保持和谐的重要因素。曾国藩对家人很好，也经常教育大家要手足和睦、团结一心。曾国藩经常写家书与兄弟们进行沟通，如在道光二十九年的三月二十一日寄给弟弟的家书中，他就写道："夫家和则福自生，若一家之中兄有言，弟无不从；弟有请，兄无不应，和气蒸蒸而家不兴者，未之有也。"

曾国藩的话表明了他对家庭和睦之重要的理解。在曾国藩看来，家庭和睦，福气就会自然而然地产生，哥哥有吩咐，弟弟没有不听从的；弟弟有请求，哥哥没有不答应的，这样一团和气的家庭却不兴盛的，是没有的。在一个家庭里面，沟通是很重要的。

家中的每个成员，由于年龄、经历、爱好以及受教育时间等条件的不同，思想境界和思维方式也不尽相同。可以说，一个家里有几个人就有几种完全不同的思想。子女和父母间由于年龄的问题，会有很大的差距，也就是所谓的代沟，子女并不总愿意与父母分享一些自己内心的小秘密和小波澜。

但是，对于兄弟姐妹而言，情况却有所不同。在这家庭中，兄弟姐妹在各个方面都比较接近，一起游戏，一起长大，是从小分享秘密的人。所以，在一个家庭里，兄弟姐妹之间的关系往往比与父母的关系更亲近一些。虽然更亲近，但还是要注意沟通，大家开诚布公地把话都说清楚、说明白，就能省去很多不要的麻烦。家，永远是人生的主题，在家里是我们最放松的时刻，而兄弟姐妹作为身边亦亲亦友的人，更是能在我们需要诉说心事、吐露心声的时候陪在我们的身边。总而言之，良好的沟通能促进家人之间的感情。

最近几年，在电视荧屏上，家庭伦理剧开始流行，这些剧集所讲述都是平民百姓的家长里短，这样的故事更能引起观众的共鸣。家虽小，但是非却多，正所谓清官难断家务事，可见家庭事务是不好处理的。家事不好处理，其中很大一部分缘由就在于家人之间没有很好地沟通。对于现代人来说，家庭和睦的意义已经不再像是古代一样，指整个家族都生活在一起。现代人注重隐私，想要相对自由和独立的生活，所以子女成年后多数都是和父母分开居住和生活，既能有独立的空间，也能避开两代人的不同观念所产生的生活摩擦。

一个家庭想要和睦，就要有良好的沟通，把心里的想法都说出来，让家人明白你的内心世界。大家都会学着去体谅对方，站在对方的立场去考虑问题。尤其是兄弟姐妹之间，良好的沟通有利于感情更好的发展。如果不好好沟通，可能就会因为一些小事将原本好的感情变糟，结果就是兄弟反目、姐妹翻脸，家庭的和睦也就无从谈起了。

如果兄弟姐妹能够齐心协力，那么这个家庭就会有很多的欢声笑语。反之，总是由于一些小事就斤斤计较、你争我夺，就很容易造成兄弟间的隔阂和矛盾，甚至造成能让自己遗憾终身的后果。兄弟姐妹是我们在这个世界上除却父母之外最亲近的人，所以一定要注意兄弟姐妹之间的感情沟通。《诗经》里这样的句子："兄弟阋于墙，外御其侮。"意思是，兄弟在家里打架，但有外人来侵害家庭时，则要一致对外。这就是兄弟姐妹之间的亲情，血浓于水的亲情，我们要珍惜兄弟姐妹间的感情，要学会像曾国藩一样注意沟通。请记住，沟通是家庭和睦的关键。

谈婚论嫁，求勤俭孝友之家

【原文】

儿女联姻，但求勤俭孝友之家，不愿与宦家结契联婚，不使子弟长奢惰之习。

【译文】

谈到儿女们的婚事，我倾向于为他们找家风勤俭、和睦的孝悌之家，不要许给官宦家庭，目的是为了避免他们受骄奢、懒惰习气的影响。

【解读】

父母免不了要为成年子女的婚姻幸福而操劳,曾国藩也不例外,他曾经说过一句"教子婴孩,教妇初来"的谚语,意在给新进门的媳妇立下规矩。曾国藩对于儿媳的要求很能体现中国人的传统伦理观念,那就是要求媳妇做到勤俭节约,能够上得厅堂,下得厨房,对丈夫孩子给予最舒适贴心的照顾的同时,还要孝敬父母,并能够团结姑嫂。

但是,古代的女人都能如曾国藩所设想的那般贤惠吗?答案是否定的,古代的女子之中也有比较泼辣、大胆的人,也就是人们口中所说的"悍妇"。据说,苏轼的友人陈季常的妻子就是举世闻名的悍妇,苏轼曾写诗调侃自己这位妻管严朋友:"龙丘居士亦可怜,谈空说有夜未眠,忽闻河东狮子吼,拄杖落地心茫然。"这就是著名的"河东狮吼",说的是陈季常的妻子如果生气了,她的吼声将会像狮子一般让丈夫胆寒到了拐杖落地的程度。

虽然有这样特别的媳妇存在,但是对于中国两千多年的封建社会来说,绝大多数的妇人都要以三从四德为标准,成为恪守妇道的温良女子。古代的女孩子从小就要学习女红,也就是缝纫、刺绣等针线活。

曾国藩曾在家书中写道:"儿女联姻,但求勤俭孝友之家,不愿与宦家结契联姻,不使子弟长奢惰之习。"也就是说,在儿女的婚事问题上,曾国藩倾向于为子女们寻找勤俭节约、家风严谨而和睦的人家,尽量避免官宦人家,因为这样可以避免自己的子女沾染官家儿女们骄奢、懒惰的陋习。曾有一个姓常的人家想把女儿嫁进曾家,但曾国藩听说这家女儿,整天仗着自己父亲在做官,就嚣张跋扈到了不可一世的地步,于是就坚决谢绝了这门亲事。

曾国藩对于儿女婚姻的理念值得现代人借鉴。俗话说得好,"女怕嫁错郎,男怕入错行",对于婚姻而言,能与家庭的地位、财富结为连理,确实可以保证一时的幸福,但却不能让幸福如砖石一般恒久远。这是因为,婚姻幸福的关键是成为夫妇的两人是否能够全心全意地对彼此付出,而非外在的物质条件。

亲族邻里来家,无不恭敬款待

【原文】

凡亲族邻里来家,无不恭敬款接,有急必周济之,有讼必排解之,有喜必庆贺之,有疾必问,有丧必吊。

【译文】

只要是亲朋好友、邻居乡里,这些人来到家中,全都要得到恭恭敬敬的款待,他们有急事时,一定要周全地救济他们;有纠纷时一定要帮助他们排除、解决,有喜庆之事时,一定要去祝贺,生病时一定要去问候,家里有丧事时也一定要去吊唁。

【解读】

在古代,亲戚朋友、邻里相亲构成了人们的主要社会关系网。怎样处理好这些关系,曾国藩用他的言行为我们树立了典范。虽然,曾国藩在仕途中可谓是一路春风,但他从来没有忘记过以前的艰苦岁月：在他家最困难的时候，正是邻居们的帮忙，才使他们渡过了一次又一次的难关；也正是邻居们的帮忙，才成就了今天的他。滴水之恩当涌泉相报，在道光二十三年，曾国藩亲自拿出了一千六百两银子，散发给曾经帮助过自己的乡亲们。曾国藩对邻里的感激，很大程度上源于他年轻时邻人给予的鼓励和帮助。

当年，曾国藩在前两次科举考试中都名落孙山，转眼临近第三次会试，家里为他东拼西凑也只是凑够了二十吊钱，并不够作为他从家乡白杨坪到京城的路费。京城之远，足足要走上一个月的时间，就算能够支付在路上的花销，这二十吊到了京城恐怕也就所剩无几。会试的时间并不短，考完了还要等成绩，这其中有很多事情也是需要打点的。可是，亲戚朋友能借的都已经借到了，短时间之内，曾国藩的父亲也不知道还能去哪筹集儿子进京赶考所需的费用。

正在全家一筹莫展的时候，村上的南五舅来曾家串门，看曾家人全家都在唉声叹气，就问明了情况。南五舅二话没说，转身回家去了。没过多久，南五舅拿着钱来到曾家，对曾国藩说："上京赶考是大事，我这里还有十二吊钱，加上你们家的二十吊，省着点花，应该够你上京的盘缠了。"原来，南五舅把他家里唯一的一头小牛以低于市场的价格卖了。曾国藩接过钱，感动得潸然泪下，一时不知道该说什么好，他在心里暗暗发誓：南五舅的恩情他将一辈子铭记于心，以后即使是做牛做马也要报答南五舅。

日常生活中，免不了需要邻居的帮忙。比如出远门了，需要邻居帮着照看一下家；家人生病了，求邻居帮忙送到医院；有力气活，自己一个人干不动，求邻居帮一下，诸如此类。有时候，邻居就像是自己的亲人，在你无助的时候，他能及时伸出援助之手将你搀扶，解救你于危难之中。俗话说：远亲不如近邻。邻里关系不像血缘关系那样亲近，却能够在伸出援手之时让你感觉到对方不是亲人，胜似亲人。在路上碰到邻居，打个招呼，寒暄几句，唠唠家常，这是邻里之间独有的一种脉脉温情。

即使是像曾国藩这样身居高位的人也能够努力营造与邻里的和谐关系，做到"有急必周济之，有讼必排解之"。只有把邻居当作自己的朋友和亲人来对待，善待友邻，才可能得到对方的回报，邻里关系也就会更加和谐健康。

常怀休戚一体之念，无怀彼此歧视之见

【原文】

尔当体我此意，于叔祖各叔父母前尽些爱敬之心，常存休戚一体之念，无怀彼此歧视之见，则老辈内外必器爱尔，后辈兄弟姊妹必以尔为榜样。

【译文】

你应该理解我的这个意思，在各位长辈面前多尽些爱戴敬仰之心，时刻存有同欢乐、共悲伤的想法，彼此之间没有互相看不惯的成见，那么，上一辈的人无论是亲人还是别人都一定会器重爱护你，下一代的兄弟姐妹们也一定会以你为榜样。

【解读】

"家"，是一个温馨的词汇，意味着一个人永远的、最牢固的依靠。家里有最亲近

的亲人，是我们情感的寄托，是我们在千里之外的相思。家虽万般好，但难免也会发生一些不开心的事情，诸如家人之间的争吵，虽然有时吵架也是一种增进感情的方式，但不宜过多，争吵多了，难免会伤家人之间的感情。

曾国藩是爱家之人，也是治家高手。在曾国藩的家里，妻贤子孝，手足和睦、兄弟之中多有国家栋梁，子孙后代也是人才辈出。因此，曾家有大清"第一世家"的美称。这样的美称是曾国藩付出了毕生的心血才换得的。曾国藩的治家之道很值得我们学习，适用于我们自己的家庭生活。曾国藩有一联曰："巧招杀，忮招杀，吝招杀；孝致祥，勤致祥，恕致祥。"虚伪、嫉恨、吝啬，招致败亡；孝悌、勤俭、敬恕带来祥和。

这副对联，意思表达得非常清晰，如此鲜明的对比，使有爱的家庭和无爱的家庭的最终结果得到了清清楚楚的揭示。曾国藩对联里的"爱"，不是放纵、姑息的意思，而是"爱之以德"。

曾国藩的治家之道，一言以蔽之，就是"家和万事兴"。曾国藩是在父亲和祖父的厚爱之下成长起来的。二十六岁那年，他赴京赶考，归来时向同乡、睢宁县令易作梅借了一百两银子买回一部二十三史，随身的皮袍冬衣也被送进了当铺凑足盘缠回家。父亲没有责怪他，还帮他还清了欠债。一个庄户人家，一百两银子需要积攒好几年。家庭的浓浓爱意，使曾国藩自小就懂得"全家扶一人，一人扶全家"是天经地义的道理。曾国藩所有的关于治家的名言警句，总起来就是六个字："祥和、友善、远祸"。

家和才能生财，和才能有福。曾国藩心中关于家的最美画图就是："万卷藏书宜子弟；一尊满意说桑麻。"一个家庭里，有父母之爱，有兄弟姐妹之爱，有夫妻之爱，每一种爱的含义都不同，父母之爱是我们孝敬父母，兄弟姐妹之爱使我们手足和睦，夫妻之爱是伉俪情深。总而言之，爱是家得以存在的基础，一个家如果没有爱，就会成为终日争吵打闹、鸡飞狗跳的喧嚣之地，如果有爱，家人们就会相处融洽、相亲相爱。

想要家和万事兴，家人之间就得常沟通，而且要学会忍耐与宽容。曾国藩的治家之法是与他的修身之法相结合的。用他的修身之法治家，家庭哪有不兴旺的道理。家和无非就是现在所提倡的和谐二字，一个家庭内部，如果和谐，就一定能长治久安。家是让人安心、安居的地方，所谓安居乐业所说的不过就是家庭的和谐美满。

家中有人做官，待邻里可略微宽松

【原文】

男意有人做官，则待邻里不可不略松，而家用不可不守旧，不知是否？

【译文】

儿子，我的意思是如果家里有人做官了，那么，对待邻居乡亲们不能不略微宽松些，而家里面所用物品不能不保持做官前就有的，不知道是不是这样呢？

【解读】

人生在世，能相遇就是一种缘分，能毗邻而居，成为近邻，更是一种莫大的缘分，所以对待邻居，我们要友好一些，宽容一些。俗话说"远亲不如近邻"，邻里之间的关系有时比亲戚还要亲近。曾国藩就是一个对待邻居很宽容、很友善的人。咸丰年间，曾国藩在京为官时，有一天接到了湖南老家弟弟曾国潢来的信，信里言及府上为建新宅黄金堂，与邻居为一墙之隔的地界发生了争执，几乎闹到要打官司的地步，甚是不快，欲求助曾国藩的权势。

曾国藩看过信之后，想起康熙年间大学士张英写的一首诗，于是便提笔回了一封长信给弟弟曾国潢，并将这首诗附上："千里修书只为墙，让他三尺又何妨；万里长城今犹在，不见当年秦始皇。"曾家父子兄弟读了曾国藩的信和诗后，心中豁然开朗，也不禁十分惭愧，当即秉着"让他三尺有何妨"的宽容之心和惭愧之心，将地界缩退了三尺。曾家的这一举动，深深地感动了与曾家发生争执的邻居，还学曾家的"让他三尺又何妨"的态度，主动退让，使曾家扩建新宅。

宽容、大度是曾国藩对待邻居的态度，他的这种态度不但教育了自家的人，也感动了邻居，堪称两全其美，最终取得了双赢的局面。在现代社会中，越来越高的犯罪率和人们之间越来越少的沟通，让大家在与陌生人相处时会带着很大的恐惧心理，生怕会对自己或者家人不利。现代人的生活，每天都是忙忙碌碌的，没有多少时间能停下来跟邻居联络感情，这些原因让邻里之间越来越陌生。

孟子曰："出入相友，守望相助，疾病相扶持，则百姓亲睦。吾人之处邻里亦必如是，必求亲睦。"生活中常常会有很多的突发状况，比如家里失火或者家里有人生急病，这种紧急的时刻可能就要向邻居求助。邻里之间真的需要和睦相处。

曾国藩家书里所附的诗歌，如今读来依然妙趣横生，意义深刻。邻里之间不能因为一点点小事就斤斤计较，乃至到了翻脸不认人的程度。只有真诚、宽容，才会让邻里关系更加和谐。人的一生都要生活在社会这个大家庭里，人的意识不能只局限在自己的小家里。如果邻里不和，每天纷争吵闹不断，生活将会受到很大的干扰。

第十五章 教 子

孝敬以奉长上，温和以待同辈

【原文】

孝敬以奉长上，温和以待同辈。

【译文】

侍奉长辈要讲孝道、要懂得敬爱，对待同辈要温文尔雅、要和气。

【解读】

孝是中华文化传统中的重要美德之一，历朝历代都有关于孝的著作，那些孝子的故事也广为流传，在众多的儒家经典中就有一部被世人千古传诵的经典著作《孝经》，元代有郭居敬编著的《全相二十四孝诗选》，清代王永彬在《围炉夜话》也写下了"百善孝为先"的语句，等等。由此可见，中国人对于孝是异常重视的。

孔子曰："孝，德之本也。"父母抚育子女，子女孝敬父母，这是做人的基本道德。孝，是子女对父母、晚辈对长辈的一种尊敬、爱戴和感恩，孝行是这种心理的具体表现形式。我们的身体发肤都受之于父母，是父母给了我们宝贵的生命，又是父母含辛茹苦把我们抚养成人，其中的艰辛程度是需要子女也为人父母之后才能有所体会的。父母给我们无私的爱，而我们的孝顺就是最大的回报，也是我们向父母表达爱意的最佳方式。

提到孝顺，就不得不提一个人，他就是晚清重臣曾国藩。曾国藩的功过是非已经被世人争论了多年，可是无论他的功过如何被定义，有一点是人们无法否定的，曾国藩是个大孝子。曾国藩的孝顺没有过多地表现在言语之中，而是以实际行动来表达。

曾国藩在中了进士以后，就住进了湖南会馆。因为会馆里包管食宿，所以曾国藩每个月都要交给会馆一定数量的钱，这样一来，他本就不多的月俸就所剩无几了，但倘若节俭一点使用，还是可以用来维持日常开销的，可也常常要靠家里接济才能生活。我们不禁要问，曾国藩的钱都花到哪里去了呢？其实曾国藩从未乱花过什么钱，除了食宿之外，他余下的月俸几乎都用来买书和随份子。

在官场中，各种各样的应酬是在所难免的。一天，曾国藩刚走进自己办公的地方，就看见了一张请柬放在桌子上，请客者正是他的顶头上司赵辑。赵辑为人狭隘贪婪，常常借故收礼钱，可以说是在变相地收贿。一看到这张请柬，曾国藩就浑身不舒服。他历来都对赵辑采取敬而远之的态度，赵辑也从来不给曾国藩好脸色，甚至常在背地里骂他，对一起做官的幕僚说他的坏话。曾国藩知道赵辑背地里的所作所为，但碍于上下级的关系，他没有办法将事情放在台面上来讲。

再看这封请柬，原来是赵辑要为从乡下来京看望自己的父亲接风洗尘，实际上不过是要借机收受一些礼钱。曾国藩十分鄙视赵辑的行径，在他看来，利用孝敬父亲的名义来满足自己的贪欲，这本身就有违孝道。虽然气愤，但已有一定官场经验的曾国藩没有冲动行事，他的思想远比以前成熟，考虑问题更为周全。虽觉得赵辑的做法不对，但曾国藩却又由赵辑想到了自己身上，深感自己并没有为父母做过什么。为了给曾国藩凑齐进京赶考的盘缠，曾家倾其所有，曾国藩内疚地感到为官后的自己没有为改善父母生活而做出努力。

一时间，曾国藩的心情变得十分沉重，他很想马上写信向父母倾吐内心深处的感激和愧疚。但已过而立之年的他，在提起笔之后，纵有千言万语，却又不知从何说起。曾国藩辗转反侧，终于想到了一个不用言说却又能表达孝心的办法。在写信向父母报平安的同时，曾国藩寄去了冬菜一篓、寿屏一副。冬菜是腌制的白菜，寿屏是一种屏风，东西很普通，算不上贵重，但却能表达自己的心意，曾国藩深知，父母想要的本就不是自己在物质上的高额回报，而是一颗充满敬爱的孝心。

很多人可以对陌生人说出"爱"字，却无法亲自对自己的父母表达感激之情。但是，无法说出口，并不意味不能用其他的方法来表达孝心，有时候，实际行动更能让父母感觉到温暖人心的宽慰。如果不懂如何对父母表达自己的爱和感恩之情，那么，就不妨学一学曾国藩，像他一样给父母寄去一些能够代表心意的礼物，虽不贵重，却更显贴心。或者，也可以帮父母做些力所能及的家务，都同样可以表达爱和关心。父母从未想过要从孩子那里得到什么回报，他们只是希望孩子能一生幸福安康，这对于他们来说就足够了。

中国有句俗话说得好："不当家不知柴米贵，不养儿不知父母恩。"父母的爱有多伟大，只有在自己也做了父母之后才能体会，所以孝顺父母根本不是什么所谓的包袱，孝顺父母是天经地义的事情，就像父母照顾子女一样。曾国藩曾发出过一番议论，大意是说孝敬父母，友好兄弟，是一个家庭的吉祥之兆，其中的因果报应是很灵验的。暂且不说因果报应这一类的虚幻之事，但孝顺父母确实能让家庭和睦团结，家庭成员躬亲友爱。

家里面笑声常在，自己也会更开心一些，所以我们要像曾国藩一样去做个孝子，不为其他，只为那颗父母爱自己的心。我们也应该有所行动来表达自己的孝心，父母的爱是无私的，但身为儿女的我们，不能只知索取而不去付出。

使父母心中有贤愚之分，即是不孝

【原文】

我去年曾与九弟闲谈云："为人子者，若使父母见得我好些，谓诸兄弟俱不及我，这便是不孝；若使族党称道我好些，谓诸兄弟俱不如我，这便是不悌，何也？盖使父母心中有贤愚之分，使族党口中有贤愚之分，则必其平日有讨好的意思，暗用机计，使自己得好名声，而使兄弟得坏名声，必其后日之嫌隙，由此而生也。"

【译文】

我去年曾经和九弟闲谈说："做子女的，如果让父母觉得自己更优秀，认为各位兄弟都比不上我，这就是没有孝道；如果是族党认为我更出色些，觉得各位兄弟都不如我，这就是没有兄弟间的伦常，为什么呢？大概使父母心中有优秀和愚笨这种区分的，使族党的口中有优秀和愚笨这种区分的，那么，这人一定在平常的日子里对父母、族党有讨好的意思，暗地里耍心机、用心计，使自己得到好的名声，而使自己的兄弟们得到坏的名声，因为这样，在以后的日子里，一定会产生间隙，感情产生裂痕。"

【解读】

曾国藩认为使父母心中有对兄弟的贤愚之分，就是不孝的一种表现。他之所以有这样的观点，是觉得在父母眼中较为优秀的孩子，可能在日常生活中有讨好父母、炫耀自己的嫌疑，甚至可能在暗地了耍心机才使自己显得要比其他兄弟优秀。这种情况有导致子女的情感产生裂隙的可能。

其实，曾国藩说的这种情况不止发生在家人之间，人际交往中也是很普遍的。为了使自己凸显于人群中，将自己好的一面表现出来，却刻意掩饰自己的缺点，甚至以各种方式来讨好上级和长辈，这样做有时的确可以博得他人的好感，但同时也会破坏朋友、同学、同事之间的关系。李康在《运命论》中写道："木秀于林，风必摧之。"也就是说，过分暴露自己的才华，不懂得谦逊，就会像高出森林的大树，总是要被大风先吹倒。在中国的文化语境中，个人意志的张扬本就不受推崇，因而过分凸显自己有时会给自己带来更多麻烦。

在这方面，曾国藩做得恰到好处。咸丰三年，曾国藩在湖南老家招募士兵，创立水师，训练湘军以与太平天国抗衡，他知人善任，调度有方，结果就是清廷方面源源不断的恩赏和嘉奖。咸丰十一年十月，曾国藩被授权统管江苏、安徽、江西、浙江四省的军务，他开始有权管理提督巡抚以下各级各官。同治元年正月，又加授"协办大学士"，成为清朝开国以来地位和权势最高汉臣之一。同时，曾国藩的弟弟们也军权在握，屡受嘉奖，一时间，曾家权倾朝野，可谓是"天下第一家"。

家门的鼎盛反而让曾国藩忧心忡忡，他行事更加小心谨慎，以免自己和家人锋芒太露。曾国藩经常与他人分享得到的利益和名誉。在担任两江总督时，为了与同僚搞好关系，曾国藩就特意将满人都督官文的功名摆在自己之前。结果，曾国藩拉拢了官文，借此消除了满人对湘军的仇恨和排挤。《尚书》中说"满招损，谦受益"，谦虚是一种美德，为人处世太过高调会使自己脱离群众，将自己置于孤立无援的境地。曾国藩可谓是谦虚处事的典范，但历史上可以引以为鉴的反例也为数不少，例如魏延。

魏延是三国时蜀国名将。刘备入蜀时，魏延率领部下投奔，因其骁勇善战，屡有战功，被提拔为牙门将军，成为刘备最为信任的大将之一。魏延为人孤傲，行事大胆，他的作风遭到诸葛亮的反感。魏延总是认为自己的才能没有得到完全的发挥，常心怀不满，而他性格的孤高、不把他人放在眼里的姿态，也都在有意无意间得罪了很多人，和同僚杨仪的关系更是水火不相容。

诸葛亮死后，魏延不甘心停止未竟的北征事业，也不愿受接任诸葛亮之位的杨仪的约束。结果，魏延擅自违背了诸葛亮的撤兵遗令，在退军途中烧绝栈道，反攻杨仪。最后，魏延因部属不服而败逃，被杨仪的部下所斩杀，并被认定谋反，遭受"夷三族"的悲惨后果。

人生变幻无常，风光时咄咄逼人、恃才傲物，等到失势的时候自然就不会再有人追随和帮助。谦虚，是气度和修养的体现，会为自己赢得他人的尊重。无论是在家庭，还是在社会，为人处世的低调姿态都是有利无害的，凡事为自己留条后路，也就不会陷入孤立无援的处境，待到危难之时自会绝处逢生。

兄以弟得坏名为忧，弟以兄得好名为快

【原文】

但愿兄弟五人，各各明白这道理，彼此互相体谅，兄以弟得坏名为忧，弟以兄得好名为快。

【译文】

只希望我们兄弟五个人，每个人都明白这个道理，并能够相互地体贴谅解，兄长因为弟弟得了不好的名声而感到担忧，弟弟因为兄长得到了好的名声而感到快乐。

【解读】

中国人自古以来就讲究孝悌。孝，是子女对父母的爱；悌，是兄弟姐妹之间的友爱，也包括与朋友之间的友爱。在孔子看来，孝悌乃为人之本。孝悌是做人做学问的根本，它能培养宗族家庭成员之间的脉脉温情，有利于维护良好的家庭关系。家庭和睦了，社会国家才能和谐发展。由于儒家的提倡，孝悌成为中华文化的一个标志性的符号，是中华民族的传统美德。

古人重视孝悌，对孝悌之道的教育可谓是从娃娃抓起，古代孩童的启蒙读物必谈孝悌。如在《三字经》中就有"首孝悌，次见闻"这样的话，意思是说，一个孩子首先要学习怎样孝敬父母，怎样友爱兄弟，其次才可以学习文化知识。而在《弟子规》里有"兄道友，弟道恭，兄弟睦，孝在中"，这是说哥哥要爱护弟弟，弟弟要尊敬哥哥，兄弟和睦就是体现了孝道。我们常说，兄弟如手足。的确，这层血缘关系是割舍不掉的，我们的确要珍惜这种缘分。兄弟姐妹之间要互相帮助，和谐相处，让父母安心，也就是子女对父母的孝心。

伯夷和叔齐两兄弟是商朝末年孤竹君的儿子。孤竹君在临终前，立下遗命要让次子叔齐作继承人，但等到孤竹君去世后，叔齐认为自己年纪小，资历不如哥哥伯夷，所以坚决要让位给伯夷。伯夷不愿违背父命，坚决不接受。叔齐也不愿继位，于是兄弟二人相继逃到周国。后来，周武王伐纣，伯夷和叔齐认为这是不义的行为。周武王灭商，兄弟二人认为周武王犯下了弑君的叛逆行径，便以吃周朝的粮食为耻，隐居在首阳山他们以采集野菜为食，最后双双饿死。

伯夷、叔齐兄弟二人在继承君位的重大问题上能够互相礼让，体现了兄弟友爱的传统美德，而在面对武王伐纣的事情上又能够"义不食周粟"，共同体现出仁义的高风亮节。因此，后人往往在诗词文赋里追念他们，"采薇高节首阳在，孤竹清风濡水流"，就是赞美兄弟二人高洁的品性。可以说，伯夷、叔齐是兄弟友爱的典范。

兄弟之间的和睦友爱经常会成为流传后世的佳话。然而，在帝王之家或者名门望族，利害关系会导致兄弟不和甚至自相残杀，这种情况在古代也不少见。《七步诗》："煮豆燃豆萁，豆在釜中泣。本是同根生，相煎何太急？"这首诗为曹植所作，他是曹

操的三儿子，文采出众，得到了曹操的宠爱，曹植的哥哥曹丕因而不满。曹操死后，曹丕篡位做了皇帝，这位疑心深重的新君担心自己的兄弟会在日后对自己不利，于是借故为曹植、曹熊两兄弟编织了罪行。

曹熊得知兄弟不义，在忐忑中自杀了，而曹植则被押到都城，性命堪忧。曹丕在别人的劝说下，给了曹植一个活命的机会，只要他能够在七步之内写成一首诗，于是曹植写下了《七步诗》。这首令作者活命的名诗以比兴的手法委婉地向曹丕发出了抗议：本是自家兄弟，为什么要非要自相残杀呢？这首诗情真意切，令人动容，但是曹丕没有手软，他将曹植软禁了起来，直到曹植郁郁而终。

与曹丕不同，曾国藩十分注重手足之情。在他将近一千五百封的家书里面，有许多都是写给他的兄弟。曾国藩是家族中的长子，长兄如父的责任让曾国藩频繁地与兄弟们通信，与他们交流谈心，指导他们如何读书求学、如何处世为人。曾国藩从早年开始便将精力倾注于对几个弟弟的教育，从道德文章到为人处世，从饮食起居到身体安康，无论与弟弟们相隔多远，他都不忘记与他们通信交流，谆谆告诫家中诸弟要和睦相处。

在给兄弟们的家书里，曾国藩曾写道："今四弟之所责我者，正是此道理，我所以读之汗下。但愿兄弟五人，各各明白这道理，彼此互相原谅。兄以弟得坏名为忧，弟以兄得好名为快。兄不能使弟尽道得令名，是兄之罪；弟不能使兄尽道得令名，是弟之罪。若各各如此存心，则亿万年无纤芥之嫌矣。"兄弟之间发生摩擦在所难免，重要的是怎样解决好产生的问题。曾国藩是要求大家互相体谅，互相帮助。他以自己的言行告诉诸兄弟，要相亲相爱，不可为了一点摩擦伤了和气。

从家信中可以看出曾国藩对诸弟感情之深、心胸之广、气量之大，实在是令人叹服。《周易》里说："二人同心，其利断金；同心之言，其臭如兰。"同理，兄弟同心，其利断金。如若兄弟们的心不往一处用，各存私心，必然矛盾重重，轻则财破，重则家庭分崩离析。

在现代家庭中，兄弟姐妹之间也需要团结友爱，互帮互助。尤其是在当今家族关系日益弱化的时代，你的兄弟姐妹就是你最亲近的人，他们是你可以依靠和信任的人。一人有难，大家支持帮扶；一家有喜，大家一起庆祝。只有互相关爱才能促进家庭关系的融洽，为生活加入幸福的作料。"四海之内皆兄弟"，其实不仅是兄弟姐妹，我们的邻居、同学、同事、朋友也同样是我们宝贵的财富，应当把他们当作兄弟姐妹一样看待。大家互相帮忙，团结一致，这样一来人际关系才会更加和谐，生活事业才能顺水顺风。

德业相劝，过失相规，期于彼此有成

【原文】

凡事皆从省啬，独待诸叔之家，则处处从厚，待堂兄弟以德业相劝、过失相规，期于彼此有成，为第一要义。

【译文】

每一件事情都做得俭省，唯独在对待各位叔叔家时，每一个方面都做得宽厚，对待堂兄弟们要劝勉他们有德行、帮助他们规避错误，期望彼此之间都能够成功，这是第一个原则。

【解读】

曾国藩在即将赴天津处理教案之际,他在所立下的遗嘱中对两个儿子写道:"我生平涉猎儒家先贤之书,见圣贤教人修身,千言万语,而以'不忮不求'为重。""不忮不求"就是不嫉妒,不妄求。曾国藩认为对待亲戚朋友,要"德业相劝,过失相规,期于彼此有成就",要共同进步,而不是尔虞我诈,相互扯后腿。

"君子坦荡荡,小人长戚戚",真正的正人君子行事光明磊落,不会因为别人优秀而心生妒忌。内心的嫉妒一旦被唤醒,一个人就会失去往日的理智和风度而做出很多可怕的事情,结果自己没有变得更加优秀,反而会饱受良心的谴责。聪明的人则会选择与自己的对手、敌人共同进步,努力争取共赢的局面。历史上因嫉妒而身死名灭之辈层出不穷,其中不乏一时的豪杰,如战国时期的庞涓。

庞涓是魏国的大将,率领魏军打了不少胜仗,因而居功自傲,自认为是举世无双的大将军。庞涓的同学中,有一个齐国人叫孙膑。庞涓很清楚,他的这位同学在各个方面都要比自己强。庞涓向魏惠王举荐孙膑,说他是著名军事家孙武的后代,并声称只有孙膑知道孙武传下的兵法。魏惠王很高兴,他派人请来孙膑,共议国事。然而,当孙膑的才华渐渐显露时,庞涓的心中燃起了嫉妒之火,他暗暗发誓要除掉孙膑。庞涓私下里找到魏惠王,诬陷孙膑私通齐国谋反。结果,孙膑被治罪,双腿的膝盖骨被剜掉,而庞涓虚情假意地对孙膑百般关怀。

但是,孙膑还是识破了庞涓的诡计,一怒之下,他焚毁了即将写成的兵书,并以装疯卖傻的方式麻痹了庞涓,等待脱离虎口的时机。这时,正逢齐国的一位使臣来魏国办事,那位使臣便偷偷把孙膑藏在车内,混过关卡,将孙膑带回了齐国。齐国国君对孙膑礼遇有加,想拜他为大将,但孙膑却极力推辞,他认为一个刚受过刑的残废如果当了大将,会遭到众人的嘲笑。齐威王让孙膑做军师,行军时坐在有篷帐车里的孙膑开始协助大将田忌征战。

在孙膑的指导下,齐军连打胜仗。公元前342年,庞涓率领魏军攻打燕国,田忌、孙膑奉命率齐军救燕。孙膑为了报仇雪恨,没有去燕国,而是直接带兵去攻打魏国。庞涓得到情报,慌忙从燕国撤兵赶回魏国解围。回去的路上,庞涓一路发现了齐军扎过营的地点:第一天的炉灶数,足够十万人吃饭用的;第二天的炉灶数,够五万人吃饭用的了;第三天的炉灶数,只够三万人吃的了。庞涓便认定齐军是胆怯之师,尚未与齐军交战便已有大半人逃散。于是,庞涓下令急追齐军。

魏军一路追到了一个叫马陵道的地方,当时的天色已晚,马陵道在两山之间,路很窄,两旁都是深涧。有士兵报告说,山道都已被齐军用木头给堵住了。庞涓急忙上前去察看,诚如士兵所言,只有一棵大树没被砍倒,树上还有一块树皮被剥掉了。在火把的映照之下,庞涓大惊失色,因为袒露出的那一块树身上赫然写着"庞涓死于此树下"几个大字,落款正是"孙膑"。庞涓心知中计,但想撤兵也已来不及了。突然,只听四面杀声震天,万箭齐发,齐军已把魏军团团围住。庞涓身中数箭,自知已无路可走,就在树下自刎了。

其实,这是孙膑早就设下的诱兵之计,故意在路上造成齐军逃散的假象。他料定庞涓会追到马陵道,便在此处设下了埋伏,并吩咐士兵:只等树下火光一起,就一齐放箭。报仇之后的孙膑没有再做官,而是选择归隐山林,但他的兵法却一直流传至今。追溯这段同门操戈的往事,人们不禁感慨唏嘘,如果庞涓不是气量狭小,以他和孙膑的能力,两人联手将会有更大的成就。然而,恶魔一般的嫉妒心,不但让孙膑终身残废,也让庞涓本人命丧黄泉。

或许,正是历史上因嫉妒而上演的无数悲剧让曾国藩明白了一个朴素而深刻的道理,那就是嫉妒心会毁了一个人,不论这个人有多么优秀,若没有兼容并包的广阔心胸,就很难成就一番伟业,得到他人的景仰。曾国藩深知,真正的英雄不应终日摆出舍我其谁的姿态,而是要学会正视他人的成就,并能够自觉地做到取长补短,切不可因一时的嫉妒而揭别人的短处甚至陷害他人。与其把心思花在怎样陷害他人,不如用这些时间来提高自己。德业相劝,过失相规,彼此才会成功,反之,则可能费劲心力却不得善终。

患难兄弟,互劝,互勖,互相鼓励

【原文】

此时之兄弟,实患难风波之兄弟,惟有互劝互勖互恭而已。

【译文】

这时候的兄弟,确实是共同经历困难和风险波折的兄弟,他们之间只有互相劝慰、互相勉励、互相恭敬。

【解读】

俗话说"家和万事兴",但是一个家庭,特别是古时的大家族,要做到家庭内部的和睦谈何容易。

曾国藩兄弟众多,在他当京官的时候,众兄弟都想随着身为长子的他到京城去见见世面。初入京师的曾国藩,无论是精力还是财力,都无法对进京的兄弟们做到面面俱到。无奈之下,曾国藩就采取了一个折中的办法,只带九弟曾国荃到北京。结果,几个年幼尚不懂事的弟弟认为大哥偏心,和曾国藩之间产生了嫌隙,这让曾国藩懊悔不已,责怪自己能力不济,不能给兄弟们提供理想的生活、学习环境。后来,几个没能到京城去的弟弟给曾国藩写了一封长信,在信中除了表达不能到京师的遗憾之外,更多的则是弟弟们满怀激情、一心求学的愿望。

收到来信的曾国藩悲喜交加,一面为自己的无能而悲叹,埋怨自己不能把弟弟们都接到北京求学,另一方面也为弟弟们有积极求学、奋发上进的志向而高兴。但是,纵然如此,此时的曾国藩确实还是为不能满足弟弟们的要求而忧虑。为了保证兄弟间的和睦,曾国藩给老父写了一封信,在信中他自白道:只有兄弟和睦,才会有一个家庭的繁荣昌盛,反之则会造成家庭内部的分崩离析,即使是在钟鸣之时也不例外,他希望父亲能够适时地对弟弟们进行相应的教导。

在古时的宗法制度之下,长子在享有各种优先权的同时,也必须要承担其他子女所不必承担的责任,曾国藩认为,作为家中长子的自己,首先应该做的就是起到成为能够起到表率作用的榜样，他立志：无论是道德还是在做学问，都要有一家长子的气度和风范。

在处理兄弟关系的过程中，曾国藩有一点做法是很值得我们学习的，那就是：无论何时，无论出现了什么样的矛盾，都要首先从自己身上找原因，即便无端遭到了兄弟们的责难和怨恨，也不要对他们横加指责，而应该以兄长的宽容和大度来处理兄弟间的矛盾，先设身处地地为他们着想。曾国藩的做法确实能使兄弟们叹服，他的努力让兄弟之间得以和睦，也保证了家庭的兴旺。

曾国藩在和九弟曾国荃一起住在北京的那段时间里，由于自己忙于公事，无暇顾及对弟弟的教育。有一段时间，曾国荃思乡心切，不愿继续读书，天天想着要回家，这种情况让曾国藩开始反省自己和夫人是否做过怠慢九弟的事情。最后，百思不得其解的曾国藩和颜悦色地与九弟谈心，并赋诗一首劝其认真读书，然而却没有起到任何的效果。曾国藩只好再次写信给老父，在父亲的教导下，曾国荃扭转了心态，开始刻苦念书，兄弟也和睦如初。

兄弟同心，其利断金，兄长更是肩负着维护兄弟和睦的重任。作为兄长，并非一件易事，既要有一颗包容慈爱之心，能以涵养和气度来教导众兄弟，又要能够心平气和地处理兄弟间的家务事，只有这样才能对上宽慰父母，对下成为好的表率，缔造一个温馨、和睦的大家庭。

子弟贤否，六分天生，四分家教

【原文】

子弟之贤否，六分本于天生，四分由于家教。

【译文】

子弟们是否贤能，有六分是天生的，还有四分在于家庭教育。

【解读】

一个孩子从呱呱坠地到咿呀学语，从幼儿园、小学、初中、到高中、大学，这一过程始终离不开家庭的教育。孩子的成长固然有遗传和天赋的影响，但一个人能否成才与家庭教育密切相关。在古代，一些人家之所以能成为书香门第，那是因为他们把教育放在家庭事务的首要地位，着力把子孙培养成读书知礼的人，这样家族就可以绵延不绝、世代兴旺了。

很多人都懂得孩子教育的重要性，但是怎样教育孩子，怎样给孩子创造一个好的环境却经常让为父母们为难。其实，在两千多年前，孟子的母子就已经做出了表率。她克勤克俭，含辛茹苦地抚育儿子，数十年如一日对他严格要求。最后孟子成为儒家的大师，而他的母亲也成为名垂千秋的模范家长。关于孟母教子，有两个比较有代表性的典故。一为"断机教子"：孟子小时候读书不用功，孟母就把正在织的布匹弄断，以此来启发孟子学习要持之以恒，不能半途而废。另一则就是著名的"孟母三迁"了，这故事告诉我们要一个好的居住环境对孩子的成长会大有益处。

一个懂得教育的家长，会给孩子树立良好的榜样，培养孩子良好的生活习惯，更重要的是，培养孩子优秀的思想品德。俗话说，"虎父无犬子"，一个优秀的父亲往往能培育出优秀的孩子。家庭是孩子的启蒙课堂，而家长就是孩子的首任教师。家长的一言一行，一举一动，都会为孩子所效仿。无数事例证明，可能会伴随、影响孩子一生生活习性和行为习惯，最初便来自对家长的模仿。因此，在孩子的成长过程中，家庭教育有着特别重要的地位。

曾国藩对孩子的教育问题十分重视，他有自己的一套教育理念和教育方式，他曾说："大抵士宦之家，子弟习于奢侈，繁荣只能延及一二世；经商贸易之家，勤勉俭约，能延及三四世；而务农读书之家，淳厚谨饬，则能延及五六世；若能修德行，入以孝悌，出以忠信，则延泽可及八至十世。"这里所分析的正是家庭环境对家族兴衰的影响。

在曾国藩看来，无论是官宦之家还是经商之家，如果没有用心经营之道，那么，家族的繁荣都是难以一直持续，只有"务农读书"才是维持家道的根本之策。事实上，曾国藩的家族就是如此。从他的曾祖父开始，曾家勤勤恳恳以务农为生，渐渐地积攒下了一点家业之后，曾国藩的父亲得以有机会进入学堂读书。到了曾国藩这一代，曾家终于通过读书而改变了家族的命运，子弟们相继跻身官场，曾国藩更是成为权倾朝野的社稷之臣，曾家也终于发达显赫起来。

由于深得读书的益处，曾国藩对读书极为推重。在他看来读书能改变一个人的气质，书能够滋养一个人的思想，腹有诗书气自华，说得很有道理。读书改变了曾国藩的气质和命运，所以他也极力勉励自己的儿子去认真地读书和学习。

曾国藩曾告诫儿子说："余在军中不废学问，读书、写字未曾间断，惜年老眼蒙，无甚长进。尔今未弱冠，一刻千金，切不可浪掷光阴。"即使在行军打仗的时候，曾国藩也没有放弃读书写字，一直到了晚年，读书读到眼睛昏花。作为年轻人，年纪尚幼，正是读书学习的好时光。书中自有黄金屋，读书可明理，可增见识，可参加科考求取功名，是年轻人走向成功的不二选择。

此外，曾国藩要求孩子们在读书时，要把读、考、问、思、行结合起来，这样才能够真正地学习到有价值的知识。他还常常与孩子们进行交流，即使在外打仗，他也一直保持着与孩子的通信，指导他们的诗文写作，与他们交流学习心得。

因此，曾国藩的孩子在日后都成为知书达理的优秀青年。在家庭教育中，父母是孩子的榜样，父母的言行举止会深刻地影响到孩子的行为方式。好的榜样或是坏的行为，都会对孩子起到潜移默化的作用，所以作为父母，一定要为孩子树立好的榜样，不能教坏孩子。曾子杀猪的故事就是一个很好的例证。

曾子的妻子到集市上去，她的儿子哭着闹着要跟着去，母亲哄他说："你在家里好好待着，待会儿我回来杀猪给你吃。"妻子一从集市上回来，曾子就要捉猪去杀，妻子就劝阻道："我是哄他，并不是要真杀猪。"曾子说："不能这样跟孩子开玩笑啊！小孩子没有思考和判断能力，要向父母亲学习，听从父母亲给予的正确教导。现在你欺骗他，这是教孩子骗人啊！母亲欺骗儿子，儿子就不再相信自己的母亲了。"于是，曾子就果真把猪杀了，煮肉给孩子吃。

要想教育好女子，为人父母就要做到言必信，行必果。如果父母不能以身作则，自食其言，那么教育出来的孩子很可能也会不信守承诺。因此，人们常说：没有父母的食言，就没有孩子的谎言。

身体发肤，受之父母。由于天然的血缘关系和亲缘关系，父母与孩子之间有着自然的亲密，父母的喜怒哀乐、言行举止常常会被孩子模仿，父母对孩子的成长起着重要的示范作用。许多孩子对父母的言行举止也往往能心领神会，以情通情。所以身为父母，一定要首先以身作则，为孩子树立良好的榜样。然后再以适当的方法因材施教，培养孩子的优秀品质和生活习惯，这才是教育孩子的根本之道。

爱之以德，不欲爱之以姑息

【原文】

至于兄弟之际，吾亦惟爱之以德，不欲爱之以姑息。

【译文】

至于兄弟之间，我还是用品德来表达对兄弟的爱护，不想用无原则的宽恕来表达对兄弟的爱护。

【解读】

子曰："仁者爱人。"仁，就是要爱人，爱父母，爱子女，爱朋友，爱亲戚，甚至爱陌生人。这是一种博爱的思想。但是，怎样去爱？以什么方式、何种行动来表达爱呢？对父母，你可以给他们寄些钱，也可以陪他们聊天唠家常；对子女，你可以教育他们勤劳俭朴，也可以给他优越的条件衣食无忧；对朋友，你可以为他两肋插刀，也可以分直言批评。我们都懂得要爱他人，但是爱的方式往往各有不同。

《红楼梦》里有个薛蟠，是薛宝钗的哥哥，此人终日游手好闲，斗鸡走马，不学无术。他骄横跋扈，倚财仗势，因为看上了美貌的英莲，喝令手下豪奴打死与英莲相好的冯渊，视人命大事为儿戏。薛蟠如此不争气、不学好，自然与他的家教有关。他父亲早亡，母亲王氏辛苦拉扯着他兄妹二人，薛蟠又是独子，自然是被娇生惯养，放任他在外面胡作非为。当然母亲爱自己的儿子，这本身并没有错，错就错在爱的方式出了问题，结果就是后来的薛蟠变成了不折不扣的败家子。

生活中，由于家人的娇惯而成为不肖之人的例子也是屡见不鲜的。中国的民间重视家族的血脉，对待家中的独子，往往视之为宝贝心肝，儿子要星星，父母恨不得能到天上给他摘下来，孩子犯了错误也不批评教训，只是一味地纵容。在这种教育环境中成长起来的孩子往往极不懂事，不仅骄横无礼，还不会去替他人着想。由于习惯了父母的宠溺，一旦踏入社会，遇事不如意就容易走上违法犯罪的歧途。

颜之推的《颜氏家训》有一句话值得父母们深思，大意是说：世上有些人，对子女不加管教，而是溺爱，本来该劝诫却反而去鼓励，该斥责却笑着表示赞同，以至于子女长大后不良习惯已经形成，那时再去管教他们，就是打死他们，也不害怕。

实际上，古代有不少严格教子的好母亲，唐代李景让的母亲郑氏就是其中一位。

郑氏丈夫早早地去世了，留下三个儿子由她独自抚养。在古代，一个寡妇抚养这么多孩子，其艰辛困苦是可想而知的。但郑氏并没有在困境中再嫁，而是毅然决定要独自将三个儿子养育成人。家境贫寒，没钱供孩子念书，受过教育的郑氏就在家中亲自教孩子们读书识字。郑氏对儿子们的教育可谓用心良苦，她从不放纵孩子们偷懒、做坏事。

儿子不听话，便会遭到郑氏的捶打，儿子取得进步，也会得到母亲的鼓励。

郑氏以自己正确的方式向儿子表达了一位有志母亲的爱。后来，三个儿子长大成人，相继金榜题名。

郑氏教子的方法可供我们今人借鉴。俗话说，孩子是母亲的心头肉。爱子之心，为天下的母亲所共有，但却不能因为爱而疏于管教。该管则管，不能溺爱，不能任情，不能袒护，不能放纵，这样子才达成望子成龙的心愿。

曾国藩为人博爱，恪守孝悌，对手下的将士也很关心，对乡邻更是多有照顾。但是，曾国藩对他人的爱是有原则的，他在家书中写道："至于兄弟之际，吾亦惟爱之以德，不欲爱之以姑息。教之以勤俭，劝之以习劳守朴，爱兄弟以德也；丰衣美食，俯仰如意，爱兄弟以姑息也。姑息之爱，使兄弟惰肢体，长娇气，将来丧德亏行，是即我率兄弟以不孝也，吾不敢也。"他教育兄弟们要互相友爱，互相帮助，要"爱之以德"，用美德来感召他们，以自己的言行来指导兄弟养成勤俭节约的好习惯，并鼓励他们辛勤工作，安分守己。

曾国藩有条件让兄弟们过上丰衣足食的优越生活，但他并没有这么做，他深知，处处顺着兄弟的意愿，并不是一种可取的爱的方式。曾国藩很清楚，如果自己一味地姑息兄弟的坏习惯，长此以往，他们就容易变得懒惰，无法养成好的品德。

骨肉之情愈挚，望之愈殷，责之愈切

【原文】

惟骨肉之情愈挚，则望之愈殷；望之愈殷，则责之愈切。

【译文】

只有骨肉之间的感情越真挚，对子女的期望才会越殷切，期望越殷切，对子女的责备就越急切。

【解读】

在一个人的成长过程中，父母的教育和家庭环境起着至关重要的作用。好的家庭环境意味着相对适宜的成长环境，这无疑能为孩子将来的发展打下坚实的基础。父母的教育方式更是至关重要的，它关系到孩子将来人格的形成和习惯的养成，好的人格和习惯也是孩子想要成才所不可或缺的。

中国传统的家庭教育模式，通常是严父与慈母的组合。在孩子的成长过程中，父亲通常是孩子智慧的启迪者，也是如何做人的榜样，所以古人云"养不教，父之过"。母亲则相对温和，在孩子的成长中，母亲同样承担有两个很重要的任务：一是培养孩子习惯的养成，二是孩子性情的培养。

在一个严格的父亲看来，只有严格要求孩子，孩子才知道规矩，懂得什么事情应当做，什么事情不能做，这样教育出来的孩子不容易走入歧途。的确，对孩子不能太过溺爱，否则将不利于孩子身心的健康成长。正如袁采在《睦亲》里所说的那样："父严而子知所畏，则不敢为非；父宽则子玩易，而恣其所行矣。子之不肖，父多优容。"

岳飞是将领，他教育孩子的方式就如要求士兵一样严格。岳云自小就被编进了岳家军的行列，成为一名童子兵。在父亲的严厉监督下，岳云自小就不敢放松，他天天勤学苦练，渴望得到父亲的认可。有一次，小岳云兴致勃勃地练习骑马，翻过了一道道坡儿，动作做得相当矫健，一时间得意不已，却在高兴之余因疏忽而马失前蹄，整个人都跌下了马。恰好这一幕被岳飞看见了，他勃然大怒，责备儿子平时没有严格训练。岳飞为岳云树立了严格教育的榜样。

曾国藩从小受儒家思想文化的教育，他对于子女的教育问题非常用心，经常与孩子们通信，在信中指导孩子们的功课，并且为他们在学业上制订详细的计划。曾国藩在外处理公务时，也常常让孩子们把功课寄给他，即使工作繁忙，他也要抽出时间来批改孩子们的作业。

曾氏家族有着严谨的家风，曾国藩也遵循着这种传统，对孩子们的教育可谓用心良苦。在曾国藩亲力亲为的努力之下，他的孩子们没让他失望，都成了国家的栋梁之才。长子曾纪泽曾担任过驻外大使，在中外交涉事务上取得过重要的成就。次子曾纪鸿是近代著名的数学家，有《对数评解》《圆率考真图解》《粟布演草》等数学专著流传于世。曾氏家族人才辈出，这不能不说与曾国藩的教育方法有着很大的关系。

望子成龙、望女成凤，这是全天下父母的共同心愿。曾国藩告诉我们，治家贵严，严格不是苛刻，这其中也透着无尽的爱意。不能溺爱自己的孩子，否则，孩子将变得骄横无礼，难以形成健全的人格。《三字经》有云："子不教，父之过。"足见父亲的教育对孩子成长的重要性。一个优秀的孩子背后，一定有一个严格要求他的父亲，这是曾国藩给我们的启示。

榜样太坏，将来孙辈断难成立

【原文】

若儿侄辈不能发奋用功，文理不通，则榜样太坏，将来孙辈断难成立。

【译文】

如果儿子、侄子这一代人不能努力奋斗、用功读书，以至于文章道理都不通顺，那么，所树立的榜样就实在太坏了，将来的孙子这代一定很难成就大事业。

【解读】

但凡长尊者，无不希望自己的家族后辈能够一如既往地兴旺发达下去，就如秦始皇给自己选定帝号时所想的一样，盼望子孙后代能够做帝王，从二世、三世到四世，以至于子子孙孙无穷尽。曾国藩自然也不例外，他说过这样一段话"若儿侄辈不能发奋用功，文理不通，则榜样太坏，将来孙辈断难成立。"也就是说，在深谋远虑的曾国藩看来，如果自己的儿子、侄子这一代人不能努力奋斗、用功读书，成为文章道理都不通顺的人，那么，他们将成为坏的榜样，将来的孙子一代在他们的影响下一定难以成就事业。

为后辈子孙树立一个好的榜样，这是曾国藩家庭教育的一个重要方面，他认为，对一个人的一生影响最为深远的有两类人：老师和朋友。老师的重要性，先贤们都有过精辟论述，就像荀子所说的那样："师者，传道、授业、解惑也。"曾国藩在给弟弟的一封书信中写道："请师乃第一要紧事，子弟之成败，全系乎是。"由此可见，曾国藩充分意识到了老师的重要性。

如果说老师是人生旅途中的引路灯，那么朋友就是泥泞中的手杖了。古语有云："益者三友，友直、友谅、友多闻。"简单来说，人生在世，有三种朋友：诤友、智友和密友。古语中还有一言，曰："交友投分，切磨箴规。"也就是说，朋友相交，固然要看缘分与话机，在"话不投机半句多"的情况下，人与人是很难成为朋友的。但是，仅仅有缘分、有共同话题，也不见得就能成为很好的朋友，所谓"益友"，还要"切磨箴规"，也就是说要能够互相批评、互相帮助、共同进步。

曾国藩重视对教师和朋友的选择，一方面是认为良师益友能够给予人们提携、帮助与教导；另一方面，良师益友也确实可以成为人们在成长、学习过程中的好榜样，可以帮助一个孩子树立正确的价值观和伦理道德观念。以曾国藩的教育方法反观现代有些人的家庭教育，不难理解为何会有所谓"官二代""富二代"，打着父母的旗号做着不利于社会和谐和不良个人生活的事件。

欲禁子弟之骄，先戒己心自满

【原文】

欲禁子弟之骄，先戒吾身之自骄自满，愿终身自勉之。

【译文】

想要禁止子弟们的骄傲，首先要戒除自己身上的自我骄傲、自我满足，希望你这辈子都能够以此来自我勉励。

【解读】

一个人做了好事，不用大肆张扬，人们自然会记住他；一个人待人友善，尊上爱下，不用刻意炫耀，人们自然感念他。桃李有芬芳的花朵、甜美的果实，虽然它不会说话，但是仍靠着花朵与果实吸引人们来到它身边，以至于树下走出一条小路。为人处世，应该向桃李学习，教育子弟也应该如此。言传身教，以身作则，榜样的力量大无穷，如此才能润物细无声。

季康子曾经向孔子询问怎样治理政事。孔子回答说："政的意思就是端正。您带头端正，谁敢不端正呢？"的确，作为一国之君，只有领导人带头做出表率，他的臣民才能够学习效仿，所谓上行下效，说的就是这个道理。孔子也说过："其身正，不令而行；其身不正，虽令不从。"作为一个领导者，自己行事正直，光明磊落，下属也会被感染，即使不下命令，下面的人也知道该如何行事。反之，自身行为不检点、不端正，即使三令五申，下属恐怕也不会听从的。只有你言传身教，为他人做出表率，你才会获得拥护，深得民心。否则，就会适得其反。

宋代时，一个叫陈州的地方一连三年大旱，庄稼颗粒无收，百姓的生活朝不保夕，一些人只能以外出讨饭来维持生计。于是，朝廷派刘衙内的儿子刘得中和女婿杨金吾前往陈州开仓放粮，救济百姓。但是，这个刘衙内心术不正，想从中贪污，趁机捞一把，便对他的儿子女婿说："你们得了这样一件有油水的差事，不要错过机会，只要把米价由五两白银一石细米，改为十两白银一石细米，再往米里掺些泥土糠秕，就可以大赚一笔了。你们尽管放心去做，出了事有我呢。"

刘、杨二人听从了刘衙内的指示，开始营私舞弊，从中渔利。他们二人私下把粮价更改，并往米里掺进了不少的糠秕和土块。后来，他们又收买了管理仓库的小吏，在秤杆上做了手脚，卖出的粮食都不够斤数。结果，买粮的老百姓都十分气愤，民怨四起。有个灾民对贪官的假公济私忍无可忍，在买米的时候与他争吵起来，刘得中、杨金吾仗势欺人，打死了这名灾民，激起众人的愤怒，大家联合起来上告申冤，一直告到包拯那里。包拯得知后，微服私访陈州，查清了刘得中、杨金吾的罪行，把他们二人处死了。

元代戏曲《陈州粜米》在搬演这段故事时有这样几句话："这些官吏上下串通一气，里应外合，坑害百姓……做的个上梁不正，只待要损人利己惹人憎。""上梁不正下梁歪"原来是说盖房双梁木骨架的房子，如果上边的梁不正，必然导致下边的梁也不正。后来，人们用来比喻居领导地位的人如果行为不正，其下属也自然跟着学坏，上行下效，导致恶劣的影响。刘、杨二人本来也不见得有多坏，但是刘衙内的贪污教育法让他们变成了大肆敛财的贪官，终究引火自焚。

无论是读书学习，还是处世为人，曾国藩处处严于律己，他以自己的亲身行动和生活经验来教育儿女，言传身教地感染他人。曾国藩为官二十多年，饮食起居，一直坚守着其祖父的要求，过着简单朴素的生活，从不放任自己。虽然在官场沉浮多年，但曾国藩的身上却没有沾染官宦习气，能够洁身自好。此外，纵使公务繁忙，他总能抽出时间来读书写字，修身养性。对亲戚朋友的近况，曾国藩也保持着关注，能够做到"有急必周济之，有讼必排解之，有喜必庆贺之，有疾必问，有丧必吊"。曾国藩的人格魅力和善举无不潜移默化地影响着他的后代。

曾国藩在子女教育问题上可谓用心良苦，他以身作则，不仅从言语上对子弟们谆谆教诲，更重要的是他能够首先严格地要求自己，为子弟树立起学习的榜样。曾国藩曾在家书里写道："盖达官之子弟，听惯高议论，见惯大排场，往往轻慢师长，讥谈人短，所谓骄也。由骄字而奢、而淫、而佚，以至于无恶不作，皆从骄字生出之弊。而子弟之骄，又多由于父兄达官者，得运乘时，幸致显宦，遂自忘其本领之低，学识之陋，自骄自满，以致子弟效其骄而不觉。欲求稍有成立，必先力除此习，力戒其骄；欲禁子侄之骄，先戒吾心之自骄自满，愿终身自勉之。"

曾国藩深知，生于官宦之家的孩子见闻很广，容易产生傲慢的情绪，以至于轻视师长与他人，如果照此发展下去，容易走入歧途。所以，他要求子弟力戒骄戒傲，并能够首先从自己做起，给子弟树立榜样。由于曾国藩教子有方，他的两个儿子都长大成才，长子曾纪泽，诗文书画俱佳，学贯中西，是我国历史上有名的外交家。在中俄伊犁谈判中，曾纪泽毫不屈服，捍卫了国家、民族的利益。次子曾纪鸿，在研究古算学上也取得了骄人的成就，是近代著名的数学家。

树立榜样，以身作则，是教育子女的一种基本方法。曾国藩就是以自己的行动来教导子女的健康成长。这种以行动对人进行教育、影响的方法通常又称为"身教"，"身教"是相对于"言教"而言的，"言教"固然也能影响人、启发人，但必须辅之以"身教"。以身作则的"身教"就是通过自己的良好言行，有针对性地影响对方，使其信服自己并仿效榜样的修为。只有长者以身作则，树立榜样，才能把积极的能量传输给后人，达到润物细无声的效果，这正是曾国藩教子方略给我们的启示。

以言诲人，即以善教人

【原文】

以言诲人，是以善教人。

【译文】

用语言教诲别人，这是用良善在教育别人。

【解读】

《荀子·荣辱》中有这样一句话："与人善言，暖于布帛；伤人以言，深于矛戟。"这是说当一个人有了过失或是处于困境，一句善意的话会使人倍觉温暖；而一句讽刺、挖苦、打击的话，哪怕出于无心，也是对自尊心、自信心的摧毁和伤害，会使人羞愧和痛苦。言语，是人区别于其他动物的标志之一，有了语言，人与人之间的交往变得更加方便和深入。善意的语言暖人心房，恶意的诋毁则比利剑更能伤人。曾国藩认为，"以言诲人，即以善教人"，他觉得用语言教诲别人，就是用良善教育别人。在帮助人向善的方面，语言发挥了很大的作用。

所谓言传身教，通过言语的传授，结合行为举止的榜样作用，使他人接受自己的观点，进而做出相应的改变。这种做法的出发点必须是善意的，否则，"言传"过程中的语言就会变成蛊惑人心或是恶意中伤的工具。对于言语对人的作用，《战国策》有一篇《邹忌讽齐王纳谏》描写得最为全面。

邹忌身高八尺有余，身材魁梧，容貌光艳美丽。一天清晨，他穿好衣戴好帽，边照镜子边问他的妻子："我与城北的徐公相比，谁更美呢？"

他的妻子说："您美极了，徐公哪里比得上您呢？"

城北的徐公是齐国出了名的美男子。邹忌不相信自己比徐公还美，于是又问他的妾说："我与徐公相比，谁更美？"

他的妾说："徐公怎能比得上您呢？"

第二天，一位客人前来拜访邹忌，谈话间，邹忌又问客人道："我和徐公相比，谁更美？"

那位客人也说："你比徐公美多了。"

后来，邹忌见了徐公，便仔细地端详他，越看越觉得自己没他漂亮；再照镜子看看自己，更觉得远远比不上人家。晚上，他躺在床上思索，心里暗想："我的妻子夸我美的原因，是因为她偏爱我；妾夸我的原因，是因为她害怕我；客人夸我的原因，是因为他有求于我。"

邹忌由此得到启示，他上朝向齐威王进言："我知道自己的确不如徐公美。但是，我的妻子偏爱我，我的妾害怕我，我的客人有求于我，所以他们都说我比徐公美。现在的齐国，土地纵横千里，有一百二十座城池，宫中的嫔妃和身边的近臣，没有不偏爱您的；朝廷中的大臣，没有不害怕您的；国内的百姓，没有不对您有所求的。这样看来，大王您受到的蒙蔽很多啊！"

齐威王认为邹忌说得很有道理，于是下了一道命令："所有能够当面批评我过错的大臣、官吏、百姓，可得上等奖赏；能够上书劝谏我的，得中等奖赏；能够在公众场所指责、议论我过失，并能够传到我耳朵里的，得下等奖赏。"

政令一下达，许多官员都来进言规劝，宫门庭院就像集市一样热闹；几个月以后，偶尔还会有人来进谏；一年以后，即使有人再想进言，也没有什么可指责的了。燕、赵、韩、魏等国听说了这件事，都到齐国来朝见。齐威王就这样身居朝廷，不必出兵，就胜了别的国家。

从表面上看，邹忌的妻子、妾和客人都说了好话，但是这些话与现实的真实状况是不相符的。即使出于善意，但对邹忌也并非好事，如果他受了谎话的蒙蔽，将会对自己估计过高。对于齐威王而言，如果人们都只对他说奉承的话，齐王便会认为国家没有问题，进而好大喜功、不思进取，以为自己确实是一代明君，而对别国放松警惕，这无疑给国家的安全埋下了隐患。从这个意义上说，即使谎言出于善意，也有可能会给国家带来灾难，这样的言语在实质上不是良善的。

相反，虽然大臣百姓给齐王的进谏可能会让国君感到一时的不悦，但由于是发自肺腑之言，是教诲、警戒，是对齐国现实问题的揭示，这无疑会让齐王时刻保持清醒，提高警惕，那么齐国自然也就变得强大。这样的语言表面上是不好的，但从内心却是发自善意的。

曾国藩"以言诲人，即以善教人"的初衷，一方面是要强调以言语教诲他人可以让人一心向善，另一方面也强调了这种教诲的出发点必须是善意的，是希望别人向好的方面发展。

以德薰人，即以善养人

【原文】

以德薰人，是以善养人。

【译文】

用道德品质来熏陶别人，这就是用良善在培养教育别人。

【解读】

曾国藩有记日记的习惯，他用这种方式来督促自己修身养性，培养自己良好的道德情操。在他的日记中，有这样一段话："思故圣人之道莫大乎与人为善。以言诲人，是以善教人也，以德薰人，是以善养人也，皆与人为善之事也。"也就是说，在曾国藩看来，修炼自己的品行，做到与人为善，都是非常重要的。

与人为善，这四字最早出于《孟子》，原意是指赞成别人学好，后来引申为善意地帮助别人。曾国藩认为，与人为善的方式有两种，一种是通过言语教诲，另一种则是用道德品质熏陶。这两种方式的区别在于：以言语教诲较为直接，可以在很短的时间内传达施教者的意图，而以品德来熏陶则较为间接，而且需要花费很长时间来产生潜移默化的作用。与人为善并不是一时的兴起，而需要用一生去践行。

有时候，出于善意的帮助并非所有人都乐于接受。如果一个人冥顽不灵，只是用言语去加以规劝，不但不会使其顿悟，反而会招来反感。这个时候，就需要用德行来熏陶，慢慢地感化对方。一个人的脾气秉性一方面来源于天性，一方面则是在后天成长的过程中受外界环境的影响而逐渐养成的。可以想见，要想改变一个人的观念，仅仅通过语重心长的教诲，很难有成效，身体力行往往比言语更具有说服力，通过自身的努力一点一点去熏陶，别人也就会慢慢地有所改变。

宋代的寇准与王旦，同朝为官，王旦为宰相，主管中书省，寇准为副相，主持枢密院。两人性格相左，一个柔和，一个刚直，所以常有摩擦。一日，中书省有文件送枢密院，不合诏书格式，寇准便把这件事报告了宋真宗，王旦受到了责备，中书省的官吏也受到了处分。没出一月，枢密院有文件送中书省，也违反了诏书格式，中书省的官吏很高兴地呈送王旦，认为报复的机会来了。王旦却叫人送还枢密院。

寇准十分惭愧，拜见王旦说："您真是有天大的度量啊。"王旦与人为善，宽容对待同僚间的摩擦，不仅消除了彼此隔阂，确保了政坛稳定，而且以自己的高尚情操，影响了寇准，使其在日后成为政绩卓著的一代名相。

古人讲求以德服人，想要赢得他人的尊重，不能以自己的权力来镇压，而是要用自己崇高的品德去感化。曾国藩所说的"以德熏人，是以善养人"就是这个意思。三国时期的刘备曾对其子说过："勿以恶小而为之，勿以善小而不为。"小恶虽小，但不以为然的话终究会酿成大恶，悔之晚矣，所不以能因其小而为之；小善也是善，积小成大，积少成多，小善就会变大善，所以虽小善也要为之。对他人的所作所为能以宽容的态度加以对待，从情感教育入手，从诚意出发，促使对方自觉改掉小恶，这也是与人为善的美德。

莫贪大方，莫贪豪爽

【原文】

莫贪大方二字，莫贪豪爽二字。

【译文】

不要贪求大方铺张，不要贪图一掷千金的所谓豪放。

【解读】

曾国藩一生奉行"俭以养廉，直而能忍"，并经常劝诫其家人勤俭节约。在给弟弟的家书中，他写道："望弟于俭字加一番功夫，用一番苦心，不特家常用度宜俭，即修造公费，周济人情，亦须有一俭字的意思。"他嘱咐弟弟要"爱惜物力，不失寒士之家风而已。莫怕寒村二字，莫怕悭吝二字，莫贪大方二字，莫贪豪爽二字"。曾国藩幼年的家境比较贫寒，生活节俭不足为奇，难得的是他做了高官之后仍然能够勤俭持家。曾国藩认为简朴是一个家族得以持续兴旺的根本方法，只有简朴的生活方式才会锻造出知书达理的谦谦君子。

在历史上，因奢侈而败家的例子层出不穷，所谓的败家子一般都难以体会父辈成家立业时所经历的艰辛，因此不懂得钱财来之不易，加上家庭条件优越，便变得骄奢，花钱往往大手大脚、挥霍无度，最终导致家财散尽。《红楼梦》中的四大家族，权不可谓不重，位不可谓不尊，财不可谓不富，就因整个家族不知节俭、挥霍奢侈，最终财去人空，落个衰败的下场。

纵观历代有为之主，无不是节俭之人。汉文帝曾计划建造露台，令工匠计算，需用百金，觉得花费太大，以"百金，中人十家之产也"为由而作罢。他所宠幸的慎夫人"衣不曳地，帷帐无文绣"，过着朴素的生活。文帝为自己预修陵墓，也要求从简，"治霸陵，皆瓦器"，不得以金银铜锡为饰。尤为难能可贵的是，他在临终前，在当年厚葬风气盛行的时代氛围中仍能要求薄葬省繁。正是因为文帝的节俭，方才开创了"文景之治"的盛世。

对于俭朴，曾国藩一生身体力行，他每餐只吃蔬菜一品，决不多设。虽身为将相，却自奉节俭，与寒素之家没有什么两样。人们因为他每餐只菜一品，而称其为"一品宰相"。

《左传》中说："俭，德之共也；侈，恶之大也。"意思是说，节俭是一切美德的基础和来源，而奢侈则是所有恶行中最为严重的。曾国藩一生立人治家，从政为官，勤俭的生活方式让他得益良多。他认为勤俭可以使人廉洁，而奢侈则是堕落的开始。奢侈浮夸，挥霍无度会使人丧失进取心，进而丢掉自己的理想，变得利欲熏心，成为受欲望摆布的奴隶。如果不加以节制，蒙受损失的就不只是自己，而是整个家庭乃至整个社会。"莫贪大方，莫贪豪爽"，控制自己的虚荣心，生活也会更加轻松、快乐，这既保持了良好的生活方式，也是在修炼自己的德行。

卷三 家训

第一章 立 品

学做圣贤全由自己做主

【原文】

惟学做圣贤,全由自己做主,不与天命相干涉。

【译文】

只有向圣贤学习,争做圣贤,这样的事,全权由自己所为,和上天之命运安排没有关系。

【解读】

世界上的事情,不会事事按照自己的打算朝着理想的轨迹发展,但是在众多事情中,曾国藩认为,唯有向圣贤学习这件事,可以掌控在自己手中。在曾国藩看来,个人的力量虽然有限,但圣人的本来面目也不过普通人。通过不断雕琢、精进,普通人将来也可以有所成就。

曾国藩把道德修养的具体内容总结为"勤、俭、刚、明、孝、信、谦、浑"这八德,他在写给子弟的家书中如此写道:"勤、俭、刚、明四字,皆求诸己之事;孝、信、谦、浑四字,皆施诸人之事。"

具体来讲,勤,要求人无论读书、治家还是为官,都应当勤勉治事。

俭,是说个人在生活上应保持俭朴,相应地,它有助于磨炼坚忍的品质。

刚,说的是在面对挫折的时候,人应当坚挺刚强,要有屡败屡战的精神。

明,这是针对眼观来讲。它要求人有洞察时局的眼光,懂得随机应变。

孝,不言而喻,专指对上孝敬老人,尊重长辈。

信,指为人处世中的一种原则,它要求人们信守承诺,信任他们,同时以有诚信的行动,赢得他人的信赖。

谦,即为人谦和。作为一种处事态度,它会像冬日暖阳一样,让心田温存。常常谦和处事的人,会给人留下亲切、虚怀若谷的感觉。

浑,不是混沌之谓,而是含混、圆融之谓。这要求人们说话做事前,多几分思虑,宁可忍辱负重,也不鲁莽行事,把事做绝。

为了切实地按照这些要求规范自己的言行、态度,曾国藩按照静坐、平淡、改过三个步骤进行,日日不忘自省。

静坐的过程中,身体虽然是静止的,但是思想却在轻轻行走。走过旧日光景,收拾心情,反省留在过去的不足;预想未来,想着自己未能完成的,或者通过努力可以达成的,拍拍肩膀上的灰尘,又会信心倍增。静中的精神流动,会如清冽的溪水一般,带走不足、疲惫,然后把心沉下来,全神贯注地投入到学习中。

如果说静坐是一种形式上的修行,那么平淡则是一种心灵的境界。一个人的心如果被欲念塞满,他会暴躁不安,离开生活的本身。如果说每个人注定是世间的旅行者,我们完全没有必要把忠诚空尘的欲念塞进行囊,反过来,把世事看淡,会更加有利于无功利的修行。

人如果总是不能达到心态的平和,就应该去找寻原因,然后对症下药,去反省和检讨自己,这样人才能够走上更高的境界,由此来看,世界虽无天生的完人,但人却可以借助这样的"改过"方式来提升自己的,向着完人的境地靠近。

曾国藩在一生中坚持写日记,把每天的所作所为,认真检讨,如实地记录下来,以此帮助自己"改过"。纵观他写下的一百多万字的日记,其内容有相当一部分是自责的语句。譬如,他在朋友家中见到别人奉承卖唱之女子,"心为之动";梦中见人得利,"甚觉艳羡"等等。于是,他痛责自己:"好利之心至形诸梦寐,何以卑鄙若此!方欲痛自湔洗,而本日闻言尚怦然欲动,真可谓之下流矣!"仅在1842年冬天他就连续一个多星期,写下了诸如"说话太多,且议人短""细思日日过恶,总是多言,其所以致多言者,都从毁誉心起""语太激烈,又议人短,每日总是口过多,何以不改"等语。

他对自己如此不懈地进行雕琢,不断剔除自身的不足,终得"立德、立功、立言三不朽"(梁启超《曾文正公嘉言钞》)。其实,曾国藩的这些话,能不能对个人立品有所裨益,还是全在自己"做主"。如果我们能够做到"主动出击",积极律己,自会朝着自己心中理想的人生之路迈进,反之,就只能远观理想人格的海市蜃楼。

德无成,业无成

【原文】

德无成,业无成,已可深耻矣。

【译文】

品德修炼没有成功,事业也没有成功,这已经足够让人感到深深的可耻了。

【解读】

曾国藩这里说的是反话,实际上他是在指出成功的两点最重要因素:一是才,二是德。

"德无成,业无成,已可深耻矣。"曾国藩这里说的是反话,实际上他是在指出成功的两点最重要因素:一是才,二是德。无德无才,为庸人;有德无才,是无用好人;无德有才,为奸雄;而德才兼备,事业有成,则是我们对自身最理想的要求和最高的追求目标。可是从古至今,能够真正做到这一点的可以说是人数寥寥。

才华这种东西之所以叫作才华,正是因为它在耀眼夺目的同时,又极大程度上与个人天分有关。对于更多隶属于"天才"这一命名之外的普通人来说,才华,这种亦真亦幻的事物,自有其可遇不可求之处。

既然如此不妨追求个人道德的完善。脑中之象虚无缥缈,心中之象却是清晰可见。

虽然清晰，修炼的过程却是一波三折，要付一番辛苦的。明心方可见性，翻一翻《西游记》，我们会对这一点看得更清楚。孙悟空在整部小说中的经历正是一个修心的过程。大闹天宫，是无拘无束、放浪形骸的"放心"；被压五行山，是明心静气、回归宁静的"定心"；西天取经，是历经苦难、终成正果的"修心"，这当然是一种佛理之谈，但恰恰适用于每个人。经过这样一个过程，我们最终都可以破除自己的"心中之猿"，为心中开垦出一方净土。

其实最开始的时候，每个人身上都有闪光之处，之所以后来有些人被称为天才，而有些人连庸才都做不成，问题在于是否懂得培养自己的闪光点。我们身上小小的源初之光，就像植物的幼苗，往往隐藏在难以发现的乱丛之中，脆弱，但充满潜力。我们不去努力发现，时间久了，它就自行熄灭了；我们发现了，但没有恒心，受不得辛苦，时间久了，它还是熄灭了。"伤仲永"的故事已经不用再提了，我们作为局外人说起这样的事情，总是会不禁为之扼腕叹息，但把问题放在自身的时候，我们身上的闪光默然消失时，我们往往杳无察觉。

纵观历史，有才有德者有之，但少之又少，这一部分是人类的精英，往往有包括宇宙，总揽人物之功，如曾国藩，平内乱，兴洋务，裱糊晚清陋室，兢兢业业，终获"中兴第一名臣"之美誉。无才无德者有之，大有人在，不需列举，因为他们都被时间所遗忘。有才无德者有之，虽也是人中龙凤，才高八斗，但终因心术不正，聪明反被聪明误，终落得大厦倾颓，害人害己，身败名裂。有德无才者有之，也为数不少，有些一生默默无闻，在平凡中发光发热，贡献社会；有些凭着坚韧，又往往有人相助，也成就了一番令人尊敬的功业，汉朝名相汲黯，以直言谏诤而为汉武帝所赏识，终于位极人臣，辅佐武帝开创了盛世。

道德与才华，看似两端，实则关联莫大。修炼道德，说到底，是让心安宁下来。当人的心安宁了，眼里看着尘世的纷纷扰扰，而心中却波澜不惊，这个时候，去研习学业，一定会自成一家，学有大成。德才兼备，对于此时的任何人，都将不再是梦想。

天下事无所为而成者极少

【原文】

天下事无所为而成者极少，有所贪、有所利而成者居其半，有所激、有所逼而成者居其半。

【译文】

天底下的事情，毫无作为却能够成功的人特别少，能够贪得好处、有利可图而把事情做成的在半数，有所激励、有所逼迫而能够成功的也在半数。

【解读】

要成就大业，光有志向还不够。孟子曾说："天将降大任于斯人也，必先苦其心志，劳其筋骨，饿其体肤。"这就是说，成大事的人必先经历种种考验和挫折，在逆境中不断学习提高，才能最终成就一番事业。如果在成长的路上一直顺风顺水，一旦遭遇挫折，若没有足够的承受能力，其后果也是不堪设想的。逆境能毁掉一个人，更重要的是能帮助人快速成长成熟。曾国藩就是在逆境中一步步成长起来的。

咸丰二年，曾国藩突然接到咸丰皇帝的诏书，令他协助长沙地方官员发展乡勇。原来不久前太平军向北推进，进犯湖南、湖北地界。曾国藩一到长沙，就大刀阔斧地采取了一系列措施。他开设"审案局"，整治社会治安，并自己创立了一支军队。

然而驻守在长沙的八旗绿营军，军纪废弛，骄横跋扈。他们非常瞧不起文人出身的曾国藩，一次竟然有绿营兵破门而入，连伤几个随从，连曾国藩自己都差点挨刀。曾国藩慌忙逃至巡抚官邸，不料巡抚不仅没有惩罚这些行凶闹事的绿营兵，反而助长他们的气焰。这件事闹得满城风雨，许多人都背地里讥笑曾国藩。此事一出，弄得曾国藩灰头土脸，觉得非常没面子，这可以说是他出生以来第一次遭遇真正的挫折。

知耻而后勇，曾国藩感到自己已经难以在长沙立足，所以咸丰三年八月，他带着受伤的自尊心来到衡阳，一心一意地训练他刚招募的湘军。万事开头难，练军的过程异常艰难。曾国藩本是文人，没有带兵的经验，这时也没有朋友的协助。更困难的是，他所训练的湘军由于不是国家承认的正规军，所以国家并不供应粮饷。重重困难压得他喘不过气来，他也曾想过放弃，但是一想到在长沙受到的耻辱，便又充满了斗志。他立志要训练出一支精良的队伍，不仅是为了保护地方，抵御太平军的攻击，更是为了一雪在长沙受到的耻辱。

在历尽千辛万苦之后，曾国藩终于练成了一支一万七千人的队伍。咸丰四年四月，曾国藩率领湘军与太平军在湘潭交锋，以少胜多，十战十捷，歼灭太平军万余人。自从太平军起义以来，这是清政府在作战中取得的唯一一次重大胜利。咸丰皇帝得知后，龙颜大悦，立刻发出一系列上谕，嘉奖湘军，还特命曾国藩有权调遣除巡抚之外所有的湖南官员。这时以前跟曾国藩有矛盾的官员也上门来检讨道歉，曾国藩的仇人鲍起豹还由皇帝下旨严办，曾国藩此时终于在长沙立住了阵脚。

在遭遇了重大挫折时，曾国藩没有退缩，反而因此激发出无穷的能量和勇气。他打掉牙和血吞，艰苦训练湘军，终于有了出头之日，并成功地挽回了面子。从这次经验中，曾国藩领悟到，一个人只要胸怀大志，挫折屈辱是无法将他击败的。相反，困难打击反而能让一个人越挫越勇，正所谓"艰难困苦，玉汝于成"。他把自己为官从政的经验传授给儿子，在家书中他写道："天下事无所为而成者极少，有所贪有所利而成者居半，有所激有所逼而成者居半。"他告诫儿子逆境、绝境也是成就大事的一个捷径，不要拒绝挫折，而是要在遭受挫折后抖擞精神东山再起。

任何一个人不可能事事顺心，前进的路上必定布满了种种荆棘。当你被荆棘刺伤时是号啕大哭、望而却步，还是从容应对越挫越勇？这完全取决于你自己的选择。从曾国藩的经历来看，我们应当把逆境当作一种财富，他让我们更加明确自己的方向，同时也不断考验我们的意志。这个过程就是成长的过程。唯有历经风雨，才能看到绚烂的彩虹，也唯有经过磨炼的生命，才能爆发出顽强的生命力，从平淡中走向辉煌。

受不得穷，立不得品

【原文】

受不得穷，立不得品。

【译文】

忍受不了贫穷，成就不了品德。

【解读】

贫穷、富贵、品德三者之间的关系经常被人谈论，也经常被人误解。有两个习语就可以说明这个问题，一是"为富不仁"，二是"穷山恶水多刁民"。

其实，贫富对品德并没有直接的影响。历史上，乐善好施、为富而仁者大有人在，富商陈嘉庚散尽家财支持中国抗战，而自己却过着简朴的日子；李嘉诚也是热心公益事业。安贫乐道、怡然自得者也为数不少，最著名的就是孔门弟子颜回了，一箪食一瓢饮，便可不改其乐。所以，重点不在于我们是贫还是富，而在于我们能否忍受贫穷。一个不能忍受贫穷的人，其在个人修养上，也不会有所成就。这就是曾国藩所说的"受不得穷，立不得品"。

能够忍受贫穷的人，居陋室，箪食瓢饮，也会快乐地享受生活；不能忍受贫穷的人，即便学富五车，也会整天愁眉苦脸，即使有一天真的富贵了，在品德上依然贫穷。

正如哲人所说："个人的修养要达到贫而不愁的境地不简单。乃至几天没饭吃，还是保持那种顶天立地的气概和个性，不要说真的做到，假做也还真不容易。"古人有云："君子固穷，小人穷斯滥矣！"如果致富是一种造化的话，受穷则是一种资格，只有君子才能够受穷。虽然处在贫困中，他们还是能够信仰坚定，不动摇。如果是小人，就不一样了，一穷什么事都可以干得出来。

其实，人的贫穷不是来自生活的困顿，而是来自贫穷生活中尊严的缺失；真正的富有也不是来自财富的积累，而是来自在富裕生活里精神的充盈。当一个人的某些高贵特质得以展现的时候，不论处境如何，都不怨天尤人，身心富足。贫贱是苦境，能善处者自乐。富贵是乐境，不善处者更苦。

唐代著名诗人刘禹锡为陋室作铭，媲美"南阳诸葛庐，西蜀子云亭"，自表一身德馨，当精神的空间遭受物质匮乏的侵占时，仍然坚持做"精神贵族"，以精神的富有坦然面对物质的清贫，和那些物质的充裕相比，这种不和愁绪结盟的穷困又何尝不是一种富足。

"受不得穷，立不得品"的立论基础也在于此处，所谓品格不是在锦衣玉食中惯养出来的，更多的时候，它是在贫穷、困顿、压力等困窘面前，被激发出来的。平常时候，有品格的人和常人无有二异，但到关键时刻，无品的人会为了外物的满足交付道德的底线，而有品的人却可以安然地挺立在自己的原则权限内，不越雷池。

惟志趣高坚，可变柔为刚

【原文】

惟志趣高坚，则可变柔为刚。

【译文】

只有志向、情趣高远坚强的人，才可以变柔和为刚强。

【解读】

有志者事竟成，心存大志，做事成功的可能性会和志向成正比。我们每个人从出生到长大成人，或多或少都曾对未来有着无限的憧憬。有的人只是幻想，幻想过后，热情也就消退殆尽。而有的人却以此为志向，在以后的日子里追随着梦想的指引，一步一步走向成功和辉煌。这代表了两种典型的人生轨迹，前者居多，后者毕竟是少数。人生的辉煌只有靠自己去拼搏、去奋斗才能达到，成功永远属于那些永不言败、坚持不懈追求梦想的人。

"志当存高远"，这是诸葛亮给他外甥书信里的一句话。原文这样说："夫志当存高远，慕先贤，绝情欲，弃凝滞。使庶几之志揭然有所存，恻然有所感。忍屈伸，去细碎，广咨问，除嫌吝，虽有淹留，何损于美趣，何患于不济。若志不强毅，意气不慷慨，徒碌碌滞于俗，默默束于情，永窜伏于庸，不免于下流。"诸葛亮认为，立志一定要高尚远大，这一点毋庸置疑。如果一个人从小立志做一个大盗，以此来获得万贯家财，那么他非但难以实现这个理想，反而很可能误入歧途，最终在牢狱中悔恨终生。然而仅有大志是不够的，还要向先贤学习，去除心中的杂念，忍受各种痛苦屈辱，最重要的是有"强毅之志"，也就是所谓的坚持不懈。如若不能坚持，再伟大的志向也会半途而废，再美丽的憧憬也终将化为泡影。

晋代的祖逖是个具有远大抱负的人。他性格豁达，为人豪爽，但小时候并不喜欢读书。成年后他意识到读书的重要，想以此建功立业报效国家。于是祖逖发奋读书，博览古今之书，从书中汲取了丰富的营养。他游历京师，见过他的人都说他有经时辅国之才。后来，祖逖和幼时的好友刘琨一起出任司州（洛阳）主簿。二人志趣相投，关系十分融洽。而且祖狄和刘琨还有着共同的远大理想：建功立业，复兴晋国，成为朝廷的栋梁之才。

一次，半夜里祖逖在睡梦中听到公鸡的鸣叫声，他一脚把刘琨踢醒，对他说："别人都认为半夜听见鸡叫不吉利，我觉得并非如此，咱们干脆以后听见鸡叫就起床练剑如何？"刘琨欣然同意。于是他们每天鸡叫后就起床练剑，剑光飞舞，剑声铿锵。春去冬来，寒来暑往，从未间断。功夫不负有心人，经过长期的刻苦学习和训练，他们终于有所成就。祖逖被封为镇西将军，实现了他报效朝廷的愿望；刘琨做了都督，兼管并、冀、幽三州的军事，也充分发挥了他的文才武略。

这就是著名的"闻鸡起舞"的故事。祖逖用实际行动来践行他的伟大志向，更重要的是他一路坚持，不仅坚持读书学习，后来更是每天早晨鸡叫就起床练剑，终于成为能文能武的全才，实现了报效朝廷的壮志。

曾国藩也是一个能做到持之以恒的人。他不仅为官兢兢业业，而且勤于读书写字。咸丰八年，曾国藩在军务繁忙之际，依然每天坚持读书。他通常是每天下午和晚上来温习旧书，阅读新书。在他看来，一天不读书就像欠了债一样让他不安。他读书有十二条规矩：主敬、静坐、早起、读书不二、读史、谨言、养气、保身、日知其所无、月无忘其所能、作字和夜不出门。其中既有读书前的准备也有读书方法。这成为他以后读书治学的指导原则。

同治元年（1862年），他任两江总督，白天忙于军政事务，夜里仍温读诗文。他自道光十九年（1839年）正月初一起写日记，至同治十一年（1872年）二月初二止从未间断,数十年如一日。由于这种坚持不懈的学习,曾国藩不仅成为清朝有名的政治家、军事家,更是著名的书法家、文学家。曾国藩在继承桐城派的基础上,自己创立晚清古文的"湘乡派",他论古文,讲求声调铿锵,以包蕴不尽为能事,一改桐城派的枯淡而气象万千,成为一代散文大家。

"骐骥一跃,不能十步;驽马十驾,功在不舍。"人生不可无志,有志必当坚持。仅仅有伟大的理想不足以支撑起成功。成功的秘诀不在于一蹴而就,而在于你是否能够持之以恒,是否有"衣带渐宽终不悔,为伊消得人憔悴"的执着精神。只有把"立志"和"坚持"结合起来,才是走向事业成功的无上法宝。经受住了种种考验和磨炼,那时才会达到"蓦然回首,那人却在灯火阑珊处"的境界。

曾国藩说,做事无论大小,要想有所成就定要"坚其志,苦其心,劳其力",这其实也是指出了志向和坚持的重要。圣人孔子"十有五而志于学",后来他带着弟子周游列国,四处游说。尽管到处碰壁,但仍矢志不渝。终于在诸子中自成一派,开创了影响了中国人几千年的儒家学说。我们虽然不是圣人,但是这种坚韧之志是每个人都可以学习并达到的。

有所激有所逼而成者居半

【原文】

天下事有所激、有所逼而成者居其半。

【译文】

天底下的事情,在激励和逼迫下成功的也在半数。

【解读】

人要想在事业上获得一些成就,就需要两种支撑自己继续前进的动力。这两种力量一种来源于内,在于一个人从内而外主动的需求;另一种来源于外,是一种外在的压力。没有经历过挫折和压力的人,就会失去对生活的追求和欲望,一个无忧无虑的人又有什么心思去开拓进取呢?

每个人都有自己的志向和欲望,这是人的本能之一。在竞争如此激烈的现代社会中,想要出人头地,采取积极主动的方法是必不可少的。大人物在其默默无名之时,一定有着强烈的欲望和远大的志向,这不仅只存在于人的内心之中,还体现在外在的行动之上,具体的表现就是强大的生命力和非凡的意志力。

对那些没有欲望和志向的人来说,能活在这个世上就是最大的幸福。他们没有去追逐更高人生价值的勇气,有的人甚至可能连最基本的人生追求都已经丧失。倘若人类没有志向和欲望的,那现在恐怕还停留在最原始的状态,过着茹毛饮血的生活。

生命的活力与价值体现在人类的志向和对欲望的实践上。就拿最基本的繁衍生息来说,这也是人的一种本能反应。从侧面将,人类的出现是不是有欲望和志向堆积而成的么?所以从大的方面说,人类的发展和进步,从小的层面说,一个人事业的成功,无不是通过培育欲望和志向筑造而成。

当然，在完成我们这些梦想的过程中，不能因为内心的执着而不择手段，学会适可而止同样是需要重视的问题。世间万物都是由胜转衰，否极泰来的过程，所以要审时度势，把握好尺度，因为过分固执不能融会贯通而惨败的例子不胜枚举。

在生活中有时我们也需要学会被动地接受现实。命运经常会让我们置身于内忧外患之中，面对这样的窘境，不同的人会有不同的态度，有的人会因为点点的挫折而受到打击，从其一泻千里；有的人则会将种种的压力和挫折当作自己触底反弹的平台，因此迎难而上，比之前付出更多的努力。

人就是在压力之下才会在蛰伏的状态中惊醒，这个压力可以是一句话、一件小事、一个批评你的人，往往这些不经意之举会让一个人坚定地做出改变，为的就是争一口气。

曾国藩年轻的时候擅长画画，不擅长书法。有一次，一个朋友发现他的画画得非常好，大家赞赏，并且让他回头给自己画一张。曾国藩非常高兴地答应了。可是这个朋友在临出门之前对曾国藩说："你的画画好了就可以了，不要落款了，回来直接加一枚印章。"这句话深深地刺痛了曾国藩，他发誓一定要把自己的字练好。从此曾国藩每天苦练书法，最后终于成为一名书法的大家。

现如今，郁郁不得志的人越来越多，我们每天都能在不同的地方看到愁眉不展的人。其实生活没有必要总是用低沉的心去面对它，有的成功者在造就自己的辉煌之前，也经历着人生的低谷，但是他们相信挫折只是短暂的，只要自己心中希望的火种不被熄灭，终究会在逆境的道路上面找到通往顺境的出口。

有所贪有所利而成者居半

【原文】

天下事无所为而成者极少，有所贪、有所利而成者居其半。

【译文】

天底下的事情，毫无作为却能够成功的人特别少，能够贪得好处、有利可图而把事情做成的在半数。

【解读】

我们做的大多数事情，往往是有目的的，比如为了获得利益，比如为了赢得尊严，也只有心中怀着这样的一份期待和一种欲望，才会更加努力，把事情做得更好。但是有时候，过分强烈的欲望会反过来产生毁灭性的效果，让人饱尝失败的滋味，这就是为什么曾国藩会说天下事，"有所贪有所利而成者居半"的原因。

有所贪，有所利，皆是过分的欲望在作祟，这些贪、利虽然会在某种程度上行成一种推动力，但是过程终究会很累。反之，能够合理追求，不为贪、利者所累，并尽量朝着清心寡欲的境界调试自己心态，这样的人往往能够让自己更安全，更自在地生活。从曾国藩和他弟弟曾国荃对待功名富贵的不同反应中，人们就能窥探出其中的合理性。

当初，清政府为了围剿太平天国运动，动用了几乎全部的兵力，甚至破例启用汉人曾国藩掌管兵权，他此后屡立战功。太平天国运动结束以后，皇上亲自下诏书对曾国藩兄弟进行封赏，其风光程度让朝中大臣羡慕不已。可是，此时的曾国藩非但没有欣喜，反而觉得压力重重。这一方面是由于曾氏兄弟功高盖主，遭到了皇上的猜忌。当时，曾国藩手中握有战斗力极强的重兵，东南的半壁江山都掌握在曾国藩的幕僚及其弟子手里。另一方面是由于曾国藩兄弟如异军突起，晋升速度之快，让人羡慕，也就容易引发别人的嫉妒。很快，曾国藩感觉到朝廷中人在渐渐将他们兄弟几个孤立起来。

和曾国藩的担忧不同，他弟弟曾国荃的心中更多的是愤懑，他看不开，不明白，为什么朝廷对于屡屡立功的人，却不能给予容忍，人们对于位高权重的人为什么不加以敬重，反而要给予排挤。他心里咽不下这口气，整天闷闷不乐，甚至还生出病来。

曾国藩听说了弟弟的情况，心中十分着急，就写信安慰他，大致意思是说："我们兄弟二人这样拼命报国，一定要存有避命之心。不要为了形式的东西去做事。在别人不关注的地方下手，付出了努力却让别人无法察觉，这是件好事。这样才能够在官场中待得安稳长久。"其实，早在此之前，曾国藩就曾跟曾国荃说过，不要把富贵功名看作建功立业的动力。这些东西都是生不带来、死不带去的，太在意它们反而会给自己增添负担。可是，曾国荃似乎没有听进兄长的话，病床之上，也没有想明白为什么世人会如此残忍地对待他们兄弟。

正如曾国藩开释兄弟那番话中所说，钱财、利货乃是身外之物，它们不会因为人们的格外重视增添我们的快乐。俗话说，树大招风，当一个人的功名与富贵达到了一定程度的时候，不会是一种幸福，反而会成为一种负累。带着对金钱无止境的贪恋行走于人世间，免不了受人限制，有时这种贪念还会成为被人攻击我们的把柄。所以从某种程度上来说，求财、有财的人是辛苦的。他们的心一直在紧绷着，提防着身边的每一个人。

如此负累重重的奋斗，怎能胜过那些心境淡泊、无所求取的有才之士。既然事实果如曾国藩所说"天下事无所为而成者极少，有所贪、有所利而成者居其半"，倒不如把心放开些，不为功名利禄所累。活得洒脱，才能活出快乐。

怠者不能修，忌者畏人修

【原文】

怠者不能修，而忌者畏人修。

【译文】

怠慢的人不能修行，而妒忌的人害怕人修行。

【解读】

世界上有太多美好的东西，我们想去欣赏它们，读懂它们，甚至是占有它们，世间万物生生不息，人的贪婪心和占有欲也就无尽。人往往为了金钱和物质东奔西走，往往为了权力和欲望不择手段。别人拥有的东西，如果我们不曾拥有，就会心生嫉妒，甚至备受煎熬。对于自己已经拥有的，反而不加珍惜，贪求更多此时得不到的东西。贪婪与嫉妒是一对双生姐妹，因为贪得无厌，所以嫉妒他人，反之也成立。《清代皇帝秘史》记载了一个令人深思的故事。

乾隆皇帝有一次到江南巡游，一天，他来到江苏镇江的金山寺，从山上往下望去，大江东去，百舸争流。乾隆皇帝不禁兴致大发，随口问一个在他身边的老和尚："你在这里住了几十年，那你知道每天来来往往有多少船只吗？"老和尚回答说："我只看到两只船。"乾隆皇帝一怔，问道："什么意思？"老和尚说："人生只有两只船，一只为名，一只为利。"

的确，许多人的人生只为了两个字——名和利。能够看淡名利，做到不贪求不嫉妒的恐怕为数寥寥。孔子曾经说："衣敝缊袍，与衣狐貉者立，而不耻者，其由也与！'不忮不求，何用不臧？'"意思是说，穿着破旧的丝棉袍子，与穿着狐貉皮袍的人站在一起而不认为是可耻的，大概只有仲由吧。《诗经》上说："不嫉妒，不贪求，为什么说不好呢？"子路听后，反复背诵这句诗。

子路即使穿着破旧的袍子，与富贵的人站在一起，不觉得羞耻，这本身就是一种难得的品质。他没有自卑感，衣着不够光鲜也丝毫不觉得自己不如别人，这种不卑不亢的气魄不容易养成。通常情况下，人穿一件蹩脚的衣服，到一个豪华的场所，心理上就会觉得自己矮人一截。而有的人即使穿一件破香港衫，到一个华丽的地方，和那些西装笔挺的人站在一起，内心中能真正的满不在乎，不觉得人家富贵自己穷，实在要有真正的学问和修养。孔子说这种气度、这种修养，只有子路能够做到。

为什么子路能有这种品质和气度呢？孔子也给出了答案，那就是"不忮不求"。"不忮"，就是不嫉妒，别人拥有自己所没有的，但我并不因此而嫉妒。"不求"，就是不贪求，很多东西并不是你想要得到就能得到，安分守己，满足现在拥有的一切，也是种难得的心态。要做到不忮不求，需要坦荡的胸怀和平常心，知足常乐，少求多福。否则，一味妒忌贪婪，那么离灾祸也就不远了。

汉朝的霍光，是骠骑将军霍去病的异母弟弟，资质端正，沉静谨慎，深得武帝信任。武帝崩后，他被授予司马大将军之职，威震海内。他历经武帝、昭帝和宣帝三朝，权倾内外。但是霍光的夫人显，为人贪妒成性，霍家本已经权倾朝野，但是她还想让她的小女儿做皇后，于是暗中指使御医在许后的药中下毒，致使许后中毒身亡。事后，显把实情告诉了霍光。霍光大惊，本想揭发她的罪行，但又念夫妻情深，不忍上奏。于是这件事情就隐瞒了下来。霍光去世后，霍家的政敌得知了显毒杀许后之事，结果上报到了皇帝那里。霍家得知此事，惶恐不安，于是霍山建议谋反，不久事情败露，霍云、霍山自杀，霍禹被捕，腰斩于市，显及家眷都被斩首悬挂于市，霍氏亲族也遭到连坐诛杀。

当初如果不是显贪得无厌，想要自己的女儿做皇后，那么也就不会做出毒杀许后的荒唐事来，霍家起码能平平安安，无灾无祸。反而因她一时的贪妒，造成霍家的灭族之祸，让人感叹惋惜。

曾国藩读书治学多年，见闻非常广泛，他也深知贪妒的害处。因此他把戒贪戒妒写进了家训，以此警戒子弟儿女。他说："余生平略涉儒先之书，见圣贤教人修身，千言万语，而要以不忮不求为重。忮者，嫉贤害能，妒功争宠。所谓'怠者不能修，忌者畏人修'之类也。求者，贪利贪名，怀土怀惠，所谓'未得患得，既得患失'之类也。"他指出了忮求的特点，又说"将欲造福，先去忮心"，"将欲立品，先去求心"。就是要求子弟们不贪求，不嫉妒，这样才有利于培养良好的品德，才能获得福泽。他也在不断地自我反省，他知道自己的忮求之心也没有扫除干净，所以他才在生活中更加注意克制自己，也希望自己的孩子在这两者上痛下功夫。

曾国藩对不忮不求大加推崇，他还专作了两首诗，警戒世人去除忮求之心。他在诗中写道："善莫大于恕，德莫凶于妒。妒者妾妇行，琐琐奚比数。己拙忌人能，己塞忌人遇。己若无事功，忌人得成务……消除嫉妒心，普天零甘露。家家获吉祥，我亦无恐怖。"这是讲戒除嫉妒之心。曾国藩认为，最大的善莫过于宽恕，而最坏的品德莫过于嫉妒。嫉妒心强的人害怕别人有才能，也忌惮别人成功显达。在他看来，只有消除嫉妒心，才是求福避祸的途径，才能建立良好的人际关系。关于贪求，他说："知足天地宽，贪得宇宙隘。岂无过人姿，多欲为患害……人穷多过我，我穷犹可耐。而况处夷涂，奚事先嗟忾。于世少所求，俯仰有余快。"这也是在告诫人们不要过于贪求，知足常乐。

人的欲望是没有止境的，正如曾国藩所说，"知足天地宽"。如果一味贪得无厌，那么就容易招来祸患。当你感到不满足不甘心的时候，想想那些还不如你的人，而不是去嫉妒那些比你有权有钱的人。保持一份淡然，一颗平常心，生活才能顺水顺风。我们只有戒除贪婪与嫉妒，才能以平和的心态处世为人，以正当的途径积极进取，靠自己的力量打拼出一份属于自己的事业。总之归于一句话：欲求造福，先去忮求。

第二章 持重

仪表绝人全在一"重"字

【原文】

余尝细观星冈公仪表绝人,全在一"重"字。

【译文】

我曾经仔细观摩过星冈公的仪貌外表之所以超过一般人,全因为一个"重"字。

【解读】

"仪表"包括两个方面:本身的相貌、身形;平时的衣着、打扮。仪表作为一个人的门面,无论是本身天生丽质,还是装扮得体,都可以为我们的形象加分。但长相为天生,皮囊的美丑不完全取决于自己,在个人的成长过程中,相貌、身形不会随着年龄的增长有本质的改变,但气质和风度作为一种不定的内在因素,可以在原有基础上通过自己的培养获得提升。在曾国藩看来,仪表之"重"是提升过程中一个较高的标准。

关于这个"重"字,精致的五官、得体的衣着是浅层次的理解,而沉稳的气质、谨慎的行事风格是其较深层次的内涵。曾国藩对于后者的重视度要远远大于前者。这也是他从祖父的身上获得的启示,在他看来,祖父之所以仪表绝人,流落在举手投足、一言一语中的持重,是其中主要的原因。

这种持重的修炼,非一朝一夕可以练就,也非自己愿意就能达成,从本质上来说,这是能力、内在、时间的三重修炼。具体来说能力修炼是持重获得的基础,内在是持重修炼的对象,时间则是持重修炼必须要经过的历程。对任何一个人来说,这三者缺一不可。

少了能力的修炼,持重的修炼只能沦为形式;少了内在的修炼,持重的修炼过程中,人难免显得浮躁;而时间上不能保证的修炼,修炼会像温水泡茶一样,茶叶不得舒展,茶香不够浓郁,持重难免有失火候。综合这三面,持重是人终生的修炼,是成熟者必备的素养。

曾国藩把"稳重"看作最为重要的品质,并从古籍中找到了具体的标准和方法。他曾以《论语》中"九思"和《玉藻》中"九容"的标准来要求自己,并推荐给自己的弟弟曾国荃。

所谓"九思",是指孔子所讲的"视思明,听思聪,色思温,貌思恭,言思忠,事思敬,疑思问,忿思难,见得思义"。所谓"九容",是《礼记》中对人九个方面的仪容提出的标准——"足容尊,手容恭,目容端,口容止,声容静,头容直,气容肃,立容德,色容庄"。

这两者分别从思想、行为及静态、动态上对持重的具体要求。在看、听、言、行前，先在头脑中仔细斟酌一番，然后在把握十足的前提下说话、做事，这是思想、行动相统一的，也是一种持重。没有行动时，但从外观上看，仍给人平静、庄重的感觉，让人对其不敢小觑，这就是动静结合的持重。

无论是九思还是九容，其核心都指向了同一点，气质的成熟，办事的谨慎，对自己要完成的事情比较认真，从而能比较容易赢得他人的信任。曾国藩能以这样的标准要求自己，推己及人，不愧是名臣，而要达到"重"的境界，是细节上的重视，是内外兼修的提升，更是需要长时间的坚持才能到达的修养高峰。

举止庄重，不怒自威

【原文】

举止庄重，不怒自威。然尔之容止甚轻，是一大弊病，以后宜时时留心，无论行坐，均须重厚做到老成练达。

【译文】

一个人的举止庄重，即使不表现出强盛气势也会给人威严的感觉。然而你（曾国荃）现在的举止表现得还很轻率，这是你们身上的一大弊端，需要你以后时时刻刻地记在心里。无论是行是坐，都需要你们不断重视"持重"，希求慢慢向"老成练达"靠近。

【解读】

庄重和轻浮相对，向来为人们所推崇，几千年来不曾改变。之所以能坚持那么久是因为庄重作为一种性格特征，是一种为人处世的态度，更是一种品德评判的标准。人们不会在意轻浮之人说的话，因为他们说的话总是缺斤少两，偏离事实，让人听过即忘，不留一丝痕迹。

但对于庄重之人说的话，人们即使不会坚信，也会认真考虑，因为稳重的人身上具备一种让人信服的气质，就像屹立在风雨中永远不倒的巍峨高山。这种稳如泰山、坚如磐石的品质，会让庄重之人想问题时全面周到、有深度，办事情的时候，不草率、不盲目，能够按照周密的计划稳步推进。这两点相互结合，会让庄重之人具备让人信服的品质和影响力。

一个人庄重与否，能从其性格中体现出来，能从其为人处世中体现出来，还能从其外表上体现出来。正所谓相由心生，外在庄重是内在性格光芒的折射，非表里如一者不会实在地拥有庄重的品格。有人曾经这样评价曾国藩："曾涤生年逾六十，精神奕奕。身长约五尺，躯格雄伟，肢体大小咸相称；方肩阔胸，首大而正，额阔且高，眼三角有棱，光极锐利；两颊平直，髭髯甚多，鬖鬖直连颏下，披覆于宽博之胸，盖增威严。"

其中的"精神奕奕""光极锐利""曾威严"等词语，是对曾国藩外在气势的描述。这种气势当然和曾国藩的长相有关，但从更深层次的角度来讲，气势源于内心。他的威仪融入血脉，刻入骨子，总是在举手投足之间自然而然地流露出庄重的威仪。

庄重在某种程度上是一种慢，是一种稳，因为慢所以稳，因为稳所以成功。在外人看来曾国藩庄重有加，但他自己却并不自此满足，也不曾让自己在这一方面有任何懈怠，更是对庄重有着自己更严格的要求。他曾多次在书信中谈及庄重，对于这他做人依之，为官依之，军事依之，在曾国藩的带领下，求稳已经成为湘军集团的共识。这一共识仅从湘军拔营的时候就能较好地体现出来，其拔营有两个鲜明的特点，一是队伍整齐，哨探严明；二是不追求速度之快，但一定要稳妥。

即便如此，他还是在不稳重上面吃过亏。有一次作战，无甚成效，他在后来反思时，意识到了这是不稳重的缘故。正如他在给弟弟的信中反省的那样："我前年在作战上之所以松散没有成效，也是太过焦躁的缘故……应该稳中求成。"

稳重办事可能会使他们比别人慢半拍，但相比于性急者来说，反而是一种快。就像《世说新语》中的王蓝田性急食鸡子这件生活小事，故事里王蓝田性急，吃鸡蛋时，他用筷子扎鸡蛋，没有拿到，十分生气，把鸡蛋扔到地上。鸡蛋在地上旋转不停，他接着跳下席子用鞋齿踩，又没有踩到。愤怒至极的他，又从地上把鸡蛋拾起来放入口中，把蛋咬破了又吐掉。结果几番折腾下来，鸡蛋不但没吃到，还受了一肚子的气。

这件生活小事能博君一笑，也同样能告诉我们做事情性急、轻浮的结果总是会一事无成，只有庄重，才能因为深思而少做无用功，稳扎稳打地向成功迈进。

人不要因为世事变化而远离了稳重。曾国藩之子曾纪泽是急性子，言行太急，曾国藩认为这就是"轻薄"之症，不得不痛加纠正。

稳重，威仪俨然，以思想者的睿智为内涵，是内修外炼的结果。曾国藩一生中，有过失利，有过沮丧，但他能及时吸取教训反思自己，行事追求稳而不要求快，最终练得不怒自威的庄重秉性。

少断是非，不争长短

【原文】

少断是非，不争长短。

【译文】

与人相处，应该少评论别人的是非对错，不要和他人争长论短。

【解读】

"静坐且思己过，闲谈莫论人非"，这是几千年来人们继承下来的宝贵人生经验，白居易在晚年隐居终南山时，常常以"面上灭除有喜色，胸中消尽是非心"自勉，他说自己是"三十气太壮，胸中多是非"，所以在晚年，白居易希望自己能够渐渐平复内心的是非，让内心平静下来，感受一种"行到水穷处，坐看云起时"的平和，到时哪怕身处寂寞，心也不会因为世界清静而害怕。

我国自古就有"祸从口出"的俗语，俗话说得好，说出去的话，泼出去的水。开弓没有回头箭，平常生活中的很多大打出手，都是因为话没说好的缘故。彼此闲谈中，不注重说话的分寸，不考量说话的内容，结果一句话激怒对方，双方就要拳脚相加、唇枪舌剑。正是因为很多是非都是在闲谈中引发的，所以曾国藩才给后辈留下了"少断是非，不争长短"的训示。

"少断是非"是对人，"不争长短"是对己。每个人都会有对他人的是是非非发表自己的看法的冲动，诚然，适时、适度的评判可以显示出个人的学识修养，等等，但是，如果不知节制，妄加非议，或者是喜欢在人前搬弄是非，都将可能落得一个伤人害己的下场。

那么怎样才能克服爱在人前断人是非的毛病呢？

曾国藩认为，人之所以会产生妄自评判的毛病，就在于"道心"不固，也就是孟子说的"动心"。要做到"不动心"就应该从自身着手，曾国藩的法宝就是"每日静坐养神发愤用功"，静坐养神是为了让心灵沉淀下来，回归平静，归于寂然，发奋用功一是为增长学识，二是为磨炼心性。少断是非，也是养生的一个方面。凡事不动心，不去掺和人与人之间的争端，达到心境明朗，云淡风轻，岂不是轻而易举，不动心，不妄断是非更不在话下。

"不争长短"则是一种超脱的人生态度了，老子《道德经》中说："持而盈之，不如其已；揣而锐之，不可常保。金玉满堂，莫之能守。富贵而骄，自遗其咎。功成身退，天之道。"杯满则盈，月满则亏，人生在世，白云苍狗，所谓得之我幸，失之我命，对于那些名利，应抱有冲虚的心境，机会来到，自然不要放过，但是如果过于争强好胜，爱与别人争长短，锋芒毕露，就有可能遭到有心之人的记恨或报复。曾国藩说"平世辞荣避位是安身良策"，就是"功成身退"之天道了。

如以曾国藩"少断是非，不争长短"来处世，虽然不敢说可以取得什么了不得成就，但是至少可以将自身境界有所提高，给自己减少些不必要的麻烦。

言不妄发，说话宜迟

【原文】

吾有志学为圣贤，少时欠居敬功夫，至今犹不免偶有戏言戏动。尔宜举止端庄，言不妄发，则入德之基也。

【译文】

我有志向成为圣贤的人，却因为年轻时缺乏恭敬的教养，至今还免不了偶尔有戏谑的话、开玩笑的动作。你应该举手投足端正庄严，说话不要狂妄，这是修养品行的基础。

【解读】

曾国藩以圣人的标准要求自己，注重自身品德的修养，努力使自己做到行为稳重端正，言语儒雅谦逊，并将其看作修养品行的基础。确实，一个人的行为风格和言语状态就是其品德修养的外在化，能够做到如曾国藩所提之标准的人总能给人以好感。

在人生这个舞台上，人人都有自己的角色，但是并不是每个人都在表演小丑，更多的时候，人们需要一种严肃的出演。朱自清先生为林语堂先生的《说话的艺术》作序时说："人生不外言动，除了动就只有言，所谓人情世故，一半是在说话里。"之于人情世故，一句话有时可以招福，有时亦可致祸，其影响力有时远远超出人们的想象。基于这个道理，曾国藩才会多次提点子弟"言不妄发，说话宜迟"。

《千字文》说："容止若思，言辞安定。"这和曾国藩的这句话有异曲同工之妙，古人讲求"敏于行，而讷于言"，并不是说说话木讷、儒缓是优点，而是说这样的说话可以过滤掉语言中的错误，是会说话、把话说好的一种外在表现。

话说得好，小则可以使人欢心，大则可以使国家兴盛；话说得不好，小则招人怨恨，大则失言丧命、祸国殃民。所谓"唯口出好兴戎"，"一言可以兴邦，一言可以丧邦"，重点就在说话的效果上。要想收到好的语言效果，做到"言不妄发，说话宜迟"是很重要的。

俗谚有云："对得意人勿讲失意话。"遇到这样的情况，旁观者可以选择沉默，也可选择少言，这样才是会说话、把话说好的做法。总结起来，人情世故里的说话之道，条条框框很多，但能否把它发挥得惟妙惟肖关键还要看说话者个人的技术。

说话技术拙劣者根据自己的喜好口若悬河，技艺熟稔者揣摩聆听者的内心推敲自己的语言。果真能做到曾国藩提到的这八个字，并且能够实实在在地践行这一点，确实是难能可贵。

刻刻谨慎，存一临深履薄之想

【原文】

惟圣眷太隆，责任太重，深以为危，知交有识者亦皆代我危之。只好刻刻谨慎，存一临深履薄之想而已。

【译文】

只是皇上给的眷顾太过隆重了，责任也太过重大了，我深刻地认为这是有危险的，好朋友以及有见识的人都替我感到危险，我只好时时刻刻谨慎小心，保存着一种就像在深渊边上、在薄冰上行走的想法。

【解读】

"高处不胜寒"的道理人尽皆知，但是当我们有一天真的身在高处了，往往很难能够做到不为高处的风光所迷惑，时时刻刻提醒自己注意"高处之寒"，因为对于所有人来说，高处的风景实在太美，美得容易让人头晕目眩，而危险就在这时渐渐滋生出来。

曾国藩能够做到时刻怀揣"如临深渊，如履薄冰"的心态面对官场，面对皇帝的恩宠、同僚的尊重和一切可能的猜疑，所以他做到了为官一生功高盖主而依然屹立不倒。

在与太平军作战中，天京即将攻破之时，他告诫两个弟弟说："古来成大功大名者，除千载一郭汾阳（子仪）外，恒有多少风波，多少灾难，谈何容易！愿与吾弟兢兢业业，各怀临深履薄之惧，以冀免于大戾。"他害怕功败垂成，勉励弟弟须有极强的敬业精神；又怕成大功大名时，飞来无名横祸，勉励弟弟须有临深履薄的畏惧之情。同时，他时时刻刻地考虑后路，写信给在乡间的澄侯，嘱咐他"莫买田产，莫管公事，吾所嘱者，二语而已，盛时常作衰时想，上场当念下场时，富贵人家，不可不牢记此二语也"。

及至天京攻克，兄弟封侯伯之后，他又多次写信给颇有抑郁之气的九弟，劝他"功成身退，愈急愈好"。曾国藩还特地在曾国荃四十一岁生日时，做寿诗十三首相赠。其一云："已寿斯民复寿身，拂衣归钓五湖春。丹诚磨炼堪千劫，不借良金更铸人。"

曾国藩一生自奉清俭，在名声钱财问题上看得很开，常常告诫家人，对之不应过分追求，因此，在子弟没有做官时，曾国藩又常常教育他们正确对待权位和富贵，他对那位有几分傲气又有几分贪财的九弟的反复开导，最为突出。同治元年五月，湘军既得安庆，正包围天京，他警告两个弟弟说心系谦退，默默体味其中要害。

对待做官如此，对待钱财，曾国藩也反复教育子弟不要贪，认为"祸咎之来，本难逆料，然唯不贪财、不取巧、不沽名、不骄盈四者，究可弥缝一二"。人为财死，不贪少祸，他告诫儿子说，这一点"事虽至小，关系颇大"。因为"未有钱多而子弟不骄者也"，钱多则易骄，则易奢，则易淫逸，则易放荡，最后必然导致家败名裂，所以在这方面必须常"存一临深履薄之想"。

那么，自家有了钱有了物，如何办？他认为，须多多积善修德，赈济穷困。"见贫苦亲邻，须加温恤"（《朱子格言》）。他捐钱买义田，救济同姓同里的贫穷者，还经常接济穷亲戚。

道光二十四年，他俸银尚不多，却写信给六弟和九弟说，你们的"岳家皆孤儿寡妇，槁饿无策。我家不拯之，则孰拯之者？我家少八两，贤弟试设身处地而知其如救水火也。有钱人家，花那么点钱，如流水，如粪土，无所谓，而无钱人家得那么点钱，未必遂为债户逼取，渠得八两，则举室回春"。遇事设身处地地为他人着想，也是一种谨慎。因为人生在世，不可能独立于人与人之间的联系，如果不小心处理彼此之间的关系，将来某个时刻可能为自己找来祸端，或者在自己遭遇祸端时，处于孤立无援的境地。

由此来看，曾国藩口中的"临深履薄之想"岂止是单纯指向高处风景。在人生这场华丽的冒险中，机会、好运随处可见，霉运、陷阱也屡见不鲜，也许一个不小心，就可能跌个大跟头，所以"临深履薄之想"要随身携带，时时牢记。

外而整齐严肃，内而专静纯一

【原文】

主敬者，外而整齐严肃，内而专静纯一，斋庄不懈，故身强。

【译文】

庄严恭敬的人，外表看起来整整齐齐，显得很严肃，内心却是专一纯净，坚持严肃沉静，所以身体强壮。

【解读】

"内圣外王"是儒家所追求的理想人生状态，指的是一个人内心纯正，外表阳刚坚韧，不怒而威，自有一番王者之风。曾国藩说"主敬者，外而整齐严肃，内而专静纯一，斋庄不懈，故身强"，这也是中国人修身的目的之一了，将内在气息通过一言一行散发出来，以使内外通透，物我合一。

庄严恭敬，待人谦和有礼，外表看起来是谦谦君子，内在同样是温良和顺，这样的人就可能做到阴阳协调，内柔外刚，身强体壮。

其实，"外而整齐严肃，内而专静纯一"不仅仅是对一个人修身意义重大。在曾国藩带着族弟们一起剿灭太平天国的起义时，他的弟弟曾国沅有一段时间围攻守在句容城内的太平军，久攻不下，在这个时候又听到了其他将领攻克了杭州城的消息，更是焦虑万分，身为将领，谁人不想杀贼立功，于是就多方寻求良策，甚至设了十六个小的军事碉堡，同时开挖数处地道，可是结果仍然是徒劳无功，就向曾国藩写信求援。

曾国藩告诉他说，行军打仗，靠的是天时地利人和，身为将领，在遇到久克无果的战役时，应该"虚心实力勤苦谨慎"这八个字为行事准则，不可贪功冒进，急于求成，否则就有可能会祸及三军，创下弥天大祸。他这样给弟弟回信"惟此等大事，实有天意与国运为之主，特非吾辈所能为力、所能自主者"，所谓"天时地利"，不就是指的天意国运吗？无论做何事，只有顺天应意，占尽人和，取得成功的几率才有可能加大。

曾国沅听从了他的建议，围点打援，以逸待劳，静待时变，终于在两个月后一举拿下句容城，从这一点上，不难看出曾国藩在军事谋略上的过人之处，不然，以他为首的湘军就不会最终打败太平军而名扬海内了。

外严内宽，外敬内随，这即是养身修心之道，也是为人处世之法，以此为指导，内修以德，外行于事，"内圣外王"这个目标，虽不敢说可以做到，至少有了可以按图索骥的钥匙了，假以时日，成就自不可限量。

求名不可太骤，求速不可太捷

【原文】

余于凡事皆用困知勉行功夫，尔不可求名太骤，求效太捷也。

【译文】

我在任何事情上都使用认知困难鼓励自己前行的办法，你不能太急促地追求名利，太快捷地追求效果。

【解读】

求名太骤、求速太捷，都是内心浮躁的一种表现。因为心灵不接地气，就像半空中漂浮的气球一般，没有主线的掌控，左右摇摆，看似在上升，其实已经无形中走了很多弯路。那么应该怎样做才能有一颗沉稳的心呢？曾国藩的答案是：修心养身。

修心之道，必须要去除愤懑、欲望等毒素；养身之道，必须去除疾病，去除刚烈或犹豫的脾性，每天行坐立止，动静结合，始终保持中庸状态，不过激，也不拖沓，就自然沉稳了。

这番话将修心做人的道理都藏于其中。修心做人就要动静结合，谨言慎行。这道理虽然简单，但是懂得却不容易做到。曾国藩的过人之处正在于不仅总结出来这样的道理，而且在实践上也是一步一步修炼，终成正果。

首先，他从个人的气量和涵养做起。带兵打仗之人往往无法很好地控制自己的情绪。愤激之情往往溢于言表。在他给弟弟曾国荃的信里说道：大概担当天下大事靠的是精神状态，积蓄郁结得多，也就倔强之至，也就不能不表现出一些愤激行动。以后我们有动气的时候，彼此要互相劝说告诫，保存倔强，去除掉愤怒激动，这就行了。

曾国藩的亲身经历，让他对这一点认识得特别深刻。在他为父亲守丧期间，他因无法实现报复，为国尽忠，心里十分矛盾。心浮气躁的他，遇到一点儿点儿小事就迁怒于他的弟弟们。曾国藩陷入了深深的自责之中，他觉得倘若自己能够不那么浮躁，和弟弟最后相处的日子里怎会口角频频，留下不好的印象。而现在，事已至此，自己连弥补的机会都没有。

其次，他从自己的言语开始注意。仕途之中的他，谨言慎行。话未出口前，绝不鲁莽行动。开始行动后，循序渐进，不强求速度，始终以最终的质量为行事原则。

最后，他从克制自己的欲念做起。他试着用平静之心来对待外物，对待自己。做人不能计较眼前的一得一失，不应该急于求成。他认识到所谓的恶欲，其实源自于人的本性。只有控制住自己的欲念，才能避免无妄之灾。

浮躁，是现代一部分人的通病。当今社会一些光怪陆离的现象，如花天酒地的生活、挥金如土的日子、交织成诱惑和欲望的网，捕获着浮躁的心，让一些人的手脚受制于外物的掌控，对于被缚手脚的人来说，成功当然为妄谈。相比之下内心坚定的人绝不会被眼前的利益所迷惑，身居要位的人尤其该三思而行。

第三章 浑 含

尔辈少年不宜妄生意气

【原文】

尔辈少年,尤不宜妄生意气,于二公但不通闻问而已,此外着不得丝毫意见。切记切记。

【译文】

你们这一辈年轻人,尤其不应该狂妄滋生偏激的情绪,对于左宗棠、沈葆桢二公只要不全都听说问起你们,在外边见到了不能有一丁点儿的意见,一定要记住。

【解读】

年少轻狂、意气用事,这是年轻人的一大特点,对于这一点其实并无指摘之处,"激扬万字,挥斥方遒",如此才能够彰显出年轻的朝气与活力。但是,凡事都有一个度,过犹不及,需谨记物极必反的道理。

曾国藩在年轻时,因为出生环境的限制,没有见过什么大世面,因此,在中了进士后,就以为天下之才十斗,自己独自就占八斗了,目空一切,自高自大,妄生意气,为此受到了不少的磨难和打压。随着年龄的增长,曾国藩认识到了妄动意气的坏处,因此洗心革面,以豁达冲融为修养要务。

这一点,在他中年的治学态度上表现得尤为突出,他在家书中写道:"弟读邵子诗,领得恬淡冲融之趣,此自襟怀长进处。自古圣贤豪杰、文人才士,其志事不同,而其豁达光明之胸大略相同。以诗言之,必先有豁达光明之识,而后有恬淡冲融之趣。如李白、韩退之、杜牧之则豁达处多,陶渊明、孟浩然、白香山则冲淡处多。杜、苏二公无美不备,而杜之五律最冲淡,苏之七古最豁达。邵尧夫虽非诗之正宗,而豁达、冲淡二者兼全。吾好读《庄子》,以其豁达足益人胸襟也。去年所讲生而美者,若知之,若不知之,若闻之,若不闻之一段,最为豁达。推之即舜禹之有天下而不与,亦同此襟怀也。"

可见,进入中年后的曾国藩已经是消去了自身的锋芒,以冲淡、豁达为为人处世的圭臬了,作为一个曾经提领几十万兵马讨伐太平天国起义的军事家,他更是在多年的摸爬滚打中体味到了豁达冲融的必要性,他说"吾辈现办军务,系处功利场中,宜刻刻勤劳,如农之力穑,如贾之趣利,如篙工之上滩,早作夜思,以求有济。而治事之外,此中却须有一段豁达冲融气象。二者并进,则勤劳而以恬淡出之,最有意味",身处功名利禄场,除了要尽事克终,完成自己的使命外,内心的自我修养上,则需要有一段"豁达冲融的气象",只有二者兼备,才可能会做到"入乎其中,出乎其外",进退两益。

不妄生意气,也要做到前面讲到了的"不动心",孟子在《公孙丑章句上》中说

"我四十而不动心"，由此可知，要做到"不动心"绝非易事，圣人都是到了四十岁才能够"不动心"，但是，我们决不能因为难以做到就不去努力，岂不知，孔老夫子"明知不可为而为之"，以身证道的事迹！

年少之人，争强好胜，阳刚有余而阴柔不足，因此，为了使自己不妄生意气，还应该做到"刚柔相济"，《曾国藩家书》中，曾国藩给自己的两个弟弟的信中详尽阐明了刚柔不协调的弊端。

曾国藩认为，"天地之道，刚柔互用，不可偏废，太柔则靡，太刚则折"，古之圣贤君王，皆是以此道行事，才得以成大的事业和功名，如果二者偏废其一，意气太盛，就不能长久。

年少时是应该有些锐气，如若没了棱角，就可能会失掉进取的动力，但是，也不可过于偏激，否则就可能会给自己、给家人带来困扰，不利于自身的健康成长。

玲珑剔透者，宜从"浑"字上用功夫

【原文】

泽儿天质聪颖，但嫌过于玲珑剔透，宜从"浑"字上下功夫。

【译文】

泽儿天生的气质聪明慧颖，但是觉得他太过于俊美、秀气了，最好能从"浑"字上用功。

【解读】

屈原曾慨然于"众人皆醉我独醒"，空留自己一人清醒，把污浊的世界看得清清楚楚。曾国藩赞叹屈子的情怀，同情他的遭遇，但是如果同样的事情发生在他身上，他会说：宜从浑字上下功夫。曾国藩用这句话教育儿子，是担心儿子太过聪明，反在聪明上吃亏，他说，对于很多事情，心中明白即可，在行为上不妨装装糊涂，糊涂就是浑的主要内涵。

曾国藩的浑含之道，不是教人愚笨，而是难得糊涂之糊涂。聪明的人总是彰显在外，自以为是；而糊涂之人看似浑浑噩噩，实则心中清明，是一种大巧若拙的智。

丁日昌是新派人物，对外国东西较为熟悉，也积极主张办洋务，兴新法，见识自然比清廷中那些埋头故纸堆的守旧派官僚要高远，但是也因为他的不注意收敛，所以招致了一些官员的嫉恨，得了一个难听的诨号"丁鬼奴"，称他是洋鬼子的奴才。

曾国藩写信给他，希望他能够注意收敛，在众人没有意识到洋务有益国家于发展进步时，能够耐心地等待，慢慢地渗透这种思维。做到揣着明白装糊涂。这样做大家不会反感，对于自己也多有裨益。

当时清政府中很多官员都反对洋务运动，认为这是崇洋媚外、劳民伤财之举。但如果与他们去争辩对质，反而是劳心劳力自讨苦吃。因此曾国藩劝丁日昌，不妨也以"浑"字对之：不去计较，听而不闻，视而不见，既不为他人的意见所动摇，也不强求他们能接受自己的做法，唯有这样才能气定神闲专心致志地去做自己该做的事情。

曾国藩不仅常给他人提醒，对自己的弟子李鸿章更是严格要求。李鸿章是曾国藩的得意门生，曾国藩要对他进行一番磨砺也是因为李鸿章的身上棱角太分明。过于棱角分明的人，处事中吃亏的还是自己。初入仕途的青年才俊都会有这种问题，曾国藩经常教育李鸿章，凡事不能过激，也不能过缓。真正的"浑"是心中泾渭分明，只是不会把聪明皆露于外。

李鸿章办理洋务时，曾国藩还写信特意告诫他说："与洋人交际，丰裁不宜过峻，宜带浑含气象。渠之欺侮诡谲，蔑视一切，吾若知之，若不知之，似有几分痴气者，亦善处之道也。"

在和洋人打交道的时候，洋人总是会仗势欺人，但如果硬碰硬地予以还击，只能自取其辱，所以最好的办法是"若知之，若不知之"。"若知之"是提醒洋人别以为我们愚笨，其实你的那些小聪明我都知道；"若不知之"则是装糊涂，这样双方不至于陷入僵局，也显示了清廷的宽容大度。如此或实或虚的做法，像个迷魂阵一样把自己保护了起来，让别人看不清，在外交中这样的做法才是高明之技。

曾国藩说自己做文章是"欲落不落，欲行不行"，这种技巧就是浑之奥妙所在。不是完全的藏而不露，而是当露则露，当隐则隐。其前提就是心中要对事态有十分准确的判断，然后再去选择自己的行为。

情愿吃亏，万不可与人构讼

【原文】

我家既为乡绅，万不可入署说公事，致为官长所鄙薄。即本家有事，情愿吃亏，万不可与人构讼，令官长疑为倚势凌人。

【译文】

我家既然是乡绅之家，万万不可进入公堂理论案子纠纷，以至于被官衙的长官所鄙视、看不起。即使，我家有事，情愿吃些亏，也一定不可以跟他人打官司，使得长官怀疑我们倚仗势力欺凌他人。

【解读】

华夏五千年，流传下来很多名言警句，其中有一句是"吃亏是福"，这四个字能历经时间的长河流传至今，就证明了它的真理性和实践性。吃亏是福是我国一句流传至今的古语，是一种为人处世的方法，是叫人们心胸开阔的一种生活态度。

其实在生活中，吃一点亏不会真正损失什么，反而会因为你大方的行为、开阔的胸襟而得到别人的喜爱。吃亏是一种智慧，做人肯吃一点亏，不斤斤计较，肯让别人占一点便宜，未必是坏事，反而会让人对你心存感激，相反，如果时时刻刻争强好胜、争名夺利，不懂得退让，那么即使你得到了、争到了，也只是表面上的一点点好处，因为你实际上丢失的更多。吃亏是福，是人人都知道的事，但是却是说起来容易做起来难，很多人都做不到把吃亏当作福气，但是也有能把吃亏当成福气的人，晚清重臣曾国藩就是其中之一，他对于"吃亏是福"这一人生箴言深有体会。

曾国藩对于官场内存在的很多规则都很清楚，所以他自做官开始，就认为那些施恩于他的人大多都是另有所图的，都想从他身上获取一些利益，如果他将来做了大官，之前受了别人的恩惠而不理，就会被认为是忘恩负义，如果理会，就会是那些施恩之人得寸进尺，永远都无法满足那些人的愿望。也正是因为曾国藩出于这样的想法，致使他在京做官八年，却从不肯受人恩惠，也绝不占别人半点便宜。

1849年，曾国藩在京中的寓所里除了两样东西外别无他物，这两样东西就是书籍和衣服。常衫和官服是必不可少的，书籍是他一生三大嗜好之一。对于这两样东西，曾国藩也做了规划，他说等将来罢官还乡之后，衣服里面除了适合他夫人穿的之外，其余的都与他五个兄弟抓阄平分。至于书籍，则把所有的书籍一律收藏于"利见斋"中，并规定无论是兄弟还是后辈都不得私自拿走一本。

曾国藩说，除了衣服和书籍这两样东西，其余的他一样都不保留。曾国藩半辈子都在做官，而且做的是高官、大官，但是却依然贫寒，没有像其他做官之人一样积累下万贯家财，在很多人眼里，做官做成这样，算是吃了很大的亏了。可是曾国藩这样做官真的吃亏吗？答案当然是否定的，曾国藩没有利用做高官的职务之便而为自己谋取利益和钱财只是看起来吃亏了而已，可是实际上他不仅没有吃半点亏，还保全自己清正廉洁的好名声。

众所周知，做官之人最看重的就是自己的名声，所以不敛财能换来如此好的名声是曾国藩的明智之举，是他做官的智慧。曾国藩不仅自己做官如此，还告诫弟弟千万不可以占别人便宜。"吃亏是福"是曾国藩的为官之道，他也是抱着这样的原则才能做到无欲则刚，处处拒绝利的诱惑，最后终成一代名臣。

人生在世，不可能每时每刻都占便宜、不吃亏，所以我们要有正确的心态去看待吃亏这样的事情。吃亏不一定就是祸，反而可能会是福。有些人时时刻刻想着占便宜，想着去争去夺，利益面前一点也不退步，总认为只有不吃亏才是福气，殊不知这样的观点是大错特错，因为爱占便宜会让你丢到好的人缘、好的心态和好的习惯，最终反而会吃大亏，一次就把之前占的便宜都赔回去了，甚至赔的更多。

俗话说人心不足蛇吞象，所以做人就要吃得了亏，就要有宽大的胸襟，不能过分看重名利和钱财，名利心太过就会舍本逐末，只会为了追求那些失去的更多，而且表面的吃亏从来就不是代表真正的吃亏，所以有很多聪明人用选择表面吃亏的方式来从实际中得到更多的好处。所以有时候吃亏是福。

想要看淡名利与得失，就需要曾国藩说过的两句话，一句是"胸怀广大"，须从"平淡"二字用功。另一句则是知足则乐，务贪必忧。哪一天真正做到这两句话所说的，就能真的看淡那些虚名，才会明白吃亏是福的真正含义，才能做到面对吃亏只是淡淡一笑就风轻云淡。

富贵功名有命定，半由人力半由天

【原文】

凡富贵功名皆有命定，半由人力半由天。

【译文】

所有的富贵功名都是由天命注定,一半是要人的能力来改变,一半是由上天注定。

【解读】

曾国藩说这句话时,也许是真的感受到了人生的无力,也许是因为他身在封建时代,所以自然沾染了宿命论的色彩,我们无从知晓。但我们作为后生晚辈来读他的话,要想对自己有所启发,就必须站在我们时代的高度上来立论,否则我们不仅无法获益,还会退化成一个老眼昏花、老迈昏庸的人,"旧书常读出新意,俗见尽弃做雅人",如是而已。

有些时候,尤其是在前进的路上遇到巨大阻碍的时候,我们都应该静下来想想:单凭着一腔热血和取之不尽、用之不竭的愿望,单凭着横冲直撞的冲劲和自己出众的能力,我们就真的能够达到梦想中那个虚幻的终点?即使我们真的到达了,我们在这一路上又失去了多少可贵的东西,错过了多少不可不看的人生美景?得到之时便是失去之日,这话所言不虚。

人生中,许多看似理想的目标实际上并不理想。理想,存在于每时每刻一点一滴的生活之中,最美妙的是过程,最终的结果无论美妙与否,都转瞬即逝。一位当代诗人的几句诗写得好:"人生有缺憾,绝句有生命,伟大的木匠属于伟大的钉子,为什么给我一个残忍的答案。"人生充满了变数,人生也充满了缺憾,我们无法主宰事情最后的结果,我们只是结果的一部分,而并非结果是我们的一部分。只能努力去把握过程,并在过程中去成就伟大,也只有在过程中才能成就伟大,就像"伟大的木匠属于伟大的钉子",而最终的结果如何,无人说得清,这就是人生之残忍,这就是人生之回答。

求取富贵功名也好,求取其他的人生理想也罢,无论哪个过程,总是得失并重,既有收获,又有或大或小的损害。曾国藩这段话不是要告诉大家停止奋斗,停止努力,停止对人生理想的追寻,跌落到虚无主义的窠臼中去,而是要积极地面对人生,淡定地面对随收获而来的凋零。

明知有凋零,还一如既往地为得到收获挥洒汗水、泪水,这也是一种明智的浑含。抱有这种浑含的人生态度,奋斗历程中经历坦途一片时不会忘乎所以,经历荆棘丛生时不会怨天尤人,忍耐艰难时局时不会半途而废。

韬光养晦,缓图发展

【原文】

韬光养晦,缓图发展。

【译文】

隐藏住自己的才能,不锋芒逼人,好好提升自己,逐渐地求得发展。

【解读】

曾国藩说:"善始善终,免蹈大戾。"其实这里面所讲的意思,和一个词语——韬光养晦——很相近，是说隐藏自己的光芒并让自己处在一个相对不显眼的位置。韬光养晦是一种为人处世的高明策略和智慧。

韬光养晦还有谦卑的意思，把自己放在不明显的位置上，更容易被别人所接纳，如果太骄傲，锋芒毕露，就会被人所厌恶，就无法与别人沟通，就做不成任何事。想要成功，想要成就事业，就要学会韬光养晦。

王湛是西晋开国功臣王浑的弟弟，他平时寡言少语，状类痴愚，遂以痴著名。

王湛的父亲死后，王浑不再顾忌父亲的面子，甚至一家人觉得王湛是个累赘，最后把王湛赶到父亲坟墓旁的一间小茅草房里居住。

王浑的儿子王济是当时的名士，他也不把王湛放在眼里，更不把王湛当成长辈去探望。后来，王济有一次上坟，忽然心血来潮，便去看望叔叔。聊天之时，王湛不仅对答如流，而且"语辞华美"。

王济大感意外，又和他纵论天下大事。王湛语出惊人，分析事情一针见血。

王济从小就听说叔叔痴愚，而今骤闻其高谈阔论，大为惊骇，当夜便住在叔叔的茅屋里，把酒长谈，越谈越是惊喜，一连住了好几天，自叹不如，感叹道："家有名士三十年却没人知道。"

他临行时，王湛送到门口。王济带来的马匹中有一匹烈马，很难驾驭，王济随口问道："叔叔也懂得骑马吗？"王湛说："还算懂一些吧！"王湛接过烈马的缰绳，跃身上马，驾驭自如，骑术比那些有名的骑士技艺还要高超，王济更是觉得叔叔的才能深不可测。

王济回到家后，王浑奇怪地问："你怎么耽搁了这么多日子？"

王济回答说："儿子今天才得到一个叔叔。"

王浑更是奇怪，便问他原因，王济便从头到尾细说了一遍，极口夸赞王湛是名士。王浑不服气地问："比得上我吗？"

王济委婉地说："比我强多了。"

晋武帝司马炎也知道王湛的痴名，并且总喜欢拿此事与王济开玩笑，每次见到王济，总是打趣说："你那位痴叔死了没有？"王济总是无言以对。

有一次王济进宫，司马炎照例打趣他："你家那位痴叔死了没有？"

王济微微一笑，昂然说道："臣叔不痴，其实是位名士。"便把自己和王湛的交谈略述一遍。

司马炎也颇感意外，问道："你叔叔比得上谁呢？"

王济答道："山涛之下，魏舒以上。"

从此，王湛成为名闻天下的名士，后来当了汝南内史。

人生需要沉潜，只有在无人关注的时刻为了日后的发展潜心积累，生命才会绽放得更加绚烂多彩。这就是韬光养晦的艺术。曾国藩是个很懂得韬光养晦的人，他把韬光养晦解释成了"藏锋"，藏锋原意是书法专用词，指用笔藏头护尾，不露锋芒，这样写出字来比较含蓄沉稳、浑厚有力，力在内，不外泄。就是因为藏锋有一种内在的含蓄的审美意蕴，做人要像曾国藩一样，懂得如何藏锋、何时藏锋。

不知收敛的人常常会因自己的锋芒太露而伤人伤己，这是不聪明的人做的事情。真正的聪明人都懂得藏锋，都懂得隐藏自己的实力，这样才能悄悄积累经验，厚积薄发从而带来成功。

把自己藏在别人注意不到的地方，让别人在明我在暗才能看清局势，不受人干扰，积累自己的实力。躲在暗处，既能使对手小视自己，又能趁机识别身边人。这一韬晦之法不仅能用于治国，也能用于人生路上的纷繁竞争。

处顺境时当作坏时打算

【原文】

当于极盛之时预作衰时设想，当盛时百事平顺之际，预为衰时百事拂逆地步。

【译文】

应当在特别强盛的时候预先对衰败之时做出设想，应当在成功时，事事顺利的时候，预先为衰败时，事事不顺利的地步做打算。

【解读】

在风波不断的官场，位高权重的人更容易遭到别人的算计和攻击。如果自己的行为不谨慎，那么将到处都给人留下话柄。在这一点上，曾国藩是非常清楚的，所以他做什么事情都特别谨慎。他认为做官这件事情尤其是做大官，看起来是在安逸享受荣华，实际上却是随时都有危机的。

在攻陷了天京以后，有很多人都劝曾国藩拥兵自立，趁着国家混乱之际在江南称帝。凭借曾国藩当时的实力，他完全有能力保住在江南的江山，与清廷划出自治。可是，曾国藩深知如果自己那样做，国家将再一次居于水深火热之中。连年征战将使得百姓苦不堪言，自己也将成为历史上的罪人，于是他断然拒绝了称帝的建议。

自从曾国藩位极人臣，手握重兵，他就没有忘记警醒自己和家人，要记得居安思危。在他给弟弟的信中说道，很多人在居高位的时候就忘乎所以了，觉得非自己不行，可是我们在做事情的时候，也要想一想以前，想一想百姓。以前连年征战，眼见百姓的苦，如今自己怎么能再重蹈覆辙呢？曾国藩常常告诫家人，虽然现在曾家深受朝廷的赏识，可是不能因为现在的安逸，就忘记了以前的种种辛劳，不能因为一时的得意，就忘记了以前的失意。做人要时常居安思危，回想原来的不足和缺憾，才能不断地进步。反之，就只能在原地踏步，不会有更进一步的发展。

对待自己的部将，曾国藩更是教导他们，要常常以"花未开时月未圆"的心态来面对当前的处境。在这一点上，鲍超是最为受益的。

鲍超在刚刚加入湘军的时候，总是很傲气，他觉得自己在军中能够立下战功，就是很了不起的了。曾国藩说："你能有今天的成绩，是一点一点干出来的，如果有一天战事不利，突然失败了，你该怎么办？"鲍超一时之间不知道该怎么回答，曾国藩就说："成功的人都很怕再失败，可是为了避免失败，就应该常常居安思危，而不能因为现在的成绩就自满，就故步自封了。"鲍超听了以后，觉得主帅说得很有道理，就收敛了许多。在以后的征战中，他再也不以功劳自居了，而是常常思考自己的不足，不断地改进自己，最终在作战中立下了汗马功劳。

任何事情在到了顶点之后都会走下坡路，也许现在大家为了自己取得的成绩所自豪，或者也开始骄傲，但总有一天会忽然从顶峰走下来。因此，对于一个人，无论顺逆，都要有危机意识，不可轻敌。

身居高处的人，往往最容易忘记当初所承受的痛苦，以为现在的成绩就可以标榜一生，可是很多人正是因为这样的想法而遭遇惨败。所以，在高处的时候，更应该常想在低处时的痛苦，引以为戒。只有收敛自己的洋洋自得，谨慎的做事，才能安居高处，而没有跌落的危险。

人处逆境之中可以明智，处顺境之中，刀光剑影立于前却不自知。人往往身处逆境，人格、本领才会得到提高，此时的磨难反而不是一种苦果，而成了锤炼人心的工具。一切的磨难、忧苦与悲哀，都是铸就优秀品质的资本。正像曾国藩处事无论顺逆都不松懈，才能够成功。在面对苦难与忧患的时候，如果能保持一颗平常心，对任何事情都清楚明净，居安思危，那么就没有什么事情是做不成的。

第四章 达 变

困时切莫间断，熬过此关即可有进

【原文】

困时切莫间断，熬过此关，便可少进。

【译文】

困难的时候事业一定不要中断，熬过这一关，就会有一些进步了。

【解读】

人的一生中，遭遇困难的考验是必然的；享受进步的喜悦也是必然的；进步往往从困难中得来，这也是必然的。曾国藩之所以要求人们在困难时选则坚持，是因为坚持是忍受困难煎熬的治愈药，忍受住治愈药的苦涩，坚持多服用几服，无论是在求学上，还是在创业中，都会有所裨益。

俗话说伟大是熬出来的，苦难没有权利使人不幸福、不进步。熬过苦难是继续前行的通行证，同时也是更上一层楼的阶梯。中国古代著名的书法家王羲之很小的时候，就在书法方面崭露头角，他的老师、书法家卫烁夫人，也曾高度称赞过他，认为他日后的造诣将不在自己之下。王羲之为此沾沾自喜，一段时间内止步于已有成就。

直到有一天，他发现人外有人时，认识到了自己的不足，于是更加勤学苦练，据传说因为每天去洗刷笔砚，日积月累，最后把家中一片池塘的水都给染黑了，墨池由此得名，他也由此练就了让人盛赞的书法技艺。

王羲之踩着日子，一步步在书法艺术的道路上跋涉，和内心的骄傲、惰性斗争，在发现自己的不足的第一时间克服它。然后重拾前进的动力，付出实际行动经受住考验，最终获得了成功的喜悦。相比于此，《史记》中记载的苦难更要血腥、残酷得多。

西伯侯姬昌被商纣王囚禁在羑里；孔子被困在游说列国的途中；屈原遭到楚怀王的猜疑和放逐；史官左丘双目失明；孙膑被庞涓陷害被挖去了双腿上的膝盖骨；吕不韦被流放到蜀地等等。有些沦为阶下囚，有些遭到疏远使得人生抱负再难实现，有些遭受了身体上和精神上的巨大痛苦。

这些困难是常人难以承受的，人生最苦莫过于此。但他们没有放弃，没有像楚霸王项羽那样自刎乌江，给后人留下无尽的遗憾和叹惋，而是选择忍耐，选择知耻而后勇，因此他们选择了成功。

曾国藩的一些为后人称道的成就同样也是踩着失败、煎熬的石头，苦苦觅得。在与太平军开战初期，他率领的湘军屡吃败仗，有一次作战，自己险些被俘，幸好被部下及时救起才免遭大难。面对这样的困境，也许好多人就会被吓破胆，再也不敢轻举妄动了。但是曾国藩并未如此，他细心地思考，努力寻找破敌制胜的良策，经过多年的努力，他终于带领湘军攻破了天京，取得了战争的胜利。个中的辛苦与喜悦，恐怕只有他自己最能体会了。

无论先人成功的先鉴，还是曾国藩本人的亲身经历，都说明了同一个道理：没有经历过巨大困境者难以成就不朽功名，自古成功在忍耐，进步的天阶是又无数印有脚印的磐石累积而成的。

泰而不骄，威而不猛

【原文】

君子无众寡，无大小，无敢慢，斯为泰而不骄；正其衣冠，俨然人望而畏，斯为威而不猛。

【译文】

君子不分人多人少，也不分尊卑，都不敢怠慢，这是稳重而不骄傲，端正自己的衣服和帽子，庄重严肃使人一见就生畏惧之心，这是威严而不强悍。

【解读】

一个人各方面的能力都是有限的，自大、自满、自我标榜只会惹来祸端。因为在自我标榜的过程中，既容易得罪人，又容易将自己的缺点暴露无遗。真正的聪明人，永远知道自己的缺点，永远懂得藏巧纳拙，时时谨慎处处小心，避免被人捕捉到疏漏之处。由于处于一种谦下的姿态，就不会成为被攻击的目标，就获得了安全。

人们常说，世界上唯一不变的是变化。为了不被变化弄得措手不及，我们需要修炼一种"无众寡，无大小，无敢慢"的处世态度。这种态度能让人在顺境时，不得意忘形，保持平和心；也能让人在强于别人时，懂得谦下待人，避免招来不必要的口舌，进而能达到自我保护的目的。如果不具备这种态度，就有可能在长时间的自满、自负中，渐渐走向另一种极端，由一种相对较好的境遇，进入一种糟糕的境地。

西汉成帝时，儒学大师刘向受成帝的指派，率领儿子刘歆和一大批学者整理藏书。刘向整理藏书时，心有所悟，便告诫儿子刘歆说："我们读书人有个毛病，一旦书读多了，便以为无所不知了，容易染上傲气，你一定要自律啊！"

刘歆提出疑问："父亲学问精深，人所敬仰，难道非要做出谦逊之态吗？和那些无知的俗人相比，父亲用不着自谦啊。"刘向一听大怒，斥责说："我哪里是什么惺惺作态？我是真的自觉无知啊！你这样狂妄，不知世情，将来要吃大亏的！"刘歆心中不服，对刘向的话并不放在心上，他对别人说："我父亲太迂腐了，这只怪他事事不张扬。如果换作他人，就会有更高的官职，这不是太可惜了吗？"

刘歆写成一部目录学著作《七略》后，在别人的恭贺声中，刘向提醒儿子说："你写得很好，但我并不想夸赞你。很多人就是在他人的赞颂声中毁灭的，因为这助长了他的傲气。天地如此之大，我们所学所知的实在太少，如果你知道这一点，时刻牢记在心，做事才不敢张狂啊。"

在整理图书的过程中，一批战国以前的典籍浮出水面。刘向对此并不推崇，而刘歆却主张向天下人推行这些典籍。为此，父子二人发生了争论。

刘向说："古时典籍固然有些道理，但它并不能揭示万物的规律。世事千变万化，一切贵在创新，何必拘泥于古呢？"

刘歆辩论说："是好是坏，相信人们一看便知，我敢断定，我的意见终会有人赏识的。"后来，汉平帝继位，王莽掌握了朝廷大权。王莽为了篡权的需要，假意赏识刘歆，刘歆感激涕零，马上投到了王莽的怀抱里。有人提醒他说："王莽要重用你，福祸未知，你不能太草率了。"

刘歆自信地说："我一向不甘为人下，今日终有出头之日，可见苍天佑我。以我的智慧，只要王莽纳谏，天下的局面定会焕然一新。"

刘歆自恃己能，频频向王莽进言，建议全面复古。

刘歆的朋友为他担心，说道："凡事说得容易，但做起来就难了，你不该轻下断言。老实说，你做学问可以，对治国之术就生疏了。纸上谈兵害国害己，怎敢涉足呢？"

刘歆被人说到自己最引以为傲之处，不禁大骂朋友是个愚人，朋友说："我宁肯做一个愚人，这样至少不会招惹祸患。你把自己看得无所不能，将来一定会后悔的。"

王莽依刘歆所议全面改制，结果遭到了惨败，激起了各地的起义。

刘歆害怕王莽追究，又自作聪明地想要发动宫廷政变，除掉王莽。很快，消息泄漏出去，刘歆绝望之下，无奈自杀了。

刘歆处处标榜自己的聪明才智，走的却是一条笨人的路，最后自杀而死，以他的满腹才学，实在可惜。而他之所以没有在变幻的时局中保住身家性命，怠慢、骄矜的性格是主要的原因。

拥有这两种缺点的人，会被自己有限的才学、能力遮蔽双眼，看不清变化的真正动向，进而做出错误的判断，危害自己的发展。然而，如果有才学的人能按照曾国藩说的那样，泰而不骄、威而不猛，始终以低调、谦和的心与他人相处，自我精进，那么结局和前程肯定会十分明朗。

风霜磨炼，能坚筋骨长见识

【原文】

身体虽弱，处多难之世，若能风霜磨炼、苦心劳神，亦自足坚筋骨而长识见。

【译文】

身体虽然瘦弱，又处于多灾多难的世道，如果能够像经历风霜般艰苦地打磨锻炼，使心志受苦，使精神辛劳，也足够使自己筋骨坚强，见识长进。

【解读】

经受风霜是一种艰辛，能在风雪中坚实筋骨，增长见识，艰辛中会获得磨炼。曾国藩把这种苦难的置换称为"达变"。形象地说，这就像喝茶一样，茶是苦的，不会品的人，当然只会说茶不如可乐好喝，而会品茶、懂品茶的人，却把品苦当作食香的前提。

有位诗人曾说，世间最平常的状态不是幸福，不是快乐，更不是舒适，而是制造幸福，制造快乐，赢得舒适的权力，而且制造的过程往往是枯燥的、乏味的，甚至是繁重的。就像收获季前，要经历漫长的、辛苦的耕种季。由此来看，人生常态是，瞬间的幸福、舒适，一世的苦苦营造。

正如佛家告诉世人的，事物里一切皆苦，人生不过痛苦地活着。人生的苦涩不可逃避，但吃苦的方法有很多种，抱着吃黄连的心吃苦会委屈，抱着吃汤药的心会忍受，而抱着吃甘蔗的心，会从中咂摸出一些别样的滋味。

一位国学大师曾说："人活了一辈子，就是三句话：莫名其妙地生来；无可奈何地活着；不知所以然地死掉。"世人为了获得人生的快乐与幸福，追这个，求那个，到头来依然满头雾水，不知所以然地离开。这样枉走人世一遭才是苦的根蒂所在。跳出这个苦，把苦中的甜提炼出来，遭受风雪、艰苦便不至于终于苦楚。

曾国藩鼓励那些身在苦中的倒霉者："若能风霜磨炼、苦心劳神，亦自足坚筋骨而长识见。"倒霉来了，好运也就不远了，会吃苦就是能吃补，把"倒霉"当甘蔗吃，吃完了以后，下一步好的就来了。

曾经有位戏剧家在自己的作品中写道："你见了一头熊，就要避开，可是假如你逃得方向前面是汹涌的大海，你只好面对那头熊了。"把"倒霉"当甘蔗吃就是这种万不得已的选择，也是最明智的选择。同样是冒险，跳入大海绝无生还可能，与熊决斗反而有一丝生机。人生既然不可能没有苦与痛，不妨让苦的浓度稀释一些。也就是说能够不断地克服困难，能够不断地跨越障碍，能够不断地吃到苦味中的营养就行了。

人生做不了结论，苦难当然也不会有定论，当苦难变为财富，变成阶梯，命运说不准会在苦涩中酝酿甘甜。所以苦难其实不苦，苦的是不知道苦难中包裹着甘甜的夹心。

居官不过偶然，不恋衙门热闹

【原文】

居官不过偶然之事，居家乃是长久之计，能从勤俭耕读上做出好规模，虽一旦罢官，尚不失为兴旺气象。若贪图衙门之热闹，不立家乡之基业，则罢官之后，便觉气象萧索。

【译文】

在朝为官只不过是偶然的事情，在家过日子才是永远的事情，能够在勤劳节俭、耕作读书上做出好的气势，即使有朝一日不做官了，尚且不会失去兴旺的气象。如果贪图官场上的繁盛活跃，不建立家乡的基础业绩，那么，不做官之后，就会觉得家里气象萧条瑟缩。

【解读】

诸葛亮《戒子篇》中说："非淡泊无以明志，非宁静无以致远。"做人须得看淡，尤其是看淡名利，如果人不能看淡名利，那么一生就不是单纯的劳心劳力了，而是会变成名利的奴隶，一辈子就只是想去追求名和利而忘了世界上还有很多东西是更值得我们去追求的。因此，人生在世，就要看淡名利，才能使自己的心境得以纾解。

儒家提倡"了却君王天下事，留得生前身后名"，从这里面就可以看出极重的名利心，但是从古至今也有很多视名利为浮云的高洁之士。对于"名利"二字，一个人的一生不可能完全做到不去追求，不闻不问，名利之心人皆有之，只是看重看淡的差别而已，所以我们对于名利的态度，不是拒绝去追求，而是要看淡。

曾国藩就是一个典型的有名利心但是却看淡名利的人。曾国藩因深受儒家传统思想熏陶和影响，所以有名利心，但是又因为他是个真正的聪明人，所以他又把名利看得很淡。曾国藩一生政务、军务缠身，忙碌不堪，却恬淡养生，冷淡处世，平淡为官。曾国藩曾说过："天怀淡定，莫求速效。"

曾国藩在初次进京赶考时，心中充满了希望。他的好友刘蓉评价他用了"锐意功名，意气自豪"一语。曾国藩在考中进士时，名列三甲，按照以往的惯例，三甲进士多不能入翰林为官，曾国藩觉得既羞愧又失望，差一点就要回家了，幸得几个好友尽力规劝，才留下来按时参加了朝考。在曾国藩的这个事例里面，名利心就变成了他向前进的动力，这一点是值得肯定的，但是凡事都得有度，过度了好的也会变成坏的。就像如果一个人把所有的精力都集中在追名逐利上，那么就会很容易走极端。

曾国藩建立湘军，很多时间在外带兵打仗，他深知处于军营，就要时刻谨慎小心，但是还得保持一颗平常心，让心情舒畅，所以他作了一对联以鼓励自己：

战战兢兢，即生时不忘地狱；

坦坦荡荡，虽逆境亦畅天怀。

还有一次，曾国藩读到苏轼的诗，其中有一句是："治生不求富，读书不求官。"看到这句话，曾国藩陷入了沉思，良久后，他在参加考试后又添上了两句自己写的话："修德不求报，能文不求名。"曾国藩不光自己做到看淡名利，还常常劝解家人看淡名利。

名利乃身外之物，是浮云，是生不带来死不带去之物，所以没必要把它看得太重从而使自己失了平常心而变得不像自己。名利不是世间唯一能带给我们欢乐的东西，如果过分地追求，不但不是欢乐还会变成梦魇，让你的人生充满了噩梦。曾国藩的事例、话语都告诉我们做人做事须看淡名利，不能太重视名和利，太过重视，名利就会变成一把双刃剑，伤人伤己。所以，我们要看淡名利，要视名利为普通之物而不是要倾尽毕生精力去追求之物，要像曾国藩一样，学会知足常乐，学会看淡名利，知足天地宽，只有这样，才能获得真正的快乐。

凡有盛必有衰，不可不预为之计

【原文】

凡有盛必有衰，不可不预为之计。

【译文】

但凡有兴盛就一定会有衰败，不能不预计好，早做打算。

【解读】

世间没有永久的胜利，也没有永久的失败。现在光芒万丈，将来可能身处阴霾；现在身受阴雨淋漓，总有一天会迎来瑰丽虹彩。这种简单的自然之理，放逐人生世事，是物极必反的道理。应对这种如天气一般存在变数的社会里，曾国藩给出的方法是："凡有盛必有衰，不可不预为之计。"让人欣喜的盛景可能只是急风暴雨前的晴天，不在思想上有所准备，可能会在雷雨忽骤时措手不及，成为落汤鸡。

曾国藩强调"预为之计"，做好遭受衰落的应对准备，其理由就在这里。他曾在一封家信中写道："好胜人者，必无胜人处，能胜人，自不居胜。"真正能够享受胜利、维持胜利盛景的人，从内质上来说是不以胜利为胜利的人。自恃一时胜利，单纯地争强好胜的人，一定有不如别人的地方，而且当他们遭突然的事变时，难免会由于疏于准备，而一败涂地。无以应对随时可能出现的质变，是被动地接受变化的突袭，因为被动所以不能称为"达变"。

同样的，如果在身处窘境时，为一时困窘所逼迫，没有力气寻找突破口，那么这种种的受制于环境，也称不上"达变"。

这个"达"字，对于持有胜利牌的人来说，要求他们具备一种懂得危机的预想；对于被失败压在脚下的人，要求他们有一种不惧败、不放弃的希冀。无论是胜利还是失败，在心里做好这种准备，会由此生发出应对的策略和应对。如此思想和行动两相配合，就会迎来"达变"的转机。

曾国藩一生表面上看起来风光无限，仕途平坦，一路直步青云。但鲜为人知的是，在与太平军作战的前期，曾国藩曾屡屡受挫，甚至有过五次因失败而险些自杀的经历。

正是由于这五次不堪回首的经历，曾国藩才得出了"不惧败"的为官哲学。同时也感悟到，一个人是成功还是失败，其实只有死后才可能盖棺定论。只要活着就会有反复，会有转化。常胜将军要是因常胜而自大，最终也成为别人的手下败将。反观之，成功的人总是谦逊地听取他人的意见，不因为自己处在成功之位就不听人言。

人只要活着就会有反复，会有转化。为此应该在未发达时心想发达，不惧怕磨难和失败，屡屡奋起，直到时来运转，趁势而起。同样，在发达后，更应该用谦虚的心态和长远的眼光留住生命中的运势。曾国藩习得"不惧败"的大义，在逆境中"戒惧惕厉"，永不言败，永不放弃，在顺境中打开视野，永不停止追求卓越的脚步，而不是遵循人的天性，或是心灰意冷，或是好炫耀，贪慕虚荣。

不拘泥于往事成败，迁就一时利害

【原文】

士大夫处大事，决大疑，但当熟思是非，不拘泥于往事之成败，以迁就一时之利害也。

【译文】

士大夫处理大事情，处理大的疑问，应该对正确还是错误深思熟虑，不固守于以前事情是成功还是失败，以此迎合着一时半会儿的利益和害处。

【解读】

人的一生太漫长也太短暂，如何度过这段时间是人们一直探索的主题，有些人总是追求一时的利益，但是还有一些人却有着大智慧的处世原则，他们不拘泥于眼前的蝇头小利，而是立足于整体，就像曾国藩所说的"士大夫处大事，决大疑，但当熟思是非，不拘泥于往事之成败，以迁就一时之利害也"。此话说的就是士大夫的一种处世智慧，他们在面对问题时，总是能够深思熟虑，过往的事情不会影响着他如今的决定，也就不会出现因为过往而屈服于一时半会儿的利害得失，他们更加注重的是长远。

人们常说，目光的长远将影响着人的一生，要有长远的目标，但是每一个目标都是一步一步地实现的，都是脚踏实地取得的，这些也是成功者的共同的特征。放眼中外，每一个有成就的人，都可以说是一个很有主见的人，一个对自己的人生有着具体规划的人。人的一生，并不能用简单的成功或是失败来决定，而是要看一个人是否有着长远的眼光，对自己的人生进行规划，并一步一步地去实现它。

选择一个正确的方向很重要，但是除了一个正确的方向以外，还要有长远的眼光和深刻的谋划，这样会让自己避免很多困难，少走弯路，甚至可以说是你的一个护身的法宝。历史上这样的案例也很多，如明朝的一个小人物，名叫严辛，他正是有着长远的目光，能看清局势，提前为自己安排了后路，才使得自己有了一个好的结局。

严嵩是明朝一个有名的奸相，在他当政期间，群臣基本上都听令于他，甚至是皇上也被他玩弄于股掌之间，一时间严嵩父子在朝廷上是耀武扬威，无人敢违抗他们的命令，可谓是权倾朝野。

一次，严嵩过生日，宜春县令刘巨塘进京拜见天子，之后与众多官员一起去严嵩的府邸给他祝寿，但是严嵩这个人十分傲慢，随意招呼众人之后便命人把大门关上，刘巨塘来不及出去便被关在了严府。到了中午也没有人来安排酒席，饥渴交加的他只得在府中到处乱窜。这时，严府的仆人严辛就把刘巨塘带到自己住的地方，并用丰盛的酒席对待他，说府上怠慢了大人，自己就尽点微薄之力减轻大人的怒气，不至于怪罪，这样就稍感安心。

一番话说出之后，刘巨塘甚是诚惶诚恐，直说自己官小言微，被如此对待已经不胜感激了，怎么还敢说怪罪呢？

严辛却笑了笑，说此时只有两个人，就不要再说恭维话，认为自己虽然是仆人，但是见得多了也知晓这些人情世故。刘巨塘不明白他的意思，就开门见山地说，可以随意说话，自己绝不泄密乱说。

于是严辛告诉刘巨塘，说自己非常高兴与他相识，希望以后如果有事能够关照自己，不忘今日的缘分。刘巨塘听完之后说，现在是严相的天下，自己只是一个小小的县令，恐怕不能够为他做什么。但是聪明的严辛，早已摸清楚了严相的为人，他说严嵩现在是如日中天，但是严嵩做人是对上面的很恭顺，对底下的人却很傲慢，经常做一些小人的行径。严辛跟随严嵩多年，知道总有一天严嵩的事迹会败露，等到那一天的时候，所有的人都会遭受牵连的，所以趁现在还早，就赶紧找个依靠，为自己准备后路，否则到时候就晚了。他觉得大人的心善，应当可以依托，于是才把自己的心思透露给大人。

听完这席肺腑之言，刘巨塘大感意外，问严辛是如何判断严相迟早要遭祸的。严辛说，从严相的轻视这一点就可以看出他的为人。虽然刘巨塘佩服严辛的见识，但是又怕他是严嵩派来试探自己的，便没有附和他的观点，没有肯定地答应。

几年之后，严嵩落败，他的儿子严世潘被人杀害，严家的仆人也受到了牵连。而此时，刘巨塘在袁州当官，主要负责严辛的案子，遂想起了当日的情形，于是把严辛发配到了边疆，使他免掉了杀身之祸。

我们不得不佩服严辛的远见，正是有如此的见识才能为他后日的生命安全寻求到了保障，才会免于一死。严嵩当时正当红，别说是家中的下人，就是在朝中依附于他的政党，也很少人有这样的远见认识。但是严辛却依据平日里的观察料想他日后必败的结局，并且还为自己以后的出路做好了规划，凭借自己识人的见识，选中了当时还是小县令日后却能发迹的刘巨塘，不得不说严辛是聪明的。利用当时自己的一点点小小的优势，略施小惠跟刘巨塘结交，使对方在适当的时候可以帮助自己一把，从这一点上来说，严辛具有长远的眼光，能够看清局势，为自己的未来提前找好退路。

在日常生活中，我们也要时时为自己的人生做好规划，不仅有短时期的，还要有中期、长期的规划，我们可以从下面几点中得到启示，可以学习借鉴一下：

第一点，我们要对每一天的生活进行规划，小到做什么事情，可以把要做的事情全部都罗列出来，再分轻重缓急，一次去完成。

第二点，对自己一年的生活做一个大致的规划，一年的时间自己的目标是什么，确定目标之后要怎样去实现它，比如说是要找一份工作，那么一年之后要达到什么样的职位就是我们要考虑的，在这其中分析自己的优势，在实现的过程中如何避免自己的劣势，途中将要遇到什么样的问题，自己要如何应对解决，搞清楚这些，然后一步步地去实现自己的目标。

第三点，制定一个十年的规划，十年的时间很长，可以改变很多事情，也可以让一个人从幼稚变得成熟，在十年之后自己又将是个什么样的状况也需要规划清楚。十年之后自己工作中的职位是什么，在物质方面得到了哪些，生活会是怎样的，为了达到这些目标，应该在现在做哪些准备，目前的境地可以实现什么等等问题，都是要在这十年规划中应当考虑解决的。

最后一点就是对自己的一生做一个规划，要弄清楚自己的人生目标是什么，自己准备花多少年去完成它，为了完成需要准备什么，而自己目前又可以做到哪些。

古人曾言："谋之不深，而行之不远。"也就是说要我们提前谋划，提前规划，这是在成功路上避免过多的风险，获得成功的秘诀。鼠目寸光的人只能看到一时的利益，注定要被生活牵着鼻子走，所以，纵观全局，放眼未来，一步步脚踏实地去实现，这样的人就可以成为生活的主宰。

襟怀闲远，可化刻为厚

【原文】

清则易柔，惟志趣高坚，则可变柔为刚；清则易刻，惟襟怀闲远，则可化刻为厚。

【译文】

人纯粹了就容易柔和，只有志向、情趣高远坚强的人，才可以变柔和为刚强；纯粹了就容易刻板，只有胸襟闲适怀远，才能够使得刻板变成厚德。

【解读】

"襟怀闲远"四字包含了很多现代人无法企及的心境，比如宁静、恬淡，比如高远、广博。在这四者之中，宁静是基础。就像平静的湖水与天际相连，让人把无限的辽阔尽收眼底，让观者不禁想变成一叶扁舟，盖着瑟瑟斜阳酣睡于无风浪的水面上。

倘若人心得不到静的修养，蠢蠢欲动的思想、欲念会慢慢堵塞心灵与外世的通道，让不安的胸心变得越来越闭塞。对于一个没有空间承载变故的人来说，达变无异于无稽之谈。

诚如清人普能嵩曾作诗云："多年古镜要磨功，垢尽尘消始得融。静念投于乱念里，乱心全入静心中。"人之初，心仿佛千年古镜，本来是光明澄澈如静湖一般，只是在岁月的沉淀中，尘土一般的烦恼、争执等等纷杂覆盖了真性。古镜蒙尘，犹如镜湖起浪，无法映照外物，自然无缘闲远胸襟，达变处事。

对此，曾国藩说，以静平乱，以静心治乱念。但是何为静？何为静心？无车马喧嚣，无风吹草动，自是一种静。但是世界上没有任何一个时刻是完全静止不动的。此种情况下，结庐入境，闹市读书，即是静心。

正如一篇文中提到的："所谓宁静，主要是内心自然没有声音，而不是抹杀外在的声音。心里没有声音，即使在热闹场所心灵仍然澄澈灵明，丝毫不为外境所动。"

风吹旗幡，幡随风飘动，有人说是幡动，有人说时风动，但心不动，即使外界万物皆动，依然是一片宁静于胸。如此宁静，是心间一块屏蔽纷扰的桃花源，如此静心可谓迎风破浪的一叶扁舟。现代的一些人在品味了生活便捷的同时，便渐渐疏离了这块心灵的净土，在快速的生活节奏中失去了享受宁静的机会。

没了这种享受，生活不会息止，不过，头脑中的紧张和焦灼会膨胀，没了恬静，享受的生活质量会下降。因此，与其让浮躁影响正常的思维，不如放开胸怀，静下心来，享受生活的原味。

保持心灵宁静，不可能让人像吃营养品一样吃到营养，却能维持心灵的康健，不为外物纷扰，不为俗利蛊惑。在宁静中靠近闲远，在闲远中酝酿着达变。

那么如何进入静之境呢？有人曾说："尘世的喧嚣可能会扰乱一个教欲望的人，但无法扰乱那个叫静心的人。"看淡欲望所指的荣华，看轻欲望里的得失，不轻易起心动念，不急功近利求成，而是将心跳放缓，随青山绿水而舞，见鱼跃鸢飞而动，闲看水流任急剧而常静，花落由风过而缤纷，则内心清净已。

行兵最贵机局生活

【原文】

行兵最贵机局生活。

【译文】

行军打仗最重要的是要把握合宜的时机、战场形势与军队之调度。

【解读】

兵家鼻祖孙武在《孙子兵法》里提到："兵者，国之大事也，死生之地，存亡之道，不可不察也。"在古代，军事问题是国家的重大问题，它关系到国家的生死存亡，所以一定要对军事问题有足够的重视。一个优秀的将帅，掌握着千军万马，以此来保家卫国，保障百姓的生命安全。指挥得当，那么可以击退敌人的入侵，保一方平安；如果调度不当，那么不仅可能让军队命悬一线，还会有国破家亡的危险。

孙武的用兵方略颇具辩证法思维。他一方面总结出各种用兵法则，但也指出要根据当时的具体情形，灵活选择用兵策略。他主张"兵以诈立，以利动，以分合为变者也"。这就是说，用兵以奇谋制胜，依利益而动，以分散集中为变化手段。这些都强调不能因循教条，要灵活机变。毛泽东说："灵活地使用兵力这件事，是战争指导的中心任务，也是最不容易做好的事。"只有辩证地看待问题，才能在军事上随机应变，从而取得战斗的胜利。

兵无常势，见机而行。这也是曾国藩深为赏识的一条军事策略。

1862年春，曾国藩和他的弟弟曾国荃一路向北，乘胜追击太平军，攻到了太平天国的大本营南京。然而他的弟弟曾国荃急功近利，在清军还未全部出师的时候，带兵冒进，连下无为、巢县、含山、和州、太平府、东梁山、金柱关、芜湖、江宁镇、大胜关等地，直逼南京城。并且曾国荃派军在南京城南门外的雨花台扎下营寨，使军队处于孤立的险境。

然而这种深入敌人腹心之地的策略并不高明，如果敌军分兵包围，那可能就会腹背受敌，情况将大为不妙。而且南京城固若金汤，南城墙、石垒极为坚固，城中粮食弹药储备也极为丰富。贸然强攻，伤亡必大，士气必衰，一旦再有援军来攻，后果不堪设想。

因此曾国藩非常担心，他写信给弟弟，表达自己对这种孤军深入的忧虑："援贼不来，则终岁清闲，全无一事；援贼再来，则归路全断，一蚁溃堤。"当他弟弟的军队果被袭击的时候，曾国藩又写信批评他："此等最险之着，只可一试再试，岂可屡屡试之，以为兵家要诀乎？行兵最贵机局生活；弟在吉安、安庆，机局已不甚活，至金陵，则更呆矣。"

这里曾国藩提出了一个非常重要的军事思想——"机局生活"，也就是说，带兵打仗，一定要让局势有灵活之处。曾国藩曾说："行军本非余之所长，兵贵奇而余太平，兵贵诈而余太直。"曾国藩由于出身文人，在儒家思想的熏陶下，表现在带兵打仗上讲究稳妥。但是，"平直"不等于用兵呆拙。由于认识到兵法贵在变化的特点，曾国藩在主张稳妥的同时，也很注意机动灵活，讲求变化多端。他指示下属说："古人用兵，最重'变化不测'四字。"可以说，他是深得古人用兵的精髓了。他又说过："忽主忽客，忽正忽奇，变动无定时，转移无定势，能一一区别之，则于用兵之道思过半矣。""变动无定时，转移无定势"，什么时候用正兵，什么时候用奇兵，要视具体情况而定，这才是用兵的最高智慧和最高境界。

在这种军事思想的指引下，他提出了带兵的"活兵"说："以后宜多用活兵，少用呆兵。进退开合，变化不测，活兵也；屯宿一处，师老人顽，呆兵也。"活兵灵活机变，根据敌我形势做出相应的战斗策略。而"呆兵"就是坚守不动，没有灵活的战术的话反而容易陷入敌人的围困之中。了解了曾国藩的这种军事思想，就不难理解弟弟孤军深入南京时他的心情了，所以曾国藩才会数次写信劝诫他，批评这种做法。

在秦末的农民战争中，项羽异军突起，在杀掉卿子冠军宋义后，威震楚国，名扬诸侯。此时秦军驻守在巨鹿，项羽便派他的部将当阳君率二万将士渡过漳河，援救钜鹿。因为没有太大进展，所以项羽决定率领全部军队渡过漳河，攻打钜鹿。为了增强士气，项羽想到了一个绝妙的办法。他下令将所有船只沉入河底，砸破全部的锅碗瓢盆，最后甚至把军营全部烧毁。他带的士兵每个人只带了三天的干粮，这相当于自绝后路，但也正是这破釜沉舟的决心激发了士兵的求生斗志，大家纷纷表示要与秦军决一死战。这时，前来援救钜鹿的诸侯军队都在按兵不动观望。只见楚军战士英勇无敌，无不以一当十，杀声震天。此次背水一战，楚军大获全胜，由此也成全了项羽上将军的地位。

这个破釜沉舟的故事告诉人们做事要下定决心，义无反顾。但很少有人注意到项羽机变用兵的策略。正因为背面就是漳河，才能因地制宜地使战船沉没，阻断自己的后路，因此才能最大程度激发士兵的斗志和勇气，最终获得战争的巨大胜利。可以说，这是一个灵活用兵的典型案例。

事物的发展总是处于变化之中。今天是晴天，明天就可能是阴雨。在战争中，由于各种情况错综复杂，就更应该知己知彼，依据实际情况制定相应的作战策略。战事如此，人事也是如此。在生活中，我们要密切关注事物的变化，见机行事。一旦发现不祥的端倪，就要迅速、及时地调整计划，以免陷入困境而无法自拔。灵活应变不仅是一种战略战术，更应当成为从容生活的一门艺术和一种能力。

第五章 耐 劳

"劳"字为安身之法

【原文】

尔兄弟奉母,除"劳"字、"俭"字之外,别无安身之法。

【译文】

你们兄弟侍奉母亲,除了勤劳、节俭之外,没有其他另外的居住、生活的办法。

【解读】

"尔兄弟奉母,除劳字、俭字之外,别无安身之法。"这句话的字面上,曾国藩是在讲如何侍奉母亲,实际上是在告诫亲族子侄们居家生活之道。按理说,曾家是当地士绅大户,不必像其他的贫苦人家一样省吃俭用、事事节约,曾国藩也不必像其他贫苦人家那样做事亲力亲为、奔波劳碌。但曾国藩认为富户居家生活,本质上远非如此简单,越是富户,就越需要勤劳和节俭,唯有如此,对整个家族来说才不会酿成坐吃山空、家道中落的惨剧。

他的这种主张,从小处讲,是把克勤克俭之道当作了修身的基础,齐家的保障;从大处说,曾国藩的这番话把克勤克俭认作了治国的必需能力,平天下的本质所在。曾国藩告诫家中子弟克勤克俭,一是为了修养他们的内在品德,锻炼他们的治家才能,二是为他们能够以后走进更广阔的天地、成为国家的栋梁之才奠定基础。曾国藩教育子弟,用心之良苦,由此可见一斑。

富家子弟克勤克俭,成就一番大业的不在少数。这与长辈的正确教育有很大关系。曾国藩这样的长辈,自己满腹经纶,知书明理,又经历过无数磨难,回忆起来,自然是颇有心得。他把这些人生的真谛传授给族中子弟们,这对他们来说确实是弥足珍贵。

对于聆听人群中的有心者,他们会将曾国藩的话默存于心,处处留心,时时在意,学会勤劳与节俭,并以此为基础,日积月累,在学业上突飞猛进,在品德上修为深厚,终究成就了一番足可与祖辈媲美的功业。曾国藩长子曾纪泽就成为一代著名的外交家,出访外国,无论在功业还是学识上都继承了其父的衣钵。

无论古今,克勤克俭之道对于后生晚辈的教育非常重要,对于家族的长久兴旺更是意义重大。曾国藩能对族中晚辈提出这样的要求和准则,真可谓一字千金,令人钦佩,也值得现在的人去效法。

遇棘手之际，须从"耐烦"二字痛下功夫

【原文】

遇棘手之际，须从"耐烦"二字痛下功夫。

【译文】

遇到棘手难办的事情的时候，一定要从"耐烦"这两个字上努力用功。

【解读】

果实的甜美是因为它们经受了风雨的洗礼，而一位成功者最终能够卓然独立傲视群雄，也因为他已经饱经了沧桑。在从风云变幻中磨炼出来的人，才能不为以后的磨难所吓倒。曾国藩的一生，就是在挫折中越挫越强的一生，他鼓励自己"遇棘手之际，须从耐烦二字痛下功夫"，以耐烦的心，积极应对，棘手事有可能找到着手解决的途径。

在曾国藩带兵打仗的过程中，他胜过无数次，也败过无数次，临逢胜仗，他内心喜悦，却不免遭受同僚的嫉妒，皇帝的猜忌。遭遇失败，本来就已难受无比的他，还要默默忍受居心不良者的讥讽、羞辱以及朝廷的冷落。对此他曾有过消极的想法，失望、绝望的心态，甚至想自绝于世。

后来，胜败如季节更迭般，不时更换，曾国藩也悟出了一些不为个人意志左右的机缘，于是他不无豪情地说："胜负兵家不可期，包羞忍辱是男儿。"忍无可忍，从头再忍，这便是曾氏的耐劳之法。

困境暂时不能扭转，就只能先扭转自己的心态，告诉自己安心耐劳，等待时机重新振作起来。曾国藩经常举自己平生四次受人讥笑之事为例，来说明成功皆从挫折中来："我平生吃了几次大亏：第一次是我做秀才的时候，学台公开指责我写的文章文理不通；第二次是我做翰林的时候，在给皇上讲课的时候，画了一个十分丑陋的图，王公大臣们没有一个人不笑话我的；第三次是我初次带兵时，在岳州、靖港战败后，全省官绅没有一个看得起我的；第四次是九江战败，我厚着脸皮走入江西，又弹劾了江西的巡抚、按察使，结果当我被围困在南昌，全省的官绅人人都喜笑颜开。"

面对他们的责难，曾国藩总是一笑置之，不仅自己如此，还时常劝慰自己的家人。他对儿子曾纪泽说："吾服官多年，亦常在'耐劳忍气'四字上做功夫。"以此告诫初入官场、历练不够的曾纪泽要在"耐劳忍气"上多下功夫，要对这四个字进行深刻的理解。曾国藩也对弟弟说："兄在外年余，唯有'忍气'二字日日长进。"他希望以此来鼓励儿子，教育后辈。后来，他的弟弟曾国荃遭遇弹劾，他依旧把"耐烦"二字寄予他，告诉他既然棘手事一时间无法解决，不如先默默承受。

这种应对棘手事的低姿态，有时会被人误解为懦弱、逃避。但是如果我们不小心被关进了高深的铁屋，相比于使蛮劲撞击铜墙铁壁，坐在铁屋角落，静看泄漏进黑暗中的一米阳光，或许这是更明智的做法，至少静静地坐着不会让我们在短时间内精疲力竭。

其实，表面上的静候，只是曾氏耐劳的表层含义，从更深层次的角度讲，找准时机，等待时机出现，才是耐劳的真正目的。正如一位文学家在散文中写道的："棘手的问题是只刺猬，与其被刺出鲜血，倒不如趁它不备时，抓住它柔软的肚皮。"积极地行

动是耐劳的题中之意,但是行动的时机很重要,曾国藩之所以主张先等等,是因为他觉得等待,不仅不会让我们碰壁,还会让我们稳准狠地反败为胜。

耐冷耐苦,耐劳耐闲

【原文】

为官须做到"四耐",即不为大府所器重,则耐冷为要;薪米过时迫窘,则耐苦为要;听鼓不胜其烦,酬应不胜其扰,则耐劳为要;与我辈者,或以声气得利,或以干请得荣,则耐闲为要。

【译文】

做官要做到四个忍耐,那就是不被大的官员器重时,最要紧的是要忍耐得住冷落;没有钱米,生活窘迫的时候,最要紧的是要忍耐得住寒苦;受理案件很多,外出应酬也很多,最要紧的是要忍耐得住辛劳;对我们这一辈来说,要么因为名声气势得到好处,要么因为干练请缨得到荣耀,最要紧的是要忍耐得住清闲。

【解读】

《隋唐嘉话》中有一个故事:

唐代宰相娄师德有一个弟弟,在他弟弟被任命为代州刺史后,他问弟弟怎样能居高位而不遭人妒,从而保全自己,达到孝敬父母的目的。弟弟说:"从今以后,就是有人把口水吐在我的脸上,我也不敢有怨言,我把口水默默地擦掉算了。"哥哥听了以后,语重心长地说:"人家朝你吐口水,就是对你发怒,如果你把口水擦了,就表示你厌恶人家、对抗人家、顶撞人家,这无异于火上浇油。不如不擦掉他,让口水自己干掉,并用笑脸来承受这一切吧。"这就是成语"唾面自干"的来历。

这个成语后来被用来形容一个人极有忍耐力,即使受到了侮辱,也不反抗。也许有人会说,这种忍耐是懦弱。可是在很多时候,不忍耐,就等于把自己推上风口浪尖,忍不下这口气,发了火气,如果相拼的对手实力远远胜过自己,将无异于以卵击石,付出惨痛代价。生活中,如果有人"动了你的奶酪",你不假思索就火冒三丈,恨不得将这个家伙痛打一顿,只是"匹夫之勇"。而真汉子却会忍气吞声,在忍耐中奋发,积蓄力量。

司马迁写给好友任安的《报任安书》中曾透露他忍气吞声以作《史记》的心声。司马迁曾因上书为李陵说话而获罪被关入大牢。他在信中谈到,自己在牢狱里面受尽酷刑折磨和凌辱,最后惨遭腐刑(宫刑),这是令人极为羞耻屈辱的事。司马迁出狱后虽仍任中书令,但普遍被人们所轻视。他说自己当时的境地:家中贫困,没有钱救赎自己;朋友也不出手相救,连左右亲近的人都不为他说句话。人不是没有知觉、没有感情之物,现在却只能与狱吏为伍,被囚禁在偏远孤寂的牢狱之中……他用"肠一日而九回"来形容自己当时所受的痛苦煎熬。

环境险恶,似乎天下之大,却无他容身之处。但司马迁并没有因此而消磨自己的意志,仍一如既往地坚守着自己的信念。他说,文王被拘而演《周易》;孔子困厄而作《春秋》;屈原被放逐而作《离骚》;左丘失明而作《国语》;孙子脚残而作《兵法》；吕不韦迁蜀而作《吕览》；韩非子被囚而作《说难》《孤愤》。他以这些历史上忍辱负重而成就大业的事例来勉励自己。

他认为现在《史记》还没完成，自己的信念和愿望还没实现，不能轻易死去。因此他能够"就极刑而无愠色"，即使被如此羞辱也不后悔。

司马迁最终因完成"究天人之际，通古今之变，成一家之言"的伟大著作——《史记》而流芳千古，成为人人敬仰的史学家，被后人尊称为"太史公"。

司马迁为写《史记》付出了常人无法忍受的代价，忍耐了常人无法想象的痛苦，可是正因为他忍了，并在忍耐的同时不断向目标迈进，结果也成就了常人无法企及的著作。

曾国藩不是名门出身，没有天赋异禀，但是这并没有阻碍他成为一代名臣。后人谈起他的时候，会说他的官位曾经有多高，会说他曾经得到过什么封赏，打过多少胜仗，却很少人在说过这些话之后想到，曾国藩为此忍受了多大的痛苦、磨难甚至耻笑。

其实，世间成功路皆有苦难铺垫，在走向成功的过程中，这些苦难、磨折免不了要来阻碍人们，给人们心理、生理上以打击。但是因为这次打击放弃了，那么我们就会错失下次可能会遇到的风景。反之，忍受住了，并通过自身的努力克服了，就会欣赏到更高、更远处的美丽。

既知保养，却宜勤劳

【原文】

既知保养，却宜勤劳。

【译文】

既要知道保护、养护自己的身体，也要勤快劳动。

【解读】

"耐劳"，用之于应对变幻世事，是忍耐，是养精蓄锐，用之于家庭教育是勤俭，是量入为出，而用之于养生则是劳作，是活动。然而在实际生活中，一些人对养生的理解，往往耽于过度保养，疏于适当劳作。这在曾国藩看来，是他们对养生的一种误解。

保养身体是养生的题中之意，无可厚非，但是出于保养的目的，而沉湎于安逸的享受，很容易导致意志消沉，造成身体机能的退化，使人丧失积极奋斗的心态和能力，这样反而不利于身体健康。为此，他主张养生之道，须合理地处理保养和勤劳的关系，这就是所谓的"君逸臣劳"。

他说，养生之道，以"君逸臣劳"为要："省思虑、除烦恼，二者皆所以清心，'君逸'之谓也；行步常勤，筋骨常动，'臣劳'之谓也。"单就字面上理解，君逸侧重养心，养心中以少忧虑、少烦心为要；臣劳侧重身体保健，保健则主要靠筋骨的活动达到。养心保健互补，动静互调，才是正确的养生之道。

不过，曾国藩的这番道理，不是从一开始就是系统的，而是经过他不断地反省，一点点总结、归纳出来的。他曾如此反省："每日除下棋看书之外，一味懒散……日内荒淫于棋，有似恶醉而强酒者，殊为愧悔。"自省仿佛是曾国藩生活、思想中的常态，以他的养生观衡量专注于下棋读书的懒散生活，虽然不会对身体有严重的伤害，单从精神层面上来说，长此以往，这种生活会慢慢地消磨人们的意志。

许多人所尊崇、看重的，是富有、高贵、长寿和美名；所爱好和喜欢的，是身体的安适、丰盛的食品、漂亮的服饰、绚丽的色彩和动听的乐声。但这些东西是否真的能给人们带来健康的体魄、没有负担的心胸，结果是个未知数。因为这些东西往往和高昂的消费相关，如果一个人没有完全负担这些的能力，那么追求这些就会无形中成为生活的压力。

但人们所认为低下的，是贫穷、卑微、短命和恶名；所痛苦烦恼的，是身体不能获得舒适安逸、口里不能获得美味佳肴、眼睛不能看到绚丽的色彩、耳朵不能听到悦耳的乐声。当我们在辛劳中修得了简朴、执着和常常珍惜的心，可能会质疑人们对它们的鄙薄。

有些人总是在无形之中一步步朝着安逸靠近，一步步远离忧患意识，最终慢慢走向懒惰和死亡。曾国藩曾反问子弟："事无大小，一一恭敬，不敢懈怠，则生体之强健，又何疑乎？"人活着应该时刻有一种忧患和恭敬的意识，只有这样才能更加注重关心自己的身体，不会养尊处优，丢掉延年益寿的机会。

欲稍有成就，须从有恒下手

【原文】

尔欲稍有成就，须从有恒二字下手。

【译文】

你要是想稍微有点成就，要从持之以恒上下手用功。

【解读】

在晚清的众位名臣之中，左宗棠、胡林翼、李鸿章等无一不是人中之龙凤，聪明绝顶，唯有曾国藩是个例外。他既非天纵英才，也无权势人家的庇佑。他之所以能够从一个农家子弟成长为"中兴第一名臣"，对后世的很多领域都产生了深远影响，这与他持之以恒的处事方法是分不开的。

曾国藩七八岁的时候，父亲竹亭带着他和年仅四岁的妹妹曾国蕙一起出门访友。当时正值三月，微风拂面春草绿，蝴蝶也在周围翩翩起舞，父子三人都为沿途的美景所折服，心情自然大好。竹亭先生一生向学，但是只中得个秀才，并无其他功名。虽然自己没有实现当官的理想，但是他将厚望寄托在子女的身上，所以很重视对他们的教育，随时随地都可能传授知识。

在此之前，竹亭先生刚刚教过孩子们对对子，所以此时，他就想考考他们，看他们兄妹二人是否已经心领神会。他见路边的狗尾草，信口说出了一句上联："狗尾草。"

没等曾国藩反应过来，妹妹曾国蕙已经脱口而出："凤冠花。"

竹亭先生对于曾国蕙的表现非常满意，但见曾国藩眉头紧皱，似乎还在苦苦的思索，也没有说什么。

这时，他们走上了一座石拱桥，竹亭先生心头一动，又出了上联："观风桥。"

这下不仅把曾国藩难住了，连一向聪明伶俐的曾国蕙也不知道该怎么回答了。

转眼到了朋友的家里，对对子的事情也就不了了之了。过了几天，曾国藩突然跑到父亲跟前说："我想起来了。"

父亲诧异："你想起来什么了？"

曾国藩："前几天父亲给我和妹妹出的对子，当时我们都没有想出来。这几天我一直在看书，想要找出答案来，今天终于想起来了。我用'听月楼'来对父亲的'观风桥'，如何？"

父亲听了，不禁连连叫好："想不到我儿能有如此恒心，对上如此绝妙的好对啊！"

其实，曾国藩自知愚笨，常常鼓励自己用一颗恒心追赶上别人的脚步。他认为，恒心是一切成功的保证，是一个人的第一美德。年龄不分老少，事情不分难易，只要持之以恒，自然就像种植树木和饲养牲畜，不知不觉就看到它们成熟、长大了。这其中包含着两层意思：一是坚持才能成功；二是不必急于求成，每天只要进步一点点。

这是易事，又是难事。说易，是因为每天只要进步一点点，人人可以做到；说难，是因为坚持几天可以，坚持几个月就难了，坚持几年、十几年，一辈子就更难了。但是，正是因为艰难，所以当我们做到了的时候，就会实现很大的超越。

有些人往往承受不了过多的挫折。生活的安逸磨灭了战胜困境的顽强意志，有了挫折，就想到放弃；有了危险，就想到逃避。一些人做事没恒心，觉得很多事情都太枯燥了，每天重复同样的事情，久而久之就没耐心了。面对这样的情况，要耐住其中繁琐、劳苦，学会把大的目标分成一个个容易执行的小任务，这样才能避免因难以执行而挫伤积极性，一点一点鼓励自己坚持到底，最终取得成功。

事无大小难易，皆宜有始有终

【原文】

凡作一事，无论大小难易，皆宜有始有终。

【译文】

但凡做一件事情，不管事情是大是小，是困难还是容易，都应该坚持到底。

【解读】

荀子在《劝学》中有这样一段话："不积跬步，无以至千里；不积小流，无以成江海。"没有从小到大不断积累的过程，成功的高楼无以搭起。总有些人只有远大的志向却瞧不起身边的小事，最后一无所成。

古今中外，虚怀若谷、胸有大志的人非常多。但是真正流传千古、建功立业的人屈指可数。虽然一个人的成功和天赋、时势、机会相关，但是也同他们如何实现志向分不开。中国的传统儒家学说提出：不扫一屋，难扫天下。这话的确中肯。一个想成功的人，如果按照修身、齐家、治国和平天下的道路踏踏实实地走下去，通常能够实现自己的目标。

曾国藩就是按照这样从小到大，以不断完善自己的方法取得成功的。他自幼接受其祖父和父亲的教导，之后又师从唐鉴，开始专宗程朱理学。从这位理学大师身上，他打下了坚实的基础。唐鉴教导他，学习的过程应该说从识字明义开始，一字一句，积少成多，逐渐长进，最后就是可以明白一篇，一经。一经通则其他诸经可以旁及。除了唐鉴，他还师从倭仁。

倭仁也是当时的理学大家。从这位老师的身上，曾国藩学到的是检身功夫。这两位老师的教导也是曾国藩后来提出的很多思想的源头。其中影响最大的要数倭仁，这位理学宗师也是从小处开始，每天从早起到入睡，一举一动，坐卧饮食，都严格要求，并且记下札记，以备反省。从道光二十二年（1842年）十一月三日起，曾国藩开始记录自己每天做的事情，以求自省。

后来曾国藩在给他人写的信中也多次提到，要想成功就要从小事、易事做起。就像陆九渊说的一样，树立大志向的人如果没有朱熹那样锱铢累积的功夫，什么也做不到。曾国藩说自己治军打仗，没有什么高人一等的，更没有什么神奇的法术，只不过是因为自己能够专门从细小浅显的事情做起，并拥有恒久的坚持。

在之后的人生中，曾国藩无论是读书、用兵还是治军、打仗，都十分注重小事的积累。正是这种务实的精神，才使得曾国藩成为一个成功人士。在这世上，或许今天你做出的努力没有回报，并不代表它没有效果。只要你肯努力坚持一步步做下去，就一定能够成功。如果想改变自己的生活，实现梦想，再没有什么比行动更合适的。倘若不为自己的梦想付诸实际行动，那么再好的想法也会付诸东流，那些曾经美妙的思考最后将会在光阴的年轮中搁浅。

一个人的行为能够影响他的各种活动，能够带给他成就感，也能带给他喜悦。通过潜心工作得到自我满足和快乐，这是其他方法所不能替代的。如果你想寻找快乐，如果你想发挥潜能，如果你想获得成功，就必须积极行动，全力以赴。要知道，成功不在难易，而在于"谁真正去做了"。要想实现自己的梦想，一味地等待只会一事无成，唯有从现在开始着手，抓紧时间才能实现自己的梦想。

勿恃清介而生傲惰

【原文】

沿途州县有送迎者，除不受礼物、酒席外，尔兄弟遇之，须有一种谦谨气象，勿恃其清介而生傲惰也。

【译文】

一路上各州县有接送的人，除了不接受他们的礼物、酒席之外，你兄弟几个遇到了，一定要有一种谦虚、谨慎的样子，不要仗着自己清廉就滋生傲慢懈怠之情。

【解读】

人生其实就是个不断登高的过程。每个人都是从山脚开始往上爬，刚开始的时候，大家三五成群，且歌且行，相互扶持的共同进步。渐渐的，爬得高了，身边的人也就越来越少了，有的人停在了半山腰，驻足不前，更多的人则是走散了，渐行渐远。

卷三 家训

　　一个人的能力越强、地位越高，就越难结交到真心的朋友。究其原因，有些人是因为这人的光芒太盛，不敢上前，有些人则是被此人不经意散发的傲气逼退。其实，每个有才之人都难免会显示出与众不同的一面，言谈之间也不难看出他的自信与骄傲，这是无可厚非的。但是，独木难成林，人毕竟还是要相互扶持、相互支撑才能活得更好。

　　曾国藩曾在家书中告诫弟弟们说，"沿途州县有送迎者，除不受礼物、酒席外，尔兄弟遇之，须有一种谦谨气象，勿恃其清介而生傲惰也。"意思就是说，（若是弟弟们）一路上各州县有接送的人，除了不接受他们的礼物、酒席之外，你兄弟几个遇到了，要有一种谦虚、谨慎的样子，不要仗着自己清廉就傲慢懈怠。曾国藩从一个无名小卒一步步走到一人之下，万人之上的位置，无论是身家还是地位都已不可同日而语。但是他却始终保持着一颗平易的心，从不认为他与旧友、乡亲们有何不同。

　　他曾说过，乡中无朋友，乃人生第一憾事也。诚然，一个人活着若是仗着自己有些才识，得了些官位便恃才傲物，自命清高，这人的下场，除了失败，更可怕的还有众叛亲离。人毕竟是群居动物，需要温暖、需要依靠，每个人都希望自己的痛苦有人分担，快乐有人分享。季羡林先生曾说过，人活在世上，要活得有"人味儿"，他说："不管我们是达官贵人还是贩夫走卒，这个'人味儿'都不能缺少。"

　　这个"人味儿"，是一种情感的传递，指的是待人待物的仁爱之心，也是温情的源头。

　　人活着要将心比心，才能以心传心。孟子曰："老吾老以及人之老，幼吾幼以及人之幼。""仁爱"二字，从来都是孔孟之道的核心，它是一种"推己及人"的处世之道，是一种由此及彼，关爱他人的为人之道。冷漠似乎是现代人的通病，人们都习惯了埋头走自己的路，事不关己高挂起，一旦有了难处，便也只能自己躲在角落里消化那一腔苦涩。这样的环境，只会让苦果更苦，难题更难。拥有一颗仁爱的心，做一个有人味儿的人，才能让生活变得更生动，在某种意义上，这样也可以活得更轻松。

　　若是一个人，将自己的仁爱之心从身边人为圆点，辐射开来，做到兼济天下，那这样的人必定会有非凡的成就。所谓爱人者人恒爱之，爱世间者世人敬之，这无关于地位，无关于金钱，即便是一朝帝王，也要施此心，只有得民心，才能进而坐拥天下。

　　有人戏称古代帝王自称"寡人"，意为"孤寡之人"，其实也不无道理。世人显贵者寡，凡夫者众，若是说对于平凡的人来说以仁爱之心是做人的需要，对于上位者来说，仁爱之心更是他们成功的必要条件。苏轼曾叹，"高处不胜寒"，高高在上的人们固然风光，但也孤单艰难，站得越高，就越需要有人扶持，有人支持。天子只有对百姓仁爱、尊敬，才能深得人心、巩固政权。同样，上位者也只有尊重下属，把自己放在与他人同样的位置上，以平等的态度接人待物，才能得到同事们的真心帮助。

　　人是感性动物，人与人以情相系，万事都逃不开一个情字。无论是从做人的角度，还是从成事的角度来说，做一个有人味儿的人都是至关重要的。不因自己的才学过人就把自己供起来，把其他人看低；也不因他人的缺陷、失败而将他推离自己的世界，将他孤立起来。在自己身边筑起高墙，不仅会让别人进不来，也会让自己出不去。一味地站在高处欣赏自己的优点，会让人们看不见别人的进步，也错失许多美景。仁爱待人，平易近人，是每个人处事做人都该信奉的原则。

　　世界很大，一个人无论是贫穷还是富贵，在这个偌大的社会里，都需要相互依靠才能活得更好。心怀一颗仁爱心，做人多点人情味，世界便不至于失去温存，我们也不至于手脚冰冷。

曾国藩生平三耻

【原文】

余生平有三耻，学问各途皆略涉其涯，独天文算学毫无所知，虽恒星五纬亦不认识，一耻也。每作一事治一业辄有始无终，二耻也。少时作字不能临摹一家之体，遂致屡变而无所成，迟钝而不适于用，三耻也。

【译文】

我这一生有三个耻辱，学问各个方面都基本涉及其边际了，唯独天文、数学却一点都不知道，即使是恒星和五纬都不认识，这是第一个耻辱。每做一件事情、处治一份事业都是有开始没结尾，这是第二个耻辱。年轻的时候写字不能模仿学习出自成一派的字体，以至于多次变化字形最终也没能成功，迟缓愚钝而不适合实用，这是第三个耻辱。

【解读】

每个人都是不完美的，都有长处和短处。人贵在有自知之明，要懂得自己的不足所在，正视自己的缺点，才能扬长避短。

所谓"金无足赤，人无完人"，有缺点并不可怕，可怕的是人不愿承认自己的缺点，对自己的过错和短处视而不见。这样的人，活在自己的盲目自信中，活在自己编造出的"完人"的假象里，一错再错，无法进步也不能成功。一个人想要进步，就应该先从正视缺点、了解缺点做起。

曾国藩是晚清著名的政治家，他是文官出生，博览古今，是个大学问家。同时，他又是一员大将。为了镇压起义军，曾国藩自行组建了湘军，进过他的整顿与训练，湘军纪律严明，骁勇善战，俨然成为当时清朝最强的军队。曾国藩并非武将出生，却擂响了战鼓，扛起了军旗，可谓将才也。而在做人处世方面，他更是仿照古代圣贤所谓，是个不折不扣的君子。就是这么个文武全才、道德高尚的"完人"，却说自己也有"不完"之处。

曾国藩曾说过，"余生平有三耻，学问各途皆略涉其涯涘，独天文算学毫无所知，虽恒星五纬亦不认识，一耻也。每作一事治一业辄有始无终，二耻也。少时作字不能临摹一家之体，遂致屡变而无所成，迟钝而不适于用，三耻也。"

或许有人会觉得，曾国藩这么说是故作谦虚，或是要求太多苛刻。一个人若是凡是都做到了九成九，难道还会因剩下那点不值一提的不足而感到耻辱不成？但正是这近乎苛刻的自我要求和清楚的自我认识，促使曾国藩一步步走向成功。幼时的曾国藩记忆力不好，他便更加努力，别人读一遍的书，他读十遍，用勤补拙，直到超越同学。年轻气盛的曾国藩锋芒毕露，性子急躁，多言误事，他意识到这个习惯是非常糟糕的，于是便深以为耻，发誓改之……

无论是处在人生的哪个阶段，曾国藩都没有对自己的短处和缺点视而不见，有则改之，无则加勉。更加难能可贵的是做了大官之后的曾国藩，没有被别人加在他身上的光环和赞美所麻痹，仍旧每日三省其身，闻错而改。正是这种正视缺点，了解自己的性格，才成就了一个奇才曾国藩。

人的缺点和不足不能避免，没有必要羞于承认，自欺欺人。但是，人无完人也不能成为自我安慰的借口。遇到闯不过的关口，便叹一句人无完人，然后轻易放弃。这样的人，也难成大才。一个人想要完善自己，首先应该要明白人无完人，看清自己的缺点，然后再努力为之，在自己不足的地方多多努力。

所谓"圣人之事，犹有不可尽法者"，错误和缺漏是不可避免，成功的关键也不在一个人犯错的大小，缺点的多少，而是他对待缺点和错误的态度。太过执着于追求完美，会让人觉得疲惫和迷茫，容易失去方向；而对自己的短处视而不见，会让人驻足不前，大事难成。

第六章 情 韵

拘苦疲困，不能真养生

【原文】

近年在军中阅书，稍觉有恒，然已晚矣。故望尔等于少壮时即从有恒二字痛下功夫。然须有情韵、趣味，养得生机盎然，乃可历久不衰。若拘苦疲困，则不能真有恒也。

【译文】

这几年在军营中看书，稍微觉得有些恒心了，但是已经太晚了。所以希望你们在年轻的时候就能够在"有恒"这两个字上痛下功夫。然而，也需要有情趣韵味，才能够培养出生机盎然，才能够保持长久不衰败，如果拘泥于辛苦、疲劳、困难，那么不能够真的持之以恒。

【解读】

一根弦绷得太紧太久就容易断，人也如此。终日懈怠碌碌无为者自然难成大器，但是如果完全反其道而行之也容易过犹不及，降低工作的效率和生活的质量。正如黄庭坚所说："人生政自无闲暇，忙里偷闲得几回。"磨刀不误砍柴工，成功虽然需要持之以恒的努力，但是把自己逼得太紧反而容易与初衷背道而驰，不如先给自己自己一点时间，把自己这把刀磨亮了，干起事情来就会更为省时省力。

曾国藩曾经反省道："夜思近日之失，由于心弦太紧，无舒和之意。以后做人，当得一'松字诀'"。这里的"松字诀"说的就是有张有弛、劳逸结合的养生之道。这也是他在自己的人生历练中慢慢领悟出来的。

咸丰九年时，曾国藩奉命负责指挥围剿太平军之事。军事繁重，他日以继夜，丝毫不敢放松地处理着军中的事务，但是依然发生了三河镇惨败，不仅李续宾所率领的六千湘军全军覆没，曾国藩的弟弟曾国华也战死沙场。这一仗对曾国藩打击很大，对湘军来说也是元气大伤。但是曾国藩明白自己作为主帅无权退缩，于是经过一番休整，他重新振作，制订了分四路进攻太平军的方案。

当时从建昌大营赶往安徽，曾国藩一介书生，体质不能和一般士兵相比，每日早起晚睡行军四五十里，还要为全军的筹饷、作战等事宜操心，自然劳顿不堪。一直紧绷的神经影响了他的休息，进而损害了他的身体健康。直到十一月二日，他才有了一种新的体会。

当时忙完军中事务后，他在睡前翻阅《诗经》，那些优美的诗歌让他紧张的情绪慢慢放松了下来，他感受到了放松带来的舒畅之感。他进而反思认为，自己在这段时间里把自己弄得太累了，应该懂得张弛有度，这样在生活上对自己进行一番调整，才能精神焕发地去应对那些紧张烦琐的事情。

这样的放松，看似无所事事、不务正业，但其实就是"以退为攻"之道。原来的曾国藩马不停蹄地处理各种事务，没有察觉自己这把刀已经钝了，用这么钝的刀去砍柴，费时费力，把自己折腾得苦不堪言。

事情当然还是要积极地去处理，但是曾国藩在阅读《诗经》的时候就懂得紧要关头"松字诀"的魔力。这一暂时的放松其实就是在给自己磨刀的机会，这样既能够避免自己忙中出错，又能让生活回归平静与安宁。

在今天，这种忙里偷闲的功夫并不是说要去整日游手好闲或者纵情声色，如果那样的话就会真的把自己的生活推入松懈中，很难重振。曾国藩的休息不求时间多，往往也不用腾出专门的时间分给休息，所以才称为"偷闲"。他懂得寓闲于忙，在紧张而严肃的事务之中偶尔休憩。

现代社会，纵使机械生产取代了原来繁杂的人工，但是人们考虑的东西也越来越多，心反而更累了。这时，忙中偷闲，以闲暇可以得养生。比如，久坐之人可以利用简短的时间和周围的朋友开开玩笑，说说话；工作期间，伸伸懒腰，做几个深呼吸；在坐车的时间，听听音乐；在睡前，看哪怕半个小时的书……这些都会让我们在繁忙中放松心情。

养得胸中一种恬静书味，稍足自适

【原文】

今虽暮齿衰迈，当从敬、静、纯、淡四字上痛加功夫，纵不能如孟子、元凯之所云，但养得胸中一种恬静书味，亦稍足自适矣。

【译文】

我如今虽然已到晚年，牙齿脱落，年迈色衰，也应当从"敬、静、纯、淡"这四个字上努力用功，纵使不能像孟子、八元八凯之贤士们所说的那样，但是，也能够在胸怀中孕育出一种恬静的书香味，也能稍微的足够自我闲适了。

【解读】

人到老年，经过大半生的兴衰沉浮，看过大半生的云卷云舒，心中好多事自然都看淡了，再无心气去争强好胜。这时的人通常会怀揣一份沉甸甸的回忆，乐得自在，以终天年。如果这份回忆中甜蜜多于悔恨，又能有儿孙膝下承欢，那这对于迟暮的光阴来说，便是福气无边了。

和年轻人积极的进取心、中年人的权衡心相比，老年人已经过了自己打拼、疲于奔命的年纪，此时的他们更需要一颗会聚敬、静、纯、淡的安然心。这样一颗心，说来无他，简单至极，但果真拥有这样的心境，可谓近于高深和罕见。对于常人，即使身处花甲甚至耄耋之年也未必能参透其中之味。

在曾国藩的眼中，能真正达到这种境界的只有孟子、八元八凯之贤士们这样的圣贤之人。反观无法达到的自己，他说他只能"养得胸次之中一种恬淡书味"，以求自适了。曾国藩立言的高妙之处在于语出含蓄而深味无穷，于一溪之中蕴江海。他的话，敏悟旷达、读书灵活之人看了，自会从中读出一片汪洋。而刻板拘泥、钻营字句之较的书呆子读了，所得到的仍然还是表面上那一汪细水。

这种安然心是老年人应该保有的心境，心境对了，心自然就静了，老年的闲趣自然就随之而来了。这是一种对人生的沉淀，经过这样的沉淀，自己一生中苦涩的杂质就被过滤掉了，沉下的生命恒常的部分，是留在时光唇齿之间的芳香。就像一杯用心烧出的清茶，这样的人生回首让人感受到自己人生的圆满。

这种"恬淡书味"自书籍中由来。坐在夕阳温热缭绕的藤椅上，泡上一杯清茶，摊开一本好书，时而低眉凝思，时而抬头仰望，闲适的一刻可抵得上十年的尘梦。稀疏的银发在微风中略略摆动，每一根都凝固了一段记忆。嘴角的微笑让皱纹绽放，从这种美中，我们看得到人生的可恋。夕阳，清茶，老人，书香，这一切和曾国藩所说的恬淡书味相得益彰，宁静得让我们感觉不到时光的流逝，仿佛整个宇宙都已经停摆在了这些点上："敬""静""纯""淡"。

从这番安闲的享受上来说，恬淡书味虽由阅读习得，但是真正拥有它之后，它回馈给拥有者远比一篇文章、一抹夕阳、一份安闲要多得多。当这书味在胸间辗转，会把馨香无形地转化成一种处事方式、思维方式，让人在处理问题时，看得开，放得下。而这一放一开，对于一位老人来说无疑是一份馈赠。

用功不可拘苦，须探讨些趣味出来

【原文】

用工不可拘苦，须探讨些趣味出来。

【译文】

用功不能拘泥于刻苦，要从中找一些趣味出来。

【解读】

很多人都觉得，做事情的过程就是不断刻苦地去克服困难，最终达到我们的目标的过程。在实现理想、达成目标前，刻苦是我们必须的品质，但事实并非如此。诚然，刻苦对于用功之人是一种非常良好、非常必要的品质，它可以帮助我们过关斩将，冲锋陷阵，达到自己最终的目标，但这样做，似乎太简单了一些，我们也会失去太多其他美好的东西。

如果再添加些趣味陪伴我们，情况就会大为改观了。如我们把一件事情不单纯地当成苦差事来做，而是用心去接近它，感受它，把握它，深入到隐藏在它坚硬外壳之中的柔软部分去，触碰到其中让我们痴迷、沉醉、享受、欣喜的美妙之处，让我们觉得我们正在做的不是一件只有付出辛苦、付出许多其他的珍贵事物才能完成的事情，在通往收获的途中还有许多妙趣横生的东西可以获取。

苦中作乐，不如化苦为乐。当我们真正喜欢上做一件事情，那么，所有涂在它外壳上的苦涩汁液都将干涸、消隐，沁人心脾的甘甜将从它的灵魂中渗出。此时，我们将会爱上它，并对个中趣味甘之如饴。

许多伟大的人物之所以能够做出不朽的贡献，不单纯是因为他们刻苦，而是因为他们也懂得享受。他们在他人眼中废寝忘食、不知疲倦地探索、工作的过程，对于他们自己来说就像在啃着一颗梦幻的水果，甜美的汁液和隐藏在果皮之中的巨大宇宙对他们来说意味着必须伸出舌头。此时此刻，工作的概念已经消失。刻苦，努力，甚至不朽，全都在他们的味觉之外。此时此刻，只有他们知道，这种方式可享用到生命的美妙气味。

趣味，对于我们做事确实是非常重要。能够在做事的过程中培养出趣味的人，是有趣的，也是幸福的。曾国藩看似严肃，不苟言笑，而且在其言论中多次提醒自己要稳重严肃，但他能够提出这种"趣味"观念，可见仍然是童心未泯，懂得生活之道、用功之道，是个难得的有趣之人。

胸中不宜太苦，须活活泼泼

【原文】

余"八本匾"中，言养生以少恼怒为本，又尝教尔胸中不宜太苦，须活泼泼地。

【译文】

我的"八本匾"中，说养生要以少烦恼、少动怒为根本，又曾经教诲你心中不能太多苦闷，一定要活泼乐观。

【解读】

"活泼"二字从水，本意是形容水流得畅快，后来人们用它形容孩童的天真、好动，其实也是在说孩童的心思如水，不为忧伤驻足，前一秒还在哭，后一秒又会因为一颗糖果而露出白色的小乳牙。曾国藩说成人的内心也应该是"活泼"的，正所谓"流水不腐，户枢不蠹"，一颗"活泼"的心，是涌动甘泉的泉眼，在不断地流淌中，稀释污浊，送走落红，仅留一线甘洌。

具体来说，求胸中活泼，在平常生活中忙里偷闲，既是蓄养内心的情韵，亦是养心的秘诀。著名学者胡适先生曾将"兴趣散"赠与即将走入社会的毕业生，告诉他们："一个人应该有他的职业，也应该有他非职业的玩意儿。不是为吃饭而是心里喜欢做的，用闲暇时间做的，但是你的闲暇有可能定你的终身。你用你的闲暇来做社会服务，你也许成个社会改革者；或者你用你的闲暇去研究历史，你也许成个史学家……"可见在胡适先生的眼中，所谓"非职业的玩意儿"即是兴趣所在，它们不和现实生计有必然的联系，本身却是调和生活不可替代的情韵所在。

这番情韵，来自从繁忙挤出来的闲暇，而自古以来，一个"闲"字，一个"暇"字都与养生养心联系在一起。即便是像曾国藩这样忙碌的人，亦不忘记给自己找些"非职业的玩意儿"，比如读书、下棋。每当曾国藩心情郁闷时，他总喜欢读闲适的诗来解闷。文字就是有这样的魅力，能够转变人的心情，带给人不一样的感受，用曾国藩自己的话说，读书的妙用有二："一曰诙诡之趣，一曰闲适之趣。"除了读书，曾国藩更喜欢在黑白子的世界里，找回一颗沉静理智的心。

在知交故人的眼里，曾国藩是一个严肃认真、沉默寡言的人，也是一个积极健谈、懂得享受生活乐趣的人。据李鸿章回忆，当初战事紧张之时，曾国藩仍然不忘调侃一番。时不时在军中讲一两个笑话，惹得众人都笑得肚痛，前仰后合。曾国藩自己则泰然处之，以手捋须，恍若无事。正是这些笑话，拉近了曾国藩同下属之间的距离，缓解了紧张的备战气氛。

职业之外的兴趣、繁忙之中的一刻休闲、临战前的两则笑话……这些其实都是内心情韵的流露。这种情韵萦绕于心，会如流水香气一般，让人免于对单调、快节奏生活的疲于应付，同时使人能长时间保持"活活泼泼"。

《黄帝内经》中曾有记载，人的精神乐观有利于气血和畅，生机旺盛，从而有益身心健康。现代科学研究还表明，人的大脑皮层存在着"快乐中枢"，趣味和欢笑是其最佳的刺激源之一。这个中枢接受适宜的刺激后能够呈兴奋状态，从而激活人体机能，消除生理疲劳和精神倦怠，改善体内循环，增进免疫能力。换而言之，从繁忙中挤出来的闲暇片刻，相当于人体的SPA按摩，虽然时间不长，却能保证后期的高效工作补充新的精力。

曾国藩曾在信中写道："入春以来，清恙束发，而疲困不支。心神慌乱，自囚积劳积感所致。军政余闲，浏览书籍，忘情世变，或亦养心之一助，幸无以愁自缚也。"他的疲困不支、心神慌乱源于积劳积感、烦劳军政，而无愁自缚却得益于书中的片刻忘我、养心。

如此前后的对比，不禁让人顿悟，现代人高速的运转模式可能也在某种程度上束缚了身心，让人们的心更累了，焦虑也多了。这倒不妨以闲暇养生，培养自己的兴趣爱好，为快速运转的生活，注入以往看灵动的泉源，以缓解种种焦虑和烦躁。

养一段生机，去烦恼之道

【原文】

养得一段生机，亦去恼怒之道也。

【译文】

将心养护得生机盎然，也是去除烦恼、愤怒的方法。

【解读】

人生在世，三千烦恼之丝垂于脑后，但脑后青丝能够剪去，心中之烦恼难以消除。佛家讲修心，讲清静，以寂寞来消除烦恼，这在哲学高度上自然高超绝伦，但对于更多世俗中人来说遥不可及，代价也太大了。况且即使遁入佛门，要想修成这样的心境，恐怕也要用一生的时间去习得。

相比之下，曾国藩的去烦恼之道——在心中培养一段生机——要更现实一些，也更具能动性，我们时间不能把控，但至少可以把控自己的心，让自己的内心随时盛开一片春意盎然。所谓"养一段生机"，是能让自己的内心不必太苦，可保心神安宁、柔软、灵动、翩然的内在修为。有了生机，心灵变得柔软的同时，在面对世事是会变得愈加强大。同时，内心不刻板的人，会愈加充满灵性和温存。

在心中蓄养生机的原因是，人的一生中总会与各种烦恼不期而遇，"不如意事常八九"，但内心有了生机，烦恼遮蔽的阴霾间也会透露出的金色光线。这线生机虽不能将烦恼尽数消除，使人和烦恼绝缘，但无论烦恼何时袭来，自己总会有法应对，将催人衰老的烦恼变成颐养心性的超然心境。

余光中先生给朋友题字时，手书一幅"常想一二"，以此来提醒友人虽然烦恼八九，但若能从那一二生机之处入手，以心养心，烦恼虽多，终可一一驱散，达到心境的圆满。余光中先生能想到这人生"一二"之处，可知其心中自是春意盎然，一棵生机之树正勃然地挺立、开放着。

心中养出一段生机，以此来去除百般烦恼，可烦恼如何能够去除？不过是用心灵的厚重来忍耐人生的悲剧感，转移内心的不安罢了。诚如诗人张枣所说："我们的生命就是无尽的转化。"曾国藩所说的去烦恼之道，本质上不过是讲烦恼转化的方法，他读书、下棋，写作，以这三种养心之术来培养生机。可见，培养兴趣爱好是转移烦恼的关键。

弹琴、唱歌、舞蹈、运动、写字、画画、读书、下棋……只要善加培养，每一种都是于修心有益的活动。有了这些东西来填补内心的匮乏，浇灌生机之树的根须，让它枝繁叶茂，烦恼会来，却不会轻易驻足心间。

情韵、趣味养得生机盎然

【原文】

须有情韵、趣味，养得生机盎然，乃可历久不衰。

【译文】

读书也需要有情趣韵味，才能够养得生机盎然，才能保持长久不衰败。

【解读】

在平常生活中，人们可能会有这样的感悟：在人际交往中大受欢迎的人，往往不是所有人中最显赫、最有威信的人，而是那些充满情趣，容易让人心生触动的人。

道理很简单，每个人都想与情趣为伴。人有了情趣，心才是柔软的，能够经常在这个世界、在自己的生活中获得感动，让自己的心中充满爱意和对生命的感激、留恋，自己的兴趣爱好也能够因之得以保持。当我们老了，纵观自己的一生，会发现只有心中的情趣才是陪伴自己最长久的东西。由此来看，和有恒这一最本质相连的同义词并不是刻苦，而是情趣。

曾国藩的话虽专门指读书而谈，却从侧面道出了和情韵相关的人生体味，这番悟道不算深刻，却足以让人沉下心来静静思考：读书治学方面，以情韵、趣味辅助苦读，是不是更容易让人爱上知识中的旅行？工作创业方面，以情韵、趣味辅助奔波，是不是会让打拼者在拥有事业的同时，拥有美好的爱情、婚姻和充实的内心？生活生存方面，以情韵、趣味辅助休息，是不是周末、假期就不至于在昏睡和泡沫剧中消磨时光……

没有情韵、趣味，时间不会息止，生活不会改变，但必然会少些阳光和灵动。而有了它们，曾经死水一般的时间流会变幻另一种盎然模样，同时相比于之前，盎然的生活更具持久的潜质。

养得情韵，胸中会生机存焉，生机存焉，用功长久不衰，终达至境。人生成功者数不胜数，但也有许多人面目可憎，心中无趣，令人见之可厌。倒是一些失意之人，反而胸中有丘壑，有些狂放不羁，有些清淡高雅，反倒让人喜欢。当然，这里并不是说"国家不幸诗家幸"，而是强调情趣的重要。

有趣之人当然也可大获成功，而且其成功与刻板无趣之人的成功相比，更多了一份对灵魂触摸，更多了一份心中的柔软和鸣响。"古来圣贤皆寂寞，惟有饮者留其名"，太白诗句所言不虚。

第七章 崇俭

居家之道，唯崇俭可以长久

【原文】

居家之道，惟崇俭可以长久，处乱世尤以戒奢侈为要义，衣服不宜多制，尤不宜大镶大缘，过于绚烂。

【译文】

在家过日子的方法，只有崇尚节俭可以长长久久，在混乱的世道下更要以解除奢侈为首要任务，衣服不应该做的太多了，尤其不应该珠光宝气的，过于绚丽灿烂。

【解读】

出于贫困而节衣缩食，是一种节俭；身处高位，本可以锦衣玉食，却依旧衣不求华、食不求贵，也是一种节俭。两者相比，前者多半是迫不得已，后者更能显出主动克制。曾国藩一生强调勤俭自持，一半是迫不得已式的，一半是主动克制式的。

年少之时，曾国藩的父亲不过是个教书先生，生活自然不会宽裕，但是他以自己的行为勉励曾国藩说：俭约者不求人。日复一日，耳濡目染，清贫的书香世家生活，让曾国藩对勤俭有了更深层的认识。俭，不仅是一种生活方式，也是一种对待生活的态度，俭约不求人的背后蕴含着一种自立自强的精神。这正是曾国藩终身奉行的原则之一。

清朝官吏的俸禄不高，京官尤甚，而曾国藩考中进士后入选翰林院庶吉士，没有实权，收入不多。他因囊中羞涩，难免要向别人借钱，在借钱过程中使他体会到世态炎凉、人情冷暖，这让他更加下定决心要自立自强，不仰人鼻息。清贫时，节俭度日，非万不得已不求人、不借钱，实则是在守护一颗不清贫的心，为的是防止自己因穷而志短。

后来曾国藩由一介儒生成为儒将，他仕途高升，屡立战功，按说不必再精打细算着过日子，可事实远非如此。他常在家书中以俭字教导子弟，他说："弟弟帮助我料理家中的事物，一定要总是秉承'俭'字。在花钱上应该注意节约，这才是居家居乡的关键所在……你的清廉是我们都能料到的，但是你的不俭在我的意料之外。希望你能在'俭'上多下功夫，多用苦心。不仅仅在持家上用度应该要俭，在修造公费、周济人情上也要秉持这个原则。"

偶尔，他还会写信要家里的人给他寄些自制的类似咸菜的小菜，说自己好这口，那些酒肉反而让他觉得腻烦。他主张出入有度，能不花的钱绝不花，但却不视财如命，该打点亲朋、乡邻的，一分也不少。他懂得一个人最为宝贵的财富就是自己本身，他也希望自己的兄弟、儿女懂得这个道理，所以他希望自己的孩子能够在简朴家风的影响下自立自强，而不是变成整日沉浸在声色犬马之中的纨绔子弟。

他不敛财，不聚钱，直到去世前，家里虽有存银，但是与他的地位相比实在有些寒酸。在曾国藩荣辱并重的一生中，受过清贫之苦，享过荣华之福，但他心中始终住着一个俭约不求人的倔老头。可以说节俭已经成了他的一种习惯，他也习惯了在不太奢华的环境中自我修持。

自古以来，成由勤俭败由奢，无论对于家还是对于国都是如此。一个持有勤俭之道的人，才更为懂得修身和自身价值的重要，才不会被身外的财物所迷惑，才会更为专心地去追求自己人生的理想和目标。曾国藩他不是为了生存而选择俭，而是主动地把它当作历练品行的一种途径。

不染官宦习气，守寒素家风

【原文】

余服官二十年，不敢稍染官宦气习，饮食起居尚守寒素家风，极俭也可，略丰也可，太丰则吾不敢也。

【译文】

我做官有二十年了，不敢稍微沾染官宦的习气，饮食起居还在保守贫寒朴素的家庭风气，特别节俭也是可以的，稍微有点丰盛也是可以的，特别丰盛就是我不敢做的了。

【解读】

在著名作家熊召政的长篇历史小说《张居正》中有这样一个细节：时任隆庆一朝内阁首辅的高拱罢朝回府时，天色已晚，家人急忙端出晚饭，高拱吃得津津有味。这时他的一位心腹来访，高拱邀他一起用饭，这位官员低头一看，堂堂内阁首辅的晚餐不过是一碗小米粥，一盘青菜，一碟老家的豆瓣酱而已。看到朋友来访，高拱才吩咐再拿出一碟豆瓣酱——皇上赏赐给他的御用豆瓣酱。

这位曾位列三公的高官巨宦难道吃不起更好的东西吗？显然不是，他只是习惯于过节俭生活，对物质的欲求不高罢了。更进一步来看，这与其说是一种习惯，不如说是他内心的一种修养。安贫乐道、固守寒素，对于为官多年的人来说确实是一种可贵的品质。这不仅是为了使自己不陷于物质的囹圄而无法自拔，还是为了修养自身的品质，使自己不为物役，战胜私欲，进而心怀天下。历史上无数名臣都做到了这一点，并在其潜移默化的影响下使自己的内心变得强大起来，最终成就了不朽的功业。

不仅对于官员，对于商人来说这同样非常重要。表面看来，对这些每天与钱财打交道的人来说，物质上的享受似乎应该是多多益善的，不追求享乐不足以昭示其财富的巨大，但实际上，穷奢极欲于他们同样不可取。如果把追求物质享乐作为自己商业活动的最高追求，从而忽视了对自己精神的浇灌，那么后果将是可怕的。为富不仁、冷酷无情、拜金主义、自私自利……这些词汇终将成为他们的标签，站在人生的高度俯视，他们自身的价格之低是不言而喻的。

其实，有些东西，适度就好，太过痴迷容易产生相反的后果，物极必反的道理，每个人都是心中有数的。倒是飞黄腾达之后固守寒素，思想上不产生腐蚀性的变化，更能提高一个人的品位和魅力，更能让人头脑清醒，延长成功和富有的保质期。

节俭的品质要求富贵之人固守寒素，同时也要求贫寒之人安贫乐道。能像曾国藩那样忍一时之贫，而终成大器，或者像陶渊明那样一生不求名利，安守一方心灵净土，才体现了安贫乐道的本质，才与固守寒素的人同样让人肃然起敬。

节俭的呈现，与财富无关，与名利无关，与地位无关，只与心灵有关。就像曾国藩所说的："不敢稍染官宦气习，饮食起居尚守寒素家风。"不是他不能摆脱寒素，而是他不愿沾染官宦的浮华，这种不愿即是心灵的执着。对于任何人来说，节俭都是必要的，而不是约束性的，是一种修养，而不是一种规定。它体现了一个人被剥开物质外壳之后裸露出来的精神的强大和富足，它的美是隐匿在朴实无华的形式内部的绚丽，是蛰伏在淡淡的味道深处的芬芳，是一个人返璞归真后的浑然天成。

世家子弟，钱不可多，衣不可多

【原文】

大约世家子弟，钱不可多，衣不可多，事虽至小，所关颇大。

【译文】

大概做官人家的子弟，钱财不能太多，衣服也不能太多，虽然这两件事情虽然很小，但是所关系到的利害却很大。

【解读】

华夏泱泱五千年的文化，先人的智慧为后人留下了许多为人处世的箴言。这些训诫被一代代传下来，经由时间的打磨仍闪闪发亮，甚至有一些在现在看来更应引起人们的警示，如勤俭二字，在经济飞速发展的现代社会看来，就是再重要不过的了。

现在有钱的人很多，能花钱的人也很多。父母大多都是舍不得孩子受苦的，贫穷的家庭尚且会竭尽全力给孩子一顿饱饭，就更别说那些富裕的家庭了。孩子们在优越的环境中长大，吃的是营养学家精细配比的套餐，穿的是动辄几百上千的名牌，但是最后这些孩子又得到了什么，学到了什么呢？不过是在父母的光环下做个吃穿不愁，百无一用的米虫罢了。

曾国藩说过，"大约世家子弟，钱不可多，衣不可多，事虽至小，所关颇大"。意思就是说，做官人家的子弟，钱财不能太多，衣服也不能太多，虽然这两件事情虽然很小，但是所关系到的利害却很大。官家子弟比普通小户人家的孩子更有能力，也更有条件享受金钱带来的便利和享乐，但是这种方便并不是助他成功的动力，也许反而是一块绊脚石。

俗话说，从俭入奢易，从奢入俭难。若是人养成了奢侈的习惯，想要重归节俭可谓难上加难。同理，世上的诱惑何其多，想要保持勤俭也是不易的。三国时期的诸葛亮将"俭"与"德"联系了起来，他认为"俭以养德"，勤俭不仅仅只是一个单纯的好习惯，有了"俭"的前提才能培养出高尚的"德"的结果。要培养良好的品德，就应该从小树立起勤俭的观念。

"家勤则兴,人勤则俭,永不贫贱。"这是曾国藩曾说过的一句话,他认为"勤俭"与"兴旺"是相联系的。他一生将勤俭二字铭记于心,一件棉袄穿了好多年也不换,做了大官吃的也是平常的清粥小菜。除了自己是这么做的之外,曾国藩认为持家教子也应"勤理家事,严明家规",其次为"尽孝悌,除骄逸";还要"以习劳苦为第一要义""居家之道,不可有余财""家事忌奢华,尚俭""治家八字诀:书、疏、鱼、猪、考、宝、早、扫"。这些话无一不与勤俭持家有关,可见曾国藩持家教子的家风不同一般,尤其不同官宦之家。

中国有句古话,叫作"成由勤俭败由奢"。勤俭不仅仅只是单纯的节俭,它代表的是人的一种价值观,是一种品德。勤俭的人更能懂得靠自己的双手成功的道理,比起虚浮的物质,他们更加看重脚踏实地地做事。他们追求的不是漂亮的衣服和优越的生活,而是积蓄力量之后的展翅高飞。明朝的开国皇帝朱元璋对节俭的解读是"金玉非宝,节俭乃宝",此话说得非常直白。

朱元璋是个放牛娃出身的皇帝,他幼时不曾享受过高床软枕的生活,也不曾受过良好的教育。或许,他比起那些正统出生的皇帝是少了那么几分儒雅,说出来的话也有些粗俗,但正是他放牛乞讨的经历让他知道,没有吃不空的家当,也没有平白得到的胜利。人若是想要成功,想要一直保持现在的生活,就必须要在节俭的基础上不断努力。这个曾经衣不蔽体、食不果腹的放牛娃,最后能统领千军万马打天下,直到打进了宫闱,坐定大明江山的龙椅,其中"勤俭"二字就是他的护身之宝。

生于忧患,死于安乐。舒服的生活会让人沉迷于物质的享受,让人失去斗志,失去方向,也看不见周围潜伏的危险。在富时仍保持勤俭,这靠的不仅是习惯的力量,更是一种坚定的意志力,有了这种意志力,又有什么做不到的呢。

常言道,勤俭永不穷,坐食山也空。一个人无论家当多么殷实,家世多么显赫,都无法成为他成功的砝码。一个人若是坚守"勤俭"二字,不仅可以积累财富,而且可以迈向成功。

富人因戒奢而益富,贫人因节啬而自全

【原文】

体强者,如富人因戒奢而益富;体弱者,如贫人因节啬而自全。

【译文】

身体强壮的人,好比富有的人,因为戒除奢侈而变得更加的富有,身体虚弱的人,好比穷人,因为节俭而能够自我保全。

【解读】

早在千年前,人们就懂得奢必生贪,贪必走上歧途的道理,正如史学家司马光曾说过的:"侈则多欲。君子多欲则贪慕富贵,枉道速祸;小人多欲则多求妄用,败家丧身;是以居官必贿,居乡必盗。"

知道"成由节俭败由奢"这个道理的人很多，但是其中许多人却很难做到。因为由俭入奢易，由奢入俭难。在曾国藩的一生中，他把奢侈看成是最大的败德之行，他说过："家败离不开一个'奢'字。"因此他一生都过着简朴的生活，因为他清楚地知道奢侈的生活会带来多么大的危害。

　　曾国藩博览群书，熟读四书五经，他在书中看到过太多的贵族和豪门因为奢侈而败落的例子，他深深明白只有节俭才能持家，也只有恪守节俭才能维持家族兴盛，后来他写了居家四败："妇女奢淫者败；子弟骄怠者败；兄弟不和者败；侮师慢客者败。"这四败中，奢败位列第一，由此可见曾国藩视奢侈为洪水猛兽的态度。

　　奢侈是很多家族的衰落因由，曾国藩很早就洞悉了这一点，为了不让辛苦打下的家业付诸东流，他不但自身节俭，还常常告诫自己的子女要节俭，要"戒奢"。在咸丰六年（1856年）九月二十九日，他在给曾纪泽的信中指出："仕宦之家，最易奢侈。近世人家，一入宦途即习于骄奢，吾深以为戒。"之后在咸丰六年十一月初日，又在给儿子曾纪泽的信中写道："世家子弟最易犯一'奢'字、'傲'字。不必锦衣玉食而后谓之奢也，但使皮袍呢褂俯拾即是，舆马仆从习惯为常，此即日趋于奢矣……京师子弟之坏，未有不由'骄''奢'二字者。尔与诸弟其戒之。"可见曾国藩对子女在戒奢上的重视程度。

　　至于戒奢，正如曾国藩所言："富人因戒奢而益富……贫人因节啬而自全。"既然奢由不知俭而起，那么戒除它只能从例行节俭开始。对于富人来说，懂得节俭，虽不一定会使人更加富有，但却可以让人保持富有的状态；对于贫穷的人来说，懂得节俭，虽不一定会让生活有所改善，但也不一定让生机濒临崩溃。为此，曾国藩持家过程中小心翼翼，生怕奢侈败家。

　　他在咸丰九年（1859年）十月十八日，给其弟曾国潢的一封信中提到：知家中用度日趋于奢，实为可怕，望弟时时存紧一把之心。曾国藩不仅对其弟的治家不满，认为其奢侈，甚至对自己晚年的节俭也近乎苛刻，他连佣人为他用八两银子打造一把银壶都觉得是件很奢侈的事，以至于在日记中忏悔道："今小民皆食草根，官员亦多穷困，而吾居高位，骄奢若此，且盗廉俭之虚名，惭愧何地！以后当于此等处痛下针砭！"正是因为曾国藩在这种"小心驶得万年船"的警惕心理作用下，曾氏一门秉承简朴的家风，世代相传。

　　家，是每个人都拥有或渴望拥有的坚强后盾，打造这个后盾，让它拥有持久的辉煌，自当以勤加拂拭为主，若想让自己的家拥有长久的兴旺，须以勤俭、崇俭为齐家的良方。

时时有谦恭省俭之意，则福泽悠远

【原文】

　　望夫人教训儿孙妇女，常常作家中无官之想，时时有谦恭省俭之意，则福泽悠久，余心大慰矣。

【译文】

　　希望夫人在教育训导儿孙妇女的时候，要经常觉得自己家中无人做官，时常有谦虚恭谨俭省的思想，那么就会被福气恩泽很远久，我的心也大为宽慰。

【解读】

曾国藩是个非常注重家庭教育的人，而在家庭教育中他又最注重"谦恭省俭"。其中，"谦恭"可以和曾国藩主张的"敬"挂钩，"省俭"则可以和他的崇俭观念贴合，而敬、俭之间又不是丝毫没有关系。因为心中长存谦恭之敬心，所以即便再富有，也不会轻易放纵，滑入奢靡的渊薮；反过来，因为生活中省俭，对于自己拥有、享有的东西，会小心使用，所以会愈加恭敬。

在咸丰四年（1854年）六月十八日，曾国藩在给弟弟们的家书中提到过敬与俭之间的关系："无论治世乱世，凡一家之中能勤能敬，未有不兴；不勤不敬，未有不败者。至切至切！余深悔往日未能实行此二字也，千万叮嘱。"他认为无论治世还是乱世，一家之中必须能俭能敬，才能家业兴旺。一个月后，给家中弟弟的信函中他又一次提到，并要子侄辈的人也牢牢谨记，他才能放心。

曾氏一门在曾国藩时期是相当繁荣兴旺的，但是曾国藩很清楚，要想将这繁荣兴旺一代一代传下去，后辈人就得更加努力进取。在努力进取的过程中，一面要敬，敬父母、敬兄弟、敬师友，敬所有的拥有；另一面要俭，饮食俭、衣着俭、居家俭，在常规用度上俭，以此营造良好的人际关系，树立在他人心目中的低调形象。

曾国藩不仅对弟弟如此，对自己的儿子更是要求严格。他常常以自己为例来教育儿子，其目的在于告诫儿子要想被别人尊重，就得有让人尊重的资本，只有做到了"俭"和"敬"，于家于己才可求安稳，于国于人可求奉献，两者统一，一个人才可以是无愧于己、有用于他的人。曾国藩不仅拿自己为例来教育儿子，更是经常拿身边的人和事来提醒儿子，每当在亲戚朋友中有堕落不孝之徒时，他都会告诫儿子："（袁婿学坏）尔等在家却不宜过露痕迹，人所以稍顾体面者，冀人之敬重也。若人之傲情鄙弃业已露出，则索性荡然无耻，摒弃不顾。"

意思是说，你们在家中，遇到亲戚朋友自甘堕落的，也不要流露出不尊重的神色来。如果这个人还顾及自己的体面，那就是希望别人能够尊重他，说明他还知道礼义廉耻。如果这人毫无所觉，娇纵恣意，干脆就不要理他，因为他是没有廉耻之心的人。

关于治家，家教和家风都很重要。家教家风好，则子孙盛，家教家风差，则子孙衰。曾国藩的后人中之所以能人才济济，这与他所倡导的家教有莫大的关系。在现代社会，诱惑和陷阱也很多，一不留神就会万劫不复，所以在现代社会中家庭教育更要从小做起，从严做起，一丝也不能懈怠。

第八章 治 心

以"广大"二字治心

【原文】

希庵五月之季,病势极重,余缄告之云:"治心以广大二字为药,治身以不药二字为药。"

【译文】

希庵五月末的时候,病得很重,我写信告诉他说:"医治心病时,要以'广大'二字做药,医治身体上的病要以'不药'二字做药。"

【解读】

每个人的一生都在不断地追求美好的事物,以求让自己的生活变得更加舒适,心灵变得更加丰富。追求优质的生活固然不是一件坏事,但若是只求物质上的优渥,总想满足自身的贪欲,就会迷失自己的本心,人也会变得患得患失,难成大业。

太过计较得失之人,总是把利益作为人生第一要义,做事的时候总是想着自己付出了什么,能得到哪些回报和好处。这些人把物质看得太重,总觉得自己得到的报酬太少,于是便怨天尤人,自然也就无法做好眼前的事。

要摆脱这种患得患失的心态,最简单的办法就是把物质看淡些,不把名利当作自己努力进取的目标。

曾国藩一生为官,常年政务、军务缠身,自然不可能对功名利禄毫不动心。初次进京赶考的曾国藩可谓是意气风发,但在考中进士时,仅位列三甲。按照朝廷惯例,三甲进士多不能入翰林。曾国藩既羞愧又失望,经过几个好友的尽力规劝,才留下来按时参加朝考。经历了这次科考,曾国藩也意识到自己的名利之心太重,因此在道光二十二年十二月初九的日记中对此作了反省:"见好物与人争,若争名争利,如此则为无所不至之小人矣,倘所谓喻利者乎?"言下之意就是说,与人争名争利,就会流于小人之列,这是正人君子所不齿的,自己要做君子,万万不能因追名逐利而成了小人。

每个人都有追求功名利禄的想法,特别是年少轻狂时,对功名的追求可以说是我们前进的一大动力。但把名利看得太重,反而会为其所牵绊。人若总是被些蝇头微利、蜗角虚名所左右,就难以达到更为高远的境界,最后失去的其实更多。

相反,那些淡泊名利的人反而更容易获得成功。淡泊名利之人所信奉的只有"尽人事而听天命",他们把计算自己利益的时间省下来,用来专心地完成工作和充实自己的生活。

收获和付出总是成正比的,那些对工作投注以一百二十分努力的人往往能够收获一百二十分的成果，这其中无关算计，只重努力。做好自己力所能及的每一件事，然后顺其自然地等待结果，不以物喜，不以己悲，无论成功还是失败，都用一种平和的心态去对待。

曾国藩曾在苏轼的诗句"治生不求富，读书不求官"后补充了这样两句话——"修德不求报，能文不求名"。意思就是说，人的一生不应该只追求富贵和功名，读书应该抛弃功名利禄之心，修心修德更应该内心单纯。人活着不单是为了糊口，品德的修行也是非常重要的。若是想要根治自己的功利心，就需从内心下手，也就是要养成古人所推崇的"浩然之气"。

曾国藩曾在希庵病重时写信告诉他说："医治心病时，要以'广大'这两个字做药，医治身体上的病要以'不药'这两个字做药。"由此可见，"浩然之气"这味药，就是治愈患得患失，为名利所缚的灵丹。

所谓浩然之气，指的是一种通透、豁达的心境。不被别人的闲言碎语所扰，也不被俗世的名利所困，只修得一种潇洒旷远的气度和宽广仁慈的胸怀。所谓"宠辱不惊"，也有这一层意思。每当烦恼之时，就把自己的心空下来，抛下心中的繁杂之事，只求心境空明，不为外物所扰。这样的人，自然做什么都能集中精神，心气平和。拥有浩然之气者，做万事能心安理得，行事有时有度，自然能够彰显出强者风范。

以其不争，故天下莫能与之争。心态过于急迫，只会在过程中错失其他的风景，专心做好自己的事，该来的自然会来，这才是大气的心态。曾国藩正是看透了这一点，才做到了心无旁骛，只专注于眼前之事，因此在成功的同时还修得了一身君子的好性子。

患得患失者，失去的往往会更多。只有以"广大"二字治心，才能历经漫长岁月的艰难磨砺，养成浩然、恢弘之气，最终走向人生的巅峰。

将欲造福，先去忮心

【原文】

将欲造福，先去忮心。

【译文】

想要使人幸福，就要先去除忌恨之心。

【解读】

曾国藩身为湘军的统帅，平时里不苟言笑，但是在饭桌上，他就会一改平日的严肃，一起与众人说笑。

在带领湘军的若干年中，虽然走南闯北，但曾国藩的每顿饭都是跟幕僚们一起吃的。吃饭的时候，他们不会谈论军事和时事，而是相互之间交流交流学问，说说听来的奇闻和生活中的偶遇。

这一天，大家又坐在一起吃饭。席中，曾国藩的一个得意门生问曾国藩："这些年，恩师的官路也算是亨达，但这其中是不是也要经历一番挫折呢？官场不比平常，总会有比自己强的人出现，恩师是怎样在强者之中一直立于不败之地的呢？"曾国藩听了，笑笑说："原来你是想跟我取经啊，那我告诉你了，你可不要告诉别人啊。"之后，还故作神秘状，引得众人哈哈大笑。

曾国藩说："看到比自己强的，心里不服气，想向他挑衅，证明自己才是最强的，是人之常情。可是，一味逞强斗狠，就等于把自己强大的希望寄托在别人身上，把别人的失败作为自己进步的台阶，那么这种强就毫无道义可言，是肯定不会长久的。

"大家都知道，李斯和韩非本是同学，但他知道韩非的本事比自己大，害怕秦王重用他，对自己的前途不利，就在秦王面前讲韩非的坏话，害死了韩非。可是他后来不也是因为被陷害而招来了杀身之祸？

"真正的强者，不是通过不择手段地战胜别人而获得胜利的，而是要从别人的身上看到长处，之后完善自身。自身完善了，自然无可战胜。"

曾国藩的一席话，引来了众人的掌声，他的门生们更是感到受益匪浅。

曾国藩的一番话不光是官场求生之道，更是学海为学之道。大家都在一个地方学习，总是避免不了竞争。如果只把目光投放在别人身上，用别人的强弱来衡量自己，那么会发现到头来自己只在一味嫉妒，而没有丝毫的进步。这就是曾国藩口中所说的："若志在胜人处求强，其能强到底与否尚未可知，即使终身强横安稳，亦君子所不屑道也。"

嫉恨别人，于是竭力贬低、败坏别人，对别人的进步和成就总是不屑一顾，看不到自己和别人之间的差距，不想奋力赶上。这样，自己与被嫉妒者之间，必然拉开更大的距离，到头来自己只能是越来越落后。嫉妒，无非是怕别人比自己强。但是，怕也无济于事，嫉妒不能给自己增加什么好处，反而更加显示出自己的落后、狭隘。

虽然世人常说人的精神境界要高，越高越好，但是待人的态度、求学的胸怀还是应该保持低处宽平为好。因为人只有在最低处时，向上的势能才更大更足。人各有长短，看到自己长处的同时，也要看到自己的短处；看到他人的短处时，也应看到他人的长处。把嫉妒的时间花在努力上，可以在以下几个方面着手。

第一，嫉妒不如正己。曾国藩曾语："余生平略涉儒先之书，见圣贤叫人修身，千言万语，而要以不伎不求为重。"而且曾国藩在日常生活中也是常加克制，力求见贤思齐。

第二，正己贵在扬长避短。发扬己长，克服己短，是积极的态度和方法。

嫉妒是一种难以公开的阴暗心理，是一种人性弱点，一旦一个人有了妒忌，也就是承认自己不如别人。但要超越别人，首先自己得超越自身。不过别人的优秀并不妨碍自己的前进，如果把嫉妒的时间花在努力上，它可能给你前所未有的动力。事实上，每一个真正埋头沉入自己事业的人，是没有功夫去嫉妒别人的。

须有顺其自然之意

【原文】

尔熟于小学，试取在宥二字之训诂体味一番，则知庄、苏皆有顺其自然之意。

【译文】

你非常熟悉文字学，尝试着取"在宥"这两个字用通俗的话解释并体会其中意思，那么就知道庄周、苏轼都有顺应自然的意思。

【解读】

曾国藩此言从"在宥"二字而来,有必要先考据一下其含义。这两个字典出自《庄子·在宥》:"闻在宥天下,不闻治天下也。"晋代的郭象注曰:"宥使自在则治,治之则乱也。"唐代的成玄英疏曰:"宥,宽也。在,自在也……《寓言》云,闻诸贤圣任物自在宽宥,即天下清谧。"后因以"在宥"指任物自在,无为而化。

庄子是道家学派代表人物,郭象是西晋著名的玄学家,其人善于清谈,推崇老庄之学,而成玄英更是唐代的道士。由此可见,"在宥"二字深深地体现了道家"清静无为,道法自然"的思想。而据我们所知,曾国藩科场出身,进士及第,其思想核心应是儒家之学,为何会教导子弟老庄之学呢?

想来也不难理解。如果人生在世,一味追求入世,以儒家之学为唯一准则,结果往往导向急功近利,事与愿违。俗话说,希望越大,失望越大,说的正是这个道理。能够学些老庄之学,适时适度地在心中种下一些顺其自然的种子,反倒会是自己身心放松下来,不会"以心为形役",乐得做个旷达乐观的人。

苏东坡一生数次贬谪,甚至在乌台诗案中险些丧命,但他仍能用内心的颖悟旷达冲破这些外在困难的包围,笑着看待人生中的不如意,在《自题金山画像》一诗中,他自己概括了自己的一生:"心似已灰之木,身如不系之舟。闻汝平生功业,黄州惠州儋州。"黄州、惠州、儋州,是他一生中三次重大贬谪的地方,一次比一次遥远,一次比一次荒凉,他能在晚年把自己一生的功业归结在这三个地点上,并以庄周之"闻在宥天下,不闻治天下也"为养心秘诀,可见他乐观旷达的人格和顺其自然的人生理念。人生失意如此,而能有至高心性,可谓深得老庄三昧。

自古士大夫理想人格的标准,不外乎儒释道三者的完美融合。儒家使人勇敢,释家使人清净,道家使人自然,三者合一,则不为形役、不为势利、不以物喜、不以己悲,内能冲淡平和,外能鞠躬尽瘁,俨然是内外兼修,阴阳相济的完美之人。曾国藩以自然之念教育子弟,便是知道子弟入世有余而内心不足,想以老庄之学来调和他们的心性。

自古皇家治世都是"外用儒术,内尊黄老",可见道家自然之学对于治心的重要意义了。"在宥"二字,言浅意深,微言大义,不仅晚清时人,我们现代之人,在这上面多下些功夫,多做些思考,心底一派空明、澄净,多些自然趣味。有事,即专心应对;无事,自不为未知的苦恼,如此自然而然,简单生活。

去抑郁护心,以平和养心

【原文】

看破此等事物,则知世路之艰险,而心愈抑畏,气反愈平和。

【译文】

看透了这些事情,知道了世路的艰辛、险阻,反而会心存敬畏,为此心气反而会更加平和了。

【解读】

　　曾国藩说，看透了人情物理，尝遍了人间酸甜，人的心境反而会变得平和，而修得一份淡然，在平凡的事物中发现平常注意不到的魅力。古人曾讲："淡中知味，常里识英。"但有些人往往忽视平凡，不重视经常见到的东西。鲍鱼鱼翅、山珍海味固然是美味佳肴，但如果一日三餐顿顿如此，时间久了只怕也会让人难以下咽，益于身心的粗茶淡饭，反而是每个人一生中最耐吃的食物。大多数人就像一颗颗平淡无奇的种子，虽然平常的皮包裹着平常的仁，但有的会长成一株草、一束花，有的却能长成参天大树，擎起一片青天。同样的土壤，同样的阳光，同样的甘霖，养育了不同的生命。

　　在我们身边也有这样的现象，譬如工作中，相同环境、相同背景、相同学历、相同年龄的员工却各自走出了完全不同的职业轨迹。有的人成为老板器重的对象，高薪重位；而有的人却一直碌碌无为，从来没有被老板注意到。或许有的人会认为这是人本身的差异所致，但其实人与人之间的天分相差无几，而一个显著的差别可能就在于他们对待平凡的事情的态度上。

　　这世上没有绝对卑微的工作，却有绝对卑微的内心。所有的工作，即使再平凡不过，也都值得尊敬。只要我们沉住气，认真地劳动和创造，就没有人能够贬低我们的价值，关键在于我们以什么样的心来看待自己。

　　"如果一个人是清洁工，那么他就应该以写诗、绘画的心情来清扫街道。他的工作如此出色，以至于天空和大地的居民都会对他注目赞美：'瞧，这儿有一位伟大的清洁工，他的活儿干得真是无与伦比！'"这是一位哲人对普通清洁女工的赞誉，他不是赞美她的职业，而是赞美着她的心，一颗正确对待平凡、把常事做好的平淡之心。

　　古语有云："不积跬步，无以至千里；不积小流，无以成江海。"每一件不平凡的事业都是从平凡中一步步发展而来，最终脱胎换骨的。如果我们身在卑微中却以一颗抑郁之心看待自己，对自己灰心丧气，对他人心存妒忌，那么我们永远难以使自己平和下来。内心的不平必将导致行为的躁动。一步步的恶性循环最终将毁灭自己。卑微，本是孕育不朽的温床，却因为一颗充满抑郁的心，堕落为滋生沉沦的棺木。

　　如果我们能在卑微之中去除抑郁之心，用平和来保护内心的纯净，那么无论我们最终能走多远，内心的辽阔已然超越了一切。有了这样让人肃然起敬的心态，即使不能达到自己的最高理想，也一定会出色异常的。

　　工作不分贵贱。对于心存理想、内心平和的人来说，任何一份平凡的工作都是从普通走向伟大的契机。平凡绝不是无可奈何地无所事事，更不是波澜不惊地消磨时光。当一个人身处平凡，却用心细微、以写实绘画的精致之心做事，平凡就如同舞台上的静场效果，是从一个高潮走向另一个高潮的过渡与蓄势，而伴随着我们人生中所有这些精彩的，是我们内心的平和与强韧。

将欲立品，先去求心

【原文】

　　将欲立品，先去求心。

【译文】

想要成就个人的品格，要先去除贪求之心。

【解读】

所谓"求心"，即求取心，曾国藩之所以把它当作"立品"路上的障碍，是因为它求取的对象是欲望的满足。而"去求心"，就是放下对名利等外物的求取，淡化欲望，以一颗平常心平平淡淡地生活。古语有云："人到无求品自高。"人无欲则刚，人无欲则明。无欲能使人在障眼的迷雾中辨明方向，也能使人在诱惑面前保持自己的人格和清醒的头脑，不丧失自我。在这个充满诱惑的花花世界里，要想真正做到没有一丝欲望，像水一般平平淡淡毫无牵挂的确很难。

曾国藩并不是严格意义上的无欲之人，他深受中国儒家入世文化熏陶，认为"太上有立德，其次有立功，其次有立言"。对于他而言，"饱食终日，无所用心"是最可耻的事情。他虽然知道所谓名利都是世人之累，但是在成功之后也不愿意失败。

"鸟之将死，其鸣也哀；人之将死，其言也善。"曾国藩临死前一年多的文字，大多是对自己一生的归结。其中其言之切切，让人不禁动容。

"最近几年经常焦虑，每日每夜都感到烦闷，肯定是名心太重的原因。好名心切，所以人就变得骄傲，以至于学无所成，德行不立，实在惭愧，又感到很气馁。此外，我对家人非常担心，担心父母兄弟是否有疾病，担心子女是否成才，每天都在思考这些，让我越来越感到身心疲惫，真是作茧自缚。

"如今要去除这些烦恼，就要保持一个'淡'字在心间，不去在意功名利禄，任子孙自然地发展，把一切交付于天意，不去烦心这些事情，就能心情自在，逍遥坦然了。"

在这篇文字之中，曾国藩找到了一直以来困惑自己的原因和解决方法。他对自己和他人都有了客观的认识，不再对别人的一些行为感到不屑。他总结出"人皆为名所驱，为利所驱，而尤为势所驱"。既然如此，又何必对别人指指点点。就如庄子所说的"淡然无极而众美从之"，淡然则无累，无累则无所困，无所困则无所求，无所求则人品可立。

赵州禅师投入南泉门下，参见南泉时，南泉正躺着休息。南泉问："你从哪里来的？"

赵州说："从瑞像院来的。"

南泉又问："见到瑞像了吗？"

答曰："不见瑞像，只见到卧如来。"

南泉于是坐了起来，对这小和尚颇觉赞赏。于是南泉又问："你是有主的小和尚，还是流浪无主的小和尚？"

赵州回答说："我是有主的沙弥。"

南泉再问："谁是你的主呢？"

这时赵州恭敬地走到南泉的身边，没有直接回答问题，却以平常行持的方式说："仲冬严寒，伏唯和尚尊候万福。"

南泉于是非常器重他，因为赵州已懂得不用言语来表达思想，而是用平常的行动来表达。

过了几天，赵州问南泉："什么是道？"

南泉告诉他:"平常心是道。"

赵州直问到心要处说:"除了平常心之外,是否还有什么更高层次的取向呢?"

南泉说:"如果心中还存有什么取向,那么道就被扭曲了。"

赵州很聪慧地从反面去寻求断疑,于是又问:"如果没有一个取向,我怎么知道那就是道呢?"

于是南泉说了一段话,像清泉直泻般澄清了赵州的疑点。他说:"道不属知,不属不知;知是妄觉,不知是无记。若真达不疑之道,犹如太虚,廓然荡豁,岂可强是非邪?"

赵州在听完这段话后终于大悟。

生活之道不在于知与不知,在于平常生活中流露平常心。一个人在日常生活当中,言行举止如果能从心所欲不逾矩,那就是平常心;如果不能,那就是放纵心性。心性放纵就会导致品行流失,这是每个人都不愿意的事情,我们要时刻记得培养自己的品性。其实,只有我们能够用一颗平常心去介入生活,任何地方都是品性修行之所在。

有时候,仔细想想,要做到无欲无求也并不难。只要我们拥有一颗静如止水的心。不受外界事务所扰,好好地坚持走正确的道路,正确地思考和行动,就能消除我们的欲望,心淡如水是生命褪去了浮华之后,对生活中那些细微处的感动,只有用感恩的心生活,才能在一种幸福的平静流动中度过一生,才能在人生感悟之中找寻到生命的意义所在,才能做到不为"欲"所牵连、不为"欲"所迷惑,在欲望充斥的浊世之中仍能保持心中的一方净土。

养心莫善于寡欲

【原文】

养心莫善于寡欲。

【译文】

修养品性最好的办法莫过于减少欲望。

【解读】

孟子说:养心莫善于寡欲。一个人要修身养性,减少欲望是一个非常好的方法。如果欲望太强,很可能迷失自己。倘若减少欲望,不仅能够养生延年,也能够退而反省自身,更清楚明白地了解自己。然而自古至今,有多少人能做到寡欲少求呢?发了点小财就胃口大开,又想家财万贯;娶了个娇妻仍不知足,还想有美妾相伴。欲望好似个无底洞,再多的财富美女也无法将它填满。许多人沉醉其中,往往意识不到寡欲的重要。

在曾国藩那里,寡欲少求首先是养生之道。男女之事往往为人所贪恋,然而欲大伤身,只有节制欲望才能保全自身,延年益寿。

曾国藩在年轻时,迷恋上了一位姑娘。因为深陷其中,尽管他在私塾中用功苦读,可是这一年他没能考中秀才。于是曾国藩对自己的行为进行了深刻的反省。这次落第之后,他幡然醒悟,暂时放下儿女私情,一心只读圣贤书。考中秀才后,曾国藩正是新婚燕尔,他没有贪恋男女之事而懈怠放松。因为几个月后就是乡试,所以他在家没待多久就去了岳麓书院学习。由于刻苦认真，没有太多杂念，曾国藩一举考中了举人。

科举之途一旦上了路就很难停下，中举之后曾国藩第二天就又来到岳麓书院，准备会试。后来他来到京城学习，准备考试，这次离家一走就是两年。曾国藩忍受着相思之苦，尽管艰难，但他坚持了下来。由于节制了欲望，使得曾国藩能把更多精力投入到学习中，在科场上取得了不错的成绩。结婚两年，他跟妻子聚少离多，同床日子很少，所以妻子未能为曾门添丁生子。纵观曾国藩的一生，大部分时间都是独自一人在外生活，可以说是节欲的模范了。

曾国藩的"寡欲"思想应该是源于他父亲的教诲。在他进京赶考的时候，父亲写信给他，教他养生的秘诀，归纳起来就是要"节欲""节劳""节饮食"。曾国藩受父亲的教导也不敢纵欲，他在日记中记下不少相关言语："所知在好德，而所私在好色，不能去好色之私，则不能不欺好德之知也。"他又曾记道："闻色而心艳羡，真禽兽矣。"在他看来，如果不节制房事，就会损害身体，不利于养生延年。所以他说"人能清心寡欲，自然血气和平，却疾多寿"。事实也是如此，纵欲伤身，节欲保命，这在医学上是被证明了的。

在曾国藩那里，寡欲还有另一层含义，就是要减少欲望，以期明心见性。所谓无欲则刚，大抵如此。清心寡欲并不意味着无所事事，消极处世，而是为了能够更好地集中精力办事。如果欲望太多太杂，那就容易产生混乱，难以成事。只有消除杂念，把精力集中到一处，方可成就大事。纵观曾国藩一生，这种寡欲的哲学多次让他在人生转折处化险为夷。

曾国藩在建立湘军后，屡屡击败太平军，可谓功勋卓著。在他最辉煌的时候，拥有精兵数十万，甚至控制着大清国近半壁江山。这时候他的属下建议他拥兵自立，面南称王，何苦受制于朝廷，还可能朝不保夕。然而曾国藩忠君的儒家思想浓厚，况且他并没有那么大野心，寡欲少求的人生哲学也指引着他不做叛臣贼子。他非但没有拥兵自立，后来因为受到朝廷猜忌，他主动解散了湘军，这才得以保全自身。曾国藩在最得意的时候也没有贪恋权力，反而以其寡欲少求的思想一以贯之，终于成就了他的忠臣之名。

的确，欲望就像万丈深渊，是永远填不满的。欲望太多的人，往往利令智昏，为欲望所俘虏，最终被欲望带入万劫不复的深渊。

唐朝时有个人叫宗楚客，是武则天堂姐的儿子，依靠武三思的关系当上了兵部尚书。当时太后韦氏和安乐公主把持着朝政。宗楚客为了向上爬，便趋炎附势，勾结韦后等人，与她们朋比为奸。他也因此很快升迁为中书令。但是宗楚客并不因此感到满足，他想攫取更大的权力，因此他另结朋党，策划谋取更高的职位。后来他终于当上了宰相，但他依旧不满足，他曾对亲信说："我当初职位卑微时，非常想当宰相，可是等上了宰相，我又想当天子了。"不知足的他不知道祸患就潜伏在身边，韦后的阴谋终于暴露，宗楚客也被一并诛杀了。由此可见，无穷的欲望会葬送掉一个人。

老子有云："见素抱朴，少私寡欲。"它告诫人们要节制欲望。如果不加以节制，反而会被它所奴役，成为欲望的阶下之囚。知足才能常乐，相反，不知足而贪得无厌地攫取权力财富，那么迟早会给自己招来杀身之祸。宗楚客的经历就足以让人警醒，他最终为了那生不带来死不带去的权力欲望而丢掉了性命。

当今世界，尤其是在繁华都市，往往处处充斥着欲望的影子。许多人都在追求权力、财富、地位和美女，往往深陷其中，迷失了自己。然而，生活总是有得有失，一种欲望的满足很可能是另一个更强欲望的开始。如此逐渐升级，被欲望牵引着的人们将走向不可知的荒芜境地。鱼与熊掌不能兼得，没钱的时候少买点衣服，少下几次馆子。适当控制自己的物欲，不要被眼前的花花世界所迷惑。因为生活中还有更重要的事情等我们去做，还有更重要的人等我们去爱，所以，请擦亮眼睛，让自己的心境更加澄明；节制欲望，让心自由。

第九章 读书

唯读书可变化气质

【原文】

人之气质由于天生，本难改变，惟读书则可变化气质。

【译文】

人的个性特点、风格气度是原始固有的，本来是很难改变的，只有读书才可以改变个性特点、风格气度。

【解读】

"江山易改，本性难移。"人的性格特点基本上是由先天因素决定的，后天的影响只能是微微地调整和完善，不可能产生质的变化。这是事实，要想把一个内向的人变得非常外向，确实是太难了。然而重要的是，没有一种性格是完美的，它随着我们的出生而来，伴随着我们成长，也在我们身上发生着日积月累的微妙变化。

人的性格就像一块块璞玉一样，要想让它们变得完美，必须努力地去打磨，把性格中的杂质部分剔除掉，把晶莹玉润的部分细心地加工、完善，最后让自己的性格变得可以为人容忍、不为人指摘。

刚刚出生的时候，每个人性格的纯度都大致相同。只是在后天的成长中，有的人意识到完善自我性格、气质的重要性，并在行动上努力地塑造、打磨它，在这漫长的过程中逐渐地去掉其中的缺陷，凸显可贵之处，最终塑造出了相对适应于自己工作和交际的性格、气质。有些人则不然，他们不仅意识不到完善人格的重要性，还在行动上剔除自己性格中的优点，把缺点放大，最后成为一个具有严重性格缺陷的人。

因此，完善个性特点和风格气度是非常重要的。一个心地善良、彬彬有礼的人总是会受到人们的喜爱和欢迎。完善个性特点和风格气度的办法之一，就是读书，读好书。对于这一点，曾国藩几乎是深信不疑的，他说："人之气质由于天生，本难改变，惟读书则可变化气质。"其中"惟"字，可见他对读书之于气质优化的意义。

摊开一本好书，人们会情不自禁地被其中的金玉良言所吸引、打动，书中所说的为人、为学之道对于完善我们的身心、洗涤灵魂有着无与伦比的指导作用。无论生就了怎样的性格，温和也好，活泼也罢，只要我们能够沿着一本本好书中所指出的精神之路前行，用实际行动去践行自己认为正确的理论和人生观念，假以时日，一个人性格一定会得以完善，气质一定会变得迷人。

这其中的原因很简单，在阅读中，阅读者完成了一次次灵魂的修复和远行，完成了一次次自我的完善和提高，虽说性格源自天生，但在书本的指引下完成了对自身性格和气质的精确雕塑，自身的性格和气质因之变成了自己一双巧手之下灵魂的艺术品。

曾国藩对自己的性格完善就来源于此。他从书中获取知识，获取完善自我的灵感，并几十年如一日，用圣贤的标准严格要求自己，终于内而能文，有文章传世；外而能武，安社稷之虞，既有功于当时，又影响于后世。

买书不可不多，看书不可不知所择

【原文】

买书不可不多，而看书不可不知所择。

【译文】

买书的时候不能不多买些，而看书的时候不能不知道要有所选择。

【解读】

多买书，是为了让自己有更广阔的涉猎面，使自己的知识体系更加立体、丰盈。有所选择地看书，是为了过滤纷杂的知识，只选取其中最有益、最精辟的，为的是使自己在某一领域比较精通。由此理解，曾国藩的这句话和胡适先生的一句"为学要如金字塔，要能广大要能高"十分相似。

塔台的最高度代表一个人最精深的专门学问，从此点依次递减，代表庞收博览的各种相关或不相关的学问。基底的面积代表博大的范围、精深的造诣、博大的同情心。这样的人对社会是极有用的人才，对自己也能充分享受人生的趣味。

塔尖达到的高度有赖于基底的厚实、坚固，因此，求学之博，求学之精，是学问之道相互关联的两面。"务精者每失之隘，务博者每失之浅，其失一也。"一个真正的学者既能博大，又能精深。博大处要几乎无所不知，精深处几乎要无人能及，如此才能称之为大家、大师。

在求得广博和精深的方法上，曾国藩认为读书是一种方法。读书应读经典，除非是专门搞技术的人，一般文职的人都应多少涉猎一些哲学、文学、历史方面的书籍。多买书，精读书，读杂书，意即博要有主干，精要不偏执。

使人知识广博的唯一条件，是从每种可能的地方努力摄取知识，但博而不精，泛泛了解等同于无用。所以广博累学要如金字塔般分清层次，层层递进。首先专门的学问要做所有学问的中心，以自己的专业为内核，依次发展与专业直接相关的各种学问、与专业间接相关的知识、与专业不很相关的各种知识，最后是与其毫不相关的杂牌知识。最终，别人知道的自己要知道，别人不知道的自己也要知道。有些人能一知半解的，自己能说得头头是道，才是真广博。

人们常说事事通不如一事精，然而精到了偏执的程度便是狭隘，这就好比固守一物好似画地为牢一般，在此牢狱中，为文者终成不会思想的书橱，事理者逃不过麻木生活的结局。

因此，精应该是开放的精通。就像盖房子一样，单独一面墙再高也不能遮风挡雨。是以精而不偏执的言下之意就是说把房子盖高的同时，还要盖得立体，盖得有空间。

广博而不失内核的学问，不会流于空泛；精通而不致褊狭的学问，不会自我限制。将二者合二为一，求学即如累塔，高而不失广大。曾国藩是一代大儒，自是博学与精深并重，他以"买书要多"和"读书要择"这两条标准来告诫子弟，是从自身读书心得中提炼出的经验之谈和肺腑之言，意在希望子弟们通过努力成为博学而精深的通达之人。

不必求记，宜须求个明白

【原文】

尔不必求记，却宜求个明白。

【译文】

你不用强求记住，更应该寻求明白其中之意。

【解读】

科举中第是古时读书人走上仕途的首要途径，在等级森严的封建社会中，读书考取功名成了出身贫贱的人翻身的唯一希望，曾国藩也是凭借读书而步入政坛的。他六岁时入塾读书，八岁诵五经读八股，十四岁时读周礼、史记文选，并参加长沙的童子试，成绩俱佳、列为优等；在二十一岁时，他考取了秀才，二十八岁便考中了进士，从此之后，他一步一步地发展，成为军机大臣的得意门生。

凭借读书这块敲门砖，曾国藩十年之间先后任翰林院庶吉士，累迁侍读、侍讲学士、文渊阁值阁事、内阁学士，任礼部侍郎及署兵部、工部、刑部、吏部侍郎等职，曾国藩就是沿着这条仕途之道，步步升迁到二品官位。十年七迁，连跃十级，从七品一跃而为二品大员。

在常人看来，曾国藩应该对科举心存感激，会劝诸位弟弟们多多学习，也和自己一样求得功名。但是他在给六弟的信中说："吾谓读书不求强记，此亦养身之道。凡求强记者，尚有好名之心横亘于方寸，故愈不能记；若全无名心，记亦可，不记亦可，此心宽然无累，反觉安舒。或反能记一二处亦未可知。"

为了满足功名需求，而强求自己把所有的圣贤书死死记住，即是死读书，读死书。一方面，这种方法有损知识的透明性、无功利性，另一方面也会起到事倍功半的效果。正如俗谚所云，强扭的瓜不甜，强迫自己去穿一双不跟脚的高跟鞋，只会把脚趾磨破，落后于人。

写这封信的时候，曾国藩已经五十多岁了。已过半百的曾国藩经过人世沉浮，终于明白了什么才是真学问，对从前引以自傲的科名之看法，有了本质性的改变。中国有句古话为"书读百遍其义自现"，从读书经历来说，大约总要经过几个阶段才能悟出其中的道理。有的人初读书时，常常认为书中说的就是真理，对书本敬佩得五体投地，但从来不去思考，书中说的就一定对吗？与现实还吻合吗？不去质疑，不去消化，不去应用，脑袋就像填塞书的容器，读死书最终为书所累。

读死书，盲目地崇拜书中之言，把书上所述奉为教条、视为宗旨，不结合现实进行思考，其结果就是死读书，成为一个书呆子。现实不需要这种读书的机器，这种人只能被社会淘汰。

当前，很多人一毕业就失业，其根本原因就是死读课本里的知识，不注重思考，不注重实践。生活不是一成不变的，不可能什么事情都按照书本里的理论那样设计问题，也不可能事情发生以后，就一定在某个固定的地方找到答案。所以，学到了理论，更要学会思考，学会利用死的知识来解决生活中的实际问题。

少年不可怕丑，须有狂者进取之趣

【原文】

少年不可怕丑，须有狂者进取之趣，此时不试为之，此后必将不肯为矣。

【译文】

年轻的时候不要太在意面子，应当要有年少轻狂的那股冲劲，现在不敢闯的话，以后就更不敢这样了。

【解读】

唐杜秋娘《金缕衣》中写道："劝君莫惜金缕衣，劝君惜取少年时，花开当折直须折，莫待无花空折枝。"年轻是一个人最大的本钱，所以，年轻时，不可虚度，否则，只会是"白了少年头，空悲切"。

年轻是资本，但是，纵使惜取了少年时，唯唯诺诺，胆小怕事，还是会浪费掉大好光阴的。"少年不可怕丑，须有狂者进取之趣，此时不试为之，此后必将不肯为矣"，此语甚是贴切，如若在年轻气盛之时都没有"男儿何不带吴钩，收取关山五十州"的豪迈气势，何来"请君暂上凌烟阁，若个书生万户侯"的业绩。很多年轻人不是没有抱负，也不是没有才气，单单就少了挥斥方遒的勇气，害怕失败，过于重视所谓的"面子"，最终丧失一个又一个宝贵的机会，蹉跎一生。曾国藩说得好，"年轻的时候不要太在意面子，应当要有年少轻狂的那股冲劲，现在不敢闯的话，以后就更不敢这样了"，看似简单的道理，懂者寥寥。

明朝"阳明心学"特别强调"知行合一"，王阳明认为"知是行之始，行是知之成"，"知""行"互相联系，互相依存，"知即所以为行，不行不足谓之知"，这些观点对清朝学人影响甚远，曾国藩自不例外。

人都会有惰性，圣贤都不可例外，那么圣贤之所区别于常人，就在于他们可以以自身之毅力，克服惰性，达到知与行的同一，否则，空有满腹才华，却不付诸实践，犹如怀瑾握瑜而不，实属暴殄天物。

万事开头难，"学贵初有决定不移之志，中有勇猛精进之心，未有坚贞永固之力"，其实，岂止是做学问呢？朱熹曾精辟地比喻说"为学譬如熬肉，先须用猛火煮，然后用慢火温"，在人生初始阶段，确实是需要猛火般的气势，要有力拔千钧的气概，全力以赴。

朱熹还教育门下弟子说："须是策励此心，勇猛奋发，拔出心肝与他去做！如两边擂起战鼓，莫问前头如何，只认卷将去！如此，方做得工夫。若半上落下，半沉半浮，济得甚事？"曾国藩也是对此语深表赞同的，他在给子女的信中说，一个人要想成长，就必须做好吃大苦的准备，年少时需要以猛虎下山之气势向着自己所认定的目标前进，不要担心前途有多少的艰难险阻，唯有具有初生牛犊不怕虎的勇气，并且不断地克难奋进，如若担惊受怕，唯唯诺诺，成功自会和你无缘。

曾国藩以其过人的"研几"功夫，严谨慎重地对待着生活中的事情，事无巨细，绝不偏废。所谓"研几"，就是时刻以严谨的态度处理身边事，不论大小，都严正以待，争取不出现失误，力争做到最好，以此不断地激励自己，进德修业，锻炼自我。

制艺一道，须认真用功

【原文】

制艺一道，亦须认真用功。

【译文】

八股文这类文章的写作原理，也需要认认真真地下功夫。

【解读】

曾国藩一生最辉煌的成就虽是军事，但他的好学也是较为突出的。行军打仗他"儒缓"（李鸿章评语），治学读书，他认真。从他一生读书的经历来看，他在道光十五年入京参加会试前，读的是子曰诗云，眼界不广，学识不宽。十五年会试报罢，暂留京师，开始涉猎诗、古文，尤好韩愈的文章。第二年会试又报罢，他买回一套二十三史，孜孜细读，将近一年。这才使他的学识逐渐开拓。

道光十八年（1838年）入翰苑后，清闲少事，他更励志学习，广泛阅览，且勤做笔记，分"茶余偶谈、过隙影、馈贫粮、诗文钞、诗文草"等五门，手抄笔摘；加上他在京都有不少良师益友，切磋扶持，不间时日，因而学识大进。可以说，京宦十二年，是曾国藩后来成为一代大儒的坚实的奠基期。

在这反反复复的过程中，他若缺少"认真"二字，便不会坚持到最后一次考试成功，不会在已有的学业基础上更上层楼。而经过世事磨炼的他，对"认真"的看法只有增加，没有减少。

同治十年（1872年），是曾国藩在世的最后一个年头，当时他衰病已多年。这年正月二十三日，他忽右足麻木，回到内室，对二女纪曜说："吾适以大限将至，不自意又能复常也。"二十六日，前河道总督苏迁魁路过金陵，他出城迎接，在轿中还背诵《四书》。忽然间，颤抖的手指着旁边，似欲说点什么，却口噤不能出声，"似将动风抽掣者"，只得急回署中，延医服药，医者均谓他"心血过亏"。

随后，曾国藩病情旋发旋止，旋止旋发，但他依然不辍公事，不废阅读，《理学宗传》数本，日不释手。二月初三日，他还阅看了《理学宗传》中的《张子》一卷，写了日记。而这天的日记，竟是他从道光十九年（1839年）来极少间断的日记册中的最后一页，他在上面留下了他生平写的最后一个字。第二天午后，他由长子曾纪泽陪同，在总督府后的西花园散步时，屡向前蹶，忽喊足麻，即已抽搐，儿子急扶他至花厅，他已不能言语。曾国藩于是更衣端坐，家人环集左右，三刻钟后，即目瞑气息。

曾国藩一生好学，同时也总结出了许多很有价值的学习方法，对后人具有很大的启发价值。而他临死仍不忘读书的认真劲儿，不禁让人感慨这位老者的固执。固执，有时被人称为倔，称为死板，但在读书求学的事情上，本来就没有什么捷径可走，在这方面"倔"、"死板"有时反而是一种可贵的认真功夫。

说一个人"认真"，和送一个人金杯、奖状相比，不算什么殊荣、嘉奖，但能真正受得起这两个字的人，总归是值得人赞叹的。曾国藩的一句"制艺一道，亦须认真用功"读来简单，写来不难，真正要落在实处，却不是手笔挥动、唇齿交碰所能一蹴而就的。

在心中以"认真"为称，无论求学，还是生活，不为迎合而奉承，亦不为反对而捏造，对待事情，无论大事小事，都像侦探破解谜案一般，有几分证据说几分话。研究求真，是作为学者必备的一种严谨的治学态度，因为不受任何所谓大多数认为的观点左右，始乃有新突破。做人求真，可以端正对生活的态度，不苟且，不虚度，以尽力书写自己的人生。

书中养得胸次博大活泼

【原文】

总要养得胸次博大活泼，此后更当有长进也。

【译文】

总是要使得胸怀广博宽大、充满活力，那之后更加会有所长进。

【解读】

人生天地间，有的人追名逐利，有的人趋炎附势，而曾国藩推崇的是养得胸中博大的豪迈、活泼之气。他说：人以气为主，于内为精神，于外为气色。也就是说一个人活着最重要的就是一股气，对内表现为一种精神，对外表现为自己的气质。

坚持做自己认为对的事情，从而表现出一种不拘小节的博大，不惧一时悲喜的活泼，这是曾国藩赞同、欣赏的内在精神、外在气质。很多人虽然看起来很弱小，但胸中若是有了这种精神气质，他的生命便会散发出耀眼的光芒。这种精神的价值是不能用一时的成败去衡量的。

曾国藩非常注重培养自己的这种内在精神和外在气势，他曾经说，自己人生一乐是读书，读书出金石声。他的读书并不是因为想从中得取黄金屋，也不是为了找寻颜如玉的美人相伴，他的目的是"读书养我浩然之气"，使自己成为一个胸怀博大的人。

封建社会士大夫认为，唯有读圣贤书，方能成为贤人。圣贤之所以为后世所敬仰，学识渊博固然是一个重要的原因，但还有更为重要的一点就是他们胸怀博大、正气长存，他们在代天地立言，笔下之言能够让后辈感受到世上最宽广的胸怀，领悟到世上最渊博的学问，因此能够受到后人的景仰，虽流传千古而不磨灭。

曾国藩说："吾辈既办军务，系处功利场中，宜刻刻勤劳，如农之力穑，如贾之趋利，如篙工之上滩，早作夜思，以求有济，而治事之外，却须有冲融气象，二者并进，则勤劳而以恬淡出之,最有意味,写字可以验精力之注否,以后即以此养心。万事付之空寂,此心转觉安定,可知往时只在得失场中过日子,何尝能稍自立志哉。"

上面这番话的大体意思就是,像我们这样整天忙于军务,在名利场上奔忙的人,应该像农民耕田,商人经营一般,刻刻勤劳。但勤劳不等同于忽略心灵的修护,要以恬淡、虚空、冲融的心,应对得失反复。如此,反观自己在官场中的忙忙碌碌,就能从患得患失的境地中跳脱出来。

患得患失者,把心灵空间都匀给了忽得忽失的变化上,实则没有实在的把握,他们总是认为自己的付出没有得到应有的回报,所以心中常会不安、不平。而真正的大丈夫,胸怀足够大,有足够的空间悦纳人生起伏,行事处世只求无愧于心,根本不去计较得失。南宋的文天祥就曾写下这样的诗篇:"孔曰成仁,孟曰取义,唯其义尽,所以仁至。读圣贤书,所学何事?而今而后,庶几无愧。"无论是仁,还是义,都是文天祥愿意以生命为代价去追求的,否则饱读圣贤书又是为何?

曾国藩也是一样,读书明理,只求行事无愧,从不患得患失。不仅如此,曾国藩还认为,养胸中博大、活泼和道家的"无为"是一致的。因为无为,所以无意,无意去留得失,人心自然不会耗费精力在不可改变的事情上。曾国藩说自己在年老之时方能领悟到古人的博大之妙,而悔恨年少时的不努力,这正是一种历经沧桑后的智者之言,如果不是在岁月的洗涤中一步步磨炼过来,又怎会有晚年时彻悟的曾国藩?

附录一　曾国藩笔记

笔记十一则

礼

　　古之君子之所以尽其心、养其性者，不可得而见；其修身、齐家、治国、平天下，则一秉乎礼。自内焉者言之，舍礼无所谓道德；自外焉者言之，舍礼无所谓政事。故六官经制大备，而以《周礼》名书。春秋之世，士大夫知礼、善说辞者，常足以服人而强国。战国以后，以仪文之琐为礼，是女叔齐之所讥也。荀卿、张载兢兢以礼为务，可谓知本好古，不逐乎流俗。近世张尔歧氏作《中庸论》，凌廷堪氏作《复礼论》，亦有以窥见先王之大原。秦蕙田氏辑《伍礼通考》，以天文、算学录入为现象授时门；以地理、州郡录入为体国经野门；于著书之义例，则或驳而不精；其于古者经世之礼之无所不该，则未为失也。

赦

　　牧马者，去其害马者而已；牧羊者，去其乱群者而已。牧民之道，何独不然。诸葛武侯治蜀，有言公惜赦者。答曰："治世以大德，不以小惠。故匡衡、吴汉不愿为赦。先帝亦言：'吾周旋陈元方、郑康成间，每见启告治乱之道悉矣，曾不语赦也。若刘景升季玉父子，岁岁赦宥，何益于治？'"蜀人称亮之贤。厥后费祎秉政，大赦。河南孟光责韩曰："夫赦者，偏枯之物，非明世所宜有也。"国藩尝见家有不肖之子，其父曲有其过，众子相率而日流于不肖。又见军上有失律者，主者鞭责不及数，又故轻贳子。厥后众士傲慢，常戏侮其管辖之官。故知小仁者，大仁之贼，多赦不可以治民，溺爱不可以治家，宽纵不可治军。

世泽

　　主大夫之志趣、学术果有异于人者，则修之于身，式之于家，必将有流风馀韵传之子孙，化行乡里，所谓君子之泽也。就其最善者约有三端：曰诗书之泽，礼让之泽，稼穑之泽。诗书之泽，如韦玄成议礼，王吉传经，虞魏之昆，顾陆之裔，代有名家，不可殚述。我朝如桐城张氏，自文瑞公而下，巨卿硕学，世济其美。宣城梅氏，自定九徵君以下，世精算学。其六世孙梅伯言郎中曾亮，自谓莫绍先绪，而所为古文诗篇，一时推为祭酒。高邮王氏，自文肃公安国以下，世为名儒，而怀祖先生训诂之学，实集古今之大成。国藩于此三家者，常低徊叹仰，以为不可及。礼让之泽，如万石君之廉谨，富平侯之敬慎。唐之河东柳氏，宋之蓝田吕氏，门庭之内，彬彬焉有君子之风。余所见近时缙绅，未有崇礼法而不兴，习傲慢而不败者。稼穑之泽，推周家开国，豳风陈业。述生理之艰难，导民风于淳厚，有味乎其言之。近世张敦复之恒产琐言，张杨园之农书，用意至为深远。国藩窃以为稼穑之泽，视诗书、礼让之泽尤为可大、可久。吾祖光禄大夫星冈公尝有言回："吾子孙虽至大官，家中不可废农圃旧业。"懿哉至训，可为万世法已。

悔吝

吉凶悔吝，四者相为循环。吉，非有祥瑞之可言，但行事措之咸宜，无有人非鬼责，是即谓之吉。过是，则为吝矣。天道忌满，鬼神害盈，日中则仄，月盈则亏，《易》爻多言贞吝。易之道，当随时变易，以处中当变，而守此不变，则贞而吝矣。凡行之而过，无论其非义也，即尽善之举，盛德之事，稍过，则吝随之。余官京师，自名所居之室，曰求阙斋，恐以满盈致吝也。人无贤愚，通凶皆知自悔，悔则可免于灾戾。故曰："震无咎者，存乎悔。"动心忍性，斯大任之基；侧身修行，乃中兴之本。自古成大业者，未有不自困心横虑、觉悟知非而来者也。吝则驯致于凶，悔则渐趋于吉。故大易之道，莫善于悔，莫不善于吝。吾家子第将欲自修，而免于愆尤，有二语焉，曰："无好快意之事，常存省过之。"

名望

知识愈高，则天之所以责之者愈厚；名望愈重，则鬼神之所以伺察者愈严。故君子之自处，不肯与众人絜量长短。以为已之素所自期者大，不肯自欺其知识以欺天也。已之名望素尊，不肯更以鄙小之见贻讥于神明也。

居业

古者英雄立事，必有基业。如高祖之关中，光武之河内，魏之兖州，唐之晋阳，皆先据此为基，然后进可以战，退可以守。君子之学道也，亦必有所谓基业者。大抵以规模宏大、言辞诚信为本。如居室然，宏大则所宅者广，托庇者众；诚信则置趾甚固，结构甚牢。《易》曰："宽以居之。"调宏大也。"修辞立其诚，所以居业"，谓诚信也。大程子曰："道之浩浩，何处下手？惟立诚才有可居之处。"诚便是忠信；修省言辞，便是要立得这忠信。若口不择言，逢事便说，则忠信亦被汩没，动荡立不住了"。

国藩按：立得住，即所谓居业也。今世俗言；"兴家立业"是也。子张曰："执德不宏，信道不笃，焉能为有？焉能为亡？"亦谓苟不能宏大、诚信，则在我之知识浮泛动荡，指为我之所有也不可，指为我之所无也亦不可。是则终身无可居之业。程子所谓立不住者耳。

英雄诫子弟

古之英雄，意量恢拓，规模宏远，而其训诫子弟，恒有恭谨敛退之象。

刘先主临终敕太子曰："勉之！勉之！勿以恶小而为之，勿以善小而不为。惟贤推德，可以服人。汝父德薄，不足效也。汝与丞相从事，事之如父！"西凉李嵩手令戒诸子，以为"从政者，当审慎赏罚，勿任爱憎，近忠正，远佞谀，勿使左右窃弄威福。毁誉之来，当研核真伪。听讼折狱，必和颜任理，慎勿逆诈亿必，轻加声色，务广咨询，勿自专用。吾莅事五年，虽未能息民，然含垢匿瑕，朝为寇仇，夕委心膂，粗无负于新旧。事任公平，坦然无类，初不容怀有所损益。计近则如不足，经远乃为有馀。庶亦无愧前人也。"

宋文帝以弟江夏王义恭都督荆湘等八州诸军事，为书诫之曰："天下艰难，国家事重，虽曰守成，实亦未易，隆替安危，在吾曹耳！岂可不感寻王业，大惧负荷！汝性褊急，志之所滞，其欲必行；意所不存，从物回改，此最弊事！宜念裁抑。卫青遇士大夫以礼，与小人有恩，西门、安于，矫性齐美。关羽、张飞，任偏同弊。行己举事，深宜鉴此！若事异今日，嗣子幼蒙，司徒当周公之事，汝不可不尽祗顺之理。尔时天下安危，决汝二人耳！汝一月自用钱，不可过三十万。若能省此益美。西楚府舍，略所谙究，计当不须改作，日求新异。凡讯狱多决，当时难可逆虑，此实为难。至讯日，虚怀博尽，慎无以喜怒加人！能择善者而从之，美自归己；不可专意自决，以矜独断之明也。名器深宜慎惜，不可妄以假人，昵近爵赐，尤应裁量。吾于左右，虽为少恩，如闻外论，不以为非也。以贵凌物，物不服；以威加人，人不厌。此易达事耳。声乐嬉游，不宜令过。蒲酒渔猎，一切勿为；供用奉身，皆有节度。奇服异器，不宜兴长。又宜数引见佐史，相见不数，则彼我不亲。不亲，无因得尽人情；人情不尽，复何由知众事也。"数君者，皆雄才大略，有经营四海之志，而其教诫子弟，则约旨卑思，敛抑已甚。

伏波将军马援，亦旷代英杰。而其诫兄子书曰："吾欲汝曹闻人过失，如闻父母之名。耳可得闻，口不可得言也。好议论人长短，妄是非政法，此吾所大恶也，宁死不愿子孙有此行也！龙伯高敦厚周慎，口无择言，谦约节俭，廉公有威。吾爱之重之！愿汝曹效之！杜季良豪侠好义，忧人之忧，乐人之乐，父丧致客，数郡毕至。吾爱之重之！不愿汝曹效也！效伯高不得，犹为谨敕之士，所谓刻鹄不成尚类鹜者也。效季良不得，陷为天下轻薄子，所谓画虎不成反类狗者也。"此亦谦谨自将，敛其高远之怀，即于卑迩之道。盖不如是，则不足以自致于久大。藏之不密，则放之不准。苏轼诗："始知真放本精微。"即此义也。

敛·侈·伸·缩

凡为文，用意宜敛多而侈少；行气直缩多而伸少。推之孟子不如孙子处，亦不过辞昌语快，用意稍侈耳。后人为文，但求其气之伸。古人为文，但求其气之缩。气恒缩，则词句多温，然深于文者，固当从这里过。

君子·小人

陈容有言曰："仁义岂有常？蹈之则为君子，违之则为小人。"大哉言乎！仁者物我无间之谓也。一有自私之心，则小人矣。义者无所为而为之谓也。一有自利之心，则小人矣。同一日也，朝而公正，则为君子；夕而私利，则为小人。同一事也，初念公正，则为君子；转念私利，则为小人。惟圣罔念作狂，惟狂克念作圣，所争只在几微。君子无终食之间违仁，造次必如是，颠沛必如是，一不如是，则流入小人而不自觉矣。所谓小人者，识见小耳，度量小耳。井底之蛙，所窥几何，而自以为绝伦之学；辽东之豕，所异几何，而自以为盖世之勋。推之以孑孑为义，以硁硁为信，以龊龊为廉，此皆识浅而易以自足者也。君臣之知，须积诚以相感，而动凝主恩之过薄；朋友之交，贵积渐以相孚，而动怨知己之罕觏，其或兄弟不相容，夫妇不相信，父子不相亮，此皆量褊而易以滋疑者也。君子则不然，广其识，则天下之大，弃若敝屣；尧舜之业，视若浮云。宏其度，则行有不得，反求诸己。己所不欲，勿施于人。乌有所谓自私自利者哉？不此之求，而诩诩然号于众曰："吾君子也！"当其自诩君子深信不疑之时，识者已嗤其为小人矣。

才德

司马温公曰:"才德全尽,谓之圣火;才德兼亡,谓之愚人;德胜才谓之君子,才胜德谓之小人。"余谓德与才不可偏重。譬之于水,德在润下,才即其载物溉田之用;譬之于木,德在曲直,才即其舟楫栋梁之用。德若水之源,才即其波澜;隐若木之根,才即其枝叶。德而无才以辅之则近于愚人,才而无德以主之则近于小人。世人多不甘以愚人自居,故自命每愿为有才者;世人多不欲与小人为缘,故现人每好取有德者,大较然也。二者既不可兼,与其无德而近于小人,毋宁无才而近于愚人。自修之方,观人之术,皆以此为衡可矣。吾生平短于才,爱我者或谬以德器相许,实则虽曾任艰巨,自问仅一愚人,幸不以私智诡谲凿其愚,尚可告后昆耳。

兵气

田单攻狄,鲁仲连策其不能下,已而果三月不下。田单问之,仲连曰:"将军之在即墨,坐则织篑,立则仗锸,为士卒倡。将军有死之心,士卒无生之气。闻君言,莫不挥涕奋臂而欲战,此所以破燕也。当今将军东有夜邑之奉,西有淄上之娱,黄金横带而骋乎淄渑之间,有生之乐,无死之心,所以不胜也。"余尝深信仲连此语,以为不刊之论。

同治三年,江宁克复后,余见湘军将士骄盈娱乐,虑其不可复用,全行遣撤归农。至四年五月,余奉命至河南、山东剿捻,湘军从者极少,专用安徽之难勇。余见淮军将上虽有振奋之气,亦乏忧危之怀,窃用为虑,恐其不能平贼。庄子云:"两军相对,哀者胜矣。"仲连所言以忧勤而胜,以娱乐而不胜,亦即孟子"生于忧患,死于安乐"之指也。其后余因疾病,疏请退休,遂解兵柄,而合肥李相国卒用淮军以削平捻匪,盖淮军之气尚锐。忧危以感士卒之情,振奋以作三军之气,二者皆可以致胜,在主帅相时而善用之已矣。余专生忧勤之说,范知其一,而不知其二也。聊志于此,以识吾见理之偏,亦见古人格言至论,不可举一概百,言各有所当也。

书赠仲弟六则

清

《记》曰:"清明在躬。"吾人身心之间,须有一种清气。使子弟饮其和,乡党黛其德,庶几积善可以致祥。饮酒太多,则气必昏油;说话太多,则神必躁扰。弟于此二弊,皆不能免。欲保清气,首贵饮酒有节,次贵说话不苟。

俭

凡多欲者不能俭,好动者不能俭。多欲如好衣、好食。好声色、好书画古玩之类,皆可浪费破家。弟向无癖嗜之好,而颇有好动之弊。今日思作某事,明日思访某客,所费日增而不觉。此后讲求俭约,首戒好动。不轻出门,不轻举事。不持不作无益之事,即修理桥梁、道路、寺观、善堂,亦不可轻作。举动多则私费大矣。其次,则仆从宜少,所谓食之者寡也。其次,则送情宜减,所谓用之者舒也。否则今日不俭,异口必多欠债。既负累于亲友，亦贻累于子孙。

明

　　三达德之首曰智。智即明也。古来豪杰，动称英雄。英即明也。明有二端：人见其近，吾见其远，曰高明；人见其粗，吾见其细，曰精明。高明者，譬如室中所见有限，登楼则所见远矣，登山则所见更远矣。精明者，譬如至微之物，以显微镜照之，则加大一倍、十倍、百倍矣。又如粗糙之米，再春则粗糠全去，三春、四春，则精白绝伦矣。高明由于天分，精明由于学问。吾兄弟忝居大家，天分均不甚高明，专赖学问以求精明。好问若买显微之镜，好学若春上熟之米。总须心中极明，而后口中可断。能明而断谓之美断，不明而断谓之武断。武断自己之事，为害犹浅；武断他人之事，招怨实深。惟谦退而不肯轻断，最足养福。

慎

　　古人曰钦、曰敬、曰谦、曰谨、曰虔恭、曰祗惧，皆慎字之义也。慎者，有所畏惮之谓也。居心不循天理，则畏天怒；作事不顺人情，则畏人言。少贱则畏父师，畏官任。老年则畏后生之窃议。高位则畏僚属之指南。凡人方寸有所畏惮，则过必不大，鬼神必从而原之。若嬉游、斗牌等事而毫无忌惮，坏邻党之风气，作子孙之榜样，其所损者大矣。

恕

　　圣门好言仁。仁即恕也。曰富，曰贵，曰成，曰荣，曰誉，曰顺，此数者，我之所喜，人亦皆喜之。曰贫，曰贱，回败，曰辱，曰毁，曰逆，此数者我之所恶，人亦皆恶之。吾辈有声势之家，一言可以荣人，一言可以辱人。荣人，则得名、得利、得光耀。人尚未必感我，何也？谓我有势，帮人不难也。辱人则受刑，受罚，受苦恼，人必恨我次骨。何也？谓我价势欺人太甚也。吾兄弟须从恕字痛下功夫，随在皆设身以处地。我要步步站得稳，须知他人也要站得稳。所谓生也。我要处处行得通，须知他人也要行得通。所谓达也。今日我处顺境，预想他日也有处逆境之时；今日我以盛气凌人，预想他日人亦以盛气凌我之身，或凌我之子孙。常以恕字自惕，常留饶地处人，则荆棘少矣。

静

　　静则生明，动则多咎，自然之理也。家长好动，子弟必纷纷扰扰。朝生一策，暮设一计，虽严禁之而不能止。欲求一家之安静，先求一身之清静。静有二道：一曰不入是非之场，二曰不火势利之场。乡里之词讼曲直。于我何干？我若强为刮断，始则陪酒饭，后则惹怨恨。官场之得失升沉，于我何涉？我若稍为干预，小则招物议，大则挂弹章。不若一概不管，可以敛后辈之躁气，即可保此身之清福。

劝学篇示直隶士子

　　人才随上风为转移，信乎？曰：是不尽然，然大较莫能外也。前史称燕赵慷慨悲歌，敢于急人之难，盖有豪侠之风。余观直隶先正，若杨忠愍、赵忠毅、鹿忠节、孙征君诸贤，其后所诣各殊，其初皆于豪侠为近。即今日士林，亦多刚而不摇，质而好义，犹有豪侠之遗。才质本于士风，殆不诬与？

豪侠之质，可与入圣人之道者，约有数端。侠者薄视财利，弃万金而不眄；而圣贤则富贵不处，贫贱不去，痛恶夫播间之食、龙断之登。虽精粗不同，而轻财好义之迹则略近矣。侠者忘己济物，不惜苦志脱人于厄；而圣贤以博济为怀。邹鲁之汲汲皇皇，与夫禹之犹己溺，稷之犹己饥，伊尹之犹己推之沟中，曾无少异。彼其能力救穷交者，即其可以进援天下者也。侠者较死重气，圣贤罕言及此。然孔曰成仁，孟曰取义，坚确不移之操，亦未尝不与之相类。昔人讥太史公好称任侠，以余观此数者，乃不悖于圣贤之道。然则豪侠之徒，未可深贬，而直隶之士，其为学当校易于他省，乌可以不致力乎哉？

致力如何？为学之术有四：曰义理，曰考据，曰辞章，曰经济。义理者，在孔门为德行之科，今世目为宋学者也考据者，在孔门为文学之科，今世目为汉学者也。辞章者，在孔门为言语之科，从古艺文及今世制义诗赋皆是也。经济者，在孔门为政事之科，前代典礼、政书，及当世掌故皆是也。

人之才智，上哲少而中下多；有生又不过数十寒暑，势不能求此四术遍现而尽取之。是以君子贵慎其所择，而充其所急。择其切于吾身心不可造次离者，则莫急于义理之学。凡人身所自具者，有耳、目、口、体、心思；曰接于吾前者，有父子、兄弟、夫妇；稍远者，有君臣，有朋友。为义理之学者，盖将使耳、目、口、体、心思，各敬其职，而五伦各尽其分，又将推以及物，使凡民皆有以善其身，而无憾于伦纪。夫使举世皆无憾于伦纪，虽唐虞之盛有不能逮，苟通义理之学，而经济该乎其中矣。程朱诸子遗书具在，易尝舍末而言本、遗新民而专事明德？观其雅言，推阐反复而不厌者，大抵不外立志以植基，居敬以养德，穷理以致知，克己以力行，成物以致用。义理与经济初无两术之可分，特其施功之序，详于体而略于用耳。

今与直隶多士约：以义理之学为先，以立志为本，取乡先达杨、赵、鹿、孙数君子者为之表。彼能艰苦困饿，坚忍以成业，而吾何为不能？彼能置穷通、荣辱、祸福、死生于度外，而喜何为不能？彼能以功绩称当时，教泽牖后世，而吾何为不能？洗除旧日晻昧卑污之见，矫然直趋广大光明之域；视人世之浮荣微利，若蝇蚋之触于目而不留；不忧所如不牖，而忧节慨之少贬；不耻冻馁在室，而耻德不被于生民。志之所向，金石为开，谁能御之？志既定矣，然后取程朱所谓居敬穷理、力行成物云者，精研而实体之。然后求先儒所谓考据者，使吾之所见，证诸古制而不谬；然后求所谓辞章者，使吾之所获，达诸笔和而不差，择一术以坚持，而他术固未敢党废也。其或多士之中，质性所近，师友所渐，有偏于考据之学，有偏于辞章之学，亦不必速易前辙，即二途皆可入圣人之道。其文经史百家，其业学问思辨，其事始于修身，终于济世。百川异派，何必同哉？同达于海而已矣。

若夫风气无常，随人事而变迁。有一二人好学，则数辈皆思力追先哲；有一二人好仁，则数辈皆思康济斯民。倡者启其绪，和者衍其波；倡者可传诸同志，和者又可植诸无穷；倡者如有本之泉放乎川渎，和者如支河沟洫交汇旁流。先觉后觉，互相劝诱，譬之大水小水，互相灌注。以直隶之土风，诚得有志者导夫先路，不过数年，必有体用兼备之才，彬蔚而四出，泉涌而云兴。

余忝官斯土，自愧学无本原，不足仪型多士。嘉此邦有刚方质实之资，乡贤多坚苦卓绝之行，粗述旧闻，以勖群士；亦冀通才硕彦，告我昌言，上下交相劝勉，仰希古昔与人为善、取人为善之轨，于化民成俗之道，或不无小补云。

附录二　曾国藩散文

五箴（并序）

少不自立，荏苒遂泪今兹。盖古人学成之年，而吾碌碌尚如斯也。不其戚也！继是以往，人事日纷，德慧日报，下流之赴，抑又可知。夫疢疾疾所以益智，逸豫所以亡身，仆以中才而履安顺，将欲刻苦而自根拔，谅哉其难之欤！作五箴以自创云：

立志箴

煌煌先哲，彼不犹人。藐焉小子，亦父母之身。聪明福禄，予我者厚哉！弃天而佚，是及凶灾。积悔累千，其终也已。往者不可追，请从今始。荷道以躬，舆之以言。一息尚存，永矢弗援。

居敬箴

天地定位，二五胚胎。鼎焉作配，实回三才。严恪斋明，以凝女命。女之不庄，伐生戕性。谁人可慢？何事可弛？弛事者无成，慢人者反尔。纵彼不反，亦长吾骄。人则下女，天罚昭昭。

主静箴

斋宿日观，天鸡一鸣。万籁俱息，但闻钟声。后有毒蛇，前有猛虎。神定不慑，谁敢予侮？岂伊避人，日对三军。我虚则一，彼纷不纷。驰骛半生，曾不自主。今其老矣，殆扰扰以终古。

谨言箴

巧语悦人，自扰其身。闲言送日，亦搅女神。解人不夸，夸者不解。道听途说，智笑愚骇。骇者终明，谓女贾欺。笑者鄙女，虽矢犹疑。尤悔既丛，铭以自攻。铭而复蹈，嗟女既耄。

有恒箴

自吾识字，百历及兹。二十有八载，则无一知。曩者所忻，阅时而鄙。故者既抛，新者旋徙。德业之不常，日为物迁。尔之再食，曾未闻或愆。黍黍之增，久乃盈斗。天君司命，敢告马走。

钞朱子小学书后

右《小学》三卷，世传朱子辑。现朱小癸卯与刘子澄书，则是编子澄所诠次也。其义例不无可攀，然古圣立教之意，蒙养之规，差具于是。

盖先王之治人，尤重于品节。其目能言以后，凡夫洒扫、应对、饮食、衣服，无不示以仪则。因其本而利道，节其性而不使纵，规矩方圆之至也。既已固其筋骸，剂其血气，则礼乐之器盖由之矣，特本知焉耳。十五而入太学，乃进之以格物，行之而著焉，习矣而察焉。因其已明而扩焉，故达也。班固《艺文志》所载小学类，皆训诂文字之书。后代史氏，率仍其义。幼仪之繁，闳焉不阙。三代以下，舍占毕之外，乃别无所谓学，则训诂文字要矣。若按古者三物之教，则训信文字者，亦犹其次焉者乎！仲尼曰："行有馀力，则以学文。绘事后素。"不其然能？余放录此编于进德门之首，使昆弟子姓知幼仪之为重。而所谓训诂文字，别录之居业门中。童子知识未梏，言有刑，动有法，而蹈非彝者鲜矣。

是编旧分内外，内篇尚有《稽古》一卷，外编《嘉言》《善行》二卷，采掇颇浅近，亦不录云。

书归震川文集后

近世缀文之士，颇称述熙甫，以为可继曾南丰、王半山之为之。自我观之，不同日而语矣。或又与方苞氏并举，抑非其伦也。盖古之知道者，不妄加毁誉于人，非特好直也。内之无以立诚，外之不足以信，后世君子耻焉。

自周《诗》有《崧高》《保民》诸篇，汉有"河梁"之咏。沿及六朝，饯别之诗，动累卷帙。于是有为之序者。昌黎韩氏为此体特繁，至或无诗而独有序；骈拇枝指，于义为已侈矣。熙甫则不必饯别而赠人以序；有所谓贺序者，谢序者，寿序者。此何说也？又彼所为，抑扬吞吐，情韵不匮者，苟裁以义，或皆可以不陈。浮芥舟以纵送子蹄涔之水，不复忆天下有回海涛者也。神乎？味乎？徒词费耳。然当时颇崇茁轧之习，假齐梁之雕琢，号为力追周秦者，往往而有。熙甫一切弃去，不事涂饰，而选言有序，不刻画而足以昭物情，与古作者合符，而后来者取则焉，不可谓不智已。人能宏道，无如命何！藉熙甫早置身高明之地，闻见广而情志阔，得师友以辅翼，所诣固不竟此哉！

祭汤海秋文

赫赫汤君，倏焉已陈。一呷之药，椓我天民。岂不有命！药则何罪？
死而死耳，知君不悔。道光初载，君贡京朝。狂名一鼓，万口嚣嚣。
春官名揭，如纛斯标。奇文骤布，句鸷字枭。群儿苦诵，自暝达朝。
上公好士，维汪与曹。大风嘘口，吹女羽毛。舐笔枢府，有铦如刀。
济辈力逐，一虎众猱。曹司一终，稍迁御史。一鸣惊天，堕落泥滓。
坎坎郎官，复归其始。群雀款门，昨鼋之市。穷鬼喷沫，婢叹奴耻。
维君不羞，复乃不求。天脱桎梏，放此诗囚。伐肝荡肺，与命为仇。

被发四顾，有棘在喉。匪屈匪阮，畴可与投？忽焉狂走，东下江南。
秦淮夜醉，笙吹喃喃。是时淮海，战鼓殷酣。狨夷所躏，肉阜血潭。
出入贼中，百忧内惔。寅岁还朝，左抱娇娥。示我百篇，儿女兵戈。
三更大叫，君泗余哦。忽瞠两眸，曰余乃颇。沥胆相要，斧门掊锁。
嗟余不媚！动与时左。非君谬寻，谁云逮我？王城海大，尘雾滔滔。
惟余谐子，有隙辄遭。联车酒肆，袒肩载号。煮鱼大嚼、宇内两饕。
授我《浮邱》，九十其训。韩焊庄夸。孙卿之酝麋义斗文，百合逾奋。
俯视符充，其言犹粪、我时讥评，导曾不愠。我行西川，来归君迓。
一语不能，君乃狂骂。我实无辜讵敢相卜？骨肉寇仇，朋游所讶。
见豕负途，或张之弧。群疑之积，众痏生肤。君不能释，我不肯输。
一日参商，万古长诀。吾实负心，其又何说？凡今之人，善调其舌；
导则不然，喙刚如铁。锋棱所值，人谁女容？直者弃好，巧者兴戎。
昔余痛谏，君嘉我忠。曾是不察，而丁我躬。伤心往事，泪堕如糜。
以君毅魄，岂曰无知？鬼神森列，吾言敢欺？酹子一滴，庶摅我悲！

召悔

贤与不肖之等奚判乎？视乎改过之勇怯以为差而已矣。日月有食，星有离次。其在于人，言有尤，行有悔，虽圣者不免。改过什于人者，贤亦什于人；改过伯于人者，贤亦伯于人。尤贤者，尤光明焉；尤木肖者，怙终焉而已。

人之生，气质不甚相远也，习而之善，既君子矣。其有过，则其友直谏以匡之。又有友焉，巽言以挽之。退有挞，进有旌，其相率而上达也，奚御焉？习而之不善，既小人矣。其有过，则多方文之。为之友者，疏之则心非而面谀，成之则依阿苟同，惮于以正伤恩。其相率而下达也，奚御焉？兹贤者所以愈贤，而不肖者愈不肖也。

吾之友有某君者，毖余曰；"子与某相好不终，是子之失德。子盖慎诸？"又有某君毖余曰："闻子之试于有司，则尝以私于人，是大不可。"二子者之言，卒闻之，若不逊于吾志。徐而绎之，彼无求而进逆耳之言，诚敬我也。既又自省：吾之过，其大者视此或倍蓰，而其多或不可枚数。二子者，盖举一隅也，人苦不自知耳。先王之道不明，士大夫相与为一切苟且之行，往往陷于大戾，而僚友无出片言相质确者。而其人自视恬然，可幸无过。且以仲尼之贤，犹待学《易》以寡过，而今日无过，欺人乎？自欺乎？自知有过而因护一时之失，展转盖藏，至蹈滔天之奸而不悔，斯则小人之不可近者已！为人友而隐忍和同，长人之恶，是又谐臣媚子之亚也。《书》曰："有言逆子女心，必求诸道；有言逊于女志，必求诸非道。"余枚笔之于册以备现省，且示吾友能为逆心之言者。

求阙斋记

国藩读《易》，至《临》而喟然叹曰："刚侵而长矣。"至于八月有凶，消亦不久也，可畏也哉。天地之气，阳至矣，则退而生阴；明至矣，则进而生阳。一损一益者，自然之理也。

物生而有耆欲，好盈而忘阙。是故体安车驾，则金舆衡不足于乘；目辨五色，则黼黻文章不足于服。由是八音繁会不足于耳，庶羞珍膳不足于味。穷巷瓮牖之夫，骤膺金紫，物以移其体，习以荡其志，向所摵捥而不得者，渐乃厌鄙而不屑御。旁观者以为固然，不足告议。故曰："位不期骄，禄不期侈。被为象箸，必为玉杯。"积渐之势然也。而好奇之士，巧取曲营，不逐众之所争，独汲汲于所谓名者。道不同不相为谋，或资富以饱其欲，或声誉以厌其情，其于志盈一也。夫名者，先王所以驱一世于轨物也。中人以下，蹈道不实，于是爵禄以显驭之，名以阴驱之，使之践其迹，不必明其意。若君子人者，深知乎道德之意，方惧名之既加，则得于内者日浮，将耻之矣。而浅者哗然骛之，不亦悲乎！

　　国藩不肖，备员东宫之末，世之所谓清秩。家承馀荫，自王父母以下，并康强安顺。孟子称"父母俱存，兄弟无故"，抑又过之。洪范曰："凡厥庶民，有猷有为有守，不协于极，不罹于咎，女则锡之福。"若国藩者，无为无猷，而多罹于咎，而或锡之福，所谓不称其服者欤？于是名其所居曰"求阙斋"。凡外至之荣，耳目百体之耆，皆使留其缺陷。礼主减而乐主盈。乐不可极，以礼节之，庶以制吾性焉，防吾淫焉。若夫令问广誉，尤造物所靳予者，实至而归之。所取已贪矣，况以无实者攘之乎？行非圣人而有完名者，殆不能无所矜饰于其间也。吾亦将守吾阙者焉。

送郭筠仙南归序

　　凡物之骤为之而遽成焉者，其器小也；物之一览而易尽者，其中无有也。郭君筠仙与余友九年矣，即之也温，挹之常不尽。道光甲辰、乙巳两试于礼部，留京师，主于余。促膝而语者四百馀日，乃得尽窥其藏。甚哉！人不易知也。将别，于是为道其深，对于回路赠言之义，而以吾之思效焉，盖天生之材，或相千万，要于成器以适世用而已。材之小者，视尤小者则优矣。苟尤小者，琢之成器。而小者不利于用，则君子取其尤小者焉。材之大者，视尤大者则细矣。苟尤大者不利于用，而大者琢之成器，则君子取其大者焉。天赋大始，人作成物。传曰："人不天不因，天不人不成。"不极扩充追琢之能，虽有周公之材，终弃而已矣。

　　余所友天下贤士，或以德称，或以艺显，类有以自成者。而老筠仙躬绝异之姿，退然深贬，语其德若无可名；学古人之文章，入焉既深，而其外犹若锗而不安其无所成者与？匠石斫方寸之木，斤之削之，不移瞬而成物矣。及乎裁径尺之材以为椳楗，不阅日而成矣。及至伐连抱之梗枏，为天子营总章太室之梁栋，经旬累月而不得成焉。其器俞大，就之前艰。浅者欲以一概律之，难矣。且所号为贤者，谓其绝拘挛之见，旷观于广大之区，而不以尺寸绳人者也。若夫逢世之技，智足以与时物相发，力足以与机势相会，此则众人之所共睹者矣。君子则不然，赴势甚钝，取道甚迂，德不苟成，业不苟名，艰勤错过，迟久而后进。殊而积，寸而累。既其纯熟，则圣人之徒；其力造焉而无扞格，则亦不失于今名。造之不力，歧出无范，虽有瑰质。终亦无用。

　　孟子曰："五谷不熟，不如荑稗。"诚哉斯言也！筠仙勖哉！去其所谓扞格者，以蕲至于纯熟，则几矣。人亦病不为耳。若夫自揣既熟，而或不达于时轨，是则非余之所敢知也。